Andreas Kalckhoff
RICHARD III.

Andreas Kalckhoff
RICHARD III.
Sein Leben und seine Zeit

›Shakespeares Schurke,
wie er wirklich war‹

Für Anne

Lizenzausgabe 1989 für
Manfred Pawlak Verlagsgesellschaft mbH. Herrsching
© 1980 Gustav Lübbe Verlag GmbH, Bergisch Gladbach
Alle Rechte vorbehalten
Umschlaggestaltung:
Bine Cordes Weyarn
Umschlagmotiv: Bildarchiv preussischer Kulturbesitz, Berlin
Printed in Jugoslavia
ISBN 3-88199-520-X

Inhalt

Prolog 7

I. »Richard lebt noch . . .«
Ein kränkliches Kind in den Wirren der Rosenkriege
11

II. »Des Königs sehr geliebter Bruder . . .«
Richard Gloucesters Lehr- und Wanderjahre
59

III. »Zur Lüge geeignet und zur Verstellung . . .«
Die Anfänge einer Legende
113

IV. »Der französische Krieg findet nicht statt«
Ein Frieden voll von Possen und Tragödien
163

V. »Was verdienen die, welche meinen Untergang betreiben?«
Der Putsch des Reichsprotektors
219

VI. »Hiermit beginnt meine Herrschaft«
Ein Thronraub nach allen Regeln der Kunst
265

VII. »Niemand wird plötzlich zum Schurken«
Das Rätsel um den »Prinzenmord im Tower«
307

VIII. »Verteile deine reichen Schätze . . .«
Gute Vorsätze und schlechte Vorzeichen
353

IX. »Ein elendes Schauspiel . . .«
Verrat und Tod auf Bosworth Field
393

Epilog   437

Nachwort   449

Quellenalphabet   450

Bibliographie   455

Anmerkungen   457

Register   458

Prolog

»Ich hab' auf einen Wurf mein Leben eingesetzt
Und will das Würfelglück bestehen.
Ein Pferd! Ein Pferd! Mein Königreich für ein Pferd!"‹
—Shakespeare—

5. Akt, 3. Szene: Feld bei Bosworth 1485. Eine kühle Sommernacht. Richard III. von England und der Graf von Richmond liegen sich mit ihren Heeren gegenüber. Die königlichen Truppen sind in dreifacher Überzahl, doch der König befürchtet Schlimmes. Das Nachtessen will ihm nicht schmecken, er ist unruhig, fühlt sich nicht auf der Höhe seiner Tatkraft. Den Waffengefährten traut er nicht, er läßt sie bespitzeln. Kaum zur Ruhe gesunken, quälen ihn böse Träume. Die Geister all derer, die er auf dem Gewissen hat, verwünschen ihn und prophezeien seinen Untergang: König Heinrich, den er im Tower umbrachte; Prinz Eduard, den er als Kriegsgefangenen erstach; Clarence, der eigene Bruder, den er in einem Weinfaß ertränkte; die Herren Rivers, Grey und Vaughan, die er töten ließ, um an die Macht zu kommen; Hastings und Buckingham, ehemalige Verbündete, die gleichwohl

unter seinem Richtbeil sterben mußten; Königin Anna, seine Gemahlin, die er mit Gift zu Tode brachte; und seine beiden Neffen, die unschuldigen Königskinder Eduard und Richard, von seinen Schergen im Bett erdrosselt ...

»Ein blutiger Tyrann und Meuchelmörder, im Blute aufgestiegen und durch Blut sich haltend; der, was er hat, auf krummem Weg erlangte und jene mordete, die ihm dabei geholfen; ein falscher Stein, alleine glänzend durch den Schein von Englands Thron, auf dem er unrechtmäßig sitzt; der immer schon ein Widersacher Gottes war: Kämpft Ihr gegen Gottes Feind, so schützt Euch Gott mit Recht als seine Krieger! laßt Ihr dabei das Leben – Ihr ruht in Frieden, ist der Tyrann erst tot!« ruft Richmond den Soldaten zu.

Obwohl der Sonnenuntergang einen schönen Tag verheißen hatte, wölkt sich der Himmel am Morgen finster über Richards Heer – auch über Richmonds, wie sich der König tröstet. »Nächtliche Schatten schreckten Richards Seele mehr, als zehntausend Ritter je vermöchten, geführt vom eitlen Richmond«, bekennt er und macht den Seinen Mut: »Bedenkt, mit wem ihr Euch zu schlagen habt: mit Vagabunden, Lumpen, Flüchtigen, Abschaum aus der Bretagne, Bauernpack, aus übervölkertem Gebiet gespien zu tollem Abenteuer, sicherem Untergang! Und wer führt sie denn als ein armer Kerl, den unsere Mutter lange Zeit in der Bretagne aushielt, ein Milchbart, der sich noch nie mit bloßem Fuß in Schnee gewagt? Peitscht dies Gesindel übers Meer zurück!«

So beginnt eine der bekanntesten Bühnenszenen des Welttheaters, die Schlacht bei Bosworth in William Shakespeares Tragödie »König Richard III.« Sie endet im 4. Auftritt mit dem vorausgesagten Untergang des Königs: Verrat bringt Richard, den »elenden Schurken«, um Sieg und Leben. Bis zuletzt kämpft er wie ein Berserker: »Der König tut Wunder wie kein Mensch und trotzt, wer ihm entgegentritt: Sein Pferd ist tot, er kämpft nunmehr zu Fuß und sucht im Höllenschlund der Schlacht nach Richmond.« Man drängt ihn zur Flucht, er weigert sich: »Ich hab' auf einen Wurf mein Leben eingesetzt und will das Würfelglück bestehen. Ein Pferd! Ein Pferd! Mein Königreich für ein Pferd!« Im dichtesten Schlachtgetümmel findet er sein Ende: »Gott und den Waffen Lob, siegreiche Freunde! Das Feld ist unser und der Bluthund tot.« Graf Richmond aus dem Geschlecht der Tudors erhält die Krone von der Stirn des Toten. Er geht als Heinrich VII., Vater des achten Heinrich und Großvater der ersten Elisabeth, in die Geschichte ein.

Wer war Richard III., der in Shakespeares Königsdramen so schlecht wegkommt? Den der Dichter von sich sagen läßt: »Um Liebe ward ich schon im Mutterleib betrogen; denn daß ihr sanftes Recht nicht für mich gälte, bestach sie die gebrechliche Natur, den Arm wie einen dürren Ast mir zu verdorren und auf den Buckel boshaft einen Berg zu türmen, der meinen Leib mit Häßlichkeit verspottet; die Beine ungleich mir zu formen, um mich in jeder Hinsicht zu mißstalten, dem Chaos ähnlich oder einem Bärenjungen, das, ungeleckt, der Mutter Bild nicht kennt. Bin ich so ein Mensch zum Lieben? O wie absurd, daran auch nur zu denken! Um denn zu herrschen, um zu unterjochen, die schöner von Gestalt als ich, sei es mein Höchstes, von dem Thron zu träumen und diese Welt als Hölle zu betrachten, bis daß der mißgeformte Rumpf, darauf mein Kopf sitzt, von einer Krone überhöht ist . . .«

Richard der Bucklige, *crookback Dicky*, bei dessen Anblick die Hunde anfangen zu heulen; mit Zähnen geboren, »zum Zeichen, daß er kam, die Welt zu beißen«; ein Erzschurke, der über Leichen geht, um die Krone, von der er nach Geburt so weit entfernt ist, zu erringen, und den am Ende die eigene Mutter verflucht: Das klingt wahrhaftig nach Räuberpistole; grandiose Ausgeburt eines Dichterhirns jenseits aller historischen Realität.

»Shakespeare, das ist die einzige Geschichte Englands, die ich je gelesen habe«, bekannte einst Herzog Marlborough. Der berühmte Vorfahr Winston Churchills ist seit gut 250 Jahren tot. Wer heute den Durchschnittsbürger fragt, woher sein Bild vom englischen Mittelalter stammt, bekommt keine andere Antwort. Das wundert nicht, denn Geschichte prägt sich in literarischer Form am ehesten ein. Wenn der Dichter dabei die pedantische Vorliebe der Fachgelehrten für das, was in »alten, mauszerfressenen Akten« steht, nicht teilt – umso besser. Wir nehmen ihn ohnehin nicht in allem beim Wort. Doch sind wir gern bereit, uns der Meinung eines Autors anzuschließen, der schreibt: »Mit einem derart sensiblen und einfühlsamen Führer, der im Wissen um die menschliche Natur Vergangenheit verständlich macht, einem Dramatiker mit tiefem Einblick in das Wesen von Gesellschaft und Politik, geht der, der sein Geschichtsbild von Shakespeare bezieht, nicht allzu fehl.«

Doch wie steht es tatsächlich mit der historischen Glaubwürdigkeit des Dichters? Stimmt – bei aller künstlerischen Freiheit – wenigstens die große Linie? Ein Zeitgenosse Shakespeares war da

anderer Meinung. 1619 schrieb Sir George Buck*, »Leiter der Hoflustbarkeiten« des Stuartkönigs Jakob I., eine fünfteilige Biographie Richards III. Darin heißt es:
»Zu seiner Zeit waren seine Weisheit und sein Mut nicht von Schimpf und Verleumdung verdunkelt wie heute, sondern brachten ihm Achtung und Anerkennung im ganzen Königreich ein ... König Richard war immer gütig zu seinem Volk, sorgsam darauf bedacht, die Gesetze zu achten; seine vielen guten Taten sind ein lebendiges Zeugnis seiner Liebe zu Gesetz und Recht. Tyrannen sind grausam und blutdurstig: aber dieser König, das bezeugen selbst seine Gegner, war immer gnädig und milde; und sie bestätigen mit ihren eigenen Worten, daß er von edler und umgänglicher Art war. Wenn wir den schwarzen Vorhang von Bosheit und Verleumdung wegziehen, sehen wir diesen König in der ihm eigenen Majestät, versehen mit allen Tugenden, die einen guten König und eine glückliche Regierung ausmachen ...«

Damals begann ein Streit, der bis heute nicht ausgefochten ist: Richard III. – Schurke oder tragischer Held? Denn was in Shakespeares Dramen steht, ist keine Erfindung des Dichters; es spiegelt ziemlich exakt den Stand der Geschichtsschreibung seiner Zeit. Doch da kam Buck und revidierte die Tradition. Und hatte Nachfolger: eine ganze Schule von »Revisionisten«, die es sich zur Aufgabe machten, das finstere Andenken des letzten *Plantagenet*-Königs aufzuhellen. Seit den zwanziger Jahren unseres Jahrhunderts dient eigens eine Gesellschaft diesem Zweck: die *Richard III. Society* mit ihrem Publikumsblatt, dem *Ricardian*.

Die Leidenschaft, die *Richard III.* in England immer noch aufwühlt, ist allenfalls vergleichbar mit dem Nachwirken des »Märchenkönigs« Ludwig II. in Bayern. Doch reicht der Konflikt entschieden tiefer. Hier geht es nicht nur um Nostalgie. Es scheint fast, als brauchten die Engländer ihren »bösen König« zur psychischen Hygiene – einen Sündenbock, der die Schuld von Jahrhunderten trägt.

Uns soll dies nicht kümmern. Wir packen Richards Biographie bei den Ursprüngen ihrer Überlieferung an: gut hundert Jahre vor Shakespeare und George Buck.

---

* Näheres über diesen Autor und alle anderen Quellen, die im folgenden zitiert sind, finden sich am Ende des Buches in einem »Quellenalphabet«.

I. »Richard lebt noch...«

Ein kränkliches Kind in den Wirren
der Rosenkriege

Fotheringhay lag in den Midlands, hundert Kilometer Luftlinie von London, in Northamptonshire. Über dem Nordufer der Nene, dort wo sie von Süden kommend einen Knick nach Osten macht, erhob sich die Burg, ein gewaltiges Festungswerk aus Stein, das auf der flußabgewandten Seite durch einen doppelten Graben gesichert war. Vom Bergfried aus, der auf einem Hügel im Nordwestteil stand, konnte man weit über das Marschland blicken, durch das sich der Fluß bis zu seiner Mündung in The Wash, die seichte Nordseebucht, schlängelt. Die Abtei von Petersborough lag in dieser Richtung, im Westen zeigte sich der Wald von Rockingham. Zu Füßen des Turms erstreckte sich ein geräumiger Burghof mit respektablen Wohnbauten. Die große Halle maß siebzig Fuß; hier wurde die Schottenkönigin Maria Stuart 1587 enthauptet. Jenseits des Mühlbachs, der im Osten den Graben ersetzte, schloß sich ein kleiner Park an. Auf der anderen Seite erhob sich der spitze Turm der Stiftskirche, umgeben von einigen Bauernhäusern. Fette Weiden und satte Felder lagen rings um die Ansiedlung.

Wer von Norden über die Zugbrücke ritt, erblickte über dem Portal das Wappen des ersten Herzogs von York: die Farben Englands, Kastiliens und Leons. Hier wurde am 2. Oktober 1452 Richard geboren, später als dritter seines Namens König von England. Fotheringhay, eine Gründung des zwölften Jahrhunderts, war seinem Urgroßvater Edmund übereignet worden. Edmund Langley, Graf von Cambridge, war ein Sohn Eduards III. Sein königlicher Neffe Richard II. erhob ihn 1385 zum Herzog von York. Isabella, Infantin von Kastilien und Leon, hatte die spanischen Farben in die Ehe gebracht. Edmund errichtete das verfallene Anwesen neu und gründete nebenan ein Stift, an dessen Kirche Richards Vater noch baute, ein Musterstück englischer Spätgotik. Die Gegend ringsum hat sich bis heute kaum verändert. Doch das Stift wurde in der Reformationszeit von seinem Besitzer zerstört, und die Überreste der Burg verschwanden Mitte des letzten Jahrhunderts. Nur mehr ein Erdwall zeugt von der einst stolzen Zitadelle.

Finsteres braute sich in dieser lieblichen Landschaft zusammen. »Bei seiner Geburt«, schreibt John Rous über Richard, »stand der Skorpion im Aszendent, dem Zeichen des Mars; und wie ein Skorpion, freundlich von Angesicht, giftig im Stachel, so zeigte er sich allen.« Zwei Jahre habe der Balg mürrisch im Mutterleib gelegen, bis er mit schulterlangem Haar, den Mund voll Zähne, auf die Welt gekommen sei. Als Steißgeburt, bei der das Messer zu Hilfe genommen werden mußte, wie Thomas Morus* zu berichten weiß: »Es ist glaubwürdig überliefert, daß die Herzogin, seine Mutter, derart Schwierigkeiten mit den Wehen hatte, daß sie nicht ohne Schnitt von ihm entbunden werden konnte und daß er mit den Füßen voran zur Welt kam, so wie man zu Grabe getragen wird, und (wie ein Gerücht geht) nicht ohne Zähne, was entweder von gehässigen Menschen stammt, oder aber die Natur hat ihren Lauf bei seiner Geburt geändert, so wie sich in seinem Leben manches Unnatürliche ereignet hat.«

Die Darstellung ist bemerkenswert. Der Fabel mit den Zähnen

---

* Sir Thomas More (lateinisiert *Morus*), 1478–1535, englischer Staatsmann und Humanist; 1935 kanonisiert (Verehrungstag 6. Juli).

glaubt der gelehrte Mann – trotz des polemischen Nachsatzes – offensichtlich nicht. Fuß- oder Steißlage sind ungewöhnlich, doch nicht übernatürlich; gleichwohl empfand man sie zu seiner Zeit als unnatürlich: »Mit den Füßen voran geboren zu werden, ist gegen die Natur«, wußte schon Plinius der Ältere*, im Mittelalter unumstrittene Autorität in naturwissenschaftlichen Fragen. More unterstreicht diese Ansicht noch: *as menne be borne outward,* »wie man hinausgetragen wird« auf den Gottesacker – derart zur Welt zu kommen, ist verkehrte Welt schlechthin. So ein Mensch ist quasi tot geboren; es wäre besser, er hätte nie gelebt. Auch aus dem chirurgischen Eingriff liest der Humanist eine negative Bedeutung. Es handelte sich wahrscheinlich um einen Dammschnitt, denn die *sectio Caesarea,* der »Kaiserschnitt«, bedeutete damals den Tod der Mutter; angeblich überlebte erstmals um 1500 die Frau eines geschickt schneidenden Schweinemetzgers diese Operation. Richards Mutter, Mitte Dreißig, überlebte nicht nur, sie gebar auch noch ein weiteres Kind.

Ob es so war, wie der hl. Thomas schreibt, wissen wir nicht. Es gibt kein Zeugnis über Richards Geburt – es sei denn aus Mund oder Feder der zitierten *menne of hatred,* der »gehässigen Menschen«, die aufgriffen, was immer sich gegen den verfemten König wenden ließ: Irrtümer, Mythos und Gemunkel. Selbst die astrologische Deutung war falsch: Am 2. Oktober durchläuft die Sonne das Sternbild der Waage. Richard war also nicht ein Mars-, sondern ein Venusgeborener. Von einer Frau, die zwei Jahre schwanger ging und dann ein Kind gebar, das sofort sprechen konnte, berichtet bereits eine Chronik aus dem elften Jahrhundert. Auch vierhundert Jahre später hielt man Übernatürliches nicht für ungewöhnlich. So wurde zwei Jahre vor Richards Geburt, in Ankündigung kommender Kriegswirren, ein riesiger Hahn gesehen, »der aus dem Meer kam, mit mächtigem Kamm, einem langen roten Bart und Beinen, die eine halbe Elle maßen«.

Vielleicht steckte auch nur Geschwätz hinter der phantastischen Geburtsgeschichte. Richards Mutter hatte über elf Jahre hinweg fast jedes Jahr ein Kind zur Welt gebracht. Seit dem letzten waren nun, bis zu Richards Geburt, über zwei Jahre vergangen. Wer mochte sich in Waschküchen und Wirtshäusern nicht alles den

---

* Gaius Plinius der Ältere (23–79 n. Chr.), wissenschaftlicher Schrifststeller, schrieb eine »Naturgeschichte« in 37 Büchern.

Mund darüber zerrissen haben, bis der abgestandene Tratsch dem Hofschreiber der Tudors zu dankbaren Ohren kam? Bleibt zu erwähnen, daß Shakespeare von der zweijährigen Schwangerschaft nichts weiß: Sein *crook-back Dicky* ist »mißgebildet, unfertig, vor der Zeit in diese lebensvolle Welt geschickt, zur Hälfte nur entwickelt« – eine Frühgeburt also!

Früh- oder Spätgeburt: Das elfte Kind der Herzogin von York war klein und kränklich, vielleicht als Folge der Schwangerschaftskomplikation. Lange Zeit schien es, als sollte es, wie vier seiner Geschwister vor ihm, das Kleinkindalter nicht erreichen. »Richard lebt noch«, kommentiert ein anonymer Verseschmied lakonisch, aber wenig zuversichtlich. Die Robustheit seiner älteren Brüder hatte der Kleine jedenfalls nicht geerbt. Diese waren der Mutter nachgeraten: Cäcilie Neville, der *Rose of Raby,* einer schönen, kräftigen und unternehmungslustigen Frau, die ihre Liebe dem Gemahl nicht nur durch die Zahl der Kinder bewies, sondern auch dadurch, daß sie ihn auf »Dienstreise« nach Frankreich und Irland begleitete, obwohl sie ständig schwanger ging. Wobei Reisen im fünfzehnten Jahrhundert noch viel weniger vergnüglich war als zu Goethes Zeiten. Vier Kinder kamen so im Ausland zur Welt.

Die Nevilles waren eine mächtige nordenglische Familie, die seit dem vierzehnten Jahrhundert ständig an Einfluß und Titeln gewonnen hatte, nicht nur im Norden. Cäcilies Vater war der erste Graf von Westmoreland, ihr Bruder hatte die Erbin von Salisbury geheiratet, und ihr Neffe wurde durch seine Gemahlin Graf von Warwick. Auch mit Cäcilies Verbindung hatten die Nevilles eine gute Partie gemacht. Denn Richards Vater, der gleichnamige Herzog von York, war in zweifacher Weise von königlichem Stamm. Zum Großvater väterlicherseits hatte er Edmund Langley, den viertältesten Sohn Eduards III., von Mutterseite führte er seine Linie auf Lionel, den Zweitgeborenen dieses Königs zurück. Richard von York hatte damit, bei strenger Auslegung des Primogeniturrechts, größeren Anspruch auf die Krone als der regierende Heinrich VI., ein Nachfahr des dritten männlichen Erben Eduards, Johann von Lancaster. In jedem Falle stand er dem bisher kinderlosen König in der Thronfolge am nächsten, und er war – als Titelträger von Cambridge, York, Rutland, March und Clarence sowie Ulster, Connaught, Trim und Clare – nach dem König der mächtigste Landbesitzer auf den Britischen Inseln.

Der kleine Richard sah seine Eltern kaum, ebensowenig die meisten seiner Geschwister. Die ältesten Mädchen, Anna und Elisabeth, wuchsen, wie es üblich war, in fremden Haushalten auf und heirateten, als der jüngste der Familie noch ein Kind war. Eduard und Edmund, die großen Brüder, lebten fern vom Osten Englands im Waliser Grenzland auf den Burgen Ludlow und Wigmore unter Aufsicht eines Erziehers. Richards Spielgefährten auf Fotheringhay waren Georg und Margarete. Die sechs Jahre ältere Schwester nahm wohl Mutterstelle ein, während Georg das natürliche Vorbild abgab. Nicht nur der dreijährige Altersunterschied spielte dabei eine Rolle. Georg, Margaretes Liebling, war groß, kräftig und mit dem Charme verwöhnter Kinder ausgestattet – Gegenbild des schmächtigen und verschlossenen Nachkömmlings.

Daß Richard seine Eltern selten zu Gesicht bekam, hatte mit der großen Politik zu tun. Es war wohl um die Zeit, als Cäcilie Neville sicher wußte, daß sie wieder schwanger war, als ihr Mann eine der zahlreichen Niederlagen seiner wechselvollen Karriere erlebte. In Gefangenschaft seiner Gegner geraten, mußte er dem König einen feierlichen Treueid schwören, der seinem politischen Ruin gleichkam: Jeder Aktivität gegen die Hofpartei würde fürderhin die Ächtung folgen.

Führer der Hofpartei, deren Mitglieder und Anhänger man später »Lancasterianer« nannte, war der Herzog von Somerset, Edmund Beaufort. Als Heinrichs VI. Stiefonkel zweiten Grades machte auch er sich Hoffnungen auf die Krone. Dabei hatte sein Anspruch jedoch einen Schönheitsfehler: Die Beaufort-Linie war morganatisch. Denn Somersets Vater entstammte der Beziehung Johanns von Lancaster zu einer Mätresse. Die uneheliche Verbindung wurde später zwar legitimisiert und damit auch die Nachkommenschaft, doch blieben die Kinder von der Erbfolge ausgeschlossen. Die Rivalität Somersets und Yorks führte, als Richard kaum drei Jahre alt war, zum Ausbruch eines Adelskrieges, der mit Unterbrechungen fast dreißig Jahre dauerte. Somerset und York waren seine ersten prominenten Opfer, am Ende steht der Tod Richards III. bei Bosworth.

Die kriegerischen Auseinandersetzungen zwischen 1455 und 1585 sind als »Rosenkriege« bekannt, nach den angeblichen Wappenzeichen der Häuser Lancaster und York. Shakespeare läßt die

15

Kontrahenten im Londoner Tempelgarten jeweils rote und weiße Rosen pflücken;»Krieg der Rosen« heißt es dann erstmals bei Walter Scott, dem Schöpfer romantischer Ritterromane im neunzehnten Jahrhundert. Doch der Name ist irreführend. Es gab in dieser Zeit nur eine Rose, die Weiße Rose Yorks. Die andere Rose stammt nicht von Lancaster, sondern ist ein Propagandagag der Tudors. Richmond ließ sich als Heinrich VII. mit ihr porträtieren, auf einem anderen Bild hält seine Gemahlin Elisabeth von York die Rose ihres Hauses in der Hand: Symbol der friedlichen Vereinigung der feindlichen Königslinien. Englands »Dreißigjähriger Krieg«, der für den Hochadel zur Katastrophe wurde, Stadt und Land jedoch kaum berührte, hatte freilich auch tiefergehende Ursachen als den Gegensatz Lancaster–York.

Der Ärger begann 1399, dem Ende einer unglücklichen Regierung. Richard II. war nach dem Tod seines Großvaters Eduard III. 1377 auf den Thron gekommen, als er gerade zehn Jahre alt war. Die ersten Regierungsjahre litten unter der Mißwirtschaft seiner Onkel, der Herzöge von Lancaster und Gloucester, gegen die er sich auch nicht durchsetzen konnte, nachdem er großjährig geworden war. Erst 1397 wähnte er sich stark genug, die Zügel in die Hand zu nehmen: Verbannung, Hinrichtung und Mord waren ihm dabei feile Mittel. Sein Regiment gewann damit nicht gerade an Popularität. Als er schließlich versuchte, dem Sohn Lancasters, Heinrich *Bolingbroke,* das Erbe vorzuenthalten, brach ihm sein Ungestüm das Genick. Der Vetter wehrte sich mit Waffengewalt und erreichte die Absetzung des Königs durch das Parlament. Er selbst folgte als Heinrich IV. auf den Thron. Richard starb ein Jahr später in Gefangenschaft, angeblich den selbstgewählten Hungertod. Bei Shakespeare fällt er von Hand gedungener Mörder.

Bolingbrokes Staatsstreich hatte schwerwiegende Folgen. Modernen Autoren, die vom Ideal parlamentarischer Herrschaft erfüllt sind, erscheint die »Revolution« von 1399 als konstitutioneller Fortschritt; monarchischer Gesinnte weisen dann mit Süffisanz auf die Unordnung, die folgte. Tatsächlich brachte die Absetzungsaktion der Volksvertretung keine institutionelle Stärkung, stürzte dafür aber das Königtum in eine Krise. Damaliger Staatstheorie zufolge war der König kraft seines Geburtsrechts souverän, von ihm ging die Regierung aus. Die Lords, selbst von hohem Geblüt, standen ihm dabei im Reichsrat zur Seite. Das Parlament, in dem die Stände saßen, war »des Königs Parlament« und ohne König beschlußunfähig. Daß es sich hierbei nicht um blutleere Theorie handelt, zeigt die besorgte Diskussion zu Zeiten Heinrichs VI., ob denn das Parlament in Abwesenheit des geisteskranken Königs überhaupt tagen dürfe. Darum war die Reichsversammlung, die Richard II. für abgesetzt erklärte, strenggenommen auch kein Parlament; denn der König hatte bereits resigniert, und es gab keinen designierten Nachfolger, der den Vorsitz hätte übernehmen können. Die Thronerhebung *Bolingbrokes* war für damalige Begriffe ein beispielloser Willkürakt. Er stellte das System in Frage, ohne es wirklich zu ändern.

1327 war Ähnliches passiert, als Eduard II. einer Adelsfronde weichen mußte; auch hier sanktionierte ein Parlament nachträglich die Palastrevolution. Doch damals hatte man schon einen neuen König: den Sohn des Abgesetzten, Eduard III. 1399 lagen die Dinge anders. Richard II. war kinderlos, der designierte Thronfolger, Graf Roger Mortimer von March aus der Linie des nächstjüngeren Bruders, im Jahr zuvor gestorben. Wenn es sich nun schon ein »Parlament« herausnahm, willkürlich den König zu bestellen, warum dann nicht den Bruder des verstorbenen Grafen March, Edmund Mortimer, oder Heinrichs Vetter Eduard aus der Linie York? Oder auch den Gemahl seiner Base Anna, Edmund von Stafford, oder einen beliebig anderen aus königlichem Stamm? Diese Frage wurde in der Folgezeit mit Konsequenz gestellt, wann immer es Anlaß gab, mit dem gegenwärtigen Regiment unzufrieden zu sein. Und wer auch immer dem Thron von Geburt nahestand, geriet in Versuchung, den Coup von 1399 zu wiederholen. Ein williges Parlament würde sich schon finden.

Das Parlament des fünfzehnten Jahrhunderts hatte mit dem, was später daraus wurde, wenig zu tun. Getrennt nach Herren und Gemeinen, *Lords* und *Commoners,* erschien es als Gremium von ständig wechselnder Zusammensetzung und unterschiedlicher Stärke, das nach Belieben vom König einberufen werden.konnte. Seine Funktion bestand im wesentlichen in der Steuerbewilligung. Da »des Königs treue Untertanen« vom Steuerzahlen nicht viel hielten, verzichteten sie gerne auf Parlamente, denn mit ihrer Anwesenheit verpflichteten sie sich und ihre Klientel auf die Beschlüsse. Teilnahme am Parlament war darum nicht Vorzug, sondern lästige und kostspielige Pflicht; das Aufgebot erfolgte durch öffentlichen Anschlag und war so obligatorisch wie ein

Gestellungsbefehl. Was nicht hieß, daß ihm auch gefolgt wurde. Deshalb bürgerte sich ein, daß die Steuerbeschlüsse auch für die nicht beim Parlament anwesenden Steuerpflichtigen verbindlich waren: die Geburtsstunde des repräsentativen Parlamentarismus. Es lohnt, sich klarzumachen, daß er als Zangengeburt das Licht der Welt erblickte. Denn das, was wir heute unter Repräsentativsystem verstehen, war erst Folge der herrscherlichen Zwangsmaßnahme: Die Parlamentsteilnehmer aus den Reihen der steuerlich belasteten Gemeinen begriffen sich nun auch selbst als Repräsentanten ihres Standes, ihrer Schicht. Und sie nutzten das Zusammentreffen mit dem König, Gegenforderungen zu stellen, Beschwerden einzubringen, um Abhilfe zu bitten. Das war nicht ungefährlich; ein zu offenes Wort beim Parlament konnte den Kopf kosten. Jedenfalls ihrem »Sprecher«, denn die Gemeinen hatten sonst kein Rederecht; sie mußten mit einer Stimme sprechen, was wiederum ihr Zusammengehörigkeitsgefühl förderte. Auf diese Weise wurde das *parlement* wieder zu dem, was es ursprünglich sein sollte: ein nationales *Pow-Wow*. Parlamentsteilnahme war nun bis zu einem gewissen Grade gefragt, denn sie ermöglichte Einflußnahme auf die Regierung; Petitionen konnten mit königlicher Zustimmung Gesetz werden. Doch herrschte allgemein die Ansicht, daß eine gute Regierung ohne Parlament auskomme. Wo gut regiert werde, bedürfe es keiner Bittschriften und vor allem keiner Steuern. Denn Hofhaltung und auswärtiger Krieg, die Hauptkostenpunkte der »Zentrale«, wurden als Privatangelegenheit des Königs angesehen, die er aus eigener Tasche zu finanzieren habe.

Die Regierung des mittelalterlichen »Staats« war im übrigen dezentral. Draußen im Lande wurde sie von den Lords erledigt, die ihre Autorität nicht vom König ableiteten, auch wenn sie nominell seine Vasallen waren. Eduard I.*, ein starker Herrscher, hatte das hundert Jahre zuvor zu verstehen bekommen. Als er von seinen Herren Titelnachweise über ihre Ländereien verlangte, antwortete ihm der Graf von Warenne, indem er ein altes, rostiges Schwert vorzeigte: »Das ist mein Nachweis. Meine Vorfahren kamen mit Wilhelm dem Eroberer und eroberten ihr Land mit dem Schwert; und mit dem Schwert werde ich es gegen jeden verteidigen, der es mir nehmen will. Denn der König hat das Land nicht

---

* Eduard I., 1272–1307

allein erobert und unterworfen, sondern unsere Vorfahren waren seine Partner und Kompagnions bei dem Geschäft.«

An dieser Einstellung hatte sich nichts geändert, auch wenn mittlerweile nur wenige Barone ihre Herkunft noch auf normannische Eroberer zurückführen konnten: Die Adelsgeschlechter endigten im Schnitt alle drei Generationen, so daß junger Adel nachrückte, und einige Titel waren erst jüngst geschaffen worden – eine Praxis, die in der Folge zunahm. Die englische Reichsaristokratie war im fünfzehnten Jahrhundert eher eine Landbesitzerplutokratie denn alter Erbadel.

Dennoch hatte sich ein Wandel im Herrschaftsgefüge vollzogen. Feudalismus bedeutet Herrschaftsteilung auf lokaler Ebene, bei gemeinsamer Verantwortung von Krone und Adel; Mitwirkung und Zusammenwirken ist sein Funktionsgesetz, Land gegen Dienst die Geschäftsbasis. Herrschaftlicher Landbesitz brachte Einkünfte, nicht nur aus der Bodennutzung, sondern auch von den Menschen, die dort lebten, den *subiecti* und *subditi,* Unterworfenen und Untertanen. Sie zahlten für Pacht, Handel und für »staatliche« Leistungen, wie etwa die Rechtspflege. Als Gegenleistung lieferte der *Lord* oder *dominus* den Untertanen inneren und äußeren Frieden, dem König Kriegs- und Hofdienst sowie seinerseits Abgaben, die feudalen Inzidentien.

Wenn das auch nie so klappte, wie es im Lehrbuch steht, funktionierte das System doch einigermaßen, solange der Adel unangefochten in seinem Machtanspruch und seiner Interessenlage nach homogen war. Das Königtum erschien ihm dann als Verkörperung der eigenen Macht und als Garant der gemeinsamen Interessenlage. Ein starker Herrscher wurde begrüßt; zu Zeiten schwacher Throninhaber, oder wenn der Herrscher minderjährig war, formierten sich die Lords zur einvernehmlichen Regentschaft.

Der politische Aufstieg der Bürger und kleinen Landbesitzer, der *Commons* oder *Commoners,* brachte das Herrschaftsmonopol der Barone ins Wanken. Das Ende der expansiven bäuerlichen Kultivierungsarbeit im Landesinneren und der Rückschlag der territorialen Expansion in den abendländischen Randgebieten verknappte den Boden und bedrohte damit die Existenzgrundlage des europäischen Schwertadels. Der wachsende wirtschaftliche Wohlstand in Stadt und Land machte die Mittelschichten als Steuerzahler zu einem Machtfaktor, vor allem bei der Finanzierung von Kriegen, und ermöglichte ihnen, im Landbesitz mit dem Adel zu konkurrieren. Als Bogenschützen spielten sie nun auch eine militärische Rolle.

Der Adel selbst mußte sehen, wo er blieb. Zum einen Teil stieg er in die bürgerlich-bäuerliche Produktion, betrieb ländliche Manufaktur, Bergbau und intensive Gutswirtschaft, zum anderen versuchte er, seine Güter zu vergrößern, und sich über Abgabenerhöhungen zu sanieren, um feudal weiterwirtschaften zu können wie bisher. Das ging nur auf Kosten anderer – der Standesgenossen und des bäuerlichen Mittelstandes, der *gentry, squirearchy* und *yeomanry*. Adelskrieg und revolutionäre Unruhen waren die Folge. 1381 zogen Bauern und Bürger unter Wat Tyler gegen wachsenden Steuerdruck und ständische Unfreiheit zu Felde und stürmten den Tower. »Als Adam grub und Eva spann, wo war da der Edelmann?« Mit diesem Schlachtruf forderten sie, hundertfünfzig Jahre vor dem deutschen Bauernkrieg, die mittelalterliche Ordnung heraus.

Der Adelskrieg ließ vorerst noch auf sich warten. Richards II. schnelle Kapitulation 1399 und der Hundertjährige Krieg schoben ihn hinaus. Grenzkrieg gegen Schottland, Aufstände ehrgeiziger Magnaten in Wales und Nordengland bedrohten neun Jahre lang Heinrich *Bolingbrokes* Thron. Mit politischem Geschick, Rücksichtslosigkeit und einer gehörigen Portion Glück bewahrte er sich vor dem Schicksal seines Vorgängers. Die endgültige Rettung kam, als 1407 in Frankreich der Adelskrieg zwischen Burgundern und Armagnaken ausbrach. Er machte England zum begehrten Partner der feindlichen Parteien und öffnete dem englischen Adel für längere Zeit ein kriegerisches Betätigungsfeld. Die Aussicht auf Beute im fremden Land, an beweglichen Gütern und an Immobilien, lenkte ab vom Konkurrenzkampf im eigenen Land, hielt zudem die Decke auf dem schwelenden Konflikt zwischen Hofpartei und Thronfolger.

Doch als der kranke Heinrich IV. 1413 starb, war die Gesellschaft in Unordnung wie nur unter der Minderjährigkeitsregierung Richards II. »Bastard-Feudalismus« regierte das Land. Die adelige Interessengemeinschaft, einst Stütze starker Könige, war in der Zeit ökonomischer und politischer Umwälzungen zerbrochen. Die *Commons* – Bürger, Landadel, freie Bauern – als neue nationale Elite zeigten sich weder willens noch stark genug, die Einheit der Gesellschaft herzustellen. Bis über den Hals mit Problemen des wirtschaftlichen Überlebens beschäftigt, zogen sich die hochadeligen Grundbesitzer aus der Reichspolitik zurück; ursprünglich Kern des Parlaments, überließen sie dieses Feld dem Dritten Stand.

Im Unterschied zu Frankreich oder Deutschland führte dieser Rückzug nicht zum politischen Provinzialismus. Zwar war und ist Provinzdenken in England, trotz gegenteiliger Beteuerungen, stark entwickelt. Doch das Volk war hier der Träger, nicht der Adel mit seinen oft weitverstreuten Besitzungen. Außerdem hatte das Königtum zu besseren Zeiten in der Provinz feste institutionelle Wurzeln geschlagen und den Kronvasallen dort wenig Spielraum gelassen: Rechtsprechung, Steuererhebung und Parlamentsaufgebot standen unter königlicher Aufsicht. Verfassungsrechtlich kam den Lords keine Mittlerrolle mehr zwischen Volk und König zu.

In der Praxis sah das freilich anders aus. Institutionell weitgehend aus der Mitregierung entlassen und ohne gemeinsames Interesse, sie wieder zu erzwingen, wandten die hohen Herren ihre Energie darauf, sich nach Mafia-Manier Respekt und Vorteil zu verschaffen. Mit bezahlten Anhängern in Livree schüchterten sie die Gerichte ein, manipulierten Wahlen, terrorisierten kleine Landbesitzer und befehdeten große Konkurrenten. Darüber hinaus führten sie ihre Privatarmeen dem König oder einem Herausforderer zu, wenn es ihnen Nutzen versprach. Die Kontrolle des Hofes, nicht die verantwortliche Teilnahme an der Regierung, war nun Ziel einzelner Magnaten. Denn in der Macht des Königs lag es, Titel zu verleihen, Heiraten zu genehmigen, Pfründen zu vergeben, Militärkommandos zuzuteilen: Er war die Quelle von Reichtum, Ehre, Ruhm.

Ehrgeizige Barone hatten immer schon versucht, sich auf diese Weise zu bereichern und zu erhöhen. War der Throninhaber schwach, mochte das gelingen, bis die Adelsnation, die *communitas Regni,* genug davon hatte und die »falschen Ratgeber« davonjagte. Derartige Gemeinschaftsaktionen, wie sie das dreizehnte und frühe vierzehnte Jahrhundert kannte, gab es nun nicht mehr. Allenfalls einzelne Unzufriedene, unterstützt von lokalen Erhebungen, rebellierten gegen echte oder vermeintliche Mißwirtschaft. Da der Rest des Adels dabei passiv blieb, geriet der König in höchste Bedrängnis, wenn es ihm nicht gelang, genügend persönliche Anhänger aufzubieten.

Im übrigen herrschte landauf, landab das Faustrecht, der latente oder offene »Bürgerkrieg«. Denn der englische König war zwar in verfassungsmäßig starker Stellung, allein es fehlten ihm die Mittel, sie zu realisieren: Armee und Polizei. Zur erfolgreichen Regierung genügte nun auch nicht mehr, den Vasallen ein gerechter Oberherr zu sein. Es brauchte Geld und Schläue, um sich gegen die Intrigen und Insurrektionen zu behaupten. Nicht der Appell an die »staatsbürgerliche« Verantwortung rettete im Zweifelsfalle den gefährdeten Thron, sondern das Machtkalkül, die Fähigkeit, Interessen und Ambitionen gegeneinander auszuspielen. Das Zeitalter Machiavells stand vor der Tür.

Der Krieg in Frankreich ersparte den Lancaster-Königen vorerst, die Qualitäten eines neuzeitlichen *principe* zu zeigen. Mit Heinrich *Monmouth*, des vierten Heinrich Sohn, bekam England wieder einen Soldatenkönig, den letzten seiner Art in der englischen Geschichte. Heinrich V. war ein militärisches Organisationstalent, ein fähiger Truppenführer, ein gewiefter und geduldiger Stratege. Und zugleich ein Träumer, der England und Frankreich vereinen wollte, um mit den Mitteln beider Königreiche einen neuen Kreuzzug ins Heilige Land zu wagen. 1411 war er ohne Wissen seines Vaters den Burgundern mit zwölfhundert Mann zu Hilfe gekommen und hatte damit die zweite Phase des sogenannten Hundertjährigen Krieges eröffnet, den sein Urgroßvater 74 Jahre zuvor vom Zaum gebrochen hatte. Der Alte pfiff ihn zurück, doch nun, zwei Jahre später, hatte er freie Hand.

Gleichwohl mußte er bis 1415 warten, bevor er zur Eroberung Frankreichs ausrücken konnte, auf dessen Thron er ein Anrecht zu haben glaubte: Erst nach dem Scheitern von Verhandlungen hatte das Parlament, hatten die *Commoners* größere Summen bereitgestellt. Kurz bevor der König in See stach, kam ein Komplott ans Licht, ihn zugunsten seines entfernten Vetters Edmund von March zu stürzen. Verwickelt in die Verschwörung war der Graf von Cambridge, der Großvater des späteren Richard III. Er wurde umgehend hingerichtet. Edmund selbst, der Schwiegervater des Grafen, hatte sich nicht in die Verschwörung ziehen lassen.

Ein kleines, guttrainiertes Expeditionskorps genügte, Frankreichs zahlenmäßig überlegener Streitmacht eine schreckliche Niederlage beizubringen. Siebentausend Mann fielen der Überlieferung nach bei Azingourt auf französischer Seite, bei geringen Verlusten Heinrichs. Eine neue Taktik hatte den Sieg ermöglicht, der frühere Triumphe – Crécy und Poitiers – noch überstrahlte:

Langbogenschützen im Verein mit gepanzerten Rittern zu Fuß, wobei das unübersichtliche Gelände zusätzliche Vorteile schuf. Obwohl die geschwächten Engländer den Rückzug antreten mußten, war es kein Pyrrhussieg. Der Ruhm von Azingourt machte nicht nur Heinrich *Monmouth* zum unangefochtenen Herrscher im eigenen Land, er verlieh auch dem englischen Namen über Jahre hinaus Ansehen und Schrecken. Schlachten galten immer noch als Gottesurteile, und ihr Ausgang wog mehr als politischer Handel.

Der folgende Feldzug in der Normandie war nicht so spektakulär, doch nicht weniger erfolgreich. Stadt für Stadt fiel, nach beharrlicher Belagerung, in Heinrichs Hand. Im Vertrag von Troyes 1420 erreichte er, namens des geisteskranken Karl VI., die Anerkennung als Regent und Erbe von Frankreich; federführend für diesen waren die Königin und der Herzog von Burgund. Als Dreingabe erhielt Heinrich die Königstochter Katharina. Für Flitterwochen war freilich keine Zeit. Denn die Armagnaken, Gegner des Burgunderherzogs, hatten unterdessen den *Dauphin,* Karls enterbten Sohn, auf ihren Schild gehoben; der Krieg um Frankreichs Thron ging weiter. König Karl machte ihn am 21. Oktober 1322 durch sein Ableben frei. Doch da lag Heinrich *Monmouth* bereits seit zwei Monaten im Grab; während einer Belagerung war er der Ruhr zum Opfer gefallen.

Der frühe Tod ersparte dem 35jährigen bittere Erfahrungen. Als Heinrich V. starb, war Nordfrankreich, war Paris englisch, ebenso Guyenne im Süden, die Landschaft um Bordeaux. Doch Englands Niedergang auf dem Kontinent, der sieben Jahre danach mit dem Siegeszug der Jungfrau von Orléans einsetzte, war schon vorgezeichnet. Die Bereitschaft der *Commoners,* für den Waffengang auf fremdem Boden aufzukommen, hatte nach 1420 deutlich nachgelassen. Der Vertrag von Troyes bestimmte, daß Frankreich und England getrennte Reiche bleiben sollten. Folglich, so schloß der englische Steuerzahler, habe sich der Krieg in Frankreich selbst zu ernähren. Das war blanke Theorie, denn abgesehen davon, daß der englische König bei seinen französischen Untertanen kaum Unterstützung fand, war aus dem verwüsteten Land nicht mehr viel zu holen. So verloren auch die adeligen Beuteritter das Interesse am kontinentalen Kriegsschauplatz; bald war es schwer, geeignete Truppenführer zu finden.

Heinrichs V. Sohn, Heinrich, kam auf den Thron, bevor er neun Monate alt war. Regent in Frankreich wurde sein Onkel Bedford, ein erfolgreicher Feldherr und fähiger Organisator, den gleichwohl am Ende nur der Tod vor dem Eingeständnis des Konkurses bewahrte. Der Adel des besetzten Frankreich war ins Exil gegangen, das geplagte Volk verhielt sich feindselig. Jeanne d'Arcs Erscheinen vor dem belagerten Orléans im Frühjahr 1429, gefolgt vom Abzug der beinahe schon siegreichen Engländer, wirkte da wie ein Funken ins Pulverfaß. Als das Bauernmädchen von Domrémy den *Dauphin* wenig später als Karl VII. zur Krönung nach Reims führte, war die französische »Reconquista« nicht mehr aufzuhalten. Die militante Jungfrau brannte bereits im Jahr darauf auf dem Scheiterhaufen, doch ihr Tod rettete die englische Sache nicht mehr. Im Gegenteil, die Engländer schufen der *Résistance* mit diesem Justizmord eine Märtyrerin.

Als der Burgunderherzog sich 1435 mit seinen Gegnern arrangierte und König Karl den Lehenseid leistete, war das Schicksal der Plantagenets* in Frankreich endgültig besiegelt. Ohne Bundesgenossen hatte England auf dem Kontinent nichts zu bestellen. Heinrichs VI. Ratgeber wußten das und suchten ebenfalls nach günstigem Frieden. Die Verhandlungen schleppten sich bis 1444 und brachten lediglich einen Waffenstillstand und wieder einmal die Hand einer französischen Prinzessin. Denn der König von Frankreich, mittlerweile Herr über die bestausgerüstete Armee Europas, wollte nun nicht ruhen, solange noch ein Engländer im Reich seiner Väter stand. Der Eheschluß zwischen Margarete von Anjou und dem dreiundzwanzigjährigen Heinrich von England, der im April 1445 zelebriert wurde, war dabei ein besonderer Coup. Das sechzehnjährige Mädchen, hübsch, intelligent und energisch, erwies sich als Trojanisches Pferd. Ein viertel Jahrhundert lang sollte diese stolze und skrupellose Frau für Turbulenz in der englischen Geschichte sorgen – zu Frankreichs Vorteil.

Als erstes setzte sie die Rückgabe der französischen Provinz Maine an ihre Landsleute durch. Ein Proteststurm erhob sich im Parlament, ohne daß man bereit gewesen wäre, der prekären Lage jenseits des Kanals mit finanziellen Mitteln abzuhelfen. Zur Sparsamkeit der *Commoners* gesellte sich die Dummheit der militärischen Führer. Obwohl mittlerweile die Garnisonen in der Norman-

---

* Englands Herrschergeschlecht 1154–1485

die auf Minimalstärke geschrumpft waren, setzten sie im Frühjahr 1449 den Waffenstillstand aufs Spiel, um eine reiche Stadt zu plündern, und verweigerten anschließend die Genugtuung.

Darauf hatte der französische König nur gewartet. Innerhalb von zwölf Monaten überannten seine Elitetruppen, unterstützt von heimischer Guerilla, die englischen Besatzungen, zerfetzte seine Artillerie die einst siegreiche englische Bogenschützeninfanterie. Bei einem neuerlichen Angriff ging zwei Jahre später auch Guyenne verloren. Als Richard III. das Licht der Welt erblickte, unternahm der alte Talbot, einst »Schrecken der Franzosen«, gerade einen letzten Versuch, wenigstens diese ehrwürdige englische Besitzung zu retten. Vergebens: Mit seinem Tode auf dem Schlachtfeld von Castillon am 17. Juli 1453 endigte auch der Hundertjährige Krieg. Allein Calais und die winzige Grafschaft Guisnes blieben englisch.

Ein halbes Jahr später befand sich Richards Vater, der Herzog von York, im Zentrum der Macht. Daß Heinrich VI. im August erste Anzeichen von Verrücktheit zeigte, lag wohl nicht daran, daß ihn die Niederlage bei Castillon um den Verstand gebracht hätte; denn der König nahm an Kriegsereignissen wenig Anteil. Geistesabwesend starrte er zu Boden, gelegentlich von stummer Angst geschüttelt – Stuporphase einer katatonischen Schizophrenie, die er wohl von seinem französischen Großvater, Karl dem Wahnsinnigen, geerbt hatte. Das bedeutete für Richard von York die Rückkehr in die Politik, denn er war der nächste in der Erbfolge und damit zur Regentschaft legitimiert. Daran änderte nichts, daß Königin Margarete im Oktober einen Thronfolger gebar, im Gegenteil: Nun brauchte es einen Vormund.

Das war aber nicht der einzige Grund für Yorks neuerlichen Aufstieg, der nur den Sturz der »Lancasterianer« um Somerset bedeuten konnte: Die Verrücktheit des Königs war vielmehr Symbol für den Zustand des Reiches und seiner Regierung. Das Desaster in Frankreich bildete dabei die geringere Sorge. Zweifellos gab es eine Anzahl adeliger Glücksritter und bürgerlicher Investoren, die lauthals nach Ersatz für die verlorenen Güter in den »Übersee«-Provinzen schrien. Zweifellos traf das beschämende Ende des hundertjährigen Abenteuers auch die *Commoners* in ihrem Stolz, die den Eroberungskrieg lange mitgetragen hatten. Und sicher bedrohte der französische Sieg auch die englischen Handelswege im Kanal. Doch hinter diesen chauvinistisch-merkantilen Argumenten verbarg sich tieferes Mißvergnügen.

Die Ursache dafür lag in der Person des Königs, der den Anforderungen eines modernen Fürsten nicht gewachsen war. Fast ein halbes Jahrhundert lang war Heinrich VI. Gegenstand der englischen Politik – fünfzehn Jahre minderjährig, fünfundzwanzig Jahre lang dem Namen nach regierend, neun Jahre lang im Exil und in Gefangenschaft. Mit Tugenden versehen, die man im fünfzehnten Jahrhundert allenfalls in der Literatur schätzte, bildete er das gerade Gegenteil seines Vaters: Er haßte den Krieg, liebte die Religion und vertraute seinen Ratgebern blindlings. Zweifelsohne hinderte nur der Krieg in Frankreich die Barone, ihm vorzeitig das Schicksal seines Großohms Richard II. zu bereiten.

Bis 1435, als der Hundertjährige Krieg in seine letzte Runde ging, hielten sich Heinrichs Onkel – Bedford, Gloucester und Bischof Beaufort von Winchester – das Gleichgewicht in der Regierung. Das schloß gelegentliche Straßenkämpfe ihrer jeweiligen Anhänger nicht aus. Nach Bedfords Tod 1435 und dem Regierungsantritt des jungen, frommen Königs zwei Jahre später gewannen die Beauforts schließlich die Oberhand. Gloucester, der »gute Herzog Humfried«, ging in die Opposition. Eine gefährliche Sache damals. Und so überlebte er in dieser Rolle auch nicht lange. Als er mit seinen Attacken gegen die Friedenspolitik der Hofpartei allzu volkstümlich wurde, stellten ihm seine Gegner eine Falle. Am 18. Februar 1447 verhafteten sie ihn während des Parlaments von Bury St. Edmunds. Drei Tage später war er tot. Seine Anhänger sagten, er sei ermordet worden.

Gloucesters alter Widersacher, der Bischof Beaufort, starb wenige Wochen darauf. Er hatte sich allerdings schon seit einiger Zeit aus der aktiven Politik zurückgezogen. Den Hof beherrschten zu dieser Zeit Suffolk und Somerset. Edmund Beaufort, Neffe des Bischofs, war 1444 nach dem Tod seines Bruders Herzog von Somerset geworden und hatte von diesem auch die Statthalterschaft in der Normandie übernommen. Er wirkte als Liquidator der nordfranzösischen Besitzungen.

William *de la Pole*, Graf von Suffolk, war ein Veteran des Hunderjährigen Kriegs, einst Gefangener der Jungfrau von Orléans, den seine Freilassung das fürstliche Lösegeld von zwanzigtausend Pfund gekostet hatte. Seit 1443 dominierte er die englische Politik. Er hatte Heinrichs Heirat 1445 arrangiert und erntete nun den Dank der Königin, die ihren gutmütigen Gemahl fest im Griff hatte. Suffolk war Prototyp jener Adelsschicht, die den »Bastard-Feudalismus« ausmachte: kultivierter Gönner und Dilettant der Schönen Künste, demütiger Patron der Kirche, ausgestattet mit den Raubinstinkten eines Gentleman-Gangsters. Er schreckte vor keiner Rechtsbeugung, keiner noch so schnöden Schändlichkeit zurück, wenn es seinem Besitzdrang, seiner Herrschgier, dem Hochmut seines Standes unabdingbar schien. Unter seiner Regierung erreichte die Mißwirtschaft der Lancasterianer ihren allen sichtbaren Höhepunkt, verstärkt durch den spektakulären Effekt der militärischen Niederlage in der Normandie.

Dabei war der Graf – seit 1448 Herzog Suffolk – zumindest für den verlorenen Krieg nicht verantwortlich. Mochte der Waffenstillstandsbruch vom Frühjahr 1449, der das Ende von Englisch-Frankreich einläutete, auch auf sein persönliches Konto gehen: Der Bankrott englischer Expansionspolitik auf dem Kontinent hätte einen anderen ebenso getroffen. Es war auch nicht der Krieg, der Englands Gesellschaft in Unordnung brachte. Im Gegenteil, der hatte – auf Kosten des unglücklichen Frankreich – sogar stabilisierend gewirkt. England litt vielmehr an sich selbst: an der Ignoranz der königlichen Verwaltung, dem Beutetrieb des Adels und der Resignation des Mittelstandes, der im politischen Dschungelkampf nach einer Überlebensnische suchte.

Es waren großteils nicht mehr Kleriker, die im fünfzehnten Jahrhundert als Minister und Hofbeamte dienten, sondern adelige Laien. Es mangelte diesen nicht unbedingt an Fachbildung, doch im Unterschied zu ihren Vorgängern standen sie in der Familienpflicht, und die gebot ihnen, für Nachkommen und Erben Güter anzuhäufen. Staatsinteresse, Loyalität oder Beamtenethos galten demgegenüber nichts. So nutzten sie ihre Position nicht nur zum Griff in die königliche Kasse – die Staatskasse –, sondern auch zu Machtgewinn und Besitzmehrung in der Provinz. Rechtsbeugung war dabei ein gängiges Mittel.

Einem entschlossenen, geschickten und glückbegabten Herrscher mochte es gelingen, den Schaden gering zu halten und vor allem zu verhindern, daß einer seiner Diener »übermächtig« wurde. Denn politische und soziale Asymmetrie störte den inneren Frieden und bedrohte so den Thron auch mittelbar. »Es kann einem Fürsten nichts Schlimmeres widerfahren als ein Untertan, der ebenso mächtig ist wie er selbst«, doziert Johann Fortescue,

Oberster Richter in Lancaster-Diensten; denn dann könnten diese Untertanen tun, was sie wollten, und der König wäre nicht mehr mächtig genug, sie in Schranken zu weisen.

Genau das passierte aber unter dem sechsten Heinrich. Während das Parlament zunehmend von den *Commoners* beherrscht wurde, hatte sich die Einflußnahme der Lords auf den Reichsrat verlagert. Normalerweise fanden hier die gegensätzlichen Interessen der Adelsvertreter ihren Ausgleich, sei es unter königlicher Aufsicht oder, im Falle von Minderjährigkeitsregierungen, in Form einer Notkoalition. Als Heinrich großjährig wurde, gelang es jedoch einer Minderheit, die Gewalt ungeteilt an sich zu reißen: Suffolk und den Beauforts. Mit Unterstützung der Königin isolierten sie den willenlosen, frömmelnden König von unerwünschten Einflüssen, so daß es am Ende hieß, sogar die Predigten, die er zu hören bekäme, seien zensiert. Die Regierung handhabe sie wie eine Beute. Ihr eigennütziger Umgang mit den königlichen Finanzen häufte innerhalb weniger Jahre einen Schuldenberg von 372 000 Pfund an; die Ausgaben wuchsen (in Friedenszeiten!) auf das Fünffache der Einnahmen.

Daß sie versuchten, das Defizit durch Steuererhöhungen auszugleichen, erregte beim Volk Unwillen:

»Ihr habt den König arm gemacht,
Nun bettelt er bei Tag und Nacht«,

ging der Reim.* Und Heinrichs Richter Fortescue schreibt später dazu: »Das größte Übel, das aus der Armut eines Königs erwächst, ist, daß er aus Not gezwungen ist, zu außergewöhnlichen Mitteln Zuflucht zu nehmen, um an Geld zu kommen – etwa unschuldige Untertanen zu berauben . . .; oder Strenge zu zeigen, wo Gunst angebracht wäre, und gnädig zu sein, wo Härte von Nutzen wäre: also zur Verdrehung des Rechts und zur Störung von Frieden und Ruhe im Reich. Denn wie der Philosoph sagt: Unmöglich ist es dem Armen, Gutes zu verrichten.«

Ein politisches System, das weder Mehrheitsentscheide noch formalisierte Regierungswechsel kennt, kann nur funktionieren, wenn sich die Mächtigen in die Macht teilen, und die Mehrheit sich dabei leidlich regiert fühlt. Andernfalls suchen die Benachteiligten außerhalb des Rechts nach Gerechtigkeit. Wenn der König nur einigen wenigen »gnädig« ist, sehen die übrigen keinen Anlaß

---

* Ye have made the kyng so pore
that now he beggeth fro dore to dore.

zur Loyalität; wenn Besitzmehrung nicht mehr über den billigen Weg königlicher Gunst geht, bleibt nur das Schwert, um sich vom Kuchen ein Stück zu holen. Gegen Ende der vierziger Jahre stieg die Rate der Adelsfehden sprunghaft. Die hohen Herren lieferten sich regelrechte Schlachten mit ihren Privatarmeen. Das Volk ließ sich nicht lumpen und revanchierte sich durch Wegelagerei für erlittene Unbill. Mit dem König in der Hand einer Partei fehlte dem gesellschaftlichen Konsens der Brennpunkt; doch nur Konsens konnte, da ein moderner Polizeiapparat fehlte, den inneren Frieden garantieren. Unmut artikulierte sich in politischer Lyrik:

»Hüte dich, Heinrich, mit deinen Sachen;
Laß die Verräter nicht länger machen;
Sie mißbrauchen nur dein Vertrauen.
Die Verräter alle zusammengehen,
Um fest wie Brüder zusammenzustehen;
Laß sie trinken, was sie sich brauen.
O König, wenn du König bist, regiere oder du hast kein Recht,
König zu sein;
Du führst den Namen zu Unrecht, wenn du nicht richtig
regierst.«*

Es wurden keine Anstrengungen unternommen, den Zustand zu bessern. Die Hofkamarilla wagte sich nicht mehr aus dem Schutz ihrer Hochburgen, London war ein unsicheres Pflaster geworden. Nicht nur London. Während von den französischen Schlachtfeldern eine Hiobsbotschaft die andere jagte, geschlagene Truppen ins Land zurückströmten und die Küste ebenso unsicher machten wie bretonische und normannische Piraten, gärte es allenthalben. Anfang 1450, am 9. Januar, kam es zur ersten Eruption: Ein Mob von Kriegsleuten, die sich um einen Teil des Solds geprellt fühlten, ermordeten den Bischof von Chichester, einen hohen Beamten des Königs. Wie auf Signal erschienen Agitatoren, unter dubiosen Pseudonymen wie »Königin des Feenlandes« oder »Blaubart«, und reizten zum Aufruhr.

---

* Be ware, Kyng Henré, how thou doos;
Let no lenger thy traitours go loos;
They will never be trewe.
The traytours are sworne alle togedere
To holde fast as they were brether;
Let hem drynk as they hanne brewe.
O rex, si rex es, rege te, vel eris sine re rex;
Nomen habes sine re, nisi te recte regas.

29

Der Unmut über die Mißwirtschaft der königlichen Clique fand auch geordneten Ausdruck. Siebzehn Tage nach Chichesters gewaltsamem Ende eröffneten die *Commoners* im Parlament den Hochverratsprozeß gegen Suffolk: Der Herzog habe vorsätzlich den Verlust der Normandie verschuldet und mit französischer Hilfe ein Komplott gegen den König geplant. Die Anklage war aus der Luft gegriffen. Sie stellte freilich die einzige Möglichkeit dar, einen königlichen Minister zu stürzen. Suffolk, mittlerweile im Tower, wußte, daß er im Parlament keine Gnade finden würde. Das Volk triumphierte:

»Jetzt ist der Fuchs im Loch!
Weg mit ihm, weg, weg immer wieder!
Denn kriecht er noch mal heraus,
macht er Euch alle nieder.«*

Doch auch von den Lords hatte er nichts Gutes zu erwarten. Er verzichtete darum auf sein Privileg, sich der Standesgerichtsbarkeit zu unterstellen, die ihn dem Spruch der Commoners entzogen hätte. Rettung konnte nur von Königin und König kommen, die tatsächlich auf Verbannung entschieden. Bei Nacht und Nebel verließ Suffolk London, um der rachedurstigen Bürgerschaft zu entgehen. Doch er entkam seinen Häschern nicht. Kaum auf See, wurde sein Fahrzeug aufgebracht. Er starb in einem Beiboot auf dem Block, unter den Streichen eines unkundigen Henkers, wie es heißt; bei Seegang ist auch nicht gut köpfen. Sein Leichnam wurde nackt an den Strand von Dover geworfen. Das Volk atmete auf über den Tod des verhaßten Mannes. Einem Orakelspruch zufolge wäre der Herzog gerettet gewesen, wenn er den »Gefahren des Towers« entronnen wäre; er entkam dem *Tower of London*, doch das Schiff, mit dem er floh, hieß *Nicholas of the Tower* . . .

Suffolks Sturz löste die Krise nicht. Er setzte vielmehr Zeichen für eine größere Erhebung im stets unruhigen Kent. Ein irischstämmiger Abenteurer namens Jack Cade, genannt *Amend-all* (»Weltverbesserer«), bekam hier mit der Forderung nach einer umfassenden Regierungsreform Zulauf aus allen Bevölkerungsschichten. Unterstützt von Aufständischen aus Sussex, Essex und

---

* Now is the fox drevin to hole!
hoo to hym, hoo, hoo!
ffor and he crepe out,
he will yow alle vndo.

Surrey marschierte er gegen London, schlug ein eilig zusammengetrommeltes Heer des Königs in die Flucht und machte sich zum Herren der Hauptstadt. Heinrich VI. mußte fliehen. Englands Schatzkanzler Say und sein Schwiegersohn, der Sheriff von Kent, starben unter dem Richtschwert der Rebellen. Cades undisziplinierte Truppe war den Londonern freilich bald ein Greuel. Es dauerte keine vier Tage bis sich die Rebellen, im Straßenkampf zermürbt und durch Kapitulationsangebote korrumpiert, zerstreuten. Ein Landjunker verdiente sich tausend Mark mit Cades Kopf.

Der Aufstand des »Weltverbesserers« war gescheitert, das Volk jubelte gleichwohl über die blutige Rache an der Hofpartei. Als Cade vor London stand, war des Königs Beichtvater, Bischof Ayscough von Salisbury, beim Messelesen von Gemeindemitgliedern ermordet worden. Nun kursierte der Spruch:

»Doch Suffolk, Salisbury und Say,
die England betrogen,
ging's an den Kragen.
Anfang des Mai
war Grund noch zum Zagen
und Wehe zu sagen.
Doch Suffolk, Salisbury und Say,
die starben im Mai.
England ist wohlauf dabei!«*

Jack Cade hatte sich selbst *Mortimer* genannt und damit Anspruch erhoben, mit Richard von York verwandt zu sein, der über Mutterlinie Erbe der gleichnamigen Adelsfamilie war. Ein Programmpunkt des Aufrührers aus Kent lautete denn auch auf Beteiligung des Herzogs am Reichsrat. Richard von York war zu dieser Zeit Statthalter in Irland. Nicht ganz freiwillig, denn die Ernennung vom Dezember 1447 war eine Weglobung. Richard war seit dem Tod Humfried Gloucesters möglicher Thronfolger und damit in einer Position, die Suffolks Kreise störte.

---

* But Suffolk, Salisbury, and Say
  Slain were they
  that England betrayed.
  In the first day of may
  we should be afraid
  and say woe away.
  But Suffolk, Salisbury, and Say
  be done to death by may;
  England may seem well away!

Dabei war der Herzog bisher politisch nicht aufgefallen. Mit vier Jahren durch den Tod von Onkel und Vater zu einem der reichsten Landbesitzer geworden, unter der Vormundschaft der königstreuen Nevilles von Westmoreland aufgewachsen, machte er Karriere, ohne je zum inneren Regierungszirkel zu gehören. Zweimal war er immerhin Statthalter in Frankreich, bis ihn dort die Beauforts ablösten – gerade rechtzeitig, um nicht in den Untergangsstrudel der englischen Kontinentalpolitik zu geraten. Er hat es der Hofpartei wohl nicht gedankt, zumal für die Amtsenthebung kein sachlicher Grund vorlag. Durch seine Entfernung aus England sah er sich nun zum zweiten Mal düpiert, ließ es sich jedoch nicht anmerken. Statt dessen wandte er die Strafversetzung zu seinem Vorteil: Innerhalb kürzester Zeit hatte er die Kolonie zu einem yorkistischen Vorposten ausgebaut.

Richard von York war ein biederer, aufrechter Charakter. Der Intrige abhold, wußte er gleichwohl, was er seiner Familie schuldig war. Seit Humfried Gloucester tot war, führte er selbstbewußt und mit Bedacht den Beinamen *Plantagenet* – Hinweis auf seine direkte Abstammung von Heinrich II., dem Ahnherrn des englischen Königsgeschlechts, und eine offensichtliche Spitze gegen die Beauforts und die zweifelhafte Legitimität ihrer Linie. Edmund Beaufort, Herzog von Somerset, kam als geschlagener Feldherr nach England. Am 15. April bei Formigny besiegt, hatte er kurz darauf Caën räumen müssen. Während die Reste seiner abgerissenen Armee die Straßen Londons unsicher machten – »in armseligem Aufzug, jammervoll anzusehen« –, trat er das politische Erbe Suffolks an.

Das Land war in schlimmem Zustand. Die Zerschlagung der Cade-Revolte hatte keinen Frieden gebracht. Das Volk war nicht versöhnt mit dem verhaßten Regime, es verfolgte seine Vertreter bis in den Tod: Ende Juli stürmten frisch heimgekehrte Veteranen die Ruhestätte des hingerichteten Schatzkanzlers Say, rissen seine Wappenschilde von den Wänden und hängten sie verkehrt herum auf. Wahrscheinlich waren sie um ihren Sold betrogen worden. »Die Welt war damals so verdreht, daß man nirgendwo in diesem Land ohne bewaffnete Begleitung reisen konnte«, weiß ein Chronist zu berichten.

Anfang August gab es schlimme Nachricht für den Hof: Richard von York träfe Vorbereitungen, nach England zurückzukehren.

Einen Monat darauf landete er tatsächlich in Wales. Schon bei seiner Abreise 1449 hatten königliche Truppen ihm vergeblich einen Hinterhalt gelegt. Nun entkam er einem neuerlichen Anschlag. Weniger Glück hatte Tresham, Sprecher der *Commoners* im letzten Parlament: Als er dem Herzog entgegenritt, wurde er unterwegs von einer Bande unter Lord Grey von Ruthin ermordet. Doch wenig später schon war der Herzog stark genug, mit Truppenmacht in London einzuziehen und dem König seine Forderung zu überbringen: einen ersten Platz im Reichsrat und die Aburteilung der »Verräter«, *id est* Somerset.

Heinrich sagte eilig zu, darüber Parlament zu halten. York fand dort starken Rückhalt bei den *Commoners,* die er seinerseits in ihrem Kampf um Finanzreform unterstützte. Er erreichte auch eine Anklage gegen Somerset; der Herzog wurde verhaftet. Doch es kam, trotz starken Drucks von der Straße, nicht zur Verurteilung. Als Yorksche Sympathisanten versuchten, sich der Person des verhaßten Gegners gewaltsam zu bemächtigen, schritt Londons Bürgermeister ein und ließ den Lynchmob zerstreuen.

Wenig später – es war mittlerweile Dezember – wurde das Parlament vertagt, Somerset aus der Haft entlassen. Als im Mai darauf Lords und *Commoners* erneut zusammentraten, war Somerset frisch ernannter Hauptmann von Calais und Rechnungsprüfer der königlichen Hofhaltung. Im Juni wurde das Parlament endgültig aufgelöst.

Richard *Plantagenet* blieb nur der Rückzug auf seine Güter. Die erste Runde hatte er verloren. Es drückte ihn nicht allein die offene Feindschaft der Hofclique. Bedrohlicher war die Aussicht, seine Anwartschaft auf den Thron an die Beauforts zu verlieren. Bisher hatte sich der kinderlose König nicht bereit gefunden, die Erbfolge festzulegen. Als im Frühjahr 1451 Unterhaussprecher Yonge beantragte, York als »Vizekönig« zu nominieren, warf man ihn in den Tower. Dabei ging das Gerücht, die Beaufort-Linie solle per Gesetz gänzlich vom Makel der Unebenbürtigkeit befreit werden. Somerset hätte dann seinerseits zum Stellvertreter des Königs befördert werden können. »Der Herzog von Somerset arbeitet ständig bei seiner Königlichen Hoheit darauf hin, mich zu vernichten und mein Blut zu verderben und mich und meine Nachkommen um das Erbe zu bringen«, argwöhnte *Plantagenet* in einem Brief an die Bürgerschaft von Shrewsbury im Februar 1452.

Das war bereits der Auftakt zum zweiten Anlauf auf die Macht.

Seit dem Herbst 1451 suchte er in großangelegter Propaganda-Aktion nach neuer Anhängerschaft. Ansatz war das Desaster in Frankreich, aber auch die innenpolitische Misere. Er sei »des Königs treuer Lehensmann«, der »Freiheit, Frieden, Ruhe und Ordnung für das Reich« wolle, doch seine Reformvorschläge seien »durch Neid, Bosheit und Treulosigkeit von seiten des Herzogs von Somerset« mißachtet worden, »der durch die Person des Königs herrscht und regiert, wodurch das Land an den Rand des Abgrunds gekommen ist«. Man vergegenwärtige sich »Achtung, Ansehen und Respekt, die dem Reichsvolk von allen Nationen entgegengebracht wurden, als Englands Souverän noch Herr in Frankreich und der Normandie war«, und vergleiche damit »Abbruch, Schmälerung an Gut, Ehrabschneidung und Büberei infolge des Verlustes dieser Länder, namentlich unter dem Herzog von Somerset, als dieser dort Kommando und Regierungsvollmacht innehatte«. So faßte York seine Argumentation am 3. Februar im Schreiben nach Shrewsbury zusammen.

Wenig später marschierte er zum zweiten Mal auf London, unterstützt von Erhebungen im Süden Englands. Das Unternehmen geriet jedoch zum Fiasko. Die Tore der Hauptstadt waren diesmal verschlossen, und die Hofpartei hatte eine respektable Armee zusammengebracht. Es kam zu Verhandlungen, doch York sah sich am Ende betrogen. Wenn er seine Truppen entlasse, so wurde ihm versichert, würde der Prozeß gegen Edmund Beaufort erneuert. Richart *Plantagenet* akzeptierte, »aber als er in das Zelt des Königs kam, war der Herzog von Somerset immer noch in der Umgebung des Königs und sein erster Gesellschafter; und der Herzog von York wurde gezwungen, wie ein Gefangener vor dem König durch London zu reiten«, heißt es in der Stadtchronik.

Nur das Gerücht, sein zehnjähriger Sohn Eduard nähere sich mit Heeresmacht aus Wales, rettete York das Leben. In der Pauls-Kathedrale mußte er am 10. März 1452 den feierlichen Eid schwören, nie wieder Truppen gegen den König oder einen seiner Untertanen auszuheben, andernfalls folge die Ächtung. Wieder einmal war der biedere Mann von seinen gerissenen Gegnern ausmanövriert worden. Heimgekehrt auf Burg Fotheringhay, erwartete ihn seine hochschwangere Gattin Cäcilie.

Als Richard III. geboren wurde, war Christoph Kolumbus ein Jahr alt; die Türken rüsteten gerade zur Eroberung Konstantinopels, und Gutenberg begann in Mainz mit dem Druck seiner 42zeiligen Bibel. Wenige Monate zuvor hatten drei andere Knaben das Licht der Welt erblickt, die auf ihre Weise Geschichte machen sollten: Ferdinand von Aragon, Begründer des spanischen Weltreichs; Leonardo da Vinci, Künder der Moderne in Kunst und Wissenschaft; Savonarola, Prophet der Reformation. Für manchen Europäer lag England damals am Rande des Erdkreises – beklagte sich doch der Mailänder Botschafter in Flandern, er sei ans Ende der Welt versetzt worden. Noch Shakespeare nannte die Insel »die äußerste Ecke im Westen« – *that utmost corner of the west.* *

Englands Bedeutung, da hatte Richard *Plantagenet* zweifelsohne recht, lag in seiner Präsenz auf dem Kontinent. Seit Herzog Wilhelm von der Normandie 1066 das angelsächsische Königreich erobert hatte, war die Insel Teil Europas, gehörten Teile Frankreichs zu England. Bevor der kleine Richard seinen ersten Geburtstag feierte, fiel das Anglo-Angewinische Reich, von Heinrich II. *Plantagenet* gegründet, endgültig in Scherben; es hatte 299 Jahre den Kanal überspannt. Die erfolgreiche Kanonade von Castillon, in der Englands mittelalterliche Bogenschützen im Pulverdampf untergingen, läutete auf unfeierliche Weise ein neues Zeitalter ein. Zwei Monate zuvor, am 29. Mai 1453, war Konstantinopel gefallen. Das Ende des oströmischen und des anglo-angewinischen Imperiums setzte einen Schlußstrich unter das Mittelalter. Die Türkenherrschaft am Bosporus kappte den Landweg zu Indiens Gewürzen und Chinas Seide; sie wurde, ebenso wie die Vertreibung der Plantagenets vom europäischen Festland, zur Voraussetzung für Albions Aufstieg zur Seemacht.

Während Klein Richard erste Schreiübungen machte, unternahm Talbot den Versuch, die im Januar 1451 verlorengegangene Guyenne zurückzuerobern, und er hatte überraschende Anfangserfolge. In euphorischer Stimmung trat im März 1453 das Parlament von Reading zusammen und gewährte großzügige Kriegshilfe. Somerset profitierte von der politischen Großwetterlage und nützte die Gelegenheit zur kleinlichen Rache. Ein Parteigänger der Lancasterianer war Unterhaussprecher geworden, und so stimmten die Commoners, überdies durch Entgegenkommen in der Finanzreformfrage versöhnt, der Ächtung William Oldhalls zu, Yorks rührigem Privatkämmerer. Im Juli brachen jedoch alle Hoff-

---

* King John II, 2. Akt, 1. Szene

nungen auf Wiedereroberung der verlorenen Provinz zusammen. Talbot war tot, sein letztes Aufgebot zerschossen. Einen Monat später trafen sich Nevilles und Percies bei Stamford Bridge zum Gefecht, zur ersten Schlacht der dreißigjährigen Adelsfehde. Der »Krieg der Hundert Jahre« und die »Rosenkriege« gingen nahtlos ineinander über.

Die Rivalität der Nevilles und Percies war so alt wie die Geschichte ihres Aufstiegs im Grenzkrieg gegen Schottland. Seit 1377 Grafen von Northumberland, beobachteten die Percies mit Mißgunst das Heiratsglück ihrer Widersacher, das freilich nicht von ungefähr kam. Graf Percy, genannt »Heißsporn«, hatte sich 1399 als Königsmacher Heinrichs IV. betätigt, doch war er schließlich beim Versuch gefallen, seinen Protegé wieder zu stürzen. (Das gleiche Schicksal sollte später einem Neville widerfahren – Graf Warwick.) Seither galt die Gunst des Hofes mehr der anderen nordenglischen Familie, zumal diese mit den Beauforts liiert war. Die Nevilles standen demnach treu zu Lancaster und spielten seit 1450 allenfalls Vermittler zwischen Somerset und York, ihrem anderen Verwandten, der bisher im Adelslager kaum Unterstützung fand.

Da machte Somerset einen Fehler: Er versuchte, Richard Neville – den jungen Grafen Warwick – um eine lukrative Vormundschaft zu bringen. Der stolze Mann vergaß das nicht. Es war dies der Anfang eines Frontenwechsels, der am Ende die Nevilles bei York, die Percies auf Lancaster-Seite sah. Ab 1453 ging es im Kampf der rivalisierenden Herzöge nicht mehr um gute oder schlechte Politik. Der Familienzwist im Königstamm zog wie ein Magnet alle kleineren Fehden an. Hie Lancaster, hie York, hieß fortan die Devise.

Als Königin Margarete nach acht Jahren Kinderlosigkeit am 14. Oktober 1453 einem Sohn das Leben schenkte, konnte sie sich über den Triumph ihrer Mutterschaft nicht freuen. Denn Heinrich, ihr Gemahl, befand sich in geistiger Umnachtung und war damit als Marionette ihres Willens unbrauchbar. Die Funktionsunfähigkeit des Königs rief den Reichsrat auf den Plan und beendete damit die Herrschaft des Küchenkabinetts. Die versammelten Lords waren vom Anspruch der jungen Französin, die Regentschaft zu führen, wenig erbaut. Auch daß sie ihren Sprößling Eduard nannte, nach Englands großen Königen, machte sie nicht beliebter; sie blieb Symbol für die Schmach in Frankreich. Das Volk legte später dem König in den Mund:

»Einst setzten die Lords zum Lob für mich an,
Wie für einen Füsten hier nicht alle Tage;
Ich nahm eine Frau nach meinem Plan,
Dies war der Grund für all meine Plage.
Ihrem Willen sagte ich niemals Nein;
So klage ich nun und leide viel Pein.«*

York hatte den Thronfolger sofort anerkannt, doch damit erschien er wiederum in den Augen der besorgten Mutter nicht vertrauenswürdiger. Tatsächlich bedeutete die Geburt des Königskindes im Zeitalter großer Kindersterblichkeit wenig für einen ehrgeizigen Thronanwärter. Margarete konnte sich jedoch nicht durchsetzen. Im Staatsrat dominierten nun die Nevilles, die sich von der Hofpartei um Somerset allmählich absetzten. Im Dezember mußte Edmund Beaufort erneut in den Tower gehen. Eine Vorentscheidung fiel, als Richard *Plantagenet* im Februar 1454 das Parlament an Königsstelle eröffnen durfte. Doch erst Ende März rangen sich Lords und *Commoners* durch, den Herzog zum *Protector and Defenser* auszurufen, zum »Beschützer und Verteidiger« des Reichs. Das war weniger als Regent, aber faktisch doch dasselbe.

York tat das Möglichste, seine Position zu festigen und auszubauen. An Somerset, der in »Schutzhaft« blieb, kam er nicht heran. Es gelang ihm nur, den Erzgegner als Hauptmann von Calais abzulösen. Unterdessen stellte er sich mit den Nevilles gut. Graf Salisbury, sein Schwager, wurde Kanzler. Durch ein Sondergericht schüchterte er die streitlustigen Percies ein, namentlich Lord Egremont, aber auch ihren Verbündeten, Exeter, der ins Gefängnis mußte. Das Glück währte nur bis Jahresende, als der fromme König wieder zu Verstand kam. Nachdem er sein Kind erkannt hatte, habe er, so heißt es, ausgerufen, das müsse der Sohn des Heiligen Geistes sein – ein durchaus doppeldeutiges Bonmot; möglicherweise eine Erfindung der Yorkisten, die in ihrer Propaganda nicht zimperlicher waren als später Tudors Lohnschreiber.

Somerset und Exeter, der Haft entronnen, schwammen erneut

---

* Sum tyme lordis of thys lond sette me at gret pris,
  Swiche a prynse in this rem was ther neuer non;
  I weddyd a wyf at my devyse,
  That was the cause of all my mon.
  Thyll her intente seyd I neuer naye;
  Ther-for I morne & no thyng am mery.

37

obenauf. Yorks Ernennungen wurden rückgängig gemacht; *Plantagenet* zog sich wieder einmal auf eine seiner Burgen zurück, diesmal Sandal in Yorkshire. Doch nicht genug damit. Als Somerset für Mai 1455 den Reichsrat nach Leicester einlud und dabei ausschließlich eingeschworene Lancasterianer benannte, wußten York und seine Parteigänger, was es geschlagen hatte. Zum dritten und immer noch nicht letzten Mal marschierte der Herzog in Richtung Hauptstadt, diesmal mit dem mächtigen Neville im Gefolge. Bei St. Albans vor London traf er Somerset mit einer eilig zusammengetrommelten Truppe.

Es standen sich keine Armeen gegenüber, sondern allenfalls »Leibwachen«: Dreitausend Mann hatte York herangeführt, etwa zweitausend schützten den König. Richard *Plantagenet* war immer noch auf Verhandeln eingestellt, doch seine Forderungen waren für die Lancasterianer unannehmbar, Heinrich bekam sie gar nicht zu sehen: Auslieferung der »Verräter«, andernfalls Anwendung von Gewalt. Am 22. Mai brachen Yorks Leute in das Städtchen. Drei Stunden währte das Hauen und Stechen in den schmalen Gassen. Das Blutopfer war nicht allzu hoch, ein paar hundert Tote, doch darunter der Herzog von Somerset, Graf Percy von Northumberland, Lord Clifford und Humphrey Stafford, der älteste Sohn des Herzogs von Buckingham (und ebenfalls aus dem Geschlecht Eduards III.); Buckingham selbst war verwundet, so auch Heinrich Beaufort, der Erbe Somersets – alle auf seiten des Königs, der eine Fleischwunde am Hals erlitten hatte. Somerset fiel in *St. Peter's Street* unter einem Wirtshausschild mit einer Burg darauf: Es dauerte nicht lang, da wurde eine frühere Prophezeiung kolportiert, der Herzog würde einst am Fuße einer Burg sein Ende finden. In England liebte man solche Geschichten.

York hatte sein Ziel erreicht, er konnte sich nun Großmut leisten. Dem König machte er die Honneurs und beim Parlament legte er eine Dokumentation der Ereignisse vor. Ein Generalpardon, der nur den toten Somerset und zwei seiner Sekretäre ausnahm, war zur Versöhnung gedacht. Im November wurde York auf Antrag der *Commoners* zum zweiten Mal Protektor. Er blieb es bis zum 26. Februar nächsten Jahres, als Heinrich VI. persönlich beim Parlament erschien und ihn in allen Ehren entließ.

Klein Richard war nun drei Jahre und vier Monate alt. Die folgenden Jahre erlebte das Kind wohl zunehmend mit Bewußtsein. Was außerhalb von Fotheringhay geschah, blieb ihm freilich fremd. Auch seinen Vater sah der Kleine in dieser Zeit nicht öfter, obwohl dieser jetzt mehr Muße hatte als zuvor. Richard von York blieb Mitglied des Reichsrats, doch an Mitregierung war nicht mehr zu denken. Margarete von Anjou hatte, seit Heinrich voll bei Verstand war, das Heft am Hof wieder fest in der Hand. »Die Königin ist eine bedeutende und sehr energische Frau, denn sie scheut keine Mühe, die Dinge so zu wenden und zum Abschluß zu bringen, daß sie ihr zum Vorteil sind«, heißt es über sie in einem Privatbrief.

Der Tod Somersets hatte nichts gelöst. Nach und nach kamen wieder Lancasterianer in die Regierungsposten, vor allem solche, die der Königin persönlich ergeben waren, darunter viele Söhne gefallener Führer. Sie hatte die Hauptstadt, deren Bürger ihr nicht wohlgesinnt waren, verlassen, aber die Londoner Gerüchteküche brodelte dennoch über. Graf Wiltshire, der königliche Schatzmeister, sei nicht nur ihr Liebhaber, er sorge auch dafür, daß ihr Privatkonto gut gefüllt sei. Den Grafen Devon, der sie einmal beleidigt hatte, habe sie vergiften lassen. Im übrigen plane sie die Absetzung des Königs zugunsten ihres Sohnes Eduard, der auch nicht Heinrichs Sohn sei.

Ein Jahr zuvor hatte es in einem Brief aus London geheißen: »Es werden hier viele wunderliche Geschichten erzählt von Dingen, die diesen Monat passieren sollen. So sagt man zum Beispiel, ein gewisser Doktor Grene, ein Pfarrer, habe ausgerechnet[*], daß vor dem Andreas-Tag die größte Schlacht seit der von Shrewsbury geschlagen würde und daß sieben Lords sterben würden, darunter drei Bischöfe. Ich hoffe bei Gott, daß es nicht dazu kommen wird.« Der Wunsch des Schreibers wurde erfüllt, doch was tatsächlich folgte, war nicht erfreulicher. Wenn auch die Großen stillhielten, der Bürgerkrieg im kleinen ging weiter. Nicht nur in der Provinz, sondern nun auch in der Hauptstadt.

Einheimische Kaufleute wehrten sich gegen italienische Konkurrenten, die vom Hof protegiert wurden; es kam zu blutigen Aufruhren. In der *Fleet Street,* dem heutigen Zeitungsviertel, lieferten sich Bürger mit Justizbeamten Straßenkämpfe. »Wandzeitungen« an Kirchentoren stritten für oder gegen York. In den Wirtshäusern sang man Spottlieder auf den Hof. Nicht genug, daß englische

---

[*] Es handelte sich um einen Astrologen

Kauffahrer im Kanal nicht mehr sicher waren: 1457 plünderte eine französische Flotte den Küstenort Sandwich. Wie es hieß, sei der Kommandant ein Freund der Königin; Sandwich aber war für seine Sympathien der Yorkschen Sache gegenüber wohlbekannt.

»Zu dieser Zeit war England ohne jede vernünftige Regierung, wie schon viele Jahre vorher, denn der König war einfältig und von eigensüchtigen Ratgebern geführt und borgte mehr, als er wert war. Seine Schulden stiegen ständig, aber von Rückzahlung war nicht die Rede. Alle Besitzungen und Herrschaften, die zur Krone gehörten, hatte der König weggegeben, einige an die Lords und einige an Leute ohne Rang, so daß er fast nichts mehr zum Leben hatte. Und was an Einnahmen dem Volk auferlegt war, wie Steuern, Gebühren und Abgaben, all das wurde vergeudet, denn er hielt weder Hof, noch führte er Krieg. Auf Grund dieser Mißwirtschaft und aus vielen anderen Gründen wandten sich die Herzen des Volkes ab von denen, die das Land regierten, und die Segenssprüche wandelten sich in Flüche.« So schilderte ein Anonymus die Misere.

Nach drei Mißerfolgen zogen es Richard *Plantagenet* und seine Anhänger erst einmal vor, auf Tauchstation zu gehen. Richard Neville, Graf von Warwick, war seit 1455 Hauptmann von Calais. Er befehligte dort die einzige stehende Truppe in königlichem Sold, die – außerhalb des direkten Zugriffs des Hofs – leicht zum Sprungbrett der Macht werden konnte. Die unsichere Lage im Kanal bot ihm, vor allem nach dem französischen Überfall, genug Gelegenheit, sich als Küstenpolizist zu profilieren. Die Londoner Kaufleute, allen voran die mächtige Gesellschaft der *Merchants of the Staple,* setzten ohnehin auf York, denn schlimmer konnte es nicht kommen. Richard ließ diesmal die Dinge reifen. Vorsichtig wechselte er von Burg zu Burg, um möglichen Anschlägen zu entgehen: von Sandal und Conisborough in Yorkshire ins Waliser Grenzland nach Ludlow und Wigmore, von dort auch mal nach Fotheringhay oder nach Baynard's Castle in London, wenn es ihm sicher dünkte.

Im Frühjahr 1458 schien es, als könne der Frieden noch einmal gesichert werden. Der bigotte König ergriff die Initiative auf einem Gebiet, von dem er etwas verstand: Er überredete York, Warwick und Salisbury, die Sieger von St. Albans, für die Seelen der Gefallenen zu stiften. Eine förmliche Versöhnungsfeier besiegelte den Sühneakt. Hand in Hand zogen die Söhne der Erschlagenen mit den reuigen Schlächtern zur St.-Pauls-Kathedrale; Richard von York führte die Königin. Wie wenig die Gegner einander trauten, zeigte der neue Graf Northumberland, der fünfzehnhundert Bewaffnete zum Schutz bei sich hatte.

Ein Jahr später rüsteten die beiden Parteien zum letzten Gefecht. Wer damit anfing, ist nicht mehr auszumachen, aber es scheint so, als habe die Königin sich als erste entschlossen, reinen Tisch zu machen. Gegen Ende April finden wir sie mit ihrem Knäblein Eduard auf Propagandareise in Mittelengland. Margarete war eine gute Promoterin. Sie wußte, daß das fünfjährige Kind mit seinen langen blonden Haaren und dem hübschen Gesicht der Anjou die Herzen gewinnen konnte: als Enkel Heinrichs V. und zukünftiger König. Eine zusätzliche Verkaufsidee fiel ihr ein, um die sie jeder Werbeleiter beneidet hätte. Sie übernahm das Wappen des großen Vorfahren Eduard III. als Signum ihres Produkts – den Schwan – und ließ unters Volk kleine silberne Schwäne verteilen.

Im Frühsommer begann sich ein Heer in Coventry um die königliche Standarte zu sammeln. Das geruhsame Leben des wohl noch immer etwas kränklichen Richard hatte plötzlich ein Ende. Fotheringhay in Ostengland erschien nun nicht mehr sicher genug. Unter starker Bewachung wurden Richard und sein älterer Bruder Georg quer durch Feindesland, vorbei an Coventry, an die Waliser Grenze gebracht, auf die mächtige Burg Ludlow am Steilufer der Teme. Sieben Tore bewachten die Mauern der normannischen Burg, die in ihren ältesten Teilen fast vierhundert Jahre alt war. Nur die zinnenbewehrten Dächer und die Spitzbögen der gotischen Fenster vermittelten einen Hauch von Modernität. Unterhalb lag der Ort Ludlow, dessen Bürger dem Herzog eine Reihe von Privilegien verdankten. Hier war die Bevölkerung der Yorkschen Sache wohlgesonnen, vor allem aber waren die Rückzugslinien frei. Trotzdem erwies sich die Entscheidung als Fehler.

Richard war nun sechs Jahre alt und nahm – mit wachen Sinnen – die Turbulenzen wahr, die in sein kleines Leben eingebrochen waren. Erstmals sah er seine beiden anderen Brüder Edmund und Eduard, mit ihren sechzehn, siebzehn Jahren bereits erwachsene Männer, die den Grafengürtel trugen: Graf Rutland und Graf March. Freundlich und heiter – wie sie waren, hatten sie wohl auch in diesen aufgeregten Monaten ein aufmunterndes Wort,

41

einen wohlmeinenden Klaps, ein zärtliches Streicheln für die Nesthäkchen der Familie. Gut ein Jahr später – die Zeitläufe hatten sich noch nicht beruhigt – ließ es sich Eduard auch nicht nehmen, die beiden Kinder täglich zu besuchen. Im übrigen bot Ludlow Castle genügend Sensationen, die einen sechsjährigen Knaben Mund und Ohren aufsperren ließen: eilende Boten, flackernde Wimpel, geharnischte Reiter, ein ständiges Kommen und Gehen, kriegerische Erregung, bedeutungsvolles Gemurmel, dann Verwundete und Sterbende, demolierte Rüstungen, staubbedeckte Gesichter, müde Leiber.

Im Spätsommer begann sich Margaretes Armee nach Westen in Bewegung zu setzen. Es wurde höchste Zeit, daß Graf Salisbury aus Nordengland anmarschierte, um York zu stärken. Der Versuch, ihn abzufangen, scheiterte: Bei Blore Heath in Shropshire zersprengte er mit verzweifeltem Mut eine überlegene königliche Streitmacht und gelangte im Rücken des feindlichen Hauptheeres relativ wohlbehalten mit seinen Leuten nach Ludlow. Am 25. September sah Richard seinen Onkel durch das Burgtor reiten, sah das kampfgeprüfte Kriegsvolk Lager aufschlagen. Sein Vetter, der dreißigjährige Graf Warwick, traf wenige Tage später ein, an der Spitze von zweihundert Rittern und vierhundert Bogenschützen aus der königlichen Garnison von Calais: in roter Livree mit dem Wappen von Warwick. Unbelästigt war die kleine Mannschaft durch den Kanal gesegelt und über London ins Grenzland gereist. Spieß der Truppe war Andreas Trollope, ein berüchtigter Kaperkapitän, nun »Oberhafenaufseher« von Calais.

Unterhalb der Burg, jenseits der Teme auf den Wiesen von Ludford, hielt York Heerlager; ein Erdwall schützte es nach Süden. Von dieser Seite rückten Margaretes Truppen an; sie waren doppelt so stark und hatten den König bei sich. Ein kluger Schachzug: denn Fehdeführen mit den *Pairs* – das war *eine* Sache, auch die Königin war nur Partei; aber die Waffen gegen den König persönlich zu erheben – dazu brauchte es für manchen stärkere Motive als den Wunsch nach einer »guten Regierung«. Die Lancasterianer wußten um ihren Vorteil. Ein eiliges Friedensangebot von York beantworteten sie mit einer Amnestie für Überläufer.

Die Yorkisten führten daraufhin eine Komödie auf, um ihre Leute zu halten: Der König sei tot, ließen sie verlauten, und hielten Messe für seine arme Seele. Der Schwindel flog natürlich auf. Am 12. Oktober lagerte das königliche Heer in Sichtweite, Fackelschein drang am Abend herüber. Kurz nach Einbruch der Dunkelheit desertierte Warwicks Elitetruppe unter Trollope. Da gab es für die anderen kein Halten mehr. Bei Nacht und Nebel sprengten York und seine Bundesgenossen davon. Die Nevilles gingen nach Calais und nahmen Eduard mit, den jungen Grafen March; Richard *Plantagenet* und sein Sohn Edmund setzten sich nach Irland ab. Auf der Burg zurück blieb die Herzogin mit ihren beiden Söhnen Georg und Richard.

Noch bevor Richard das siebte Lebensjahr vollendet hatte, war er Gefangener, das einzige Mal in seinem Leben. Die Soldateska der Königin massakrierte die wehrlosen Stadtbewohner und plünderte die Burg, die ohne Verteidigung dalag. Cäcilie Neville und die Kinder fielen in die Hände ihrer Feinde. Doch kamen sie relativ glimpflich davon: Mit tausend *Mark** jährlicher Leibrente wurden sie der Aufsicht Buckinghams unterstellt, einem Schwager und Vetter der Herzogin. Im übrigen gab es kein Pardon für die Yorkisten. Ihre Güter wurden eingezogen, sie selbst, denen die Königin den Krieg erklärt hatte, wegen Verrats in Acht getan. Mit einer Propagandaschrift, die unter dem Titel *Somnium vigilantis* (»Traum des Wachsamen«) bekannt wurde, versuchte der Hof, den zweifelhaften Rechtsakt populär zu machen. Vergebens. Im Volksmund hieß die Versammlung, die ihm am 20. November in Coventry zugestimmt hatte, bald »Parlament der Teufel«.

Das war nicht ganz gerecht, denn wie aus dem Pamphlet hervorgeht, gab es dort erheblichen Widerstand gegen die beschlossenen Maßnahmen. Nicht nur, daß manche Parlamentsteilnehmer die Absichten der Yorkisten, ihr Bemühen um gute Regierung, für respektabel hielten; man fürchtete vor allem das *Comeback* der Verurteilten und ihre Rache nach der Rückkehr. Verurteilungen wegen Hochverrats – das brach alle Brücken ab. Würde man der Inkriminierten habhaft, verfielen sie dem Tod »unter dem Äußersten an körperlichem Schmerz«: Kastration und Ausweidung bei lebendigem Leib, Köpfen, Schinden und Vierteilen. Schlimmer für damalige Begriffe war, daß die Kinder enterbt wurden, auch ihres mütterlichen Erbteils. Höher als das eigene Leben wurde die Pflicht eingeschätzt, den Nachfahren ererbten Besitz zu erhalten. Nichts war zu dieser Zeit deshalb gefährlicher, als jemanden, den

* *Mark* – keine Währung, sondern eine Gewichtseinheit, gewöhnlich für Silber (0,2448 Kilogramm); 5 Mark Silber kosteten 1 Pfund Sterling.

man nicht umbringen konnte oder wollte, durch Enteignung zu strafen.

Und Richard von York war nicht irgendwer, er war ein *Plantagenet*. Er erfreute sich weitgehender Sympathie beim Volk – auch das bestätigt die Propaganda-Schrift der Lancasterianer – namentlich in den Städten und Landkommunen, die sich nach Sicherheit für Handel und Wandel sehnten. Das Bedürfnis, sich in die Händel der Großen mit eigenen Waffen einzumischen, war freilich nach Cades Desaster nicht allzugroß. Doch der Haß auf Margarete von Anjou und ihr Küchenkabinett schuf günstigen Nährboden für Yorks Comeback. Vergeblich suchten die Lancasterianer, Geld zu beschaffen und Leute auszuheben und die Opposition durch blutige Racheakte an Sympathisanten zu knebeln. Londons Bürgerschaft lehnte Gestellungsforderungen rundweg ab. Des Königs Feldzeugmeister wurde ermordet, als er einen Waffenzug in die Hauptstadt begleitete. In den Wirtshäusern sang man Lieder auf die Königin, nicht nur garstige, auch schmutzige. Über ihren Todfeind klang es dagegen fast inbrünstig:

»Schick heim, gnädigster Herr Jesu Christ,
Schick heim, der wahrlich von Deinem Blute ist,
Herzog Richard, einen Hiob, der Dich nicht vergißt,
Der durch Satan in Not und Schande geraten ist,
Doch gerettet wird, wenn Du ihm gnädig bist.
Mach, daß er *sitzt unter den Fürsten* wie zuvor,
Und leihe, Herr, so unserem Liede Dein Ohr:
Ruhm, Lob und Ehre sei dem Erlöser, König Christ!«*

Herzog »Hiob« feierte unterdessen in Irland Triumphe. Seine Statthalterschaft von 1449 zahlte sich nun aus. Lords und Kolonisten behandelten ihn, so heißt es in einer Quelle, »wie einen zweiten Messias«. Die Ständeversammlung in Dublin verwarf die Aufforderung des englischen Hofs, den Insurgenten zu verhaften, mit dem legalistischen Argument, das Parlament habe nicht zugestimmt. Warwick, Salisbury und March waren ihrerseits in Calais

---

* Send hom, most gracious Lord Jhesu most benygne,
 Sende hoom thy trew blode unto his propre veyne,
 Richard, duke of York, Job thy servaunt insygne,
 Whom Sathan not cesethe to sette at care and dysdayne,
 But by The preserued he may nat be slayne;
 Sette hym *ut sedeat in principus*, as he dyd before.
 And so to oure newe songe, Lorde, thyn erys inclyne,
 Gloria, laus et honor Tibi sit Rex Christe Redemptor!

sicher. Die daheimgebliebene Mannschaft unter einem Onkel Warwicks hatte der yorkschen Sache die Stange gehalten. Die Lancasterianer machten sich umgehend daran, eine Flotte gegen die Renegaten auszurüsten. Die Schiffe kamen nicht aus dem Hafen. Statt den Angriff abzuwarten, schickte Warwick ein Kaperunternehmen nach Sandwich. Im Morgengrauen des 7. Januar 1460 wurde Lancaster-Kommandant Rivers samt Gattin im Bett überrascht und mit der Flottille nach Calais gebracht. Die ganze Küste lachte über diesen Streich. Im Frühjahr segelten die Nevilles nach Irland, um die Invasion zu planen. Der königliche Hof wechselte in den Midlands von Ort zu Ort, ohne Macht und Kraft, die Bedrohung abzuwenden. Yorks Familie schöpfte indes neuen Mut in ihrer Festungshaft. Richards Mutter, unruhig geworden, mußte nun von ihren Bewachern »sehr in Zaum gehalten und oft streng getadelt werden«, berichtet ein Chronist.

Sintflutartige Regen gingen im Frühsommer 1460 über England nieder. So etwas hatte man seit hundert Jahren nicht erlebt. Die Ernte verdarb, Brücken brachen, Häuser schwammen davon. Am 26. Juni landeten Salisbury, Warwick und March mit zweitausend Mann an der Küste von Kent. Gelder aus Mailand finanzierten das Unternehmen. Die Sforza wollten Frankreich von Italien ablenken und bastelten darum an einem neuen Bündnis England–Burgund; dazu mußte aber Königin Margarete gestürzt werden. Zweitausend Mann waren lächerlich wenig, aber sie reichten – diesmal wie später – zum Umsturz. Aus den Küstenstädten kam scharenweise Zulauf, darunter viele Veteranen des Hundertjährigen Krieges, die hier gestrandet waren. Canterbury öffnete die Tore, Erzbischof Bourchier verteilte seinen Segen. Der Londoner Magistrat tat reservierter, obwohl das Volk über die Große Brücke strömte, die »Befreier« zu begrüßen. Am Ende gaben die vorsichtigen Ratsherren nach, griffen sogar in die Stadtkasse für die Yorksche Sache. Nur die Tower-Besatzung verweigerte sich ihr.

Die drei Grafen hielten sich nicht lange in der Hauptstadt auf. Am 10. Juli trafen sie mit ihrem Heer südlich von Northampton, in den Flußniederungen der Tene, nicht allzu weit von Fotheringhay, auf die verschanzten Truppen des Gegners unter Buckingham. Das Gefecht dauerte keine Stunde. Verrat traf diesmal die anderen: Lord Grey von Ruthin und seine Leute kletterten über die Erdwerke und schlossen sich Yorks Partei an. Buckingham, Shrewsbury und Lord Egremont (ein Percy) fielen. Heinrich VI. wurde in seinem Zelt festgenommen. Die Sieger zogen mit ihm am 16. Juli in London ein. Wohl oder übel mußte er für sie den König spielen. Die Towerbesatzung übergab zwei Tage später. Margarete hatte diesmal dem Schlachtenglück nicht getraut, sie war mit ihrem Sohn in Coventry geblieben. Nun floh sie mit dem Unterpfand ihrer Hoffnung nach Wales, von dort nach Schottland.

Noch bevor Sohn Eduard mit den Bundesgenossen in England landete, war es Cäcilie Neville gelungen, Buckinghams Aufsicht zu entfliehen und sich mit ihren Kindern der Obhut Erzbischof Bourchiers anzuvertrauen. Eduard, ein Jahr darauf König von England, dankte dem Kirchenmann später dafür mit einer Schenkung. Erst im September trafen Georg, Richard und die ältere Schwester Margarete mit ihrer Mutter in London ein. Sie fanden vorläufig Unterkunft im Londoner »Tempel« bei den Pastons, deren Briefwechsel uns viel über diese Jahre verrät. Kaum angekommen, erhielt Cäcilie Nachricht, daß ihr Gemahl in Chester gelandet sei; am 23. September brach sie auf, ihn in Hereford auf halbem Weg zu treffen. Indes kümmerte sich der große Bruder Eduard um die Kleinen: »Mylady von York hat sie hier zurückgelassen, sowohl die Söhne, als auch die Tochter*, und der Herr von March kommt jeden Tag, sie zu besuchen«, berichtet ein Diener seinem Herrn *Sir John Paston, Escuier,* nach Norwich.

Herzog York erreichte erst am 10. Oktober die Hauptstadt, drei Tage nachdem das Parlament eröffnet worden war. Warum er sich so viel Zeit ließ, warum er überhaupt so spät nach England übergesetzt hatte, kann nur vermutet werden; vielleicht war er außerstande, ein Expeditionskorps auf die Beine zu bringen. Nun behinderten wahrscheinlich die Überschwemmungsfolgen seine Reise. Wie die Ereignisse zeigen, gibt es auch noch eine andere Deutung. Fünfhundert Bewaffnete und eine große Anhängerschar im Gefolge, ritt er durch Londons Straßen, mit Trompetenschall, das Wappen Englands auf seinen Fahnen, ein aufrechtstehendes Schwert vor sich hergetragen – wie ein König. Entsprechend hatten ihn Bürgermeister und Stadtrat vor den Stadttoren empfangen.

Der Herzog traf die Lords in Westminster Hall bei der Sitzung,

---

* Margarete

ging geradewegs auf den leeren Thron zu und legte, zögernd, die Hand auf das Kissen. Der erwartete Beifall blieb aus, die Lords saßen wie versteinert. Kein Hochruf erklang. Eine peinliche Minute lang starrte York ins Publikum, starrte der Saal auf York. Da schritt Erzbischof Bourchier auf ihn zu und fragte ihn, ob er den König aufsuchen wolle. »Ich wüßte keinen im Reich, der nicht besser zu mir käme, als ich zu ihm«, gab der Herzog zurück und verließ den Raum, während der Erzbischof eilends zum König lief, um ihm diese erstaunliche Bemerkung mitzuteilen. Wir werden uns an diese theatralische Szene noch erinnern.

Kurz darauf ging ein Gerücht durch die Stadt, »daß König Heinrich abgesetzt werden und der Herzog von York König werden sollte«. Sechs Tage später erhob Richard *Plantagenet* tatsächlich im Parlament formell Anspruch auf die Krone. In einer Botschaft verwies er auf seine Abstammung von Lionel, dem zweitältesten Sohn Eduards III., die ihn dem Blute nach über den amtierenden König hob; denn Heinrich war Nachfahr des dritten Sohnes, Johann von Gent. Erbfolgefragen waren damals Verfassungsfragen. Sie regelten die Machtverhältnisse im Staat auf juristischer Ebene. Recht war, im wörtlichen Sinn, Erbrecht, alles andere Willkür. Wobei diese Begriffe eine andere Bedeutung hatten als heute: »Erbrecht« war ererbtes Recht, von den Vätern überliefert durch den Willen der Schöpfung, *common law*, Recht schlechthin. »Willkür« war gesetztes Recht, Gesetz, momentanem menschlichem Willen entsprungen, von dem man nicht sicher wußte, wie lange er sich halten würde. Macht war Grundbesitz. Da man Rechtsaufzeichnungen als Eingriff in Gottes unermeßlichen Ratschluß scheute, bestand freilich nicht immer Einigkeit, was denn nun überliefert sei. So gab es denn eine dritte Möglichkeit, zu Recht zu kommen: auf dem Schlachtfeld, wo Gottes Wille durch die Waffen entschied. Solange man jedoch Gottes Urteil scheute, bildeten Rechtsfragen eine unerschöpfliche Quelle öffentlicher Diskussion, wobei es, gemäß der Sache, meist um Erbrechtsfragen ging. Thronrechtsfälle, wo auch immer, beschäftigten nicht nur Europas Juristen, sondern auch Kannegießer allenorts. Wer rechtmäßig König sein sollte, war ein Problem wie heute die Aufstellung der Nationalmannschaft.

Richard von Yorks Thronanspruch war nun in der Tat nicht einfach zu beurteilen. Denn während Heinrichs VI. Abstammung ungebrochen über die männliche Linie führte, hatte York seinen Titel zweimal über eine Frau geerbt. Das war dem Feudalrecht nach durchaus kein Tort. Man war sich nur nicht sicher, ob das Feudalrecht auch auf die Königsfolge anzuwenden sei. Noch nie sei, »nach Gottes Recht und der Natur«, eine Frau auf den Thron gefolgt oder habe ihn vererbt, reklamierte Lancaster-Jurist Fortescue. Was freilich nicht ganz stimmt, denn gerade die *Plantagenets* waren 1154 durch eine Frau auf den englischen Thron gelangt: Mathilde, Tochter Heinrichs I. Es sprach allerdings noch ein anderes Argument gegen York: Gewohnheitsrecht, die Quelle des *common law*. Einundsechzig Jahre immerhin hatte Gott, hatten aber auch die Mächtigen des Reichs der Herrschaft Lancasters zugesehen.

Hier hakte York denn auch ein. Der Anspruch seines Hauses sei keineswegs verjährt: »Das Recht mag eine Zeitlang schlafen und zum Schweigen gebracht sein, doch es verdirbt weder, noch verschwindet es«, verkündete er den Zeitgenossen. Es sei Heinrich *Bolingbrokes* Thronraub gewesen, »weshalb dieses Königreich die Last unerträglicher Verfolgung, Bestrafung und Leiden habe ertragen müssen, wie sie noch in keinem anderen Christenlande gehört oder gesehen worden sind ... – Unruhe, Bürgerkrieg, Gottlosigkeit, Blutvergießen, Rechtsbeugung, Parteilichkeit, Aufruhr, Erpressung, Mord, Raub und Lasterhaftigkeit ...« So stellt es sein Sohn Eduard das Jahr darauf beim Parlament dar. Lancasters Herrschaft sei wie ein Fluch über dem Reich gelegen. Gottes Zorn habe auch auf das Königshaus selbst gewirkt: Heinrich IV. von Aussatz befallen, sein Sohn an Ruhr gestorben, der Enkel mit Wahnsinn geschlagen, viele andere der Familie gewaltsam ums Leben gekommen ...

Warum Richard *Plantagenet*, der seinen Titel vor nun 35 Jahren geerbt hatte, erst jetzt, zehn Jahre nachdem er in die politische Arena gestiegen war, als Kronprätendent auftrat, läßt sich an der Reaktion seiner Freunde ablesen: Es war politische Klugheit. Die Lords, mit dem Regiment der Hofpartei unzufrieden, wünschten zweifellos eine »gute Regierung«, aber sie waren sich nach den Erfahrungen von 1399 keineswegs sicher, ob da ein Dynastiewechsel wirklich helfen würde. Sie stimmten York sicher zu, daß die Absetzung Richards II. der Anfang allen Übels war. Aber sie sahen nicht ein, warum man nun den Teufel mit dem Beelzebub austreiben und einer neuen Usurpation die Stimme leihen sollte. Denn

Primogeniturrecht hin, Primogeniturrecht her – man selbst hatte doch, in aller Bescheidenheit als Werkzeug Gottes, die Lancaster-Könige gewollt, war von ihnen mit Gütern und Titeln bedacht worden und hatte ihnen immer und immer wieder den Treueid geschworen; die Nevilles (und Eduard von March) zuletzt in einer Proklamation, die ihre Invasion vorbereitete.

Es war noch in Erinnerung, daß *Bolingbrokes* Thronbesteigung mit zahlreichen Ächtungen verbunden gewesen war, die manchem Vorteil gebracht, am Ende jedoch nur Unfrieden gestiftet hatten. Nicht zuletzt deshalb wechselte ein Teil der Lords, die auf dem »Teufelsparlament« von Coventry noch der Königin zu Willen gewesen waren, anschließend zu York. Sie mißbilligten Gewaltkuren wie die dort verordnete, zumal sie jeden von ihnen treffen konnte. »Hochverrat«, obwohl seit gut eineinhalb Jahrhunderten bekannt, war noch kein so gültiger Begriff wie »Widerstandsrecht«. Man wollte York eine Chance geben, doch dabei einem anderen nicht antun, was man dem Herzog und sich selbst ersparen wollte: die Beraubung ererbter Güter und Rechte.

Margarete und ihre Höflinge würden überdies so wenig Ruhe geben wie bisher die Yorkisten. Fortgesetzter Krieg wäre die Folge, mit ungewissem Ausgang für das eigene Schicksal. Man hatte schließlich, soweit überhaupt, Richard nicht aus Idealismus unterstützt – auch und vor allem nicht die Nevilles. Andere seiner zeitweiligen Anhänger waren schlimmere Banditen als die Mitglieder der Hofpartei, etwa Graf Devon, der jahrelang den Sudwesten terrorisiert hatte, oder Norfolk, der zweimal wegen Landfriedensbruch ins Gefängnis mußte. Man lieh York als einem *Pair* das Schwert, weil man von seiner Macht zu profitieren hoffte. Ihn aufs Königsschild zu heben hieße, Alles-oder-Nichts zu spielen. Dazu waren die hohen Herren im fünfzehnten Jahrhundert der Mehrzahl nach ebensowenig bereit wie die kleineren Landbesitzer.

Richard *Plantagenet* war sich dessen bewußt, sonst hätte er sich nicht zu diesem staatsstreichartigen Überfall in der Königshalle entschlossen. Die Kameraden wären wohl gar nicht angetreten, hätten sie von seiner Absicht in der Einladung gelesen. Obwohl der Vorstoß so überraschend auch nicht kam. Ein Chronist schreibt, man habe schon 1459 vermutet, »der Herzog von York wolle auf dem Thron des Königs sitzen, und das solle ihm und seinen Nachkommen als Erbrecht für immer und ewig bestätigt werden«. Schließlich hatte er auch hartnäckig und ungeachtet aller Rückschläge darauf bestanden, daß sein Anspruch auf Regentschaft und damit sein Erbrecht nächst der Königslinie anerkannt werde. Und es mußte jedem klar sein, daß sich der dreimal in die Wüste Geschickte nicht zum vierten Mal die Butter vom Brot nehmen lassen würde.

Trotzdem – man gab sich zuerst schockiert, dann begann man sich zu drehen und zu wenden. Zuerst wandten sich die Lords einfach an den König: Er solle entscheiden. Ein genialer Einfall! Der dachte natürlich nicht daran, aus freien Stücken abzudanken, war sich aber auch zu fein, Yorks Ansinnen einfach zurückzuweisen: Das sollten die Lords mit Hilfe der Hofrichter tun. Doch das »Verfassungsgericht« erklärte sich als nicht zuständig, denn hier ginge es nicht um Gemeines Recht, sondern um eine höhere Frage des göttlichen oder Naturrechts, und da seien die Herren von Geblüt allein kompetent. Den Schwarzen Peter wieder in der Hand, fiel den Lords nur ein (in diesem Falle) fauler Kompromiß ein. Man erinnerte sich des Vertrags von Troyes, als man Frankreich den eigenen König als Thronfolger aufgenötigt hatte. Heinrich VI., dem man lebenslange Treue geschworen hatte, sollte König bleiben; nach seinem Tode würde das Haus York in die Erbfolge eintreten. Am 9. November ging Heinrichs Sohn Eduard seiner Titel und Rechte verlustigt: Richard von York wurde Thronerbe und dazu Prinz von Wales, Herzog von Cornwall, Graf von Chester und – wieder einmal – Protektor des Reiches.

»Richard, Herzog von York, ein vornehmer Mann und ein mächtiger dazu, begann nicht durch Krieg, sondern über den Rechtsweg die Krone zu fordern, indem er seinen Anspruch ins Parlament trug. Wo seine Sache entweder aus Rechtsgründen oder aus Sympathie so vorangetrieben wurde, daß Heinrich sein Blut (alles was er hatte, war ein reizender Prinz) völlig verstieß. Die Krone wurde durch Parlamentsbeschluß dem Herzog von York beziehungsweise seinem überlebenden männlichen Erben vermacht. Aber der Herzog hielt es nicht aus, so lange zu warten, sondern versuchte, seine Zeit zu verkürzen und noch zu König Heinrichs Lebzeiten die Herrschaft zu übernehmen, indem er Zwietracht und Streit im Reich erregte«, heißt es bei Thomas Morus in seiner »Biographie« Richards III. Die Darstellung ist nahezu korrekt. Vielleicht hätte York wirklich nicht bis zu Heinrichs natürlichem Ende gewartet. Tatsächlich ging die Initiative zum erneuten Konflikt wieder von der Königin aus, die für die Zukunft ihres Sohnes zu kämpfen hatte. Weiterer Krieg blieb den Parlamentslords also nicht erspart, und wie sich zeigen sollte, das bei vollem Risiko für Leib und Leben.

Zwei Monate lang erlebte der nun gerade acht Jahre alte Richard Vater und Brüder im Londoner Stadtpalais Baynard's. Dann hatte das traute Familienleben wieder ein Ende. In kürzerer Zeit als erwartet hatte Margarete im Norden ein stattliches Heer versammelt. Die Schotten halfen gegen das Versprechen, die Grenzstadt Berwick auszuliefern. Somerset, Exeter und die Grafen von Northumberland, Devon und Wiltshire führten die Truppe; Kaperkapitän Trollope war als Stabsoffizier mit von der Partie. In Wales rüstete dieweil Owen Tudor, Heinrichs VI. Stiefvater, gegen die Yorkisten.

Deshalb brach Eduard von March, nun prospektiver Erbe des Königreichs, in Richtung Westen auf – sein erstes selbständiges Kommando. Vater Richard wandte sich mit Edmund und seinem Schwager, Graf Salisbury, nach Yorkshire. Man schätzte die Gefahr nicht allzuhoch ein, weshalb man Norfolk und Graf Warwick in London zurückließ. Das immer noch von Regengüssen verwüstete Land machte auch jetzt ein Vorwärtskommen schwer. York erreichte mit fünftausend Bewaffneten erst kurz vor Weihnachten Burg Sandal. Während seine Familie im Bischofspalais von London das Christfest feierte und der König in Greenwich und Eltham zur Jagd ging, sammelte der Herzog Truppen und Proviant.

Die feindliche Armee war unterdessen schon in die Gegend um Pontefract vorgerückt, acht Meilen entfernt. Am 30. Dezember tauchte plötzlich eine Abteilung unter dem jungen Lord Clifford vor Sandal auf und griff bei Wakefield Bridge einen Yorkistischen Fouragiertrupp an. Der Herzog dachte wohl, es mit einer übermütigen Vorhut zu tun zu haben, und rückte spornstreichs aus zum Entsatz. Unversehens sah er sich von der feindlichen Hauptmacht umzingelt und vom Rückzug abgeschnitten. Er fiel mit den meisten seiner Getreuen im Schlachtgetümmel; an die zweitausend seiner Krieger wurden massakriert.

Edmund, seinen zweitältesten Sohn, ereilte das Schicksal auf der Flucht. Clifford, einer der Waisen von St. Albans, holte ihn ein und machte ihn nieder. »Beim Blute Gottes, dein Vater hat meinen erschlagen, und so will ich es mit dir und deinem ganzen Geschlecht tun!« soll er dabei ausgerufen haben. So will es jedenfalls der Chronist Hall ein Jahrhundert später, und so lesen wir es denn auch bei Shakespeare. Die Story hat nur einen Schönheitsfehler: Edmund soll bei seinem Tod, um die Sache blutrünstiger zu machen, ein wehrloser Knabe von 12 Jahren gewesen sein, der um sein Leben flehte; tatsächlich war er siebzehn und ein waffenfähiger Mann.

Was folgte, war freilich grausig genug. Graf Salisbury, der dem Schlachtfeld entkommen war, wurde noch in der selben Nacht aufgegriffen und kurz darauf enthauptet. Die Köpfe der Erschlagenen aber steckte man auf die Zinnen des Stadttors von York, des Herzogs blutige Stirn mit einer Krone aus Stroh und Papier geschmückt. Ein Anhänger Yorks dichtete den Grabspruch:
»Jedem edlen Herz zur Erinnerung wir sagen:
Hier liegt die Blume des Adels begraben,
Herzog Richard von York, ein mächtiger Mann,
Königlicher Fürst, namhafter Ehrenmann,
Der weise, kühn, trefflich durchs Leben gegangen,
Die Treue liebte ohne Verlangen,
Der wahre Erbe, erprobt in vieler Land,
Der Kronen von Frankreich und Engeland.«*

Haß und Gewalttätigkeit eskalierten nun, Königin Margarete verließ umgehend ihr Exil und eilte an der Spitze einer zusammengewürfelten Truppe von Engländern, Walisern und Schotten nach Süden, um den Sieg von Wakefield zu nutzen. Sold gab es nicht, dafür Plündererlaubnis. Und so markierte ein Streifen der Verheerung ihren Weg.

»Die Nordleute kamen wie ein Wirbelwind von Norden, und im Sturm ihrer Raserei versuchten sie, ganz England zu überrennen. In diesen Tagen strömten auch unzählige Scharen von Armen und Bettlern aus dieser Ecke, wie Ratten aus ihren Löchern, und da sie angesichts der Zeitläufte dachten, daß ihnen nichts passieren

---

* A remembrer à tous ceurs de noblesse
Que ycy gist la fleur de gentillesse,
Le puissant duc d'York, Rychart ot nom.
Prince royal, preudomme de renom,
Saige, vaillant, vertueux en sa vie,
Qui bien ama loyaulté sans envie,
Droyt heritier, prouvé en mainte terre,
Des couronnez de France et d'Engleterre.

würde, widmeten sie sich durchweg Plünderung und Raub, ungeachtet von Ort und Person. Tatsächlich kamen sie ungestraft voran, wobei sie in großer Zahl über dreißig Kilometer Breite ausschwärmten, und die Oberfläche der Erde wie Heuschrecken bedeckend, gelangten sie bis vor die Mauern Londons«, berichtet der Prior von Croyland. Und er schließt mit einem Stoßseufzer der Erleichterung für sein Kloster: »Gelobt sei Gott, der uns nicht ihren Zähnen zur Beute überlassen hat!«

Mit Schmerz und Trauer hatte Cäcilie Neville in Baynard's Castle vom Schlachtentod ihres geliebten Mannes, ihres Sohnes Edmund, des hübschen und fröhlichen Grafen Rutland, und ihres Bruders Salisbury erfahren. Mit Schrecken vernahm sie nun vom Anmarsch zügelloser Lancaster-Truppen unter Führung einer bedenkenlosen Frau, die bereit war, für das Recht ihres Kindes das Äußerste zu wagen. Das Leben ihrer eigenen Söhne, Richard und Georg, erschien ihr nun in London nicht mehr sicher. Als Flammen schon in den Vorstädten hochschlugen und die ersten reichen Bürger begannen, ihr Hab und Gut auf die Schiffe zu laden und Segel zum Kontinent zu setzen, vertraute die Witwe ihre beiden Sprößlinge einem Seefahrer nach Holland an, der sie zum Herzog von Burgund bringen sollte.

Unterdessen raffte Graf Warwick an Truppen zusammen, was er bekommen konnte, und führte sie nach St. Albans, um den Nordländern den Weg zu versperren. Er wurde am frühen Morgen des 17. Februar vom plötzlich herannahenden Feind überrascht, als er noch dabei war, die Flügel zu postieren. Es kam zu einem konfusen Gefecht. Warwicks flämische Söldner kämpften, erstmals auf englischem Boden, mit Handfeuerwaffen, doch die Modelle waren wohl noch nicht ausgereift, sie richteten in den eigenen Reihen mehr Schaden an als beim Feind. Vermutlich gingen sie nach hinten los. Verrat schwächte schließlich den linken Flügel der Yorkisten. Als er brach, gab Warwick die Schlacht verloren und setzte sich nach Westen ab. Beide Parteien hatten hoch gepokert. Die Königin war mit ihrem Bürschchen im dichtesten Gefecht erschienen, um die Soldaten anzuspornen, während man auf der Gegenseite den König mit ins Feld geschleppt hatte. Man fand ihn, so will es die Überlieferung, etwas abseits vom Kampfgeschehen unter einem Baum, albern vor sich hin lachend und ins Selbstgespräch vertieft.

Flüchtlinge, die nach London hereinströmten, versetzten die

Stadt in heillosen Schrecken mit ihren Erzählungen. Margaretes wilde Horden hätten die St.-Albans-Abtei geplündert und rückten weiter sengend und mordend vor. Das Handelsleben erstarb, die Straßen wurden leer, eilends rüstete man zur Verteidigung und besetzte die Mauern. Der Magistrat war gegen Zusicherung, die Stadt zu verschonen, geneigt, die Tore zu öffnen. Margarete nahm daraufhin tatsächlich ihre Truppen zurück. Doch die Londoner trauten dem Frieden nicht oder waren zu empört darüber, wie König und Königin im eigenen Lande hausten. Sie kaperten einen Geld- und Waffentransport, der aus der Stadt ins Lancaster-Lager gehen sollte, kassierten die Schlüssel der Stadt und erzwangen auf diese Weise mit Gewalt den Abbruch der Kapitulationsverhandlungen.

»O, es ist sehr gegen Natur und Anstand,
Wenn ein Engländer gegen sein Volk vorgeht –
Fremde zur Hilfe holt ins Land
Und England an fremde Herren verrät.«*

Margarete und ihre Heerführer machten denn auch keinen Versuch mehr, London mit Gewalt zu nehmen. Als die Nachricht kam, daß von Westen der Graf von March anrücke, zog sie sich nach Yorkshire zurück, um sich zu verstärken. Denn Eduard nahte als Sieger. Zwei Wochen vor der zweiten Schlacht bei St. Albans hatte er, am 2. Februar 1461, eine Lancaster-Armee bei Mortimer's Cross in Herefordshire (nahe Wigmore) besiegt. Owen Tudor, des späteren Heinrich VII. Großvater, war gefangen und hingerichtet worden. Die Erscheinung zweier »Nebensonnen«, einer Wolkenspiegelung, hatte die Entscheidung auf dem Schlachtfeld begleitet. Mit einer strahlenumkränzten Sonne als persönlichem Zeichen auf dem Schild marschierte Eduard nun in Eilmärschen auf die Hauptstadt zu. Der geschlagene Warwick schloß sich ihm unterwegs noch an.

Am 28. Februar zog der achtzehnjährige Graf von March, hochgewachsen, blond, strahlend, ein junger Held wie aus dem Bilderbuch, durch Londons weit geöffnete Tore. »Laßt uns in einem neuen Weinberg wandeln und einen Garten richten im schönen Monat März mit dieser weißen Rose, dem lieblichen Sproß, Graf

---

* O, it ys gretly agayn kynde nature,
An englysshe man to corrumpe his owne nacion –
Willyng straungiers for to Recure,
And in Engeland to have the domynacion.

Eduard von March«,* jubelten seine Anhänger in fast biblischer Weise.« Während es über Heinrich hieß:
»Er ließ London allein,
Sie wird nimmermehr sein.«**
Die Entscheidung, was mit dem Erfolg anzufangen sei, machte diesmal keine Schwierigkeiten. König Heinrich war wieder in der Hand seiner Frau und der Lancasterianer, er hatte seinen Eid gegenüber York gebrochen, auch wenn er in dieser Sache gar nicht mehr zu Wort gekommen war. Die Yorkisten befanden sich jedoch äußerlich in der Position von Verrätern, solange sie keinen König hatten. Nicht nur die Yorkisten, auch die Londoner, die Heinrich und Margarete die Stadt nicht geöffnet hatten.

Am Sonntag, dem 1. März, kamen auf dem St.-Johanns-Feld bei den Johannitern nachmittags Kriegsleute und Stadtvolk zusammen, und Bischof Neville von Exeter, Warwicks Bruder, sprach zu ihnen als Kanzler: Ob sie weiter einem eidbrüchigen König folgen oder lieber dem Grafen March als oberstem Herren auf Erden dienen und gehorchen wollten? Die Anwesenden schrien auf die erste Frage hin *Nay! Nay!* und dann *Yea! Yea!* und klatschten begeistert Zustimmung. »Ich war da«, schließt der Chronist lakonisch, »ich hörte sie, und ich kehrte mit ihnen anschließend zurück in die Stadt.«

Was dann kam, wollen wir ebenso im Gedächtnis behalten wie Yorks Auftritt in der Westminster-Halle. Eine Abordnung begab sich sogleich nach Baynard's und unterrichtete den jungen Grafen von der Äußerung des Volkswillens. Am folgenden Mittwoch strömten die Londoner auf einen öffentlichen Aufruf hin nach St. Pauls, wo sich auch Eduard einfand. Kanzler Neville predigte das heilige Recht des York-Sprosses auf die Krone, und noch einmal schrie die Gemeinde *yea, yea*, als er fragte, ob sie ihn zum König wolle. Daraufhin zog man in feierlicher Prozession nach Westminster in die Große Halle, wo Eduard den Throneid leistete, die Königsgewänder anlegte und auf der Königsbank Platz nahm. Hier erhob er nun selbst Anspruch auf den Königstitel und erhielt

---

* »Lette us walke in a newe wyne yerde, and lette us make us a gay gardon in the monythe of Marche with thys fayre whyte ros and herbe, the Erle of Marche«.
Das Wortspiel von *month of march* (Monat März) und *Earl of March* ist im Deutschen nicht wiederzugeben.
** He that had Londyn for sake/Wolde no more to hem take.

wiederum Zustimmung. Dann begab er sich in die Abtei-Kirche, wo der Abt ihm das Szepter seines Namenspatrons, des heiligen Eduard*, überreichte. Vor dem Hochaltar und am Grab des Bekenner-Königs opferte er; im Chor setzte er sich auf den Krönungsstuhl, bekräftigte noch einmal sein Thronrecht und ließ sich, nach neuerlicher Akklamation, von den Anwesenden huldigen. Das Te Deum erklang, und weitere Meßopfer beendeten die Zeremonie.

Über die Themse kehrte Eduard nach London zurück und nahm dort im Bischofspalast Quartier. Am Tag darauf verkündeten Herolde überall in der Stadt, daß er nun König sei, und Boten wurden ins Land geschickt mit der Nachricht, der 4. Mai 1461 sei der erste Tag der Regierung Eduards IV. Richard von Yorks zehnjähriger Kampf um die Krone war in seinem Sohn endlich zum Erfolg gelangt. Ein ausländischer Beobachter, der päpstliche Gesandte Francesco Coppino, sah es allerdings etwas anders: »Am Ende hat der Herr von Warwick die Oberhand behalten und aus dem Sohn des Herzogs von York, Graf March, einen neuen König gemacht.« Später sollte man Warwick den »Königsmacher« nennen.

Auf die Krönungszeremonie verzichtete Eduard vorerst, denn noch war der Sieg nicht in der Tasche, Gottes Urteil stand noch aus. Der Feind sammelte im Norden eine der mächtigsten Armeen, die bis dahin auf englischem Boden gestanden hatten. Oberbefehlshaber war der 23jährige Herzog von Somerset, Heinrich Beaufort, in seinem Gefolge alles, was unter Lancaster Rang und Namen hatte: Exeter, die Grafen Northumberland, Devon und Wiltshire, Lord Clifford und Lord Beaumont. Zur militärischen Spitze gehörten drei Veteranen des Hundertjährigen Krieges, Lord Welles, vormals Hauptmann von Calais, Lord Hungerford, der bei Castillon in Gefangenschaft geraten war, und der notorische Andreas Trollope. Zwei weitere Männer waren bei der Musterung, die für unsere Geschichte von Bedeutung sind: Johann Fortescue, Heinrichs Oberster Richter, und Johann Morton, Referent des königlichen Kanzleigerichts, späterer Kanzler, Erzbischof von Canterbury und schließlich Kardinal – der Lehrer und Informant des Thomas Morus.

Die Yorkisten verloren keine Zeit. Am 7. März verließen War-

---

* Eduard der Bekenner (1042–1066) wurde 1161 kanonisiert (Verehrungstag: 13. Oktober).

wick, sein Onkel Fauconberg und Herzog Johann Moubray von Norfolk die Hauptstadt »mit großer Kriegsmacht«, wie es heißt. Sechs Tage später folgte der junge König selbst. Der Süden Englands, Ost-Anglia und die Midlands strömten zu Yorks Fahnen, auch die Städte, allen voran Bristol und Coventry: Margaretes mordende »Nordmänner« hatten hier nachhaltigen Schrecken hinterlassen und den Leuten gezeigt, daß sie sich diesmal doch nicht aus den Adelsstreitigkeiten heraushalten konnten. Am 26. März stießen Teile beider Armeen erstmals zwischen Towton und Pontefract, den Heerlagern der Kriegsparteien, aufeinander. Auf Lancaster-Seite fielen dabei Lord Clifford und Johann Neville, Bruder des Grafen Westmoreland und ein Vetter Warwicks.

Eduard führte nun seine Truppen in zwei Säulen nordwärts auf Somersets Lager zu. Am Palmsonntag, dem 29. März, im Morgengrauen, trafen die Heere auf dem schmalen Plateau zwischen Saxton und Towton aufeinander: Hunderttausend Mann angeblich, doch mehr als dreißigtausend haben hier kaum Platz. Schneefall setzte ein, und ein drehender Wind blies den Lancasterianern bald die Flocken ins Gesicht. Die Schlacht wogte bis zur Abenddämmerung unentschieden. Als dann der krankgemeldete Norfolk mit frischen Reserven anrückte, wendete sich das Blatt zugunsten der im übrigen zahlenmäßig schwächeren Yorkisten. Graf Northumberland, Lord Welles und Trollope fielen, die anderen Führer flohen zu Pferde oder gerieten in Gefangenschaft.

Unter den Fußtruppen gab es ein fürchterliches Gemetzel. Towton wurde zur blutigsten Schlacht der Rosenkriege. Blut habe sich mit Schnee verklumpt, heißt es in der Croyland-Chronik, und als dieser schmolz, sei es in Bächen davongeronnen, über mehrere Meilen hinweg bis nach York. Später sollen rote und weiße Rosen auf dem Feld gewachsen sein.

»Die Nordleute machten sich stark mit Speer und mit Schild;
Siebenundzwanzig Tausend erschlug die Rose bei Towton Field.
Gesegnet die Zeit, da Gott eine solche Blume säte«,
dichtete ein Yorkist.* Während Somerset und Exeter in Schottland Zuflucht fanden, mußten die Grafen Devon und Wiltshire, zusam-

---

* The northen party made hem stron with spere and with sheld,
xxvij. thousand the rose kyld in the feld.
Blessid be the tyme that euer god spred that floure.
Die »Rose«, das ist Eduard IV., nach seinem Geburtsort auch »Rose von Rouen« genannt.

men mit drei Vertrauten, auf dem Richtblock sterben. Seit Wakefield gab es für gefangene Lords und ihre Dienstleute keinen Pardon mehr. »Jeder, der sich mit aller Deutlichkeit das Elend der Königin und das Verderben der Getöteten vergegenwärtigt und an die Wildheit der Landbevölkerung und die Mentalität der Sieger denkt, sollte wirklich, so scheint mir, zu Gott für die Toten beten, aber nicht weniger für die Lebenden«, kommentiert düster der Mailänder Botschafter am französischen Hof.

II. »Des Königs sehr geliebter Bruder...«

Richard Gloucesters Lehr- und Wanderjahre

Es dauerte zwei Wochen, bis die Siegesnachricht Holland erreichte, wo die Witwe York mit ihren Jüngsten untergekommen war. Philipp von Burgund, dessen Reich vom Neuenburger See bis nach Westfriesland reichte, hatte ihr nicht die Zuflucht verweigern wollen; doch solange in England nichts entschieden war, hatte er auch keinen Wert darauf gelegt, besondere Gastfreundschaft zu demonstrieren. Das änderte sich nun. Ein festlicher Empfang in Brügge machte die kühle Aufnahme vergessen, man ließ es sich nun auch nicht nehmen, die frischbackene Königinmutter und ihre Sprößlinge noch ein paar Tage zu bewirten. Wahrscheinlich zeigte ihnen der Burgunderherzog seine berühmte Bibliothek mit den Bucheinbänden aus Gold und Edelstein, vielleicht nahm er sie auch mit nach Hesdin, seinem Landsitz im Artois, nicht weit vom ehemaligen Schlachtfeld bei Azingourt.

Hier hatte der spätmittelalterliche Herrscher mechanische Wunderwerke versammelt, die einem Leonardo da Vinci das Herz hätten höher schlagen lassen: Glanzstück war dabei ein Zimmer, in dem die Wettergewalten simuliert werden konnten. William Caxton, Seidenwarenhändler und wenig später Englands erster Verleger, berichtet davon in seinem Vorwort zur »Geschichte Jasons«: »Der erhabene Herzog Philipp, Gründer des Ordens zum Goldenen Vlies, hat in seiner Burg Hesdin ein Zimmer, wo die Gewinnung des Goldenen Vlieses durch Jason artig und getreulich an die Wand gemalt ist. Ich bin dort gewesen und habe diese Geschichte gesehen. In Anspielung auf die Zauberkünste der Medea hat er es in diesem Zimmer durch einen feinen Mechanismus so eingerichtet, daß es nach Wunsch zu donnern oder zu blitzen, zu regnen oder zu schneien scheint. Alles in diesem Zimmer, so oft er will und ganz zu seinem Vergnügen.« Caxton war damals Obmann der englischen Kaufmannschaft in Brügge; in dieser Eigenschaft hat er Cäcilie Neville und die Brüder des Königs wahrscheinlich begrüßt.

Reich beschenkt und unter feierlichem Geleit reisten Philipps Gäste schließlich nach Calais, zur triumphalen Rückkehr nach England. In Canterbury gab es erneut ein großes Fest, dann wurde in der Königsburg Sheen Station gemacht, wo Richard erstmals die Knie vor seinem königlichen Bruder beugte. Eduard IV. hatte sich nach seinem Sieg Zeit gelassen. Während die gefangenen Lancaster-Lords ihre Köpfe auf dem Richtblock verloren, wurden die rabenzerfressenen Häupter Yorks, Salisburys und Rutlands von den Zinnen Yorks genommen und zu ihren Leibern ins Grab gelegt. Der König feierte das Osterfest am 5. April in der nördlichen Metropole, dann brach er nach der Hauptstadt auf. Warwick und sein Bruder, Lord Montagu, blieben mit ihren Truppen zur Sicherung des Nordens zurück. Eduards Weg führte über Stony Stratford, südlich von Northampton. Hier verfaßte er am 12. Juli ein Begnadigungsschreiben für Lord Rivers, den glücklosen Admiral der gekaperten Lancaster-Flotte; sein Sohn Anton erhielt elf Tage später Pardon. Wohl nicht von ungefähr; die beiden machten bald Karriere. Wir werden auf dieses Ereignis noch zurückkommen.

Nach einem Umweg über Sheen in der Grafschaft Surrey zog der junge König mit seiner Familie in die Hauptstadt ein, Freitag, den 26. Juni. Bürgermeister und Ratsherren, angetan mit scharlachroten Gewändern, und an die vierhundert der vornehmsten Bürger, einheitlich in Grün, begleiteten den Festzug zum Tower. Hier wurden noch am selben Abend 23 Knaben und Männer, darunter die Königsbrüder Georg und Richard, zu Rittern des *Bath*-Ordens geschlagen. Uns ist eine minuziöse Beschreibung des Initiationsritus erhalten: »Über die Art, Ritter zu erheben, nach englischer Sitte, in Friedenszeiten und bei der Krönung, also Ritter vom Bade«. Die Zeremonie des 1399 gestifteten Ritterordens war seinerzeit schon Atavismus, ein Versuch, an Traditionen anzuknüpfen, die es nie gegeben hatte: Ritter-Romantik ist nicht erst eine Erfindung des neunzehnten Jahrhunderts. Ironischerweise ist unser Bild vom Rittertum gerade ein Abbild jenes Jahrhunderts, das sich aus Angst vor der Moderne in eine literarische Vergangenheit flüchtete: des fünfzehnten Jahrhunderts.

Sehen wir uns Richards Eintritt in den Ritterstand an. Im warmen Bade, von singenden und spielenden Pagen umringt, mit Wasser besprengt wie ein Täufling, erhielt er Belehrung über die Ordensziele. Ein Barbier, der nachher in dem Wasser baden durfte, kleidete ihn festlich. In der Kapelle hielt der Novize Nachtwache. Nach Frühmesse, Beichte und Kommunion durfte er ruhen, dann erschien er vor dem König; das Pferd, mit dem er über die Tower-Wiese geritten war, bekam der Pferdeknecht. Zwei Ritter banden Sporen an die Stiefel des Kandidaten, der König selbst umgürtete ihn mit dem Schwert und küßte ihn: »Sei ein guter Ritter!« Am Hochaltar mußte er schwören, die Rechte der Kirche zu achten. Der Truchseß nahm ihm die Sporen wieder ab und kündigte an, er werde ihm selbige »von den Fersen hacken«, sollte er den Ordensidealen untreu werden. Beim Mahle durfte er selbst weder essen noch trinken, noch ausspucken, noch um sich blicken. Dann erst wurde er in sein Ordensgewand gekleidet, blau mit weißer Kappe. Mit dem König zusammen zogen die neuen »Ritter vom Bade« am Samstagnachmittag feierlich in die Westminsterabtei.

Ebendort wurde am nächsten Morgen Eduard IV. gesalbt und gekrönt, gerade neunzehnjährig; am Tage vor Towton hatte er seinen zwanzigsten Geburtstag gefeiert. England bekam mit ihm einen König, über dessen wahre Fähigkeiten sich noch mancher täuschen sollte. Nicht nur die Zeitgenossen; auch die Nachwelt kam mit diesem widersprüchlichen Charakter nicht klar: Playboy und Politprofi, Schürzenjäger und Kriegsheld, Beau und Finanzgenie. Was das Äußere betraf, so schlugen bei seinem Anblick die Frauenherzen höher. Commynes, der Eduard persönlich kannte, beschreibt ihn als einen »außergewöhnlich schönen Prinzen, den schönsten, den ich je gesehen habe, und sehr kräftig dazu«. Polydore Vergil präzisiert nach dem Hörensagen: »König Eduard war sehr groß von Statur, fast alle überragend, vornehm das Gesicht, freundliche Augen, breitschultrig, ausgewogen in den Proportionen.« Daß er tatsächlich für mittelalterliche Verhältnisse von ungewöhnlicher Größe war, beweist sein Skelett: knapp 1,92 Meter.

Eduard war lebenslustig, eitel und klug genug, von seinem Aussehen auch Gebrauch zu machen. Seine Neigung zum schönen Geschlecht war notorisch, und es ist verbürgt, daß die Zuneigung erwidert wurde. Aber er wußte nicht nur Frauen zu gewinnen: »Eduard war von heiterem Wesen, freundlich von Angesicht, gleichwohl fürchterlich anzusehen, wenn er grimmige Miene machte. Freunden wie Fremden, auch den geringsten, gab er sich zugänglich. Denen, die ihn sehen wollten, zeigte er sich gerne, ja, er ließ keine Gelegenheit aus, seine stattliche Figur lange und nachdrücklich zur Schau zu stellen. Sein Umgang war so vertraulich, daß er Fremden, die vor seiner Erscheinung und seinem königlichen Glanz erstarrten, freundlich die Hand auf die Schulter legte, um sie zum Sprechen zu ermutigen«, heißt es später bei Mancini.

Ein Volksfürst also, dem die Herzen entgegenschlugen, und ein Glückskind noch dazu. »Fortuna, die alles lenkt, lächelte ihn an mit freundlicher Miene und schützte ihn vor seinen Feinden mit ihrem Schild«, bemerkt Tudorschreiber Rous, und auf seine Anhänger unter den *Commons* gemünzt: »Wie sagt doch der Dichter: Leicht wendet sich stets mit dem Fürsten das Volk.« Am 14. April berichtet ein Mailänder Beobachter aus London: »König Eduard ist jetzt Herr und Regent im ganzen Reich. Ich bin außerstande zu beschreiben, wie sehr das Volk ihn liebt und anbetet, als wäre er ihr Gott. Das ganze Reich feierte das Ereignis wie ein Geschenk des Himmels. Er scheint soweit ein gerechter Fürst zu sein, willens, die Dinge anders zu richten und zu handhaben, als bisher geschehen; so freuen sich alle in Hoffnung auf eine glückliche Zukunft.«

»Die *Rose* kam nach London mit schnellem Sprung,
Zwei Erzbischöfe gaben der *Rose* die Salbung;

Allmächtiger Christ, schütze die *Rose* und segne die Krönung
Und mach sie für ganz England zur Segnung.«*
Was für ein Unterschied auch zwischen dem strahlenden *Swinger* Eduard und dem sauertöpfischen, langgesichtigen Heinrich, der nur im Wahnsinn die Miene zu einem läppischen Lächeln verzog; der nur ein einziges Festtagsgewand hatte und es an einen Abt verschenkte, so daß sein verblüffter Kämmerer das gute Stück zurückkaufen mußte. (So geschehen Ostern 1459 in St. Albans.) Der entsetzt »Pfui, Schande!« rief und davonlief, wenn sich eine Frau zu tief ausgeschnitten zeigte. Der freudlose Wintermief, die verdrückte Küchenatmosphäre, die schurkische Geheimniskrämerei des Lancaster-Hofs war wie weggeblasen. Ein frischer Wind, jugendliche Lebenslust, ein Hauch Renaissance wehte durch den Königspalast: Lachen, Gesang, Bewegung, Licht. Kammern und Säle wurden neu drapiert mit Samt und Seide, überall prangten Eduards Sonnen und die weißen Rosen von York auf Wandbespannungen, Tafeltüchern und Livreen. Fest reihte sich an Fest, Bankette folgten auf Jagdpartien. Die Tische bogen sich dann unter Grilladen und Leckereien, es fehlte nicht an Wein und Bier, Fackelschein erhellte die Säle bis in den Morgen. Staunend berichtet ein Mailänder Gesandtschaftsmitglied von den Vergnügungen, die der König zu bieten hat *di feste, di donne et de caza* – »an Festen, Frauen und Jagden«.

Auch die Londoner waren beeindruckt. Das Volk erwartete vom Herrscher diesen Stil, damals nicht anders als heute, da der britische Souverän sich seine Königin jährlich an die neun Millionen Mark kosten läßt. Von Verschwendung war nicht die Rede. Die Londoner beklagten sich ja weniger, daß Heinrich VI. zuviel Geld ausgab, als daß in der Hofhaltung davon nichts zu spüren war. »Der König muß solch einen Schatz haben, daß er neue Bauten errichten kann, wenn es seinem Vergnügen und seiner Herrlichkeit gefällt; und daß er sich kostbare Kleider, Pelze, Steine, Tuche, Wehrgehänge und andere Kleinode und Schmucksachen kaufen kann, wie es seinem königlichen Stand entspricht. Oft will er reiche Wandteppiche und anderen Zierat für seine Paläste kau-

---

* The Rose cam to London full ryally rydyng,
ii erchebisshops of England thei crouned the Rose kyng;
Almighti Jhesu save the Rose, and geve hym his blessyng,
And al the reme of England ioy of his crownyng ▸ . .
Aus: *The Rose of Rouen,* zeitgenössisches Gedicht.

fen ... und hat andere noblige und umfangreiche Kosten dieser Art, wie es Seiner Königlichen Majestät geziemt. Denn wenn der König es nicht so hält oder halten kann, lebt er nicht nach seinem Stand, sondern vielmehr in Schande und in größerem Elend als eine Privatperson.« So sieht es Heinrichs Richter Fortescue, der damit deutlich Kritik an seinem Herrn übt.

Wir wissen nicht, wie Eduards jüngster Bruder dieses Treiben aufnahm. Richard ging auf die neun zu, immer noch Kind. Die Spiele der Erwachsenen waren für ihn eine fremde Welt. Tafeln und Jagen, Tanzen und Schäkern, der frivole Liebesreigen bei Fackellicht und Mondenschein, die Vergnügungen junger Männer und Frauen sagten ihm nichts, er erlebte sie wohl nur am Rande als bunte Folge von Aufregung, Lärm und unverständlichem Gelächter. Es dauerte ja auch kein halbes Jahr, da verließ er den lärmenden Hof, das quirlige London, nach dem stillen, hausbackenen Norden, in ein spartanischeres, sittenstrengeres Leben. Es war Übung in England, daß Heranwachsende als Pagen in fremde Familien gingen. So kam Richard im Herbst 1461 zu den Nevilles von Warwick auf Burg Middleham, Yorkshire.

Eine Woche zuvor, Allerheiligen, wurde er Herzog von Gloucester, wenig später zusammen mit seinem Bruder Ritter vom Hosenbandorden – höchste Auszeichnung des Reiches. Der elfjährige Georg hatte schon einen Tag nach der Krönung des älteren Bruders den Fürstenhut erhalten: als Herzog von Clarence. Clarence und Gloucester: Das waren seit den Tagen Eduards III. Titel, die königlichen Familienmitgliedern vorbehalten waren. Lionel von Clarence war jener Urahn, dem das Haus York den Thron verdankte. Gloucester hießen nacheinander zwei Königsbrüder, die einige Zeit das Reich regierten – bis sie ermordet wurden.»Laß mich von Clarence, Georg von Gloucester Herzog sein. Denn Cloucesters Herzogtum ist unheildeutend«, läßt Shakespeare seinen Richard sagen, der ihm zufolge auch schon 1455 bei St. Albans kämpfte. Der historische Richard war nicht ganz so frühreif.

Während der drei Jahre ältere Georg in der Umgebung des Königs blieb, ritt der junge Herzog Gloucester Ende November zusammen mit Graf Warwick und Lord Montagu nach Norden. Er hatte den Auftrag erhalten, dort Truppen zur Verteidigung auszuheben. Die praktische Durchführung der Order blieb freilich seinen großen Vettern vorbehalten. Er selbst zog in den Haushalt von

Middleham ein, als Gast, wenn auch nicht gratis: Tausend Pfund zahlte sein Bruder für den dreieinhalbjährigen Aufenthalt.

Middleham liegt etwa fünfzig Kilometer nordwestlich vom Erzdiözesansitz York im Hochmoor von Wensleydale, der schnellfließenden Ure zur rechten Seite. Die Burg aus dem zwölften Jahrhundert, errichtet auf normannischen Mauerresten, gehört zu den gewaltigsten Festungswerken Englands. Die Mauern stehen noch, die Zeit konnte sie nicht schleifen, auch wenn der Himmel heute in das Gemäuer schaut. Stellenweise bis zu vier Meter dick, bilden sie ein mächtiges Geviert: Bergfried, Kapelle, Innenhof, Wohn- und Wirtschaftsbauten, Torturm und Außenhof. Der Bergfried maß 45 Meter in der Höhe, mit Mauern von 2,70 Meter Dicke, abgestützt durch Strebepfeiler an den Ecken, die in Türmchen endeten. Jedes Stockwerk führte zwei große Räume; die Halle im Erdgeschoß war mit den Wohngebäuden durch einen überdachten Gang verbunden.

Burgen waren kleine Dörfer für sich: Es fehlte weder an einer Mühle, noch am Backhaus, nicht an der Schmiede und nicht am Schlachthaus. Es gab freilich modernere Adelssitze im Backsteinstil, wo Holz und Ziegel für höhere Wohnqualität sorgten, wo es weniger zog und nicht Wasser die grauen Steinmauern der Säle und Kemenaten herablief. Middleham konnte sein Alter nicht verleugnen, auch wenn man sich redlich Mühe gab, mit Spitzbogenfenstern und Erkern, mit Butzenscheiben und Mosaikglas, mit Tapisserien und Holzverschalungen den zyklopenhaften Charakter des Wehrbaus zu kaschieren. Trotz aller Unbequemlichkeit war dies der Lieblingssitz der Gräfin Warwick.

Und hier war nun auch Richard Gloucester für die nächsten Jahre zu Hause. Der Norden Englands ist, im Vergleich zum Süden mit seinen sanften Hügeln, Wiesengründen und heckenumzäunten Weiden, eine rauhe Gegend. In den Mooren und Wäldern lagen die Dörfer und Städtchen, mit dem bißchen kultivierten Boden rundherum, wie Inseln. Massive Burgen und wehrhafte Abteien beherrschten das Land und seine Bevölkerung: ein harter Schlag, arm, unbeugsam und waffentüchtig, nicht viel anders als im benachbarten Schottland, wo die Natur eine ähnliche Rasse gezeugt hatte.

»Der Norden« – das war Grenzland. Hier hatten schon Roms Legionen gegen Pikten und Skoten gestanden, und die modernen

Schotten waren nicht weniger kriegslustig. Die Grenze war keine Linie mit bemalten Pfählen und Grenzbäumen, bewacht von Schäferhund-Patrouillen, nicht einmal ein Streifen, sondern ein unsicherer, »grenzenloser« Raum, ständige Kriegszone, zugleich ein Gebiet intensiven Handels- und Kulturaustausches. London war weit, seine Herrscher seit den Tagen Wilhelms des Eroberers nicht beliebt; Nordengland war immer für einen Aufstand gut. Im Süden fürchtete man die »Nordleute« und verachtete sie:

»Volk im Norden, treuloses Volk, geschaffen zum Raub –
Volk im Norden, nichtsnutziges Volk, Volk ohne Mitleid –
Volk im Norden, mit Schlangenherz und Schlangenhaut –«
dichtete der Mönch Whethamstede von St. Albans.*

Dabei brauchte es hier mächtiger Lords und kriegerischer Bauern, um sich gegen die beutelustigen Herren und ihr Fußvolk von der anderen Seite des Niemandslandes behaupten zu können. Man war auf sich gestellt. Hier konnte es einem Reisenden vom Kontinent wirklich vorkommen, als sei er am Ende der Welt.

Dies war das Land, das Richard prägen sollte, jetzt und später. Vielleicht entsprach es auch von Anfang an seinem Naturell, dem der heitere, leichtlebige, sieghafte Zug seiner Brüder sichtlich abging. Warwicks Haushalt konnte sich dabei mit dem des jungen Königs durchaus messen: Es war Pflicht und Stolz eines mächtigen Lords, einen derartigen Vergleich aushalten zu können. Gut zweihundert Personen lebten auf solch einer Burg: Familienangehörige, bezahlte Anhänger, Gesellschafter, Gäste, Personal. Mehrere Ochsen drehten sich täglich am Spieß. Ein Hofmarschall, ein Schatzmeister und ein Rechnungsprüfer versuchten, Ordnung in diesen Bienenstock zu bringen.

Daß man seine Kinder in fremden Haushalten heranwachsen ließ, war eine englische Besonderheit. Auf einen Italiener, der die Insel um 1500 besuchte, wirkte sie befremdlich, und er zog daraus seine eigenen Schlüsse: »Die emotionale Kälte der Engländer erweist sich besonders stark gegenüber ihren Kindern; denn nachdem sie diese bis zum Alter von sieben oder allenfalls neun zu Hause aufgezogen haben, schicken sie sie, ob Mädchen oder Buben, zum Gesindedienst in andere Häuser und verpflichten sie dort gewöhn-

---

* Gens Boriæ gens perfidiae, gens prompta rapinae
 Gens Boreæ, gens nequitiae, gens absque pietate
 Gens Boreæ, gens vipereae pellis generisque

lich für sieben oder neun weitere Jahre. Sie werden dort *apprentitii** genannt und verrichten während dieser Zeit alle möglichen niederen Dienste. Nur ganz wenige entgehen diesem Schicksal; denn jeder, so reich er auch sein mag, schickt seine Kinder in andere Häuser, so wie er ins eigene Haus fremde nimmt.

»Als ich sie fragte, warum sie so hart sind, antworteten sie: Damit die Kinder bessere Manieren lernen. Aber ich für meinen Teil glaube, sie tun es, weil sie alle Bequemlichkeit für sich haben wollen und weil sie besser von fremden Kindern bedient werden, als von ihren eigenen. Die Engländer sind nämlich, was ihren Magen betrifft, sehr genußsüchtig und dabei von Natur geizig: Selbst nehmen sie die besten Speisen zu sich und ihrem Gesinde geben sie das schlechteste Brot und lediglich Bier mit kaltem Fleisch, das bis zum Sonntag vorgebraten ist, doch in genügender Menge. Wenn sie ihre eigenen Kinder zu Hause hätten, müßten sie ihnen die gleichen Speisen geben, die sie selbst zu sich nehmen. Würden die Engländer ihre Kinder von zu Hause fortschicken, damit sie Anstand und gutes Benehmen lernen, und sie wieder zurücknehmen, wenn ihr Dienst beendet ist, wären sie vielleicht entschuldigt; doch sie kehren nicht wieder zurück, denn die Mädchen werden von ihren Dienstherren verheiratet, und die Buben verheiraten sich, so gut sie können, und gründen mit Hilfe ihres Herrn – nicht ihres Vaters – einen Hausstand und geben sich alle Mühe, auf diese Weise zu einem Vermögen zu kommen.«

Erziehung außer Haus, Erziehung in Gruppen – das war im Mittelalter normal oder jedenfalls erstrebenswert. Das Verhältnis zu Kindern war ganz unsentimental: Die Nestwärme verströmende Kleinfamilie gab es nicht, und Kindheit war auch keine Schonzeit. Man sah in Kindern kleine Menschen, die der Anleitung bedurften, wie gelegentlich Erwachsene auch. Sie sollten so schnell als möglich für die Gesellschaft tauglich gemacht werden, denn das Leben war kurz. Individuelle Persönlichkeitsentfaltung zählte dabei wenig. Deshalb erzog man die Kinder dort, wo sie unmittelbar in die Gesellschaft wachsen konnten. Im fremden Haushalt lernten die jungen Menschen dienen; denn Dienst hatten sie später alle, wenn sie nicht gerade Könige wurden, in der einen oder anderen Weise zu leisten: Knechtsdienst, Waffendienst, Got-

---

* englisch: *apprentice* = *Lehrling*

tesdienst. Und sie lernten dabei die Fähigkeiten, die für den jeweiligen Dienst notwendig waren.

Fortescue begründet in einem Erziehungsgespräch, warum Kinder in bessere Haushalte gegeben werden sollten: »Wer könnte, glaubst du, solch einem Buben das Kriegshandwerk, mit dem er seinem Herrn als Gegenleistung für das Lehen zu Dienste sein muß, besser und lieber beibringen als jener, dem er solchen Dienst schuldet? Dessen Macht und Ansehen höher geschätzt wird, als aller Verwandten und Angehörigen des Buben? Er wird nämlich, damit ihm von seinem Mann besser gedient wird, größte Sorgfat aufwenden und ist besser geeignet, ihn auszubilden als die Verwandten des Heranwachsenden, die vielleicht ungebildet und in den Waffen unerfahren sind, vor allem wenn ihr Erbteil nicht groß ist. Und was ist nützlicher für den Buben, der sein Leben und alles um seines Lehens willen im Dienst für seinen Herrn den Kriegsgefahren aussetzt, als mit dem Ritterwesen und den Kriegskünsten vertraut gemacht zu werden, solange er jung ist, weil er im reifen Alter solches nicht mehr lernen kann?«

In der Renaissance änderte sich diese Erziehungstechnik, wie sich das Menschenbild wandelte. Man entdeckte das Individuum und machte seine Biographie zur Achse der Gesellschaft. Nicht Einübung in Gruppen und Dienstverhältnisse zählten jetzt, sondern eine Persönlichkeitsbildung, die eigenständige Naturen hervorbrachte. Eine humanistische Bildung, die man sich nicht auf dem Kampfplatz unter Kameraden, sondern in der stillen Studierstube aneignete, war dazu vonnöten. Deshalb erzog man jetzt zu Hause, im Bücherzimmer, im väterlichen Kontor. Zuerst die »natürlichen« Kinder, die dem Herzen meist näherstanden als die Abkömmlinge einer legalen Zweckbindung; die schickte man weiterhin weg. Es war dies eine bürgerliche Erziehung und sie entstand in Italiens Kaufmannshäusern. Dem italienischen Besucher um 1500 ist sie schon so vertraut, daß er die altertümliche Methode der Engländer schlechtweg für barbarisch hält.

Die Pagen, von denen die Rede ist, hießen nicht *apprentices*, wie der Italiener meint (das waren Handwerkslehrlinge oder Rechtseleven), sondern *henchmen* oder *babies*, soweit sie hauptsächlich an der Tafel dienten. Für diese gab es eine reiche Literatur an gereimten Anweisungen, wie sie ihrem Herrn aufzuwarten hätten. Dabei ging es nicht nur um die richtige Bedienung, sondern auch um die eigenen Tischsitten und Manieren.

»O ihr Kinder von königlichem Blut,
Mit Anmut, Wohlgestalt und viel Verstand
Begabt, euch tut besonders gut
Dies Buch; denn es wäre wirklich allerhand,
Wärt ihr durch Schönheit nur bekannt,
Und fehlten Artigkeit und Anstand;
Drum nehmt vor allem ihr dies Buch zur Hand«
heißt es im *Babees Book* um 1475, das für König Eduards Kinder gedacht war. Und dann wird den jungen Lesern beigebracht, daß sie still stehen sollen, ihre Hände ruhig halten, sich nicht kratzen, anlehnen oder über den Tisch beugen sollen – und was es sonst an Anstandsregeln gibt, wie sie heute noch gelten.

Die Pagen eines großen Hofes bildeten eine gesonderte Gruppe, die zusammen aß und schlief, unter der Aufsicht und Anleitung eines Erziehers, des *Master of Henchmen*. König Eduard setzte in seinem »Schwarzen Buch der Hofhaltung« fest, was dieser zu tun habe – wohl nichts anderes, als Warwicks Pagenerzieher einige Jahre zuvor –, nämlich »die Schule englischen Anstands und Benehmens zu vermitteln, die Kinder zu lehren, ordentlich und sicher zu reiten; sie auch für das Turnier zu ziehen; sie zu lehren, ihren Harnisch zu tragen, Höflichkeit in allen Worten, Taten und Schritten zu zeigen; sie sorgfältig in die Regeln des Gehens und Sitzens einzuweisen, damit sie sich würdig benehmen lernen; sie mehrere Sprachen zu lehren und andere treffliche Künste, wie Harfe- und Flötespielen, Singen, Tanzen und dazu andere ehrenhafte und schickliche Aufführungen und Zerstreuungen; und diese Kinder täglich und stündlich gehörig anzuhalten, mit Züchtigungen auf ihren Zimmern, wie es bei solchen Herren nötig ist; und jedem von ihnen diejenige Fertigkeit beizubringen, zu der er am besten geeignet ist, mit täglicher Erinnerung an den schuldigen Gottesdienst. Dieser Meister sitzt in der Halle, nahe bei diesen Pagen *(Henxmen)* am selben Tisch, um ein Auge auf ihr Benehmen zu haben, und zu kontrollieren, wie manierlich sie essen und trinken, ob sie richtig Unterhaltung führen und andere höfliche Formen beachten, entsprechend dem Anstandsbuch *(book of urbanitie).«*

Der Tagesablauf der Pagen war streng geregelt, wie in einem Internat. An Hand der Bestimmungen, die König Eduard für seinen Sohn erließ, können wir ihn uns vorstellen: Aufstehen in aller Frühe, in der Regel bei Tagesanbruch; Morgenandacht in der Hofkapelle, dann einfaches Frühstück – Brot, Bier, etwas kalter

Braten vom Vortag – und anschließend bis zum Mittagessen »Beschäftigung mit sittsamem Lehrstoff, wie er dem Alter entspricht«. Nach dem Mittagsmahl, das schon um zehn Uhr stattfand, weitere Lektionen; am Nachmittag dann Körperertüchtigung: Reiten, Waffenspiele, Bogenschießen, nicht jedoch Ballspiele, wie etwa Fußball – dies war ein bäuerischer Zeitvertreib, der überdies verboten war: eine Art Freistil-Rugby querfeldein, mit blutigen Raufereien. Nach dem Vespergottesdienst ging es, um sechs Uhr, zur Abendtafel, anschließend war Zeit für die erwähnten »ehrenhaften Zerstreuungen«, die der Erholung dienen sollten, aber nichtsdestoweniger weiteres Lernen bedeuteten: Singen, Musizieren, Tanzen. Wenn es dunkel wurde, ging man zu Bett, die älteren Buben spätestens um neun Uhr.

Die ritterlichen Fertigkeiten stehen in der »Benimmschule« an erster Stelle. Nicht von ungefähr: Das fünfzehnte Jahrhundert bildete immer noch eine Kriegergesellschaft – auf adeliger, bäuerlicher, selbst auf bürgerlicher Ebene. Im »Buch der Adelsart« *(Book of Noblesse)* empfiehlt Autor William Worcester dem König, »daß die Söhne der Fürsten, Herren und der meisten von denjenigen, die edler Abstammung sind, wie Ritter, Edelleute und andere altehrwürdige Landbesitzer, daß diese, solange sie noch jung sind, in die Disziplinen, Lehren und Fertigkeiten der Waffenschule eingewiesen und eingeübt werden, wie sie beim Turnier Brauch sind, daß sie lernen, mit der Lanze zu stechen und Axt, Schwert, Dolch und alle anderen Verteidigungswaffen zu handhaben, zu raufen, hoch- und weitzuspringen, zu rennen, um sie hart, flink und tüchtig zu machen, damit sie, wenn sie Euch und Euerem Reich in Notzeiten Waffendienst leisten, für diesen Adelsdienst durch Übung besser gerüstet sind«.

In Worcesters Welt war kein Platz für Geistesbildung: doch diese Welt war auch im Sterben. Worcester empört sich, daß Adelskinder sich neuerdings so »seltsamen Praktiken« hingäben, wie dem Rechtsstudium. Ob der kleine Richard von dieser Erziehungsreform schon profitierte, ist ungewiß, aber nicht ausgeschlossen. Denn er zeigte später ein ausgeprägtes Interesse am Rechtswesen, während ihn Jagden und Turniere wenig interessierten. König Eduard sah für seine Pagen vor, daß ihre individuellen Fähigkeiten gefördert werden sollten: Vielleicht nahm sich der Erzieher an Warwicks Hof des jungen Herzogs besonders an.

Wir wissen, daß Richard gut schreiben und perfekt Französisch sprechen lernte. Literarische Bildung erwarb er sich zumindest mit der Bibel, wahrscheinlich auch aus Ritterromanen. Richard förderte später das Buchwesen, vor allem die neue Druckkunst, die Verleger Caxton in England einführte; dieser schrieb, als Richard König war: »O ihr Ritter Englands, wo sind Sitte und Brauch des edlen Rittertums aus alten Tagen? Was könnt ihr noch, außer in die Badehäuser gehen und Würfel spielen? Laßt das bleiben, laßt es und lest die edlen Werke über den Heiligen Gral, über Lancelot, Galahad, Tristan, Parzival, Gawein und viele andere mehr. Dort erfahrt ihr von Mannestum, Höflichkeit und Adelssitte.«

Der kleine, magere Richard hatte wohl Schwierigkeiten, sich in den Kriegskünsten mit seinen Altersgenossen zu messen. Als Herzog und Königsbruder durfte er freilich keine Schwäche zeigen. Das tägliche Waffentraining, das Schwingen der schweren Streitaxt, das Beherrschen des beidhändigen Schwerts, das Ausbalancieren der plumpen Reiterlanze wirkte auf seinen schmächtigen Körper wie Body-Building: Über den dünnen Beinen wölbte sich bald ein muskulöser Oberkörper, mit mächtiger Bizepsbildung auf dem Waffenarm. Als er mit zwölfeinhalb Jahren Warwicks Hof verließ, war er sicher noch nicht soweit. Doch später mochte es so ausgesehen haben, als ob er »vor Kraft nicht laufen« könne. Verschaffte ihm das den Ruf, einen Buckel zu haben? Daß die rechte Schulter höher wirkte als die andere, ist gut möglich. Jedenfalls war er später bekannt als tüchtiger Krieger, der sich mit der Streitaxt hervortat – der martialischsten aller Waffen.

Wir hören nichts davon, wie Richard sich in die Gruppe einfügte, ob er sich mit seinen Kameraden vertrug, ob er ein guter Kumpel war. Sicher ist nur, daß er in dieser Zeit zwei Freunde gewann, die es ein Leben lang blieben: Francis Lovell und Robert Percy, Adelskinder aus der Umgebung. Der eine wurde später sein Kämmerer, der andere Rechnungsprüfer an seinem königlichen Hof. Treue und Anhänglichkeit waren zwei hervorstechende Tugenden Richards – auch wenn's bei Shakespeare anders steht. Zu seinen Spielgefährten zählten auch zwei Mädchen: Anna und Isabella, Warwicks Töchter. Eine davon sollte seine Frau werden.

Im Frühjahr 1465 war Richard nach den Begriffen seiner Zeit alt genug, ein eigenes Haus zu führen. Sein Aufenthalt in Middleham war schon von Repräsentationsaufgaben und Ehrungen unterbrochen worden. Im August 1462 erhielt er, neben zahlreichen Rittergütern, die Grafschaften Richmond und Pembroke übertragen, ohne deren Titel allerdings. Am 9. September fielen ihm auch die Ländereien von Hungerford zu. Darüber kam es zum ersten Familienkrach. Der ältere Georg fühlte sich wohl benachteiligt, obwohl er seinerseits mit der Statthalterschaft von Irland und den Gütern des Grafen Northumberland ausgezeichnet worden war. Was genau vorfiel, wissen wir nicht. Jedenfalls kam Richmond kurz darauf an Georg, und auch Hungerford wurde Richard wieder entzogen. Zur Entschädigung erhielt er die Würde eines Admirals von England, Irland und Aquitanien.

Im Frühjahr 1463 finden wir Richard zusammen mit seinem Bruder als Zeugen bei der Bestätigung eines Stadtprivilegs. Es war üblich, daß die weltlichen und geistlichen Herren aus der königlichen Umgebung dem Herrscher beim Beurkunden assistierten, und so ist aus den Zeugenlisten gut zu erkennen, wer sich gerade am Hofe aufhielt. Wahrscheinlich hatte Richard wenige Monate zuvor, Mitte Januar, an der Gedenkprozession für seinen gefallenen Vater teilgenommen. Die prunkvolle Zeremonie fand in Fotheringhay statt: Man trug eine mit silbernen Rosen und goldenen Sonnen geschmückte Bahre, Wappenbanner, ein Christusbild und, wie penibel berichtet wird,»51 vergoldete Bilder von Königen und 24 vergoldete Bilder von Engeln« in die Prozession.

Vielleicht wäre Richard trotz seines »Alters« noch in Middleham geblieben, wenn sich in dieser Zeit nicht Warwick und der König überworfen hätten: irreparabel, wie sich herausstellen sollte. In den Jahren 1461 bis 1464 war, mit den Worten eines Mailänder Gesandten, Warwick »alles in diesem Königreich«, der »Führer des Reichs unter König Eduard« – *conduiseur du royaume d'Angleterre,* wie es der schottische Bischof von St. Andrews ausdrückte. Kondottiere und Großwesir: Richard Neville war in der Tat beides. Was er nicht war, war ein »Königsmacher« – das Epithet *regum creator* taucht auch erst 60 Jahre später auf.

Auf den Thronanspruch Richards von York hatten er und sein Vater noch verwirrt reagiert; in der verzweifelten Situation von 1461 war ihm und seinen Brüdern dann nicht viel anderes übriggeblieben, als *Plantagenets* Sohn die Krone anzutragen. Eduard dankte es den Mitstreitern: Warwick wurde Reichskämmerer, sein Bruder, der Bischof von Exeter, Kanzler und später Erzbischof von York, Lord Fauconberg stieg zum Grafen von Kent und oberstem

Admiral auf. Eduard brauchte die Nevilles ja auch noch, denn der Feind gab sich keineswegs geschlagen. Und er selbst, der Sieger von Mortimer's Cross und Towton, zeigte vorerst wenig Lust, den Daunenpfühl wieder mit dem harten Militärsattel zu vertauschen. Im November erst hielt er, nach der obligaten Huldigungsreise, Parlament. Seine wachsende Popularität und die seit einem halben Jahr unangefochtene Position der Yorkisten trieb Lords und Commoners zu seinen Fahnen. Nicht alle. So wurden denn 113 Landbesitzer geächtet, dreizehn davon aus dem Hochadel; Richter Fortescue und Dr. Morton waren darunter. Damen gegenüber zeigte sich Eduard galanter, nicht nur Witwen, sondern auch Gattinnen prominenter Lancaster-Leute. Ausgenommen von der Proskription wurde unter anderen Margarete Beaufort, des späteren Heinrichs VII. Mutter.

Den Aderlaß an Adel glich der König durch reichliche Vergabe neuer Titel aus, soweit nicht verlorene wiederhergestellt oder aufgelassene neu verteilt wurden. Sieben Baronate schuf er 1461, innerhalb von zehn Jahren stieg die Zahl auf dreizehn, dazu kam ein neues Herzogtum, ein Marquisat und acht Grafentümer. Zu den bemerkenswertesten Ernennungen zählte die Erhebung des jungen William Hastings, seines Privatkämmerers, zu *Lord Hastings;* er hatte auf dem Schlachtfeld von Towton soeben erst den Rittergürtel erhalten. Der Mann sollte Geschichte machen.

Über den gestürzten König ging man hinweg. Er wurde keines formellen Absetzungsaktes für würdig befunden. Der yorkistischen Argumentation zufolge war Eduard der direkte Erbe Richards II., Heinrich hingegen nur der Enkel eines Usurpators. Ein Parlamentspapier bestätigte diese Rechtsauffassung: »Heinrich, Sohn Johanns von Gent*, erhob sich in verwerflicher Mißachtung von Recht und Gesetz und in Widerspruch zu seiner Lehens- und Treuepflicht mit Waffengewalt gegen König Richard und setzte sich widerrechtlich in Besitz von Macht, Stand, Würde, Vorrang, Eigentum und Herrschaft desselben . . . Damals lebte Edmund Mortimer Graf von March, Erbe von Philippa, der Tochter und Erbin Lionels, des dritten Sohnes Eduards III.: Auf diesen Edmund gingen mit dem Tode König Richards nach Gesetz, Sitte und Dafürhalten Recht und Titel des Vorgenannten über und gehören nun rechtmäßig unserem Lehensherrn und Landesfür-

---

* Johann von Gent = ein anderer Name Johann von Lancasters (nach seinem Geburtsort)

sten Eduard IV. ...« Was am 4. März stattgefunden hätte, sei lediglich die Realisation eines bisher ungenutzten Besitztitels, verbunden mit der Entfernung Heinrichs aus der angemaßten Stellung. Das sah auf dem Papier ein bißchen anders aus als 1399, war aber praktisch dasselbe. Mit dem Unterschied freilich, daß man Heinrichs VI. nicht habhaft war (ihn also vorerst auch nicht umbringen konnte), und daß dieser einen heranwachsenden männlichen Erben hatte. Aller Erfahrung nach bedeutete das höchste Gefahr für Eduards frischerworbenen Thron. Tatsächlich bewahrte wohl nur die glückliche Insellage England vor einem Hundertjährigen Krieg auf eigenem Boden. Denn Frankreichs König zeigte sich wie vordem Eduard III. und Heinrich V. entschlossen, den Parteienkampf im anderen Land zum eigenen Vorteil auszunutzen. Das hieß zunächst: einen neuen englischen Angriff auf Frankreich verhindern und sich freie Hand schaffen gegenüber Burgund. Zwei scheinbar unvereinbare Wege boten sich dafür an: weiter auf Lancaster setzen, um den *status quo ante* zu erreichen – ein frankreichfreundliches Regime unter Margarete von Anjou; oder das regierende Haus York umwerben, um eine neuerliche Allianz England–Burgund zu vermeiden.

Im Juli 1461 starb Karl VII. von Frankreich, es folgte sein Sohn, der *Dauphin*, als Ludwig XI. Er schaffte es, beide Strategien zu vereinen. Noch Anfang Juni hatte der Mailänder Botschafter Camulio aus Frankreich zu berichten gewußt, in der Normandie sammelten sich zwanzigtausend Mann zur Invasion Englands. Ludwig stoppte das Unternehmen seines Vaters – die Zahl war ohnehin stark übertrieben. Der Italiener irrte sich freilich auch darin, daß Eduard und Warwick »die Insel und das Königreich ganz in ihrer Gewalt« hätten. Northumberland im hohen Norden war Percy-Land, und die Percies führten weiter Krieg für Margarete. Alnwick, Bamburgh und Dunstanborough befanden sich in der Hand der Königin, die Grenzfeste Berwick hatte sie als Preis für Waffenhilfe an die Schotten ausgeliefert. Sogar der Südosten war noch nicht sicher: Mitte Mai war in Wiltshire ein *Oliver Germaine* mit seinen Spießgesellen hingerichtet worden, weil sie »in Prophezeiungen wie falsche Ketzer« behauptet hätten, Heinrich sei immer noch König und würde weiterregieren.

Noch vor Eduards Krönung griffen Margaretes Verbündete Carlisle in Cumberland an. Lord Montagu entsetzte die Stadt, während Warwick weiter östlich Patrouille ritt. Um die feindlichen Burgen zu nehmen, fehlte ihm die Macht. Im Herbst war Heinrichs VI. Stiefbruder, Graf Kaspar Tudor von Pembroke, in Wales für die Lancaster-Sache aktiv. Lord Herbert bekriegte ihn mit Erfolg: Am 30. September wurde Burg Pembroke übergeben. Dabei fiel den Yorkisten Pembrokes Neffe in die Hand, der vierjährige Heinrich Tudor, von dessen Zukunft noch niemand ahnte. Man brachte ihn im Haushalt Lord Herberts unter, wo er die nächsten zehn Jahre lebte.

Margarete von Anjou hatte im Lauf ihrer unglücklichen Karriere nacheinander fünf ihrer engsten Vertrauten und Vorkämpfer verloren: Suffolk, Somerset, Shrewsbury, Northumberland und Wiltshire. Übrig waren von den großen Namen auf ihrer Seite nur mehr der jüngere Somerset, Pembroke, Oxford und Ralph Percy, der Bruder des gefallenen Northumberland. Zu wenig für ihre Ambitionen, zumal sie im Februar nächsten Jahres auch noch Oxford verlor. Einer Verschwörung überführt, bei der Eduard ermordet werden sollte, wurde er zusammen mit seinem ältesten Sohn geköpft. Nun blieb Margarete als Hoffnung nur mehr das Ausland: Frankreich.

Und Vetter Ludwig wagte tatsächlich ein Spielchen. Gegen die Verpfändung von Calais (wo die flüchtige Königin im Augenblick freilich nichts zu sagen hatte) rüstete er ein kleines Expeditionskorps aus, das Ende Oktober 1462 bei Bamburgh landete. König Eduard machte sich von London auf, bekam unterwegs jedoch die Masern und mußte sich ins Bett legen. Die Nachricht von der Größe des heranrückenden Heeres reichte immerhin, die Invasoren zurück auf die Schiffe zu jagen. Die Flottille zerschellte anschließend im Sturm, Margarete rettete sich mit Mühe nach Berwick. Ende 1462 kapitulierten Somerset und Percy in Bamburgh. Eduard hatte ihnen Wiedereinsetzung in ihre Güter versprochen.

Der König hielt Wort, ja mehr als das. Fest entschlossen, sich die beiden hartnäckigen Gegner zum Freund zu machen, scheute er nicht die große Geste. Ralph Percy vertraute er die eben erst übergebenen Burgen Bamburgh und Dunstanborough an. *Harry* Beaufort nahm er in seinen Haushalt auf, teilte mit ihm das Bett, nahm Vertraute von ihm als Leibwache und beschenkte ihn reichlich mit Geld. Wieder der romantische Rückgriff auf vergangene

Zeiten: So handelte man, auch nicht immer mit Erfolg, im elften Jahrhundert. Somerset antwortete mit ganz anderer, mit moderner Attitüde: der modischen *tristesse*. Er gab sich schwermütig, ließ sich durch glanzvolle Vergnügungen nicht aufheitern, weigerte sich, ins Turnier zu reiten. Und als er den nötigenden Bitten des Königs nicht mehr auskam, erschien er mit einem Helm aus Stroh in der Arena.

Dabei dachte Eduard nicht falsch, wenn er den Ausgleich suchte; er wollte aus den Fehlern der Lancasterianer lernen. Aus seinen und Richards III. Fehlern lernte dann Heinrich Tudor – aber da war das romantische fünfzehnte Jahrhundert auch vorbei, vorbei das Mittelalter mit seinen Begriffen Huld und Treue, von denen schon die Percies und Beauforts nichts mehr hielten. Ralph Percy verriet im Frühjahr seinen neuen Herrn; Margarete und Heinrich konnten mit ihren Hilfstruppen wieder in Bamburgh Quartier beziehen. Auch Alnwick fiel durch Verrat. Wenig später belagerten die Schotten Norham. Warwick, der Anfang Juni 1463 nach Norden gezogen war, entsetzte die Burg und vertrieb die Eindringlinge. Eduard kam nach, mit ihm Somerset und dessen Leute: »Ein Lamm unter Wölfen«, urteilt der Chronist und fügt beruhigend hinzu: »Aber Gott der Allmächtige war der Hirte.«

Nicht nur Gott. In Northampton hatte der König alle Mühe, seinen seltsamen Günstling vor dem Zorn der überwachsamen Bürger zu schützen. Eilends schickte er den Herzog nach Wales in Sicherheit, das Volk besänftigte er mit einem großen Faß Wein.

Es half Margarete diesmal nichts, daß sie nach Frankreich ging. König Ludwig ließ sie ohne Zögern ,fallen, als er merkte, daß die Lancaster-Karte nicht mehr stach. Auch der Burgunderherzog hatte nur ein bedauerndes Lächeln für sie übrig. Im Oktober vermittelte er in nobler Weise einen Waffenstillstand zwischen Frankreich und England; Ludwig verpflichtete sich darin, weder den entthronten Heinrich noch Margarete und ihren Sohn zu unterstützen. Zwei Monate später machten auch die Schotten Frieden. Sie hatten im eigenen Land genug mit Hochlandhäuptling John MacDonald zu tun, den die Yorkisten geschickt ins Bündnis gezogen hatten. Warum Heinrich Beaufort gerade in diesen Tagen seinen Treueschwur brach und nach Norden eilte, um Newcastle in seine Gewalt zu bringen, muß deshalb ein Rätsel bleiben. Der Putsch mißlang denn auch; Somerset rettete sich nach Bamburgh, um zu überwintern. Indes beging König Eduard, der zur Unterzeichnung des Waffenstillstands mit den Schotten nach Norden gekommen war, in York das Christfest. Vermutlich feierten Richard und Georg mit ihm; er vermachte den jugendlichen Brüdern je ein Faß Burgunder. Richard hatte kurz zuvor schon ein bedeutenderes Geschenk erhalten: die Güter und Besitztümer des Verräters Heinrich Beaufort. Und als sich Eduard im Frühjahr daranmachte, im Norden endgültig aufzuräumen, erwartete den jungen Herzog noch eine ganz andere Ehrung: Er wurde alleiniger Kommissär für die Truppenrekrutierung in neun Grafschaften, einem Viertel des Königreichs.

Wir wissen nicht, wie der Elfjährige dies Amt ausfüllte. Sicher hatte er Ratgeber zur Seite, die ihn in den Verwaltungsgang einwiesen, doch die nötige Autorität als königlicher Kriegskommissär mußte er allein aufbringen. Richard war allem Anschein nach ein ernster Knabe, entschlossen und gewissenhaft, dazu erzogen, Herr und Fürst zu sein. Frühe Verantwortung war nicht nur ein Erziehungsmittel, sondern auch Notwendigkeit, wo die mittlere Lebenserwartung dreißig Jahre nicht überstieg und gewaltsamer Tod ein viel früheres Ende bringen konnte. Das Mittelalter war eine Jugendkultur. Um so überraschender, daß Richards älterer Bruder Georg in diesen Tagen kein entsprechendes Amt erhielt – warum, wird freilich noch deutlich werden. Der kleine Gloucester brachte jedenfalls seine südenglischen Truppen Mitte Mai pünktlich ins königliche Lager nach Leicester. Sie kamen, wie die anderen Aufgebote, nicht mehr zum Einsatz. Am 14. Mai 1464 war der Bürgerkrieg in England erst einmal zu Ende.

Drei Wochen zuvor hatten die Lancasterianer bei Hedgely Moor eine Schlappe erlitten, als sie auf Lord Montagu gestoßen waren, der gerade eine schottische Gesandtschaft eskortierte; Ralph Percy fiel, die anderen flohen. Sie ereilte das Schicksal nun bei Hexham. Der Großteil des Lancaster-Heeres war desertiert, weil es keinen Sold mehr gab. Montagu rückte aus Newcastle und zerstreute die Überreste. Somerset, Lord Hungerford und die anderen Führer fielen den Feinden in die Hände und wurden umgehend hingerichtet, insgesamt an die zwei Dutzend. »Seht, was für ein mannhafter Mann dieser gute Graf Montagu ist, denn er schonte weder ihre Bosheit noch ihre Falschheit, Arglist und Verräterei, machte viele Gefangene und erschlug viele von ihnen bei diesem Treffen«, rühmte der Chronist. Alnwick und Dunstanborough kapitulierten, Bamburghs Mauern brachen unter dem ersten Kanonenfeuer, das je auf eine englische Stadt gerichtet wurde.

Der arme, heimatlose Heinrich, der nun nirgends mehr sicher war, hatte beim überstürzten Aufbruch von Burg Bywell seine gekrönte Schnabelmütze zurückgelassen – letzte Insignie seiner verlorenen Königschaft. Montagu überreichte sie Eduard im Triumph. Richard war Zeuge, als dieser den siegreichen Feldherrn in Pontefract mit der Grafenwürde von Northumberland auszeichnete. Heinrich irrte indes ein Jahr lang mit wenigen Begleitern von Versteck zu Versteck. Denn seit Schotten und Engländer fünfzehnjährigen Frieden geschlossen hatten, war er auch im Nachbarland nicht mehr gelitten. Ein Verseschmied faßte das traurige Schicksal des letzten Lancaster-Königs in die Klage:

»Einst ritt ich einher in Samt und Seide
Freiweg durch Engeland zu Pferd;
Wehe, wenn ich mich jetzt nur zeige –
Wie hat sich doch die Welt verkehrt!«*

Im Juli 1465 verriet ein Mönch den Aufenthalt des frommen Mannes. Heinrich wurde nach London gebracht und mit gefesselten Füßen zu Pferd durch die Stadt geführt. Dann verschwand er hinter den dicken Mauern des Tower, doch wie der Chronist versichert: »Jeder, der kam und mit ihm sprechen wollte, erhielt Erlaubnis dazu von den Aufsehern.« Den Lancasterianern, die mit Margarete von Anjou an den armseligen Hof ihres Vaters geflohen waren, ging es in leiblichen Dingen wohl eher schlechter als dem Ehrenhäftling Heinrich. Richter Fortescue beklagt sich bitter: »Wir leben hier alle in großer Armut, doch die Königin unterhält uns wenigstens mit Essen und Trinken, so daß wir nicht extreme Not leiden . . .«

Die Liquidierung des Bürgerkriegs verschaffte Eduard außenpolitisch freie Hand. Nun konnte er die Bedingungen diktieren, unter denen er mit Frankreich und Burgund verkehren wollte. Diese beiden Reiche verband nach wie vor ein Konflikt, wie er in unserer modernen Staatenwelt nicht vorstellbar ist. Als Herzog von Bur-

---
* Sum tyme I rodde in clothe of gold so red
Thorow-oute ynglond in many a town;
Alas, I dare nowth schewe now my hede –
Thys word ys turnyd clene vppe so down!

gund und Herr über Flandern, Artois, Boulogne, Ponthieu, Vermandois, Nevers, Charolles und Mâcon unterstand Philipp, den man den »Guten« nannte, der Krone Frankreichs; als Herzog von Luxemburg, Brabant und Limburg sowie Graf von Holland, Seeland, Hennegau, Namur und der Freigrafschaft Burgund war er deutscher Reichsfürst. Diese gewaltige Herrschaft, die sich links und rechts des Rheins von den westfriesischen Inseln bis fast zum Genfer See erstreckte, drängte zu eigener Reichsbildung, zu einer eigenen Krone – eine Entwicklung, die der französische König für die Länder seiner Krone nicht hinnehmen wollte. Um sie zu verhindern, brauchte er jedoch die Freundschaft des englischen Erbfeinds oder wenigstens seine Neutralität.

Die Zeichen für eine *Entente* standen indes günstig: Warwick und Ludwig kannten sich aus jenen Tagen, da dieser noch *Dauphin* und bei seinem lancasterfreundlichen Vater in Ungnade war, und sie hatten Gefallen aneinander gefunden. England und Burgund lagen dagegen im Handelskrieg, und Philipps Sohn Karl, der am Hof seines kranken Vaters zunehmend das Sagen hatte, zeigte offene Sympathie für die Lancasterianer. In dieser Situation machte Ludwig XI. sein Angebot: Privilegien für den englischen Handel, Unterstützung Yorks gegen innere und äußere Feinde, Teilung der burgundischen Beute und – da die eigene Tochter mit vier Jahren noch zu jung war – die Hand seiner Schwägerin Bona von Savoyen für König Eduard. Auch für Englands »Großwesir« Warwick hatte er Versprechungen an Land und Titel übrig.

Richard Neville war leicht zu beeindrucken, und Ludwigs Aufmerksamkeit schmeichelte ihm. So machte er die Allianz mit Frankreich zu seiner Sache. Im Oktober 1464 wollte er sich mit Ludwig in Calais treffen. Mitte September trat in der luxuriösen Abtei von Reading der englische Reichsrat zusammen, um die Außenpolitik abzustecken. Doch als der mächtige Warwick seine und Ludwigs Pläne entwickelte und Eduard eine französische Heirat empfahl, mußte er feststellen, daß er die Rechnung ohne den Wirt gemacht hatte. Der König erklärte, er sei schon verheiratet.

Die Nachricht schlug wie eine Bombe ein. Königliche Eheschließungen waren Staatsangelegenheiten, man heiratete nicht heimlich in einer Dorfkirche. Doch eben das war geschehen. Die Erwählte hieß Elisabeth Woodville – Tochter eines Lancaster-Höflings und Witwe dazu. Vater war jener Lord Rivers, der 1460 in

79

Sandwich auf lächerliche Weise seine Flotte verloren hatte. Ihr Gatte Johann Grey, Lord Ferrers von Groby, hatte in der zweiten Schlacht von St. Albans für Margarete sein Leben gelassen. Elisabeth war siebenundzwanzig, fünf Jahre älter als der König, und hatte zwei heranwachsende Söhne in Richards Alter.

Sie muß eine faszinierende Persönlichkeit gewesen sein, denn Eduard nahm sie, wie die Chronisten bezeugen, »wegen ihrer Schönheit und aus Liebe« zur Gemahlin. More nennt sie »hübsch, recht manierlich, von mittlerer Größe, guter Figur und sehr klug«. Die überlieferten Porträts zeigen ein delikates Gesicht mit hoher Stirn und leichtem Schlafzimmerblick, einen zarten Oberkörper mit ausgeprägten Schultern – zweifellos eine aparte Erscheinung. Aber sie muß wohl noch andere Qualitäten gehabt haben. Denn dem königlichen Frauenheld und Schwerenöter mangelte es nachweislich nicht an schönen Frauen jeden Alters, die ihm ihre Gunst und darüber hinaus auch Nachkommen schenkten. Und die unkonventionelle Liebesheirat brachte dem Freier, das war vorauszusehen, außer dem Ehevergnügen nichts als Ärger ein.

Was Wunder, daß sich umgehend romantische Legenden und pikante Histörchen um das Geheimnis von Begegnung und Verlobung des hohen Liebespaares bildeten. Unter freiem Himmel, während einer Jagdpartie sei die schöne Witwe, ihre kleinen Buben an der Hand, vor Eduard erschienen und habe für diese kniefällig um Rückgabe des verfallenen Erbes ihres geächteten Gatten gebeten; der König sei augenblicklich in Liebe entbrannt. Noch Anfang unseres Jahrhunderts wußten die Leute des Whittleby-Waldes, wo jene Eiche stand, da dies passierte – die »Königseiche«. Der nahe liegende Ort Grafton, wo die Woodvilles ihren Sitz hatten, hieß denn auch bald Grafton *Regis,* das »königliche Grafton«.

Eine ganz andere Verlobungsgeschichte berichtet freilich Dominic Mancini, der kurz nach Eduards Tod schrieb: »Er verliebte sich wegen ihrer guten Figur und ihres eleganten Benehmens in sie, doch er konnte sie weder mit Geschenken noch durch Drohungen verführen. Man erzählt sich, daß Eduard ihr ein Messer an die Kehle setzte, um sie seiner Leidenschaft gefügig zu machen. Doch sie hielt unerschrocken stand und erklärte, lieber sterben zu wollen als mit dem König in Unkeuschheit zu leben. Daraufhin entbrannte Eduard um so mehr für sie und hielt sie schließlich, da selbst ein rasender König ihren schamhaften Widerstand nicht zu brechen vermochte, für würdig, Königin zu sein.«

Mancini kannte die Story wahrscheinlich schon, als er 1484 nach England kam. Vierzehn Jahre zuvor hatte ein Landsmann, Antonio Cornazzano, Gereimtes »Über bewundernswerte Frauen« verfaßt; Elisabeth Woodville war darunter. Cornazzano rühmt die Standhaftigkeit der Edeldame in gleicher Weise wie Mancini, auch wenn der Dolch dabei eine andere Rolle spielt: Sie selbst hält ihn dem König hin, sie umzubringen, bevor er sie schändet. Es handelt sich dabei wohl um die Projektion eines alten Motivs auf mysteriöse Ereignisse in einem fernen Land. Cornazzanos Darstellung ist im übrigen voller Fehler – auf die Mancini sich allerdings nicht einläßt.

Englische Quellen wissen jedenfalls nichts von Dolchen und versuchter Gewalttätigkeit. Was wir ihnen entnehmen, ist freilich wunderlich genug: Nach der Schlacht bei Towton, im Frühjahr 1461, kam der siegreiche König durch Stony Stratford. Grafton liegt hier nicht weit entfernt, und wir erinnern uns, daß er Vater Woodville, dessen einer Sohn eben erst gegen Eduard gekämpft hatte, von hier aus unvermuteten Pardon gab. Sollte Eduard seine Zukünftige damals unter jener Eiche zum erstenmal getroffen haben, so trug er seine Liebe daraufhin drei Jahre lang im Herzen. Und wenn sich die Angebetete anfangs spröde zeigte, tröstete er sich jedenfalls mit anderen Damen, deren eine, Elisabeth Lucy, ihm (heißt es) just an jenem Tag ein Kind gebar, als er mit der anderen Elisabeth zum Altar schritt. Das war am ersten Maientag 1464.

Am 30. April – Montagu schlug sich mit den Lancasterianern herum, und Richard Gloucester sammelte im Süden Truppen für den Bruder – ritt der König wie zufällig aus zur Jagd: in Richtung Stony Stratford. Allein wie er war, wandte er sich von dort nach Grafton, wo ihm noch in derselben Nacht Elisabeth Woodville angetraut wurde. Hören wir den Londoner Chronisten Fabyan:

»Bei dieser Hochzeit war niemand anwesend außer dem Bräutigam, der Braut, ihrer Mutter, einem Pfarrer, zwei Edelfräulein und einem jungen Mann, der dem Pfarrer beim Singen half. Nach Ende der Trauung ging er (Eduard) zu Bett, verbrachte dort drei oder vier Stunden, brach dann auf und ritt wieder nach Stony Stratford zurück, wo er so tat, als sei er jagen gewesen, und ging dort wieder zu Bett. Ein oder zwei Tage später ließ er in Grafton bei Lord Rivers, dem Vater seiner Gattin, melden, daß er kommen und einige Zeit logieren werde. Er wurde in allen Ehren empfangen

und verbrachte dort vier Tage. Während dieser Zeit wurde ihm seine Gattin nachts so heimlich ans Bett gebracht, daß außer ihrer Mutter beinahe niemand davon wußte. So konnte diese Heirat einige Zeit geheimgehalten werden...«
Daß ein derartiges Ereignis fünfeinhalb Monate verborgen bleiben konnte, macht staunen. Die anschließende Überraschung ist verständlich, die ganze Angelegenheit dubios. Behalten wir sie gut im Auge: Noch andere »Weibergeschichten« Eduards sollten weitere Kreise ziehen. Warum die Heimlichtuerei, ist nicht ganz klar. Sollte der König ein schlechtes Gewissen ob dieser *mésalliance* gehabt haben, so überspielte er es nun mit Schnoddrigkeit. Als man ihm vorhielt, daß die Auserwählte schon zwei große Kinder in die Ehe brächte, gab er lachend zur Antwort: »Heilige Muttergottes, ich habe auch einige und bin Junggeselle dazu!«

Eine Witwe mit Kindern zur Frau zu nehmen, war immerhin für einen König nicht üblich, jedenfalls nicht in erster Ehe. Das hatte nach damaligen Begriffen den Ruch der Bigamie. Ungewöhnlich war auch, im eigenen Land zu heiraten und dann noch unter Stand: Elisabeths Mutter Jacquetta war zwar Herzogin von Bedford und entstammte dem jüngeren Zweig der Luxemburger, die sich von Karl dem Großen herleiteten und vor nicht allzu langer Zeit dem Deutschen Reich die Kaiser gestellt hatten. Ihr Vater war jedoch nur ein kleiner Landedelmann aus dem Haushalt des Herzogs von Bedford: Sir Richard Woodville. Der Genuß des Herzogtums war ihm versagt geblieben, weil das Bedford-Erbe Kronland war, und die Ehe deshalb der königlichen Zustimmung bedurft hätte; die war aber nicht eingeholt worden. Immerhin machte Sir Richard am Lancasterhof Karriere, wurde Baron (Lord Rivers), Ritter vom Hosenband-Orden und schließlich »Geheimrat«. Verständlich, daß viele Yorkisten so einen Mann nicht gern als Schwiegervater ihres Königs sahen. Schwerer mochte wiegen, daß diese Verbindung scheinbar keinen diplomatischen Gewinn brachte.

»Der größte Teil der Lords und das Volk insgesamt scheint sehr unzufrieden über diese Heirat zu sein«, berichtet ein Mailänder Beobachter aus Brügge. Und bei Mancini ist später von »indignierten Reichsnotabeln« die Rede, »die einer emporgekommenen Frau aus so wenig berühmtem Haus nur ungern königliche Ehren erwiesen«. Besonders verärgert war der »Königsmacher«: »Als Graf Warwick heimkam und von der Heirat hörte, war er furchtbar

wütend auf den König; und danach kam es zu immer neuen Mißstimmigkeiten zwischen dem König und ihm . . . Sie versöhnten sich wiederholt, doch seit diesen Tagen liebten sie sich nicht mehr«, heißt es bei Warkworth. Und der Mailänder Botschafter am französischen Hof bestätigt im Februar folgenden Jahres, »daß König Eduard und Graf Warwick sich heftig zerstritten und überworfen haben.« Was Wunder. Eduards einsamer Entschluß brachte nicht nur Warwicks ehrgeizige Außenpolitik ins Wanken, sie zerstörte vor allem seine Reputation als »starker Mann« im Reich.
Ob das in Eduards Absicht lag, ist ungewiß; er nahm es jedenfalls in Kauf. Der junge König mochte zu Anfang seiner Regierung »alles allzu lässig angegangen sein«, wie es Mancini ausdrückt, und dazu gehören in gewisser Weise die Umstände der Eheschließung. Aber der Entschluß selbst war nicht ohne Überlegung. Ein Chronist legt Eduard folgende Rechtfertigung in den Mund: Die Ehe mit einer Einheimischen verschaffe ihm die Liebe des eigenen Volkes, was wichtiger sei als Ansehen im Ausland. Gut gesprochen, wenn auch ein Jahrhundert nach dem Ereignis. Tatsächlich wollte der König, nach der Erfahrung mit Margarete von Anjou, den Untertanen wohl nicht noch eine Französin als Landesmutter zumuten. Der Groll über den Verlust des angewinischen Reiches saß tief, Friede mit Frankreich war nicht populär.

Der Croyland-Chronist berichtet, Warwick habe zuvor um die Hand der schottischen Königswitwe für seinen König verhandelt. Doch den Schotten brachte man kaum freundlichere Gefühle entgegen, als dem Nachbarn auf dem Kontinent. Offensichtlich war auch die kastilische Königsschwester Isabella im Gespräch. Nicht auszudenken, wie die Geschichte verlaufen wäre, wenn diese Verbindung zustande gekommen wäre: Zehn Jahre später erbte sie das spanische Teilreich. Doch da war sie bereits mit Ferdinand von Aragon verheiratet; ihrer Tochter hinterließen die beiden ein geeintes Spanien.
Die Dreizehnjährige hätte eine passende Frau für Eduard abgegeben. Ihre Karriere war freilich nicht vorauszusehen, und die Beziehungen zu Kastilien standen nicht zum besten, denn York machte Erbansprüche auf dieses Reich geltend*. Warum also

* Vgl. Kap. 1, S. 12

nicht eine Einheimische freien? Die Wahl einer Lancaster-Lady konnte überdies als innenpolitische Versöhnungsgeste gelten. Doch auch im diplomatischen Spiel machte die inländische Heirat Sinn. Sie hielt die Partie mit Frankreich und Burgund offen, auch wenn Eduard nun eine Figur weniger in der Hand hatte: ein »Damenopfer« sozusagen – bei dem er in Wirklichkeit eine Dame gewann – gegen Tempovorteil. Kluger Schachzug.

Vielleicht wäre es nicht notwendig gewesen, daß Eduard dabei seinen Reichskämmerer so blamierte. Aber Warwick schaltete und waltete mittlerweile allzu selbstherrlich und das in einer Weise, die seine Kräfte überspannte. Das folgende Jahrhundert zeichnete von ihm das Bild eines »weisen Mannes und mutigen Kriegers, so mächtig, daß er fast nach Belieben Könige machte und Könige absetzte, und er wäre wohl selbst einer geworden, wenn er es nicht für eine größere Sache gehalten hätte, Könige zu machen als König zu sein«. So steht es bei Hall und auch bei Shakespeare.

Nicht die Hälfte davon ist wahr. Mächtig war der Graf aufgrund seines Besitzes und seiner Familienbeziehungen. Er hatte beim Volk einen guten Namen, weil er sich freigebig zeigte: »Wenn er nach London kam, hielt er derart hof, daß sechs Ochsen zum Frühstück verspeist wurden, und jedes Haus war voll vom Fleisch, das er spendierte; denn jeder, der einen Bekannten an diesem Hof hatte, konnte so viel an Gesottenem oder Gebratenem mitnehmen, als er auf einem langen Messer davontragen konnte«, heißt es in der Londoner Stadtchronik. Das machte Eindruck. So buchstabierte denn ein Anhänger Warwicks Namen:

»W: Weisheit zeigt er
Und Angriffslust: A. Zu Genüge hat er
R: rechtes Gesetzesverstehen.
W: Will des Königs Wohlergehen
I: immer, seit langer Zeit.
K: Kennt stets nur Freundlichkeit.«*

Warwick war überdies eine prächtige Erscheinung, jovial, robust, dominant. Auf den ersten Blick ein Doppelgänger des

---

* W. Wisdome monstrat.
et aduent(us). A. bene constat,
R. rightwisnes legi.
W. willing prospera regi,
I. Iust antiqui.
K. Kynd est hic et vbiq(ue).

jüngeren Eduard, nur mit mehr Erfahrung. Der Schein trügt. Was bei Eduard lächelnde Selbstgewißheit war, erschien bei Warwick als polternde Eitelkeit, statt lässiger Lebenslust demonstrierte er prahlerische Verschwendung. Und er war weder ein sonderlich guter Krieger, noch ein überlegener Diplomat; Chastellain, ein Burgunder, der ihn persönlich kannte, sagt gar von ihm: »Er war lasch und feige, stand nie seinen Mann, stand immer kurz vor dem Absprung.« Den Thron hatte sich Eduard mit eigenen Siegen erkämpft, der Sieger im Bürgerkrieg nach 1461 hieß Montagu, nicht Warwick.

Wenn Warwick sich trotzdem in den Vordergrund drängen konnte, dann nicht zuletzt, weil der König ihn ließ. Eduard wollte sich einen Bruch mit den Nevilles nicht leisten, solange die Lancasterianer mit Truppen im Land standen. Tatsächlich täuschte Eduards Konzilianz, seine Umgänglichkeit und Lässigkeit den hochfahrenden Grafen. Der war ja auch vierzehn Jahre älter und hatte es sich wohl nicht abgewöhnt, den Vetter als Kind zu sehen. Und der Neunzehnjährige mußte sich in das Herrschen und Regieren erst einüben. Er hatte vorher nie ein Amt bekleidet – wie etwa jetzt schon der kleine Richard –, hatte auch keine staats- und rechtswissenschaftliche Ausbildung genossen, wie mittlerweile in der Erziehung von Prinzen üblich.

Aber er war allem Anschein nach ein politisches Naturtalent, dem ein außergewöhnliches Personen- und Zahlengedächtnis zu Hilfe kam. Thomas More beschreibt seine Eigenschaften beinahe hymnisch: »Er war von angenehmem Wesen und sehr fürstlich anzusehen, von tapferem Herzen, klug im Rat, im Unglück nicht verlegen, im Glück eher dankbar als stolz, im Frieden gerecht und gnädig, im Krieg wild und entschlossen, im Feld tapfer und kühn, und wagemutig, wenn es vernünftig war. Was seine Kriege angeht, so ist seine Klugheit in der Niederlage nicht weniger zu rühmen als seine Mannhaftigkeit im Sieg . . .« Fast das Bild eines idealen Herrschers, und das nicht ganz zu Unrecht – für damalige Verhältnisse.

Warwick war ihm jedenfalls, das zeigte sich, nicht gewachsen. Er gehört in eine Reihe mit Suffolk und dem älteren Somerset: unersättlich in seinem Macht- und Besitzdrang, wie ein Chronik-Fragment ausweist; ein politischer Abenteurer, der nicht für seinen Stand, sondern nur für sich selbst handelte; der seine Vorgänger nur deshalb verurteilte, weil sie gescheitert waren.

Jener Typ von Steigbügelhalter fürstlicher Macht, vor dem Machiavelli ein halbes Jahrhundert später warnt, weil er nach vollbrachter Tat nicht zufriedenzustellen ist.

Der Mailänder Gesandte am französischen Hof, Camulio, erging sich denn auch schon 1461, noch vor Eduards Krönung, in dunklen Ahnungen über bevorstehende Konflikte *(afflicti et exprisi)* zwischen Warwick und dem König: »Hinsichtlich dessen, was die Zeit bringen wird, mag sich einige Gedanken machen, wer das Königreich kennt, das so viele seiner natürlichen Führer verloren hat, so daß nur mehr zwei übrig sind, die Namen und Ansehen von Fürsten genießen – beide dank ihrer Klugheit und Geschicklichkeit und ihres Muts, mit dem sie allen hartnäckigen Nachstellungen entronnen und schließlich obenaufgeblieben sind.« Und da war nun ein erster Schuß vor den Bug des stolzen Grafen, eine Demonstration seiner Grenzen. Einen zweiten Suffolk oder Somerset sollte es nicht geben.

Die Heirat war *fait accompli,* Warwick konnte nur mehr die Schleppe tragen. Er tat es, indem er, zusammen mit dem jungen Herzog von Clarence, Eduards Auserwählte am Michaeli-Tag in die Klosterkapelle von Reading führte, um ihr dort – gerne oder nicht – mit den anderen Lords zu huldigen. Pfingstsonntag im Jahr darauf fand die Krönung der Königin statt, Eduard scheute dazu keinen Aufwand. Vor allem war ihm wichtig, die noble Abkunft seiner Gemahlin von Mutterseite her zu demonstrieren: Die Luxemburger Linie von St. Pol war geladen und erschien. Im übrigen sorgte er dafür, daß seine neue Verwandtschaft noblig wurde.

Elisabeth hatte sechs Schwestern, fünf Brüder, zwei Söhne, dazu ihren Vater; innerhalb von zwei Jahren waren alle so gut als möglich versorgt. Die fünf ledigen Schwestern heirateten Erben oder Inhaber hoher Titel: Arundel, Buckingham, Essex, Kent, Pembroke. Die erwachsenen Brüder erhielten Auszeichnungen und Kommandos; einer wurde später Bischof von Salisbury, ein anderer, der zwanzigjährige John Woodville, bekam die Hand eines »kessen, kleinen Mädchens von circa achtzig Jahren« – so die sarkastische Beschreibung eines Chronisten. Die Dame, Herzogin von Norfolk und Warwicks Tante, kann zwar nicht älter als 67 gewesen sein; für den damaligen Geschmack jedoch eine »diabolische Heirat«, wie der Chronist kommentiert. Elisabeths Sohn Thomas Grey von Groby wurde der Erbin von Exeter angetraut,

Eduards Nichte. Und Vater Woodville – Lord Rivers – avancierte zum Grafen.

Die Entfremdung des Königs von seinem alten Mitstreiter beendete Richards Aufenthalt in Middleham. Als der Zwölfjährige im Mai 1465 nach London kam, fand er einen Hof vor, der die rustikale Vergnügtheit der rauhbauzigen Männergesellschaft von 1461 an verfeinertem Luxus und kultivierten Manieren bei weitem übertraf. Eine Frau dirigierte nun den königlichen Haushalt, die nicht nur danach eiferte, ihre Vorgängerin zu übertreffen, bei der sie Hofdame gewesen, sondern die es den Spuren ihrer Mutter, nach dem Vorbild des Burgunderhofs, gleichtun wollte, dem damals prächtigsten Europas.

Eduard vermachte ihr dazu Burg Sheen in Richmond, ein Lustschloß in Greenwich und das Stadtpalais Ormond's Inn. Ländereien, die jährlich 1300 Pfund einbrachten, sorgten für das Haushaltsgeld. Das war weit weniger als Margarete von Anjou pro Jahr verpulvert hatte, aber Elisabeth mußte ja auch keine teueren Günstlinge bei Laune halten. Am 11. Februar 1465 kam sie mit einem Mädchen nieder – das erste von zehn Kindern. Eduard feierte das Ereignis wie die Geburt eines Thronfolgers, den er, Prophezeiungen eines Astrologen folgend, erwartet hatte. Was er nicht ahnen konnte war, daß die Tochter tatsächlich einmal Königin in England werden sollte. Warwick war Pate, sein Bruder, der Bischof, taufte das Kind auf den Namen der Mutter.

Über den Dankgottesdienst und die anschließenden Festlichkeiten erfahren wir aus einer Beschreibung des Nürnbergers Gabriel Tetzel, der 1465–67 den böhmischen Globetrotter Leo von Rožmital auf seiner »Ritter-, Hof- und Pilger-Reise durch die Abendlande« begleitete. Da es sich um eines der wenigen deutschsprachigen Zeugnisse über das England jener Tage handelt, lohnt es, sich ein größeres Stück daraus anzuhören:

»Der kunig ist ser ein hübscher gerader man und hat das allerhubst hofgesind als mans in aller cristenheit mag finden ... Uber etlich tag luod er meinen herrn Lewen (= Leo) und all sein erbern (= ehrbaren) gesellen, und gab jn (= ihnen) ser ein köstlich mal und ob (= an die) fünfzig essen nach ihrer gewohnheit. Und darnach gab er meinem herrn und allen seinen erbern gesellen [die] sein gesellschaft also [aus]gemacht, welcher ritter was, gab er ein güldene [Kette], welcher aber nit ritter was, ein silbernen, und thet uns selbs an hals. Do liessen sich herr Jan Serobsky Kolbrant, Achatz Frodner, Pyttipostky und Myrnüsch zu ritter schlahen. Etlich fodert der künig mehr (= der König forderte weitere dazu auf); es het auch herr Lew gern gesehen; sie wolten aber nit.

Und auf einen tag (= einen Tag darauf) liess uns der kunig hinein gen hof fodern. Do gieng die kunigin des morgens auss dem kindelbet (= Kindbett) gen kirchen mit kostlicher procession mit vil priesterschaft, die heiltum (= Reliquien) truogen, und viel schuoler, die do sungen und all brinnende liecht truogen. Darnach ein grosse schar frawen (= Frauen) und junkfrawen von land und auch von Lund (= London), die dazuo gebeten warden. Darnach ein grosse zal trumetter (= Trompeter), pfeufer und ander seitenspiel. Darnach des kunigs cantores (= Sänger) ob zwen und vierzig, die seer mit gesang kostlich waren. Darnach ob vier und zweinzig herolt und porsofant (= Persevant*). Darnach ob sechzig grafen und ritter. Darnach gieng die kunigin. Füerten's (= führten sie) zwen herzogen. Ob (= über) ir truog man einen himel. Nach ir volget ir muoter, junkfrawen und frawen ob sechzig (= an die sechzig). Also hört sie ein gesungen ampt (= Messe) und nu (= nachdem) sie herab in die kirchen was gangen mit der selben processen (= Prozession), gieng sie wider in iren pallast. Do muosten all die da bleiben essen, die in der processen gangen waren: die setzet man, frawen und man, geistlich und weltlich, ieden nach seinem stand, grosser sal vier voll (= in vier große Säle).

Also gab man meinem herrn und seinen gesellen und den edelsten herren besunder zu essen in dem sal und ob (= an) den tafeln, do der kunig mit seinem hofgesind pflag (= pflegte) zu essen. Und des kunigs mächtigster graf einer [Warwick?] muost sich setzen ober kunigs tafeln in's kunigs stuol an seiner stat. Und mein herr sass auch ob der selben tafeln von jm herab auf zwen schritt (= von ihm zwei Schritt entfernt), und sunst niemand sass ob der tafeln. Und all die eer, die man dem kunig begund (= pflegte) zu thuon, mit fürschneiden (= vorschneiden), kredentzen (= eingießen), essentragen, in aller mass als waer der kunig selber do gesessen, muost man dem grafen an's kunigs stat

---

* Persevant, engl. *pursuivant* = Heroldstellvertreter

und meinem herrn tuon so kostlichen, das unglaublich ist das do verbracht wurd (= daß kaum glaublich ist, was da geschah). Die weil wir assen, begabet (= beschenkte) der kunig all trummetter, pfeufer, spilleut (= Spielleute) und herolt, und hett den herolten allein geben vierhundert nobel.* Und all, die er begabet hett, die kamen für (= vor) die tafeln gangen, und schriren auss (= schrien heraus) wass jn (= ihnen) der künig geben hett. Do nu mein herr mit dem grafen gessen het, do füert er meinen herrn mit seinen erbern gesellen in einen uberkostlichen gezierten sal, do was die kunigin und wolt erst essen. Also stellet man meinen herrn und sein gesellen in ein winklein, das er der grossen köstlichkeit solt zuosehen.

Also sett sich die kunigin in einen kostlichen guldenen stuol allein über ein tafel. Der kunigin muoter und des kunigs schwester muosten weit herab sten. Und wenn die kunigin mit ir muoter oder mit des kunigs schwester redet, so kniet sie all mal vir ir so lang biss die kunigin wasser nam. Und wann man ir das erst essen fürsetzet darnach satzt sich der kunigin muoter und des kunigs schwester auch nider. Und ir frawen und junkfrawn und alle die der kunigin zu tisch dienten, waren alls mächtig grafen, muosten stets, als (= so) lang sie ass, knien. Und sie ass bey (= an die) dreien stunden und vil kostlicher essen, die man ir, auch irer muoter, auch des kunigs schwester und den andern fürtruog, da von viel zu schreiben waer, und iederman [war] still, nit ein wort [wurde] geredet.

Mein herr mit seinen gesellen stund stets in den winkeln und sach (= sah) do zuo. Nach essens do fiengs an einen tanz. Die kunigin beleib (=blieb) in ihrem stuol sitzen. Die muoter kniet vor ir; zu zeiten hiess si's aufsten. Do tanzet des kunigs schwester mit zweyen herzogen die kostlichen täntz und die kostlich reverentz (= Verbeugung), die sie der kunigin erboten, die ich noch ander (= sonst noch nie) gesehen haben von uberschwenklichen schonen junkfrawen. Darunter waren acht herzogin und bei dreissig graefin und das ander alls mächtiger leut töchter. Nach dem tantz do muosten des kunigs cantores kumen und muosten singen . . .

Danach luoden zwen grafen meinen herrn mit seinen gesellen zu haus. Die gaben uns unaussprechlich köstlichs essen ob (= an

* Goldnobel = Münze im Wert von 6 Schilling, 8 Pfennig, die Eduard III. eingeführt hatte; seit Heinrich IV. wog sie 108 Gran (ca. 7 Gramm).

die) sechzig [Gerichte] nach irem sitten. Da sahen wir die allerköstlichsten tebich. Darnach luod mein herr etwan vil (= auch eine ganze Reihe) grafen und herren zu haus, und gab auf behemisch (= böhmisch) sitten zu essen. Daucht sie seltsam ... Von dannen füert man meinen herrn zu kunigs bruder von Engelant, genannt herzog von Klaris (= Clarence), ist auch in Engelant. Der was meins herrn ser fro und erbut jm gross eer und reverenz. Also bliben wir den palmtag, und die aller kostlichste process sahen wir do, wie Unser Herr zu Jerusalem eingeritten ist. Und der herzog gieng selbs in der process und füert meinen herrn neben jm. Nach dem ampt muost mein herr mit seinen gesellen zu hof essen, und der herzog und mein herr assen miteinander, und meins herrn erberg (= ehrbare) diener mit den grafen und herren. Do gab man uns unsäglich ein kostbar mal und assen ob dreien stunden (= an die drei Stunden), und unter den gab man uns ein essen, das solt ein visch sein, was gebraten und gestaltet als (= wie) ein ent (= Ente). Es hett sein flügel, sein federn, sein kragen, sein füess und leget ayr (= Eier), und schmecket als ein wilde ent. Das muost wir für einen fisch essen, aber in meinem mund ist es fleisch gewest, und [sie] sagen, darumb sol es ein fisch sein, [weil] es wachs anfänglich auss einem wurm im mer und wenn es gross werd, so gewinn es die gestalt wie ein ent und leg air, aber die selbigen air bruoat's (= brütet es) nit auss, und werd auch nit darauss, und suoch (= sucht) sein narung stets im mer und nit auf dem land. Darumb sol es ein visch sein.«

Wenig später verließen Herr Rožmital und seine illustre Gesellschaft die Insel zu weiteren Abenteuern. Vielleicht hat der übermütige Clarence seine Gäste mit der Story von der eierlegenden Wurm-Ente ebenso »vergackeiert«, wie heute manch ahnungsloser »Preuße« in bayrischen Gefilden mit geheimnisvollen Geschichten von Wolpertingern, Gemseneiern und der eierlegenden Wollmilchsau »dableckt« wird. Der Enten-Fisch war jedenfalls nicht das übliche auf englischen Speisezetteln.

Dafür eine Reihe anderer Vögel, die bei uns nicht mehr auf den Tisch kommen: Pfauen, Kraniche, Reiher, Rallen, Rohrdommeln, Regenpfeifer und Brachen. Jedenfalls gab es die beim Gastmahl zu Ehren der Amtseinführung Georg Nevilles als Erzbischof von York. Dieses Fest übertraf alles bisher Dagewesene. Wie sonst hätte es ein Antiquar für wert erachtet, Küchenzettel, Menüplan und Gästeliste aufzuheben. 62 Köche verkochten und verbrieten 110 ausgewachsene Rindviecher, darunter sechs wilde Bullen, 304 Kälber, die gleiche Anzahl Schweine, 2000 Ferkel, 1000 Schafe, 204 Ziegen, 4000 Kaninchen und über 500 Hirsche, Böcke und Rehe, dazu sage und schreibe 16 872 Stück Geflügel; schließlich noch 12 Zahnwale und Seehunde sowie 600 Hechte und Karpfen und ungezählte weitere Fische und Seetiere. Dazu kamen 18 500 Pasteten, Terrinen, Galantinen, Torten, Puddings, Süß- und Sauerwaren. Aus 8,4 Tonnen Weizen wurde Brot gebacken und Brei gekocht. 300 Panzen Bier, 100 Fässer Wein und ein Fuder Zimtwein begleiteten das »große Fressen«.

Es gab drei Tafeln mit jeweils drei Gängen und insgesamt 120 Gerichten. Die ersten beiden Tafeln begannen jeweils mit Pökelfleisch, Senf und Malvasier-Wein zum Appetitmachen und boten dann Suppen, Fleisch- und Fischgerichte, Weizenbrei, Mandelbutter, Pasteten, Süßspeisen. Jeder Gang war von einer Zuckerbäcker-Skulptur gekrönt, in Gestalt etwa des hl. Georg, Samsons, eines Drachen oder Delphins. Ein Gang bestand zum Beispiel aus: Dattelkompott; Pfau mit Goldschnabel; Rallen, Hasen, Rebhühnern, Rotbeinschnepfen, Regenpfeifern, Wachteln, Sandpfeifern und Lerchen, jeweils vom Rost; Schleihe in Gelee; Wild aus dem Ofen; Marzipan, Torte und eine Zuckerplastik des hl. Wilhelm, der sein Schild in den Händen hält. Die Tafeln schlossen mit Waffeln und Hippokras, einem Zimtwein. Die dritte und letzte Tafel bot dann, wiederum in drei Gängen, ausschließlich Fischgerichte: Weißling, Forelle, Hecht, Karpfen, Döbel, Schleihe, Barsche, Barben, Orfen, Aal, Lachs, Lamprete, Stint, Hering, Makrele etc., dazu Krabben, Shrimps und Hummer.

1115 Diener warteten einer in etwa gleichen Anzahl von Gästen auf, die auf mehrere Säle verteilt waren. Außer dem König war fast alles anwesend, was im Reich Rang und Namen hatte: sieben Bischöfe, 15 Äbte und Priore, zwei Dekane, sieben Herzöge und Grafen, 24 weitere Standesherren, 34 Herzoginnen, Gräfinnen und Baronessen, dazu zwei Bürgermeister und Ritter, Domherren, Edelfräulein, Freisassen, Großbauern und Dienstleute. Richard war auch dabei. Er tafelte, seinem Alter entsprechend, mit den Damen: den Gräfinnen Northumberland und Westmoreland, der Herzogin Suffolk, seiner Schwester, sowie Isabella und Anna, den beiden zehn- und dreizehnjährigen Töchtern Warwicks. Sie waren in Middleham seine Spielgefährten gewesen.

Wir wissen nicht, wie Richard über die Heirat seines Bruders dachte. Mancini behauptet später, er hätte ebenso wie sein Bruder Georg »schwer daran getragen«. Das kann er freilich nicht belegen, muß vielmehr zugeben, daß Richard nichts derartiges verlauten ließ: »Der eine, Clarence, zeigte seinen Ärger deutlich, indem er laut und öffentlich über die niedere Abkunft Elisabeths herzog und bekrittelte, daß der König entgegen den Sitten eine Witwe heimgeführt habe, wo es sich doch gehört hätte, eine Jungfrau zur Gemahlin zu nehmen. Der andere, sein Bruder Richard, jetzt König und damals Herzog von Gloucester, verstand es besser, seine Gedanken zu verbergen, und weil er ja auch jünger war und somit weniger Autorität besaß, sagte er nichts, was man ihm hätte anlasten können.«

So war es tatsächlich. Georg war fünfzehn, ein hübscher Junge, charmant und leichtauf wie sein königlicher Bruder, von der gleichen gewinnenden Art, dazu äußerst sprachgewandt. *Right witty and well visagid,* nennt ihn Rous: »Blitzgescheit und gutaussehend«. Und Mancini weiß: »Er besaß so viel freundliche Beredsamkeit, daß es schien, nichts, was er wolle, sei für ihn unerreichbar.« Doch nun, kurz vor seiner Volljährigkeit, wurde ihm wohl klar, daß er eines nie erreichen würde: den Thron von England. Er war verdammt, *Monsieur* zu sein, wie man das in Frankreich nannte: der »namenlose« nächstjüngere Bruder des Königs.

Und da waren denn die schlechten Eigenschaften des Prinzen: Eitelkeit, Oberflächlichkeit, Unbeständigkeit, der Hang zur Lüge. Eduard hatte diese Züge früh erkannt und danach gehandelt. Georg behielt er in seiner Umgebung – zur Aufsicht, wie später deutlich wird –, den drei Jahre jüngeren Richard betraute er mit Ämtern. Das änderte sich auch in Zukunft nicht. Anfang 1467 etwa berief er den Vierzehnjährigen zusammen mit Warwick und Montagu in eine außerordentliche Kommission mit standrechtlicher Befugnis, die einen Aufruhr in York untersuchen sollte. Georg intrigierte in dieser Zeit mit Warwick um päpstlichen Dispens für eine Heirat mit seiner Base Isabella Neville.

Der König hatte gegen die Verbindung bereits Einspruch eingelegt, wohl weil er ahnte, daß der Bruder in die Netze des Grafen gezogen werden sollte. In Warwick und Clarence hatten sich zwei verwandte Seelen gefunden: beide leicht zu beeinflussen, über die Maßen ehrgeizig, ständig in Angst, zu kurz zu kommen. Eduard stemmte sich vergebens gegen das Bündnis der beiden. Einem französischen Chronisten zufolge ließ er den Bruder einmal sogar nach heimlichem Treff mit Warwick einsperren. Auch Richard war damals angeblich mit von der Partie. Wenn, dann ein einziges Mal. Er hielt sich in Zukunft von dem machthungrigen Grafen fern. Die unvornehme Hast, mit der die Karriere der Woodvilles betrieben wurde, erregte Anstoß. Ernstlich betroffen waren jedoch nur die Nevilles, die ihre Vormachtstellung einbüßten. Vor allem Warwick trug »heimlichen Groll« darüber im Herzen, wenn man einer anonymen Chronik glauben darf. Eduards Nichte Anna, Tochter des geächteten Exeter, war bereits Montagus Sohn versprochen, als ein Woodville sie freite. Den elfjährigen Buckingham, der als Mündel im königlichen Haushalt lebte und selbst von königlichem Stamm war, hatte Warwick für seine eigene Tochter vorgesehen gehabt, bevor ihn eine Woodville wegschnappte. Auch der Verbindung zwischen Lord Dunster, Herberts Sohn, mit einer Königsschwägerin war der Graf nicht grün. Lord Herbert rivalisierte mit ihm in der Provinz; einst sein *protégé,* gehörte er nun zu Eduards engsten Ratgebern.

Doch daß die mächtigen Nevilles Konkurrenz erhielten, konnte den anderen Lords nur recht sein. Zweifellos betrieb der König, wenn er die Woodvilles förderte, den Aufbau einer persönlichen Partei. Wenn Warwick übers Land ritt, schrie ihm das Volk mancherorts zu wie einem König. Die Woodvilles waren abhängig vom Willen Eduards. Und sie sollten auch nicht übermächtig werden. Nur Lord Rivers erhielt einen Platz im inneren Regierungszirkel. Der König machte ihn im März 1466 zum Schatzmeister, zwei Jahre später wurde er Reichsstallgraf. Eduards ältester Schwager, Lord Scales, mußte sich mit dem Kommando über die kleine Kanalinsel Wight begnügen.

Warwick gab sich denn auch noch nicht geschlagen. Doch statt sich auf die neue Situation einzustellen und seine Macht an Eduards Seite auszubauen, ging er systematisch auf Konfliktkurs. Dollpunkt war dabei die Außenpolitik. Zur Diskussion stand die Hand der Königsschwester Margarete. »Darüber«, so der Croyland-Chronist, »kam es meiner Meinung nach zum Zerwürfnis zwischen dem König und dem Grafen und nicht wegen der Heirat des Königs mit Elisabeth, wie früher behauptet wurde. Denn der Graf zeigte sich ja der Königin und ihrer Familie so lange freundlich, bis er merkte, daß ihre Verwandten und Schwäger entgegen

seinen Wünschen mit äußerstem Nachdruck die andere Heirat betrieben, zu der es dann dem Willen des Königs entsprechend auch zwischen Karl* und Lady Margarete kam, und daß sie Pläne förderten, die er heftig ablehnte.«
Der gutinformierte Autor weiß auch etwas über Warwicks Wünsche zu sagen: »Er hätte viel lieber in Frankreich nach einer Verbindung für Lady Margarete gesucht, weil es dadurch zu einer vorteilhaften Verständigung zwischen den Herrschern beider Reiche gekommen wäre. Es ging sehr gegen seinen Wunsch, daß die Pläne Karls, jetzt Herzog von Burgund, durch eine Allianz mit England begünstigt werden sollten. Er verfolgte diesen Mann nämlich mit tödlichem Haß.«
Warwick fuhr also fort, private Außenpolitik zu treiben. Der König ließ ihn vorerst, denn das trieb die Preise. Mit oder ohne Woodville-Nachdruck war er selbst entschlossen, auf Burgund zu setzen. Doch dazu mußte er erst den eigenwilligen Karl gewinnen, den man bald den »Kühnen« nennen sollte. Der romantische Jüngling, derzeit noch Graf von Charolais, sympathisierte immer noch mit Lancaster, wohl weil er Johann von Gent, den Lancaster-Ahn, zum Vorfahr hatte. Warwick, der den Erbfolger im Frühjahr 1466 anstandshalber aufsuchte, behandelte er anscheinend recht herablassend, was der eitle Graf gar nicht vertrug; möglicherweise ist in dieser Begegnung die Ursache des Hasses zu suchen, von dem der Chronist spricht.

Um so mehr suchte Warwick einen Abschluß mit Frankreich. Tatsächlich erhielt er ein passables Angebot von Ludwig: zweijähriger Waffenstillstand als Basis für dauerhaften Frieden gegen die Hand Margaretes von York. Da mußte denn der Burgundersproß sein Vorurteil ablegen und mitbieten: Er warb seinerseits um die Königsschwester, versprach die Aufhebung der Handelsrestriktionen für englische Waren in den Niederlanden und regte einen Schutz- und Trutzpakt an. Sein Reich stand auf dem Spiel, wenn sich England und Frankreich verbündeten.

Eduard ließ sich Zeit, er wollte diesmal nichts überstürzen. Ein befristetes Bündnis mit Burgund schloß er bereits im Herbst, doch über die Heirat sollten sich seine Untertanen erst Gedanken machen. Ein weiteres halbes Jahr ging dahin, bis im Mai 1467 zwei

* Karl von Burgund, genannt »der Kühne«, Herzog 1467–1477

Brautwerber in London erschienen: der Bastard von Bourbon für Ludwig XI. und der Bastard von Burgund für Karl – jeweils die Halbbrüder der Hochzeiter. Zuerst kamen die Franzosen. Der König hörte sie höflich an, blieb unverbindlich und gab ihnen Warwick zu weiteren Verhandlungen mit auf die Heimreise. Sie waren noch nicht richtig weg, da glitten sieben teppich- und fähnchengeschmückte Barken und eine Galeere die Themse hinauf, mit fröhlicher Gesellschaft als Fracht: Anton von Burgund, Graf la Roche, im Kreise illustrer Damen und Ritter, der *Crème* des burgundischen Hofes – an die vierhundert Personen. Von Billingsgate ritten die Ankömmlinge in Begleitung des Reichsstallgrafen Worcester, zahlreichen Lords, Ritter, Ratsherren und reicher Bürger auf London und nahmen beim Bischof von Salisbury in Fleet Street Quartier. Es war dies Samstag, der 30. Mai.

Drei Tage ließ Eduard seinen Gästen Zeit zum Einleben, dann ritt er am Dienstag selbst mit Pomp in die Stadt. Am folgenden Tag ehrte er den Besuch mit einer Parlamentssitzung in der Herrenkammer, dem späteren »Oberhaus«. Wer fehlte, war der Eröffnungsredner, Kanzler Georg Neville; er ließ sich wegen Unpäßlichkeit entschuldigen. Der König nahm ihm das nicht ab, sondern verstand, wie es wohl gemeint war: als Mißbilligung seiner burgundischen Pläne. Dazu kam, daß sich der Erzbischof kürzlich erst hinter Eduards Rücken mit einem Papstgesandten besprochen hatte, wahrscheinlich in der Dispensfrage einer Heirat Clarence–Neville. Kurzentschlossen schaßte der König seinen illoyalen Diener. Persönlich ließ er sich von ihm das Staatssiegel zurückgeben.

Damit hatte der erzbischöfliche Vetter sicher nicht gerechnet. Vielleicht wäre es auch nicht passiert, wenn Warwick im Lande gewesen wäre. Die Nevilles kamen zu spät hinter Eduards Spiel. Denn offiziell war der Burgunder nicht der Politik wegen in England, sondern zu ehrenhaftem Vergnügen. Er folgte einer ritterlichen Herausforderung, die bereits zwei Jahre zurücklag.

Herausforderer war Eduards Schwager Anton Woodville, Schöngeist und ruhmreicher Turnierkämpfer dazu. Eines Aprilmorgens in der Osterwoche 1465, als er seiner königlichen Schwester nach dem Hochamt kniend und barhäuptig die Honneurs machte, sah er sich plötzlich von den Hofdamen umringt, deren eine ihm ein edelsteingeschmücktes Goldkollier um den Schenkel band, an dem ein Emaille-Medaillon in Form eines Vergißmeinicht hing. Dabei ließen sie in seine Mütze ein Pergamentröllchen fallen.

Der so Beschenkte eilte zum König, der das Papier sogleich entrollen und verlesen ließ: Darauf stand, daß der Königinbruder kommenden Oktober ein Turnier zu bestehen habe, »gegen einen Edelmann von vierfacher Abstammung und ohne allen Tadel, nach freier Wahl, sofern er sich mir stellen will«. So schrieb es der Lord jedenfalls dem Bastard von Burgund, in der Anlage das Strumpfband als Unterpfand.

Die schöne Geschichte zeigt, wie Show und Diplomatie in eins gingen. Denn daß politische Absicht hinter der galanten Einladung steckte, war zumindest dem Grafen Charolais klar. 1465 wollte er auch noch nichts davon wissen, und so durfte sein Bruder vorerst nicht reisen, sondern mußte Militärdienst tun – vor den Toren der belagerten Stadt Dinant, fast zwei Jahre lang. Nun war jedoch die Zeit gekommen, mit dem romantischen Rittertum ein Geschäft zu machen. Das Volk sollte seinen Spaß an der Politik haben. So strömte denn am Barnabastag, Donnerstag, den 11. Juni 1467, ganz London nach West Smithfield, um das Turnier zu sehen, von dem man schon in Europa sprach. Werkleute hatten hier einen Kampfplatz von siebzig auf achtzig Meter abgesteckt, planiert, gesandet und eingezäunt. Eine Haupttribüne war für den königlichen Hof errichtet, gegenüber eine kleinere für die Londoner Bürgerschaft.

Olivier de la Marche, Sekretär Karls von Burgund, war dabei: »Die Tribüne des Königs war sehr groß und geräumig und so gebaut, daß eine Treppe zum oberen Teil hinaufführte, wo der König saß. Er war in Purpur gekleidet, am Schenkel den Hosenbandorden und in der Hand einen dicken Stab. Er schien wahrlich eines Königs würdig, denn er war ein ansehnlicher Fürst, hochgewachsen und mit guten Manieren. Ein Graf hielt schräg vor ihm das Schwert.* Rund um seinen Sitz saßen zwanzig oder fünfundzwanzig Ratgeber, alle mit weißem Haar, und sie sahen aus wie Senatoren, die zusammengekommen waren, ihren Herrn zu beraten.« Georg Clarence war anwesend, von Richard hören wir nichts. Fand er an solchen Darbietungen keinen Spaß? In den unteren Rängen drängten sich die Ritter und Landedelleute des versammelten Parlaments. Der Bürgermeister hielt nicht weniger pompösen Einzug als der König, auch ihm wurde ein Schwert als Hoheitszeichen vorausgetragen. (»Denn innerhalb Londons

---

* Das Reichsschwert, das aufrecht gehalten wurde.

kommt der Bürgermeister rangmäßig in allen Dingen unmittelbar nach dem König«, heißt es in Gregorys Chronik.) Doch als er kniend den König grüßte, war die Spitze nach unten gerichtet – symbolische Untertänigkeitsgebärde.

Jetzt erschien zu Pferd der Herausforderer, Lord Scales: vor ihm Clarence und Arundel mit seinen zwei Helmen sowie vier weiteren hohen Herren als Waffenträger, hinter ihm neun berittene Gefolgsleute. Sein eigenes Pferd hatte einen weißen Umhang aus golddurchwirktem Tuch mit einer halbfußlangen Goldfransenborte, darauf das Georgskreuz aus karmesinrotem Samt. Die anderen Pferde waren ebenso prächtig geschmückt. Auf Befehl des Königs traten der Reichsmarschall und der Reichsstallgraf an die Rampe und fragten nach dem Begehr des Ankömmlings. Der Ritter gab bekannt, was er zu tun sich verpflichtet habe, und der König bestätigte es. Nachdem er dem König gehuldigt hatte, zog er sich in sein wimpel- und wappengeschmücktes Zelt am Südende des Feldes zurück; es war aus doppelseitigem blauen Damaststoff angefertigt.

Nun kam der Große Bastard von Burgund in die Arena, auf einem Pferd, das mit karmesinroter Decke verkleidet war, daran Gold- und Silberglöckchen: vor ihm Herzog Suffolk, der seinen Helm trug, hinter ihm acht Reiter. Er setzte, nach der Begrüßungszeremonie, den Helm in aller Öffentlichkeit auf, wohl daß keiner glaube, er schicke einen Doppelgänger ins Feld. Unter den Waffen, die ihm gestellt wurden, wählte er ohne Zögern die Besten aus. Die beiden Kämpen riefen sich über ihre Gefolgsleute die Herausforderungen zu, dann wurde in allen vier Ecken der Arena der Wille des Königs verkündet: Die kommenden Waffentaten sollten der »Stärkung kriegerischer Zucht und ritterlicher Ehre« dienen, wie sie notwendig sei »zum Schutz des katholischen Glaubens gegen Ketzer und Ungläubige und zur Verteidigung der Rechte der Könige und Fürsten und ihrer Gemeinwesen«. Dabei sollte niemand von den Zuschauern Beleidigungsäußerungen oder Anfeuerungsrufe von sich geben – bei Gefängnis und Lösegeld.

Schließlich war es soweit: *Laissez aller,* schrie der Herold, und mit eingelegten Lanzen preschten die Panzermänner auf ihren vermummten Rossen gegeneinander. Doch keiner machte einen Stich. Daraufhin gaben beide ihre Lanzen ab, erleichterten sich von etwas Eisen und gingen mit Schwertern aufeinander los. Dabei stießen ihre Gäule so heftig zusammen, daß schon nach wenigen Streichen das Pferd des Burgunders stürzte und sich nicht mehr erhob. Man mußte dem Ritter, der wie ein Käfer auf dem Rücken im Sand lag, wieder auf die Beine helfen. Glücklicherweise war nichts passiert. Doch als Eduard den leicht lädierten Recken fragte, ob er die Runde mit einem anderen Tier wiederholen wolle, antwortete dieser, »dazu sei jetzt nicht die Zeit«. Der König schickte ihn in sein Zelt, das Turnier wurde vertagt.

Am nächsten Morgen traten die Streiter zu Fuß mit Äxten gegeneinander an. Speerkampf wurde vom Programm gestrichen, denn »der König hielt Wurfspeere für zu gefährlich und meinte, da es sich hier um eine Belustigung handle, wolle er so verderbliche Waffen nicht dulden«. Das Hauen mit dem Beil war risikoreich genug. Die beiden waren in der richtigen Stimmung. Der Burgunder hatte tags zuvor dem treuen Sekretär verkündet: »Hab keinen Zweifel: Heute hat er gegen ein Tier gefochten, morgen wird er es mit einem Mann zu tun bekommen« – Anspielung auf den tödlichen Sturz seines Pferdes. Lord Scales paradierte zur Begrüßung vor dem König, indem er die Axt wechselseitig über die eine oder andere Schulter legte, wie ein Späher, und dreimal »Sankt Georg« rief, anschließend focht er mit offenem Visier.

Tatsächlich schenkten sich die beiden nichts. »Die Kämpen gingen wild aufeinander los und griffen sich mit großem Mut an. Es war dies ein schönes Gefecht; ich sah noch niemand mit Äxten so wild kämpfen«, freut sich la Marche. Die Kombattanten hauten sich kräftig aufs Blech, der eine mit dem breiten Ende der Doppelaxt, der andere mit dem schmalen. Lord Scales durchschlug dabei dem Gegner eine Panzerrippe und hackte ihm schließlich ins Visier. Da bekam der König Angst um seinen Gast, warf seinen Stab und schrie lauthals *Whoo!* Doch die Sportsleute waren so in Rage, daß sie noch ein paarmal auf sich eindroschen. Auf den vorgesehenen Messerkampf verzichteten sie dann allerdings. Die edlen Streiter mußten sich auf des Königs Geheiß bei der Hand nehmen und feierlich Waffenbrüderschaft schwören. Einen Sieger zu bestimmen, war nicht üblich, es zählte allein die ritterliche Tat. Die Chronisten auf beiden Seiten rühmten diese freilich mit unterschiedlichen Tönen: Der Bastard habe die Rüstung des Engländers ganz schön demoliert, reklamiert la Marche; den englischen Schreibern zufolge war freilich Lord Scales der Überlegene.

Briefschreiber Paston hatte drei Mark gewettet, daß aus der Heirat York–Burgund nichts werden würde. Er irrte. Es dauerte allerdings noch ein volles Jahr, bis der Ehevertrag unterschriftsreif war. Am 15. Juni 1467, drei Tage nach dem Auftakt des großen Turniers, starb Herzog Philipp von Burgund. Als die Nachricht in England eintraf, brach *le Grand Bastard* umgehend in die Heimat auf, den Vater zu betrauern. Ob er bei seinem englischen Aufenthalt auch mit anderem als Festlichkeiten befaßt war, wissen wir nicht. Während er in London die große Schau bot, befand sich der Bischof von Salisbury ohnehin am Burgunderhof.

Die Mailänder Botschaft war darüber gut unterrichtet; Jacoppo und Panicharola schreiben am 19. Mai aus Chartres: »Es heißt, daß der Graf von Warwick bald hierherkommen wird. Seine Majestät* will ihn in Rouen treffen. Neuesten Nachrichten zufolge hat M. Charolais** erneut geheime Verhandlungen aufgenommen, um König Eduards Schwester zur Frau zu nehmen, als Bekräftigung der alten Allianz mit den Engländern. Wenn es dazu kommt, will man hier mit dem Grafen von Warwick wegen der Wiedereinsetzung König Heinrichs von England verhandeln; der Gesandte der alten Königin ist schon hier.«

Soweit war es freilich noch nicht. Einen Monat zuvor hatte Ludwig dem Mailänder Herzog gegenüber das Traumziel seiner Politik entworfen, wie er es noch immer mit Warwicks Hilfe durchzusetzen hoffte: Eduard verzichtet auf Frankreichs Krone und gewährt Waffenhilfe gegen Burgund; Clarence bekommt Isabella Neville, und für Richard Gloucester ist Ludwigs zweitälteste Tochter vorgesehen. Das arme Mädchen war freilich körperlich etwas verbildet, und die Mitgift mußte erst erobert werden: Holland, Seeland und Brabant – burgundische Provinzen, die zum Deutschen Reich gehörten!

Warwick erfuhr jedenfalls einen triumphalen Empfang in Frankreich. König Ludwig eilte ihm entgegen, ehrte ihn in Rouen mit einem prunkvollen Kirchgang und überschüttete ihn mit teuren Geschenken. Doch mehr als zehn Tage blieben dem geschmeichelten Grafen nicht zum Aufenthalt. Die Nachricht vom Tod Philipps von Burgund führte auch hier zum Aufbruch; man erwartete sich vom Amtsantritt des »kühnen« Karl nichts Gutes.

---

* Ludwig XI., König von Frankreich
** Karl der Kühne von Burgund

Als Warwick mit frischer Gesandtschaft aus Frankreich Anfang Juli in London eintraf, fand er die Hauptstadt in Schreck und Panik. Die Pest war ausgebrochen, das Parlament hatte sich nach mehreren Todesfällen in seinen Reihen vertagt. Am folgenden Morgen entfloh auch der König dem Seuchenklima. Die Franzosen folgten ihm nach Windsor. Sie brachten ein neues Angebot: Der Papst solle über Eduards Ansprüche in Frankreich entscheiden, bis dahin wolle Ludwig dem englischen König jährlich viertausend Mark Entschädigung zahlen; und Flanderns und Hollands Handel solle, wenn Burgund erst unterworfen sei, zugunsten der englischen Kaufleute ruiniert werden.

Während Eduard hier sorgfältige Prüfung zusagte, machte er anderweitig Nägel mit Köpfen. Am 6. Juli schloß er mit Kastilien, Frankreichs traditionellem Bündnispartner, ein Beistandsbündnis. Elf Tage später erneuerte er den Freundschaftspakt mit Burgund – nun auch für seine »Erben und Nachfolger«. Unterhändler van Gruthuyse konnte Mitte Juli zufrieden nach Hause reisen. Die Franzosen blieben einen Monat länger, erreichten freilich nichts. Dem Mailänder am französischen Hof zufolge beklagte sich König Ludwig bitterlich, »daß Graf Warwick so viel versprochen habe und nicht einlöse«. Er schrieb das am 12. September. Acht Tage später schickte Eduard nach Burgund zum Abschluß eines Heiratsvertrages.

Doch der verzögerte sich dann wegen unerwarteter Widerstände. Eduard hatte am 28. September die Diskriminierung niederländischer Waren aufgehoben und damit für Englands Teil den Handelskrieg beendet; nun blieb die Gegengeste aus. Eduards erwerb- und handelsame Untertanen verstanden in dieser Sache aber keinen Spaß: Januar 1468 wünschte man, weiß Frankreichs Botschafter jedenfalls aus Londons Kneipen zu berichten, diejenigen »Verräter« an den Galgen, die zum Bündnis mit Burgund geraten hätten. Er meint allerdings: aus Angst vor einer Invasion, weil jetzt auch von einem Ehebündnis zwischen Lancasterprinz Eduard und einer Tochter Ludwigs die Rede war. Warwick hatte sich schon im Herbst nach Yorkshire zurückgezogen, und es hieß, er sammle dort Truppen zur Unterstützung Margaretes von Anjou. Als Eduard ihn zu sich beorderte, verweigerte der Graf erstmals den Gehorsam. Vor einem Untersuchungsrichter konnte er sich allerdings von dem Verdacht befreien. Eduard legte sich trotzdem zweihundert Bogenschützen als Leibwache zu.

Als er vor Weihnachten nach Coventry aufbrach, hatte er auch seinen Bruder Georg dabei. Man kam nicht viel zum Feiern, denn Zweck der Reise war die gerichtliche Untersuchung bürgerkriegsähnlicher Unruhen in den Midlands. Es gärte nicht nur hier. In Kent wurde am ersten Januartag 1468 ein Gut des Grafen Rivers überfallen, verwüstet und geplündert. In Yorkshire machte erstmals ein gewisser Hauptmann *Robin* von sich reden, der angeblich dreihundert Bogenschützen um sich versammelt hatte und sie nun Warwick anbot. Der schickte sie heim, »denn es sei noch nicht Zeit zum Handeln, aber er werde sie benachrichtigen, wenn er ihre Hilfe brauche«. So berichtet jedenfalls der französische Gesandte, der mit geheimen Briefen zu Warwick gekommen war, am 16. Januar. Er weiß auch, daß der Graf eine neuerliche Einladung des Königs ausgeschlagen hat, weil ihn die Anwesenheit von Rivers, Scales und Herbert am Hof nicht passe; nun sei er auf dem Weg zu seinem Bruder Montagu, um sich mit dessen Hilfe zu verteidigen, wenn Eduard ihn holen komme.

Eduard bewies in dieser kritischen Situation sein politisches Talent. Der junge Kriegsheld von 1461 war kein Säbelrassler. Statt der Eisenfaust bevorzugte er den Samthandschuh. Er ging auf Warwicks Provokation gar nicht ein, sondern holte den Aufsässigen durch Vermittlung seines ehemaligen Kanzlers Neville in den Reichsrat zurück, der Ende Januar tagte. Von seinen außenpolitischen Absichten konnte er ihn freilich nicht überzeugen. Das focht ihn auch nicht an. Als er Mitte März nach London kam, wartete auf ihn die ersehnte Nachricht: Karl von Burgund hatte den Heiratsvertrag unterschrieben, auch das Handelsabkommen war unter Dach und Fach. Am 14. März zeichnete Eduard seinerseits das Vertragswerk ab. Vier Tage später ratifizierte er einen Freundschafts- und Beistandspakt mit Herzog Franz von der Bretagne, einem anderen Gegner Ludwigs.

Als im Mai das Parlament zusammentrat, konnte er den Lords und *Commoners* ein fertiges Bündnissystem präsentieren: Freundschafts- und Handelsverträge mit Kastilien, Dänemark und Neapel, ein entsprechender Vertrag mit Aragon in Vorbereitung, Friede mit Schottland und als wichtigstes der Pakt mit den zwei »mächtigsten Lehensfürsten der französischen Krone«, Karl und Franz. Der König habe, so verkündete der neue Kanzler, bei allem nur eines im Sinn gehabt: den französischen König in seiner

Position zu schwächen. Nun wolle er mit Gottes Hilfe nach Frankreich übersetzen und »seinen großen Rebell und Gegner, Ludwig, ebendort angemaßter König«, unterwerfen. Die Zeit dazu sei günstig wie noch nie: Die Herzöge von Burgund und der Bretagne drängten ihn täglich und hätten ihm Waffenhilfe versprochen, persönlich und auf eigene Kosten.

Das war der Ton, den das Volk liebte. In der begeisterten Reaktion der *Commoners*, die sofort eine Kriegskasse einrichteten, zeigt sich Eduards Kalkül. Wie wir sehen werden, dachte Eduard gar nicht ernsthaft daran, in Frankreich Krieg zu führen. Die Kreuzzugsmentalität Heinrichs V. *Monmouth* lag ihm fern. Kühler Rechner, der er war, wußte er, daß so ein Waffengang nicht zu bezahlen war. Daß die Euphorie des »Unterhauses« nicht anhielt, wenn Jahr für Jahr der Reigen um Kriegsbewilligungen neu eröffnet wurde, gehörte zu den Lehren des Hundertjährigen Krieges. Vorbei die Zeit, da man »Englands Ehre« auf französischen Schlachtfeldern verteidigte. So etwas klang noch ganz gut in Sonntagsreden. Die Wirklichkeit war anders. Nicht nur Bürger und Bauern sahen, wenn's ernst wurde, auf ihren Geldbeutel: viel mehr noch der Adel, dem es hinten und vorne nicht langte.

Selbst große Grundbesitzer, wie die Nevilles, kämpften ständig mit finanziellen Engpässen. Nicht an Ressourcen mangelte es, sondern an der Fähigkeit, aus Land Geld zu machen. Die hohen Herren taten sich immer noch schwer, über jene Zeit hinauszudenken, da man sich von Pfalz zu Pfalz durchfraß und gut von dem lebte, was der Bauer an Naturalzins abzuliefern hatte. Für Extravaganzen verkaufte man damals sein Schwert: an den eigenen König auf fremdem Boden oder an andere Fürsten. Das ging gut, solange die Fürsten Geld hatten, weil ihnen die Handelsbürger willig die Kassen füllten. *Temps passé.* »Bürgerliche Freiheit« war auf dem Weg, allgemein zu werden, sie war kein Privileg mehr, für das man ohne weiteres die Taschen aufmachte. Die *Commoners* zahlten nun gleichermaßen und wollten wissen, wofür. Für Ritterspiele *live* hatte man jedenfalls kein Geld mehr, da mußte es der Sandkasten der Turnierbahn tun. Der Krieg gehörte jetzt allen, und er sollte sich für alle rentieren.

Das heißt freilich nicht, daß man deshalb auch in Rentabilitätskriterien dachte. Damals wie heute ist Zynismus, wenn's um organisiertes Sterben geht, verpönt. Der Entschluß, die niederländischen Handelskonkurrenten nicht, wie der Franzose vorschlug, zu vernichten, sondern mit ihnen wieder ins Geschäft zu kommen, folgte sicher der wirtschaftlichen Ratio. Ob man sich ihrer allenthalben bewußt war, ist fraglich. Frankreich war der Erbfeind und sollte es bleiben, bis deutsche Hasardeure es in unserem Jahrhundert zweimal an Englands Seite zwangen. Geschichte ist *auch* irrational. Alte Feindschaften leben lang. Sie liefern Argumentationsmuster, wo Wirklichkeit verschleiert werden soll, sie reproduzieren aber auch Realität.

Warwicks Frankreichpolitik war unehrlich, sie folgte persönlichen Vorlieben und Interessen; sie war auf der Insel aber auch nicht zu verkaufen. Eduard wußte das und gab darum dem Affen Zucker. Er betrieb dabei freilich nicht nur eine Politik der nationalen Illusion: Das Bündnis mit Burgund brachte seinen Kaufleuten reale Vorteile und hielt den französischen König davon ab, »in dieses Land hier einzudringen und uns besetzt zu halten«, wie es der Kanzler ausdrückte. Die Angst vor Invasion war seit den Tagen Wilhelms des Eroberers ein englisches Trauma. »Und wenn der König nicht hinübergeht, wird sein Gegenspieler zweifellos herüberkommen.« Hier liegt ein Motiv englischer Kontinentalpolitik – bis in unser Jahrhundert. Das andere heißt Chauvinismus. Ein Zeitgenosse ermahnt den König:

»England und Frankreich, sag ich,
Gehören dir – warum sträubst du dich?
Ebenso Spanien, dies Land so lieblich,
Eduard, von Gottes Gnaden.
Deshalb, Fürst und König, so mächtig,
Vergiß die Unterwerfung der Reiche nicht,
England, Frankreich und Spanien getreulich,
Eduard, von Gottes Gnaden.«*

Margarete von York war ein lebenslustiges Mädchen, das sich mit seinen 25 Jahren nicht viel um doppelte Geschlechtsmoral scherte. Der Mailänder Botschafter an Ludwigs Hof berichtet jedenfalls, alle Welt wüßte, daß die zukünftige Herzogin *per el passato he stata alquanto data a l'amore,* also »einige Liebesaffären hinter

* Rex Anglie & francia, y say, hit is thine owne – why saist thou nay?
And so is spayne, that faire contrey,
Edwardis, dai gracia.
Wherfor, prince and kyng moste myghte,
Remember the subdue of this regaly
Of Englonde, fraunce, & spayn trewly,
Edwardes, dai Gracia.

sich« und angeblich sogar einen Sohn habe; der Herzog hätte aber Anordnung gegeben, jeden in den Fluß zu werfen, der so etwas behaupte. Daß Margarete nicht als Jungfrau in den Stand der Ehe trat, ja, daß sich Karl später bitterlich beklagte, eine Hure *(putain)* zur Frau zu haben, erfahren wir noch aus anderen Quellen. Emanzipation war damals halt noch kein Thema. Über die zahllosen Bastarde, die Karls Vater Philipp in die Welt setzte, mokierte sich, von Amts wegen, allenfalls der Bischof von Tournai.

Die Hochzeit fand am 3. Juli 1468 morgens zwischen fünf und sechs Uhr statt, in Damme, einem Vorort von Brügge. Der Herzog bot auf, was der Burgunderhof hergab. John, Jüngster aus der schreibfreudigen Paston-Familie, war dabei; er kam aus dem Staunen nicht heraus: »Mylady Margarete wurde an diesem Tag nach Brügge zum Hochzeitsmahl geleitet; hier hat man sie so ehrerbietig empfangen, wie man es sich nur denken kann, durch einen feierlichen Aufzug von Edeldamen und Adelsherren und so geachtet von jedermann, wie ich es noch nie gesehen oder gehört habe. Viele Szenenspiele wurden unterwegs zu ihren Ehren aufgeführt, die schönsten, die ich je gesehen habe . . . Was des Herzogs Hof betrifft, die Herren, Damen und Edelfräulein, Ritter, Knappen und Edelleute, so habe ich nie von solcher Pracht gehört, es sei denn über König Artus' Hof. Bei meiner Treu, Witz und Gedächtnis reichen mir nicht aus, auch nur die Hälfte von dem zu schreiben, was hier geboten ist . . .« Einen Tag vor Ankunft der Herzogin – auch das berichtet John Paston – war Edmund Beaufort, Bruder des hingerichteten Somerset, aus Brügge hinauskomplimentiert worden. Es hieß, er würde nach Frankreich gehen und nicht mehr zurückkehren. Dem war aber nicht so: Karl wollte mit Lancaster nicht gänzlich brechen. Somerset kam bald wieder.

Richard Gloucester war auf der Reise von London nach Margate, wo Margarete von York am 23. Juni nach Flandern ablegte – mit vierzehn Schiffen zum Schutz gegen französische Piraten –, mit von der Partie gewesen. Im Familienkreis: König und Königin, Clarence und Warwick, der sich der ehrenvollen Einladung nicht zu entziehen wagte. Richard stand jetzt im sechzehnten Lebensjahr, kurz vor seiner Volljährigkeit, und so hören wir nun mehr von ihm. Die vergangenen sieben Jahre, diejenigen, die den jungen Menschen wohl am meisten prägen, hatte Richard in relativer Beschaulichkeit verbracht. Wenn das Familienleben im Umkreis der Nevilles und Woodvilles auch nicht ohne Spannungen abging, konnte er doch den Eindruck haben, daß sich Streit und Hader friedlich regeln ließen. Und Lancaster war keine ernsthafte Bedrohung mehr. Das sollte sich alles ändern. Die nächsten drei Jahre rückten das Weltbild des Heranwachsenden erheblich zurecht. Richard lernte gründlich, aber er mußte auch Enttäuschungen hinnehmen. Denn es waren nicht die besten Lektionen. Daß er sie später ins eigene Leben übersetzte, brachte ihn in den Ruf des Tyrannen.

Die Schwierigkeiten, in die Englands König nun geriet, waren gleichermaßen importiert wie hausgemacht. Ludwig von Frankreich, dessen Regierungszeit sich aufs Jahr mit Eduards deckt, hatte auch sonst viel Ähnlichkeit mit dem großen Gegenspieler. Nicht im Äußeren. Der Franzose war dick und häßlich, mißtrauisch, verschlossen und abergläubisch. Doch all das überspielte er mit politischer Raffinesse und militärischem Sachverstand. Auch er hielt nichts von säbelrasselnder Diplomatie und waffenklirrendem Kriegertum, war kein *téméraire,* kein »tollkühner Wagehals«, wie etwa der Burgunderherzog, sondern ein Fuchs, der auf seine Chance warten konnte: vorsichtig, geduldig, immer gut informiert, auch stets höflich und schmeichlerisch, wo es ihm Vorteil brachte. Ohne Charisma, und doch eine Autorität, der man sich am Ende beugte.

Nun sah er sich allerdings erst einmal im Netz von Eduards kluger Diplomatie. Er reagierte mit kleinen Bosheiten. Während er die Hand seiner verkrüppelten Tochter jetzt für den hübschen Clarence anbot, schickte er Kaspar Tudor, den geächteten Grafen Pembroke, mit drei Schiffen und fünfzig Mann nach Wales. Das lächerliche Unternehmen konnte nur scheitern. Lord Herberts Bruder zerstreute mühelos das Invasorenvölkchen; Kaspar rettete das nackte Leben. Am 14. August kapitulierte dann auch Burg Harlech im Waliser Land, die letzte Lancaster-Bastion auf der Insel. Lord Herbert, Warwicks Intimfeind, erhielt dafür Land und Grafentitel von Pembroke.

Der wohldosierte Nadelstich hatte innenpolitische Folgen in England, die das Yorksche Regime nicht im besten Licht zeigen. Eduard gab das Szepter nie aus der Hand, nicht an die Nevilles und nicht an die Woodvilles. Aber er konnte oder wollte nicht verhindern, daß sich seine Paladine ständig unbeliebt machten, allen voran die angeheiratete Verwandtschaft. Was Wunder: Der König konnte nicht gegen das System regieren, und das hieß immer noch Bastard-Feudalismus. Mit dem Haus York waren nicht etwa Engel an die Regierung gekommen. Die neuen Suffolks und Norfolks hatten keine bessere Physiognomie als die alten; dazu kamen so sinistre Gestalten wie der Graf von Worcester.

Johann de la Pole, Sohn des geköpften Suffolk, war Eduards Schwager; Johann Moubray, bei Eduards Thronbesteigung noch ein Kind, hatte den rauhbeinigen Yorkisten-Grafen Norfolk zum Vater. Der König mochte nicht eingreifen, als diese treuen Stützen seiner Herrschaft sich des verstorbenen Sir Johann Fastolfes Erbe unter den Nagel rissen, plündernd und brennend. Betroffen waren die Pastons, unsere Briefschreiber, und darum ist der Vorgang gut überliefert. Entschuldigend verwies der König auf sein Sondergericht, vor dem sie es verabsäumten zu klagen. (In der Tat hatten sie es vorgezogen, über ihre Woodville-Beziehung zum Ziel zu kommen, vergeblich.)

Man kann Eduard nicht Untätigkeit in Rechts- und Verfassungsdingen vorwerfen: 1468 versuchte er mit einem Erlaß, das Privatarmee-Unwesen in den Griff zu bekommen; und wo immer sich Unruhe regte, war er mit seinen »fliegenden« Sondergerichten zur Stelle. Allein, es fehlten ihm offensichtlich die geeigneten Richter und Vollzugsbeamten. Einer davon war Johann Tiptoft, Graf von Worcester, ehemals Schatzmeister Heinrichs VI., beizeiten aber Anhänger von York. Dieser Tiptoft war, wie der große Suffolk und wie Lord Scales, ein hochgebildeter Mann, ein empfindsamer Kunstfreund und zartfühlender Reimeschmied, dem gleichwohl das blutige Handwerk nicht fremd war.

Eduard hatte ihn noch im ersten Regierungsjahr zum Richter in Nordwales, Befehlshaber des Tower und im Jahr darauf zum Reichsstallgrafen gemacht. In dieser Stellung als »Polizeiminister« erwarb er sich bald den Ruf eines »Henkers von England«. 1462 schickte er Oxford auf den Block, 1464 urteilte er die Gefangenen von Hexham ab (soweit das noch möglich war), desgleichen Sir Ralph Grey, den Verteidiger von Bamburgh. Andere sollten folgen. Hatte er bisher in Eduards Einverständnis gehandelt, so leistete er sich im Februar 1468 einen Justizmord, in den anscheinend auch die Königin verstrickt war.

Opfer war Graf Desmond, vormals hochgeachteter Statthalter in

Irland. Dem Gerücht nach soll er auf Eduards Frage, wie er über Elisabeth Woodville denke, freimütig geantwortet haben, der König hätte besser politisch geheiratet. Allzu freimütig. Denn die Königin erfuhr davon aus ihres Gatten Mund und schwor Rache. 1465 war Worcester in Irland an Desmonds Stelle getreten, auf Elisabeths Betreiben, heißt es. Als er den Posten zwei Jahre später antrat, strengte er sogleich einen dubiosen Hochverratsprozeß gegen seinen Vorgänger an, wegen angeblicher Konspiration mit den Iren. Am 14. Februar 1468 starb Desmond auf dem Schafott. Wiederum mit Nachhilfe der Königin, die zur Bestätigung des Urteils das königliche Siegel entwendet haben soll. Wenig später kamen auch Desmonds zwei kleine Söhne auf mysteriöse Weise zu Tode. Eduard sei sehr ärgerlich über die Hinrichtung gewesen, berichtet der Chronist. Was der König nicht wissen konnte, war, daß auf die eigenen ungeborenen Söhne ein ähnliches Schicksal wartete wie das der Desmond-Kinder.

Worcester wurde über seiner Tat nicht glücklich. Als er versuchte, auch den mitangeklagten Kildare, Desmonds Schwager, zu richten, kam es zum Aufstand in der Kolonie. Der Statthalter wurde seiner nicht Herr. Eduard zog Ende 1468 die Konsequenz und holte den verhaßten »sächsischen Grafen« heim. Nachfolger in Irland wurde Kildare selbst. Worcester verlor auch den Posten als Reichsstallgraf, den jetzt Rivers übernahm.

Eduard hatte aber zu Hause kaum glücklicher agiert. Unheil lag in der Luft. Kurz vor Kaspar Tudors Landung war ein Lancaster-Kurier aufgegriffen worden. Unter hochnotpeinlicher Befragung – man führte gerade die Sitte ein, den Delinquenten dabei die Fußsohlen zu versengen – zeigte er eine Reihe Mitverschworener an, deren einer wiederum unter Folter den reichen Kaufmann Cook beim Namen nannte. Dieser sollte Geld für eine Lancaster-Invasion gesammelt haben. Wir wissen, daß Folter nicht die Wahrheit bringt. Man wußte das auch damals; aber man schert sich halt nicht allerorts und immer um die Wahrheit, schon gar nicht bei einem Mann, der schon einmal »aufgefallen« war. Und das war der Kaufmann und ehemalige Londoner Bürgermeister durchaus.

Chronist Fabyan berichtet in seiner Stadtchronik: »Während all dieser Zeit wurden Eingaben gemacht, um Sir Thomas Cook aus dem Gefängnis zu holen und die Höhe der dazu nötigen Geldsumme zu erfahren. Denn Englands Oberster Richter hatte zum Mißvergnügen des Königs befunden, daß nicht Verrat die Anklage sei, sondern unterlassene Anzeige, worauf nicht der Tod stehe, sondern eine frei festzusetzende Geldstrafe. Über dieses Urteil waren Lord Rivers und besonders die Herzogin von Bedford, seine Gattin, derart wütend, daß sie den Richter, einen Lord Markham, aus dem Amte jagen ließen.* Endlich, nach vielen demütigen Gesuchen an den König und die Herzogin, wurde die Strafe im königlichen Rat auf achttausend Pfund festgesetzt. Und alles nur wegen eines gewissen Wandteppichs, der Sir Thomas gehörte und den die Herzogin nicht zu ihrem Preis bekommen hatte.«

Auf die drakonische Strafe wurde immerhin angerechnet, was sich Rivers und Konsorten bereits vorsorglich aus dem Besitz des Delinquenten angeeignet hatten: »Über zweihundert große Ballen Tuch, ebenso viele Schmuckstücke und Silberteile im verbürgten Wert von siebenhundert Pfund und der erwähnte Wandteppich, den die Herzogin begehrte, reich gewebt in Gold, mit der ganzen Geschichte der Belagerung Jerusalems darauf, der, wie ich vom Geschäftsführer meines Herrn hörte,** im Tausch achthundert Pfund gekostet hat.« Doch die Woodvilles hatten damit den Kragen noch nicht voll. Kaum war Cook in Freiheit, preßte ihm die Königin nach Maßgabe eines verstaubten Privilegs, »Königingold« genannt, noch einmal hundert Mark pro tausend Pfund Strafe ab.

Dabei konnte der Kaufmann froh sein, daß er mit dem Leben davonkam. Denn seit der Invasion in Wales war Eduard sichtlich nervös; nichts mehr von der Lässigkeit, mit der er in den frühen Sechzigern auf Lancaster-Umtriebe reagiert hatte. Im Herbst 1468 ließ er eine Reihe von Leuten verhaften, darunter Thomas Hungerford und Heinrich Courtenay, Erben von Hungerford und Devon, deren Väter ihr Leben bereits als Hochverräter gelassen hatten. Die beiden wurden im Januar des folgenden Jahres geschleift, gehängt, ausgeweidet, geköpft und geviertelt; alles ordentlich nach Richtspruch, aber ohne erwiesene Schuld. Der gleichfalls inhaftierte Oxford, der 1462 Vater und Bruder auf dem Schafott verloren hatte, rettete sein Leben durch »Geständigkeit«. Auf Kosten der Köpfe zweier Edelleute, die er denunzierte. Warwick und seine Schützlinge, etwa Lord Wenlock, blieben – obwohl mehrfach beschuldigt – ungeschoren.

Gegen Frankreich führte Eduard nur Scheingefechte. Er hatte

* Sir John Markham († 1479), Oberster Richter 1461–1468, Nachfolger Sir John Fortescues. Wahrscheinlich erhielt er sein Amt im Juni 1471 zurück.
** Fabyan war einst Lehrjunge bei dem Kaufmann Cook.

gar keine andere Wahl, denn seine Verbündeten erwiesen sich als unzuverlässig, und einen Teil der Kriegsbewilligungen hatte er bereits für die Mitgift seiner Schwester aufgebraucht. Commynes bemerkt: »In England werden keine Steuern erhoben, es sei denn um nach Frankreich überzusetzen oder um nach Schottland zu ziehen oder für ähnlichen Aufwand; und die Stände gewähren sie sehr willig und großzügig, besonders wenn es gegen Frankreich geht. Deshalb ist es bei Englands Königen üblich, wenn sie Geld brauchen, so zu tun, als wollten sie gegen Schottland oder Frankreich ziehen und Truppen ausheben. Um zu einer großen Summe zu kommen, zahlen sie drei Monate lang Sold, und dann kehren sie heim; dabei haben sie Geld für ein ganzes Jahr Kriegslöhnung erhalten. Dieser König Eduard war ein Meister der Kunst, und er tat es oft.« Wir werden es noch erleben . . .

Warwick übte vorläufig noch Wohlverhalten. Er war bei den Schauprozessen aktiver Teilnehmer und hatte sogar seinem Erzfeind, dem Burgunderherzog, eine Visite abgestattet. Der König, trotz des erwachten Mißtrauens, ließ sich täuschen.

Jedenfalls begriff er nicht, was gespielt wurde, als im Norden Englands kurz nacheinander mehrere mysteriöse »Robins«, einer Hydra gleich, ihr Haupt erhoben.

1469: Das war ein unheilschwangeres Jahr. Die Leute sahen wilde Reiter durch die Luft stürmen, Blutregen färbte das Gras und die Wasche im Garten rot. Im April trat in Northumberland ein gewisser Robin von Redesdale in Aufstand, auch Robin *Mendall* genannt – offensichtlich ein Wortspiel aus *mend-all**. Ein neuer »Weltverbesserer« also, Nachläufer des Jack Cade. Graf Northumberland – der treue Montagu – hatte keine Schwierigkeiten, die Bande zu zerstreuen. Doch wenig später tauchte dieser Robin (oder vielleicht ein anderer?) in Lancashire auf, und in Yorkshire machte ein Robin von Holderness von sich reden.

Es ist klar, daß es sich dabei um Decknamen handelt, inspiriert durch die beliebten Robin-Hood-Balladen, die schon 1381 und 1450 beim Bauernmarsch auf London die Stimmung angeheizt hatten. *Robin von Redesdale* hieß mit »bürgerlichem« Namen ziemlich sicher John Conyers von Hornby und stammte aus der angeheirateten Verwandtschaft Warwicks. *Robin von Holderness* wurde als Robert Hilliard identifiziert. Seine Erhebung war lokaler Natur und

---

* engl. *to mend* = verbessern, wiederherstellen

hatte ihren Grund in Steuerstreitigkeiten. Auch hier tat Montagu blutige Arbeit, nicht zuletzt, weil zu den Forderungen der Insurgenten auch die Wiedereinsetzung der Percies in das Grafentum Northumberland gehörte. Der Yorkshire-Aufstand war niedergeschlagen, die Anführer enthauptet. Aber es war ja noch ein anderer Robin am Werke, und da gab es plötzlich größere Schwierigkeiten als erwartet. Anfang Juni brach der König selbst nach Norden auf, doch ließ er sich reichlich Zeit. Er hatte nur seine Bogenschützen dabei sowie die engsten Vertrauten: Rivers, Lord Scales, John Woodville und seinen Bruder Richard. In seinen Militärvorbereitungen beschränkte er sich zunächst auf eine Anweisung an den königlichen »Garderobier«, folgende Ausrüstungsgegenstände bereitzustellen: »Banner, Standarten, Eisenhemden, Lanzenfähnlein, vierzig Röcke aus Samt und Seide mit Rosen darauf, an die tausend Röcke aus blaurotem Tuch mit Rosen darauf, Wappenschilde und derlei Dinge, wie man sie heutzutage im Felde braucht.«

Eduard hatte offensichtlich das Gespür dafür verloren, was man im Volk über sein Regiment so dachte. Dabei fehlte es nicht an hilfreichen Fingerzeigen. Der Londoner Chronist Fabyan erzählt: »Um diese Zeit stand ein kluger Narr beim König in hoher Gunst wegen seines artigen Spotts und seiner sittsamen Späße, die er oft am Hof zum besten gab. Der kam eines heißen und trockenen Sommertags in den Königssaal, angetan mit einem kurzen, abgeschnittenem Rock und an den Füßen ein Paar Stiefel so lang, daß man sie am Ende der Strümpfe festmachen konnte, und in der Hand eine lange Sumpfstake. Nachdem der König sich seinen Aufzug angesehen hatte, fragte er ihn, was er denn mit den hohen Stiefeln und dem langen Stecken vorhabe. Bei meiner Treu, sagte der, ich bin durch viele Gegenden Eueres Reichs gekommen, und mancherorts, wo ich vorbeikam, waren die *Ryvers** so hoch, daß kaum ein Durchkommen war; zum Glück hatte ich den Stock, um die Tiefe auszuloten.«

Fabyan zufolge verstand der König die Anspielung wohl, wenn er auch blind war für die »Vorbedeutung« *(prenostication)* dieses Scherzes. Er ging, da »sich im Norden das Volk zu regen begann«, erst einmal auf Pilgerfahrt zu den heiligen Stätten von St. Ed-

---

* Wortspiel: englisch *rivers* = Flüsse; Anspielung auf Lord Rivers.

munds in Bury und Unserer lieben Frau von Walsingham. Von da reiste er nach Lynn weiter, wo er am 26. Juni eintraf. Unterwegs verschickte sein Bruder Richard den ersten Brief, den wir von ihm haben. Es war – bezeichnend für einen Adeligen seiner Zeit – ein Bettelbrief, adressiert an einen Gefolgsmann: »Recht getreuer und sehr werter Herr, wir grüßen Euch freundlich. Da des Königs Gunst mich bestimmt hat, Seiner Hoheit in den nördlichen Teilen dieses Landes zu dienen, was für mich mit großen Kosten und Lasten verbunden ist, und wozu ich so plötzlich berufen wurde, daß ich nicht so gut mit Geld versehen bin, wie es mir geziemt, deshalb bitte ich Euch, weil ich besonderes Vertrauen zu Euch habe, mir hundert Pfund bis zum nächsten Osterfest zu leihen. Ich verspreche Euch, daß Ihr bis dahin getreulich befriedigt und wieder bezahlt sein werdet, in der Weise, wie der Überbringer dieses Briefes Euch mitteilen wird. Ich bitte Euch, schenkt ihm darin Glauben und erweist mir solche Freundlichkeit, wie ich sie Euch in Zukunft zeigen werde und wozu Ihr mich bereitfinden werdet. Geschrieben in Rising, am 24. Tag des Juni. R. Gloucester.«

Ein Sekretär setzte die Worte in wohlgeformte Lettern, doch Richard zeigte, daß er selbst auch des Schreibens mächtig war: *The Duc of Gloucestre*, schrieb er in mühevoller, abgezirkelter Schrift über den Brief und fügte mit Nachdruck hinzu: »Sir, hört, ich bitte Euch, daß Ihr mich jetzt in meiner großen Not nicht im Stich laßt. So wie Ihr wollt, daß ich Euch ein guter Herr sei, arbeitet jetzt in dieser Sache für mich.«

Wenige Tage später sah Richard Fotheringhay wieder. Königin Elisabeth wartete hier auf ihren Gemahl. Hier traf dann auch nach und nach Rüstmaterial aus London ein, und eine kleine Armee versammelte sich um den König. Eduard war in Norwich, wo er sich vom 19. bis 21. Juni aufhielt, »ehrenvoll empfangen« worden »und erhielt in diesem Landstrich recht gute Bewirtung und reiche Gaben, worüber er so zufrieden ist, daß er bald wieder hierher kommen will, zusammen mit der Königin«, schreibt um diese Zeit John Paston. Daraus wurde jedoch nichts. Am 5. Juli rückte Eduard von Stamford weiter nach Norden vor.

Er kam bis Newark. Was er dort erfuhr, ließ ihn sofort kehrtmachen und auf Burg Nottingham Zuflucht suchen. Dabei schreckte ihn weniger die unvermutet starke Truppenmassierung der Aufrührer, sondern vielmehr ein Manifest, dessen Stil und Inhalt ihm in den Ohren klang. Es enthielt schwere Anwürfe: Verschlechterung der Münze, Mißbrauch von Steuern, Rechtsbeugung; Schuld daran seien die Günstlinge am Hof, die »des Königs Blut« aus dem Rat gedrängt hätten und mit ihrer Habgier den König seiner natürlichen Mittel beraubten; indem der König das zulasse, handle er nicht anders als Eduard II., Richard II. und Heinrich VI., die vor ihm abgesetzt worden seien.

Das war deutlich. Eduard wußte nun endgültig, was es geschlagen hatte. Das Papier stammte sicher nicht aus der Feder eines subalternen Landedelmannes; dahinter standen andere Kräfte. Genauso hatte die Propaganda geklungen, mit der sein Vater gegen Heinrich VI. und die Beauforts vorgegangen war. *Mentor spiritualis* des »Unternehmens Robin« konnte demnach nur Warwick sein; Erzbischof Neville mochte Formulierungshilfe geleistet haben. Der »Königsmacher« probte den Aufstand. Die Koalition zwischen York und Neville war endgültig entzwei, sie ließ sich nicht mehr kitten. Die »Rosenkriege« traten in ein neues Stadium. Richards Lehrzeit in englischer Politik kam zum Abschluß.

III. »Zur Lüge geeignet und zur Verstellung . . .«

Die Anfänge einer Legende

»Richard, von dem wir jetzt sprechen, stand seinen Brüdern an Witz und Mut nicht nach, körperlich und moralisch war er ihnen jedoch weit unterlegen: klein von Statur, ungestalt, bucklig, die linke Schulter viel höher als die rechte, häßlich das Gesicht, und von jener Art, die man bei den Herrschenden wehrhaft, sonst aber anders nennt. Er war arglistig, jähzornig, mißgünstig und aus den Tagen vor seiner Geburt verdreht: Es ist glaubwürdig überliefert, daß die Herzogin, seine Mutter, derart Schwierigkeiten mit den Wehen hatte, daß sie nicht ohne Schnitt von ihm entbunden werden konnte, und daß er zur Welt kam mit den Füßen voran, so wie man zu Grabe getragen wird, und (wie ein Gerücht geht) nicht ohne Zähne, was entweder von gehässigen Menschen stammt, oder aber die Natur hat ihren Lauf geändert, so wie sich in seinem Leben manches Unnatürliche ereignet hat.

Er war kein schlechter Feldherr im Krieg, zu dem er mehr neigte als zum Frieden. Er war mehrfach siegreich und einige Male unterlegen, doch nicht aus eigenem Versagen, weder aus Feigheit noch aus Unverstand. Freigebig wurde er genannt, und über die Maßen großzügig schuf er sich mit reichlichen Geschenken unbeständige Freunde, für die er andernorts rauben und plündern mußte, was ihm wiederum heftige Feindschaft eintrug. Er war verschlossen und unzugänglich, ein Erzheuchler, nach außen hin bescheiden, im Herzen hochmütig; scheinbar freundlich, wo er insgeheim haßte, und ohne Scheu, den zu küssen, den er zu töten vorhatte: erbarmungslos und grausam, nicht immer aus Bösartigkeit, sondern öfters aus Ehrgeiz und zu seiner Sicherheit oder um seinen Besitz zu mehren. Freund oder Feind, das war ihm einerlei: Wo es seinem Vorteil diente, schonte er keinen, der seinen Zielen im Wege stand.«

Das ist die berühmte Beschreibung Richards III. aus der Biographie des Thomas Morus, die mancher Autor heute noch als verbindlich ansieht. Shakespeares *crook-back* erscheint direkt blaß daneben. Zweifellos ist der papsttreue Humanist und Kirchenheilige ein großer Stilist, der sich vor keinem Dichter zu verstecken braucht. Mit Vergnügen werden wir ihn auch an anderer Stelle zitieren. Es ist müßig, zu spekulieren, ob More, als er diese Zeilen schrieb, nicht eher den lebenden Heinrich VIII. (oder dessen Vater) vor Augen hatte, als den lang begrabenen König. Sicher ist, daß er die Wirklichkeit nur zur Hälfte traf.

Was das Äußere angeht, so dürfte er das auch gewußt haben, wenn er je einen Blick auf Richards Portrait geworfen hat, das heute in der Königlichen Sammlung zu Windsor hängt.* Es zeigt keinerlei Mißbildung, nichts Häßliches. Im Gegenteil: Wir sehen ein ebenmäßiges, fast hübsch zu nennendes Gesicht, einen geraden Oberkörper, feminine Hände; das Kinn verrät Energie, um den schmalen Mund und die angestrengt blickenden Augen spielt ein sorgenvoller Zug. Melancholie und Leiderfahrung spiegeln sich in dem Gesicht. »Zurückhaltend«, »bescheiden« und »freundlich« *(closed, lowlye, couminable)* treffen noch am ehesten. Doch More zufolge war Richard ja ein *deepe dissimuler,* der, wie es in der lateinischen Version des Textes zusätzlich heißt, jede beliebige Maske annehmen konnte. Und unter dem pludrigen Oberkleid

---

* Eine Kopie des Bildes diente als Vorlage für den Schutzumschlag dieses Buches.

mochte sich durchaus Mißgestalt verbergen. Schließlich entstand das Konterfei auch zu Richards Regierungszeit, und als Auftragsarbeit mag es geschmeichelt sein. Wo aber hat der Biograph das Horrorbild seines »Helden« her?

Bei Mores Zeitgenossen, Polydor Vergil, lesen wir Ähnliches, zum Teil Gleichlautendes über Richard: »Er war klein von Statur, körperlich mißgebildet, die eine Schulter viel höher als die andere; kurz und griesgrämig das Gesicht, welches nach Bosheit roch und offensichtlich Heimtücke und Falschheit ausdrückte. Wenn er über etwas nachdachte, biß er sich unaufhörlich auf die Unterlippe, als wenn die grausame Natur auf diese Weise in dem kleinen Körper gegen sich selbst wütete. Er pflegte auch mit der Rechten ständig den Dolch, den er immer bei sich trug, halb aus der Scheide zu ziehen und wieder zurückzustecken. Richtig ist, daß er vorsichtig und schlau war und einen scharfen Verstand hatte, gleichermaßen zur Lüge geeignet und zur Verstellung; auch hatte er einen trotzigen und wilden Mut, der ihn bis zu seinem Tode nicht verließ . . .«

Polydore hat, ebenso wie Thomas, den Mann, den er so vernichtend beschreibt, nie gesehen. Beide waren auf Erzählungen angewiesen – oder auf ihre Phantasie. Übereinstimmung bei ihnen deutet nicht unbedingt auf Wirklichkeitstreue hin, denn es ist nicht auszuschließen, daß der eine die Aufzeichnungen des anderen einsah. Der Italiener erwähnt realistisch scheinende Details, die bei dem Engländer fehlen; von einem Buckel lesen wir nichts. Tatsächlich ist das wohl eine Erfindung des heiligen Thomas. Nirgends sonst davon, sieht man vom Schimpf eines Yorker Bürgers ab, der den König sechs Jahre nach seinem Tod einen »Krummrücken« nennt, *a hypocrite and crouchback,* einen »Heuchler und Kriecher« also. Er erhielt Prügel dafür. More spricht Richard an anderer Stelle auch einen »verdorrten Arm« zu – wir kommen darauf zurück.

Bleiben wir bei denen, die dem König zeitlich näher waren. Nur von John Rous hören wir Negatives über seine Gestalt. Und von ihm haben Vergil und More offensichtlich abgeschrieben: »Er war klein von Statur, hatte ein kurzes Gesicht, ungleiche Schultern, die rechte höher und die linke niedriger.« Wir kennen diesen Autor schon. Es ist jener Kaplan, der seinen König zu Lebzeiten über den grünen Klee lobte und später als Ungeheuer, Tyrann und Antichrist verschrie; dem neuen Herrn zuliebe. Von Mores

»gehässigen Menschen« einer, ist er auch Urheber der abenteuerlichen Schwangerschaftsgeschichte, die Richard zwei Jahre im Mutterleib zubringen und mit Haaren und Zähnen auf die Welt kommen läßt; Thomas macht sich darüber lustig und bietet dann eine eigene Version. Bei den Schultern vertat er sich: Er verwechselte, welche höher gewesen sein soll. Bei seinem Gewährsmann ist es die rechte, er macht die linke dazu.

Dabei sprach Rous in dieser Sache wohl die Wahrheit. Wenn man jemandem einen Buckel anhängen will, nennt man diesen beim Namen; More, durch keinerlei lästige Erinnerung geplagt, tut das ohne Umschweife. Die ungleichen Schultern des John Rous sind als Erfindung dagegen unwahrscheinlich. Und gerade deshalb als Faktum wahrscheinlich. Der Unterschied muß freilich so gering gewesen sein, daß er anderen nicht erwähnenswert erschien. Weder beim Croyland-Chronisten noch bei Mancini, unseren wichtigsten Zeugen, ist davon zu erfahren; auch nicht bei Fabyan. Alle drei kannten den König von Angesicht. Sie schweigen auch sonst über etwaige Disproportionen und körperliche Unebenheiten. Welchen Körperfehler Richard auch gehabt haben mag: Er hinderte ihn jedenfalls nicht am Führen einer kräftigen Streitaxt und eines hiebfesten Schwerts. Möglicherweise war es, wie schon vermutet, eine Muskelhypertrophie des Schwertarms, die das Erscheinungsbild etwas beeinträchtigte, vielleicht auch nur ein Haltungsfehler.

Aussagen aus späterer Zeit bestätigen Richards Kleinwüchsigkeit, betonen jedoch dabei seine Wohlgestalt. Stuart-Höfling George Buck, in allem um eine Rehabilitierung des verleumdeten *Plantagenet* bemüht, liefert dazu zwei Zeugen. Der 1525 geborene Chronist John Stow erzählte ihm, er hätte alte Leute getroffen, die sich an den König als »recht ansehnlich vom Körperbau, doch klein von Gestalt« erinnerten. Buck weiß auch von einem schottischen Gesandten, der im September 1484 vor Richard rühmte, noch nie habe die Natur einen so großen Geist und so ungewöhnliche Kräfte in ein kleineres Gehäuse eingeschlossen. Auch hier nichts von Buckel oder schiefen Schultern, kein Wort von einem häßlichen Gesicht. Einer Anekdote zufolge, die Horace Walpole überliefert, hielt die greise Gräfin Desmond den jungen Gloucester, mit dem sie in frühester Jugend einmal tanzte, für den ansehnlichsten Mann im Saal nach seinem Bruder Eduard.

Vergessen wir also das Monster Shakespeares und der Tudor-

Chronisten. Deren Methode ist ohnehin durchsichtig. Der schlechte Charakter des besiegten Königs ist ausgemacht, positive Züge deuten auf Verstellung: Klugheit wird zur Hinterlist, Waffentüchtigkeit zur Kriegslust. Der grausige Lebensweg des Ungeheuers ist von den Sternen vorgezeichnet, sein Eintritt in die Welt schon ungeheuerlich. Der blinde Pater Bernard André bescheinigt ihm Blutdurst von der Wiege weg. Ein böser Geist, so dachte nicht nur das Mittelalter, mußte aber in einem häßlichen Körper hausen. Rous, der sein Opfer kannte, beschränkt sich auf ein »verhunztes Gesicht« *(curtam faciem)* und die Hervorhebung einer kaum sichtbaren Unebenheit des Oberkörpers. Bei Vergil wird ein »verformter Körper« *(corpore deformi)* daraus, und More ergänzt großzügig zum Buckel *(croke back, extanti dorso)*.

Mit Richard Gloucester, wie wir ihn als Siebzehnjährigen an der Seite König Eduards vor uns haben, hat dieses Fabelwesen jedenfalls nichts zu tun.

Die Nevilles und sein Bruder Clarence hatten Eduard in eine bedrohliche Lage gebracht, doch geriet er darüber nicht in Panik. Jetzt und im folgenden zeigte er, was Thomas More »Klugheit in der Niederlage« nannte – *wysedome where hee voyed.* Als erstes entließ er die Woodvilles aus seiner gefährdeten Umgebung. Dann schrieb er eigenhändig an Warwick, Clarence und den Erzbischof, sie möchten sich doch in Frieden mit ihm treffen. Pembroke und Lord Hastings wies er dagegen an, so schnell als möglich mit Truppenmacht zu ihm zu stoßen. Letzteres war realistischer, denn die Renegaten wollten oder konnten nicht mehr zurück. Drei Tage zuvor hatten sich Warwick und Eduards Bruder nach Calais abgesetzt. Am 11. Juli traute Erzbischof Neville dort Nichte und Neffe: Isabella Neville und Georg von Clarence. Eduard hatte sich dieser Verbindung heftig widersetzt und bisher auch in Rom erfolgreich gegen den Dispens für die Verwandtenheirat interpelliert; nun hatte ihn Papst Paul auf Anweisung des englischen Botschafters, der bestochen war, doch noch erteilt.

Kurz darauf waren Warwick und sein frischgebackener Schwiegersohn in England zurück, mit ihnen John Conyers, einer der »Robins«. London öffnete ihnen am 20. Juli die Tore – wie bisher fast jedem, der nicht das Leben der Einwohner bedrohte. Indes marschierten aus dem Westen Graf Wilhelm Herbert von Pembroke und der neue Graf Devon, Humfried Stafford von Southwick, mit Spießträgern und Bogenschützen zu Eduards Entsatz heran. Sie erreichten ihr Ziel nicht. Conyers Leuten gelang es, den beiden, die sich zudem noch stritten, den Weg abzuschneiden. Pembroke wurde mit seinem Häuflein am 26. Juli bei Banbury in Edgecott überrascht und geschlagen. Er selbst geriet in die Gewalt seiner Feinde und starb kurz darauf unter dem Beil – »auf Anordnung des obgenannten Grafen Warwick, ohne Versuch des Loskaufs«, wie ein Chronist bemerkt. Rache dafür, daß der einstige Vasall seinen eigenen Herrn in der Gunst des Königs ausgestochen hatte.

Eduard erfuhr erst ein paar Tage später von dem Desaster. Er löste seine Truppe auf und entließ die restlichen Getreuen; nur sein Privatkämmerer, Lord Hastings, und Richard Gloucester blieben bei ihm. Erzbischof Neville traf nahe Olney, südlich von Nottingham, mit bewaffneter Eskorte auf den König und geleitete ihn in allen Ehren nach Coventry, wo er am 2. August eintraf. Es war das Bild von 1460, als sich Richard von York der Person Heinrichs VI. versicherte. Und ähnlich wie vor neun Jahren nützte den Siegern der gefangene König nichts. Sie hätten ihn umbringen müssen. Sie taten es nicht, sondern rächten sich nur an seinen Ratgebern. Graf Rivers und sein Sohn Johann, Gemahl der alten Dame Norfolk, wurden gefaßt und am 12. August vor Coventrys Toren geköpft. Graf Devon, der bei Banbury entkommen war, traf es fünf Tage später ebenso in Somersetshire. Thomas Herbert, ein Verwandter Pembrokes, endete in Bristol. Mit Gerichtsverhandlungen hielt man sich dabei nicht lange auf.

Eduard machte indes gute Miene zum bösen Spiel. Es blieb ihm auch nichts anderes übrig: Er saß gut bewacht auf Burg Warwick. Am 8. August mußte er Aufrufe zum Parlament im September abzeichnen. Sie wurden jedoch bald widerrufen, weil an vorbereitende Grafschaftswahlen nicht zu denken war. London stand kurz vor dem Aufruhr, burgundische Agenten schürten mit Erfolg die Stimmung gegen Warwick. Herzog Karl intervenierte persönlich, bot den Bürgern Hilfe, drohte mit Handelsrestriktionen für den Fall, daß sie den König im Stich ließen. Südengland machte Anstalten, sich für Eduard zu erheben.

In aller Eile und Heimlichkeit wurde der König nach Norden in die sichere Burg Middleham verlegt, wo Richard seine Jugendjahre verlebt hatte. Die Feudalherren nutzten indes die günstige Stunde zu privaten Abrechnungen. Norfolk konnte endlich mit den

Pastons reinen Tisch machen. Unbeeindruckt von Warwicks Sympathie für die Paston-Sache belagerte und nahm er die Burg Caister. Und schließlich kam von Schottlands Grenze die Nachricht eines neuen Lancaster-Aufstands. Das Chaos war allgemein, die Rosenkriege feierten fröhliche Urständ. Ein Chronist berichtet: »Eine schwangere Frau, die kurz vor der Niederkunft stand, fühlte zu ihrem Entsetzen den Fötus in ihrem Leib weinen und schluchzende Töne ausstoßen. Anscheinend waren selbst die ungeborenen Kinder über das drohende Unheil betrübt.« So paradox es klingt: Die Lancaster-Erhebung wendete das Blatt zugunsten Eduards. Warwick, der nun über zwei Könige verfügte, war noch nicht soweit, Heinrich VI. als Alternative zu seinem einstigen »Schützling« zu begreifen. Aber als er versuchte, in Yorkshire Reichstruppen gegen die Insurgenten aufzubieten, mußte er feststellen, daß er dazu keine Autorität hatte. Das Volk wollte den König in Freiheit sehen. »Wider alle Erwartung und auf fast wunderbare Weise entkam er nicht nur, sondern wurde auf ausdrücklichen Befehl des Grafen Warwick aus Middleham entlassen«, berichtet der Croyland-Chronist. Eduard zeigte sich in York den Bürgern, und von da gab es keine Schwierigkeiten mehr mit dem Aufgebot. Während der König in Pontefract Sitz nahm, bekriegt Warwick seine eigene Verwandtschaft, denn Humphrey und Charles Neville von Brancepeth waren die Anführer der Lancaster Fronde. Er hatte nicht viel Mühe mit ihnen. Am 29. September wurden sie in York enthauptet.

Eduard ließ sich nun auch nicht länger in Pontefract halten. Anfang Oktober finden wir ihn auf dem Weg nach London; John Paston schreibt an seine Mutter: »Und es kamen mit ihm oder ritten ihm entgegen: Herzog Gloucester, Herzog Suffolk, Graf Arundel, Graf Northumberland, Graf Essex, die Herren Heinrich und Johann Buckingham, Lord Dacre, der Herr Kämmerer[*], Lord Mountjoy und viele andere Ritter und Landedelleute, der Bürgermeister von London, zwölf Ratsherren in Scharlachrot und zweihundert Zunftvertreter, alle in Blau. Der König kam über Cheap[**], obwohl das gar nicht auf seinem Weg lag, damit er auch gesehen werde, und es begleiteten ihn an die tausend Reiter, einige in Harnisch und einige nicht.« Erzbischof Neville, der hin-

---
[*] William Hastings, königlicher Kämmerer 1461–1483
[**] Ehemals Londoner Vorort, heute als Straße in Erinnerung: Cheapside.

ter dem König hereilte, um wenigstens beim Einzug in die Hauptstadt zugegen zu sein, erhielt Bescheid, er solle gefälligst die Befehle abwarten.

Wie Eduard es schaffte, wieder Herr seiner Entscheidungen zu werden, ist nicht ganz klar. Bei den Chronisten herrscht der Eindruck, er habe sich mit List aus der Bewachung geschlichen: *by fayre speche and promyse* (»durch schöne Worte und Versprechungen«), so hören wir von Warkworth, »entzog sich der König dem Bischof, kam nach London und tat, was er wollte«. Doch Eduard fiel nicht aus der Rolle, er hielt seine Versprechen. Wie in Gefangenschaft, so gab er sich auch jetzt mit den Nevilles einig. John Paston dazu: »Ich weiß nicht, was ich darüber denken soll. Der König selbst spricht gut über die Herren Clarence, Warwick und Mylords von York* und Oxford, sagte, es seien seine besten Freunde; aber die Leute seiner engeren Umgebung reden anders, so daß ich wirklich nicht sagen kann, was von heute auf morgen geschieht.«

Der Croyland-Chronist weiß es, wenn er einige Jahre später schreibt: »Friede und Vergessen wurde beiderseitig vereinbart. Aber es blieb wahrscheinlich auf der einen Seite versteckter Groll über die Majestätsverletzung, auf der anderen Seite unbefriedigter Stolz« – *nimis elati rea mens sibi conscia facti*. Nichts als dieses psychologische Motiv erklärt denn auch, warum Warwick wenige Monate später erneut den Bruch vollzog, diesmal endgültig. Denn Eduard unternahm keinen Schritt, der als Provokation hätte aufgefaßt werden können. Polydore Vergil, ansonsten dem Hause York nicht sonderlich gewogen, muß zugeben:

»Er ließ es nicht an Sorgfalt, Mühe und Verstand fehlen, die notwendig waren, um in dieser schwierigen Zeit zurechtzukommen. Insbesondere lag ihm daran, die Freundschaft jener hohen Herren wiederzugewinnen, die sich ihm entfremdet hatten; diejenigen in ihrem guten Willen zu bestärken, die schwankend und unbeständig waren; und all die vielen anderen zu ihrer früheren Untertänigkeit, Zuneigung und Gutwilligkeit zurückzubringen, die auf Grund der umstürzlerischen Ereignisse in Aufregung und Zweifel geraten waren.«

Lord Scales, dem Beil entkommen, kehrte als Graf Rivers an den

---

* Georg Neville, Erzbischof von York

Hof zurück, aber er erhielt nicht die Ämter seines Vaters. Schatzmeister wurde Lancaster-Bischof Morton von Ely, als Reichsstallgraf holte sich der König seinen jüngsten Bruder, Richard. An diesen Berufungen konnte Warwick keinen Anstoß nehmen. Im übrigen machten die Nevilles, nach dem Ehebündnis von Clarence und Isabella, einen weiteren Schritt auf den Thron zu. Eduards älteste Tochter Elisabeth, noch nicht vier Jahre alt, wurde Georg Neville anverlobt, Northumberlands Sohn. Am 5. Januar erhielt der neunjährige Bub den Titel eines Herzogs von Bedford. Ein dauerhafter Interessenausgleich schien geschaffen.

Wie es Richard seit Eduards Gefangennahme ergangen war, wissen wir nicht. Offensichtlich konnte er sich ebenso wie Lord Hastings in Freiheit bewegen, und er hat wohl wie dieser in aller Stille Truppen gesammelt, um sie ihm auf dem Weg von Pontefract nach London zuzuführen. Jedenfalls wurde er nun mit weiteren Landschenkungen bedacht und präsidierte mit seinen siebzehn Jahren als Reichsstallgraf dem Adelsgerichtshof und den Kriegsgerichten. Eduard erweiterte die Vollmacht dieses Amtes noch: Richard erhielt das Recht, in Hochverratssachen nach einfacher Tatbestandsaufnahme Urteil zu fällen. Er bekam auch umgehend zu tun. Die Nordwaliser hatten, nach dem gewaltsamen Tod ihres Oberrichters Pembroke, die Gelegenheit beim Schopf genommen, der ungeliebten »sächsischen« Herrschaft wieder einmal ihre Verachtung zu zeigen. Das ging am besten durch Steuerverweigerung. Bis zum November 1469 hatte sich die zivile Revolte zum bewaffneten Aufstand ausgewachsen. Die Brüder Morgan und Heinrich ap Thomas ap Griffith eroberten zwei königliche Burgen in Südwales und plünderten das Umland.

In dieser Situation erhielt Gloucester vom König sein erstes selbständiges Kommando. Er entledigte sich seiner Aufgabe zur Zufriedenheit. Mit Truppen aus Shropshire, Gloucester und Worcester unterwarf er in kurzer Zeit die Insurgenten. Bereits Weihnachten konnte er in London seinen Erfolg melden. Am 7. November war er Oberrichter von Nordwales geworden, drei Wochen später »Hauptverwalter, Untersuchungsrichter und Aufseher« von ganz Wales und den Marken; und schließlich Oberster Gerichtsherr und Kämmerer in Südwales. Nun machte ihn der Bruder auch noch zum Verwalter auf den Gütern des minderjährigen Erben von Pembroke. Die Provinz war freilich noch nicht zur Ruhe gekommen. Als Vorsitzer eines Sondergerichts kehrte Richard wenig später nach Westen zurück.

Der neuerliche Abfall von Warwick und Clarence begann wie im Jahr zuvor. Von dem, was im Februar und März 1470 im einzelnen passierte, haben wir nur eine parteiliche Darstellung, die »Chronik des Lincolnshire-Aufstandes« eines yorkistischen Anonymus. Doch im wesentlichen ist sie wohl zutreffend. Lord Welles, Sohn und wiedereingesetzter Erbe des bei Towton gefallenen Welles, sowie sein Schwager Dymnock hatten mit Thomas Burgh von Gainsborough Streit bekommen, einem adeligen »Leibburschen« und »Pferdeknecht« des Königs; es war nicht ohne Handgreiflichkeiten abgegangen. So etwas war nicht ungewöhnlich.

Eduard kümmerte sich auch gar nicht darum, bis plötzlich an den Kirchen von Lincolnshire, dem Ort der Handlung, Wandzeitungen auftauchten, die im Namen von Warwick und Clarence zum Aufstand gegen den König hetzten. Eduard wollte an die Urheberschaft erst nicht glauben, zumal sich Welles und Dymnock stellten. Noch viel weniger glaubte er an eine Verwicklung der beiden Verwandten, als in Lincolnshire der Ruf nach Heinrich VI. laut wurde. Er sollte sich irren. Am 6. März verließ er London mit gut gerüsteter Truppe nach Norden. Führer der Aufständischen war Robert Welles, der Sohn des Lords; als er sich nicht bereit zeigte, die Waffen niederzulegen, ließ Eduard den Vater zusammen mit Dymnock kurzerhand hinrichten. Sippenhaft war üblich. Am 12. März traf er dann bei Stanford auf die Rebellen.

Er hatte nicht viel Mühe mit ihnen. Hören wir den Chronisten: »Seine Hoheit gewann mit Gott des Allmächtigen Hilfe den Sieg und schlug mehr als dreißigtausend Mann*, wobei er reichlich Gnade walten ließ, indem er das Leben des armen und unglücklichen Fußvolks schonte. Indes muß man sich erinnern, daß während des Schlachtgetümmels, als der König auf den Gegner eindrang, dieser sich mit dem Schrei Mut machte: *A Clarence! à Clarence! à Warwick!* (Für Clarence! für Warwick!) Und daß sich einige im Feld befanden, die die Livree des Herzogs von Clarence trugen, so Sir Robert Welles selbst . . .« Sie warfen auf der Flucht ihre Monturen weg, so daß man das Gefecht später die »Schlacht der verlorenen Jacken« nannte. Bei einem getöteten Diener des

---

* Die Zahl ist weit übertrieben; es waren allenfalls ein paar tausend.

jungen Herzogs fand man belastende Papiere. Und bevor Welles am 19. März vor dem Heer enthauptet wurde, gestand er öffentlich, daß Warwick und Clarence ihn angestiftet hätten. Ziel sei es gewesen, den König abzusetzen und stattdessen den Königsbruder zum König zu machen.

Eduard war alarmiert. Er hatte Glück gehabt, daß Bruder und Vetter nicht auf dem Kampfplatz erschienen waren; ihre Unterstützung hätte sicher nicht ihm gegolten. Mittlerweile hatte er nämlich erfahren, daß Clarence und Warwick in London und anderswo in aller Öffentlichkeit Schreiben unter ihrem Namen verlesen ließen, adressiert an die »ehrwürdigen, verständigen und getreuen *Commons*«: Darin beklagten sie die »Unhöflichkeit«, mit der man sie in letzter Zeit behandelt habe, desgleichen »die große Schädigung, Ausplünderung und völlige Vernichtung«, die dem Gemeinwesen durch des Königs Ratgeber drohe, und erboten sich, »bis an die Grenze ihrer Kräfte die Mühe auf sich zu nehmen, gegen Falschheit und Unterdrückung vorzugehen«.

Als die beiden ihn nun um freies Geleit und Pardon angingen, ließ er sich nicht mehr täuschen. Seine Geduld war zu Ende. In scharfem Ton forderte er sie auf, »demütigerweise« vor ihm zu erscheinen; er werde sie dann »unter Berücksichtigung der Blutsverwandtschaft und unserer Gesetze« behandeln. Daß er dabei mehr an die Gesetze dachte, zeigt die Wiederberufung des 1468 entlassenen Grafen Worcester, »Englands Henker«, an Richards Stelle zum Reichsstallgrafen. Eduard hatte nämlich gerade die Nachricht erhalten, daß Warwicks alte Freunde in Yorkshire wieder im Aufstand waren.

Während Graf Northumberland Order erhielt, sich dieser Sache anzunehmen, wandte sich der König nach Cheshire, wo seine »großen Rebellen« Quartier hatten. Sie zogen es vor, sich nach Nordwesten abzusetzen, in der Hoffnung auf Hilfe von Lord Stanley, Warwicks Schwager. Ohne Erfolg. Richard Gloucester war plötzlich in Cheshire aufgetaucht und hatte Stanley angegriffen. Der verlor daraufhin den Mut und kündigte Warwick die Truppenzusage. In der letzten Märzwoche erließ Eduard schließlich Haftbefehl gegen die unbotmäßigen Verwandten und setzte dazu ein Kopfgeld aus. Doch auch Richard, der zur Verfolgung der beiden bestellt war, konnte ihre Flucht nicht verhindern. Sie erreichten sicher die Südküste und segelten mit Weib und Kind nach Frankreich ab.

Warwick hoffte, wie elf Jahre zuvor, Zuflucht in Calais zu finden. Doch die Küstenstadt öffnete diesmal ihrem Hauptmann nicht; statt Freudenböller erhielt er einen Schuß vor den Bug. Die Flottille mußte nach Honfleur weitersegeln. Ludwig von Frankreich gewährte den Flüchtlingen bereitwillig Aufnahme. Die Frage war nun allerdings, wie es weitergehen sollte. Sicher hatte Warwick seinem Vetter und Schwiegersohn Clarence Versprechungen auf den Thron gemacht, um ihn ein zweites Mal in sein Lager zu ziehen. Aber trotz der Beschränktheit des eigenen Horizonts war dem Grafen wohl klar, daß er mit dem einfältig-ehrgeizigen *Monsieur* nicht gegen Eduard antreten konnte; ganz sicher erschien Ludwig dieser Gedanke abwegig.

Wer einzig in England auf breitere Unterstützung rechnen konnte, war der gestürzte König Heinrich. Das hatte sich an den Parolen gezeigt, die im Zusammenhang mit all den Unruhen, die Warwick geschürt hatte, aufgetaucht waren. Die vergangenen zehn Jahre hatten das Bild des Lancasterkönigs verklärt. Vergessen die Mißwirtschaft der Suffolks und Somersets, vergessen die Regierungsunfähigkeit des geisteskranken Königs. Das Volk war immer bereit, den Herrscher auf Kosten seiner bösen Ratgeber freizusprechen, und Wahnsinn konnte – wenn er in Frömmigkeit gekleidet war – etwas Heiliges haben. Daß die Yorkisten auch nur mit Wasser kochten, wußte man mittlerweile. Der Gefangene im Tower wurde so zum Fixpunkt alter und neuer Hoffnungen.

Außerdem hatte Ludwig immer noch Margarete von Anjou am Hals. Wiederholt war man mit schärfsten Vorwürfen an ihn herangetreten, daß er seine Verwandte zugunsten des englischen Grafen im Stich lasse. Was lag also näher denn der ganz große Wurf eines Bündnisses Lancaster–Neville? Jedem politischen Kopf mußte freilich klar sein, daß das nicht gutgehen konnte. Dazu gehörte Margarete selbst. Nicht nur persönliche Abneigung, der Haß auf den Henker ihrer Günstlinge veranlaßte sie zur Weigerung.

Sie bezweifelte auch die politische Nützlichkeit einer derartigen Verbindung. Ein unbekannter Beobachter vermittelt uns ihr Argument: »Außerdem hätten König Heinrich, sie und ihr Sohn Parteigänger und Freunde, die sie dadurch leicht verlieren könnte. Das wiederum könnte ihnen sehr zum Beschwer werden und mehr Ärger und Nachteil einhandeln als ihnen der genannte Graf und seine Verbündeten an Gewinn und Vorteil brächten. Darum ersuchte sie den König, doch freundlicherweise Abstand zu nehmen, die vorgeschlagene Begnadigung, Freundschaft oder Allianz weiterhin in Wort oder Tat zu betreiben . . .«

Noch heftiger opponierte Margarete gegen die geplante Heirat zwischen Warwicks zweiter Tochter Anna und ihrem Sohn Eduard, in der sie »weder Ehre noch Gewinn für sich oder ihren Sohn, den Prinzen, sah«. Ja, sie konnte (unserem Informanten zufolge) einen Brief aus England vorzeigen, in dem ihrem Sohn die Hand der Königstochter Elisabeth angeboten wurde – in der Tat die Grundlage eines weit kühneren Arrangements als das mit dem abgehalfterten Neville.

Warwick muß das alles in den Ohren geklungen haben. Doch er hatte ebensowenig die Wahl wie Margarete, die ihren Sprößling auf dem Thron und nicht als königlichen Schwiegersohn sehen wollte. Und Ludwig von Frankreich besaß die Bataillone. Sein diplomatisches Talent erledigte das übrige. So beugte am 22. Juli 1470 der stolze Graf die Knie vor der hochmütigen Königin im Exil, tat Abbitte und schwor ewige Treu; sie gewährte schweren Herzens Vergebung. Drei Tage später wurden Eduard von Lancaster und Anna Neville einander anverlobt; Hochzeit sollte erst sein, wenn Warwick das Königreich erobert hatte. Ludwig sagte die nötigen Mittel zu, gegen das Versprechen, versteht sich, ihm anschließend gegen Burgund zu helfen.

Eduard erlebte indes ungemütliche Monate. Er gab sich sicher keiner Illusion darüber hin, was kommen würde. Die Warnungen aus Calais und Burgund ließen auch wenig Raum für Zweifel. Er versuchte, sein Königreich so gut es ging zu befestigen. Commynes meint allerdings: »König Eduard war kein Mann von großer Voraussicht. Er sorgte sich nicht so viel um Warwicks Invasion wie der Herzog von Burgund; er hatte keine Furcht, obwohl er sah, welche Mittel dem anderen zur Verfügung standen. Ich halte es für Dummheit, wenn man seinen Feind nicht fürchtet und auf nichts hören will . . .« Hinterher und aus der Entfernung kann man leicht Ratschläge erteilen. Es ist fraglich, ob Eduard viel mehr hätte tun können. Der Bruch mit Warwick hatte ein Loch in sein Herrschaftsnetz gerissen, das nicht leicht zu flicken war. Das galt vor allem für den Lancaster-treuen Norden. Nur Montagu, der gegenwärtige Graf Northumberland, hielt hier noch des Königs Fähnlein hoch. Eduard zweifelte, ob das genug sei und ob er einem Neville überhaupt noch trauen dürfe.

Bereits im Oktober letzten Jahres hatte er Heinrich Percy, den Sohn des bei Towton gefallenen Northumberland, aus dem Tower entlassen und mit achttausend Pfund Haftentschädigung versehen. Am Lincolnshire-Feldzug nahm dieser an der Seite des Königs teil. Dann, einen Tag nachdem auf Warwick und Clarence ein Steckbrief ausgestellt worden war, entzog Eduard dem treuen Montagu die Grafenwürde von Northumberland und gab sie an Percy zurück. Lord Montagu wurde dafür Marquis. Ein schwacher Trost! Als Lohn für den Wechsel von Lancaster zu York hatten die Nevilles im Norden über die Percies triumphiert, nicht durch einen Federstrich, sondern kraft eigenen Einsatzes im Dienste des Königs. Schwertarm war dabei in erster Linie Montagu gewesen; gerade erst hatte er den jüngsten Yorkshire-Aufstand unter Kontrolle gebracht. Durch eben einen Federstrich war nun alles umgeworfen, des Königs treuer Vasall, der sich in keine Verschwörung seines Bruders hatte ziehen lassen, ja ihre Folgen unermüdlich bekämpft hatte, um Mühe und Sieg betrogen.

Eduard hoffte, mit Percy, dem er wohl eine neue Karriere im Norden versprach, Lancaster-Sympathien für sich mobilisieren oder wenigstens neutralisieren zu können. Die Rechnung ging nicht auf. König Heinrichs Anhänger witterten Morgenluft, Warwicks Agenten hatten leichtes Spiel. Die Midlands, aber vor allem Yorkshire kam nicht zur Ruhe. Und der neue Graf Northumberland war Eduard dabei nicht die erwartete Hilfe. Ob er nicht wollte oder, wie er vorgab, nicht konnte, sei dahingestellt. Paston teilt Anfang August mit: »Im Norden ist eine Menge Volk im Aufstand, so viel, daß Percy nicht mit ihnen fertig wird; deshalb hat der König nach seinen Lehensleuten geschickt, daß sie zu ihm kommen, denn er will losziehen, um den Aufstand niederzuwerfen. Einige sagen, der König würde nach London zurückkehren, und zwar in Eile, wie es denn auch heißt, Courtenay* sei in Devonshire gelandet und regiere dort. Item, daß die Herren Clarence und Warwick jeden Tag, wie die Leute fürchten, versuchen werden, in England zu landen.«

In diesen Tagen wurde Richard, »sein sehr geliebter Bruder, der Herzog von Gloucester«, zur stärksten Stütze des Königs. Anfang Juni finden wir ihn in den westlichen Midlands bei der Truppenre-

---

* Johann Courtenay, enterbter Graf von Devon

krutierung; Eduard beriet indes in London mit dem Reichsrat über die Verteidigung Englands. Kurz darauf gab es wieder Unruhe in Lincolnshire: Richard leitete Mitte Juli dort ein Sondergericht.. Als sich der König Anfang August selbst nach Yorkshire aufmachte, war sein Bruder auch dabei. Der Aufstand war mittlerweile zusammengebrochen. Wiederum wurde Gloucester mit der gerichtlichen Untersuchung beauftragt. Am 26. August machte Eduard ihn schließlich zum Gouverneur der »Westlichen Marken« – Grenzland gegen Schottland dort, wo es am wildesten war. Einst hatten die Nevilles diesen Posten versehen.

Ungeachtet aller Maßnahmen blieb Yorkshire so unsicher, daß es Eduard nicht wagte, die Grafschaft zu verlassen, zumal Warwick hier seine Festplätze und Anhängerbasen hatte. Der Süden war dagegen yorkistisch, jedenfalls Kent und die Umgebung von London. Und Rivers Schiffe patrouillierten zusammen mit der burgundischen Kriegsflotte an der französischen Küste. Ein Sturm brach jedoch die Blockade, und so konnten Warwick, Clarence und Oxford mit französischen Truppen am 13. September ungehindert in Devonshire, im Südwestzipfel der Britischen Insel, landen. Durch beachtlichen Zulauf verstärkt, marschierten die Invasoren in Richtung London. Unterdessen hatte Montagu auf königlichen Befehl einige tausend Mann zusammengebracht, weit mehr als Eduard selbst. Der König schickte dem Marquis Nachricht, ihm unverzüglich nach Süden zu folgen.

Montagu gehorchte prompt. Doch horen wir Warkworth: »Als er eine Meile von König Eduard entfernt war, klärte er das Kriegsvolk, das sich hier um ihn versammelt hatte, darüber auf, wie König Eduard ihm zuerst das Grafentum von Northumberland gegeben hätte und wie er es ihm nahm und Heinrich Percy gab, dessen Vater auf dem Feld von York* erschlagen worden war; und wie er ihn kürzlich zum Marquis von Montagu gemacht und ihm zur Ausstattung des Titels ein Elsternest gegeben habe: Deshalb teilte er seinem Kriegsvolk mit, daß er es mit dem Grafen Warwick, seinem Bruder, halten und König Eduard mit Gewalt ergreifen wolle und alle, die es mit ihm hielten . . .«

Nachts in Doncaster, nicht allzuweit von Fotheringhay, wurde Eduard unsanft aus dem Schlaf gerissen. Einer aus Montagus Heer stand vor der Tür: Der Feind sei nahe, seine Truppen stärker, der

---

*Schlacht bei Towton, 1461

König solle sich retten. Eduard glaubte zunächst nichts, bis er begriff, daß der Feind Montagu hieß. Zusammen mit Gloucester, Hastings, Rivers und einigen anderen schlug er sich zur nahen Küste durch und gelangte auf einem Fischerboot, vom Sturm bedroht, über The Wash nach Lynn. Es war dies Martini, den 30. September 1470. Zwei Tage später schiffte er sich, mit nichts als der Kleidung am Leib, nach Alkmaar in Holland ein. Beinahe wären die Flüchtlinge noch von feindlichen Hanseaten aufgebracht worden. Zum zweiten Mal war Eduard, war Richard auf der Flucht.

Die verlorene Schar fand Unterschlupf bei Ludwig von Brügge, dem Herrn van Gruthuyse; wir kennen ihn als Unterhändler Karls des Kühnen in England. Der Flame war, wie König Eduard, Ritter vom Goldenen Vlies, jenes romantischen Ordens, den Herzog Johann von Burgund in Nachahmung des englischen Hosenbandordens gestiftet hatte. Das verpflichtete. Er rettete die Asylsuchenden nicht nur vor den feindlichen Hanse-Seglern, er brachte sie auch in Den Haag unter und stellte ihnen später sein Stadthaus in Brügge und Schloß Oostkamp zur Verfügung.

Herzog Karl war dagegen wenig begeistert über die Ankunft seiner Schwäger. Noch einmal flackerte bei ihm die Hoffnung auf, er könnte sich mit Lancaster arrangieren; jedenfalls wollte er die neuen Herren in London nicht durch voreilige Parteinahme verprellen. Er setzte Eduard eine Pension aus, weigerte sich aber, ihn zu empfangen. Statt dessen schickte er Commynes mit einer Grußadresse nach Calais: Er freue sich über die Rückkehr seines Verwandten Heinrich von Lancaster auf den Thron und hoffe auf eine Fortsetzung des Bündnisses mit England.

Am 3. Oktober war Heinrich aus dem Tower befreit worden. Warwick führte ihn zehn Tage später in feierlicher Prozession nach St. Paul's, wo ihm erneut die Krone aufs Haupt gedrückt wurde. Oxford trug ihm das Schwert voran, der »Königsmacher« hielt die Schleppe: Nun hatte er wenigstens einen König gemacht. Clarence war anwesend, doch, wie Commynes weiß, nicht recht glücklich dabei; den neuen, alten Purpurträger nennt der Burgunder verächtlich ein »gekröntes Kalb«. Das Volk dagegen, so jedenfalls der Croyland-Chronist, »sah in der Wiedereinsetzung des frommen Königs ein Wunder und schrieb die Veränderung dem Wirken der göttlichen Hand zu.« Unterdessen gebar Königin Elisabeth, die sich ins Klosterasyl geflüchtet hatte, einen Sohn, den sie hoffnungsvoll Eduard nannte. Man schrieb den 2. November 1470, Ort des Geschehens war die Westminster-Abtei. Elisabeth sollte sich hier mit ihren Kindern nicht zum letzten Mal verbergen.

Von Chastellain, einem anderen Burgunder Chronisten, hören wir, der siegreiche Warwick hätte gegen seine Landsleute gewütet. Das Gegenteil war der Fall. Kaum jemals ging ein Machtwechsel behutsamer über die Bühne. Nur Eduard, Richard Gloucester und die engsten Getreuen, die mit ihnen waren, wurden geächtet. Den Yorkisten, die Englands Kirchen und Klöster bevölkerten, sicherte man ausdrücklich Asyl zu. Nicht nur Elisabeth profitierte davon, auch mehrere Minister des gestürzten Regimes. Andere kamen nach kurzem Arrest wieder frei, sogar Richard Woodville, ein Bruder der Königin. Die übrigen erhielten Generalpardon; was Ämter hatte und nicht geflohen war, wurde bestätigt.

Nur einen Prominenten traf die Rache der Sieger: John Tiptoft, den Grafen von Worcester. Man hatte ihn in einem Baum versteckt gefunden. Oxford erhielt die Genugtuung, den »Henker« seines Vaters und Bruders zu verurteilen – »nach dem selben Recht, nach dem dieser über andere geurteilt hatte«. Zu Fuß mußte er von Westminster zum Tower-Hügel gehen, wo der Richtblock stand. Bewaffnete schützten ihn mit Mühe vor der Wut der Menge, es war kaum ein Durchkommen. Der gebildete und kunstsinnige Graf bewies trotzig Haltung. Was er getan habe, sei für den »Staat« gewesen, sagte er zuletzt und dann bat er, mit drei Streichen enthauptet zu werden – zu Ehren der heiligen Dreifaltigkeit. Der Wunsch wurde ihm erfüllt; er erhielt auch ein christliches Begräbnis. Caxton, sein Verleger, rühmt ihn als »Blume an Tatkraft und Wissen, dem, soviel ich weiß, niemand unter den weltlichen Herren an Gelehrsamkeit und Sittlichkeit gleichkam«. Er stand wohl mit seiner guten Meinung allein. Seit dem großen Suffolk war kein königlicher Minister so verhaßt gewesen.

Lancaster, York und Neville vereint – Warwicks Position schien unerschütterbar. Die Interessen und Erwartungen seiner Verbündeten unter einen Hut zu bringen, glich indes der Quadratur des Zirkels. Lancaster und York waren nicht versöhnt, solange beide die nämlichen Titel, Güter und Ämter beanspruchten. Da half kein Eiertanz. Eduards Achtsprüche über die hartgesottenen Lancasterianer wurden zwar aufgehoben, und damit war in den meisten Fällen auch Wiedereinsetzung in die verlorenen Güter verbunden.

Als Kaspar Tudor, der rehabilitierte Graf Pembroke, Anfang November seinen und des Königs jungen Neffen an den Hof brachte, erkannte Heinrich VI. in dem Namensvetter zwar denjenigen, »dem wir und unsere Gegner weichen und das Königreich werden übergeben müssen« (so der postprophetisch begabte Polydore Vergil), doch zur Rückgabe des Grafentums Richmond an ihn reichte es nicht. Der derzeitige Inhaber hieß nämlich Georg von Clarence. Auf der anderen Seite ging Montagu, Warwicks Bruder, leer aus. Neville-Gegner Heinrich Percy blieb Graf Northumberland; auch Warwick mußte nun auf die Percy-Anhänger im Norden setzen. Der biedere Haudegen Montagu, von Eduards Gnaden wenigstens Marquis, hatte umsonst die Fronten gewechselt. Er mußte sich gar noch für seine lange York-Treue vor dem Parlament rechtfertigen; der wiederernannte Kanzler, Bischof Neville, hatte die Reichsversammlung am 26. November eröffnet, unter dem Jeremia-Motto:»Kehrt zurück zu mir, ihr abtrünnigen Kinder, denn ich bin Euer Herr.«

Am meisten war wohl Clarence enttäuscht. Richmond durfte er behalten, doch andere Besitzungen, namentlich solche, die einst Margarete von Anjou und ihrem Sohn gehörten, mußte er herausgeben; er erhielt nur geringe Entschädigung dafür. Seine Wiedereinsetzung als (nomineller) Statthalter Irlands verzögerte sich unter diskriminierenden Umständen bis Mitte Februar 1471. Einmal zeichnete er zusammen mit Warwick ein Regierungspapier ab, doch im übrigen war sein Einfluß gering. Der Schwiegervater hielt ihn im Hintergrund, denn die Lancasterianer betrachteten ihn »mit Argwohn, Abneigung, Verachtung und Haß«; schon von den Verhandlungen mit Margarete war er ausgeschlossen gewesen. An eine Krone war jedenfalls nicht zu denken. Die wartete auf Heinrichs VI. Sohn Eduard, der bald am Hof das Sagen haben würde. Ohne Not hatte Clarence seine bevorzugte Stellung als Königsbruder aufs Spiel gesetzt und nichts dabei gewonnen, im Gegenteil.

Warwick, der sich »Statthalter des Königs« nannte, befand sich freilich in keiner anderen Lage. Kaum vorstellbar, daß – war Margarete erst einmal zurückkehrt – neben dieser starken, herrschbegabten Frau noch Platz für ihn sein würde. Die Flotte, die sie nach England bringen sollte, lag schon bereit. Die Königin kam jedoch nicht. Übervorsichtig diesmal, mißtraute sie den Absichten des Grafen. Vielleicht wartete sie auch mit Bedacht, bis ein anderer den lästigen Verbündeten aus dem Weg schaffte. Nicht vergebens. Doch sie verkalkulierte sich dabei. Entweder überschätzte sie wieder einmal Englands Lancaster-Begeisterung oder sie unterschätzte Eduard von York; vermutlich beides. In jedem Falle fehlte ihr, der Französin, das Gespür dafür, daß man mit Frankreichs Hilfe in England keinen König machen konnte.

Diesen Fehler teilte sie mit Warwick. Denn an seiner Frankreichpolitik scheiterte der »Königsmacher«. Er hatte von Anfang an auf das falsche Pferd gesetzt, nun ritt es ihn in den Tod. Krieg gegen Burgund – das war der Preis, den Warwick für Ludwigs Hilfe zahlen sollte. Er hätte sich dieser Pflicht wohl entziehen können; Ludwig XI. selbst hatte keine Skrupel, Versprechen zu brechen, die er nicht halten wollte. Aber Warwick war geradezu versessen auf diesen Krieg. Keine noch so schönen Worte des verhaßten Burgunders hielten ihn davon ab. Auch Somerset und Exeter nicht, Karls Lancaster-Gäste, die der Herzog kurz nach seiner Heirat wieder aus dem Keller geholt und Januar 1471 nach England geschickt hatte. Warwick war entschlossen, seine Zusagen *de point en point* einzulösen. Schon als Commynes nach Calais reiste, traf er in der Boulogne obdachlose Bauern, die vor englischen Soldaten auf der Flucht waren. Man trug in der Hafenstadt wieder Warwicks Livree; und es war augenscheinlich, daß dort mit frischem Nachschub aus dem Mutterland kräftig gerüstet wurde.

Zu Beginn des neuen Jahres erklärte Ludwig seinem burgundischen Vetter den langerwarteten Krieg. Einen Monat später schloß Warwick sich an und schickte Order nach Calais, den Kampf zu eröffnen. Ob Ludwig mit Waffengewalt interveniert hätte, wenn der Partner wortbrüchig geworden wäre, ist ungewiß; mit dem Kriegseintritt zog sich Heinrichs Statthalter jedoch, das lag auf der Hand, eine Invasion aus Burgund ins Land. Karl täuschte sich schon seit längerem nicht mehr über die kommenden Dinge. Am 2. Januar empfing er den ungeliebten Schwager; zwei Tage dauerte die Unterredung. Wenig später trafen sich die beiden noch einmal. Der Herzog verkündete anschließend, Eduard würde keine Hilfe erhalten. In Wirklichkeit steckte er ihm fünfzigtausend Gulden zu und leitete die Ausrüstung mehrerer Schiffe gegen England in die Wege.

Eduard brauchte sich nicht viel um die Rüstungsanstrengungen zu kümmern. Er hielt sich die meiste Zeit in Gruthuyses Brügger

131

Haus auf und vernügte sich dort in der Bibliothek; später bestellte er einige Werke, die ihm gefallen hatten, bei hiesigen Büchermachern. Es war Richard Gloucester, der neben Hastings und Rivers die Armierung und Verproviantierung der Invasionsarmee besorgte. Armee ist jedoch entschieden zuviel gesagt. Einige Zeitgenossen, darunter Warwick, sprechen von zweitausend Mann (»Flamen, Hanseaten, Dänen«), doch wahrscheinlich waren es noch weniger; vielleicht zwölfhundert, darunter dreihundert flämische Pistolenträger, *smoky gunners,* wie Fabyan sie nennt. Zu den drei oder vier Burgunderschiffen kamen noch zwei englische Kauffahrer sowie eine größere Anzahl Hanse-Schiffe. Eduard hatte soeben seinen Streit mit den Hanse-Städten begraben und ihnen für später großzügige Privilegien versprochen.

Einige englische Kaufleute am Ort, die den flandrischen Markt nicht durch Krieg mit Burgund verlieren wollten, unterstützten den König mit Geld. William Caxton, vormals Obmann der englischen Kaufmannschaft in Brügge, stand mittlerweile im Dienst der Burgunderherzogin, Margarete von York. Richard besuchte die Schwester, mit der er seine Jugendjahre auf Fotheringhay verbracht hatte, Anfang Februar in Lille. Nicht erst jetzt dürfte er erfahren haben, daß Margarete auch mit dem anderen Bruder, dem Renegaten Georg Clarence, Kontakt hatte; ein Kontakt, der Früchte trug. In den letzten Februartagen wurde die kleine Flotte von Veere in Seeland durch den Kanal nach Vlissingen gebracht. Man schiffte sich am 2. März ein, doch stürmische See verhinderte ein Auslaufen vor dem elften. Karl von Burgund lenkte unterdessen die Engländer in Calais durch eine Attacke ab.

Was in den folgenden 54 Tagen geschah, war furios und für den Sieger so glänzend, daß dieser eine Erinnerungsschrift darüber anfertigen ließ: »Geschichte der Ankunft Eduards IV. in England und der endgültigen Wiedergewinnung seines Königreichs von Heinrich IV. A.D. 1471«. Sie wurde unmittelbar nach den Ereignissen niedergeschrieben. Den Namen des Autors kennen wir nicht, er gibt sich lediglich als »Diener im königlichen Haushalt« – als Hofbeamter also – zu erkennen, »der tatsächlich an Ort und Stelle einen Großteil des Kriegsgeschehens sah und den Rest aus zuverlässigen Berichten derer erfahren hat, die überall dabeigewesen sind«. Was passierte, war freilich einprägsam genug, um auch bei anderen Chronisten Beachtung zu finden. Der Herzog von Gloucester stand in diesen Wochen – wie schon zuvor – dicht an der Seite des Bruders: als Truppenführer, Organisator, Gesprächspartner. Wenn ihn die Chronik der folgenden Taten und Ereignisse auch nicht im Mittelpunkt sieht – sie ist doch sein Leben ebenso, wie die des Königs.

»Am elften Tag des März ließ der König Segel setzen, und so taten es alle Schiffe, die mit ihm warteten. Sie nahmen ihren Kurs direkt auf die Küste von Norfolk und kamen am Dienstag, dem 12. März, vor Cromer«, berichtet der unbekannte Hofschreiber. Eduard hoffte wohl im Land des treuen Grafen auf Unterstützung, sah sich jedoch herb enttäuscht. Warwick war nicht unvorbereitet. Er hatte die Yorkistenbarone in London versammelt, um sie unter Aufsicht zu haben, darunter auch Norfolk, und dafür Lancaster-Lord Oxford zur Sicherung nach Ost-Anglia abkommandiert. Eine kurze Erkundung ergab für Eduard, daß die Küste voll von Feinden war. Fluchtartig nahmen die Eroberer Fahrt nach Norden. Wieder kam Unwetter auf, das schon so viele Invasionen verhindert hatte und noch einige verhindern sollte. Zwei Tage lang beutelte der Sturm die kleine Flotte, zerstreute sie schließlich und versenkte ein Schiff Pferde.

»Der König, mit seinem Schiff allein, landete in der Humber auf der Seite von Holderness an einem Ort, Ravenspur genannt, ebendort, wo einst der Usurpator Heinrich von Derby*, später König Heinrich IV. genannt, nach seinem Exil landete und König Richard II. seiner Regierung und Herrschaft beraubte. Des Königs Bruder Richard, Herzog von Gloucester, und dreihundert Mann in seiner Begleitung landeten an einer anderen Stelle vier Meilen entfernt . . .« Rivers und die übrigen Mannschaften hatte es noch weiter verschlagen; erst am nächsten Morgen war die Truppe wieder beisammen. Nicht zu früh. Die Leute hier zeigten sich eher feindlich gesinnt; »recht wenige oder vielmehr fast niemanden« zog es zu Eduards Fahnen, gesteht der Chronist.

Statt dessen sahen sich die Invasoren einem »Martin von der See« mit starkem Haufen gegenüber. Vermutlich handelte es sich dabei um einen gewissen John Westerdale; es entsprach, wie wir schon hörten, dem Geist der zum Phantastischen neigenden Zeit, sich mit mysteriösen Kriegsnamen zu schmücken. Eduards Lage war ziemlich verzweifelt. Es nimmt wunder, daß er überhaupt

* Heinrich IV. *Bolingbroke*

dieses Unternehmen wagte. Aber so waren die York und Lancaster und Neville eben: Sie setzten hoch, verloren oder gewannen. Angeblich ließ der König sogar die Schiffe hinter sich verbrennen. Aber das ist wohl eine Erfindung späterer Zeit; es entsprach nicht seiner Mentalität. Er war, bei aller Kühnheit, der Listenreiche, kein blindwütiger Draufgänger. Und brauchte auch nicht lange zu überlegen, wie er sich aus seiner Notlage befreien könnte. Der Landeplatz hatte ihm das Stichwort eingegeben: *Henry Bolingbroke*. Es ist gewiß kein Zufall, daß Eduards Chronist den Lancaster-Ahn erwähnt. Der war vor 72 Jahren nach England zurückgekehrt, um für sein Herzogtum zu kämpfen – und machte sich dann zum König.

Das probierte Eduard nun auch. Später machte man kein Hehl aus seiner Kriegslist: »Der König beschloß deshalb, daß bis zu dem Zeitpunkt, da er mit Hilfe seiner treuen Diener, Untertanen und Freunde, die – wie er sicher war – unterwegs zu ihm stoßen würden, ein ausreichend starkes und mächtiges Heer zusammengebracht hätte, er und alle seine Begleiter, wohin sie auch kämen, verkünden und öffentlich sagen sollten, daß er nur Herzog von York sein und sein Erbe wiederhaben und genießen wolle, das ihm von seiten seines hochedlen Vaters nach Geburt zustehe, und sonst nichts.« Es gab bestimmt nicht viele in England, die ihm das glaubten. *Bolingbroke* war als Herzog gekommen und wurde dann König; Eduard kam als ehemaliger König und würde kaum als Herzog auf seine Güter gehen. Aber sein Argument war respektabel. Und es beruhigte das Gewissen derjenigen, die sich nicht sicher waren, wie Eduards Unternehmen enden würde.

Vergessen wir nicht: Die Rosenkriege waren kein *Bürger*krieg. Sie wurden um die Macht einzelner am Hof geführt und gingen nur dort in die Breite, wo Hofrivalitäten sich mit Hinterhofzwistigkeiten verbanden. Das Volk hielt sich mit gutem Grund heraus. Um nicht zwischen die Mühlsteine der Mächtigen zu kommen, brauchte es mehr Schlauheit als Courage. Die Holderness-Leute ließen Eduard jedenfalls ziehen, der sich nach York wandte. Sein Siegeszug begann. Die Hafenstadt Kingston-upon-Hull blieb ihm verschlossen, doch Beverly öffnete die Tore. York, die Metropole des Nordens, gab sich zuerst reserviert, versuchte, ihn wegzuschicken. Als Eduard auf Einlaß bestand, nahm man ihm auch hier seine Story ab. Er durfte die Nacht in der Stadt verbringen.

Warkworth zufolge stand Eduard nicht an, vor Yorks Bürgern die Straußenfeder, das Abzeichen des Lancaster-Prinzen Eduard, zu tragen und laut zu rufen: *A! Kyng Herry! A! Kynge and Prynce Edwarde!* Nun war die Straußenfeder allerdings allgemein ein Symbol der *Plantagenets:* Richard von York führte es auf seinen Siegeln, und bei Towton erschien es auf den Fahnen der Yorkisten. Und das *Vivat* war zumindest im zweiten Teil doppeldeutig: »König und Prinz Eduard« – das konnte auch ihn selbst und seinen neugebornen Sohn meinen! Tudor-Chronisten spannen jedoch Warkworths Garn weiter und ließen Eduard am Altar heilige Eide auf den Lancasterkönig schwören. Die Diskriminierungsabsicht ist klar: Das Bild des Hauses York soll durch Verschlagenheit und Verrat verdunkelt werden. Ob Eduard um einer Nächtigung in York willen tatsächlich ein Hoch auf Heinrich ausbrachte, mag bezweifelt werden. Unmöglich ist es indes nicht – warum, werden wir gleich sehen.

Der König marschierte am nächsten Tag Richtung Süden, auf seine Güter Wakefield und Sandal zu. Vorbei an Pontefract, das er sorgsam umging, denn hier lag Marquis Montagu mit seiner Streitmacht – untätig, wie sich herausstellte. Eduards Schreiber spekuliert, warum: Offensichtlich fehlte es ihm an ausreichenden Truppen, und zwar nicht zuletzt deshalb, weil man in dieser Gegend auf Percy-Befehl hörte. Northumberland hielt sich aber ebenfalls ruhig. Der Chronist bezeichnet diese Untätigkeit als einen großen Dienst am König: Sich öffentlich für ihn zu erklären, hätte der Graf nicht wagen können, die Erinnerung an die erschlagenen Väter und Brüder im Kampf gegen York sei unter seinen Anhängern noch zu frisch. »So konnte sich der König wie Julius Caesar sagen: Wer nicht gegen mich ist, ist für mich«, erklärt unser gebildeter Autor. Noch einen anderen Grund gibt er dafür an, daß die kleine Kriegsschar frei durchs Land ziehen konnte: Eduards Gegner hielten den Umstand, daß dieser andernorts unbehelligt geblieben sei, als Zeichen, daß er dort nur Anhänger hätte, und wagten deshalb ihrerseits nichts zu unternehmen. Eduards Einzug in York gewinnt in diesem Licht erheblich an Bedeutung.

Eduard fand auf seinem »langen Marsch« – der tatsächlich ein recht kurzer war – anfangs keineswegs den Zulauf, den er erwartet hatte, selbst im Umkreis seiner eigenen Güter nicht. Erst in Nottingham führten ihm zwei Edelleute ein größeres Kontingent, sechshundert Leute, zu. Indes mußte er hören, daß Exeter und

Oxford in Ost-Anglia und Lincolnshire an die sechstausend zusammengebracht hatten und Warwick aus London anrückte. Daß Clarence im Südwesten weitere Truppen sammelte, viertausend Mann, wie sich herausstellte, wußte er noch nicht. Die Zahlen stammen von Eduards Hofschreiber und sind, obwohl er Augenzeuge war, gewiß übertrieben. Nicht, weil er sich verschätzte, falsche Nachricht bekam oder vorsätzlich fälschte: Sein Zeitalter hatte vielmehr ein ambivalentes Verhältnis zur Zahl. Man wußte mit ihr realistisch umzugehen, wenn es praktisch handeln hieß, und hielt es beim Erzählen mit der Faszination der großen Zahl. Es gab da keinen Widerspruch, denn Handeln und Erzählen folgten unterschiedlichen Zwecken und hatten deshalb ihre eigene Logik.

Ziemlich sicher hätte aber jedes der drei Lancaster-Aufgebote gereicht, den Herausforderer zu stellen. Statt dessen starrten die Champions wie Kaninchen auf die Schlange oder ergriffen das Hasenpanier. Als der König nach Newark zog, wo Exeter und Oxford Quartier hatten, flohen diese überstürzt aus der Stadt und ließen einen Teil ihrer Streitmacht zurück. Und als Eduard sich daraufhin nach Warwickshire wandte, wo mittlerweile »sein großer Rebell und Verräter« angelangt war, verschanzte der sich eiligst hinter den Mauern von Coventry und war nicht hervorzulocken. Auch unser Autor rätselt über die Gründe: »Entweder glaubte er, nicht genügend Truppen zu haben, um dem König eine offene Feldschlacht zu liefern, oder aber es fehlten ihm dazu Kühnheit und Mut. Dabei hatte er eine größere Zahl versammelt als der König zu dieser Zeit; denn kraft der vorgeblichen Autorität Heinrichs, damals König genannt, war er Statthalter von England, und wo die Leute seinem Aufgebot nicht freiwillig folgten, zwang er sie bei Todesdrohung zur Gefolgschaft.«

Die Yorkisten hatten sich mittlerweile auch verstärkt; »dreitausend Mann, gut geeignet für den Waffendienst«, waren in Leicester zu ihnen gestoßen. Drei Tage lagerte Eduard vor Coventry, dreimal forderte er den Grafen vergeblich zum Kampf. Dann zog er nach Warwick-Stadt und erklärte sich, wie zum Hohn, ebendort erneut zum König; zwei Wochen waren erst seit seiner Landung vergangen. Ein Verehrer dichtete:

»In Warwick ist der Bund neu geglückt,
Obwohl es nicht jeder merkte im Land;
Seine Gnade zu zeigen, hat Gott *ihn* geschickt,

Doch das Volk war blind, es ist ohne Verstand.
Streite nicht mit dem Volk, reich ihm nicht die Hand.
Dankt Gott von Herzen, er ließ es gut gehn,
Und sprecht: Lieber Herrgott, Dein Wille soll geschehn.«*

Warwick wollte indes kein Risiko eingehen, er wartete, obwohl bereits »sechs- oder siebentausend Mann« stark, auf Exeter und Oxford, vor allem aber auf Clarence. Der Neffe kam tatsächlich, doch er trug anderes im Herzen, als der Onkel hoffte. Die vereinigte Seelenmassage seiner Schwestern, namentlich Margaretes, aber auch seiner Mutter war nicht ohne Wirkung geblieben. Ein übriges hatte die unverhohlene Feindseligkeit der Lancasterianer getan: nüchternes Erwachen in einer verpfuschten Situation. Clarence, dem das eigene Wohl über alles ging, scheute sich nicht, radikale Konsequenzen zu ziehen. Hören wir den Chronisten dazu:

»Als der König vom Nahen seines Bruders hörte, begab er sich mit seinem gesamten Gefolge drei Meilen außerhalb von Warwick auf ein offenes Feld in Richtung Banbury, wo ihm der Herzog, sein Bruder, mit großem Gefolge in wohlgeordneter Reihe entgegenkam. Als beide weniger denn eine halbe Meile voneinander entfernt waren, ließ der König sammeln, die Fahnen entrollen und haltmachen. Er selbst ging mit seinem Bruder Gloucester, Lord Rivers, Lord Hastings und wenigen anderen auf seinen Bruder Clarence zu. In gleicher Weise ordnete der Herzog seine Truppen, nahm seinerseits einige Edelleute mit und kam dem König entgegen. So trafen sie sich zwischen den Heeren, sprachen dort in wahrhaft freundschaftlichem und herzlichem Ton miteinander und versöhnten sich anschließend in vollständiger Harmonie für immer und ewig, mit so freundschaftlichen Zurufen und Blicken, wie es zwischen zwei Brüdern von derart hohem Adel und Stand sein soll. Daraufhin sprachen die beiden Herzöge von Clarence und Gloucester in gleicher Weise miteinander, und danach alle anderen Edelleute, die anwesend waren . . . Dann erklangen die Trompeten und Hörner, und danach brachte der König seinen

---

* At Warwicke the knot was knytt agayne,
Unknowyng to many a man in the londe;
God sent his grace by a sovereyne meane,
Yett the pepulle ben blynde, they will not understonde.
Stryve not with the peopulle, ne the werkys of his honde,
And thoncke hym hertely. it plesith hym so to do;
And lett us say, Good Lorde, ever thy wille be doo.

Bruder Clarence, und die mit ihm waren, zu seinem Gefolge, das der Herzog in seiner besten Art in diesem Lande willkommen hieß.«*

Daß die Versöhnung doch nicht *for evar*** sein sollte, ahnte der Chronist nicht. Warkworth, dessen Aufzeichnungen 1473 abbrechen, aber gewiß erst einige Zeit später entstanden sind, weiß offensichtlich mehr: »So wurden alle Bündnisvereinbarungen zwischen dem Herzog von Clarence und dem Grafen Warwick sowie Königin Margarete und Prinz Eduard, ihrem Sohn, von seiten des Herzogs eindeutig gebrochen und verraten; was in der Folge zu seinem und ihrem Verderben war: Denn Meineid führt niemals zu einem besseren Ende, es sei denn durch eine besondere Gnade Gottes. *Vide finem &* (Siehe das Ende usw.).« Was der Kolleg-Vorsteher zuletzt düster andeutet, ist das gewaltsame Ende des »falschen, wankelmütigen, meineidigen Clarence« in einem Weinfaß – doch davon später!

»Um des Wohls von Frieden und Ruhe im Land« willen durfte der bekehrte Bruder versuchen, den betrogenen Onkel zur Kapitulation zu bewegen. Er schaffte es nicht. Anderseits wagte Warwick, der mittlerweile Exeter, Oxford und Montagu bei sich hatte, immer noch keine Schlacht. Zur Belagerung stand Eduard indes nicht der Sinn, und so zog er, erheblich verstärkt, nach London. Einmal, weil er dort und auf dem Weg dorthin weiteren Zulauf erwartete, zum anderen, um sich wieder in Besitz der Staats- und Königssiegel zu setzen und damit Ressourcen zu sichern, die bislang dem Feind zur Verfügung standen. Außerdem wollte er die Hauptstadt nicht Margarete von Anjou und ihrem Sohn überlassen, die nun täglich erwartet wurden. Somerset und Devon waren aus London abgereist, um im Westen Truppen auszuheben.

Unterwegs ereignete sich eines der Wunder, mit denen Eduard gesegnet war. Wir erinnern uns an die Naturerscheinung zweier Nebensonnen just zur Schlacht bei Mortimer's Cross; nun zeigte sich dem Glückskind wieder *a goode pronostique of good aventure,* wie der Chronist es nennt: »ein gutes Vorzeichen glücklicher Ereignisse«. Als Eduard am Palmsonntag in der Pfarrkirche von Daventry die Messe feierte, öffnete sich vor seinen und aller Augen ohne Zutun das Flügelbild der hl. Anna, dessen Türen

---

* Die Gegend um Banbury gehörte zur Ausstattung des Herzogtitels von Clarence.
** für immer

sonst nach Gewohnheit von Aschermittwoch bis Ostersonntag verschlossen waren; jetzt schwangen sie kräftig hin und her. Der König zeigte sich geistesgegenwärtig: Er nahm es als Erinnerungszeichen daran, daß er in höchster Seenot die Patronin angerufen und ihr versprochen hatte, bei nächster Gelegenheit vor ihrem Bild zu beten. Was er umgehend tat. Solche Geschichten machten Stimmung.

In London herrschte dieweil große Verwirrung, wie immer, wenn sich zwei Parteien um die Stadt stritten, und die Bürger noch nicht wußten, wer der Stärkere war. Eduard und Warwick hatten beide Briefe gesandt; der eine begehrte Einlaß, der andere forderte zur Verteidigung auf. Erzbischof Neville, des Lancaster-Königs Kanzler, versuchte Macht zu demonstrieren und schickte Heinrich auf Prozession durch die Stadt, begleitet von siebentausend Bewaffneten (heißt es). Er führte ihn selbst an der Hand. Eduards Armee mußte demgegenüber erheblich an Umfang gewonnen haben; denn die Chronisten bezeichnen Heinrichs Schutztruppe als »kleine Gesellschaft«, eine »geringe und schwache Macht«. Fabyan bemerkt kritisch, daß der königliche Schwertträger ein »alter und gebrechlicher Mann« war und der König mit dem blauen Samtrock wohl sein einziges gutes Stück am Leibe hatte. Selbst die Fuchsschwanz-Trophäe im Festzug, einst stolzes Wahrzeichen seines ruhmvollen Vaters, gerät ihm zum lächerlichen Detail. »Eher eine Posse denn die Vorstellung eines Fürsten, der die Herzen der Leute gewinnen will«, urteilt der Berichterstatter unerbittlich. Dabei war er Lancaster-Sympathisant.

Die Londoner entschieden sich, vielleicht auf dieses Trauerspiel hin, für Eduard. Commynes, der Spötter, gibt drei andere Gründe an: die vielen Yorkisten in Londons Asylen, die zur Gefahr von innen werden konnten, und die Geburt eines Thronfolgers für Eduard; die Sorge der Handelsleute um das viele Geld, das Eduard ihnen schuldete; die vielen Bürgersfrauen, denen Eduard seine Gunst geschenkt hatte, und die nun zu seinen Gunsten auf ihre Männer einwirkten. Es wird wohl, wie unser anonymer Autor annimmt, auch ein bißchen Furcht vor Eduards Armee dabei gewesen sein, die bereits in St. Albans lag.

Am 10. April übernahmen die Yorkisten in der Stadt den Tower, und am nächsten Morgen, Gründonnerstag, ritt ihr König ungehindert nach St. Paul's, wo er sein Dankgebet verrichtete. Den

Erzbischof, der ihm durch heimliche Boten bereits die Unterwerfung angezeigt hatte, schickte er nichtsdestoweniger in den »Turm«, zusammen mit Heinrich Lancaster und fünf Bischöfen aus seiner Umgebung. Der nächste Weg führte ihn nach Westminster, wo er Frau und Kinder wiedersah, zum ersten Mal auch seinen Sohn. Das Volk reimte dazu:

»Die Königin und die anderen Damen begrüßte der König;
Die holden Kinder er küßte und drückte;
Den kleinen Prinzen zu sehen beglückte sein Herz.
So wandelte sich sein Unglück zum Glück;
Das ist der Welt Lauf: Freude folgt Schmerz.
Der Kinder Anblick nahm von ihm die Sorgen;
So zeigt sich Gottes Wille im Heute und Morgen.*

Am selben Tag, dem 4. April, an dem Clarence zu seinem Bruder wechselte, wurde Warwick ein zweites Mal verraten: Ludwig XI., der ihn in den Krieg gehetzt hatte, schloß Waffenstillstand mit Burgund. Auf dem Weg nach London, Eduards Heerspur folgend, hatte der Graf noch Gelegenheit, die Bitterkeit dieser Nachricht auszukosten. Sein Schicksal sollte sie indes nicht mehr bestimmen. Daß er, nach vielen verschenkten Gelegenheiten, nun doch den Kampf suchte, ohne die Ankunft von Margarete und Prinz Eduard abzuwarten, wirft kein gutes Licht auf sein Feldherrntalent. Oder war Margaretes Mißtrauen doch nicht unberechtigt? Hatte er vor, nach errungenem Sieg die aufgezwungenen Verbündeten seinerseits zu betrügen? Eduard blieb jedenfalls keine Verschnaufpause. Das feindliche Heer erreichte St. Albans am Karfreitag und suchte sich tags darauf nördlich von Barnet günstige Stellungen hinter Heckenreihen, wie sie dort heute noch stehen. Der Flecken lag etwa zehn Meilen von der Stadt entfernt; mittlerweile ist er Teil von Groß-London.

Eduards Heerführer, an erster Stelle Hastings und Gloucester, musterten am Samstag. Neue Truppen waren eingetroffen, vor allem aus Kent. Insgesamt standen dem König nun wohl neuntausend Mann zur Verfügung, Warwick ein mehrfaches; Eduards

---

* The kyng comfortid the quene and other ladyes eke;
His swete babis full tendurly he did kys;
The yonge priynce he behelde and in his armys did bere.
Thus his bale turnyd hym to blis;
Aftur sorow joy, the course of the worlde is.
The sighte of his babis relesid parte of his woo;
Thus the wille of God in every thyng is doo.

Geschichtsschreiber spricht von dreißigtausend, doch zwölftausend dürften genug sein.

Wir haben, neben Bildquellen, gute Beschreibungen von Rüstung, Waffen und Kampftechnik des englischen Kriegers. Englands Stolz und Ruhm waren seine Schützen. Commynes nennt sie »die Blume aller Bogenschützen«, und Mancini schreibt: »Ihre Bögen und Pfeile sind kräftiger und länger als die anderer Völker, so wie auch ihre Körper stärker sind: Sie scheinen Hände und Arme aus Eisen zu haben. Die Reichweite ihrer Bögen ist nicht geringer als die unserer Armbrüste.« Tatsächlich waren es gut 270 Meter, wobei ein geübter Schütze in der Minute bis zu zwölf Pfeile verschicken konnte. Treffsicherheit (»auf ein Bullenauge«) war über gut fünfzig Meter zu erreichen – nicht schlechter als später ein guter Pistolenschütze – und der Pfeil flog mit erheblicher Durchschlagskraft: 46 Meter pro Sekunde.

Geübt war fast jeder männliche Erwachsene. 1390 schätzten Zeitgenossen die Zahl der Bogenschützen, die England im Notfall aufbieten konnte, auf zweihunderttausend – bei einer Bevölkerung von zweieinhalb Millionen! Der Bogen war für den Engländer so typisch wie für den Deutschen der Spieß. Aber man war auch an anderen Waffen geübt. Mancini: »Jeder trägt ein Schwert an der Seite, auch nicht kürzer als unsere und dabei schwer und stabil. Dazu gehört immer ein eiserner Schild. Diesem Volk ist es nämlich ein besonderes Vergnügen, wenn an Festtagen die Kinder durch die Straßen laufen und sich mit stumpfen Schwertern oder dicken Stöcken auf die Schilde schlagen. Wenn sie aber älter sind, gehen sie mit Pfeil und Bogen auf die Felder. Nicht einmal Frauen sind beim Jagen mit dieser Waffe unerfahren.« Trotz dieser Schilderung war zu Mancinis Zeiten der Bogensport schon im Niedergang. Anders ist nicht zu erklären, daß Fußballspiel und andere »ungesetzliche« Freizeitbeschäftigungen wie Würfeln, Scheibeln und Kegeln wiederholt verboten wurden: in der Vergangenheit und demnächst auf dem Parlament von 1478. Man fürchtete um die Wehrkraft des Volkes.

Ein bedeutsamer Wandel kündigte sich hier an. Seit dem dreizehnten Jahrhundert hatten die »Gemeinen« als Fußkämpfer mit Spieß und Bogen das professionelle Kriegertum, den Ritterstand, entwertet. Ihre Ausrüstung war billig und effektiv, und sie waren viele. So hatten sie sich auch ein besseres Recht erstritten. In der

Robin-Hood-Legende, die das »gesetzlose« Treiben einer frei im Wald lebenden Bogenschützengesellschaft schildert, wurde der hundertjährige Kampf des Mittelstandes um soziale und politische Freiheit romantisch verklärt. Der Mythos deutet indes auf Überlebtes hin. Den Sieg in der Tasche, wollte der Bürger und Bauer nicht mehr Krieg führen, sondern wirtschaften. Das Ende des Volksheeres zeichnete sich ab, auch die Ritter würden verschwinden. Bald sollte der gemeine Söldner in Europa das Feld beherrschen.

Schützen und Spießer trugen leichte Sturmhauben ohne Gesichtsschutz *(sallets)* und wattierte Lederwämser, *Jack* genannt (von *jacket*), die bis zum Oberschenkel reichten. »Es heißt, je weicher sie sind, desto besser halten sie Pfeilen und Schwertern stand; außerdem sind sie im Sommer weniger beschwerlich als Eisen und im Winter wärmer«, weiß Mancini. Und sie gaben mehr Bewegungsfreiheit – vor allem bei der Flucht. Demgegenüber war der Gepanzerte freilich im Kampf besser geschützt. Der einfache Ritter trug ein Panzerhemd, die *bregandynes* oder *brigandines*, das war ein *Jack* mit aufgenieteten Metallschuppen oder auch einem Brust- und Rückenschild; eiserner Schulter- und Beinschutz sowie ein Helm, der das Gesicht ganz verdeckte, machte die Rüstung komplett. Nur reicher Adel konnte sich einen Vollpanzer leisten, jene »Konservenbüchse mit Scharnieren«, wie wir sie aus dem Museum kennen; die besten kamen aus Mailand. Als Waffen dienten Schwert, Axt oder Streitkolben, selten noch Feuerwaffen, die im Nahkampf nichts taugten.

Am Spätnachmittag rückten die Truppen aus der Stadt. Richard Gloucester befehligte die Vorhut, Eduard, neben ihm Clarence, führten das Haupttheer und die Reserve, Hastings marschierte am Ende. Der alte König mußte auch mit; wieder einmal schleppte man den friedfertigen Heinrich in ein Geschehen, mit dem er sein Lebtag nichts zu tun haben wollte. Ein Erkundungstrupp, den Richard ausgeschickt hatte, traf in Barnet auf Warwicks Späher und trieb sie aus dem Ort. Im Schutz der Dunkelheit und in aller Stille kamen die Yorkisten dem Gegner so nahe, daß dieser mit den Kanonen, die er die Nacht über krachen ließ, weit über ihre Reihen hielt. Am Ostersonntag, dem 14. April 1471, richteten auf dem Feld von Barnet Männer mit klammen Fingern ihre Rüstungen. Es war vier Uhr, und dicker Nebel versperrte die Sicht. Das ersparte den Yorkisten den Anblick eines überlegenen Feindes.

Man hatte nun Flügel gebildet; links stand Hastings, rechts führte Richard. Alle waren zu Fuß, auch die Ritter. Sie hatten sich im Hundertjährigen Krieg abgewöhnt, hoch zu Roß als Zielscheibe für treffsichere Bogenschützen und Kanoniere zu dienen. Nach einem Sturz vom Pferd war mit dem Vollpanzer auch kaum mehr aufstehen, und das passierte spätestens, wenn den Gäulen die Fesseln durchgehackt wurden. Pferde dienten hauptsächlich dem Anritt und Transport. Oder zur Flucht, wem es gelang, sich zum Troß durchzuschlagen. Nur die Heerführer blieben oft aufsitzen, um die Gefechtslage zu überblicken. Bei Nebel war das freilich illusorisch. Die englische Kampftaktik, auf fremdem Boden entwickelt, war – so paradox es klingt – defensiv: Man wartete auf die heranstürmenden Landesverteidiger und deckte sie mit dem Pfeilhagel der Bogenschützen ein, die im Stehen besser schossen. Im englischen Bürgerkrieg hatte natürlich niemand Lust, den Part der Franzosen zu übernehmen. So blieb nichts übrig, als nach dem Bogenschützenduell gegeneinander zu rücken, Flügel gegen Flügel, deren Kern jeweils die Panzermänner bildeten.

Das Gelände war auf Richards Seite schwierig: stark abschüssig, an anderer Stelle wieder ansteigend. Ohne rechte Orientierung, nur nach dem Gehör, marschierte er vor. Trompeten und Hörner schallten, Fahnen, die niemand sah, flatterten, man schoß blindlings in den Nebel. Ein gespenstisches Bild. Es war Richards erste große Schlacht, seine Bewährungsprobe als Truppenführer; doch es war unter diesen Bedingungen nicht seine Schuld, daß er in die Senke hinab am Gegner vorbeilief. Als er es merkte, mußte er links den Hang hinauf, um auf Warwicks Flügel zu treffen, der sich bereits mit Eduards Hauptmacht schlug. Exeter befehligte hier. Die Mitte bildete Montagu, dahinter Warwick selbst mit der Reserve. Oxford führte rechts. Ihm war es ergangen wie Gloucester, nur daß er in leichterem Gelände stand und Hastings, in dessen Seite er gelangte, an Zahl übertraf. Hastings Leute befanden sich bald in heilloser Flucht, Oxford verfolgte sie bis nach Barnet hinein. Es war wirklich ein Glück, daß Eduards andere Truppenteile nichts davon sahen. In London hieß es schon, für York sei alles verloren, der König und seine Brüder seien tot.

Doch was sich als Triumph für Warwick anließ, wurde zu seinem Verhängnis. Als Oxford aufs Schlachtfeld zurückkehrte, empfing ihn ein Pfeilregen – aus den eigenen Reihen. Das Zeichen Oxfords war ein strahlenumkränzter Stern, leicht zu verwechseln

mit Eduards »Sonne«, zumal im Nebel. Nun kam er auch noch aus der falschen Richtung – für die Neville-Leute ein Grund zum Angriff. Der Lancaster-Graf wähnte Verrat und setzte sich eilig ab; mit achttausend Mann, wie Warkworth meint. Obwohl auch das zunächst im Nebel verborgen blieb, entschied es das Gemetzel. Richard hielt auf dem rechten Flügel stand. Zwei Knappen starben neben ihm, er selbst wurde leicht verwundet:
»Kanonen donnerten und Pfeile flogen reichlich,
Ein Brüllen und Schreien, daß die Erde erbebte;
Man hieb auf den Harnisch wie fürchterlich;
Die Angst vor dem Ende gar mancher erlebte.
Es zitterte und floh, wen der Schrecken erlegte.
Man hieb auf die Helme und auch auf die Hauben;
So gefiel es Gott, wir müssen es glauben.«*

Eduard wütete, wenn wir seinem Lobredner glauben wollen, wie ein Berserker: »Der König zeigte Tapferkeit und großen Mut gegen all jene, die ihn heimtückisch und verräterisch hintergangen hatten, und drang mannhaft, kraftvoll und kühn mitten im dichtesten Kampfgetümmel auf sie ein, schlug und warf mit Heftigkeit alle nieder, die ihm im Wege standen, wandte sich dann zur Seite, erst zur einen, dann zur anderen auf jeweils voller Länge, und schlug und jagte sie, bis ihm und seinen treuen Gefährten, die bei ihm zuverlässig ausharrten, nichts mehr unter die Augen kam. So gewann er, gelobt sei Gott, das Feld, und der vollständige Sieg war seiner.« *Mirabilis, insperata, & gloriosa victoria,* nennt ihn der Croyland-Chronist: einen wunderbaren, unerwarteten und glänzenden Sieg.

Um sieben Uhr war alles vorüber. Warwick und Montagu tot, Exeter hatte sich schwer verletzt retten können. Während der Marquis im Kampf fiel, erwischte es Warwick auf der Flucht – *somewhat fleinge,* wie Eduards Chronist mit hämischer Untertreibung bemerkt: »als er gerade ein bißchen floh«. Normalerweise focht der Graf zu Pferd und griff erst ein, wenn alles gelaufen war;

---

* There was shotyng of gonnys and arows plenté;
There was showtyng and crying that the erth did quake;
There was hewyng of harnes, peté was to see;
For fere of that fray many man did shake.
There was tremelyng and turnyng thayre woo did wake.
There was hewyng of helmettes and salettes also;
Hit plesid God that season it shulde be soo.

so behauptet jedenfalls Commynes, der ihn nicht mochte. Seiner Version zufolge drang bei Barnet Montagu darauf, daß auch der Bruder zu Fuß antrat. Als Eduards Krieger dann siegreich vordrangen, gelang es Warwick jedoch noch, sich zum Roß zu retten. Warkworth berichtet: »Er sprang aufs Pferd und floh in einen Wald nahe dem Feld von Barnet, wo kein Weg mehr weiterführte; und einer von König Eduards Leuten erspähte ihn, fiel über ihn her, tötete ihn und plünderte ihn bis auf die Haut.« Erst bei Polydore Vergil erhält der große »Königsmacher« ein ruhmvolleres Ende: auf dem Feld der Ehre, wo es am dicksten hergeht.

»Nach London kam der König, als die Schlacht vorbei,
Ließ hinter sich manchen toten Mann;
Verwundet manche oder tot, andere riefen: *Alas!*
Mehr als ich Euch erzählen kann.
Manche schwammen im Blut, waren bleich und blaß.
Manche suchten nach Freunden mit Sorge und Wehe.
In allem, o Gott, dein Wille geschehe.«*

Zwei Tage lagen die nackten Leichen der Nevilles in St. Paul's zur Schau, damit am Tod der Brüder kein Zweifel bliebe. Dann kamen sie ins Familiengrab. Barnet war, neben Towton, die blutigste Auseinandersetzung der Rosenkriege. Fabyan gibt fünfzehnhundert Tote an, und das kann hinkommen. Viele Lords und Ritter fielen, namentlich bei den Yorkisten, doch mußte diesmal auch das Fußvolk daran glauben. Früher hatte Eduard sich, wenn die Schlacht entschieden war, aufs Pferd geschwungen und geschrien: »Schont das Volk und bringt den Adel um!« Im Exil beschloß der König jedoch, so sagt Commynes, von dieser Devise Abstand zu nehmen: Warwicks Popularität hätte ihn geärgert, er wollte ein Exempel statuieren. Es gab dann ja auch genug Tote; einer ist immer schon zuviel. Mit anderen Schlachten verglichen, zu anderen Zeiten und in anderen Ländern, waren es doch recht wenig. Bezeichnend, daß ihre Zahl in den Chroniken mit dem zeitlichen Abstand der Autoren wächst. Bei Hall sind es am Ende zwanzigtausend.

* To London com the kyng whan the batell was doo,
Levyng behynde hym many a dede man;
Sum hurte, sum slayne, sum cryinge: Alas!
Gretter multitude than I con telle.
Sum waloyng in blood, sum pale, sum wan.
Sum sekyng thayre frendis in care and in woo.
In every thynge, Lord, thy will be doo.

Das Schlachten hatte freilich noch kein Ende. Die Neville-Macht war gebrochen, doch Lancaster gab sich nicht geschlagen. Am Tag von Barnet war Margarete von Anjou mit ihrem Sohn in Weymouth, Südengland, gelandet. Mit ihr kam die Gräfin Warwick. Als diese vom Tod ihres Gatten erfuhr, flüchtete sie umgehend in ein Kloster. Margarete, nun über vierzig, zeigte sich mutiger. Ob aus Verzweiflung oder ungebrochener Willenskraft, ist nicht zu sagen. Vielleicht dachte sie im ersten Augenblick auch ans Aufgeben. Vergil schrieb später, Furcht hätte sie bei der Schreckensnachricht gepackt, sie sei zu Boden gestürzt, die Sprache sei ihr weggeblieben und tiefe Melancholie hätte sie ergriffen. Sie muß sich rasch davon erholt haben. Über Warwick hat sie wohl kaum getrauert. Somerset und Devon, die wenig später bei ihr eintrafen, überzeugten sie, daß Eduard von dem blutigen Treffen geschwächt, die Lancaster-Anhänger im Land dafür um so begieriger seien, Margaretes Fahnen zu folgen.

Noch einer konnte es nicht erwarten: Eduard, der enterbte Prinz von Wales, Enkel des großen Soldatenkönigs Heinrich *Monmouth*. Bereits vier Jahre zuvor hatte ein Mailänder Diplomat bemerkt: »Dieser Bub von dreizehn Jahren redet schon über nichts als Köpfeabschneiden oder Kriegführen, als hätte er alles in der Hand oder sei ein Kriegsgott oder der effektive Besitzer dieses Königreichs.« Nun war Eduard von Lancaster siebzehn, auf den Monat ein Jahr jünger als Richard Gloucester und das genaue Gegenbild: groß, kräftig, blondhaarig, von engelhafter Schönheit. Sein Körper war durchtrainiert wie der des Königsbruders. Richter Fortescue, sein Lehrer, erzählt: »Der Prinz widmete sich, sobald er herangewachsen war, ganz und gar ritterlichen Übungen. Er saß oft auf wilden und praktisch ungezähmten Pferden, denen er mit den Sporen zusetze. Dabei machte es ihm Spaß, nach Kriegerart und gemäß den Regeln der Kriegsschule auf seine jungen Gefährten, die ihm dienten, loszugehen, bald mit der Lanze, bald mit dem Schwert und auch mit anderen Kriegsgeräten.«

Anders als die York-Brüder erhielt er gründlichen Unterricht in Staatspolitik; dafür sorgte der alte Richter. Indes sollte er keinen Gebrauch davon machen können. Was freilich noch nicht feststand, als er mit seiner Mutter über den Kanal segelte. Eduard von York hatte seinerzeit nicht viel anders angefangen, und auch er war ein unbeschriebenes Blatt gewesen. Vierzehn Jahre später sollte es ein ebenso Unbekannter aus dem Exil, Heinrich Tudor, mit gleichen Mitteln versuchen.»Es heißt, daß die Dinge für den Prinzen von Wales sehr gut stehen und er zahllose Anhänger hat. Die Burgunder hier streiten das nicht ab und fürchten, der Prinz könne König Eduard noch eine Menge Ärger machen«, berichtet Mailands Botschafter in Frankreich am 26. Mai 1471. Da war der junge Mann freilich schon fast zwei Wochen tot. Zu den Mördern, so will es die Geschichtsschreibung, gehörte Richard Gloucester.

Noch stand Prinz Eduard in Südengland, und der Zulauf war in der Tat beträchtlich. Man hatte nicht viel Zeit. Lancasters Stärke lag im Norden. Auf dem Weg dorthin wollte man die Tudors aus Wales abholen; war man erst einmal über die Severn, konnte nicht mehr viel schiefgehen. Doch König Eduard war nicht untätig. Zwei Tage nach Barnet, am Dienstag, erfuhr er von der feindlichen Landung. Am Freitag begab er sich nach Windsor, um dort frische Truppen zu sammeln. Die Londoner spendierten ihm dazu das Geld. Er war sich anfangs nicht sicher, ob Margarete vielleicht auf London rücken und ihn mit ihren Anhängern aus Kent in die Zange nehmen würde; ein Vetter Warwicks, der Bastard von Fauconberg, kontrollierte mit seinen Schiffen die untere Themse. Tatsächlich unternahmen Somerset und Devon Scheinmanöver in Richtung Hauptstadt. Am 24. April verließ der König Windsor und zog langsam nach Westen. Doch als er zuverlässig wußte, daß der Gegner sich nach Norden absetzte, verlor er keine Zeit mehr. Bei Bristol verfehlte er dessen Truppen, aber er war ihm jetzt dicht auf den Fersen.

Am Freitag, dem 3. Mai, erreichten Margarete und ihr Prinz mit den Verbündeten die Stadt Gloucester. Sie waren völlig erschöpft, Menschen und Tiere verweigerten den Dienst:»Denn sie hatten diese Nacht und den Tag ihr Heer so vorangetrieben, daß sie wirklich zu müde zum Weiterziehen waren; sie hatten 36 lange Meilen hinter sich, in einem garstigen Land immer auf Gestrüpp- und Geröllwegen, durch Wälder, ohne Gelegenheit zur Erfrischung.« Nun mußten sie erleben, daß die Stadt ihnen verschlossen blieb. Eduard hatte warnende Nachricht geschickt, daß er komme. Den todmüden Männern blieb nichts übrig, als sich noch einige Meilen weiterzuschleppen. Auf dem Feld vor Tewkesbury, wo die Avon in die Severn fließt, war ihre Qual zu Ende. Man entschloß sich, dem Feind die Schlacht hier zu bieten:»Stadt und Abtei im Rücken; vor ihnen und rundherum garstiges Heckenwerk und tiefe Gräben und viele Zäune, mit Hügeln und Senken, ein recht übles Gelände für die Herannahenden ...«

»Glaub mir, die Welt ist schon närrisch«, schrieb John Paston tags zuvor an seine Mutter, »wir werden es diesen Monat noch erleben; das Volk hier fürchtet sich sehr davor. Gott hat sich wunderbringend gezeigt als einer, der alles richtet und wieder verwirft, wenn es ihm gefällt; wie ich sehe und es allen Anschein hat, wird Gott noch einmal Wunder tun und das in kurzer Zeit.«

Die Ahnungen des Briefschreibers erfüllten sich aber, wenn sie auf einen Sieg Lancasters zielten, nicht. Der Allmächtige hatte vom Wechselspiel nun offensichtlich genug. Eduard traf noch am gleichen Abend auf den Feind; am nächsten Morgen griff er an, Samstag, den 4. Mai 1471. Diesmal standen sich Gloucester und Somerset auf dem linken Flügel, Hastings und Devon auf dem rechten Flügel gegenüber, im Zentrum begegneten sich der König und sein Herausforderer. Somerset gelang es mit einem Teil seiner Mannschaft, die Yorkisten zu umgehen und ihnen in die Seite zu fallen. Richard hatte wieder einmal schwer zu kämpfen. Spießer, zweihundert an der Zahl, die vorsorglich auf einer Waldkuppe versteckt waren, retteten ihn: Sie brachen plötzlich aus dem Gehölz den Hügel herab, geradewegs in Somersets Rücken.

Der Schreck des Gegners wuchs sich zur Panik aus, als der König daraufhin mit vollem Einsatz ins Gefecht ging. Die Lancaster-Ränge brachen. Viele Flüchtende fanden auf der »Blutwiese« am Ufer der Avon den Tod, andere ertranken im Fluß, einige schafften es ins nahe Kloster. Der junge Eduard Lancaster schaffte es nicht. Hören wir den anonymen Chronisten; er verliert nicht viele Worte: »Die darauf warteten, wurden von den Siegern sofort erschlagen; Eduard, genannt Prinz, wurde ergriffen, als er stadtwärts floh, und im Feld erschlagen. Ebenso wurden erschlagen: Thomas, genannt Graf Devon; Johann von Somerset, genannt Marquis Dorset; Lord Wenlock; mit vielen anderen in großer Zahl.« Warkworth, kein Freund des Hauses York, weiß noch eine Einzelheit: »Erschlagen wurde im Feld Prinz Eduard, der seinen Schwager, den Herzog Clarence, um Hilfe anrief.«

Ein halbes Jahrhundert später liest es sich etwas anders. So bei Polydore Vergil: »Prinz Eduard, ein trefflicher junger Mann, wurde einige Zeit danach zur Unterredung vor Eduard gebracht. Der fragte ihn, wie er es wagen könne, in sein Reich einzudringen und seine Waffen zu zeigen. Der andere war nicht verlegen und antwortete, er sei gekommen, sein väterliches Erbe zu holen. Ohne ein weiteres Wort stieß Eduard daraufhin den Jüngling mit kräftiger Hand von sich, und auf der Stelle wurde er von den Umstehenden grausam niedergemacht; es waren dies Georg von Clarence, Richard von Gloucester und Wilhelm Hastings.« So steht es kurz darauf auch bei Hall. Holinshed läßt Richard dann als ersten zustechen. Shakespeare übernahm diese verschärfte Version; ihm zufolge kann Gloucester schließlich gerade noch abgehalten werden, an Eduards Mutter das gleiche Werk zu tun.

Es ist jedesmal ein spannendes Puzzlespiel, den Urheber einer solchen Legendenkette zu entlarven. Diesmal heißt der Übeltäter Fabyan: »Margarete und ihr Sohn, Sir Eduard, wurden in der Schlacht ergriffen und zum König gebracht. Nachdem der König einige Fragen gestellt und von Sir Eduard Antworten bekommen hatte, die ihm mißfielen, schlug er ihm mit dem Panzerhandschuh ins Gesicht; nach diesem Streich erschlugen ihn die Dienstmannen des Königs auf der Stelle.«

Richard als einer der Mörder taucht also bei dem Autoren, der vor Vergil geschrieben hatte, noch nicht auf. Wo aber hat er diese Version her? Sie ist wohl seine Erfindung. In keiner anderen zeitgenössischen Quelle lesen wir darüber. Nicht in jener Londoner Stadtchronik, die ihm vermutlich als Erinnerungsstütze diente; nicht in der Tewkesbury-Chronik, die den Sieg der Yorkisten sonst recht feindselig kommentiert; nicht bei Rous und André, Heinrichs VII. Gefälligkeitsschreibern; nicht bei Commynes, dessen Gewährsleute überlebende Lancasterianer waren, und nicht in der Mailänder Gesandtschaftskorrespondenz; auch nicht in der Croyland-Chronik. Alle stimmen überein, daß Eduard Lancaster auf dem Schlachtfeld sein Ende fand.

Nur Warkworth erwähnt in diesem Zusammenhang Georg von Clarence. Möglicherweise war auch hier Phantasie im Spiel. Der Chronist will den Herzog anschwärzen, indem er unterschwellig auf den gebrochenen Treueid abhebt. Clarence selbst, der zwei Tage nach Tewkesbury an einen Freund schreibt, berichtet lapidar: »Eduard, vormals Prinz genannt, und andere Herren, Ritter, Junker und Edelleute wurden in offener Feldschlacht erschlagen.« Kein Wort, daß er bei Eduards Ende dabei war oder es verantwortete. Hätte er sich den Ruhm solcher Kriegstat entgehen lassen? Bemerkenswert schließlich, daß Thomas More über den Tod des Prinzen gänzlich schweigt; war doch Morton, der die Schlacht

149

miterlebte, sein Informant und Mentor. Anscheinend gab es daran nichts Denkwürdiges, jedenfalls nichts, was man Richard Gloucester oder dem Hause York mit gutem Gewissen anhängen konnte.

Dr. Morton erhielt, wie Richter Fortescue, Pardon. Andere waren nicht so glücklich. Die meisten Flüchtlinge in der Klosterkirche und den umliegenden Gotteshäusern ließ Eduard ungeschoren, obwohl keines von ihnen unter Asylrecht stand. Nicht jedoch Somerset und ein gutes Dutzend prominenter Lancasterianer, die dem König wiederholt den Treueid gebrochen hatten. Am 6. Mai wurden sie auf dem Marktplatz von Tewkesbury enthauptet, »ohne weiteres Gliederabhacken oder Zurschaustellen«, wie der Chronist betont. Auch bei Prinz Eduard verzichtete man aufs posthume Vierteilen und Ausdärmen, das übliche Schicksal der Verräter. Sie bekamen alle ein christliches Begräbnis. Zu Gericht gesessen hatten Gloucester, nun wieder »Polizeiminister«, und Reichsmarschall Norfolk. Es war dies die übliche Besetzung in einem Hochverratsprozeß, was Richard freilich nicht davor bewahrte, später als blutrünstiger Henker hingestellt zu werden.

Um die »Wiedererlangung des Königreichs« vollständig zu machen, bedurfte es noch einiger Aufräumarbeiten. Eine Revolte im Norden brach zusammen, als die Aufrührer vom Triumph des Königs hörten; Graf Northumberland brachte die Nachricht persönlich. Eduard, der schon in Coventry war, ersparte sich den weiteren Vormarsch. Indes stand Fauconberg mit einem bunt zusammengewürfelten Haufen vor London und beschoß die Tore vom Themse-Ufer aus. Als der König anrückte, wich er nach Sandwich zurück und kapitulierte schließlich; Gloucester nahm am 26. Mai seine Unterwerfung entgegen. Fünf Tage zuvor war er mit dem König in die Hauptstadt eingezogen, er selbst an der Spitze. Mit den Siegern kam, in einem Kutschwagen, Margarete von Anjou. Man hatte sie in einem kleinen Kloster nahe Worcester aufgestöbert, nunmehr bloß noch eine Hülle ihrer selbst. Sie stehe dem König zur Verfügung, ließ sie mitteilen. Wem auch sonst? Ihr Lebenszweck war aufgebraucht. Eduard schickte sie vier Jahre später gegen Lösegeld nach Frankreich zurück.

Noch jemanden gab es, für den nun kein Gebrauch mehr war: den armen, kranken Heinrich im Turm. Solange sein Sohn lebte, war es besser, er lebte auch. Wenn der alte Lancaster am Leben war, konnte der junge nicht den Thron beanspruchen. Tatsächlich blieb der Prinz, entgegen allen Anstrengungen der Mutter, eine Nebenfigur; Sympathie und Loyalität der Lancasterianer galt bis zuletzt dem unzulänglichen Vater. Doch eben das hatte es für eine Mehrzahl schwer gemacht, der Lancaster-Sache zu folgen. Jetzt war der Junior tot, Heinrich der letzte seiner Linie. Richard II. hatte in dieser Situation ein Jahr überlebt, beim Enkel des Usurpators *Bolingbroke* sollten es nur Tage sein.

»Wo immer in England sich jemand für König Heinrichs Sache gerührt hatte, war solche Bewegung unterdrückt worden, so daß jeder sehen konnte, daß diese Partei für immer ausgelöscht und beseitigt war, ohne jede Hoffnung auf Wiederbelebung, gänzlich jeder Art von Hoffnung und Glaube an Abhilfe beraubt. Dies wurde Heinrich, vormals König genannt, im Tower von London zur Gewißheit; vorher war er sich dieser Dinge nicht bewußt gewesen. Nun nahm er sie mit solchem Ärger, Zorn und Verdruß auf, daß er am 23. Mai aus reiner Trübsal und Melancholie verstarb.« So liest es sich bei Eduards Hofchronisten. Ein Marginalienschreiber war mit dieser Version indes nicht einverstanden; er ergänzte am Rand des Manuskripts: ». . . oder wurde ermordet.«

In der Tat war das der Eindruck vieler Zeitgenossen. Einige dienen uns hier als Zeugen. Warkworth: »In der Nacht desselben Tages, da König Eduard nach London kam, wurde König Heinrich, der im Tower von London gefangen war, zu Tode gebracht: am 21. Mai, Dienstag nacht, zwischen 11 und 12 Uhr, während der Herzog von Gloucester, des Königs Bruder, und viele andere sich im Tower aufhielten. Am Morgen wurde er aufgebahrt nach St. Paul's gebracht, und sein Gesicht war unbedeckt, daß alle ihn sehen sollten; und während er dalag, tropfte sein Blut auf den Fußboden. Danach trug man ihn zu den Dominikanern, und dort blutete er neuerlich. Von hier aus wurde er auf einem Boot ins Kloster Chertsey geschafft und in der Marienkapelle bestattet.« Fabyan stimmt im Zeitplan mit Warkworth überein. In einer Sache präzisiert er: »Über den Tod des Fürsten werden verschiedene Geschichten erzählt: die gängigste Version lautet, daß er mit einem Dolch erstochen wurde, von Hand des Herzogs von Gloucester.«

Richard, bislang im Schatten seines handelnden Bruders, tritt nun zum zweiten Mal als Täter hervor. Und wieder ist es keine gute Tat, die ihm zugeschrieben wird. Ist es die seine? Ein anderer

Zeitgenosse, der Burgunder Commynes, verbreitet ebenfalls dieses Gerücht: »Wenn, was ich hörte, nicht trügt, so hat unmittelbar nach dieser Schlacht Herzog Gloucester, der Bruder König Eduards, später König Richard genannt, den armen König Heinrich an irgendeinem heimlichen Ort mit eigener Hand umgebracht oder in seiner Gegenwart umbringen lassen.« Was Wunder, daß die Quadriga der Tudor-Chronisten – Rous, André, Vergil und More – später in diesen Tenor einstimmen. *Multis credentibus* (»wie viele glauben«), *si vera est fama* (»wenn das Gerücht stimmt«), *as menne constantly saye* (»wie die Leute hartnäckig behaupten«), *ut fama constans est* (»wie die ständige Rede ist«): Das sind freilich die Einschränkungen, die selbst eingefleischte Richard-Gegner machen.

»Einem hartnäckigen Gerücht zufolge erhielt Heinrich VI. von Richard einen Dolch zwischen die Rippen und wurde so auf grausame Weise durchbohrt und abgeschlachtet. Der König hatte dazu weder Befehl gegeben, noch wußte er davon. Vielleicht hätte er ihn aus Opportunität lieber lebend zur Verfügung gehabt; andernfalls hätte er, wäre er so tief gesunken, kaum seinen leiblichen Bruder zu einem derart grausigen Henkersdienst bestellt.« Der heilige Thomas liefert, hier nach dem lateinischen Text, die schärfste Variante. Er besteht auf dem abgründigen Charakter seines Anti-Helden, der ohne Not – offensichtlich nur aus Lust am Bösen – tötet. Vergil äußert sich demgegenüber noch milde. Er gesteht dem Mörder ein ehrenhaftes Motiv zu: zum Schwert gegriffen zu haben, um dem Bruder ein für alle Mal Unruhen in Heinrichs Namen zu ersparen.

Doch was war wirklich? Wie so oft ist diese Gretchenfrage der moderneren Geschichtsschreibung kaum zu beantworten. (Historiker täuschen darin gern das Publikum. Zweifel verkaufen sich schlecht, glauben sie. Tatsächlich ist das feingesponnene Rätsel interessanter als die glatte Lösung, der Blick in die Werkstatt des Wissens aufschlußreicher als die fertige Wahrheit.) Eins ist jedenfalls ziemlich sicher: Die halb blauäugige, halb zynische Darstellung des yorkistischen Lohnschreibers ist, was die Todesursache angeht, kaum zu glauben. Fabyan und Warkworth mögen in dieser Sache ebenfalls Partei sein, sie neigen eher zu Lancaster als zu York. Das gilt jedoch nicht für den Croyland-Chronisten – vermutlich John Russell, Bischof von Lincoln und Ratsmitglied unter Eduard IV. und Richard III.; auch nicht für den Mailänder Botschafter in Frankreich, Sforza di Bettini.

Der Engländer: »Ich übergehe mit Schweigen, wie in jenen Tagen König Heinrichs Körper im Londoner Tower gefunden wurde. Wer immer es wagte, derart gotteslästerlich Hand an den Gesalbten des Herrn zu legen, dem sei Gott gnädig und gebe ihm Zeit zur Reue. Der Täter verdient jedenfalls den Titel des Tyrannen; der Erleidende aber den eines glorreichen Märtyrers.« Der Italiener: »König Eduard wollte König Heinrich nicht mehr länger in schonender Verwahrung halten, obwohl dieser in gewisser Weise unschuldig war und keine große Gefahr mehr darstellte, nachdem der Prinz, sein Sohn, und Graf Warwick und alle anderen mächtigen Parteigänger tot waren; er ließ ihn im Tower von London heimlich umbringen. Das gleiche tat er, so sagt man, mit der Königin, Heinrichs Frau. Er wollte, kurz gesagt, die Saat austilgen.«

Der Mailänder Botschafter berichtete am 17. Juni 1471, knapp einen Monat nach Heinrichs plötzlichem Ableben. Der Croyland-Chronist schrieb erst 15 Jahre später. Er ist deshalb, als Insider, nicht weniger zuverlässig als der Korrespondent vom Tage, dem auch Irrtümer unterlaufen, wie die Ermordung Margaretes. Zweifellos macht der Chronist Eduard für den Tod des heiligen Königs verantwortlich, obwohl er keinen Namen nennt; auch von Richard spricht er nicht. Das ist bemerkenswert, denn die Niederschrift erfolgte nach dem Tod der beiden Könige. Er hätte, da Heinrich Tudor auf dem Thron saß, Richard ohne Furcht einen Mörder nennen können. Doch der, der Hand an den »Gesalbten« legte, scheint zu dieser Zeit noch zu leben: Der Chronist wünscht ihm Gelegenheit zur Reue.

Möglicherweise kannte Bischof Russell, oder wer sonst in Croyland schrieb, den Mörder, so wie er den Anstifter kannte. Aber es ist nicht gewiß. More zufolge war es ungewöhnlich, daß ein Mann von Rang Henkersdienste leistete; auch Commynes räumt ein, daß Richard vielleicht das Schwert nicht selber führte. An einen kleinen Schergen wird sich aber der Mann im Kloster kaum erinnert haben; der »Wer-auch-immer«-Topos wäre dann nicht nur Rhetorik. Daß der Herzog den Henker bestellte, ist indes durchaus denkbar: Schließlich war er Reichsstallgraf – »Polizeiminister« nach späterem Verständnis. Aber auch der Befehlshaber des Tower, damals ein gewisser Lord Dudley, kommt als Mittelsmann infrage. Es gibt nämlich ein Indiz, das Richard ausschließt. Dabei geht es um die Tatzeit.

Warkworth ist in diesem Punkt genau: 21. Mai, Dienstag Nacht zwischen 11 und 12 Uhr. Woher der Vorsteher von St. Peter's College in Cambridge diese intime Kenntnis hat, ist freilich ein Rätsel; der Mörder selbst hätte seinen Vollzugsrapport nicht präziser fassen können. Fabyan nennt immerhin den gleichen Tag für Heinrichs Ableben. Nicht dagegen der Yorksche Chronist, der den 23. angibt, und auch nicht Vergil, der das Verbrechen Ende Mai geschehen läßt; Commynes zufolge fand der Gefangene schon nach der Schlacht von Barnet den Tod. Auch hier also Verwirrung. Entscheidend ist das Datum, weil Richard Gloucester nur am 21. Mai im Tower war; tags darauf, Christi Himmelfahrt, als angeblich der tote und immer noch aus Wunden blutende König durch die Straßen getragen wurde, war er bereits nach Sandwich unterwegs, um Fauconbergs Unterwerfung entgegenzunehmen. Erst Ende des Monats kehrte er mit seinem Bruder, der ihm am 23. gefolgt war, nach London zurück.

Nun stand Eduards Chronist, als er zur Feder griff, dem Geschehen zeitlich sehr viel näher als Warkworth und Fabyan bei ihrer Niederschrift. Sein Erinnerungsvermögen war also im Zweifelsfalle besser. Kann er ein Interesse gehabt haben, den Todestag Heinrichs zu fälschen? Und hätte es überhaupt Sinn gehabt, so kurz nach den Ereignissen, die den Zeitgenossen noch gut im Gedächtnis sein mußten? Die Antwort lautet wohl: nein. Der Hofschreiber vertuschte den Mord, um König Eduard nicht zu belasten; Richard war damals nur eine Randfigur, kaum eines Täuschungsmanövers wert. Eines überflüssigen dazu: Wo kein Mord ist, braucht es auch kein falsches Alibi. Die meisten Autoren schrieben nach der Thronbesteigung Richards; nicht dem Herzog gelten ihre Insinuationen, sondern *König Richard III*. Wenn sie Gerüchten folgen oder die Wirklichkeit verbiegen, so ist der Grund dafür im späteren Leben Richards zu suchen.

Es sind also Chronisten, die Richard zum Täter machen; aus ihrer Perspektive und ihrem Interesse. Tatsächlich hat der Achtzehnjährige durch sein Handeln noch kaum Gestalt gewonnen. Weniger durch Taten fiel er bisher auf, als durch das, was er – im positiven Sinne – nicht tat. Sein Bild wird freilich auch im folgenden unscharf bleiben, selbst als König. Zeitgenössische Autoren, die

Eduard ausführliche Nachrufe widmen, zeigen ein seltsames Desinteresse an der Person Richards III. Weder Gutes noch Schlechtes fällt ihnen zu seinem Charakter ein. Erst als es gilt, die Feder für Tudor zu wetzen, fließt schwarze Tinte über das Konterfei des Wehrlosen. Rekonstruieren läßt es sich am ehesten im Dreiecksfeld der Brüder. Richard wird sichtbar, wenn man Eduard und Georg von der Summe, die sie bilden, abzieht.

Der sybaritische, sich zum Tyrannen verfinsternde König Eduard; der schuldbeladen ins Unglück steuernde Clarence; der undurchsichtige Gloucester, dessen standhafte Treue zu Mißtrauen Anlaß gibt: weitere Ansichten aus dem Vexierspiegel geschichtlicher Überlieferung, freilich schon nach den dramaturgischen Bedürfnissen einer Shakespeare-Tragödie arrangiert. Es schmerzt den Historiker, wenn er das kunstvolle Gespinst des Dichters zerstören muß. Zu diesem Vandalismus ist er wohl verdammt. Tröstlich, wenn das, was er dabei freilegt, eigene Attraktion hat – so wie das yorkistische Zeitalter. Mit Eduards zweiter Regierungsdekade erreicht es Höhepunkt und Wendemarke. Eduard, Georg und Richard, das Brüdergespann, ist ein dreifacher Januskopf am Eingang zur neuen Epoche.

Wenn Gloucester gegen Clarence durch Zuverlässigkeit und Treue abstach, dann dem königlichen Bruder gegenüber durch ein diskreteres Privatleben. Daß der junge Mann dabei nicht aus Holz war, zeigen die Kinder, die ihm zwei Frauen bereits geboren hatten: Johann *Gloucester* und Katherina *Plantagenet*. Es wurde indes Zeit für ihn zu heiraten. Man suchte sich in höheren Kreisen die Gattin nicht nach Neigung; König Eduards exzentrische Wahl blieb Ausnahme. Besitz und politische Opportunität waren die entscheidenden Kriterien. Für Richard bot sich nun eine glänzende Partie: Anna Neville, Tochter des toten Grafen Warwick, Verlobte des gefallenen Lancaster-Prinzen Eduard. Oder gar seine Witwe, wie es in einigen Quellen heißt.

Der elisabethanische Dichter macht aus Richards Werbung um die Witwe eine große Szene: wie weibliche Eitelkeit und Schwäche vor den schönen Worten selbst eines Schurken kapitulieren. Infam wird Gloucesters Auftritt dabei durch den Umstand, daß er der Mörder des toten Gatten ist. Daß das nicht zutrifft, wissen wir. Wir wissen auch, daß Prinzenmutter Margarete der Verlobung ihres Sohnes mit einer Neville nur widerwillig zustimmte. Vereinbart war, die Hochzeit solle nach Warwicks Erfolg in England stattfinden. Ende 1470 mochte es nach einem solchen aussehen; Indizien deuten auf eine Trauung am 13. Dezember hin. Ob sie wirklich stattfand, bleibt indes zweifelhaft. Ein Mailänder Diplomat spricht im Februar 1474 zwar davon, daß Anna »mit dem Prinzen von Wales verheiratet gewesen sei«, doch das besagt nicht viel, weil »verlobt« und »verheiratet« fast das gleiche waren: *sposato*. Denn mit dem Heiratsversprechen galt die Ehe als so gut wie geschlossen. Diese Frage ist, für Richards Biographie, aber auch irrelevant – es sei denn, man teilt Shakespeares Option.

Anna, das Mädchen, mit dem Richard auf Fotheringhay spielte, war dreizehn, als sie mit Vater und Mutter nach Frankreich fliehen mußte. Ihre Schwester Isabella, Clarences Gattin, hatte bei der Überfahrt eine Fehlgeburt. Die Mitteilung, sie müsse Eduard Lancaster heiraten, nahm die Heranwachsende wohl mit dem andressierten Gleichmut ihres Geschlechts und Standes auf. Als sie und ihre Mutter Ostern 1471 wieder Fuß auf englischen Boden setzten, erwartete sie die Nachricht vom Tode des Vaters und Gatten. Drei Wochen später lebte auch Annas Verlobter nicht mehr. Zusammen mit Margarete von Anjou wurde sie aufgegriffen und nach London gebracht. Schwager Georg nahm sich ihrer an; nicht ganz selbstlos, wie es scheint. Der Croyland-Chronist berichtet, Clarence hätte sie, als Küchenmagd verkleidet, vor seinem Bruder versteckt gehalten. Richard stöberte sie nichtsdestoweniger auf und sorgte dafür, daß sie in die Obhut der Asylabtei St. Martin's kam.

Die Abbildungen, die wir von Anna Neville haben, sind zu formelhaft, um etwas über sie auszusagen. Nach dem, was wir wissen, war die Fünfzehnjährige ein zartes, vielleicht zu zartes Mädchen; Anna starb, bevor sie dreißig war, und nicht im Kindbett. John Rous nennt sie immerhin »ansehnlich, liebreizend und schön«; als er das schrieb, machte er freilich auch Richard, ihrem Gatten, noch Komplimente. Mit Warwicks Ächtung fielen die Güter des Grafen und seiner Frau theoretisch an die Krone zurück, der Praxis nach waren seine Töchter die Erben. Das machte Anna zweifelsohne zur begehrenswerten Frau. Doch noch ein anderes Moment mochte Richards Interesse bestimmen. Seit seinen Tagen auf Middleham war er den Nevilles von Warwick verbunden. Vielleicht erinnerte er sich an seinen Vater, der die Kindheit bei Warwicks Großeltern verbracht hatte: auf Burg Raby in Durham. Von dort hatte er seine Frau heimgeführt, die »Rose von Raby«.

»Diese drei Brüder, der König und die Herzöge, waren mit unübertrefflichen Fähigkeiten begabt. Wenn sie sich nicht zerstritten hätten, wäre solch ein dreifach starkes Seil kaum zu zerreißen gewesen«, urteilt der Croyland-Chronist. Es war Clarence, dessen Eitelkeit und Eigennutz das natürliche Bündnis immer wieder verdarb. Als Ehemann der älteren Warwick-Tochter hoffte er, den riesigen Besitz des Grafen ungeteilt an sich zu reißen, obwohl das Primogeniturrecht bei weiblichem Erbgang selten Anwendung fand. Richards Heiratspläne, von denen er wohl seit Tewkesbury wußte, machten ihm da einen Strich durch die Rechnung. Der Bruder ließ sich nicht, wie vielleicht ein minderrangiger Freier, ohne weiteres um die Mitgift bringen. Clarence protestierte heftig beim König gegen Gloucesters Absichten und reklamierte öffentlich das Warwick-Erbe für sich.

Der Familienstreit zog sich über das Jahr hin und fand eine abschließende Regelung erst 1474. Der König verhielt sich darin wie üblich klug. Warwicks nördliche Güter überließ er vorweg dem jüngeren Bruder, darunter Burg Middleham. Die Schenkung war keine bloße Gefälligkeit. Eduard beabsichtigte, Richard als Stellvertreter im immer unruhigen Norden einzusetzen. Von den Ämtern in Wales hatte er ihn entbunden; dafür machte er ihn zum Reichskämmerer – Warwicks Amt! – und zum Oberbefehlshaber der schottischen Marken. Richard hatte auch gleich Gelegenheit, sich in seinem neuen Wirkungsfeld zu bewähren, als er es im Sommer zur Untersuchung von Grenzvorfällen bereiste. Dabei fand Fauconberg sein Ende. Dieser entzog sich dem eben erst geleisteten Treueid, indem er aus Richards Dienst entwich. Der ließ den Vetter einfangen und nach Richtspruch, wie es seines Amts als Reichsstallgraf war, enthaupten.

In der Heiratsfrage wartete Eduard bis ins neue Jahr. Am 16. Februar 1472 versöhnten sich die Brüder unter Vermittlung des Königs auf Burg Sheen südlich von London. Richard war im Dezember mit weiteren Schenkungen bedacht worden, unter anderem aus dem Besitz des Grafen Oxford. Das machte es ihm möglicherweise leicht, auf den Großteil des Warwick-Erbes zu verzichten. Anna Neville durfte er heiraten. Er tat es schnell und ohne Aufwand, ohne den päpstlichen Dispens abzuwarten, der auch für diese Verwandtenheirat nötig war; nicht einmal der Hochzeitstag ist überliefert. Clarence wurde Graf von Warwick und Salisbury, im Mai trat Gloucester ihm auch noch das Reichskämmereramt ab. Es muß wohl doch mehr als Besitzhunger gewesen sein, was Richard zu dieser Heirat trieb. Er wählte als Residenz sein Kindheitszuhause Middleham.

»Als Eduard IV. regierte, hielten die Leute vergebens nach dem erwarteten Wohlstand und Frieden Ausschau; er kam nicht. Statt dessen eine Schlacht nach der anderen und viel Ärger und große Verluste an Gut für das Volk«, beanstandet Warkworth das Yorkregime vor 1471. Die Kritik traf ins Schwarze; obwohl summarisch und ungerecht, drückte sie die Stimmung im Lande aus, die Warwicks Abenteuer möglich machte. Die *Commons,* einst Stärke von York, waren unzufrieden und deshalb dem Wechsel nicht abgeneigt. Das bekam Eduard zu spüren. Ein yorkistischer Jubelpoet muß sich nach Barnet an die Gemeinen wenden:
»Kehrt um und laßt, was euch Zweifel macht,
Und sagt *Credo,* es soll nicht anders sein;
Denn jener ist hin, der Zwietracht gebracht,
Tot ist er, kann nimmermehr aufrührig sein.
Gerechtigkeit herrscht nun im Land ohne Schein,
Daß Wohlstand blühe, ist *sein* Wille allein,
Alle Irrenden sollen versöhnt mit *ihm* sein.
Kehrt um, ihr Commons, und ehrt euern König.«*

Auch im fünfzehnten Jahrhundert hielt man den Herrscher noch für die Quelle jedweden Glücks und Unglücks; dafür überließ man sich seiner Führung. Nicht nach Charakter und Staatskunst urteilte der Untertan über ihn, sondern nach seinem »Heil«. Ein glückloser König verdiente keine Schonung, er riß Volk und Reich mit ins Unglück. Eduard – das gestehen ihm Freund und Feind zu – war hochtalentiert, im Felde wie im Kabinett. Nun mußte er sich noch als Friedensherrscher beweisen.

Das war nicht einfach. Entgegen standen Personen und Systeme: der Bastard-Feudalismus, der zum »Bürgerkrieg« tendierte; eine Mentalität, die glaubte, Frieden im Inneren mit

---

* Conuertimini, and leue your opinion,
And sey Credo, hyt woll noon other-wyse be;
For he ys gon that louyd dyuysion,
Mortuus est, ther can noman hym se.
Now ys Iusticia in hys owne contre,
Prosperyng hys purpose to menteyne,
All myscreatures to reconsyle ageyne.
Conuertimini, ye comons, and drede your kyng.

Krieg nach Außen verbinden zu können; maßlos ehrgeizige und eifersüchtige Minister; ein unzufriedener Bruder, der nicht Ruhe gab, bis ihn der Richtspruch traf. Im Grunde sah sich Eduard 1471 vor den Problemen von 1460, und so wiederholten sich die Ereignisse der vergangenen zehn Jahre mit einiger Konsequenz. Grundthemen mit Variation: Krieg gegen Frankreich; der verschwörerische Clarence; die übermütigen Woodvilles. Solange sich Frankreichs König von England bedroht fühlte, unterstützte er jedes noch so windige Unternehmen gegen Eduard. Der Schlüssel zum inneren Frieden, den die *Commoners* ersehnten, lag also in der Außenpolitik.

Trotz der guten Nachrichtenverbindungen zum Festland dauerte es erstaunlich lang, bis man dort ein zuverlässiges Bild der Ereignisse auf der Insel hatte. Karl von Burgund wußte durch die Kontakte seiner Frau Bescheid; aber in diplomatischen Kreisen, die seine triumphierenden Verlautbarungen mit Vorsicht aufnahmen, galt erst Anfang Juli als sicher, daß König Eduard »in friedlichem Besitz« seines Reiches und Lancaster vernichtet sei. Daß Warwick noch lebe, spukte beharrlich durch die Gerüchteküche.

Die »Geschichte der Ankunft Eduards IV. in England«, die bereits im Mai zwei Schreiben nach Burgund beilag, war demnach nicht bloß Propaganda, sondern notwendige Information. Einige unentwegte Lancasterianer gaben indes immer noch nicht auf. Oxford war zu den Schotten geflohen und steckte hinter den Grenzzwischenfällen, die Gloucester im Sommer untersuchte. In Wales rührte sich Kaspar Tudor noch. Fauconbergs Verrat stand mit diesen Aktivitäten in Zusammenhang. Oxfords und Pembrokes Position war freilich unhaltbar; im Herbst finden wir sie als Flüchtlinge in Frankreich. Mit ihnen der junge Heinrich Tudor.

Das ganze Jahr über hieß es, die Engländer rüsteten zum Krieg gegen Ludwig XI. Ihre Schiffe wurden beinahe täglich an der Küste erwartet. Wieder wundert man sich über den unsicheren Informationsstand von Leuten, die sonst recht gut im Bilde waren, etwa Mailänder Diplomaten. Die Zeit befand sich offensichtlich in einem Zustand hochgradiger Aufregung und Unruhe; alles schien möglich. In Wirklichkeit konnte der englische König an Außenpolitik noch gar nicht recht denken. Die Gerüchte hatten dennoch einen realen Kern. Wenn im Augenblick eine Frankreichexpedition auch nicht aktuell war, so lag sie zumindest in der Luft;

ab dem Herbst 1472 unternahm Eduard tatsächlich alle Anstrengungen dazu. Daß Frankreichs König im Gegenzug versuchte, den Kollegen durch ferngesteuerte Verschwörungen und Guerillafinanzierung in Atem zu halten, braucht niemanden zu wundern. Vier Jahre hatte er Erfolg damit.

Der unversöhnliche *John de Vere*, geächteter Graf Oxford, mußte wieder einmal als Nadelspitze für Ludwigs Sticheleien herhalten. Er attackierte erfolglos Calais, machte gelegentlich die englische Küste unsicher und faßte erst im Oktober 1473 mit einer kleinen Invasionsarmee auf der Insel Fuß. Gefährlich war weniger der militärische Umfang der Bedrohung als die Kontakte, die der Feind offensichtlich bis in Englands höchste Kreise hatte. Eduard nahm deshalb schon im Frühjahr 1472 Oxfords Schwager, den erzintriganten Bischof Neville, in Arrest.

Bedenklicher war noch der Verdacht, der auf Clarence lastete. Ein päpstlicher Gesandter schreibt im November: »Die Leute dort glauben immer noch, daß sich ein neuer Warwick erheben wird; denn sie lieben diesen König nicht, der ihnen alles zu Gefallen tut, um an der Macht zu bleiben. Er hat geschworen, persönlich nach Frankreich überzusetzen, muß aber erst die Regentschafts- und Stellvertreterfrage regeln, damit er nicht von seinem Bruder, dem Herzog von Clarence, gestürzt wird, und weil einige Dinge im Reich, seiner Natur nach, unsicher und wandelbar sind . . .«

Möglicherweise steckte nichts hinter diesen und anderen Vermutungen, die über Clarences Absichten umgingen; Eduard schenkte ihnen scheinbar auch keine Beachtung. Dabei war man in England ebenso nervös wie in Frankreich. In der Gerüchteküche brodelte es, Agenten schürten das Feuer, das Volk hatte Gesichte: »In diesem Jahr war eine laute Stimme in der Luft zu hören, zwischen Leicester und Banbury, bei Dunmouth und an verschiedenen anderen Orten, die lange rief: Auf die Knie, auf die Knie! Was vierzig Leute gehört haben; und einige sahen, daß, der so rief, ein kopfloser Mann war; und verschiedene andere Zeichen erschienen dieses Jahr in England, um die Menschen zur Umkehr zu bewegen«, heißt es bei Warkworth.

Propheten gingen um, echte und falsche. Die falschen – oder wen er dafür hielt – ließ der König einsperren. Im Jahr zuvor hatte er angeordnet, ihm »Vagabunden und gottlose und fehlgeleitete Personen, die durch das Land ziehen und Unfrieden und Zwietracht säen, indem sie Nachrichten, falsche Lügen und Geschichten erfinden und verbreiten«, sofort anzuzeigen. Nun ließ er einen gewissen Hogan in den Turm werfen, »weil er seine alten Geschichten verbreitete«. John Paston berichtet aus der Hauptstadt: »Jeder sagt hier, daß noch etwas passiert, bevor der Mai herum ist. Hogan der Prophet ist im Tower; er hätte gern mit dem König gesprochen, doch der König sagt, er soll nicht prahlen können, mit ihm gesprochen zu haben.« Die Paston-Korrespondenz spiegelt lebhaft die Unruhe dieser Tage wieder. Ende Mai landete Oxford an der Küste von Essex, mußte jedoch umgehend wieder auf die Schiffe. Der Briefschreiber kurz darauf: »Die Leute sind auf der Hut, doch wissen sie nicht, wovor; und sie kaufen eifrig Harnische; von den Dienstleuten des Königs und des Herzogs von Clarence sind viele in der Stadt; Lord Rivers kommt heute, um sich in gleicher Weise zu versorgen, heißt es.«

Am letzten Septembertag 1473 gelang es Oxford schließlich, sich mit weniger als hundert Mann in Cornwall festzusetzen, indem er St. Michael's Mount im Handstreich nahm. Eduard, der gerade in London Parlament hielt, zeigte sich davon allerdings wenig beeindruckt. Wenn er jedoch hoffte, das Ereignis durch Nichtbeachtung unter Kontrolle halten zu können, irrte er. Oxfords bloße Anwesenheit in Englands südwestlicher Ecke schlug Wellen, die innerhalb eines Monats die Hauptstadt erreichten: Mutmaßungen, Befürchtungen, Hoffnungen. Das Gerüchtefieber kursierte. Paston: »Die Welt ist hier wie aus den Fugen. Die Gefolgsleute des Königs holen ihre Harnische hervor, und es gilt als sicher, daß sich der Herzog von Clarence so stark als möglich macht; er tut dabei so, als richte sich das gegen den Herzog von Gloucester. Um Unannehmlichkeiten zu vermeiden, schaut der König, daß er so stark wie beide zusammen ist und zwischen ihnen als Puffer steht. Einige glauben jedoch, daß sich hinter dieser Sache etwas anderes verbirgt und Verrat im Spiel ist.«

Ganz anders sah man es in Frankreich. Der Mailänder Botschafter berichtete an Herzog Sforza: »Es heißt, in England gäbe es große Meinungsverschiedenheiten zwischen dem König und dem Volk und den Herren, denn König Eduard gelingt es nicht, die Steuer einzutreiben, die ihm für die angekündigte Expedition in dieses Reich gewährt wurde. Andererseits soll sich der Herzog von Gloucester, der mit Gewalt die Tochter Warwicks zur Frau genommen hat (die mit dem Prinzen von Wales verheiratet war), ständig auf Krieg mit dem Herzog von Clarence vorbereiten.«

Eduard sorgte dafür, daß nichts passierte. Er verbot das Waffentragen in der Stadt und verhängte eine nächtliche Ausgangssperre ab neun Uhr. Dann schickte er einige Leute aus, daß sie mit dem Oxford-Spuk ein Ende machten. Es waren allerdings nicht die Tüchtigsten. Obwohl das Lancaster-Fähnlein ohne weitere Hilfe aus Frankreich blieb und auch im Lande keine nennenswerte Unterstützung fand, konnte es sich bis Februar nächsten Jahres in dem eroberten Felsennest verschanzt halten. Dann kapitulierte Oxford, gegen Zusicherung des nackten Lebens; bis nach Eduards Ende blieb er in Haft. Wenn man nachrechnet, wie oft er seinen Eid gebrochen hatte, ist die Milde des Königs erstaunlich – Richard sollte ihre Folgen noch zu büßen haben!

Wenn Clarence tatsächlich Verrat im Sinn gehabt hatte: Er kam nicht zum Zug. Im Zorn über den Bruder soll Eduard, so sagt ein anderes Gerücht, beabsichtigt haben, das Warwick-Erbe der Gräfin zurückzugeben, daß sie es als Ganzes Richard übereigne. Er tat es nicht, sondern ließ im Mai 1474 vom Parlament die Aufteilung ihrer Güter bestätigen, »als ob die genannte Gräfin schon tot wäre«. Immerhin hatte er im Parlament davor, Herbst 1473, den älteren der jüngeren Brüder nach formeller Einziehung und Neuausgabe der Lehen um einige Güter verkürzt, während Richard seinen Besitzstand voll wahren konnte.

Die Gräfin Warwick lebte mittlerweile auf Middleham. Schwiegersohn Richard hatte sie das Jahr zuvor aus ihrem Asyl in Beaulieu geholt, offensichtlich gegen den Widerstand von Clarence, der wohl ein Ränkespiel argwöhnte. Der mißgünstige Chronist Rous behauptet später, Gloucester habe sie »ihr Leben lang eingelocht«. Das ist schon deshalb falsch, weil sie den Herzog und König überlebte. Daß Richard nicht Kerkermeister spielte, sondern ihr ein Heim bei der Tochter bot – in ihrem Lieblingsschloß –, zeigt sich daran, wie er für die anderen Nevilles eintrat.

Bereits im Herbst 1473 betrieb er die Freilassung seines Vetters, des Erzbischofs; er hatte damit im Jahr darauf Erfolg. Als vier Jahre später Montagus Sohn Georg des Bedford-Titels verlustig ging, nahm Richard den Jungen als Mündel an seinen Hof. Der Gräfin Oxford, Warwicks Schwester, setzte er, als er schon König war, eine Jahresrente aus, und Lady Latimer, eine Schwester der Gräfin Warwick, hatte zu ihm derart Vertrauen, daß sie ihn 1481 zum Testamentsvollstrecker machte. Der Herzog zeigte, mehr noch als der König, auf altmodische Weise Familiensinn.

IV. »Der französische Krieg findet nicht statt«

Ein Frieden voll von Possen und Tragödien

»England ist sehr klein und vollgesteckt mit Dörfern, Städten, Schlössern, Gehölzen, Äkkern. Aber es gibt da auch viel Heide mit Weiden, Sträuchern und Schilf; und die meiste Nutzung, die das Land bietet, hat es von den Schafen. Die können Winter und Sommer auf derselben Heide Nahrung finden. Viele Tiergärten mit vielen seltsamen Tieren findet man dort, und man brennt dort anstelle von Holz Heidekraut; denn man hat nicht mehr an Wein, Getreide und Holz als man übers Meer einführt, und das gemeine Volk trinkt ein Getränk, das *Ale*–Bier heißt.«*

* Engelant ist seer klein und eng oder »lang« von dörffern, stetten, schlossern, holtzern, paufeld. Alein stund da gross heid, tragen weiden, stöck und roren; die maist nutzung, die es vom land hat, sein die schaf. Die mugen winter und sumer auf denselben heiden ir narung haben. Vil tiergärten mit vil seltsame tieren findet man darinnen und brennt dorin fur holtz heid; wann man mag nit vil weins, treids noch holtzes haben, dann was man auf dem mer hinein füert, und das gemein Volk trinkt ein trank, das heißt »Al'selpir«.

Der Nürnberger Gabriel Tetzel bereiste die Insel mit seinem Herren Leo von Rožmital im Frühjahr 1466, nachdem sie vierzig Tage Gast am Hof gewesen waren; der König gab ihnen einen Führer mit, daß sie auch alles zu sehen bekämen. Ihr Weg führte über Windsor und Reading nach Salisbury, wo Clarence sie bewirtete, und von dort zum Hafen Poole, dem Endpunkt ihres Englandaufenthalts. Noch ein anderer Begleiter schrieb einen »kurzen Kommentar« über die Reise: der Böhme Schaschek aus dem Pilsener Geschlecht der von Mezihorze. Er berichtet lateinisch: »England ist nicht eben, sondern bergig, und bringt viele unwegsame Wälder, aber keine Tannenwälder hervor. Jeder Wald ist von einem Graben umgeben; in gleicher Weise führen die Bauern auch Gräben um ihre Äcker und Wiesen und zäunen sie ein, so daß man weder zu Fuß noch zu Pferd das Land durchqueren kann, es sei denn auf öffentlichen Wegen.«

Wie überall im Süden, aber auch in Ost-Anglia, war das Land hier in kleine Parzellen zerstückelt, Ergebnis der *gavelkind,* des angelsächsischen Erbteilungsrechts. Freie Bauern *(yeomen)* kultivierten den Boden, zum Teil als Acker, jedoch überwiegend als Weide. Ein italienischer Besucher schrieb um 1500: »Man betreibt auf dieser Insel nicht mehr Ackerbau als notwendig ist, um sich mit Essen und Trinken zu versorgen; doch wenn sie alles kultivierbare Land bepflügen und besäen würden, hätten sie so viel Getreide, daß sie es in die umliegenden Länder verkaufen könnten. Doch diese Nachlässigkeit wird hinreichend ausgeglichen durch einen großen Überfluß an allen möglichen eßbaren Tieren, wie Hirsche, Ziegen, Damwild, Hasen, Kaninchen, Schweine und eine ungezählte Menge von Rindern, die viel größere Hörner haben als bei uns; was zeigt, daß die Insel ein gemäßigtes Klima hat, denn Hörner vertragen keine große Kälte. Hühner, Pfauen, Rebhühner, Fasane und andere kleine Vögel gibt es zur Genüge, und es ist wirklich eine schöne Sache, tausend oder zweitausend zahme Schwäne auf der Themse zu sehen, die von den Engländern wie Enten oder Gänse gegessen werden . . .

Das Klima ist sehr gesund, und obwohl die Insel so weit im Nordwesten liegt, ist der Winter viel weniger streng als in Italien, und der Sommer auch weniger heiß. Das liegt am Regen, der in den Monaten Juni, Juli und August praktisch jeden Tag fällt; nach Aussage der Inselbewohner gibt es auch keinen Frühling. Zu diesem ausgeglichenen Klima kommen eine Menge Flüsse,

Quellen und Ströme, in denen alle Fische gedeihen wie in Italien, außer Karpfen, Schleien und Barschen, doch dafür viel Lachs. Sie haben auch viele verschiedene Baumarten, aber wie Caesar schreibt, keine Buchen und Tannen. Es gibt Lorbeer, Myrte und alle unsere Obstbäume, außer Öl- und Orangenbäumen. Es fehlt ihnen auch nicht an Weinstöcken, und ich habe reife Trauben gekostet. In den östlichen Landesteilen machen sie Wein, doch er wird wohl sehr herb sein. Außerdem stellen die Leute zwei Getränke aus Weizenkorn, Roggen und Hafer her; das eine wird *Bier*, das andere *Ale* genannt. Dieses Getränk schmeckt ihnen sehr; auch Fremde verachten es nicht, wenn sie es vier oder sechs Mal getrunken haben; und es ist sehr bekömmlich für jemand, der sich erhitzt hat.«

Bier wurde in England seit alters getrunken – manche sagen, die Römer hätten es schon bei den alten Briten vorgefunden. Doch erst seit jüngster Zeit hopfte man auf der Insel das vergorene Malzgetränk, und zwar zuerst in Kent; der Hopfen wurde eingeführt. Bisher trank man den dunklen Stoff, *sengyll or dobill beer,** sehr frisch – jedoch nicht jünger als fünf Tage alt an des Königs Tafel. Ungehopft verdarb es auch schnell; nun konnte man es ausführen, in größerer Menge erstmals 1492. Wein führte man dagegen, wie Tetzel bemerkt, reichlich ein, vor allem aus Bordeaux und Burgund, aber auch aus Deutschland, Spanien und Griechenland. Damit konnte der heimische Weinbau nicht konkurrieren, er ging zugrunde. Getreide importierte man gegen Wolle. Die Schafzucht war so einträglich, daß man demgegenüber den Ackerbau vernachlässigen konnte. Mit der Holzarmut stand es dagegen nicht so schlimm, wie der deutsche Besucher wähnt. Selbst im Süden, namentlich in *The Weald* (»Der Wald«), gab es genug davon, um Holzkohle für Verhüttungszwecke – Eisen und Glas – herzustellen. Andernorts, bei Dean, Rockingham und Knaresborough, erstreckten sich Wälder und Forste noch über Hunderte von Meilen.

Wenn man sich nach Westen und Norden wandte, änderte sich die Landschaft nicht nur, was den Wald betraf. Offene Feldwirtschaft herrschte hier vor, oft inselhaft zwischen ausgedehnten Mooren und wüsten Karstgebieten. War der Reisende im Süden auf schmalen Pfaden zwischen Hecken und Gräben eingeengt, so konnte es passieren, daß er dort überhaupt keinen Weg fand.

---

* »Einfach- oder Doppelbier«

Ungezähmte Flüsse behinderten, vor allem bei Unwetter, das Vorwärtskommen ebenso wie tückische Sümpfe und ödes Bergland, doch oft genug bildeten sie als Schiffsstraße auch die einzige Verbindungslinie von Ort zu Ort. So klein England dem deutschen Besucher schien, in Reisetagen gerechnet war es größer als das größte Staatsgebiet heute. York war sechs oder sieben Tage von London entfernt, nach Cornwall war es noch weiter. Nachrichten über diese Distanz, von Mund zu Mund weitergegeben, waren in der Regel unzuverlässig. Richard III. würde erstmals eine Art Postwesen einrichten.

Abseits von der »Ökumene«, in den Randgebieten, hielten sich archaische Rechts- und Sozialformen. Bäuerliche Freiheit hatte sich hier nicht immer gegen feudale Zwänge durchgesetzt oder schien, wo gar noch präfeudale Zustände herrschten, anachronistisch. Erhob sich in Kent oder Lincolnshire der *Yeoman* gegen königliche Mißwirtschaft, gegen die Bedrückung durch Grafen und Bischöfe, so war es im Westen und Norden hoher Adel, der gekaufte und geerbte Abhängige in »Bürgerkriege« führte, zum privaten Vorteil. Wenn Heinrich VI. die Waliser ein »wildes und unzivilisiertes Volk« nannte, konnte er damit nur den Herrenstand meinen. Ihn unter Kontrolle zu halten, mußte an erster Stelle jeder Innenpolitik stehen.

Eduard IV. ging diese Aufgabe mit Systematik an. In Wales und seinen Marken, wo die Krone selbst größter Landbesitzer war, hatte er vor 1471 seinen Bruder Richard in eine vizekönigliche Stellung gebracht; seit 1473 diente in dieser Funktion der »Rat des Prinzen von Wales« in Ludlow, dessen Oberhaupt nominell sein kleiner Sohn Eduard war. Richard Gloucester aber wurde »Herr des Nordens«.

Percy- und Neville-Streit um die Vorherrschaft im Norden eröffnete die Rosenkriege; ihr jeweiliges Gewicht in der Waagschale Lancasters oder Yorks entschied manche Schlacht. Im Kielwasser Yorks hatten die Nevilles triumphiert, an York waren sie auch gescheitert. Die Percies, lange Zeit Herren des Nordens, verloren vier Generationen im Bürgerkrieg, zwei davon an der Seite Lancasters. Für Lancasters Untergang mitverantwortlich, blieben sie am Ende übrig. Ihnen freie Hand zu lassen, bedeutete freilich, die nächste Revolte herauszufordern: Seit eineinhalb Jahrhunderten kamen die großen Rebellen aus dem Norden oder Westen.

Richards Mission war es, einen weiteren Bürgerkrieg zu verhindern. Am 12. Mai 1473 schwor Graf Northumberland vor dem königlichen Rat in Nottingham, sich Gloucesters oberster Befehlsgewalt zu unterwerfen; der Herzog versicherte, Percys Rechte in Northumberland zu achten und ihm »ein guter und gnädiger Herr zu sein«. Percy sorgte dafür, hier konnte König Eduard sicher sein, daß der Königsbruder seinerseits nicht übermächtig würde.

Richard tat alles, den Grafen bei Laune zu halten und seine Eitelkeit nicht zu verletzen. Im Felde, wenn es gegen die Schotten ging, machte er ihn zum Stellvertreter; in schiedsrichterlichen Fragen, die Yorkshire betrafen, zog er ihn als Kollegen beim Gericht zu. Grenzsicherung und Rechtswahrung – hierin hatte sich der Herr des Nordens zu bewähren. Selbst in Friedenszeiten war an der Grenze immer etwas los; Viehraub und Blutfehde, hinüber und herüber, gehörten zu den häufigsten Delikten. Es galt, Entschädigungen und Lösegelder auszuhandeln, Gefangenenaustausch zu organisieren. Instandhaltung und Verproviantierung der Grenzburgen, Pflege diplomatischer Kontakte, Auswertung des Spitzeldienstes: das war Tagesarbeit. Nicht weniger Gewicht hatte die Rechtsaufsicht, die für sozialen Frieden und innere Sicherheit sorgte.

Die Richtergewalt war in Englands fünfzehntem Jahrhundert von Vollzug und Gesetzgebung geschieden, jedenfalls im Prinzip; die Praxis kannte jedoch eine scharfe Trennung noch nicht. Richter waren bestechlich und einzuschüchtern, königlichen Beamten fehlte oft die Macht. Der Bastard-Feudalismus, der einzelne mit ungesetzlicher Gewalt begabte, kam in Englands Randgebieten voll zur Wirkung. Es brauchte Mächtige, um ein Gewicht gegen Willkür zu schaffen. Richard Gloucester war ein solcher. Obwohl formell ohne Richterbefugnis, entwickelte sich sein Rat zum höchsten Gerichts- und Appellationshof im Norden. Die Leute kamen zu ihm, um Beschwerden vorzubringen, um Billigkeitsurteile, Schlichtungsverfahren und Friedenssprüche zu erheischen. Der Herzog schickte seinerseits Kommissionen durchs Land, die Erhebungen machten und Klagen entgegennahmen. »Allen, die darum baten, gewährte er gute und unparteiische Gerechtigkeit, ob sie reich oder arm, adelig oder gemein waren«, bezeugt eine Quelle.

Zu den Ratsmitgliedern gehörten Neville-Leute und Nachbarn wie Lord Scrope von Bolton und Baron Greystoke; persönliche

Freunde wie Francis Lovell; juristische Fachleute wie Richard Nele, Richard Pygott und Miles Metcalfe. Juristen berieten Richard auch in seinen beiden Reichsämtern als Stallgraf und Admiral: Die *doctores* William Godyer und John Aleyn waren am »Hauptgerichtshof der Admiralität von England« in White Hall und am Reichsstallgrafengericht ebenda tätig; sie wurden dort auch als »Stellvertreter« oder »Kommissar des Herzogs von Gloucester« geführt. Weitere Mitarbeiter und Vertraute, mehr in militärischen Fragen, waren James Tyrell, Ralph Assheton und vermutlich auch schon Richard Ratcliffe; von einigen werden wir noch hören.

Die Stadt York gehörte traditionell zur Einflußdomäne der Percies. Freilich: Wer in York das Sagen hatte, war der eigentliche Herr des Nordens – so wie England nicht ohne London zu beherrschen war. Deshalb hatte der König die Yorker auch ersucht, auf Gloucester zu hören; im übrigen genossen sie Selbstverwaltungsprivileg. Richard, um Percys Empfindlichkeit zu schonen, empfahl den Bürgern seinerseits, den Grafen um Rat anzugehen. Doch die Yorker sahen sich beim Herzog besser aufgehoben. In mehreren Fällen scheiterte Northumberland mit dem Versuch, seinen Willen in der Metropole durchzusetzen. Die Percies mochten früher ihre Macht mißbraucht haben; sicher war es jedoch auch der wachsenden Autorität Richards und seines Rats zu verdanken, daß ihr Wort nun weniger galt.

York war der Bevölkerungszahl nach die zweite Stadt hinter London; sie zählte gut zwölftausend Einwohner. Rundherum ummauert, führen vier zinnenbewehrte Tore ins Innere des ehemaligen Römerkastells. Auf eines, *Micklegate Bar,* war eine Dekade zuvor das Haupt Richards von York gesteckt worden. 69 Kirchen, neun davon außerhalb der Mauern, bestimmten mit ihren Türmen die Silhouette, allen voran die gotische Kathedrale, die soeben erst, 1472, fertig geworden war. Eine Reihe von Prachtbauten, wie sonst nur in London, schmückte die Stadt: neben den Häusern der Bettelmönche die Klöster St. Maria und Dreifaltigkeit; St. Leonhard als eines von sechzehn Hospitälern; die Ouse-Brücke mit Kapelle und Ratsstube; und natürlich das Rathaus und die zahlreichen Kaufmannsdomizile. 24 Ratsherren, ein ausgewähltes Kollegium und ein Bürgermeister an der Spitze regierten die selbstbewußte Handelsstadt, in der die Kaufmannsgilden bestimmend waren. So die bedeutenden *Merchant Adventurers* (»Ritter des Handels«) und die Vereinigung der Wollhändler. Über die Ouse hatte York Zugang zum Meer; in Kingston-on-Hull wurden die Waren für Übersee umgeladen.

Zeugnisse aus York und Yorkshire belegen, daß sich Gloucester um das Wohl der Stadt hinlänglich besorgte. Er zeigte sich, im wörtlichen Sinn der Formel, als ihr »recht gnädiger und besonders guter Herr«. Den Stadtvätern war sein Besuch, wenn er bei den Dominikanern in Lendal abstieg, stets willkommen. Sie bewiesen es durch ausgesuchte Grußgaben: feine Flußfische, delikate Milchbrote, rare Weine. Mag das in vielen Fällen wie konventionelle Routine aussehen, so wird an einigen Stellen deutlich, wofür sich die Yorker erkenntlich zeigten: »Der Herzog von Gloucester soll für seinen außerordentlichen Einsatz, mit dem er unlängst zu Gunsten der Stadtprivilegien auf die Gnade des Königs eingewirkt hat, sechs Schwäne und sechs Hechte erhalten, wenn er zur Stadt kommt.« Darüber hinaus war Richard den Yorkern ein guter Schiedsrichter, ein zweiter Salomo: wenn es darum ging, ob illegale Fischreusen zerstört werden dürften; ob es bei Wahlvorgängen mit rechten Dingen zugegangen sei; ob man Steuern in Notzeiten auch mal einbehalten könne.

Am Tage nach Fronleichnam 1477 wurden Herzog und Herzogin Gloucester in die »Fronleichnams-Gilde« aufgenommen, eine religiöse Bruderschaft, die den »Handels-Rittern« nahestand und gerade ihr 75jähriges Gründungsjubiläum feierte. Richard widerfuhr damit der Höhepunkt an Wertschätzung in York; gut zwanzig Jahre zuvor hatte man seiner Mutter die gleiche Ehre erwiesen. An Fronleichnam war ein Festzug durch die Straßen gezogen, der biblische Szenen zum besten gab – an die fünfzig, mit insgesamt fünf- bis sechshundert Darstellern. Zunftzugehörigkeit entschied über die Rolle: Schiffbauer zimmerten die Arche Noah, Goldschmiede gaben die Hl. Drei Könige, Fischer spielten die Jünger Jesu, Weinhändler sorgten ironischerweise für die Hochzeit von Kana. Das Theater fand jeweils dort statt, wo reiche Spender ihre Fenster hatten. Nun, einen Tag später, schritt das herzogliche Paar inmitten städtischer, zünftiger und geistlicher Würdenträger vom Dreifaltigkeitskloster zur Kathedrale, um seine Einweihung in die Bruderschaft zu »begehen«.

Gloucesters Hof war auf Middleham, doch als Verwalter des Herzogtums Lancaster, der er auch war, residierte er in Pontefract. Andere Sitze, die er gelegentlich aufsuchte, waren Burg Barnard, das Zentrum der Grafschaft Durham, und Sheriffhutton, ein Gutshof bei York, von dem er bequem zum Besitz des Grafen Northumberland Verbindung hatte. Middleham war, wie wir hörten, eine recht altertümliche Festung, die der hochadeligen Wohnkultur im fünfzehnten Jahrhundert schon nicht mehr entsprach. Zu Richards altfränkischem Naturell schien sie jedoch zu passen; daß er indes auch Sinn für Schönheit und Stil hatte, zeigte das prächtige Erkerfenster, das er auf Barnard einbauen ließ. Man zog jetzt vielfach aus den ungemütlichen Burgtürmen in komfortablere Wohnbauten, die man im Burghof errichtete. Manche Adeligen verließen ihre Sitze ganz und quartierten sich in Stadtpalästen ein. Richard kaufte in London *Crosby's Place,* ein Kaufmannshaus.

Adelshäuser waren strikt in Wohn- und Wirtschaftsräume getrennt; letztere betraten in der Regel nur Dienstboten. Zu den Wohnräumen gehörten Halle, Schlafzimmer und der nach Süden gelegene Söller, ein Natur*solarium,* in das man sich zum Plausch zurückzog; es hieß deshalb auch *parlour**. Die Halle war dem öffentlichen Teil des Hoflebens gewidmet: Hier wurde nicht nur getafelt, sondern auch über Fälle geurteilt und Pacht kassiert. Die Einrichtung war, für moderne Verhältnisse, spartanisch: ein Tisch – oft nur eine Platte über Holzböcken –, Bänke, Stühle, Truhen, Standleuchter; ein thronartiger Herrensessel, möglicherweise auf einem Podium erhöht. Tuche, Teppiche und Holztäfelung schmückten die Mauern. Für etwas Wärme am Abend und zur Winterszeit sorgte eine offene Feuerstelle, der Kamin.

Der Tagesablauf richtete sich generell nach den Erfordernissen der Energieersparnis: Brennstoff war wertvoll. Man stand bei Tagesanbruch auf, nahm nach der Messe Fleisch, Brot und Bier zum Frühstück: um sieben Uhr. Mittagessen gab es um zehn; dazu versammelte man sich in der Haupthalle. Der Herr oder die Herrin präsidierte, der Haushofmeister achtete streng auf die Einhaltung der Rangordnung beim Sitzen. Anschließend hielt der Herr Audienz und regelte Fragen von öffentlichem Belang: sozusagen die Amtsstunde, denn länger dauerte das Ganze kaum. Dann legte er sich zur Ruhe.

Nach der Vesper aß man zu Abend: um fünf Uhr, im Winter schon eine Stunde früher. Es folgte »schickliche Zerstreuung« bei Musik, Tanz, Spiel und Erzählungen, bei Most, Bier und Ge-

---

* Von franz. *parler* = sprechen

würzwein – mancherorts wohl auch bei »unziemlichen« Beschäftigungen wie Würfeln und anderem Glücksspiel. In größeren Haushalten trugen Höflinge zur Unterhaltung bei, gelegentlich lud man auch Musikanten, Tänzer und Gaukler ein. Wenn es dunkel wurde, zog man sich – außer bei besonderen Festlichkeiten – zurück auf die Zimmer. Ein Diener brachte dann noch die Nachtverpflegung, Brot und Bier, sowie eine Ration Kerzen und Brennholz in der kalten Jahreszeit: von Allerheiligen bis zum Karfreitag. Je nach Jahreszeit wurde das Hoftor morgens zwischen fünf und sieben Uhr geöffnet und abends zwischen neun und zehn Uhr geschlossen.

Aus der Paston-Korrespondenz bekommen wir einen Eindruck, wofür ein wohlsituierter Landedelmann sein Geld ausgab: für Ingwer, Mandeln und Rohrzucker etwa, Luxusgüter aus dem Orient; aber auch heimischer Fruchtsirup, Quittenmarmelade und Kernöl standen auf dem Einkaufszettel. Für die heranwachsenden Kinder gab es feine Wollsachen und Häkelware, der Herr des Hauses kaufte sich einen rotbraunen Mantel, schwarz gefüttert, und Satinröcke in Purpurrot und Schwarz; wenn er zur Feder griff, um die Bestellungen aufzuschreiben, öffnete er ein Schreibetui aus Zypressenholz. Das ist nur ein Beispiel. Von Richard Gloucester wissen wir, daß er Geld für ein Rudel Hunde aufwandte und sich einen Hofnarren hielt. 1473 gebar ihm Anna einen Sohn, der auf den Namen des Onkels, Eduard, getauft wurde. Ihm kaufte der Vater eine Lesefibel und ein Psalmenbuch, beide in seidener Schutzhülle; desgleichen entstanden Kosten »für grüne Kleider für den Herrn Prinzen und für eine Feder für den Herrn Prinzen«.

»Ich dachte, daß die Herren Lancaster, York, Suffolk und viele andere in ihren Gebieten Recht sprechen müßten. Aber diese englischen Herren sind nichts als reiche Edelleute, die eine Menge Land besitzen, das der Krone gehört. Wenn ein König mehrere Söhne hat oder Blutsverwandte oder verdiente Persönlichkeiten, dann gibt er ihnen nicht nur große Ländereien zur Nutzung, sondern ehrt sie auch mit dem Titel eines Herzogs oder Marquis oder Grafen, wobei er ihnen einen Teil der Einkünfte jenes Orts zukommen läßt, von dem ihr herzöglicher oder gräflicher Titel stammt; das sind z. B. zweihundert Kronen jährlich für den Herzog von York aus den königlichen Einkünften der Stadt York. Aber die Rechtsprechung, sei sie zivil oder strafrechtlich, und die Burgen bleiben in der Hand der Krone . . . Nicht alles Adelsland wird jedoch bewirtschaftet, denn viel davon liegt brach und wüst; und wie ich gehört habe, gibt es mehr als viertausend Parks in England, alle mit Gatter umzäumt: So leben die weltlichen Herren in diesem Königreich.«

Das berichtet uns der venezianische Diplomat um 1500. Tatsächlich unterschied sich diese Verfassung vom Festland, wo die Adelsherren unter ihrem König oder Kaiser fast wie souveräne Fürsten regierten und über Landschaften und Territorien geboten, die geschichtlich gewachsen waren. In England gab es so etwas nicht. Der jeweilige Adelsbesitz, Erbstücke und Schenkungen, war durchweg über das Reich verstreut und lag fast nie dort, wo der Titel des Besitzers herkam. Die einzelnen Güter setzten sich aus dem Herrenland, dem Pachtland freier und selbständiger Bauern, dem Nebenerwerbsbesitz der Tagelöhner und der *Gemeine,* der allgemein nutzbaren Weide, zusammen. Verwalter besorgten das Herrenland. Doch war es bereits die Zeit, da sich die Besitzer um ihre Güter auch persönlich kümmerten. Denn die herkömmlichen Einnahmequellen des Adels – Naturalabgaben, Frondienste, Pachtzins – versiegten in dem Maße, als die Hörigen frei wurden; was an fixen Renten blieb, war durch steigende Löhne und Preise bald entwertet. Die Herren mußten also selbst wirtschaften und dabei auch das bisher brachliegende Land einbeziehen.

Sie wirtschafteten nicht nur auf dem Gutshof, sondern auch in Handel, Industrie und Bergbau, durch Beteiligung etwa an den Silber-, Blei- und Zinngruben, deren es in England etliche gab. Gloucester schien jedoch zu solcher Arbeit noch nicht so recht berufen. Jedenfalls scheiterte er als Minenpächter: Im März 1475 bekam er zusammen mit Northumberland und zwei englischen Kaufleuten vom König die Erlaubnis, drei Silber- und Kupferminen für fünfzehn Jahre gegen Rendite an Krone, Kirche und den Bodenbesitzer auszubeuten. Drei Jahre später bereits ging das Privileg an eine deutsche Handelsgesellschaft, die offensichtlich höhere Erträge als die Vorgänger zu fördern versprach.

Richard führte ein herrenmäßiges Leben, wie es seiner Stellung als Statthalter des Königs entsprach. Im Vergleich zu dem, was der Hof in London bot, war es freilich provinziell, wenn nicht hinterwäldlerisch. Daß Eduard zu leben verstand, hatte er schon 1460 gezeigt. Er machte auch nach 1471 kein Hehl aus seiner Natur und

Neigung. *Sta darsi piacere et bon tempo con le Dame,* heißt es in Mailänder Diplomatenberichten:»Er gibt sich Vergnügungen hin und vertreibt sich die Zeit mit den Damen.« »Sein königliches Leben genoß er in vollen Zügen. Keine unverständliche Haltung, wo nichts gewiß war, jeder Tag Umsturz und den bodenlosen Fall in Tod und Elend bringen konnte. Daß Fürstenpracht auch Politik machte, wußte Eduard, bevor er ins Exil ging. Doch erst in Burgund begriff er diese Regel richtig. Samtröcke und Pelzkrägen, Glitzerketten und Funkelsteine, Tafeleien und Turniere, Bücher und Bilder: All das waren Chiffren einer herrscherlichen Rhetorik, die den Leuten mehr sagte als jede Thronrede. Sie bedurfte jedoch, um glaubwürdig zu sein, eines Ethos. Und das hieß Etikette.

Richard hielt sich die zwölf Jahre von 1471–1483 meist fern vom Hof – aus verschiedenen Gründen, wie wir sehen werden. Eine der wenigen Gelegenheiten, da er nach London reiste, war die Beschlußfassung einer neuen königlichen Hofordnung »durch den großen Rat der geistlichen und weltlichen Herren, des Kardinalbischofs von Canterbury, Georgs, Herzog von Clarence, Richards, Herzog von Gloucester, der weisen und verständigen Richter und anderer in jeder Hinsicht verantwortlicher, wohlberatener und gebildeter Männer Englands«. Sie wurde im »Schwarzen Buch der Hofhaltung Eduards IV.« niedergelegt und regelte so ziemlich alles von der Nachtverpflegung des Königs – ein Laib Brot und eine halbe Gallone Wein – bis zum Tagessatz für hochherrschaftliche Gäste; von der Kerzenration, die den Kontorbeamten zustand, bis zur Tafelordnung für fremde Gefolgsleute; vom Krankensatz für bettlägrige Königsboten – ein Laib Brot, ein Gericht von der Haupttafel, eine halbe Gallone Bier – bis zum Bewirtungsaufwand für auswärtige Besucher; wo die Burschen der Wäschekammer ihren Eßplatz und wie die Bediensteten der Geschirrkammer ihre Pferde zu stallen hatten.

Dieser Haushalt, würdiger Vorläufer des späteren Barockhofs, an dem fast jeder Handgriff geregelt, jeder Penny verbucht, jede Minute verplant war, bildete eine gewaltige Personenpyramide, ein Idealbild der mittelalterlichen Ordnung, wie sie in der Gesellschaft schon längst nicht mehr gegeben war. An der Spitze standen Hofmarschall, Hofschatzmeister und Hofrechnungsprüfer, wobei ersterer – versehen mit einem weißen Amtsstab – das Kommando führte. Eine Sonderstellung nahm der königliche Kämmerer ein. Wenn die Gesellschaftsordnung einst der höheren

Ehre Gottes diente, so zelebrierte der Hof nun die Herrlichkeit des weltlichen Herrschers. Die »königliche Kammer« – zusammengesetzt aus Audienzhalle, Privatzimmer und Schlafraum – war demnach auch Kern und Mittelpunkt allen Aufwands. Über vierhundert Menschen verschlang sie allein an Personal: »Leibritter«, »Königsritter«, »Leibherren«, »Hofherren«, Zeremonienmeister, Leibgardisten, Türwächter, Kammerherren, Zimmerburschen, Pagen . . .

»Ritter« *(knight)* und »Herr« *(squire)* im Kammerdienst zu sein war eine Ehre, die zum Teil turnusmäßig vergeben wurde; sie gingen dem König persönlich zur Hand. Die vier »Leibherren« *(Squires for the Body)* etwa kleideten ihn abends aus und schliefen in seiner Nähe auf Ausziehbetten. Aber auch der Kämmerer selbst, Lord Hastings, war sich für solchen Dienst nicht zu schade. Die »Hofherren« *(Squires for the Household)* waren »verpflichtet, Winter wie Sommer am Nachmittag die königliche Kammer am Hof aufzusuchen, um dort nach ihrem besten Können dem König ehrenwerte Gesellschaft zu leisten, durch Geschichtenerzählen und andere geistreiche Unterhaltung, durch Flötenspiel, Harfenmusik oder Gesang . . .« Zwanzig von ihnen machten ihm ständig die Aufwartung.

An der Tafel diente ein »Vorschneider« *(sewer),* der sich im Tischarrangement und Eßzeremoniell auskannte und mit der Küche den Speisezettel absprach, nach »des Königs Kostregeln und Gelüsten«. Ein »Aufpasser« *(surveyor)* kontrollierte, ob die Speisen in Ordnung waren, ein Diätarzt saß ihm, »beratend und Antwort gebend, welche Kost die beste sei«, zur Seite. Auch ein Wundarzt war stets in der Nähe, wohl um bei Unfällen, Attentaten oder Duellen parat zu sein; die Wäschekammer versorgte ihn aus ihrem Fundus mit Verbandsmaterial. Ein Mann der Leibgarde wachte darüber, daß der Barbier sein Handwerk ordentlich tat: »Dieser Barbier soll dafür, daß er Samstag abend nach Wunsch Kopf, Beine oder Füße des Königs reinigt, und für das Rasieren zwei Laib Brot und einen Krug Wein bekommen.« Dreizehn Musikanten spielten zum Tanz auf, mit Trompeten, Flöten und Schalmeien; an Festtagen kamen auch Lautenspieler und Tänzer an den Hof. Die königliche Kapelle setzte sich aus einem Dechant, 26 Geistlichen und Kaplanen – »klar von Stimme, geläufig im Lesen und hinreichend geübt im Orgelspiel« – sowie acht Ministranten zusammen; sie wurde von Besuchern aus ganz Europa gelobt.

War der Hofmarschall auch die höchste Charge, so taten die täglichen Entscheidungen des Rechnungsprüfers *(comptroller)* die sichtbareren Wirkungen; ohne ihn ging buchstäblich nichts. Der junge John Paston mußte das schon 1461 erfahren, als er versuchte, »seinen Weg an des Königs Hof« zu machen: Die Küche gab nichts aus, die Butler bedienten ihn nicht, »denn die Butler servieren niemandem irgendein Gericht, bevor sie dazu nicht der Rechnungsprüfer ermächtigt hat«. Die Beamten der Rechnungsstelle *(Counting House)* führten genaue Listen, wer wieviel an Lohn und Naturalien zu erhalten hatte, und nahmen täglich von den verschiedenen Kostenstellen – Speisekammer, Backhaus, Metzgerei, Brauerei, Gewürzmühle, Proviantmeisterei usw. – Abrechnungen entgegen; dreizehntausend Pfund im Jahr waren für ihre Deckung veranschlagt. Dafür mußten hundert Handwerker siebzehn Jahre lang arbeiten. Die heutige Königin kostet den englischen Steuerzahler nur noch ein Drittel davon.

Immerhin wurde diese gewaltige Summe nie ganz verbraucht, selbst in den letzten Regierungsjahren nicht, als es Eduard besonders üppig hielt. Daran hatte sicher seine strenge Finanzführung Anteil. Heinrich VI. und VII. vor und nach ihm gaben mehr aus; bei ersterem war davon nicht einmal etwas zu sehen. »Die pingeligen Aufzählungen im Schwarzen Haushaltsbuch wirken wie ein heroischer Bannspruch gegen Verschwendung und Unwirtschaftlichkeit. In ihnen gerinnt Eduards IV. Hof für alle Zeiten zu einem glanzvollen und dabei ökonomischen Dekorum, zusammengesetzt aus Tausenden gemessener Verhaltensregeln« – so das euphorisch-schwungvolle Urteil eines modernen Autors.

Beau prince entre les beaux du monde, nennt Commynes den englischen König: »ein schöner Fürst unter den schönen der Welt.« Daß dem so war, dafür sorgte der Genannte auch durch seine Kleidung. Er gab den Chronisten keinen Anlaß, sich über schäbige Röcke zu mokieren. »Eduard zeigte sich für gewöhnlich in einer Auswahl kostbarster Gewänder, von ganz anderem Zuschnitt als die, welche man bislang in unserem Königreich gesehen hat«, berichtet der Schreiber aus Croyland. Wie das Zeitalter, so war auch die Mode im Umbruch. Seit der Jahrhundertmitte trug der Mann einen kurzen Rock (*doublet,* »Schecke« oder »Hänslein«) mit Strumpfhosen darunter; er war in der Taille gegürtet und ging bis zum Schritt. Der fußlange Ärmelrock (*gown,* »Tappert«) war schon so unmodern, daß er nur mehr als Hausmantel diente – es sei denn bei Heinrich VI. Auf dem Kopf hatte man turbanähnliche Hüte *(chaperons)* und hohe Mützen, die Füße zierten lange spitze Schnabelschuhe, die mitunter so lang waren, daß ihre Spitzen mit einem Kettchen an den Knien festgehalten werden mußten. Doch nun begann man damit, sich Brust und Schultern auszustopfen, Ärmel und Beinkleider zu puffen und zu schlitzen, den Rock zu fälteln und zu verbrämen; er wurde wieder länger, bis zum Knie, und bildete einen Ausschnitt, aus dem ein pludriges Hemd schaute. Darüber hatte der feine Herr einen ärmellosen, pelzversetzen Mantelrock, bein- oder knielang. Auf dem Kopf trug man jetzt hohe Topfhüte mit und ohne Krempe oder ein schrägsitzendes Barett mit fescher Feder. Als Schuh wurde der kürzere »Entenschnabel« modern und der »Bärenfuß«, ein mehrfach geschlitztes Fußkleid mit stumpfer Spitze. Die Damenmode veränderte sich weniger. Frauen trugen tiefdekolletierte, unter der Brust geschnürte Kleider mit langen Schleppen und ärmellose Umhänge, die jetzt Mänteln wichen. Auf dem Kopf hatten sie schleierverzierte Spitzhauben – *hennins,* heutzutage der notorische Kopfputz theatergerechter Burgfräuleins – oder »Hörnerhauben«, turbanähnliche Gebilde, über deren spitzen Auswüchsen ebenfalls Schleier hingen.

Karl der Kühne und Eduard von England gehörten zur modischen Avantgarde. Sogar dem nüchternen Croyland-Chronisten sind die Extravaganzen des Königs eine Beschreibung wert: Die Ärmel waren weit geschnitten wie bei einer Mönchskutte, waren innen mit teuersten Pelzen gefüttert und über die Schultern zurückgeschlagen, um so dem Fürsten (der mit seiner stattlichen Erscheinung alle übertraf) beim Publikum ein neuartiges und einzigartiges Aussehen zu geben.«

Daß der König sich nicht lumpen ließ, wenn es um modische Finessen ging, weisen auch seine Garderobe-Rechnungen aus. Unter anderem bezahlte er einen Mantelrock »aus blauem Stoff mit Goldfäden, gefüttert mit Satin«; einen anderen »aus weißem Damast, besetzt mit feinem Zobel«; einen Überhang »aus golddurchwirktem Purpurstoff, verbrämt mit Hermelin«. Seine Schneider verarbeiteten Samtstoffe in allen Farben – Weiß, Schwarz, Blau mit braunem Muster, Karmesinrot, Buntscheckig – jeweils zu zehn Schilling die Elle; des weiteren Taft, Satin, Seide, Damast; allerlei Pelze, darunter Hermelin, Zobel und Feh; schließlich Blattgold, Fransen – und Straußenfedern, auch diese zehn Schilling das Stück: Dafür mußte ein Zimmermann gut drei Wochen arbeiten.

Um königlichen Glanz zu zeigen, bedurfte es, wie das »Haushalts-Buch« bemerkt, auch »überreicher Gastlichkeit«. Als die Burgunderherzogin Margarete ihren Bruder besuchte, staffierte dieser ihr Gefolge mit rot und blau abgesetzten Wämsern aus, ihre Ritter erhielten zusätzlich Mantelröcke aus Samt. Im Herbst 1472 kam der Herr von Brügge, *Lodewijk* (Ludwig) *van Gruthuyse,* nach Windsor – Eduards Gastgeber im Exil. Der König zeigte nun, daß man auch in England zu leben verstand. Chorkonzert frühmorgens in der Hofkapelle, Frühstück auf dem Zimmer, Reitvergnügen im Park, Mittagsmahl im Freien unter Lauben, Hetzjagd auf Hirsch und Bock – der Gast durfte sechs Böcke behalten –, Spaziergang im königlichen Lustgarten, Vesperlieder zur Abendandacht, festliches Bankett mit anschließendem Tanz – so verbrachte *mijnheer Lodewijk* den zweiten Tag. Eduard schenkte ihm dazu eines seiner Prachtrosse; eine Armbrust mit Seidensehne und vergoldeten Bolzen in einem Samtetui, das die Farben des Königs trug; und einen reich mit Edelsteinen geschmückten Goldpokal, aus dem ein achtzehn Zentimeter langes Hornstück vom Rhinozeros ragte, ein Heil- und Bannmittel gegen Giftmischerei.

Luxus umgab van Gruthuyse auch in seiner Unterkunft. Drei »Lustzimmer« standen ihm zur Verfügung, »gänzlich behangen und geschmückt mit weißer Seide und Leinwand, und auf allen Fußböden Teppiche«, rühmt ein Berichterstatter. »Ein Bett war für ihn hergerichtet, aus den besten Daunen, die man sich vorstellen kann, Laken aus Rennes*, ebenso feine Kopfpolster, die Überdecke aus goldgewirktem Tuch und Hermelin, das Kopfteil und der Betthimmel ebenfalls aus glänzendem Goldbrokat, Vorhänge aus weißem Taft; Laken und Kissen waren aus der Königin eigener Wäschekammer ... Nachdem der König und die Königin ihm dieses Zimmer gezeigt hatten, ließen sie Lord Gruthuyse zusammen mit dem Herrn Kämmerer allein; der kleidete ihn aus, und zusammen stiegen sie ins Bad. Nachdem sie sich dort so lange aufgehalten hatten, wie es ihnen gefiel, nahmen sie grünen Ingwer, verschiedene Sorten Sirup, Eingemachtes und Gewürzwein zu sich und gingen dann zu Bett.«

---

* Hauptstadt des Herzogtums Bretagne, berühmt für seine feinen Stoffe und Tuche.

Einige Tage später, am 13. Oktober, nahm Eduard seinen Gast mit ins »Oberhaus« nach Westminster und erhob ihn dort zum Grafen Winchester mit der Erlaubnis, einen englischen Löwen im Wappen zu führen – eine hohe Auszeichnung für den Ausländer. Der Titel wurde mit Einkünften aus den Steuern und Zöllen von Southampton ausgestattet. Van Gruthuyses Besuch im Parlament, das eine Woche zuvor eröffnet worden war, zeigt, daß er nicht nur zum Vergnügen hier war. Eduard plante wieder Krieg in Frankreich, das Parlament sollte ihn bezahlen. Es wollte jedoch erst überzeugt sein, daß die Absichten auch ernsthaft waren. Mit Rücksicht auf die sechziger Jahre gab es da berechtigte Zweifel. Van Gruthuyse war anwesend, um Bündnisbereitschaft für Burgund zu demonstrieren. Als er am 10. Dezember abreiste, hatten die *Commoners* die Finanzierung von dreizehntausend Bogenschützen versprochen, und die Lords wollten ein »Sperrkonto« in St. Paul's einrichten – was verhindern sollte, daß der König die Kriegskasse wieder zu fremden Zwecken plünderte.

Eduards Frankreichfeldzug, zu dem es nach vielen diplomatischen und pekuniären Klimmzügen schließlich im Sommer 1475 kam, könnte die Überschrift tragen: »Der französische Krieg findet nicht statt.« Der Titel ist durchaus programmatisch zu verstehen; er beschreibt nicht einfach Zufall oder bloßes Mißgeschick. Die Geschichte dieses seltsamen Unternehmens legt vielmehr die Nahtstelle zwischen Mittelalter und Neuzeit frei und zeigt, auf welcher Seite ihre Protagonisten stehen: hier Karl der Kühne und Richard Gloucester, dort Eduard von England und Ludwig XI. Biertischstrategen mag es verdrießen, über verhinderte Schlachten zu lesen, sind sie doch von der Geschichtsschreibung gemeinhin anderes gewohnt. Nach den vielen Gemetzeln, von denen wir umständehalber hörten und noch hören werden, nehmen wir es als Atempause.

Eduards Motive für diesen Feldzug sind nicht leicht zu durchschauen, neigte er doch, wie ein Mailänder Diplomat weiß, »von Natur mehr zu Ruhe und Frieden als zum Krieg«. Hört man jedoch seine Propagandisten, so steuerte er ein neues Azingourt an. Ihre Argumentation war auf brutale Weise chauvinistisch und paranoid zugleich – eine unappetitliche Mischung, wie wir sie aus der Neuzeit nur allzugut kennen. Demnach war England von Feinden umstellt. Die Invasion drohte täglich, nicht nur aus Frankreich, sondern auch von den Schotten, die mit diesem Feind in alter Allianz verbunden waren – neuerdings auch noch im Bund mit den Dänen. Besser als auf den Feind zu warten sei es, Scipios Beispiel zu folgen, der Hannibal einst in Karthago angriff. Zudem gäbe es aus der Zeit des »Bürgerkriegs« immer noch einige unruhige Geister, deren Energie man besser nach außen lenke; ein Krieg auf fremdem Boden sei auch weniger schrecklich als der im eigenen Land. Im übrigen hätte England immer dann prosperiert, wenn es Krieg im Ausland geführt hätte. Selbst Heinrich VI. stand in Ruhm und Ehre, solange in »Übersee« noch gekämpft wurde.

Zweifellos war Englands schmählicher Untergang auf dem Kontinent eine zugkräftige Parole gegen Lancaster gewesen. Noch 1468 hatte das Parlament bei der Aussicht auf Rache gejubelt. Doch seither war ein Gesinnungswandel eingetreten. Er zeigte sich bei Adel und Gemeinen gleichermaßen. In der Literatur häuft sich die Klage um den Niedergang des Rittertums: »Viele, die von edlem Blute abstammen und dazu geboren sind, Waffen zu führen, haben seltsame Gewohnheiten angenommen. Sie studieren Rechtsprechung oder Landrecht oder Zivilrecht und verschwenden dann einen großen Teil ihrer Zeit auf so eitle Dinge wie Gerichthalten; bei Gerichts- und Grafschaftstagen treten sie recht hochmütig auf und bedrücken dabei in viehischer Weise das arme und einfache Volk, das in Ruhe leben möchte. Und so einer genießt heutzutage mehr Ansehen bei den Ständen als der, der für Kriege unserer Vorfahren dreißig oder vierzig Jahre seines Lebens gegeben hat.«

So wetterte William Worcester im Frühjahr 1475. Die Schuld am Geldmangel, der immer wieder zum Aufschub des Frankreichfeldzugs geführt hatte, gibt er der Putzsucht des Volks und dem Geiz der Reichen. Richtig daran ist, daß Eduard mit seiner Kriegssteuer einen großen Reinfall erlebte. Die Summe, die das Parlament gewährt hatte, war nicht einzutreiben; vielerorts weigerten sich die Betroffenen, zu zahlen. Im Herbst 1474 fehlte noch so viel, daß das Kriegsunternehmen endgültig zu scheitern drohte. Der König hätte Zwangsanleihen aufnehmen können, doch auch diese waren unbeliebt und mit dem entschiedenen Nachteil verbunden, daß sie zurückgezahlt werden mußten. Eduard hatte eine bessere, in ihrer Schlichtheit umwerfende Idee: Er bat in aller Freundlichkeit, ihm die noch nötigen Beträge zu schenken. Im Grunde war das Verfahren uralt. Es hieß in grauer Vorzeit einmal, *bede*, »Bitte«; nun sprach man von *Benevolences*, »gutwilligen Gaben«.

Eduard warf, um den Erfolg der Aktion zu sichern, seine Person in die Waagschale: Er ging höchstpersönlich auf Betteltour. Tatsächlich gelang ihm das Kunststück, »die Elster zu rupfen, ohne daß sie schrie«, wie ein Mailänder Besucher es formulierte.»Letzten Herbst reiste der König durch das Land von Ort zu Ort und gab jeweils bekannt, wieviel ein jeder zahlen könne ... Alle schienen freiwillig zu geben. Ich habe mehrere Male Leute hier beobachtet, die vor den König gerufen wurden; wenn sie gingen sahen sie aus, als müßten sie zum Galgen; wenn sie zurückkamen, waren sie übermütig, weil sie mit dem König gesprochen hatten; und weil er ihnen so viele freundliche Worte gesagt hatte, reute sie das Geld nicht, das sie bezahlt hatten.« In Suffolk, berichtete Fabyan, gewährte eine reiche Witwe großzügig zehn Pfund; als der König sie daraufhin an sich zog und küßte, verdoppelte sie ob »seiner großen Güte und Freundlichkeit« die Gabe.

Zweifellos waren Eduards Charme und Überredungskunst entscheidend dafür,»daß ein jeder aus freien Stücken *(benevolentiam)* gab, was er wollte oder richtiger: was er nicht wollte«, wie der Croyland-Chronist sarkastisch bemerkt. Aber wir hören auch offene Klage; Margaret Paston schreibt im Mai 1475: »Der König rückt uns hier im Lande so auf den Leib, arm und reich, daß ich nicht mehr weiß, wovon wir leben sollen, wenn die Zeiten nicht besser werden.« Sie waren für den Landwirt in der Tat schlecht, denn die Agrarpreise fielen, weil Eduard Ausfuhren verboten hatte, um Proviant für seine Armee zu sichern. Aber darin liegt nicht der tiefere Grund für das Mißvergnügen des Mittelstandes. Das bürgerliche Zeitalter stand vor der Tür, und dessen Ideal heißt Wirtschaft, nicht Waffendienst. Der Zug zum Absolutismus kann darüber nicht hinwegtäuschen. Adel verkümmert in der Folge zu parasitärer Existenz. Könige und Fürsten werden zu Sachwaltern bürgerlicher Produktion und Sitte. Selbst von Adel, betreiben sie freilich das ritterliche Handwerk auf eigene Rechnung weiter. Daß sie die Quittung wiederum dem Bürgertum vorlegen, macht den Widerspruch der kommenden Epoche aus.

Wenn Eduard jemals geglaubt hatte, in Heinrich *Monmouths'* Stapfen treten zu können, sah er sich spätestens jetzt eines besseren belehrt. Frankreich war nicht in einem Feldzug zu erobern, und Geld für einen weiteren Hundertjährigen Krieg konnte er nicht erwarten (Heinrich VII. *Tudor* mußte 1489 die gleiche Erfahrung machen). Für einen Rückzieher hatte er sich freilich schon zu sehr exponiert. Die diplomatischen Vorbereitungen waren getroffen, die alten Bündnisse erneuert. Wichtig war das Arrangement mit der Hanse, das den Seeweg sicherte, wichtig auch der Friede mit Schottland, der den Rücken frei machte; Richard Gloucester hatte hier wohl seine Dienste geleistet. Ein Vertrag mit Burgund sah vor, daß Karl dem König bei der Wiedergewinnung »seiner Herzogtümer Normandie und Aquitanien und auch seines Königreichs Frankreich . . . persönlich und mit seiner ganzen Macht« behilflich sein und dafür einen Teil der Beute erhalten solle. Wie sich zeigte, glaubte selbst der Burgunder mit seiner hochfliegenden Phantasie nicht an dieses Ziel.

Eduards Truppen sammelten sich im Mai 1475 bei Canterbury. Es handelte sich nicht um ein Reichsaufgebot, dem jedermann zu folgen hatte, sondern um eine »Vertragsarmee«, die Vorform des Söldnerheers. Englands Feudalherren verpflichteten sich, eine bestimmte Anzahl Krieger zu festgesetztem Preis dem König zuzuführen. Clarence und Gloucester, als größte Landbesitzer, standen mit je hundertzwanzig Rittern und tausend Bogenschützen im Wort. Jeder Soldat trug das Emblem seines Soldgebers, in Gloucesters Fall den weißen Eber – *le blanc sanglier* im Gebildetenfranzösisch der englischen Oberschicht. Richard erfüllte sein Soll überreichlich, der König bedankte sich mit weiteren Landschenkungen, Privilegien und Ämtern. An die fünfzehnhundert Ritter und elftausend Fußsoldaten kamen zusammen, ergänzt durch eine respektable Artillerie. Commynes nennt sie »die größte Armee, die je ein englischer König herübergebracht hat; alle waren beritten, das Diszipliniertest e und Bestausgerüstete, das jemals nach Frankreich kam«.

Der Burgunderchronist hatte indes seinen Herzog verlassen und stand nun im Dienst Ludwigs XI. Es scheint, als kündigte sich der Untergang des »kühnen« Karl im Verlust dieses klugen Ratgebers an. Tatsächlich entschied sich sein Schicksal, das ihn zwei Jahre später ereilte, schon im Sommer 1475. Und es war seine Schuld. »Gott verwirrte ihm Sinn und Verstand«, kommentierte Commynes. Ob den lieben Gott die Schuld trifft, sei dahingestellt. Die Engländer nannten Karl *The Rash,* einen Vorschnellen, die Franzosen hießen ihn *téméraire,* Wagehals. In diesen Charakterzügen des Burgunders ist wohl sein Scheitern begründet: Ungeduldig, hochfahrend, halsstarrig verspielte er in wenigen unbesonnenen Einsätzen das Kapital seiner Vorfahren, die Börse des eigenen emsigen Bemühens.

Karl war dreiunddreißig, als sein Vater starb; zehn Jahre jünger als sein französischer Vetter, aber keineswegs mehr ein jugendlicher Heißsporn. Aufgewachsen als Erbe des glänzendsten Hofes Europas, erzogen im weltfremden Mythos einer ritterlichen Welt, äußerlich ein Bild von Mann, mochte das lange Infantentum unter der Fuchtel des Vaters gleichwohl Energien gestaut haben, die sich nun in Machtvisionen entluden. Wo sein Vater vorsichtig operierte, glaubte der Sohn, alles ginge, wenn man nur wolle. Sieben Jahre lang hatte er Erfolg. Durch Kauf, Krieg und Vertrag arrondierte er sein Reich, das nominell zu Frankreich und Deutschland gehörte; eine eigene Königskrone war greifbar nahe. Könige und Kaiser buhlten um seine Freundschaft, Ludwig von Frankreich fürchtete ihn als Vorkämpfer der *Bien Public* – des »öffentlichen Wohls*«, der ständigen Fürstenfronde im eigenen Reich.

Doch plötzlich ging nichts mehr. Das Menetekel erschien an der Stadtmauer von Neuss, als Karl nach elf Monaten mit der Belagerung dieser kleinen rheinischen Stadt scheiterte. Das war im Juni 1475. Am 4. Juli landete Eduard in Calais. Herzogin Margarete war zwei Tage später zur Stelle, um die Brüder zu begrüßen; Georg und Richard geleiteten sie nach St-Omer zurück. Ihr Gemahl traf erst am 14. ein, ohne die Armee, nur von einer Leibwache umgeben; seine geschlagenen Heerführer plünderten dieweil das Land der Lothringer. Commynes zufolge konnte der Herzog diesen Haufen auch gar nicht vorzeigen. So klopfte er Sprüche über Eduards großartiges Aufgebot, das bis vor die Tore Roms marschieren könne. Anstalten, die eigenen Truppen vertragsgemäß herbeizuführen, machte er nicht. Dafür versprach er den Engländern St. Quentin in der Picardie als Stützpunkt. Eduard war wütend, nannte den Schwager gleichwohl weiterhin Bruder und rückte auf diese Stadt zu. Zwei Nächte ließ er, zur Stärkung der Moral, auf dem Schlachtfeld von Azingourt kampieren, über modernden Knochen aus glorreicheren Zeiten.

Vor St. Quentin zeigte sich indes, daß Karl im eigenen Land nicht Herr war. Der Statthalter dort, Graf St. Pol – ein Lehensmann des Burgunders und gleichzeitig Reichsstallgraf von Frankreich –

---

* Franz. Adelspartei

versperrte entgegen vorheriger Zusagen die Tore und beschoß die Herannahenden. Man schrieb mittlerweile den 11. August. Am selben Tag verließ Karl das englische Heer, angeblich um nun seine Truppen zu sammeln und zum Vorstoß in die Champagne zu führen. Realer war Ludwigs Anmarsch, begleitet von einem breiten Streifen der Verwüstung. Später »verbrannte Erde« genannt, war das ein probates Mittel aus dem Hundertjährigen Krieg, den Feind im fremden Land verhungern zu lassen; daß die eigenen Bauern dabei draufgingen, war nicht so wichtig. In dieser Situation entschied sich Eduard, Frieden zu schließen.

Der Entschluß kam, selbst wenn man die negativen Aspekte des Feldzugs betrachtet, überraschend. Gewiß, es war spät im Jahr, der Winter rückte näher, der Proviant würde nicht ewig reichen, Frankreichs nördliche Provinzen waren verbrannt und ausgepowert; und die Verbündeten – nicht nur der Burgunder, auch der Bretone – hatten Eduard bisher im Stich gelassen. Doch damit war zu rechnen gewesen. Dem König stand immerhin eine schlagkräftige Armee zur Verfügung, begierig auf glänzende Siege. Solche schienen durchaus greifbar, denn Ludwigs Truppen machten, wie Commynes gesteht, einen schlechten Eindruck. Waren sie geschlagen, lag der Weg nach Paris und nach der Krönungsstadt Reims offen. Wir vermuten freilich, daß Eduard nie dorthin wollte. Wahrscheinlich war er gar nicht traurig, daß Karl ihn verließ. Vier Tage später hatten Unterhändler nämlich den Frieden schon abgesteckt: sofortiger Rückzug der Engländer um den Preis von 75 000 Goldkronen und weitere 50 000 jährlich für sieben Jahre Waffenstillstand. Eduards älteste Tochter sollte dem *Dauphin* verlobt werden. Ein Schiedsgericht würde über die Frage entscheiden, wer rechtmäßiger König in Frankreich sei.

Der Vertrag wurde auf einer Brücke bei Picquigny am 29. August beschworen. Zuvor hatte sich Ludwig in Amiens, mitten im Territorium des Burgunderherzogs, gastfreundlich gezeigt: Er ließ die Engländer in die Stadt, schickte ihrem König dreihundert Wagenladungen beste französische Weine, ließ Tische an den Toren aufstellen, die zum Wein das Beste aus Frankreichs Landen servierten. Das Fest dauerte drei Tage; Commynes versichert, daß dabei kein Tropfen Wasser getrunken wurde. Bei Picquigny hatte man eine hölzerne Brücke über die Somme geschlagen, deren Übergang eine Art »Löwengitter« versperrte. Hier trafen sich die beiden Könige. Durch die Stäbe hindurch umarmten sie sich. Ludwigs Vorsicht kam nicht von ungefähr: 1419 hatte man bei ähnlicher Gelegenheit auf der Brücke von Montereau-faut-Yonne einen Burgunderherzog ermordet. Der Franzose war abergläubisch dazu. Sein Begleiter Commynes mußte das gleiche Gewand tragen wie er – Schutzmittel gegen die Mißgunst der Götter. Engländer sind mit Prophezeiungen immer gut versorgt, spottet der Burgunderchronist. Tatsächlich hatte Eduards Kanzler eine zur Hand: Daß bei Picquigny ein denkwürdiger Friede geschlossen werde, sei schon vorausgesagt, verkündete er zur Begrüßung. Prophezeiungen und Omen bestätigten dann prompt die politische Entscheidung. Während die Könige tagten, kam eine weiße Taube auf Eduards Zelt hernieder und ließ sich durch keinen Lagerlärm verscheuchen, berichteten Engländer in der Stadt. Einige, so Commynes, gaben jedoch die andere Version zum besten, »daß ein leichter Regenschauer an diesem Tag gefallen sei, und die arme Taube sich, als wenig später die Sonne recht kräftig schien, lediglich zum Trocknen auf jenes Zelt setzte, das höher als die übrigen war«. Der Skeptiker führt damit eine Denkfigur vor, die Schule machen sollte: die Produktion scheinbar »natürlicher« Erklärungen, um den Mythos lächerlich zu machen. Das rationalistische Zeitalter marschierte.

Einer Rechtfertigung bedurfte der Friede freilich. Daß der Heilige Geist Englands König bei Picquigny inspirierte, glaubten nicht alle, am wenigsten Karl von Burgund, der tobend mit dem Verbündeten brach und sich weigerte, am Waffenstillstand teilzunehmen. Wenn Eduards Heerführer Bretaylle meinte, sein Herr habe den Ruhm von neun Siegen zunichte gemacht, sprach er auch denen aus dem Herzen, die Ludwigs triumphierender Spott traf: »Ich habe die Engländer mit weniger Mühe aus dem Lande gejagt als je mein Vater zuvor; denn mein Vater vertrieb sie mit Waffengewalt, wo ich es mit Wildpasteten und Wein schaffte.«
    Er ließ sich denn auch, um Unmut in Eduards Lager vorzubeugen, nicht lumpen: Weitere sechzehntausend Kronen gab er jährlich an Bestechungsgeldern aus, unter anderem für den mißlaunigen Louis de Bretaylle. Hastings machte er mit einer Jahresapanage von zweitausend Kronen für den Frieden gefügig; der Kämmerer zeigte Bedenken, weil er schon Geld aus Burgund in der Tasche hatte, ließ sich die Zuwendung dann aber doch in den

Ärmel stecken. Noch einen umwarb der Franzose: Richard Gloucester. Der war dem Friedenstreffen ferngeblieben und hatte kein Hehl aus seiner Abneigung gegen den Vertrag gemacht. Gleichwohl folgte er der Höflichkeit halber einer Einladung Ludwigs und ließ sich Tafelgeschirr und Pferde schenken. Ruhm gegen Geld zu verkaufen, hielt er indes für unwürdig. Mores Verdikt über Richards kriegerischen Charakter wird hier verständlich. Der Humanist vertrat ein neues Zeitalter, Gloucester stand dagegen auf seiten der untergehenden Epoche, Karl von Burgund verwandt, der bei aller Kühnheit und Intelligenz den Winkelzügen moderner Politik am Ende nicht gewachsen war. Anders die beiden Könige. Den Franzosen scherte es wenig, daß man seine Zahlungen als Tribut bezeichnete; er war froh um die Atempause, die ihm vielleicht Krone und Leben rettete. Auch Eduard sah sein Ziel erreicht: Mit der Strafexpedition hatte er Muskeln gezeigt, Frankreich war gedemütigt. *Qui a le prouffict de la guerre, il en a l'honneur,* befindet auch Commynes: »Wer den Gewinn vom Krieg hat, hat davon auch die Ehre.« Durch die gewaltige Rente aber, die Eduard dem französischen König abpreßte, waren seine Finanzen ein für alle Male saniert. Das hatte, wie wir sehen werden, für die Innenpolitik Konsequenzen.

»Der König kehrte also nach England zurück, nachdem er einen ehrenhaften Friedensvertrag geschlossen hatte. So sahen es jedenfalls die höheren Offiziere im königlichen Heer, obwohl nichts so heilig oder so würdig ist, als daß es nicht durch böswillige Rede in den Schmutz gezogen werden könnte. Tatsächlich fingen einige Leute sofort an, das Beschlossene zu kritisieren, doch diese erhielten bald die verdiente Strafe für ihre Vermessenheit.« Die Andeutungen des Chronisten aus Croyland bleiben dunkel, wir wissen nichts weiter darüber. Richard gehört jedenfalls nicht zu den »Vermessenen«, er blieb loyal. »Andere«, heißt es weiter, »wandten sich bei ihrer Rückkehr Diebstahl und Raub zu, so daß keine Straße in England mehr sicher war, weder für Kaufleute noch für Pilger.« Es war dies das Problem einer entlassenen Armee, deren Übermut nicht durch das »Stahlbad« eines Krieges gekühlt war. Eduard reagierte schnell, als Unmut laut wurde, und ging mit Standgerichten *personam* gegen die Marodeure vor; er schonte selbst die nicht, die sein Emblem auf der Brust trugen.
Er mußte freilich so handeln. Nicht nur im heimkehrenden Heer

gab es Unzufriedene: »Viele beklagten sich über den unredlichen Umgang mit den Steuern des Reiches, wobei allen große Geldsummen aus der Tasche gezogen und nutzlos verschleudert worden seien. Wäre der vorausschauende Fürst den erwähnten Übelständen nicht von Beginn kräftig entgegengetreten, wäre die Zahl dieser Leute derart angewachsen, daß man nicht hätte sagen können, welcher Kopf unter den königlichen Ratgebern noch sicher gewesen wäre; das galt besonders für diejenigen, die aus Freundschaft zum französischen König oder aufgrund seiner Geschenke den König überredet hatten, Frieden in der obengenannten Weise zu schließen.«

Krieg bezahlen war eine Sache; hierum riß man sich nicht. Doch wenn man schon zahlte, wollte man Siege sehen, von denen man seinen Enkeln erzählen konnte. Richard gehörte nicht zu den Ratgebern, denen der Franzose die Nase vergoldet hatte, und das sicherte ihm in einem weiteren Punkt die Sympathie der *Commoners.* Trotzdem kam es im Frühjahr 1476 in Yorkshire zu Unruhen, zu Tumulten auch in York. Die Hintergründe sind nicht klar; jedenfalls waren Gloucester und Northumberland im März mit fünftausend Mann zur Stelle und hielten Gericht. Es fiel milde aus. Anscheinend hatte der König im Sinn gehabt, der Stadt die Privilegien zu nehmen, wie 1471 dem Warwick-freundlichen Canterbury. Der Herr des Nordens verhinderte das. Und die Stadtväter dankten es ihm mit den zitierten »sechs Schwänen und sechs Hechten«.

Es kostete Ludwig XI. schon etwas mehr als nur Wildpasteten und Wein, um die Engländer aus dem Land zu bekommen: 75 000 Goldkronen für Eduard, »um zu seinen Kosten beizutragen, die ihm Ankunft und Rückkehr bereiteten« – Reparationen an den Aggressor also; dazu fünfzigtausend Goldkronen jährlich – das entsprach etwa zehntausend englischen Pfund. Wenn Eduard noch dreitausend Pfund darauflegte, hatte er damit schon seinen Hofstaat bezahlt. Er lockte dem Widersacher außerdem noch eine Jahresrate extra aus der Tasche – als Lösegeld für Margarete von Anjou. Daß seine Untertanen murrten, ist freilich verständlich; sie fühlten sich als Geprellte. Nicht auf die Dauer. Als erste bekamen die Händler den Segen des Friedens zu spüren: Eduard verschaffte ihnen in Frankreich Chancen, ohne in den Niederlanden wirklich zu schaden; in Bordeaux sprach man vom »Kaufmannsfrieden«. Entscheidender war aber die Entlastung der innenpolitischen Szene; Lancaster hatte vorläufig keine Chance mehr. Es scheint, als feierte Warwicks Politik einen späten Triumph. Der Schein trügt – Warwick stand ein Tribut, wie der König ihn nun genoß, niemals in Aussicht. Im Gegenteil: Er hätte mit Kriegsdienst zahlen sollen. Dieses Gold in Eduards Schatulle war für den Steuerzahler jedoch von ganz erheblichem Vorteil.

»Ich habe vor, in Zukunft selbst für meinen Unterhalt zu sorgen und meine Untertanen nur in bedeutenden und dringenden Fällen zu belasten, die mehr ihr eigenes Wohl und die Verteidigung ihrer selbst und dieses Reiches betreffen als mein eigenes Wohlergehen«, hatte Eduard den *Commoners* schon im Januar 1468 versprochen. Das war es auch, was man von ihm verlangte. *Rex datur propter regnum et non regnum propter regem,* zitiert Richter Fortescue Thomas von Aquin: »Der König ist für das Reich da, nicht das Reich für den König.« Und fährt fort: »Denn obwohl sein Stand der höchste weltliche Stand auf Erden ist, ist er doch nur ein Amt, in dem er zur Verteidigung des Reichs nach außen und innen dient.«

Als Eduard sein Amt antrat, fand er indes die königlichen Kassen geplündert; obwohl größter Landbesitzer im Reich, war er auch persönlich so arm, daß der Erzbischof von Canterbury ihm die Krönungskosten vorschießen mußte. »Wir haben keinen Zweifel, daß ein Reich mit einem armen König weder gedeihen noch Achtung genießen kann«, befindet der Staatsrechtler. England hatte seine Erfahrungen damit unter Heinrich VI. gemacht. Die Staatsfinanzen krankten damals nicht nur an Verschleuderung, sondern mehr noch am geringen Einkommen aus der Krondomäne. Königsgut war entfremdet, seine Verwaltung zerrüttet, die Bewirtschaftungsmethoden antiquiert; steigende Löhne und Preise fraßen den Wert der fixen Feudaleinkünfte. Dem König ging es nicht besser als vielen seiner Lords, die ständig in Geldnot waren und mit Korruption und Gewalt nach höheren Einkommen zielten.

Auch Eduard tat sich in den ersten Jahren schwer. Er hatte das Königsgut, in das schon Lancasters Erbe eingegangen war, um York und March vermehrt; er verfügte mithin über gewaltige Landressourcen. Die Güter Geächteter, obgleich später weiterverliehen, füllten ihm zeitweise die Börse. Er nutzte das lukrative Recht der Lehensvormundschaft über minderjährige Vasallen. Mit Zustimmung des Parlaments unterwarf er entfremdetes Krongut wieder dem königlichen Zugriff. Doch der »Bürgerkrieg« forderte seinen Tribut. Zahlreiche Parteigänger wollten belohnt sein, und damit gerieten Land und Rechte aus Staatsbesitz wieder auf den Weg privater Nutzung.

Eduard mußte am eigenen Leib erleben, wie es einem armen König ergeht. Fortescue beschreibt es: »Seine Untertanen halten sich lieber an einen Lord, der reich ist und ihnen Sold und Aufwand zahlt, als an ihren König, der nichts in der Tasche hat, und dem sie, falls sie dazu bereit sind, auf eigene Rechnung dienen müssen.« Warwicks Erfolge, die Eduard nahe an den Ruin brachten, stehen dafür. Das Trauerspiel um die Kriegsbewilligungen zeigte mit Nachdruck die Grenzen, die dem König fiskalisch gesetzt waren. (Wenig später weigerten sich die Steuerzahler im Süden sogar, für die Verteidigung des Nordens zu zahlen.) Daß er den Trick mit den »Benevolenzen« kein zweites Mal spielen konnte, wollte er sich nicht ernstlich Feinde machen, wußte Eduard. Schuldenmachen war auch keine Lösung, solange die Tilgung nicht garantiert war. »Borgerei und Wucher vergrößern die Armut dessen, der borgt«, befindet Fortescue rigoros. Im fünfzehnten Jahrhundert, wo höchste Zinssätze galten, bestimmt richtig!

Um Geld in die Kasse zu bekommen, griff Eduard zu Münzmanipulationen. 1464 verringerte er das Gewicht des Pfennigs von fünfzehn auf zwölf Gran Silber und erhöhte dementsprechend den Kurswert des Goldnobel* von achtzig auf hundert Pfennig. Das machte die englische Währung gegenüber ausländischem Geld konkurrenzfähig, bedeutete im Inneren jedoch Inflation. Jedenfalls floß Gold in die königliche Münze. Der König ließ auch neue Münzen schlagen: *Angels* und *Royals*, die einen billiger, die anderen teurer als der aufgewertete Nobel, und neue *groats* zu vier Pfennig, minderere Scheidemünzen als die früher gültigen. Die Goldlegierung blieb beim Verhältnis 100 : 9 wie 1411 festgesetzt, doch argwöhnte man trotzdem, sie sei verschlechtert worden. Außerdem ärgerte man sich über die Mühe beim Umrechnen. Die Leute haben es nicht gern, wenn man mit ihrem Geld experimentiert. Jedenfalls warfen die Aufständischen von 1470 dem König Münzverschlechterung vor.

Geld war zum Angelpunkt der Politik geworden; auch hierin schminkte sich das Mittelalter ab. Eduard als Rentner des französi-

---

* Münze, die Eduard III. eingeführt hatte; seit Heinrich IV. wog sie 108 Gran (ca. 7 gr.).

schen Königs: ein Bild, das Zeitgenossen ebenso schockierte wie Nationalhistoriker neuerer Zeit. Diese halten Geld für etwas, das man hat, worüber man aber nicht spricht; jene sahen im Mammon noch den Satan wirken. Tatsache ist, daß Picquigny die englische Politik revolutionierte. Außenpolitisch wurden die Weichen für Englands Weg zur insularen Seemacht gestellt, der Rückzug vom Kontinent endgültig besiegelt. Innenpolitisch »befreite« das Geld aus Frankreich den englischen König vom Parlament – so stellt es sich jedenfalls dem dar, der gewohnt ist, im Parlamentarismus Ziel und Ende der Geschichte zu sehen. Es war freilich umgekehrt: Eduard konnte den *Commoners* erst einmal Parlamente ersparen. Er brauchte ihr Geld nicht mehr, und sie waren froh darum. Eine der ersten Maßnahmen nach Rückkehr aus Frankreich war, die ausstehenden Steuern zu streichen. Sie beizutreiben wäre ihm ohnehin schwergefallen.

Der König folgte statt dessen Fortescues Rat, »den standesgemäßen Lebensunterhalt aus seinen großen Herrschaften, Rittergütern, Zinslehen und anderen derartigen Domänen zu ziehen«. Das war alles andere als revolutionär. Es ging lediglich darum, die fiskalischen und ökonomischen Konsequenzen des Feudalwesens zu ziehen. Zu Zeiten, da Geld noch keine Rolle spielte, sah sich der Feudalherr – ob Lord oder König – als Richter und Heerführer; in der Nutzung des Landes beschränkte er sich auf einige Höfe, die seinen Lebensunterhalt sicherten. Nun hieß es, die Domänen nach Gutsherrenart intensiv zu bewirtschaften. Für die riesigen, verstreuten Königsgüter bedeutete das einen Verwaltungsaufwand, dem die traditionelle Schatzmeisterei *(exchequer)* nicht gewachsen war. Bis zu Eduard wurden zugunsten der Krone nur die Herzogslande von Lancaster intensiv genutzt.

Als hinderlich erwies sich vor allem die zentralistische Struktur der königlichen Schatzkammer. Die Beamten saßen in Westminster und bekamen das Land, dessen Einkünfte sie verwalteten, nie zu sehen. Sie rechneten nach Ertragswerten ab, die längst überholt waren, oft stimmten nicht einmal die Namen der Pächter mehr. Eduard begann 1461 damit, die eigenen Erblande nach Lancaster-Vorbild zu organisieren, später dehnte er das Prinzip auf alle Domänen aus. Seit den frühen Siebzigern bildeten sie sieben Einheiten mit jeweils lokalen Inspektoren *(surveyors)*, Kassierern *(receivers)* und Revisoren *(auditors)*. Ihre Aufgabe war, wie eine Anweisung formulierte, »umherzureiten, zu überwachen, zu kassieren und zu mahnen, derart, daß es dem König in jeder Hinsicht optimalen Profit bringt, und darüber jährlich zu berichten«. Vor allem hatten sie die Pachtsätze auf aktuellem Stand zu halten. Sie waren nicht dem Exchequer unterstellt, sondern der Hofkammer *(King's Chamber)*. Mit fünf Schilling pro Tag, dem dreifachen Wochenlohn eines Handwerkers, zählten diese Spezialisten zu den bestbezahlten Beamten im Reich.

In Eduards ersten Jahren waren nicht mehr als zweitausend Pfund jährlich aus der Domäne geflossen, zu Ende seiner Regierung mehr als das Zehnfache – allein an Pacht, nicht gerechnet die traditionellen »Feudalfälle« wie Vormundschaft, Heiratserlaubnis, Erbfall, Ämtervakanz. Daß dies nicht nur Verdienst routinierter Staatsdiener, sondern Teil eines höheren Plans war, bezeugt der Croyland-Chronist: »Der König wandte sich ganz der Frage zu, wie er sich in Zukunft aus eigener Habe und eigener Anstrengung ein Vermögen machen könne, das seinem Stande entsprach. So nahm er denn, mit Zustimmung des Parlaments, Besitz von nahezu allen königlichen Gütern, egal wem sie bisher anvertraut waren, und verwandte sie gänzlich zur finanziellen Unterstützung der Krone. Für die Häfen des Reichs ernannte er Zollaufseher, die jedoch, wie es hieß, den Kaufleuten gegenüber zu hart waren.

»Der König selbst richtete sich Handelsschiffe, belud sie mit feinster Wolle, Tuchen, Zinn und anderen Landeserzeugnissen und tauschte mittels Agenten, darunter Italiener und Griechen, Ware gegen Ware wie ein gewerbsmäßiger Handelsmann. Vakante Bischofssitze, die laut Magna Charta* nicht gegen Geld verliehen werden dürfen, gab er nur zu einem von ihm festgesetzten Preis aus der Hand. Er forschte sorgfältig in den Urkunden und Verzeichnissen der Kanzlei nach und belegte diejenigen, die sich außerhalb des vorgeschriebenen Rechtswegs in den Besitz von Erbschaften gesetzt hatten, zum Ausgleich für den erzielten Gewinn mit schweren Bußen. So oder ähnlich waren seine Methoden, zu Geld zu kommen – mehr als selbst ein Geübter sich hätte einfallen lassen. Dazu kam der jährliche Tribut von zehntausend Pfund aus Frankreich und häufige Kirchenzehnte, die der Klerus nicht verweigern konnte. Auf diese Weise wurde er in wenigen Jahren zu einem außergewöhnlich wohlhabenden Fürsten.«

---

* Grundrechtskatalog von 1215, eines der wenigen schriftlichen Verfassungszeugnisse Englands, Grundlage auch des modernen englischen Staatsrechts.

Der König als Kaufmann: Das war nicht ganz so unerhört, wie es aus den Worten des Chronisten klingt; schon Eduard I. hatte, zweihundert Jahre zuvor, mit Wolle gehandelt. Neu war freilich der Umfang. Im November 1466 etwa verschiffte Eduards Agent Monteferrato sechstausend Sack Wolle, zwanzigtausend Ballen Tuch, sechzehntausend Barren Zinn und zehntausend Tonnen mit Zinngeschirr nach Italien. Im Februar des Bürgerkriegsjahrs 1470 wurden in London allein fünfundzwanzig Schiffe für den König abgefertigt; unter den Einfuhren finden wir Feigen, Rosinen, Öl, Zucker, Orangen, Hopfen, Kupfer, Holzfurnier, Fächer, Seife, Brillen und einen Papageien. Im Juni darauf löschte ein italienischer Dreimaster in Sandwich zu Händen zweier königlicher Agenten 390 Ballen Waid* und 27 Faß Südwein bzw. 613 Ballen Waid, 32 Tonnen Alaun, 7 Walzen Wachs, 23 Packen Schreibpapier, 14 Harnische sowie Weißwein und anderes mehr. Nicht nur der König verschaffte sich auf diese Weise ein Zubrot. Auch seine Höflinge, Hastings etwa oder Graf Essex, waren im Geschäft. Selbst der Erzbischof von York hielt sich dafür nicht zu schade.

Eduards Gesamteinkommen belief sich schließlich pro Jahr auf 93 000 Pfund; als erster Herrscher seit Heinrich II. (1154–1189) starb er ohne Schulden. Mit den Methoden, die er hierzu brauchte, kam er freilich nicht bei allen an. Kaufleute klagten, wie wir hörten, über sein rigoroses Vorgehen gegen den Schmuggel, die Maximierung der Landwirtschaftsprofite machte ihn bei den Domänenpächtern unbeliebt. Daß er in seiner revidierten Hofordnung von 1478 überdies zu Sparmaßnahmen griff – Personal reduzierte, Unterhaltssätze senkte und die Hoffart einschränkte –, trug ihm den Ruf des Geizkragens ein. Mancini: »Freigebigkeit übte er nur äußerst selten und dann mit Maßen; immerhin zeigte er sich denen dankbar, die ihm geholfen hatten. Obgleich nicht auf fremdes Gut aus, war er doch so hinter dem Geld her, daß es ihm als Geiz ausgelegt wurde. Selbst das große Vermögen, das er auf diese Weise ansammelte, machte ihn nicht freigebiger oder zahlungsbereiter, sondern eher engherziger und knausriger als zu der Zeit, da er arm war. So sprach man denn schon öffentlich über seinen Geiz.«

Auch in dieser Hinsicht war Eduard ein Mann des kommenden Zeitalters. Ein Fürst müsse mit seinen Mitteln sparsam bis zum

---

* Waid = Isatis tinctoria: blaufärbender Kreuzblütler

Geiz sein, schreibt ein halbes Jahrhundert später ein anderer Italiener, Machiavelli: »Er muß Unternehmungen angehen können, ohne sein Volk zu belasten. So zeigt er sich freigebig den zahllosen, denen er nichts nimmt, und geizig gegen die wenigen, denen er nichts gibt. Wenn man weder ihr Eigentum noch ihre Ehre antastet, sind es die meisten Menschen zufrieden.« Das sind Töne, die im fünfzehnten Jahrhundert noch nicht allen eingingen.

Ein Anonymus reimte nach Eduards Tod:
»Ich häufte Truhen, Laden und Gerät
Mit Schätzen meiner Untertanen –
Für die Schätze, die ich nahm,
Fehlt mir nun ihr Gebet.«*

Getreu Fortescues Fürstenspiegel ließ der König von seinem Reichtum auch etwas sehen. »Er beschaffte Gold- und Silbergerät, Teppiche und Wandbehänge für die königlichen Paläste, aber auch Kostbarkeiten für die Kirchen, errichtete Burgen, Universitäten und andere hervorragende Bauten und erwarb zusätzliche Güter und Landbesitz. Keiner seiner Vorgänger hätte es ihm darin gleichtun können.« So der Chronist aus Croyland.

Bautätigkeit ist das dauerhafteste Herrschaftszeugnis, keine Hochkultur enträt ihr. In religiösen Gründungen offenbarte sich das Mittelalter, die Neuzeit stellt sich in profanen Herrenbauten dar. Die Renaissance, das zwittrige Zeitalter, baute Tempel des Geistes. Heinrich VI. ließ *Eton* und *King's College* errichten; Eduard gab Geld für die Kapellen dort, Schmuckstücke des spätgotischen Perpendikularstils. In Oxford entstand zu Lancaster-Zeiten *Humphrey's Library*, Cambridge erhielt *Lady Margaret's College.* Eduards höchsteigenes Anliegen war die Neuerrichtung der St.-Georgs-Kapelle in Windsor.

Er hatte es eilig damit: Was er an Steinmetzen bekommen konnte, engagierte er. Bischof Wayneflete von Winchester, der an *Magdalen College* baute, mußte im Frühjahr 1478 um Sondererlaubnis für eigene Aufträge bitten. Eduard sparte auch nicht: Fünfzig Pfund »für die Herstellung des Kopfes an einem Abbild des hl. Georg und für Vergoldungsarbeiten an diesem«; hundertsechzig Pfund für »ein Abbild Unserer Frau Königin in Gold

---
* I stored hucches, cofers and chyst
With tresore takyng off my commynalte –
ffore there tresore that I toke
there prayers I myst.

zusammen mit Unserem Herrn König in seinem Wappenkranz«. Er ließ Seidendamasthimmel, »bestickt mit Engeln und verschiedenen Musikantengruppen«, und meterweise »weißen Samt mit schwarzen Tupfen, weißen Damast mit verschiedenfarbigen Blumen, blauen Samt durchwirkt mit Gold« zur Ausstattung einkaufen. Als Eduard starb, war das Nordschiff neben dem Chor fast fertig; er ließ sich hier begraben. Heinrich VIII. vollendete fünfzig Jahre später den Bau, der heute noch zu bewundern ist.

Das fünfzehnte Jahrhundert hat nichts Genialisches: keinen Chaucer und keinen Shakespeare, keinen Wycliff und keinen Knox, keinen Ockham und keinen Morus, keinen Roger Bacon und keinen Francis Bacon. Durchschnitt regierte. John Lydgate, kaum Literaturhistorikern bekannt, reimte in unermüdlichem Fleiß langatmige Verse, von denen 145 000 Zeilen überliefert sind. Die Zeitgenossen schätzten ihn wie sein Vorbild Chaucer, doch hielt die Nachwelt dieses Urteil nicht aufrecht. Thomas Malory, dessen Identität so rätselhaft ist wie die Shakespeares, schrieb einen lebendigen, griffigen Prosastil, doch sein berühmter *Morte Darthur* (»Tod des Artus«) ist nur eine Zusammenschrift bekannter Artus-Sagen. Caxton veröffentlichte das Romanwerk 1485 in 21 Bänden; es wurde zu einem Bestseller. Was sich in Lydgates und Malorys Popularität abzeichnet, ist stärker noch in den volkssprachlichen Mirakel-, Mysterien- und Moralitätenspielen sichtbar: literarische Bildung für jedermann.

Das Medium ist die Botschaft: Nichts trifft das Wesen des Buchdrucks besser als McLuhans Aphorismus. 1455 war Johannes Gensfleisch zum Gutenberg mit seiner zweispaltigen Folio-Bibel fertig – dem ersten, mittels beweglicher Lettern gedruckten Buch. Die Auflage betrug über hundert Stück; sie sparte die mehrjährige Arbeitskraft einer gleichen Anzahl von Schreibern. Zwanzig Jahre später veröffentlichte William Caxton in Brügge das erste englischsprachige Druckwerk: *The Recuyell of the Historyes of Troye* (»Sammlung der Geschichten um Troja«), eine Übersetzung aus dem Französischen. Im Nachwort schrieb er:

»Hiermit beende ich dieses Buch. Beim Schreiben ist meine Feder stumpf geworden, meine Hand zittrig und nicht mehr sicher, vor meinen Augen flimmert es vom vielen Starren auf weißes Papier, und ich bin nicht mehr so geradewegs zum Arbeiten aufgelegt wie vorher . . . Deshalb und weil ich verschiedenen

Herren und meinen Freunden versprochen habe, ihnen dieses Buch so bald als möglich zuzuschicken, habe ich Drucken gelernt und es in die vorliegende Form gebracht. Es ist also nicht mit Feder und Tinte geschrieben wie andere Bücher, die überall zu haben sind. Vielmehr sind sämtliche Exemplare an dem selben Tag fertiggestellt worden, an dem der Druck begonnen wurde.«
Die Auflage bereitete, wie Caxton bemerkt, »große Mühen und Kosten«. Noch waren gedruckte Bücher Rarität, modische Kostbarkeiten für Reiche. Erst die Rotationspresse machte sie ein halbes Jahrtausend später zur wirklichen Volkslektüre. Aber in der Themenwahl wiesen diese bald begehrten Inkunabeln schon die Richtung des neuen Mediums: Historiensammlungen, Spruchdichtung, Erbauungs- und Devotionsliteratur, Sittenspiegel, Reisebeschreibungen, Abenteuerromane, Enzyklopädien, dazu der bewährte abendländische Bildungsschatz – die Heilige Schrift, die antiken Autoren, die großen Dichter und Denker.

An die hundert Titel brachte der fleißige Verleger heraus, neben Übersetzungen alles an greifbarer englischer Literatur. 1476 erschien in Brügge *The Game and Playe of the Chesse* (»Das Schachspiel«), eine Allegorie des Lebens und der Gesellschaft. Im Jahr darauf druckte er das erste Werk auf englischem Boden: *The Dictes and Sayengs of the Philosophers* (»Weisheiten und Sprüche der Philosophen«), aus dem Französischen von Anthony Woodville, Graf Rivers. Es folgten unter anderem: »Karl der Große« und »Beschreibung Britanniens«; »Spiegel der Welt«, eine illustrierte Enzyklopädie; »Reinecke Fuchs« und »Fabeln des Äsop«; Cicero-Schriften und Chaucers *Canterbury Tales*.

Caxton hatte reiche und mächtige Gönner. In Burgund war er von seiner Herrin, Herzogin Margarete, unterstützt worden. Ihr zuliebe widmete er wohl »Das Schachspiel« dem Lieblingsbruder Georg von Clarence, obwohl dieser gar nicht Schach spielen konnte. 1476 richtete er im Schatten der Türme von Westminster seine Druckerpresse ein, sein Verlagszeichen war ein roter Wappenpfahl. Im Bruder der Königin fand er hier seinen ersten Mäzen und Mitarbeiter. Rivers, der selbst Gedichte schrieb, hatte die erwähnte Spruchsammlung – ein Geschenk des Gascogner Feldherrn Louis de Bretaylles – von seiner Wallfahrt nach Santiago de Compostela mitgebracht und übersetzt.

Am 18. November 1477 war das Manuskript gedruckt, es folgte die feierliche Überreichung eines Exemplars an Eduard IV.; sie ist in einer Miniatur dargestellt, die das Buch schmückt: Rivers kniet vor dem König, Elisabeth und Prinz Eduard diesem zur Seite. Caxton verlegte zwei weitere Übersetzungen des kunstsinnigen Grafen. Er fand noch andere Patrone, wie wir aus den Widmungen seiner Druckerzeugnisse ersehen: den König etwa, für sich und im Namen des Prinzen von Wales; Lord Hastings und später Richard III.; Bürgerliche, wie den »ehrwürdigen Hugh Bryce, Ratsherr und Bürger von London«.

König Eduard war selbst ein gebildeter Mann. Er las Latein und schrieb ein vorzügliches Französisch. Seine Liebe galt den Büchern – in ihrer Mehrzahl immer noch Kopien aus professionellen Schreibschulen, wo prächtige Buchstaben gemalt und für glänzende Illumination gesorgt wurde; Caxtons Produkte waren da, auch im Vergleich zu Gutenbergs Werken, typographisch anspruchslos. Nach der Rückkehr aus dem Exil begann der König, sich eine Bibliothek aufzubauen, wie er sie bei Gruthuyse oder – berühmter – beim Burgunderherzog gesehen hatte, mit antiken und modernen Autoren: Livius und Flavius Josephus, Froissart und Waurin, Hardyng und Capgrave, Augustinus und Boccaccio. Die Konvoluten – manche maßen 45 auf 30 Zentimeter – waren in Samt und Seide gebunden, mit Laschen und Quasten versehen, mit Metallkanten, Silbernägeln und Goldverschlüssen beschlagen. Ein Kronbeamter führte die Bibliothek; wenn der König auf Reisen ging, trug er ihm seine Lieblingslektüre in einem Koffer aus Kiefernholz nach. Er legte mit seiner Sammlung den Grundstein zur »Alten königlichen Bibliothek«.

Eduard war nicht der einzige Gebildete in seinem Umkreis. Heraus ragten Erzbischof Neville, der gern Kardinal geworden wäre, es aber mit Eduards Willen nicht wurde, und John Shirwood, später Bischof von Durham und Gesandter beim Heiligen Stuhl; ihn hätte Richard III. gern zum Kardinal gemacht. Die auffälligste Gestalt am Hof war, nach Tiptofts Tod, Anthony Woodville. Mehr Höfling als Staatsmann, gab er eine Mischung aus Gralsritter und Religionsphilosoph ab. Er bestritt glanzvolle Turniere in phantasievollen Aufzügen, etwa als »weißer Einsiedler«, der hinter sich das Nachbild einer Einsiedelei herführte, »umwallt und eingehüllt in schwarzen Samt«. Als Soldat und Diplomat, als Prinzentutor und Ratsvorsteher in Wales fand er noch genügend Zeit zu ausgiebigen Pilgerfahrten, zu Kreuzzugsträumen, mystischer Versenkung, poetischem Kampf gegen die Sieben Todsünden. Er war ernannter »Verteidiger und Lenker der päpstlichen Angelegenheiten in England« und trug unter den fürstlichen Roben auch mal ein härenes Hemd.

Man soll diese Art Kultur nicht geringschätzen. Die Renaissance, in Europa seit zwei Jahrhunderten am Werke, begann nun auch im Norden Wurzeln zu schlagen. Genies hatten den Weg bereitet und waren schon geboren, ihn fortzusetzen: Das fünfzehnte Jahrhundert war indes nicht ihre Zeit. Doch gerade da fing das Volk – Bürger, Bauern, Landadel – an, von der neuen Kultur zu profitieren. Industrielles Kunsthandwerk und künstlerische Massenproduktion machten den Alltag für breitere Schichten annehmlich, das Bildungsinteresse schuf neue Möglichkeiten. Beispiele dafür sind öffentliche Bibliotheken, wie wir sie 1464 in Bristol finden. Folgende Anweisung gab der dortige Bischof:

»Der Vorsteher soll in dem neuen Bibliotheksgebäude ständig und persönlich Wohnsitz haben und dafür sorgen, daß es an jedem Wochentag zwei Stunden vormittags und nachmittags für jeden kostenlos geöffnet ist, der es zu Studienzwecken aufsuchen möchte. Und der Vorsteher soll, wenn er freundlich dazu aufgefordert wird, nach bestem Wissen zweifelhafte und dunkle Bibelstellen denjenigen erläutern, die Aufklärung suchen; und wöchentlich soll er nach seinem oder unserem Gutdünken eine öffentliche Lesung abhalten.«

Am 24. Juli 1476 wurden Richard von York und Edmund von Rutland, Vater und Bruder des Königs, in Pontefract exhumiert und nach Fotheringhay überführt. Eduard hatte das Kirchenkolleg dort wiedereröffnet und reichlich ausgestattet. Der pompöse Leichenzug erreichte die neue Grabstätte am 29. Juli, tags darauf fand die Beisetzung in Gegenwart ausländischer Würdenträger und einer Trauergemeinde statt, die fünftausend Köpfe zählte. Ein opulentes Essen, das über dreihundert Pfund kostete, beschloß die Feierlichkeiten. Es war dies das letzte Mal, daß die königliche Familie traulich zusammenkam. König Eduard, der den im Felde Gefallenen blaugewandet, mit schwarzer, fehbesetzter Mütze die letzte Ehre gab, sollte bald ein weiteres Familienmitglied betrauern: seinen Bruder Georg.

Clarence, der notorische Unruhestifter, hatte sich nach dem Zank um Warwicks Erbe als Stütze des Staates benommen.

An führender Stelle finden wir ihn im Frankreichfeldzug. Er stand auf der Brücke von Picquigny dem König zur Seite, als sich der andere Bruder dem Friedensschluß verweigerte. Er wurde schließlich zu einem der vier Schiedsrichter erwählt, die den Streit der Könige um Frankreichs Thron entscheiden sollten; wobei es sich freilich, wie jedem klar war, um eine Farce handelte. Caxton konnte 1476 in seiner Widmung zum »Schachspiel« an Clarence schreiben: »Soviel mir bekannt ist, seid Ihr um das Wohl Eueres Herrn Königs, seiner Edlen, seiner Lords und seines einfachen Volks in diesem Königreich England besorgt und achtet mit Freude darauf, daß die Einwohner dort in guter, tugendhafter, nützlicher und ehrenhafter Weise leben.« Doch dann, kaum ein halbes Jahr nach der Beisetzungsfeier, erschütterte ein Ereignis Europa, das den Königsbruder in den Tod ziehen sollte: Karl der Kühne fiel auf dem Schlachtfeld von Nancy.

Machtwahn ist eine tödliche Krankheit, die sich jedem Gegenmittel verweigert; Erfahrung hilft ihr nicht ab. Clarence und der Burgunderherzog waren darin Leidensgenossen. Als Eduard die Burgunder verließ, tönte der Herzog, es mache ihm nichts aus: Er habe dem Schwager lediglich die Chance bieten wollen, einen Thron zu erobern. Er selbst werde jedenfalls keinen Frieden schließen. Dann erhob er gesprächsweise Anspruch auf England, für das er einen besseren Titel habe als Eduard. »Und wenn er erst einmal im Besitz dieses Königreichs wäre«, paraphrasiert der Mailänder Botschafter, »würde es ihm nur noch ein Schulterheben kosten, und er wäre König von Frankreich.«

Die Geschichte ging anders aus. Seine Rodomontaden hinderten den Herzog nicht, dankbar den Dienst von zweitausend Engländern anzunehmen, die Eduard in Frankreich zurückgelassen hatte; er rechnete sich das sogar noch als Verdienst an, weil sich die Engländer zu Hause nur »die Hälse abschneiden würden«. Wenig später mußte er sich doch mit Ludwig XI. arrangieren. Denn er stand nun, nachdem er sich leichtfertig mit dem Reich angelegt hatte, einer überraschenden Allianz von Lothringern, Schweizern, Österreichern und oberrheinischen Städten gegenüber, die der Franzose überdies finanzierte. Es waren ausgerechnet Schweizer Bauernhaufen, die dem stolzen Karl das Schicksal bereiteten. Beim Feldzug gegen Bern wurde er, zu Granson und Murten, im Frühjahr 1477 zweimal schwer geschlagen. Im Oktober verlor er das ein Jahr zuvor eroberte Nancy in Lothringen. Am

5. Januar 1477 besorgten ihm vor den Toren der Stadt abermals Schweizer Spießer eine Niederlage – seine letzte. Er fiel auf der Flucht. Zu Ende der alte Traum vom »Mittelreich«.

Europas Diplomatie geriet in helle Aufregung. Ludwig war dem Vernehmen nach über sein Glück so erschüttert, daß er im ersten Augenblick gar nicht wußte, was er tun sollte. Das legte sich freilich. Karl hinterließ keine männlichen Erben, und so erklärte der König kurzerhand den Heimfall der französischen Reichsteile aus der burgundischen Konkursmasse an Frankreichs Krone. Doch Maria von Burgund, Karls Tochter aus der Ehe mit Isabella von Bourbon, war in heiratsfähigem Alter. Und ihr zukünftiger Gatte würde sich mit solcher Regelung kaum zufriedengeben.

In der Tat suchte die Zwanzigjährige, unterstützt von Stiefmutter Margarete, nach einem mächtigen Freier, der ihr das Erbe sichern konnte. Die Herzogin dachte sofort an ihren Bruder Georg Clarence, der seit wenigen Wochen Witwer war; seine Frau war nach der Geburt eines Sohns gestorben. Die Idee schien gut, wenn Eduard dabei seine Unterstützung lieh: Ohne Soldaten aus England würde Clarence nur ein leichtgewichtiger Abenteurer zwischen den Mühlsteinen der Mächte sein. Charakter und Begabung des Herzogs ließen kein anderes Urteil zu.

»Die Aussicht auf eine derartige Erhöhung des undankbaren Bruders mißfiel dem König«, heißt es beim Croyland-Chronisten. Aber Eduards Abneigung gegen Margaretes Plan hatte tiefere Ursachen. Um keinen Preis wollte er sein Reich noch einmal in kontinentale Angelegenheiten mit unsicherem Ausgang verwickeln. Seine Position wäre im Vergleich zu 1475 auch ungleich schlechter. Nun müßte er einen Zweifrontenkrieg führen: gegen Ludwig XI. und den Habsburger Kaisersohn Maximilian, der als Gemahl Marias im Gespräch war. Die reiche Pension aus Frankreich ginge verloren. Es schien zudem unwahrscheinlich, daß niederländische Städte, in denen antienglische Gefühle stark waren, sich englischer Herrschaft beugen würden – sie setzten sich dann auch gegen Maximilian zur Wehr –, und er wollte nicht Krieg gegen die führen, mit denen sein Land Handel trieb. So gab es denn zu Eduards Entscheidung, eine vorsichtige Schaukelpolitik zu betreiben, keine Alternative.

Am 13. Februar rief der König den Reichsrat zusammen. Wir haben keine Nachricht, wie Richard Gloucester über die Dinge dachte. Daß Clarence sich um eine große Chance gebracht sah, ist offensichtlich. Sein Zorn steigerte sich noch, als der König Graf Rivers zum potentiellen Ehemann Marias erhob. Er begriff nicht, daß hier ein diplomatisches Spiel, vielleicht auch nur ein eheliches Manöver lief; denn der Vorschlag scheint von Elisabeth Woodville inspiriert und wurde sonst von niemandem ernst genommen. »Clarence entzog sich sichtlich mehr und mehr der königlichen Gegenwart, brachte im Rat kaum noch ein Wort hervor und wollte am Hofe des Königs weder essen noch trinken«, weiß der Chronist aus Croyland.

Ob Clarence sich, enttäuscht in seinen hochfliegenden Plänen, in eine Paranoia flüchtete und glaubte, man wolle ihn vergiften, ist nicht klar. Jedenfalls stiftete er dieser Tage zwei Justizmorde an, bei denen Gift eine Rolle spielte. Am 12. April ließ er in Layford, Somersetshire, eine Dienerin seiner verstorbenen Gattin, Ankarette Twynyho, entführen und nach Warwick verschleppen, wo ihm die Gerichte zu Willen waren. Beschuldigt, Herzogin Isabella vergiftet zu haben, wurde sie von eingeschüchterten Geschworenen drei Tage darauf zum Tode verurteilt und wenige Stunden später gehängt. Wie der Enkel und Erbe der Hingerichteten aussagte, hätten einige der Richter ihr Opfer für den Spruch um Verzeihung gebeten. Mit ihr starb ein gewisser Thuresby am Galgen, der den neugeborenen Sohn des Herzogs vergiftet haben sollte, ein dritter Verdächtiger entkam glücklich.

Das Justizverbrechen erweist sich in der Anklage, der zufolge Isabella am 10. Oktober 1476 mit Gift versetztes Bier erhalten hatte; sie starb jedoch erst am 22. Dezember. Im Falle des Söhnleins ergibt sich eine ähnlich unglaubwürdige Zeitdifferenz. Clarences Vorgehen war dabei für den König, der sich nachdrücklich um Durchsetzung seiner eigenen Gerichtsbarkeit bemühte, eine Provokation. Dieser reagierte immerhin auf eine Weise, die den Bruder schonen sollte – und dafür andere das Leben kostete.

Um die gleiche Zeit stand in Oxford ein Sterndeuter namens Stacy der Hexerei wegen unter Anklage; er hatte angeblich »Abbilder aus Blei und andere Dinge« hergestellt, um den Tod eines ortsansässigen Lords auf Wunsch seiner ehebrecherischen Frau zu bewirken. Im Verlauf der hochnotpeinlichen Befragung beschuldigte er unter anderem Thomas Burdett von Arrow der Mittäterschaft. Dieser Mann war eine Vertrauensperson von Clarence und auch schon durch lockere, den König betreffende Reden aufgefallen. Am 19. Mai wurden die beiden nach Spruch einer königlichen Kommission zum Tode verurteilt und tags darauf in Tynbury gehängt, ausgeweidet und geviertelt. Die Anklage war auf den Vorwurf erweitert worden, sie hätten aufrührerische Schriften verbreitet, in denen der baldige Tod Eduards und seines Sohnes angekündigt war, und hätten überdies versucht, den König durch Zauberei zu verderben. Die Delinquenten beteuerten noch auf dem Richtplatz ihre Unschuld. »Seht! Ich muß sterben; doch ich habe solche Dinge niemals getan!« rief Burdett mit den Bibelworten der Susanna aus.

Hexerei war nichts Ungewöhnliches. Der Glaube an Vorzeichen und Wunder fand seinen Spiegel im Versuch, auf die Ereignisse durch zauberische Praktiken Einfluß zu nehmen. Schwarze Magie war dabei, den dunklen Seiten der menschlichen Natur gemäß, ein häufiges Delikt. Daß man dagegen gerichtsmäßig vorging, ist natürlich. Aber wie etwa im Giftmischerprozeß Twynyho-Thuresby war auch dieser Strafrechtsbereich nicht vor falscher Anklage und verbrecherischen Urteilen sicher. Wie die Prophezeiungen wurde auch der Vorwurf der Hexerei als politische Waffe eingesetzt. Als man dem »guten Herzog Humfried« Gloucester, Heinrichs VI. Onkel, ans Leder wollte, zog man seine Frau als Hexe vor Gericht. Sie kam mit lebenslanger Haft davon, ihre »Helfer« endeten jedoch auf Scheiterhaufen und Schafott. Königinmutter Jacquetta, Herzogin Bedford, habe mit Zaubersprüchen die Heirat ihrer Tochter Elisabeth bewirkt, ging ein Gerücht. Und Warwick, den Feind ihrer Familie, versuchte sie zu verderben, indem sie das Idol eines Ritters anfertigte, »in der Mitte zerbrochen und mit Draht zusammengehalten«. Ob Stacy und Burdett nun zu Recht gehängt wurden, entzieht sich unserem Urteil. Daß Eduard am Tage ihrer Hinrichtung die Gerichtsakte Twynyho-Thuresby zur Prüfung nach Westminster überstellen ließ, ist indes kaum Zufall: Es folgten posthume Freisprüche.

Clarence war gewarnt. Der König hatte den Sack geschlagen und den Esel gemeint. Doch der Esel erwies sich als dickfellig. Der Königsbruder tauchte tags darauf, in Abwesenheit Eduards, vor dem Kronrat auf und ließ die Unschuldsverwahrung der Delinquenten verlesen. Vortragender war ein Franziskaner-Doktor namens Goddard. Der Mann war nicht unbekannt: Er hatte 1470 die Wiedereinsetzung Heinrichs VI. begründet. Ob neuerliche Provokation oder nur dummdreiste Taktlosigkeit – der König war höchst verärgert. Nicht genug, daß Clarence selbst die Justiz korrumpiert hatte; nun zog er auch noch die königliche Rechtsprechung in Zweifel. Aber es brauchte weiteres, um das Faß endgültig zum Überlaufen zu bringen. »Die beiden sahen sich nun nicht mehr mit brüderlichen Augen an«, schreibt der Croyland-Chronist. »Speichellecker, wie es sie an allen Fürstenhöfen gibt, rannten mit den Worten der beiden Brüder hin und her, von einem zum anderen, auch wenn diese Worte an den verschwiegensten Orten gefallen waren.« In solcher Atmosphäre gedeihen Gerüchte, Verleumdungen, Gemunkel. Nach dem, was passiert war, fiel es Eduard leicht, das Schlimmste zu glauben. Interessierte Kreise schürten das Feuer: Der König trage die Krone zu Unrecht, denn Richard von York sei gar nicht sein Vater, ging es wieder durchs Land. Er selbst sei ein Hexer; durch Zauberei vergifte er, wen er wolle. Den Bruder brauche er auf wie die Kerze ihr Wachs.

Ein Wahrsager verkündete, nach Eduard werde jemand regieren, dessen Name mit G anfange. Das war ein Kriminaldelikt, denn ohne Erlaubnis durfte dem König und seinen Kindern kein Horoskop gestellt und die Zukunft nicht vorausgesagt werden. Auf jeden Fall schadete es dem Begünstigten. »Eine ähnliche Prophezeiung hatte schon Herzog Humfried von Gloucester das Leben gekostet, weil er nämlich deswegen umgebracht wurde«, berichtet John Rous. In G sah man Georg, doch wurde der Spruch »durch diesen elenden König Richard III., der vorher Herzog von Gloucester war, am Ende erfüllt.« Das alles mochte, wie es der aufgeklärte Hall später ausdrückt, Gerede sein, »wie es oft den wirren Vorstellungen des grillenhaften Volkes entspringt.« Doch Eduard bekam auch Handfesteres auf den Tisch.

Juni 1477 erhob das Gespenst des Aufruhrs erneut sein Haupt – diesmal in der Tat nur ein Gespenst: In Huntingdon und Cambridgeshire trat ein Hochstapler unter dem Namen »Graf von Oxford« auf. Der Mann wurde gefaßt, und wieder einmal fand man Verbindungen von den Rebellen zu Clarence. Aus der späteren Prozeßschrift geht hervor, was sonst noch ruchbar wurde: daß Clarence Leute veranlaßte, »ihm und seinen Erben beim Heiligen Testament Treue zu schwören, ungeachtet anderer Treueverpflichtungen«; daß er »Dienstleute in verschiedene Reichsteile schickte, um dort des Königs natürliche Untertanen in Unruhe zu versetzen und aufzuhetzen, und daß er sie anwies, in großer Zahl geharnischt auf die Stunde bereit zu sein, ihm zu folgen und an seiner Seite gegen des Königs höchst königliche Person Krieg zu führen . . .«

Mitte Juni war es soweit: »Der König rief sich ins Gedächtnis, was gegen seinen Bruder vorgetragen worden war und was er lange in seinem Herzen verschlossen hatte. Dann bestellte er ihn zu einem bestimmten Tag in den Königspalast von Westminster. Dort begann der König, in Gegenwart des Bürgermeisters und der Ratsherren von London, mit eigenen Worten den Herzog heftig zu schelten, unter anderem wegen seines obenerwähnten Verhaltens, mit dem er die Gesetze des Reichs mißachte und die Richter und Geschworenen im Lande in äußerster Form bedrohe. Was soll ich mehr sagen? Der Herzog wurde in Gewahrsam genommen und kam von diesem Tage an bis zu seinem Tode nicht mehr frei.« Das berichtet der Chronist aus Croyland.

Clarence wurde in den komfortablen Bowyer-Turm im Tower gesteckt. Eduard übereilte nichts, er ließ sich mit der Anklage Zeit. Doch die Zeit arbeitete nicht für den Verdächtigen, im Gegenteil: Die Maschen zogen sich enger. Dem Anschein nach fand man bei ihm ein besiegeltes Staatspapier aus den Tagen der Wiedereinsetzung Heinrichs VI., das ihn als Thronfolger auswies, falls Lancaster die Erben ausgehen sollten. Daß er dieses Papier nicht dem Bruder auslieferte, sondern möglicherweise benutzte, um Anhänger zu werben, war Grund genug für eine Hochverratsklage. Ende August kam ein Gesandter Ludwigs XI. zu Eduard und warnte ihn vor einer Heirat Clarence–Burgund; denn Clarence plane, mit burgundischen Mitteln England zu erobern. Frankreichs Interesse an dieser Story war offensichtlich, doch schien sie den Dingen nach auch nicht ganz aus der Luft gegriffen. Clarence galt danach jedenfalls so gut wie tot.

Richard Gloucester war in den Junitagen, als sich die Krise um den unglückseligen Bruder zuspitzte, in London. Er reiste ab, noch bevor Clarence in den Tower kam. Im Oktober und November hielt er sich wiederum in der Hauptstadt auf. Ob er dort auch Weihnachten feierte, wissen wir nicht. Jedenfalls treffen wir ihn am 15. Januar 1478 bei der Heirat seines Neffen Richard, König

Eduards zweitem Sohn, in Westminster. 1473 zur Welt gekommen, war dieser nun vier Jahre alt und schon Herzog von York. Alt genug auch, um die fünfjährige Anna Moubray, die Erbin von Norfolk, zu ehelichen. Gloucester warf nach der Zeremonie in St. Stephen's Gold und Silber unters Volk und geleitete zusammen mit Herzog Buckingham die junge Braut zum Hochzeitsschmaus in die Große Halle von Westminster, wo das festliche Gedränge so groß war, daß ein Berichterstatter die »unzähligen hohen Herren« gar nicht alle nennen kann.

Wer gehofft hatte, den König nach den Feierlichkeiten milde gestimmt zu sehen, wurde enttäuscht. Am Tage darauf legte er im Parlament seine Anklageschrift vor. Ausgeführt in allen Einzelpunkten, beschuldigte er den Bruder des »heimtückischsten, widernatürlichsten und abscheulichsten Verrats, der je zuvor während dieser Regierung vorgekommen« sei, indem er versucht habe, ihn und seine Erben »mit Gewalt von außen und innen« zu verderben. Nicht ohne die verziehenen Untaten der Jahre 1468–1471 zu erwähnen, bezog er sich damit nur auf die neuesten Ereignisse. Der Kanzler hatte eingangs zu Psalm 23 gepredigt: »Der Herr wird mich regieren, und mir wird an nichts fehlen«, und dann zum Thema Treuebruch Paulus zitiert: »Nicht ohne Grund trägt der König ein Schwert.« Lords und *Commoners* waren somit auf das Folgende eingestimmt.

Der Croyland-Chronist berichtet: »Was aber im Parlament passierte, erzähle ich nur ungern: Denn traurig war der Streit zwischen zwei Brüdern von solchem Rang anzusehen. Niemand sprach nämlich gegen Clarence außer dem König; und niemand antwortete dem König außer Clarence. Es wurden zwar verschiedene Personen vorgeführt, doch es schien vielen sehr zweifelhaft, ob sie als Ankläger oder als Zeugen dienen sollten. Beide Ämter zusammen passen nämlich nicht für eine Person im selben Fall. Clarence bestritt alle Vorwürfe und erbot sich, wenn man ihm nur die Chance gäbe, seine Sache im Zweikampf zu verteidigen. Was soll ich viele Worte machen? Die Parlamentsteilnehmer hielten das vorgetragene Beweismaterial für ausreichend und fällten über ihn den Schuldspruch, den Herzog Heinrich von Buckingham verlas; er war dazu extra zum Reichshofmarschall ernannt worden . . .«

Das Urteil erging am 7. Januar 1478. Obwohl der König mit seiner persönlichen Anklageerhebung die Verurteilung unaus-

weichlich gemacht hatte, zögerte er nun mit der Vollstreckung; ob aus Skrupel oder Kalkül, ist nicht gewiß. Erst als »Unterhaus«-Sprecher Alyngton den Vollzug anmahnte, wurden Vorbereitungen getroffen. Clarence verfügte seinen Letzten Willen, beglich seine Schulden und bezahlte im voraus für seine Totenmesse. Am 18. Februar, mittags um 12 Uhr, wurde er unter Ausschluß der Öffentlichkeit in einem Faß Südwein – Falerner oder Malvasier – ertränkt. So heißt es in den meisten Zeugnissen. Molinet, einem Franzosen, zufolge hatte Clarence selbst diese Todesart gewählt. Bei More finden wir eine Erklärung:
»Das Parlamentsplenum verurteilte ihn zur härtesten Tortur. Doch der König hob die schreckliche Strafe auf und gab ihm einen Tod, der sich sehr leicht stirbt: Kopfüber in ein Faß mit Kreterwein getaucht, hauchte er, da er nicht mehr atmen konnte, sein Leben aus.« Eine fast idyllische Szene – würdig einer Zeit, die Grausamkeit und Possenspiel gleichermaßen liebt. Ein puritanisches Jahrhundert mutmaßte, Clarence sei ein Trinker gewesen, den so die gerechte Strafe ereilte. Wahrscheinlicher ist, daß er den König mit seinem selbstgewählten Ende an jene glücklicheren Tage erinnern wollte, da Gaben von Malvasier-Wein zu den brüderlichen Aufmerksamkeiten gehörten. Clarences Tochter Margarete trug später ein Silberfäßchen an ihrem Armband.

Bemerkenswert ist, daß die ausführliche Argumentation der Anklageschrift in der zeitgenössischen Geschichtsschreibung keinen Niederschlag fand. Die Chronisten bekennen vielmehr ihr Unvermögen, die Gründe der Verurteilung zu nennen, wie Vergil, und halten sich an Spekulationen und Gerüchte. Auch der Croyland-Chronist, der viel weiß, auch wenn er nicht immer alles sagt, schweigt zum Inhalt des erwähnten »Beweismaterials«. Warkworth bringt Clarences Ernennung zum Lancaster-Erben zur Sprache, doch erwähnt er das Papier nicht, das man bei ihm gefunden haben will. Zweifel am Verfahren klingen durch, nicht nur beim Croyland-Chronisten. Mancini: »Ob der Fall erfunden oder ob tatsächlich ein Verbrechen enthüllt worden war: Der Herzog von Clarence wurde für schuldig befunden . . .« Vergil und More mit gleichem Tenor: »Schuld oder nicht schuldig – er wurde verurteilt.«

Wenn Zweifel an der Schuld eines Verurteilten bestehen, fragt man sich, wer Interesse an seiner Verurteilung hatte. Mancini weiß es: »Die Königin dachte an die Unbill, die Clarence ihrem Geschlecht angetan, und an den Schimpf, den er gegen sie selbst vorgebracht hatte, namentlich daß sie nach Herkommen und Sitte nicht Frau eines Königs sein könne. Sie dachte, daß die Kinder, die sie vom König hatte, niemals zur Herrschaft kämen, wenn der Herzog von Clarence nicht beseitigt würde; davon überzeugte sie auch den König ohne Mühe.«

Thomas More, der Mancinis Bericht nicht kannte, sieht es ähnlich: »Georg, Herzog von Clarence, war ein trefflicher und vornehmer Fürst und hätte in jeder Hinsicht glücklich sein können, wenn er nicht durch seinen Ehrgeiz in Gegensatz zu seinem Bruder, oder sein Bruder durch Intrige in Gegensatz zu ihm geraten wäre. Lag es daran, daß die Königin und ihre Blutsverwandten die Verwandtschaft des Königs heftig anfeindeten, oder lag es am verwegenen Wunsch des Herzogs, selbst König zu sein: Jedenfalls wurde ihm ein abscheulicher Verrat zur Last gelegt . . .«

Doch Richards Biograph begnügt sich nicht mit diesen Mutmaßungen. Er fährt fort: »Wohlinformierte Leute glauben, daß Gloucester mit seinen heimlichen Umtrieben nicht unbeteiligt am Tod seines Bruders Clarence war: gegen den er öffentlich protestierte, gleichwohl (wie manche meinen) zu halbherzig für einen, der jemanden wirklich retten will. Die so urteilen glauben, daß er schon zu Eduards Lebzeiten daran dachte, König zu werden, wenn sein Bruder aufgrund seiner Eß- und Trinkgewohnheiten vorzeitig sterben sollte und die Kinder noch jung wären (was dann ja auch geschah). Sie glauben deshalb, daß er froh über den Tod des Herzogs von Clarence war, der ihm, wenn er lebte, bei seinen Zielen hinderlich gewesen wäre, entweder weil er treu zu seinem Neffen, dem jungen König*, gestanden hätte oder weil er selbst König sein wollte. Aber es gibt in all diesen Dingen keine Gewißheit, und wer sich auf Vermutungen einläßt, kann sowohl zu weit als auch zu kurz greifen.«

Der kritische Zweifel gehört zum humanistischen Handwerk. Gleichwohl scheint uns seine Ernsthaftigkeit hier fraglich. Morus und mit ihm seine Epigonen äußern einen Verdacht, der sonst nirgends belegt ist. Mancini, beileibe kein Lobredner Richards, schreibt dagegen ohne Wenn und Aber: »Damals war Richard, Herzog von Gloucester, von der Trauer um den Bruder so überwäl-

* König Eduard V.

tigt, daß er sie nicht gut verbergen konnte; und man hörte ihn sagen, eines Tages werde er den Tod des Bruders rächen. »Daß er diesen für »widerrechtlich getötet und ermordet« hielt, bekräftigte er als König in einem Brief an den irischen Grafen Desmond, den Sohn eines anderen Woodville-Opfers.

Eduard war indes auch nicht wohl bei der Tat: »Er weinte bitterlich darüber und bereute sie voll Sorge.« Erstmals hatte das Haus York eigenes Blut vergossen. Ahnte der König, was daraus für seine Erben werden konnte? Clarence hatte – als Warwicks Komplize – den alten Rivers auf dem Gewissen, der 1470 unters Beil gekommen war; mit seinem Ehrgeiz bedrohte er Thronrecht und Leben der Prinzen. So war sein Tod für die Königin Racheakt und Vorsorge zugleich. Doch nun mußte sie einen Gefährlicheren fürchten: den Herzog von Gloucester. Mit ihr die Königskinder.

Richard war dem Turnier ferngeblieben, das eine Woche nach der Hochzeit des kleinen Prinzen stattfand; Rivers und Marquis Dorset, Sohn der Königin aus erster Ehe, hatten sich hier großgetan, während Clarence auf sein Urteil wartete. Drei Tage nach der Hinrichtung erhielt Gloucester Erlaubnis für zwei religiöse Stiftungen: Middleham und Barnard College, wo Priester und Chorsänger für die Seelen der Lebenden und Toten bitten sollten – für König und Königin, den Stifter und seine Gemahlin, den Vater, die Brüder und Schwestern. Die Gründungen waren seit längerem geplant, doch nun erhielten sie traurige Aktualität. Am 25. Februar wurde Georg von Clarence neben seiner Frau Isabella in Tewkesbury zur letzten Ruhe gebettet, wenige Schritte von der Stelle, wo schon Lancaster-Prinz Eduard lag, dem er einmal Treue geschworen hatte.

Den Großteil des riesigen Erbes behielt der König zum Nutzen der Krone ein. Nur den Grafentitel von Warwick gab er an den dreijährigen Sohn des Toten, sein Patenkind, weiter. Irlands Statthalterschaft verlieh er dem eigenen Sohn Georg*. Richard Gloucester wurde wieder Reichskämmerer; Schloß und Gut Richmond bekam er im Tausch gegen anderen Besitz, sein Sohn wurde mit dem Grafentitel von Salisbury ausgestattet. All das konnte ihn freilich nicht mit dem Tod des Bruders versöhnen. »So kam er«, schreibt Mancini, »nur noch selten an den Hof. Er blieb

---

* Georg von Windsor, 1477–1479, dritter Sohn Eduards IV.

auf seinen Gütern und war darauf bedacht, seine Leute durch gute Amtsführung und durch Gerechtigkeit an sich zu binden«.

König Eduard sah sich indes auf dem Höhepunkt seiner Macht. »Er konnte im ganzen Reich regieren, wie er wollte«, konstatiert der Croyland-Chronist, »nachdem er all die Götzenbilder zerstört hatte, zu deren Antlitz das stets neuerungswütige Volk all die Zeit über die Augen zu erheben pflegte, wie Graf Warwick und Herzog Clarence und andere hohe Persönlichkeiten im Reich . . . Der König aber übte nun sein Amt mit solcher Erhabenheit, daß es schien, als werde er von allen gefürchtet, während er niemanden fürchtete. Denn da er seine treuesten Diener über das ganze Reich verteilt hatte, als Burg-, Guts-, Forst- und Parkverwalter, war niemand – auch der Schlaueste nicht – in der Lage, einen Anschlag zu unternehmen, ohne sofort dafür zur Rechenschaft gezogen zu werden.«

In der Tat: Eduards Herrschaft war, nach siebzehn Jahren »Bürgerkrieg« immerhin, unumstritten. Fünf Jahre standen dem 36jährigen noch bevor. Äußerlich hatte er sich verändert: »Er war in seinen späteren Tagen aufgrund unmäßiger Eßgewohnheiten etwas dickleibig geworden, dabei jedoch nicht unansehnlich. Von Jugend an hatte er sich äußerst intensiv fleischlichen Lüsten hingegeben. Doch der Körper bleibt, ohne außerordentliche Gnade, in Überfluß und Wohlleben schwerlich gesund. Diese Schwäche kümmerte jedoch das Volk nicht sonderlich . . . Er wandte auch nie Gewalt an, sondern pflegte, was er haben wollte, zu kaufen oder durch Geschenke zu erschmeicheln. In seinen späteren Tagen wurde er zudem mäßiger und zurückhaltender.«

Für einen späteren Heiligen kommentiert Thomas More erstaunlich nachsichtig. Denn der König muß selbst für seine Zeit ein arger Gourmand und Weiberheld gewesen sein. Mancini schreibt, daß er Brechmittel nahm, »um des Vergnügens willen, seinen Bauch ein zweites Mal vollzustopfen«. Den Croyland-Chronisten wunderte, »wie ein Mann, der so auf Gesellschaft, Zerstreuung, Trinkgelage, Verschwendung und sinnliche Vergnügungen aus ist«, zugleich ein gewiefter Verwaltungsmann mit vorzüglichem Gedächtnis sein kann. »Er hat nichts als Frauen im Kopf«, tadelt Commynes, »viel mehr als vernünftig ist, desgleichen Jagdpartien und den Putz seiner Person.« Er berichtet, Ludwig von Frankreich habe, auf der Brücke von Picquigny, Eduard nach Paris eingeladen und ihm als Beichtvater für sein eleganten Vergnügungen den Kardinal von Bourbon versprochen. Der englische König amüsierte sich köstlich über den Scherz, »denn er wußte, daß der Kardinal ein guter Kumpel war«. Vergil zufolge soll der Konflikt mit Warwick sogar daher rühren, daß Eduard einmal im Hause des Grafen seinen Lüsten in unehrenhafter Weise nachgab.

»Er trieb es mit Verheirateten und Unverheirateten, mit Hochgestellten und Niederen ohne Unterschied«, weiß Mancini. Er bestätigt, daß Eduard keine Frau mit Gewalt nahm (was offensichtlich bei Fürsten nicht selbstverständlich war), doch habe er viele beleidigt, indem er sie allzu schnell wieder verließ.»Denn wenn seine Leidenschaft gestillt war, reichte er die Damen gegen ihren Willen an seine Höflinge weiter.« Eine ragt jedoch aus der anonymen Schar, zum einen, weil St. Thomas sie verewigte, zum anderen, weil sie für den Fortgang unserer Geschichte von Bedeutung ist: Elisabeth Shore, ehrbare Bürgersgattin, Eduards Liebe seiner letzten Jahre.

Ob sie eine große Schönheit war, ist More zufolge durchaus umstritten.»Doch waren die Leute auch weniger über ihr Aussehen entzückt als über ihr reizendes Wesen. Denn sie hatte einen tüchtigen Verstand, war im Lesen so gut wie im Schreiben, war fröhlich in Gesellschaft, schlagfertig und schnell mit der Antwort, weder stumm noch geschwätzig, manchmal spottlustig, doch mit Witz und ohne zu verletzen. Der König pflegte zu sagen, er habe drei Mätressen, ausgezeichnet durch unterschiedliche Eigenschaften: eine sei die lustigste, die andere die listigste, die dritte die heiligste Hure im Reich, die niemand aus der Kirche bringe, es sei denn zum Weg ins Bett. Die letzteren waren von höherem Stand, doch gleichwohl in Demut mit ihrer Namenslosigkeit zufrieden.

Die Lustigste aber war Shores Frau. Ihr schenkte der König besondere Aufmerksamkeit; denn er hatte viele, diese liebte er aber. Niemals benutzte sie seine Gunst zu irgend jemands Schaden, vielmehr zum Nutzen und Frommen vieler. Wenn der König mißvergnügt war, besänftigte und beruhigte sie sein Gemüt; Leute, die in Ungnade gefallen waren, brachte sie wieder in seine Gunst . . ., umsonst oder gegen kleine Geschenke, die weniger kostbar als aufmerksam waren. Sie tat das entweder um der guten Tat willen oder um ihren Einfluß beim König zu zeigen oder weil freizügige Frauen nicht habgierig sind . . .«

Die Königin, fünf Jahre älter als ihr Mann, nahm seine Affären offenbar mit Gelassenheit hin. Eduard, in dessen großem Herzen so viel Platz war wie in seinem Magen, scheint sie auch nicht vernachlässigt zu haben. Sie gebar ihm immerhin drei Söhne und sieben Töchter, die letzte 1480 mit 43 Jahren.»Nach der Hinrichtung des Herzogs von Clarence und während Richard auf seinen Gütern zurückgezogen lebte, holte sie viele Fremde und führte sie bei Hofe ein, damit sie allein die öffentlichen und privaten Geschäfte des Königs erledigten, ihm Gesellschaft leisteten, Anhängerschaften bildeten, Ämter vergäben oder verkauften und am Ende den König selbst beherrschten«, weiß Mancini. Eduard erlag dem nicht, doch hatte er alle Hände voll zu tun, divergierende Interessen und persönliche Spannungen unter seinen Höflingen auszugleichen. Was sich hier abspielte, trug den Keim kommenden Unheils in sich.

Unversöhnliche Feindschaften hatten sich gebildet und versetzten die freudetrunkene Festatmosphäre mit schleichendem Gift. Finstre Intrigenspiele mischten sich in den sybaritischen Reigen, ließen hinter Schäferidylle Walpurgisnacht ahnen. Der Hof teilte sich in zwei Lager: hie Woodville, hie Hastings und Buckingham. Zahlenmäßig hatten die Woodvilles Oberhand. Sir Eduard, Bruder der Königin; Richard, Sohn Elisabeths aus erster Ehe; und vor allem Thomas, sein älterer Bruder, der den glänzenden Titel eines Marquis Dorset führte: Sie dienten dem König als Zechkumpane und Schlepper, als Spießgesellen seiner Laster – *ministros ac socios suarum libidinum,* nennt Mancini das fidele Trio. Sie waren allgemein verhaßt,»weil sie als Emporkömmlinge und Leute von geringem Stand diejenigen verdrängten, die ihnen an Adel und Klugheit überlegen waren«.

In besserem Ansehen stand der feinsinnige Graf Rivers, laut Mancini »ein freundlicher, ernsthafter und gerechter Mann, erfahren in allen Lebenslagen, der in seiner Stellung niemandem etwas zuleide tat und viele förderte«. Eduard jedoch scheint den frommen Turnierreiter nicht sonderlich geschätzt zu haben; für religiöse Träumerei hatte er wohl keinen Sinn. Als Sir Anthony im Krisenjahr 1471 auf wehrhafte Pilgerfahrt nach Portugal gehen wollte, um einem Gelübde folgend die Mauren zu bekriegen, beschuldigte der König ihn der Feigheit vor dem Feind im eigenen Land. Im Jahr darauf verlor er die Statthalterschaft von Calais an Hastings. Rivers rächte sich am Nebenbuhler zehn Jahre später, indem er Eduard zutragen ließ, der Kämmerer plane Verrat mit den Franzosen. Der fürchtete tatsächlich eine Zeitlang um sein Leben, doch endete die Affäre für ihn schließlich im Triumph: Der König sandte ihm bei seiner Rückkehr aus Calais fünfhundert weißgewandete Gardisten zum Empfang.

Auch Hastings war ein *homo novus,* ein Newcomer. Als Weggefährte des Königs gehörte er jedoch zu den »reifen und in vielen Dingen erfahrenen Männern, die mehr als andere im Kronrat zu sagen hatten«, wie Mancini formuliert.»Hastings war jedoch nicht nur Urheber königlicher Politik und einer, der zusammen mit dem König alle Gefahren überstanden hatte, sondern auch Vertrauter und Komplize seiner privaten Vergnügungen. Tödliche Feindschaft trennte ihn vom Sohn der Königin, dem erwähnten Marquis, und zwar wegen Liebschaften, die sie einander ausgespannt oder streitig gemacht hatten. In diesem Konflikt scheinen die umstürzenden Ereignisse der Zukunft in nicht geringem Maße ihren Ursprung gehabt zu haben . . .« Die Königin wiederum war dem Kämmerer als »heimlichem Vertrauten des Königs in liederlicher Gesellschaft« nicht grün. Überdies stand er mit der Shore auf allzu vertrautem Fuß.

Heinrich Stafford, Herzog von Buckingham, Sohn und Enkel zweier Lancaster-Kämpen, war im Umkreis des Königs der einzige von Geblüt. Seine Urgroßmutter war Tochter jenes Herzogs von Gloucester, den Richard II. hatte ermorden lassen: Thomas Woodstock, fünfter Sohn König Eduards III. Heinrich Stafford stand somit Englands Thron mindestens ebenso nahe wie jener Heinrich Tudor, der im französischen Exil lebte. Als Mündel am Hof aufgewachsen, sah er nicht nur auf den emporgekommenen Pöbel herab; er haßte die Königin, weil sie ihn als elfjährigen Bub zu unstandesgemäßer Heirat genötigt hatte: mit Katharina, ihrer Schwester. Eine Zeitlang mußte Buckingham mit der königlichen Schwägerin unter einem Dach leben. Auch das dürfte die Beziehung zu ihr nicht gefördert haben.

In diesem Netz aus Eifersüchtelei, Rivalität und Machtkalkül, in der dumpfen Atmosphäre übelwollender Zuträgerei und versteckter Komplotte war Clarence erstickt. Niemand – außer Gloucester – hatte sich für ihn verwandt, als die Woodvilles an ihm ihr Mütchen kühlten, auch Hastings und Buckingham nicht, die der Nichtsnutz wohl oft genug vor den Kopf gestoßen hatte. Draußen war davon freilich nichts zu spüren. Das Volk sah nur die schillernde Seite des

Fürstenhofs, die Pracht, die Feste, den Wohlstand, und konnte wohl meinen, nichts würde den Frieden mehr stören.

Eduard vergaß nicht, die Untertanen am Abglanz seines Fürstenlebens teilhaben zu lassen. Nicht nur, daß die reichlichen Reste der königlichen Tafel an die Armen gingen, die sich alltäglich vor den Schloßtoren drängten: Im Sommer 1482 lud er etwa den Londoner Stadtrat zur festlichen Jagdpartie nach Windsor und ließ einen Teil der Wildbeute in der Hauptstadt verteilen.»Nichts gewann ihm die Herzen und die Gunst des einfachen Volkes mehr als diese Geste, denn oftmals werden kleine Aufmerksamkeiten mehr geschätzt als große Geschenke.« So der kluge Thomas.

Richard – schlank, trainiert, geradlinig und ernsthaft – war nun mehr noch als früher Gegenbild zum riesenhaften, gargantuesken Bruder, dem Meister im Kabinett wie im Boudoir. Doch gab es genügend Leute, die des Herzogs Biederkeit mehr schätzten als das Treiben des Königs. Mancini berichtet:»Außenstehende waren von seinem sittlichen Lebenswandel und seinem Fleiß aufs höchste angetan. Als Krieger genoß er einen ebensoguten Ruf: Wenn irgend etwas Schwieriges oder Gefährliches im Reich zu erledigen war, wurde es seinem Rat und seiner Führung anvertraut. Auf diese Weise gewann sich Richard das Wohlwollen des Volkes und entkam der Mißgunst der Königin, von der er sich fernhielt.«

Der Herzog hatte noch einmal Gelegenheit, dem Bruder in »schwierigen und gefährlichen Reichsangelegenheiten« zu dienen: im Krieg gegen Schottland. Das Nachbarreich hatte seinen hundertjährigen Adelskrieg nicht anders als England und Frankreich. Vier Minderjährigkeits-Regierungen und eine Greisenherrschaft innerhalb von sechs Fürstengenerationen lieferten das Land der Adelswillkür aus. Englands Könige, die ihren Herrschaftsanspruch über Schottland im vierzehnten Jahrhundert zweimal aufgeben mußten, hielten im Süden des Nachbarlandes immer noch große Gebiete besetzt. Die Schotten trugen im Gegenzug den Krieg über die Grenze; ihr Bündnis mit Frankreich und der englische Adelskrieg boten hierzu willkommene Gelegenheit. Der Grenzkrieg, blutige Spielwiese des Schwertadels, schärfte dabei das nationale Bewußtsein:»falscher Schotte« war ein übles Schimpfwort in England.

1474 hatte Eduard mit Stuart-König Jakob III. auf vierzehn Jahre Frieden geschlossen; ein Ehekontrakt zwischen Schottlands Thronfolger und Eduards Tochter Cäcilie besiegelten den Waffenstillstand. Um die Schotten zu verpflichten, hatte er einen Teil der zwanzigtausend-Mark-Aussteuer in Jahresraten vorausbezahlt. Doch im Frühjahr 1480 begannen diese unerwartet, das Grenzland zu beunruhigen. Schotten-Graf Angus fiel in Northumberland ein und brandschatzte Bamburgh. Die *Barstle Hooses** – Fluchtburgen für Mensch und Vieh – taten wieder ihren traurigen Dienst.

Hinter dem Friedensbruch steckte Ludwig von Frankreich: *perche altri habii a pensare a'facti soi piu che a l'altrui,* schreibt ein Mailänder Diplomat – »damit gewisse Leute sich mehr um ihre eigenen Angelegenheiten kümmern als um fremde«. Kaisersohn Maximilian hatte Maria von Burgund geheiratet und beanspruchte das burgundische Erbe, doch fehlten ihm Geld und Waffen, den Titel zu verteidigen. Ludwig hatte bereits das Herzogtum Burgund und Nordfrankreich in seiner Gewalt, nun bedrängte er auch die Niederlande. Maximilians Hoffnung war England, doch Eduard zeigte sich nach wie vor entschlossen, die französische Pension bis an sein Lebensende zu genießen. So hielt er den Habsburger mit Verhandlungen hin und schloß gleichzeitig geheime Abkommen mit Frankreich.

Doch Ludwig ging auf Nummer Sicher. Im Schottenkönig, der neun Jahre lang unter Vormundschaft regiert hatte, fand er ein geeignetes Opfer für seine Pläne. Mehr den Künsten als der Politik zugetan, versuchte sich dieser gleichwohl in politischen Kraftakten. Er umgab sich mit »Artisten« als Ratgebern und brüskierte die Lords. 1479 sperrte er seine Brüder, Albany und Mar, wegen Hochverrats ein. Während Mar umkam, gelang Albany die Flucht nach Frankreich. Ludwig benutzte den Rebellen als Druckmittel gegenüber Jakob und drängte ihn zum Krieg gegen England.

Richard Gloucester war im Frühjahr 1479 anstelle des toten Clarence zu einem der Schiedsrichter über Eduards Anspruch auf Frankreich bestellt worden. Nun, ein Jahr später, hatte man in England andere Sorgen. Am 12. Mai 1480 wurde er »Hauptstatthalter im Norden« mit der Ermächtigung, in den Grenzmarken und angrenzenden Grafschaften den Landsturm zu mobilisieren. Er beschränkte sich nicht auf Verteidigungsmaßnahmen; im September unternahm er einen Strafzug über die Grenze.

* *Barstle Hooses* = bastille houses (befestigte Häuser)

Im Monat darauf wurde ein großer Feldzug beschlossen, den der König nächstes Jahr führen sollte. Richard traf den Winter über Vorbereitungen. Er besserte die Mauern der Grenzstadt Carlisle aus, rekrutierte Garnisonssoldaten und nahm eine militärische Zählung vor. Auch Eduard war aktiv: Er rüstete eine Flotte aus und kümmerte sich um Proviant. Ende März reiste Richard nach London zur Lagebesprechung. Was immer dort vereinbart wurde – der geplante Krieg fiel erst einmal aus. Lord Howard segelte zwar im Sommer zu einem kühnen Kaperunternehmen an die schottische Küste, und der König selbst machte sich im September nach Norden auf, doch er kam nicht über Nottingham hinaus.

Gründe dafür gibt es verschiedene. »Er war ein dickleibiger Mann mit starkem Hang zum Vergnügen, der die Strapazen eines Krieges und den Angriff starker Feinde nicht mehr ertragen konnte«, behauptet Commynes. Der bissige Burgunder mochte nicht unrecht haben. Doch glaubte der König wohl auch, sich solche Haltung leisten zu können. Die Bedrohung im Norden lieferte ihm einen willkommenen Vorwand für seine Untätigkeit in der burgundischen Frage. Dabei konnten die Schotten kaum gefährlich werden. Sollten sie die Grenze brandschatzen – einen Südengländer berührte das wenig. Er liebte die Landsleute im Norden nicht. Eduard sah sich aber auch nicht recht in der Lage, einen großen Feldzug zu führen: Es fehlte wie üblich an Geld. In die Privatschatulle mochte er nicht greifen, und die Zwangsanleihen brachten nicht viel. Als er eine Parlamentssteuer ansetzte, wurden die Untertanen ungnädig. »Widrige Unruhe« hätte ihn im Süden festgehalten, schrieb Eduard später an den Papst.

Was wirklich gespielt wurde, zeigte sich im folgenden Jahr, doch wurden die Weichen dazu schon in diesem Herbst gestellt. Sommer 1480 hatte Herzogin-Witwe Margarete England besucht und den Bruder um Hilfe für Burgund gebeten. Am 1. August war der Freundschaftsvertrag von 1474 bestätigt worden. Eduard versprach dem Habsburgerherzog dabei sechstausend Bogenschützen, wenn er ihm die französische Pension ersetzte. Jetzt, ein gutes Jahr später, erneuerte er jedoch das Abkommen mit Frankreich, das Frieden vorsah, solange die beiden Könige lebten. Der Vorgang war geheim; geheim auch, was die beiden Trickspieler in der schottischen Angelegenheit ausmachten. Nicht nur, daß Ludwig seine Hand von Jakob zog; er erlaubte Albany vielmehr, nach

England zu gehen, daß er von dort aus den Bruder stürze. Eduard hatte bereits einige schottische Exulanten im Dienst, darunter Graf Douglas; im Frühjahr 1482 sollte nun der Schottenherzog in Southampton eintreffen. Noch war es nicht soweit. Jakob III. hatte im Herbst ein Heer versammelt, führte es aber nicht über die Grenze. Möglich, daß Gloucester und Northumberland so erfolgreich operierten, daß ein Angriff zu gefährlich schien. Dabei gab es Unstimmigkeiten im englischen Lager. Die Yorker weigerten sich, Graf Percys barschen Gestellungsbefehlen zu folgen. Sie sahen sich lieber in Richards Diensten. Der König hatte ihrem Wunsch im April entsprochen, doch als nun Nachricht kam, die Schotten bedrohten mit starker Macht die Grenze, versuchte es der Graf wieder. Die Yorker verzögerten daraufhin ihren Abmarsch so lange, bis sie sich dem Herzog unterstellen konnten – ein gefährliches Manöver, wenn der Feind tatsächlich schon im Land gestanden hätte.

Richard ritt im Oktober nach Nottingham, um mit dem Bruder weitere Pläne zu machen. Zurückgekehrt begann er mit der Belagerung von Berwick; der Schottenkönig hatte seine Armee unterdes aufgelöst. Berwick an der Ostküste war ursprünglich schottisch, wurde am Ende des dreizehnten Jahrhunderts jedoch eine Beute Englands. Seither wechselte die Grenzstadt immer mal wieder den Besitzer, zuletzt 1460, als Königin Margarete mit ihr für schottischen Waffendienst zahlte. Richards Mittel reichten nicht aus, die Mauern zu stürmen. Es fehlte ihm nicht nur an Leuten, sondern auch an Verpflegung. 1481 hatte eine Mißernte gebracht, unter der ganz Westeuropa litt. Getreide war rar und teuer, ein Malter Weizen* kostete über zwölf Schilling, einen vierfachen Wochenlohn. Eduard schickte dem Bruder im Februar zehntausend Mark und die Erlaubnis, zweitausend Malter Weizen und je tausend Malter Gerste, Roggen, Hafer, Bohnen und Erbsen zu welchem Preis auch immer zu kaufen.

Richard konnte die Belagerung aufrechterhalten, doch in Wahrheit war er mit anderen Dingen beschäftigt. In York gab es Wahlstreitigkeiten um den Bürgermeisterposten, die in Tumulte ausarteten. Auch in Northumberland gärte es im März, und in Lancashire waren die »Streitigkeiten, Meinungsverschiedenheiten, Kon-

---

* englischer Malter = 28 Pfund.

troversen und Zänkereien« im Mai so heftig, daß nach dem König gerufen wurde. Es ging dann auch ohne. Gloucester und Northumberland sorgten mit Mühe für Frieden. Vermutlich hatte sich der Hunger in Empörung Luft gemacht. In York dankte man Richard für seine Milde und Gerechtigkeit mit zwei Dutzend Kaninchen, sechs Fasanen, einem Dutzend Rebhühnern, Wein und feinem Weißbrot. Im Mai schickten ihm die Bürger außerplanmäßig dreißig Panzerreiter zur Verstärkung, »weil der genannte Herzog zu allen Zeiten ein wohlwollender, guter und gnädiger Herr für diese Stadt gewesen ist«. Richard nutzte die Leute zu einem Grenzüberfall, bei dem er Dumfries und andere Schottenstädtchen plünderte und brandschatzte.

Im Frühsommer wurde klar, daß Eduard wiederum nicht nach Norden gehen würde. Ob aus Bequemlichkeit oder im Vertrauen auf den Bruder, wissen wir nicht. Vielleicht hatte er auch nur eine tiefe Abneigung gegen die rauhe Gegend und ihre Menschen diesseits und jenseits der Grenze. Am 11. Juni 1482 kam es in Fotheringhay zum Pakt zwischen Albany und den Engländern: Der Schottenherzog versprach, wenn er erst König in Schottland sei, Berwick und andere Territorien abzutreten und Eduard den Lehenseid zu leisten; er würde sich auch scheiden lassen, um Prinzessin Cäcilie zu heiraten. Wichtiger war die Zusage, mit Frankreich ein für alle Male zu brechen. Tags darauf wurde Richard als königlicher Stellvertreter bestätigt. Der Schottenfeldzug war nun beschlossene Sache. Der Herr des Nordens würde ihn führen.

Eduard kehrte nach London heim und machte Geld für das Unternehmen locker, so gut es eben ging. Um die Fäden in der Hand zu behalten, richtete er nach Ludwigs XI. Vorbild einen Kurierdienst zum Kriegsschauplatz ein: zehn Reiter, die sich in die 335 Meilen nach Berwick teilten. Vom 4. Juli bis zum 12. Oktober erhielten sie dafür zwölf Pfennig am Tage, einen doppelten Handwerkerlohn. Ende Juli stand Gloucester mit etlichen Tausend Mann und respektabler Artillerie vor den Toren der Grenzstadt, die sich angesichts der Übermacht öffnete. Die Burg, seit Jahrhunderten immer wieder heftig umkämpft, hielt aus. Die Schotten waren indes gut gerüstet, das Heer, das Jakob III. führte, konnte sich sehen lassen. Es war ihm jedoch nicht vergönnt, Siege damit zu erringen. Auf halbem Weg von Edinburgh nach Berwick nahmen ihn seine mißvergnügten Lords, voran Graf Angus, in

Arrest, hängten die Höflinge und brachten ihn nach der Hauptstadt zurück in Gewahrsam.

Albanys Chance schien gekommen. Richard ließ Lord Stanley mit wenigen Truppen bei der Burg und marschierte mit seiner Hauptmacht nach Norden, sengend und brennend, wie so viele englische Heerführer vor und nach ihm. Er traf auf keinen Widerstand; die schottischen Lords hatten sich nach Haddington, südöstlich der Hauptstadt, abgesetzt. Am 1. August zog Richard in Edinburgh ein, die Stadt blieb verschont. Nun wäre es an der Zeit gewesen, Albany, der sich schon König Alexander (IV.) nannte, auf den Thron zu heben. Doch zeigten seine künftigen Untertanen darob wenig Begeisterung, und der Herzog gab sich plötzlich mit der Aussicht zufrieden, auf seine Güter zurückkehren zu dürfen. Gloucester nahm die Dinge, wie sie waren, mahnte den hinter Schloß und Riegel amtierenden Jakob, zu den beiderseitigen Verträgen zu stehen, und forderte ihn auf, Albany zu amnestieren.

Das war offensichtlich auch im Sinne der schottischen Lords, die schon am nächsten Tag ihr Friedensangebot machten. Es gab keinen allgemeinen Vertrag, nicht einmal einen förmlichen Waffenstillstand, dafür eine Reihe von Zusagen, die Gloucesters Wünsche berücksichtigten. Die Lords verpfändeten sich für Albany, Edinburgh garantierte die Rückzahlung der Aussteuer, falls die Heirat zwischen der englischen Prinzessin und Schottlands Thronfolger nicht stattfinden sollte, und Berwick wurde seinem Schicksal überlassen.

Ob Richard traurig war, keine Schlacht geschlagen zu haben, oder vielmehr froh, bei der unsicheren Verpflegungslage zu so schnellem Erfolg gekommen zu sein, bleibt Spekulation. Möglich, daß er auch nur Anweisungen aus London folgte. Jedenfalls zog er sein Heer umgehend nach Berwick zurück und entließ es am 11. August bis auf siebzehnhundert Mann. Diese Eile hätte beinahe unangenehme Folgen gehabt, denn ein Trupp Schotten wollte im letzten Augenblick noch die Übergabe der Burg Berwick verhindern. Gloucester behielt die Nerven, und bevor es mit den Herannahenden zu Kämpfen kam, kapitulierte die Zitadelle. Man schrieb den 24. August.

Am Tag darauf war der König schon durch den Kurierdienst benachrichtigt. Als Richard Edinburgh nahm, hatte Hastings in Calais Böller schießen und »Freudenfeuer vor jedermanns Tür anzünden lassen wie zur Johannisnacht«. Nun, am 25. August, schrieb Eduard dem Papst von seinem Triumph über Schottland. In beiden Fällen war die Spitze gegen Frankreich gerichtet, doch währte die Freude nicht allzu lange. Ende September informierte Ludwig den Habsburgerherzog von seinem Geheimvertrag mit England. Dem düpierten Kaisersohn blieb nun nichts als ein billiger Ausgleich mit Frankreich. Einen Tag vor Weihnachten vereinbarte er in Arras die Heirat seiner Tochter mit dem *Dauphin;* als Mitgift gab er die französischen Lehen des burgundischen Erbes ohne Flandern – Gebiete, die Ludwig ohnehin schon in der Hand hatte.

Diese Wendung, wiewohl nicht ganz unerwartet, mußte Eduard ärgern, denn der Thronfolger war seiner Erstgeborenen, Elisabeth, versprochen – man nannte sie schon *madame la Dauphine.* Und da es nun niemanden mehr gab, der englische Bogenschützen gegen Frankreich brauchte, blieb auch die französische Pension aus. Doch damit war über kurz oder lang ohnehin zu rechnen gewesen: Nach zwei Schlaganfällen neigte sich Ludwigs Leben dem Ende zu. Die Karten würden bald neu gemischt werden. Daß die eigene nicht darunter sein würde, ahnte Eduard freilich nicht.

V. »Was verdienen die, welche meinen Untergang betreiben?«

Der Putsch des Reichsprotektors

Eduard feierte das Weihnachtsfest mit Tanz, Musik und Mummenschanz. Er zeigte sich und seine Umgebung noch einmal in aller Pracht. »Man sah in diesen Tagen den Königshof nicht anders als es einem trefflichen Königreich geziemt, voll von Reichtümern und Menschen fast aller Nationen und – was alles übertrifft – im Besitz jener wunderschönen und allerliebsten Kinder aus der Ehe mit Königin Elisabeth: Eduard, Prinz von Wales, und Richard, Herzog von York und Norfolk, die noch nicht in der Pubertät waren, und auch fünf Töchter, wunderhübsche Mädchen.« So schwärmt, ganz ungewohnt, der Croyland-Chronist.

Am 20. Januar 1483 war Parlamentseröffnung unter dem Bibelwort: »Der Herr ist mein Licht und meine Rettung.« Die *Commoners* wählten John Wode, einen Vertrauensmann Gloucesters, zum Sprecher. Die Veranstaltung, die einen knappen Monat dauerte, stand auch sonst im Zeichen Richards und seiner Taten – der erledigten und der erwarteten. Der Croyland-Chronist hält allerdings, »was jener Herzog in Schottland diesen Sommer erreicht hatte«, für »kostspielige Kinderei«; was die Eroberung Berwicks betreffe, sei nicht sicher, ob sie Gewinn oder Verlust bedeute: denn der Unterhalt der Burg koste jährlich zehntausend Mark Silber. Mit dieser Kritik stand er freilich allein: Die Grenzstadt war nationales Symbol, wie Calais in Frankreich. Wenn es Zweifel an den Ergebnissen des Feldzugs gab, dann allenfalls, weil man sie nicht für ausreichend hielt.

Solche Zweifel hatte anscheinend auch Eduard. Statt die Schwäche des Schottenkönigs zu einem günstigen Vertrag zu nutzen, sann er auf neuen Krieg. Warum, bleibt Geheimnis. Seine Politik bekommt an dieser Stelle einen Knick: vielleicht nur ein Hakenschlag, der über das Ziel täuschen sollte. Jedenfalls löste er unerwartet die Verlobung seiner Tochter mit dem Schottenprinzen, und das Parlament gab ihm Geld für Rüstungsanstrengungen. Auch Albany überlegte es sich wieder anders: Er wollte nun doch lieber König werden. Zunächst hatte er den königlichen Bruder aus der Haft befreit; als Eduards feindselige Absichten deutlich wurden, ließ er sich zum Reichsstellvertreter machen. Doch wenig später konspirierte er schon wieder mit den Engländern gegen König Jakob. Seine Unterhändler erschienen im Januar beim englischen Parlament. Die Vereinbarungen von 1482 wurden erneuert, als sei nichts gewesen: Albany sollte auf den Thron und dann Eduard gegen Frankreich dienen. Gloucester wurde für die Eroberung Berwicks und seine Landgewinne an der schottischen Westgrenze auf ungewöhnliche Weise ausgezeichnet: Er bekam die »Obhut« der Westlichen Marken und alles Kronland in Cumberland als Erbe, dazu das Recht, den Sheriff und Fiskal zu ernennen; was er auf schottischer Seite eroberte, sollte ihm als freie Pfalzgrafschaft gehören. Das war zusammen nichts weniger als ein erbliches Fürstentum innerhalb des Reiches, wie sonst nur auf dem Kontinent bekannt.

Was Eduard im Schilde führte, läßt sich allenfalls ahnen: ein abhängiges Schottland unter der Knute Gloucesters, das für England auf dem Kontinent Krieg führte, wo sich ja schon seit langem schottische Söldner schlugen, freilich auf der falschen Seite – für Frankreich. Vielleicht entsprang die Idee auch Richards Kopf. Zum

Scheitern verurteilt war sie in jedem Fall. Nicht nur, daß Albanys Charakter für feste Pläne keinen Halt bot; drei englische Könige hatten erfahren müssen, daß sich der kleine Nachbar fremdem Willen nicht beugte. Tatsächlich drehte Albany kurz darauf erneut sein Fähnchen. Am 19. März kam er mit dem Bruder überein, nun doch auf den Thron zu verzichten, und gab die Stellvertreterschaft im Reich ab. Es ist nicht sicher, ob König Eduard das noch erfuhr. Am 9. April 1483 war er tot. Die Nachricht hatte – ein Fall umgekehrten Zeitverlaufs – York bereits am 6. April erreicht.

Die Todesursache ist ungeklärt. Zu Ostern, das auf den 30. März fiel, wurde Eduard bettlägrig. Er sei aus Kummer über die außenpolitische Entwicklung gestorben, schreibt Mancini: So sagten jedenfalls die Leute. Commynes verbreitete die gleiche Geschichte. Der italienische Besucher gibt noch eine andere Version zum besten, die authentischer klingt:»Hinzu sei gekommen, daß er sich einmal der feuchten Kälte aussetzte, als er mit Gefährten in einem kleinen Boot zu ausgiebig fischte. Dabei holte er sich eine Krankheit, von der er nicht mehr genas, obwohl sie nicht lange dauerte.« Wahrscheinlich handelte es sich um eine schnell verlaufende Lungenentzündung (Lobärpneumonie), die innerhalb von sieben bis elf Tagen zum Tode führt. Auf dem Kontinent sprach man von Schlaganfall oder Magenkolik, doch starke Schmerzen scheint der Kranke zuletzt nicht mehr gehabt zu haben, und er war geistig wach. Der Croyland-Chronist meint, ein jüngerer Mann hätte sich ohne Schwierigkeiten wieder erholt. Wie dem auch sei: Die ärztliche Kunst, auf die der König so große Stücke hielt, konnte ihm nicht helfen.

Eduard hatte noch Zeit, seine irdischen Angelegenheiten zu regeln. Das Fieber war abgefallen, nur die eine Brustseite drückte etwas. More liefert uns eine große Sterbebettszene: Die Lords stehen am Lager des Königs, der sich mit letzter Kraft in seinen Kissen aufgerichtet hat. Und er hält eine lange Rede, in der er sich um die Eintracht der Anwesenden sorgt, die sich oft genug um Kleinigkeiten gezankt hätten.»Nirgendwo gibt es tödlicheren Zwist als unter denen, die nach Natur und Recht am meisten einig sein sollten. Ehrgeiz und Begierde nach leerem Ruhm und Oberherrschaft ist eine verderbliche Schlange, die dort, wo sie Eingang gefunden hat, so lange weiterkriecht, bis sie mit Uneinigkeit und Streit alles zum Unheil gekehrt hat. Zuerst will man dem Obersten am nächsten, dann ihm gleich und schließlich über ihm stehen. In

welcher Weise unmäßige Ehrsucht und mit ihr Zank und Zwietracht innerhalb weniger Jahre Tod, Elend und Verdruß über dieses Königreich gebracht haben, das möge Gott vergessen, so gut wir uns auch daran erinnern.«
Zwietracht unter den Großen des Reichs sei schlimmer als der Tod eines Königs, für den sich immer ein Nachfolger finde. Darum genüge es nicht, daß sie alle und jeder einzeln seinen Söhnen und Erben in Liebe zugetan wären; sie müßten sich auch untereinander vertragen: Das sei denn auch seine letzte Bitte.»Nach diesen Worten konnte er nicht mehr länger aufrecht sitzen, legte sich auf seine rechte Seite und hielt das Gesicht ihnen zugewandt: Und keiner war da, der das Weinen zurückhalten konnte. Die Lords aber sprachen ihm so gut zu, als sie vermochten, antworteten ihm nach Gefallen, vergaben einander (jedenfalls mit Worten) und nahmen sich bei der Hand, doch waren ihre Herzen, wie sich an ihren Taten später zeigte, dabei weit entfernt.«

Es waren ohnehin nicht alle anwesend. More nennt Hastings und Dorset; dazu kamen vermutlich die anderen Woodvilles bis auf Rivers, der sich am Prinzenhof in Ludlow aufhielt. Buckingham war auf seinen Gütern in Wales, und Gloucester befand sich in Middleham. Auch die Königin fehlte anscheinend am Sterbebett. Eduard änderte im letzten Augenblick noch sein Testament, das er acht Jahre zuvor aufgesetzt hatte. Wir wissen nichts Genaues, denn das fragliche Papier verschwand wenig später. Ganz sicher ist, daß Elisabeth nun nicht mehr unter den acht Testamentsvollstreckern genannt war; sie wurde durch Lord Stanley ersetzt. Ziemlich sicher ist, das Richard Gloucester darin zum Reichsprotektor und Prinzenvormund bestellt wurde. Der Croyland-Chronist schreibt:»Eduard fügte, als er im Sterben lag, einige Kodizillen zum Testament: Wie seine insgesamt klugen Anordnungen zu einem elenden und unglücklichen Ende führten, zeigt die folgende Tragödie.« Er sagt nichts weiter über den Inhalt, doch bei Mancini lesen wir, das Testament habe Richard zum »Schutzherrn der Kinder und des Reiches« gemacht. Bernard André und Polydore Vergil bestätigen das.

Im Letzten Willen, wie Eduard ihn vor seinem Frankreichfeldzug verfügt hatte, war Gloucester sowenig wie Clarence erwähnt, nicht einmal als Testamentsvollstrecker. Das Problem bestand damals in der Rivalität dieser beiden Brüder. Mittlerweile war der eine tot, und andere Gegensätze bedrohten das Reich und seine Erben. Anscheinend wurde dem König erst auf dem Totenbett klar, daß Dorset und Hastings, Elisabeth und Buckingham trotz aller Lippenbekenntnisse unversöhnlich waren. Er brauchte den Bruder im Norden. Dessen Wahlspruch lautete »*Loyaulté me lie*«, »In Treue fest«*. Und es gab keinen Grund, an seiner Aufrichtigkeit zu zweifeln. Er war bekannt, daß er die Königin und ihren Clan nicht mochte, vielleicht sogar haßte. Trotzdem hatte er zu keiner Zeit den Frieden durch eitle oder herrische Selbstdarstellung gestört, nicht einmal nach Clarences Tod. Die kontrollierte und sachliche Art des Bruders, so glaubte der König wohl, würde dem Protektoramt Autorität verschaffen.

More zufolge waren freilich alle Hoffnungen von Anfang an umsonst. »Auf Grund glaubhafter Kunde weiß ich, daß in derselben Nacht, in der König Eduard starb, am frühen Morgen ein gewisser Mistlebrook in großer Eile zum Haus eines gewissen Potter kam, der in Redcross Street vor Cripplegate wohnte: Nachdem er auf heftiges Klopfen hin eilig eingelassen worden war, eröffnete er Potter, daß König Eduard gestorben sei. ›Bei meiner Treu‹, sagte Potter, ›dann wird mein Herr, der Herzog von Gloucester, König werden.‹ Welchen Grund er hatte, so zu denken, ist schwer zu sagen; entweder hatte er durch diesen erfahren, daß er derartiges plane, oder hatte anderweitig etwas munkeln hören: Denn er wird so etwas kaum dahingesprochen haben.« Der lateinische Text fährt fort: »Ich erinnere mich, daß diese Worte jemand, der die beiden reden hörte, meinem Vater erzählte, als man noch keinen Verdacht hinsichtlich Richards Verrat hegte.« Sieben Wochen später war Gloucester in der Tat König.

Eduard lag nackt, nur mit Lendentuch, auf einem Tisch, als der Hof, die Londoner Ratsherren und die anwesenden Lords zur »Leichenschau« schritten. Am Tag darauf wurde er einbalsamiert und in festlicher Robe, auf dem Haupt die Krönungsmütze, in St. Stephen's aufgebahrt. Eine Woche hatte das Volk Gelegenheit, von seinem König Abschied zu nehmen. Am 17. April brachte eine Prozession den Leichnam in die Westminster Abtei, voran Lord Howard mit dem Königsbanner, das Eduards Siegeszeichen, die »Strahlende Sonne«, zeigte. Eine lebensgroße Plastik des Königs

---

* Wörtlich: »Treue bindet mich.«

schmückte den Sarg. Tags darauf begann die Überführung nach Windsor. Am 20. April wurde Eduard hier in der Georgs-Kapelle zu Grabe gelegt. Sein vergoldeter Waffenrock mit dem karmesinroten Mantel, der die königlichen Wappen mit Gold, Perlen und Edelsteinen eingestickt trug, und sein bemaltes Banner zeigten die Stelle an, wo er ruhte.

»Er regierte in Friedenszeiten so trefflich«, schreibt More, »daß er wie kein anderer Fürst in diesem Land, der seinen Thron in einer Schlacht gewonnen hat, von den meisten Leuten herzlich geliebt wurde. Diese Zuneigung und Liebe steigerte sich nach seinem Tode noch angesichts der folgenden Grausamkeiten, Unglücksfälle und Ärgernisse. Als er starb, hatte sich der Unmut jener gelegt, die ihm Heinrichs VI. halber, den er abgesetzt hatte, grollten, wenn er nicht überhaupt verschwunden war, denn viele von ihnen waren im Verlauf der mehr als zwanzigjährigen Regierungszeit gestorben. Und viele, denen er niemals gram gewesen war, kamen unterdessen in seine Gunst.«

Die Eloge enthält einen deutlichen Seitenhieb auf Heinrich VII. *Tudor,* dem niemand eine Träne nachweinte; auch er hatte sich die Krone mit Waffengewalt geholt. Dagegen brach nach Eduards Tod ein Verseschmied in ein *Ubi sunt*-Lamento aus und beschwor gar König Artus' Tafelrunde:

»Wohin ist der Fürst, der sich mit Macht
In England sein Recht auf Herrschaft nahm;
Der danach Frankreich in Knechtschaft gebracht
Und ohne Schwertstreich nach Hause kam;
Der Schottland besiegte und Berwick gewann
Dem Reiten und Jagen ein heiteres Spiel war?
Ganz England muß um ihn trauern immerdar.
Mir scheint, sein Ende sollt' nimmer sein.
Ich seh' seine Mannen, seine Ritter all;
Ich seh' seine Burgen aus Kalk und Stein;
Ich seh' seine Diener sitzen in der Hall',
Unter ihnen sein treuer Marschall.
Was soll ich sagen? Gestern er hier war!
Ganz England muß um ihn trauern immerdar.«*

---

* Wher is this Prynce that conquered his right
Within Ingland, master of all his ffoon;
And after ffraunce, be very force & myght,
Without stroke, and afterward cam hoom;

Eduard hinterließ aus seiner Ehe zwei Söhne, Eduard und Richard, sowie fünf Töchter, deren älteste Elisabeth war. Von einer Mätresse, Elisabeth Lucy, hatte er einen weiteren Sohn, Arthur, und eine Tochter, die auch Elisabeth hieß. Prinz Eduard war am 14. November 1470 geboren; im Herbst würde er dreizehn werden. Er – nicht Richard Gloucester – stand unter dem Zeichen des Skorpions. Der kleine Richard zählte neun Lenze, seine Schwester Elisabeth war dagegen schon eine junge Dame; sie hatte im Februar ihren 19. Geburtstag gefeiert. Der Thronfolger, seit 1471 Fürst von Wales, residierte auf Ludlow in den Waliser Marken. More schildert diese Gegend als »ein Land, das dem Zugriff von Recht und Gesetz durch die Entfernung entzogen war und deshalb, jenseits guten Willens, zunehmend verwilderte, und wo Räuber und Diebe frei und unbehelligt herumliefen.« Der kleine Eduard zählte noch keine drei Jahre, als er mit der Aufgabe betraut wurde, »durch die Autorität seiner Gegenwart Übeltäter von ihren dreisten Gewalttätigkeiten abzuhalten«. Das war gewiß ein Motiv für den Ortswechsel. Doch spielte wohl auch eine Rolle, daß Eduard IV. selbst seine Jugend auf Ludlow verbracht hatte. 1459, als dort sein Bruder, der sechsjährige Richard, mit der Mutter in Lancaster-Hände fiel, war die Burganlage zum Teil zerstört worden; mittlerweile standen die Mauern wieder.

Den Prinzen umgab ein Rat, dem der Bischof von Worcester, Alcock, präsidierte. Dr. Alcock, Gründer einer Grammatikschule in Hull sowie des Jesus-Kollegs in Cambridge, diente auch als Hauslehrer. Kämmerer war Thomas Vaughan, ansonsten Schatzmeister des Königs und ein alter Haudegen. Die übrigen Ämter okkupierten Woodvilles: Graf Rivers als Prinzenerzieher; Lionel, Kanzler der Oxford-Universität und seit 1482 Bischof von Salisbury, als Hofkaplan; die beiden anderen Brüder der Königin, Eduard und Richard, als Ratsmitglieder; Elisabeths Sohn Richard

Made Scotlond to yelde, and Berwyk wan he from;
Ryding a hontyng, hym-silff to sporte & playe?
All men of Englond ar bounde for hym to praye.
Me thynkith euer his kyng sholde not be gon.
I see his lordis, I see his knyghtis all;
I see his plasis made of lyme and ston;
I see his seruauntes sittyng in the hall,
And walkyng among them his marchall.
What sholde I say? he was here yestirday!
All men of Englond ar bounde for hym to pray.

225

Grey als Rechnungsprüfer; Richard Haute, Rivers Neffe, als Schatzmeister; und andere mehr. Durch detaillierte Anweisungen nahm König Eduard jedoch auch persönlich Einfluß auf Ausbildung und Erziehung des Thronfolgers. Sie muß ein Erfolg gewesen sein, denn Mancini schreibt: »Er hatte so viel Würde im Auftreten und so viel Charme im Mienenspiel, daß nicht genug bekommen konnte, wer ihn ansah . . . Seine intime Kenntnis der Literatur erlaubte ihm, sich elegant zu unterhalten und jedes Werk, selbst von den schwierigsten Autoren, zu verstehen und daraus flüssig zu zitieren, ob in Versen oder in Prosa.«

»Praktisch jeder nähere Angehörige der Königin war in der Umgebung des Prinzen untergebracht«, heißt es bei More. »Diesen Umstand, den die Königin nicht ohne Überlegung herbeigeführt hatte, denn ihre Blutsverwandten sollten dadurch in der Zuneigung des Prinzen von Kindheit an verwurzelt werden, benutzte der Herzog von Gloucester zu ihrem Verderben und baute darauf die Mauern seines unseligen Tatengebäudes.« Der Biograph beobachtet richtig. Denn die Woodvilles samt der Königin waren nicht nur bei Hastings und Buckingham verhaßt; und nicht nur Neid auf ihre Karriere bestimmte die Abneigung, vielmehr das hoffärtige und engherzige Benehmen der Clique. Jüngst erst hatte die Königin einen Anhänger und Freund ihres Gatten verfolgt, weil er in einem ihrer zahlreichen Wälder jagte – mit königlicher Genehmigung, wie er immerhin reklamierte. Der Versuch, ein Woodville-Regime nach Eduards Tod zu errichten, würde zweifellos auf Widerstand stoßen.

Die Woodvilles wußten das und probierten es trotzdem. Sie waren nicht unvorbereitet. Mag sein, daß der König seit längerem kränkelte; vielleicht traf es sich auch aus Zufall: Am 8. März schrieb Rivers aus Ludlow einen brisanten Brief an seinen Londoner Vertrauensmann Dymmock. Darin übertrug er seine stellvertretende Kommandantur des Tower auf Dorset und wies Dymmock an, das mit Tower-Kommandant Dudley zu regeln; der König wurde bei diesem Geschäft übergangen. In zwei *postscripta* forderte er zunächst eine Kopie jenes Patents an, das ihn als Erzieher und Hofmeister *(govenor)* des Prinzen auswies. Als solcher war er berechtigt, über die Einkünfte seines Schützlings zu verfügen, seinen Aufenthaltsort zu bestimmen und für seine Sicherheit zu sorgen. Ein anderes Dokument, von dem er eine Abschrift haben wollte, gab ihm Vollmacht, Truppen in den Waliser Marken aufzubieten. Beide Patente hatte Eduard wenige Tage zuvor, am 27. Februar, neu bestätigt.

Am 11. April, zwei Tage nach Eduards Tod, wurde der Prinz in London zum König ausgerufen. Die Nachricht erreichte Ludlow am 14. April. Prinz Eduard war nicht mehr allzuweit von seiner Volljährigkeit entfernt. Der Rat von Ludlow sollte, früheren Bestimmungen zufolge, seine erzieherische Tätigkeit beenden, wenn Eduard vierzehn war. Die letzten Verfügungen des Königs hatten die Situation jedoch verwirrt. Richard Gloucester war als Reichsprotektor dem Prinzenrat unter Alcock und Graf Rivers zweifellos übergeordnet. Aber was konnte dieser dann überhaupt noch verfügen? Die Woodvilles glaubten einen Weg zu wissen, das Problem in ihrem Sinne zu lösen: Am 16. April schrieb der designierte König nach Lynn, er beabsichtigte »mit geziemender Eile« nach London zu reisen, um sich krönen zu lassen; die Bürgerschaft solle dieweil Ruhe und Ordnung halten.

Die Überlegungen, die dahinterstanden, sind klar: Wenn der junge König gekrönt war, konnte er sich seine Ratgeber selbst aussuchen; Gloucester würde sein Amt dann quittieren müssen. So hatte sich der verstorbene Eduard das freilich nicht vorgestellt, und andere taten es auch nicht. Es war nicht üblich, vor dem sechzehnten Lebensjahr ein Reich zu regieren. Eindeutige Rechtssätze gab es dazu nicht; aber es galt immer noch die Vorstellung, daß König erst sei, wer ein Schwert führen konnte. Über solche Fragen entschied kein Verfassungsgericht; diese Einrichtung kennt das glückliche England bis heute nicht. Souverän war der »König im Rat«; das hieß auf die aktuelle Situation übertragen: der Reichsprotektor im Kreise der Lords und gegebenenfalls des Parlaments.

Wenn sich in London ohne den König und seinen »Schutzherren« ein Rat versammelte, konnte dieser nur provisorisch sein. Denn wie für das Parlament, so gab es auch für den Reichsrat (*great council*) und den Kronrat (*privy council*) keine feste Mitgliedschaft; allein der König oder sein Sachwalter entschied über die Ratgeber. Doch Verfassungsfragen sind allemal Machtfragen. Und die Macht hatten – zunächst einmal – die Woodvilles. Der junge König war in ihrer Gewalt; Rivers besaß Vollmacht, Truppen zu seinem Schutz auszuheben. Dorset kontrollierte in London den Tower mit seinen Waffendepots und dem Kronschatz. Ein weiterer Woodville – Königinbruder Eduard – kommandierte die Flotte. Die

Schiffe waren gerüstet, und die Arsenale gefüllt, denn Eduard hatte sich auf Krieg vorbereitet. In der Kronverwaltung dominierten Leute, die Königin Elisabeth an den Hof gezogen hatte.

Auf der anderen Seite stand der Kämmerer, Hastings, und mit ihm Hofmarschall Stanley sowie Lord Howard, Diplomat und Feldherr. Eine Vermittlerrolle zwischen den feindlichen Parteien, die kein Handschlag am Sterbebett versöhnen konnte, hätte die Geistlichkeit spielen können: Erzbischof Rotherham von York, Kanzler und Reichssiegelbewahrer; Bischof Russell von Lincoln, Kronsiegelhalter; Kardinal Bourchier, Erzbischof von Canterbury; Bischof Morton von Ely, und andere. Doch hielten sie es in der Mehrzahl mit den Woodvilles. Die wiederum dachten nicht daran, Richards Stellung zu akzeptieren. Ohne seine oder des jungen Königs Ankunft abzuwarten, ohne den Protektor überhaupt zu informieren, beriefen sie mit Billigung des Kanzlers am 18. April eine Ratsversammlung ein. Ein Gebet zu Beginn bat für »unseren erhabenen König Eduard V., die Königin Elisabeth, die ganze königliche Nachkommenschaft«. Von Richard, dem designierten Reichsprotektor, keine Rede.

Mancini: »Zweierlei Meinungen wurden vertreten: die eine, daß Gloucester regieren solle, weil Eduard es im Testament so bestimmt hatte, und weil ihm dem Gesetz nach die Regierung zustand; doch war dies die schwächere. Die stärkere war, daß die Regierung von mehreren gehandhabt werden solle, von denen der Herzog nicht ausgeschlossen, sondern vielmehr der erste sein solle. Auf diese Weise wären dem Herzog Ehre und dem Königreich Sicherheit zuteil; denn der Erfahrung nach gaben Regenten das Regierungsamt nur ungern oder unter Waffenzwang zurück, woraus oft Bürgerkriege entstünden. Wenn außerdem einem allein die Regierung übertragen würde, könne er leicht die ganze Herrschaft an sich reißen. Diese Auffassung vertraten alle, die der Verwandtschaft der Königin zuneigten; denn die mit dem Tod des Herzogs von Clarence belastet waren, fürchteten Tod oder wenigstens Erniedrigung, falls Richard die Herrschaft übernehmen und allein regieren sollte.«

Im Grunde war alles schon einmal dagewesen, sogar die Namen glichen sich. Auch Heinrich V., der 1422 starb, hatte ein Testament hinterlassen, in dem er seinen Bruder Gloucester zum Reichsprotektor bestimmte. Damals war dem Kronrat die Machtübernahme

gelungen: Herzog Humfried wurde nur als *primus inter pares**
zugelassen; nach der Krönung Heinrichs VI. bootete man ihn aus,
und schließlich brachte ihn, so glaubten die Zeitgenossen, die
Beaufort-Clique um. Es folgte die Kabinettsherrschaft Suffolks und
Somersets, der Bürgerkrieg, die Absetzung Heinrichs. Das alles
war nicht vergessen. Dagegen, daß der bisherige Kronrat kommissarisch amtierte und dringende Geschäfte erledigte, hatten
Hastings und seine Anhänger nicht viel einzuwenden: Französische Piraten bedrohten die Küste, die Justiz ruhte, solange die
Richter nicht neu ernannt waren, und Verteidigungssteuern mußten erhoben werden. Die Ratsmehrheit stimmte den nötigen Maßnahmen zu, und Kämmerer Hastings stellte sich selbst für den
Vorsitz in sieben Steuerkommissionen zur Verfügung. Aber es
ging nicht an, daß in den Ratsbeschlüssen Rivers und Dorset als
»Onkel des Königs« und »Königsburder mütterlicherseits« herausgestellt wurden, während von Richard nicht die Rede war.

So dachte jedenfalls der königliche Kämmerer und mit ihm die
»Klügeren« im Rat, wie der Croyland-Chronist bemerkt – wenn
sich Bischof Russell hinter ihm verbirgt, gehörte er wohl auch
dazu. Sie meinten, »daß die Regentschaft für eine so junge Person
bis zu seiner Mündigkeit den Onkeln und Brüdern von Mutterseite
strikt verwehrt werden müsse«. Doch waren sie in der Minderzahl;
den Woodvilles Schranken zu setzen, reichte ihre Macht in London
nicht aus. Hastings, schließlich einer der Testamentsvollstrecker,
tat das Naheliegende: Er schickte dem Betroffenen eine Botschaft.
Darin klärte er Gloucester auf, was gespielt wurde. Mehr noch:
»Wie es heißt, riet er dem Herzog außerdem, mit starker Truppe in
die Hauptstadt zu eilen, um das Unrecht zu rächen, das ihm seine
Feinde angetan hätten. Er würde sich leicht rächen können, wenn
er zuvor den jungen König Eduard in seine Hand und Obhut
bekäme und dabei die widerstrebenden Begleiter ausschaltete,
solange sie ahnungslos seien. Er selbst befände sich unter großer
Gefahr allein in der Stadt und sei heftigen Nachstellungen ausgesetzt, denn über die alten Feindschaften hinweg verüble man ihm
nun auch seine Freundschaft zum Herzog.«

Möglicherweise erfuhr Richard durch Hastings erstmals, welches
Amt ihm nach königlichem Willen zukam. Vergil sagte so; doch

---

* *primus inter pares* = Erster unter Gleichen.

sicher ist es nicht, weil wir nicht wissen, wann Eduard das Testament änderte. Ende Februar hatte der Herzog, nach Ende des Parlaments, London verlassen; am 6. März traf er in York ein. Er sah seinen Bruder nicht wieder. Als dieser starb, war er wie üblich auf Middleham. In York stimmte man bereits am 7. April einen Grabgesang für den König an und feierte tags darauf, während er tatsächlich noch lebte, das Requiem. Richard nahm daran nicht teil. Er reiste auch nicht zu den Trauerfeierlichkeiten in London, Westminster und Windsor, die immerhin zwölf Tage dauerten. Statt dessen arrangierte er, wie der Croyland-Chronist weiß, in York »tränenreiche Trauerfeierlichkeiten«. Und: »Vom gesamten Adel dieser Gegend holte er Treueide für den Königssohn ein: Er selbst schwor dabei als erster.«

Hastings' Ratschlag folgte Richard zunächst nicht. Er vertrat seine Position erst einmal mit Worten: »An die Königin schrieb er herzliche Beileidbriefe; seinem König und Herrn, Eduard V., versprach er Gefolgschaft, Huldigung, Treue und jeglichen Dienst . . .« Dem Kronrat gegenüber wurde er freilich deutlicher: »Er sei seinem Bruder daheim und in der Fremde, im Frieden wie im Krieg treu gewesen und werde es, wenn man ihn lasse, in gleicher Weise dem Sohn des Bruders und allen seinen anderen Nachkommen sein. Unter Einsatz des Lebens werde er sich allen Gefahren entgegenstellen, um ihnen das Reich des Vaters zu sichern. Er bitte dringend, wenn über die Regierung beraten werde, die ihm nach Gesetz und brüderlichem Beschluß zustehe, seinen hohen Stand zu berücksichtigen und auch seine Verdienste, die er sich am Bruder und dem ganzen Reich erworben habe. Was immer gegen die Gesetze und den Willen des Bruders beschlossen werde, geschehe zum Schaden.«

Der Brief machte Eindruck, jedenfalls denen, die nicht zur Woodville-Kamarilla gehörten. Sie forderten jetzt öffentlich die Regierungsübernahme Gloucesters. Hastings – selbst aus obskurer Familie – argumentierte, die Verwandtschaft der Königin sei wegen ihrer niederen Herkunft nicht zur Regentschaft befähigt. Doch die Zahl seiner Anhänger hatte nicht zugenommen. Die Mehrheit im Rat setzte sich unter Dorsets Wortführerschaft über alle Einwände hinweg und bestimmte den 4. Mai zum Krönungstermin. »Einige im Rat sagten, man solle das alles nicht überstürzen, sondern auf den Onkel des jungen Königs warten, den diese Sache schließlich betreffe, damit er so weitreichende

Beschlüsse mitfassen und mitdurchführen könne; andernfalls würde er vielleicht ärgerlich werden und mit Gewalt Unruhe stiften. Darauf antwortete der Marquis: Wir sind so mächtig, daß wir diese Entscheidung auch ohne den Onkel treffen und durchsetzen können.«
Diese Großmäuligkeit erhielt sogleich einen Dämpfer. Als bekannt wurde, daß der König mit Heeresmacht nach London gebracht werden sollte, drohte Hastings, nach Calais zu gehen. Jeder wußte, was er damit meinte: Von Calais aus hatte Warwick zuerst Heinrich VI. gestürzt und später Eduard IV. vertrieben. Dorset war offensichtlich nicht mächtig genug, solch ein Vorgehen zu hindern; er steckte zurück. Nur noch zweitausend Mann sollte Rivers jetzt mitbringen; er erhielt Order, drei Tage vor der geplanten Krönung in London zu sein. Hastings hoffte, das macht der Croyland-Chronist klar, daß Gloucester und Buckingham (»in die er seine ganze Hoffnung setzte«) mit entsprechender Zahl in die Hauptstadt kämen. Am St.-Georgs-Tag, dem 24. April, brach Rivers mit seinem königlichen Schützling von Ludlow auf. Zuvor absolvierten sie noch, wie Rous pedantisch vermerkt, das Zeremoniell des Hosenbandordens, das an diesem Tag anstand. Prinz Eduard war schon als Einjähriger unter die Ordensmitglieder gewählt worden.

Richard war indes gleichfalls auf dem Weg nach Süden, York lag schon hinter ihm; am Samstag, dem 26. April, wurde er in Nottingham erwartet. Der Herzog ließ sich Zeit, möglicherweise machte er vorher in Pontefract Rast. Drei Tage später erreichte er Northampton. Eine Wegstunde zu spät, um hier noch dem königlichen Neffen zu begegnen: Der lagerte mit seiner Eskorte bereits gute zwanzig Kilometer weiter im Ouse-Städtchen Stony Stratford, nicht weit von Grafton, wo seine Mutter Königin geworden war. Daß Rivers den längeren Weg über Northampton wählte, statt der Route Hereford–Gloucester–Oxford, läßt vermuten, daß ein Zusammentreffen der beiden Königsonkel vor London geplant war. Aus der Hauptstadt reiste dazu Richard Grey an, Sohn der Königin und Rechnungsprüfer am Prinzenhof. Ein weiterer kam dazu: Heinrich von Buckingham, Herzog aus königlichem Stamm. Er traf am selben Tag in Northampton ein wie Richard.

Harre Bokinham (wie er sich schrieb) hatte Richard einen heimlichen Boten nach York geschickt und mitteilen lassen, er stehe ihm »in dieser neuen Welt« zur Verfügung und wolle ihm tausend ausgesuchte Leute zuführen, wenn er sie brauche. Eine weitere Nachricht schickte er ihm nach Nottingham. Richard gab zurück, er sei mit sechshundert Mann nach London unterwegs, und es reiche, wenn der Herzog dreihundert Getreue nach Northampton mitbringe. Zusammen war das keine Gefahr für die Zweitausend aus Wales: wahrscheinlich Bedingung, daß Rivers dem Rendezvous zustimmte. Buckingham kam aus Wales wie der König; Richard verlangsamte seinen Ritt wohl, um mit ihm am Treffpunkt zu sein. Vielleicht war diese Verzögerung Grund für den Weitermarsch der Königlichen nach Stony Stratford; vielleicht gab es auch Quartierprobleme. Jedenfalls kehrte Rivers, als er vom Eintreffen der Herzöge hörte, nach Northampton zurück, um ihnen die Grüße seines Schützlings zu überbringen.

Gloucester und Buckingham nahmen sie höflich entgegen. Daß man den jungen König ihrethalben ohne die Schutztruppen in Northampton gelassen hätte, erwarteten sie wohl kaum. Rivers erklärte, er wolle am nächsten Morgen mit ihnen nach Stony Stratford reiten, und sie stimmten zu. Von dem, was folgte, gibt More einen ausführlichen Bericht:

»So saßen diese Herzöge und Lord Rivers am Abend lange in freundlicher Stimmung beim Mahle. Doch sobald sie sich nach außen hin mit großer Höflichkeit getrennt hatten und Lord Rivers zu Bett gegangen war, setzten sich die Herzöge mit wenigen engen Freunden heimlich zusammen und berieten bis tief in die Nacht hinein. Bei Morgengrauen schickten sie still und leise nach ihren Dienstleuten in den umliegenden Gasthöfen und Unterkünften, mit dem Befehl, sich eilends bereit zu machen, denn ihre Herren seien schon sattelfertig. Auf diese Weise waren viele ihrer Leute wach, während Lord Rivers' Diener noch schliefen.

Nun hatten diese zwei Herzöge auch die Schlüssel des Gasthofs in Verwahrung genommen, daß niemand ihn ohne ihre Erlaubnis verlassen konnte. Überdies hatten sie an der Straße nach Stony Stratford, wo der König lag, Wachen postiert, die jeden zurückschicken und zum Umkehren zwingen sollten, der von Northampton auf dem Weg nach Stony Stratford war, so lange, bis sie andere Order bekämen: Denn die Herzöge beabsichtigten, um ihre Eilfertigkeit zu zeigen, Seine Königliche Hoheit am Morgen als erste aus dieser Stadt zu begrüßen. So täuschten sie die Leute. Als Lord

Rivers merkte, daß die Tore verschlossen und alle Wege besetzt waren, so daß weder seine Dienstleute noch er selbst hinausgehen konnten, wußte er wohl, daß so ein Unternehmen (zumal ohne seine Kenntnis) nicht umsonst begonnen war. Wenn er dieses Benehmen mit der fröhlichen Gasterei letzte Nacht verglich, wollte ihm ein so schneller Wandel innerhalb weniger Stunden gar nicht gefallen. Nun konnte er allerdings nicht weg und sich in Sicherheit bringen; was möglicherweise auch wie das Eingeständnis einer geheimen Schuld gewirkt hätte, wozu er bei sich keinen Grund sah. So beschloß er, ihnen auf sein reines Gewissen hin tapfer gegenüberzutreten und zu fragen, was das alles bedeute. Sobald sie ihn erblickten, begannen sie, mit ihm zu streiten, und sagten, er habe vorgehabt, sie dem König zu entfremden und ins Verderben zu bringen; das solle nun nicht mehr in seiner Macht stehen. Und als er anhob, sich mit wohlgesetzten Worten zu verteidigen (denn er war ein beredter Mann), warteten sie das Ende seiner Antwort nicht ab, sondern ergriffen ihn kurzerhand und stellten ihn unter Bewachung.

Daraufhin stiegen sie unverzüglich aufs Pferd und nahmen den Weg nach Stony Stratford, wo sie den König und seine Gesellschaft sattelfertig und abmarschbereit fanden, damit die Unterkünfte frei würden, die zu knapp für beide Begleitmannschaften waren. Sobald sie vor sein Angesicht kamen, stiegen sie und alle ihre Leute ab, zu denen Herzog Buckingham sagte: ›Vorwarts, Ihr Herren und Knechte, nehmt Euere Plätze ein.‹ Daraufhin näherten sie sich in angemessener Haltung dem König und begrüßten Seine Gnaden demütig auf den Knien. Der empfing sie freudig und liebenswürdig, nicht das geringste ahnend oder befürchtend. Doch dann begannen sie in seiner Gegenwart nach und nach ein Streitgespräch mit Lord Richard Grey, dem Bruder des Königs mütterlicherseits . . .« Soweit Thomas More.

Die folgenden Auseinandersetzungen schildert Mancini ausführlicher:»Mit Trauer im Gesicht zeigten sie ihren Schmerz über den Tod seines Vaters, den sie den Höflingen anlasteten: Indem diese Gesellen und Meister seiner Laster gewesen wären, hätten sie seine Ehre wenig geachtet und außerdem seine Gesundheit ruiniert. Damit sie das gleiche Spiel nicht mit dem Sohn trieben, müsse man sie von seiner Seite entfernen; denn ein junger Mensch unter dem Einfluß Unwürdiger sei nicht in der Lage, ein so großes

Reich zu regieren. Herzog Gloucester klagte sie überdies an, auf seinen Tod gesonnen und sowohl in der Stadt wie auf dem Weg Hinterhalte geplant zu haben, wie ihm Mitverschworene enthüllt hätten. Allen bekannt sei ihr Versuch, ihn um das Regentenamt zu bringen, das ihm vom Bruder anvertraut sei. Auch um des Königs Sicherheit willen müßten sie entfernt werden, daß er nicht in die Hände von Desperados falle, denen auf Grund früherer Willkürakte alles zuzutrauen sei. Er selbst (Gloucester) werde dank seiner Erfahrung und insbesondere seiner Beliebtheit beim Volk die Regierung besser führen; er werde es an nichts fehlen lassen, was man von einem getreuen Untertanen und pflichtbewußten Protektor erwarte.

Darauf gab der Bub, der dem Vater an Geistesgröße gleichkam und überdies talentiert und belesen war, zur Antwort, diese Minister habe ihm sein Vater gegeben, und mit Rücksicht auf die Klugheit des Vaters glaube er, daß sie gut und treu seien; er habe nichts Schlechtes an ihnen entdecken können und wolle sie behalten, bis sie sich tatsächlich als schlecht erwiesen. Was die Reichsregierung angehe, habe er volles Vertrauen in die Lords und die Königin, so daß diesbezüglich seine alten Ratgeber nicht betroffen seien. Auf den Namen der Königin hin antwortete Herzog Bukkingham, der ihr Blut mit Haß verfolgte, es sei nicht Frauensache, das Reich zu regieren; wenn er deshalb Hoffnung in sie setze, gebe er diese besser auf. Er möge sich ganz auf seine Lords, die durch Adel und Macht ausgezeichnet seien, verlassen ...

Und unverzüglich nahmen sie, in Gegenwart des Königs, Lord Richard und Sir Thomas Vaughan gefangen«, berichtet nun wieder More. »Grey, ein Mann von vornehmer Geistesart und stattlicher Gestalt, griff angesichts der Bedrohung erregt zum Schwert. Doch als ihn darob jemand schalt und darauf hinwies, daß es zu einem solchen Versuch zu spät sei, versagte ihm der Mut, und er zog die Hand zurück und ergab sich. Sie brachten dann den König mit den anderen nach Northampton zurück, wo sie wiederum Rat hielten. Aus seiner Umgebung entfernten sie, wer ihnen nicht gefiel, und umgaben ihn mit neuen Dienstleuten nach ihrem Geschmack. Darüber weinte er und war todunglücklich; aber es half nichts. Beim Abendessen schickte Herzog Gloucester von seinem eigenen Tisch ein Gericht an Lord Rivers und bat ihn, guten Muts zu sein; alles würde sich zum Besten wenden. Dieser dankte dem Herzog, doch bat er den Boten, es zu Lord Richard mit derselben

Nachricht zu bringen; denn er dachte, daß dieser mehr Trost brauche als er, dem solche Not nicht fremd war. Aber trotz dieser aufmunternden Höflichkeit ließ Gloucester Lord Rivers und Lord Richard zusammen mit Sir Thomas Vaughan nach Norden an verschiedene Orte ins Gefängnis bringen . . .«
Rivers wurde zunächst nach Sheriffhutton gelegt, Grey kam nach Middleham und Vaughan nach Pontefract. Auch Bischof Alcock, Lehrer und Ratspräside, verlor sein Amt, doch blieb ihm Haft erspart. (Bald finden wir ihn in Richards Diensten.) Die zweitausend Waliser Bogenschützen – dämliches Volk, wie manche befanden – wurden heimgeschickt; es gab niemand mehr außer dem Protektor, der ihnen Befehl geben konnte. Rivers und Grey hatten sich auf denkbar simple Weise überrumpeln lassen. So kommt es jedenfalls Kindern der Renaissance vor, die mit List und Trug besser vertraut sind als Menschen vom ritterlichen Schlag. Die Empörung über Gloucesters Coup aus Humanistenmund zeigt deutlich, daß Mancini und Morus einer älteren Welt angehörten. Richard also doch eine Renaissancenatur? Zur Hälfte: Die Geschichte teilt sich in ihm. Als Ritter geht er den Weg der Gewalt, die sich mit privater Moral und öffentlicher Tugend rechtfertigt. Höflichkeit ist dabei nicht Verstellung, sondern Konvention; Rivers weiß sie zu schätzen – auch später, als er schon den Tod vor Augen hat.

Eine neue Politik lehrte dagegen, daß offene Gewalt gegen kunstvolles Kalkül versagt, wie plattes Ordnungsethos vor subtilen Interessenlagen. Richard ist hier durchaus Schüler, wenn auch kein guter: Er lernt lediglich die Technik des Staatsstreichs. Dabei waren es zunächst die Woodvilles, die den Putsch probierten. Daß der König in aller Frühe schon sattelfertig war, läßt vermuten, daß man ihn auch in Stony Stratford der Begegnung mit dem Protektor entziehen wollte. Sie glaubten wohl, es mit einem torfköpfigen Nordländer zu tun zu haben, der sich über den Löffel balbieren lasse. Sie täuschten sich, und das kostete sie nicht nur die Regierung, sondern am Ende den Hals. Als designierter Protektor, als Bruder des verstorbenen Königs, als Fürst einer Grenzmark standen Recht und Macht auf Gloucesters Seite. Niemand konnte ihm übelnehmen, daß er beides realisierte. Verdächtig machte ihn allenfalls, daß er mit List erreichte, wofür andere eine Schlacht gewagt hätten – wohl auch, weil man solch ein Verhalten von ihm nicht erwartete. Aber hatte der Bruder 1470/71 seine Gegner nicht zweimal auf ähnliche Weise ausmanövriert? Richard war damals an seiner Seite gewesen.

Richard handelte nicht allein, er hatte Steigbügelhalter. Mancini sieht in Hastings den Ideenautor für Stony Stratford. Wenn dem so war, kapierte Richard schnell: Seine späteren Coups folgen dem gleichen Drehbuch. Wilhelm Hastings von Hastings gehörte zweifelsohne zu den modernen Menschen, trotz seiner 52 Jahre und entgegen dem Bild, das More von ihm gibt: »Offen und ehrlich zu Feinden und verschlossen gegenüber Freunden; leicht zu betrügen, denn da er gutherzig und mutig war, sah er die Gefahren nicht.« Doch nichts in seiner Biographie deutet auf solche Charakterzüge. Viel eher sehen wir in ihm einen erfahrenen Karrieristen, dem Intrigen keineswegs fremd sind: 28 Jahre verbrachte er erfolgreich im Yorkisten-Dienst, anfangs beim alten York, die meiste Zeit jedoch an Eduards Seite, überstand alle Fährnisse einer Höflingsexistenz und setzte sich dabei auch gegen die Woodvilles durch – in der Calais-Affäre mit durchaus raffinierten Mitteln. Mit Ämtern und Gütern reich ausgestattet, konnte er sich eine große Gefolgschaft halten.

Thomas Stafford von Buckingham war der Joker in Richards Spiel, den er ohne Zutun ins Blatt bekam. Der Herzog, fast gleichaltrig mit dem Protektor, erwies sich als wendiger, rhetorisch begabter Politiker, dessen Licht bisher unter dem Scheffel gestanden hatte. Bei Hofe war er nur selten genannt, und trotz seiner edlen Herkunft bekleidete er kein Regierungsamt. Als »Reichshofmarschall« durfte er den Richtspruch über Clarence verkünden, wohl weil sich Gloucester dafür nicht hergab; doch dieses Amt erlosch mit dem Zweck. Der Vater und die Großväter waren für Lancaster gefallen, zwei Onkel ließen den Kopf auf Eduards Richtblock – Somersets, Brüder seiner Mutter. Was ihn nach Eduards Tod trieb, können wir nur ahnen: Lancaster-Rache, Haß auf die Woodville-Königin oder die Hybris des *Plantagenet*-Sprosses. Sein Wahlspruch hieß: *Souvente me souvene* – »Immer daran denken«.

Ob er dabei der Treibende hinter Richard war, ist fraglich. More schildert ihn in der Rolle, die Mancini Hastings zuschreibt; Vergil vergibt den aktiven Part an Gloucester selbst: Er hätte den Herzog jetzt schon in seine Usurpationspläne eingeweiht. Das wiederum bestreitet More, der in Buckingham eher ein gutgläubiges Opfer sieht. Wie dem auch sei: Unbestritten ist, daß sich der Herzog dem

Protektor andiente. Er wollte nach jahrelanger Zurücksetzung zeigen, was sein Geschlecht wert war. In dem viertel Jahr, das er noch zu leben hatte, überschlug er sich förmlich vor Betriebsamkeit. Doch bei aller Dynamik blieb er konventionell: eine Warwick-Natur – und wie Warwick scheiterte er. Den *spiritus rector* abgründiger Politik, den Intriganten großen Stils in ihm zu sehen, fällt angesichts seines Endes schwer.

Der junge König war, wenn wir Rous glauben, »wie ein unschuldiges Lamm in der Hand von Wölfen«. Möglich, daß er selbst so fühlte. Der Mann aus dem Norden war ihm weitgehend fremd; die Woodvilles, aus deren schützender Umgebung er sich unvermittelt gerissen sah, werden kaum ein schwärmerisches Bild von diesem Onkel entworfen haben. Die Wölfe hatten indes Kreide gefressen und versuchten mit weicher Stimme, ihren Schützling bei Laune zu halten. Ein kurioses Schriftstück ist uns dazu überliefert: Am oberen Rand zeigt es in krakeliger Kinderschrift den Namen *Edwardus quintus* (»Eduard der Fünfte«), in Abstand darunter die Wahlsprüche Gloucesters und Buckinghams: *Loyaulté me lie* und *Souvente me souvene,* mit jeweiligem Namenszug – Richard in gestochenen Lettern, Vetter Harry in großkotziger Schmierschrift.

Die beiden Herzöge blieben erst einmal in Northampton, um zu sehen, wie ihre Taten in der Hauptstadt aufgenommen wurden. Diese Vorsicht war (Mancini zufolge) nicht unbegründet: »Die umstürzenden Neuigkeiten lösten in London Schrecken aus. Die Königin und der Marquis, die im Besitz des Kronschatzes waren, versuchten, Truppen auszuheben: um sich selbst zu schützen und den jungen König aus den Händen der Feinde zu befreien. Doch als sie die Adelsherren, die in die Stadt gekommen waren, und andere zu den Waffen riefen, merkten sie, daß man ihnen nicht nur gleichgültig, sondern geradezu feindlich gegenüberstand. Einige sagten sogar offen, daß es gerechter und angebrachter sei, wenn der jugendliche König beim Oheim bliebe und nicht bei den Onkeln und Vettern mütterlicherseits. Daraufhin zogen sich die Königin und der Marquis ins Asyl der Westminster-Abtei nahe dem Königspalast zurück. Der Herzog von York, ein Bub von acht Jahren, und die erwachsenen Töchter waren bei ihnen. In diesem Asyl hatte die Königin den jungen Eduard zur Welt gebracht, als König Eduard zu Zeiten der Wiedereinsetzung Heinrichs VI. vertrieben war.«

Die Kunde erreichte London noch am 30. April, kurz vor Mitternacht. Einen Tag später gaben die Woodvilles ihre Sache verloren. Unglücklicherweise war Eduard Woodville tags zuvor mit der Flotte in See gestochen, um die Küste gegen französische Piraten zu schützen. Hören wir More, wie es weiterging: »Nicht lange nach Mitternacht kam ein Bote des Kämmerers zum Erzbischof von York, Englands Kanzler. Da er angab, er hätte wichtige Botschaft, weckte man diesen und ließ selbigen an sein Bett. So erfuhr der Erzbischof, daß die Herzöge Seine Königliche Gnaden von Stony Stratford nach Northampton zurückgebracht hatten. ›Trotzdem, Sir‹, sagte der Bote, ›versichert Euch mein Herr, daß kein Grund zur Furcht ist. Er gibt Euch sein Wort, daß alles gut werden wird.‹ — ›Und ich versichere ihm‹, sagte der Erzbischof, ›es mag so gut sein, wie es will, es wird niemals wieder so werden, wie es war.‹ Als der Bote schließlich gegangen war, rief er in aller Eile seine Dienstleute zusammen und begab sich mit diesen, alle bewaffnet, vor Tagesanbruch zur Königin; das Reichssiegel hatte er bei sich.

Dort traf er auf viele Bedrängnis, Durcheinander, Eile und Geschäftigkeit, auf den Transport und Umzug ihres Hausrats in das Asyl: Kisten, Koffer, Packen, Päckchen, Bündel, alles auf den Rücken der Leute. Keiner war unbeschäftigt, einige luden auf, andere schleppten, einige luden ab, andere kamen wieder, einige durchbrachen die Mauern um des direkten Weges willen, und andere halfen denen, die einen falschen Weg gingen. Die Königin saß einsam zwischen dem Plunder, ganz verzweifelt und mutlos. Der Erzbischof tröstete sie, so gut er konnte. Er glaube, daß die Dinge nicht so schlimm stünden, wie sie befürchte; die Nachricht vom Kämmerer gebe ihm Hoffnung und Zuversicht. ›O Unglück über ihn‹, sagte sie darauf, ›denn er ist einer, der auf meinen und meines Blutes Untergang sinnt.‹ — ›Madame‹, sagte er, ›seid guten Muts. Denn ich versichere Euch, wenn sie einen anderen zum König krönen als Eueren Sohn, den sie jetzt in der Hand haben, werden wir morgen seinen Bruder krönen, den Ihr hier bei Euch habt. Und hier ist das Reichssiegel, das ich Euch übergebe, wie ich es von Euerem Gatten, dem edlen Fürsten, erhalten habe, zum Nutzen und Frommen Eueres Sohnes.‹

Hiermit überließ er ihr das Reichssiegel und begab sich wieder heim, immer noch im Morgengrauen. Um diese Zeit konnte er aus seinem Zimmerfenster die Themse voll mit den Booten der Dienstleute des Herzogs Gloucester sehen, die aufpaßten, daß keiner mehr ins Asyl entkam oder unbeobachtet daraus entwich. Einige Adelsherren, Ritter und Edelleute versammelten sich zu Gruppen und liefen geharnischt umher, entweder aus Sympathie mit der Königin oder aus Angst um sich selbst. Mittlerweile hatte sich die Neuigkeit überall verbreitet und war in aller Munde. Jedermann zeigte sich verwirrt, voll Zorn, Angst und Sorge; einige rotteten sich bewaffnet zusammen, andere schwärmten in Scharen aus, einer bedrohte den anderen, von Eifer oder Angst getrieben. Mit Sympathie entschuldigten die einen das Geschehene, andere stellten es in ihrem Haß noch schlimmer dar. Schließlich begannen sie, obwohl London gar keine Gefahr drohte, Wachen aufzustellen; denn sie wußten nicht, was sie von diesen Gerüchten und der allgemeinen Aufregung halten sollten.

Allmählich versammelten sich die Adelsherren in London zur Beratung. Da bekam es der Erzbischof von York mit der Angst zu tun, weil er das Reichssiegel so schnell der Königin ausgeliefert hatte, der die Aufbewahrung in keiner Weise zustand; daß man dies für übermäßigen Leichtsinn halten mußte, fürchtete er (wie sich zeigte) mit Recht. Deshalb ließ er das Siegel heimlich wieder holen, um es in gebührender Form vorzuweisen. Bei diesem Treffen machte Lord Hastings die Adelsherren glauben, daß Herzog Gloucester seinem Fürsten ganz sicher treu ergeben sei und daß die Herren Rivers und Grey für Dinge festgenommen worden seien, die sie gegen die Herzöge Gloucester und Buckingham im Schilde führten; und daß sie nicht länger in Schutzhaft bleiben würden, als bis ihr Fall von unabhängigen Richtern untersucht und entschieden wäre. Er warnte sie vor allem, nicht weitreichende Schlüsse zu ziehen, bevor sie die Wahrheit wüßten; nicht privaten Ärger in allgemeine Aufregung zu verwandeln und die Leute nicht zu beunruhigen und aufzuhetzen und so die Königskrönung zu stören, daß diese am Ende gar nicht stattfinden könne. Im Felde würde – obwohl beide Parteien gleich stark seien – die Autorität doch auf jener Seite stehen, wo der König in Person sei.«

Zwei Briefe, die Richard an den Kronrat und den Bürgermeister von London schickte, unterstützten Hastings' Ansprache. Mancini zufolge versuchte er damit das Gerede zu zerstreuen, er selbst habe es auf die Krone abgesehen. Er kündigte an, den König umgehend in die Hauptstadt zu bringen, und gab zu verstehen, auch ohne den guten Willen der Ratsherren (um den er sich gleichwohl bemühe) sei er in der Lage, die Regierung zu übernehmen. Die beiden Botschaften wurden öffentlich verlesen und stießen auf breite Zustimmung. Einige freilich, die Gloucesters »Ehrgeiz und Raffinesse nicht verkannten«, fragten sich (so Mancini), wo das Ganze hinführen werde. Widerstand mußten die Herzöge also in London nicht mehr fürchten. Indes waren ihnen die Machinationen des Kanzlers nicht verborgen geblieben, ebensowenig das Gerücht, die Woodvilles hätten den Kronschatz unter sich geteilt. So schrieben sie denn am 2. Mai im Namen des Königs aus Northampton an Erzbischof Bourchier von Canterbury: »Allerhochwürdigster Vater in Gott und sehr geliebter Vetter, wir grüßen Euch herzlich und bitten, daß Ihr auf die Sicherheit und sichere Aufbewahrung des Reichssiegels schaut, bis wir in unsere Stadt London kommen; damit selbiges durch Euere Umsicht und die der anderen unseres Rats zu unserem und des Reiches Wohl erhalten bleibt. Und ruft bitte die Lords zu Euch, daß sie für die Sicherheit und den Schutz unseres Tower von London und des Schatzes darin mit allem Fleiß Sorge tragen. Wir vertrauen Euch völlig.« Am nächsten Tag brach die königliche Gesellschaft auf und erreichte am Abend St. Albans, wo man noch einmal übernachtete. Von hier erging in einem Schreiben nach March die Bestellung eines gewissen John Geffrey zum Pfarrer von Pembrigge – wahrscheinlich ein Beichtiger oder Lieblingslehrer des jungen Königs, den dieser nun kraft seiner neuen Würde und mit freundlicher Zustimmung des Protektors entlohnte. Dies Zeugnis von Machtfülle sollte dem Buben wohl schmeicheln. John Geffrey kam allerdings nie in den Genuß des Benefizes: Die Zeitläufte hinderten es.

Das letzte Wegstück wurde zum glänzend inszenierten Triumphzug. Gloucester, das zeigte sich erstmals, hatte Sinn für Show-Effekte. Der König trug blauen Samt, seine Begleiter die Trauerfarbe Schwarz – seit dem Tod des Vaters war noch kein Monat vergangen. Nicht mehr als fünfhundert Bewaffnete folgten der Gesellschaft. Die Herzöge hatten nicht nur die Waliser heimgeschickt, sondern auch die Hälfte ihrer eigenen Leute: Besser ließen sich Friedfertigkeit und gute Absicht nicht demonstrieren. Voraus fuhren jedoch vier Wagen voll mit Harnischen und Waffen; Ausrufer verkündeten dazu lauthals, die habe man bei Rivers und Grey gefunden, das sei der Beweis für die verräterischen Absichten der Woodvilles. Mancini bezeichnet das als Farce, denn jeder hätte gewußt, daß die Rüstungen noch zu Lebzeiten Eduards IV. für den Krieg gegen Schottland gesammelt worden waren. More sieht es ähnlich: »Dies machte klugen Leuten die ganze Sache nur noch verdächtiger; sie wußten wohl, daß die, die etwas im Schilde führen, Harnische eher auf der Brust tragen als verpackt in Kisten. Doch die Mehrheit des einfachen Volks gab sich damit völlig zufrieden und sagte, man solle die Übeltäter hängen.«

Kurz vor London, bei Hornsea Park (heute Harringhay Park), kamen ihnen Bürgermeister Sha und seine Ratsherren sowie die beiden Stadtsheriffs entgegen, alle in Scharlachrot, dazu fünfhundert berittene Bürger in violettem Gewand. Zusammen zog man in die Hauptstadt ein. Es war der 4. Mai des ersten und letzten Regierungsjahrs Eduards V. An diesem Tag hätte Krönung sein sollen. Der König wurde im Londoner Bischofspalast bei St. Paul's untergebracht; Lords, Bischöfe und Bürger leisteten ihm hier den Treueid.

»Herzog Gloucester aber gab sich vor aller Augen zuvorkommend gegenüber dem Fürsten, mit allen Zeichen der Untertänigkeit, und gewann damit, obwohl er kurz zuvor noch in so üblem Leumund gestanden hatte, plötzlich so großes Vertrauen, daß er in der nächsten Ratsversammlung als einziger gewählt und für würdig befunden wurde, Schutzherr des Königs und Reichs zu sein, so daß – Schicksal oder Narrheit – das Lamm in die Obhut des Wolfes gegeben war.« So sieht es More.

»Daraufhin ging sein Sinnen danach, alles, was der Erringung des Throns im Wege stehen könnte, zu beseitigen oder unschädlich zu machen«, behauptet Mancini.

Richtig ist, daß Richard von den versammelten *Peers,* geistlichen und weltlichen, als der bestätigt wurde, der er nach Willen des verstorbenen Bruders war: Reichsprotektor. Nachdem man ihn einmal mit dem König nach London gelassen hatte, war nichts anderes zu erwarten gewesen. Der Croyland-Chronist formuliert: »Der genannte Richard, Herzog von Gloucester, nahm jenes hohe Amt auf sich, das Herzog Humfried von Gloucester innegehabt hatte.« In Wirklichkeit ging seine Stellung, wie der Chronist bestätigt, weit über die Herzog Humfrieds hinaus: »Er besaß die Macht, mit Zustimmung und Beistand aller Lords in allen Angelegenheiten den Umständen entsprechend Gebote und Verbote zu erlassen wie ein zweiter König.« Darüber hinaus erhielt er »die

Vormundschaft und Aufsicht über des Königs höchst königliche Person«. Dessen Erlasse begannen fürderhin mit der Formel: »Mit Beistand unseres lieben Onkels, des Herzogs von Gloucester, Schutzherr und Verteidiger *(protectour and defensour)* dieses unseres Reiches während unserer Minderjährigkeit«; manchmal folgte noch der Zusatz: »und mit Beistand der Herren unseres Rats«.

Wann diese erste Versammlung stattfand, ist nicht sicher. Am 7. Mai trafen sich die Testamentsvollstrecker in Baynard's Castle, dem Londoner Haus der Königinmutter Cäcilie, zusammen mit Gloucester, Buckingham, weiteren Adelsherren und Bischöfen. Sie lehnten es vorerst ab, ihres Amtes zu walten. Eine ordentliche Abwicklung des Falls schien ihnen, solange sich einige Erben im Asyl aufhielten, nicht möglich. Ebendort befand sich wohl auch ein Teil des Kronschatzes. Was an beweglicher Habe noch verfügbar war, wurde Erzbischof Bourchier zur Zwangsverwaltung unterstellt. Er verordnete zwei Wochen später den Verkauf eines Teils davon zur Liquidation der Leichenfeier, die fürstliche fünfzehnhundert Pfund gekostet hatte. Bourchier erhielt bei dieser Gelegenheit auch die Siegel Eduards IV. zur Verwahrung: Reichssiegel, Kronsiegel und Privatsiegel – *Great Seal, Privy Seal, Signet.*

Richards erste Amtshandlung fällt, soweit nachweisbar, auf den 10. Mai: An diesem Tag verlor Erzbischof Rotherham, Anführer der Woodville-Fraktion unter den Geistlichen, das Kanzleramt an den Bischof von Lincoln, John Russell. Der sechzigjährige Rotherham, von Anfang an ein Protégé der Königin, war in mehrfacher Hinsicht Vorgänger Russells: Kronsiegelbewahrer 1467, Bischof von Lincoln 1471, Kanzler 1474; außerdem Bischof von Rochester 1468 und schließlich Erzbischof von York 1480. Als fünfmaliger Universitätskanzler von Cambridge, als Förderer von Oxford und als glänzender Jurist hatte er in der Wissenschaft einen Namen. Man kannte ihn auch als *Thomas Scot.*

Dr. Russell stand ihm an Ruf nicht nach. More nennt ihn einen »klugen und guten Mann mit viel Erfahrung und zweifellos einer der gebildetsten Männer, die England zu seiner Zeit hatte«. Es gibt sonst keinen unter Richards Ratgebern, den der Humanist so uneingeschränkt gelobt hätte. Mancini fällt übrigens ein ähnliches Urteil. Russell war seit 1466 in königlichem Dienst, zuerst als Diplomat, zuletzt als Testamentsvollstrecker. Rous behauptet, er habe das Kanzleramt unter Gloucester nur widerstrebend übernommen. Ob das stimmt, wissen wir nicht. Aber es scheint, daß er sich später von seiner Rolle distanzierte. Aller Wahrscheinlichkeit nach steckt Russell hinter dem Chronisten von Croyland. Der springt, bei aller Fairness, recht kritisch um mit dem Hause York, insbesondere mit Richard. Irgendeine Art Widerstand attestiert er dem Kanzler freilich nicht.

Ein weiterer Eckstein der neuen Administration war – obwohl ohne Staatsamt – Kardinal Bourchier. Der Achtzigjährige hielt es freilich Zeit seines Lebens mit den Mächtigen: Von Heinrich VI. zum Erzbischof von Canterbury gemacht, krönte er nacheinander Eduard IV., Richard III. und Heinrich VII., die allesamt zweifelhafte Rechtstitel hatten. Auf den Posten des Kronsiegelbewahrers rückte John Gunthorpe, Dekan von Welles, ein bewährter Diplomat und langjähriges Ratsmitglied; auch er genoß einen guten Ruf als Gelehrter. Neu zu besetzen war zudem die Schatzkämmerei *(treasury)*, der Vaughan vorgestanden hatte; ihm folgte sein Stellvertreter John Wode, ein Parteigänger Gloucesters. Als Sprecher der *Commoners* im Januar-Parlament war er mit Finanz- und Steuerfragen bestens vertraut. Rivers verlor den Titel des »Reichsmundschenks«, der Viscount Francis Lovell von Lovell verliehen wurde – Richards Jugendfreund. Alle anderen, Ratgeber und Richter, wurden in ihren Ämtern bestätigt. Rotherham blieb ebenso Ratsmitglied wie Alcock: Der Protektor setzte auf Kontinuität. Einige neue Namen tauchten freilich im Umkreis der Macht auf, andere veränderten ihren Klang.

Außer Lovell hatte Richard treue Dienstleute aus dem Norden mitgebracht: Richard Ratcliffe, James Tyrell, Robert Brackenbury. Von ihnen wird bald mehr zu hören sein. William Catesby, ein vielversprechender junger Jurist aus Leicestershire, war dem Protektor von Hastings empfohlen worden; er wurde Ratsmitglied und zudem Kanzler des Grafentums March. Hastings' Stellvertreter in Calais, Lord Dynham, bekam die Verwaltung von Cornwall übertragen. Lord John Howard von Howard, ein weiterer Hastings-Mann, wurde an Gloucesters Stelle Hofmarschall des Lancaster-Herzogtums südlich der Trent. Graf William FitzAlan von Arundel, Yorkist der ersten Stunde, ein Haudegen, der schon mit Warwick bei St. Albans gekämpft und es zum Reichsstatthalter von *Cinque Ports,* der militärischen Seestädte-Konföderation im Südwesten Englands, gebracht hatte, stieg zum Aufseher der königlichen Forste und Jagden auf. Die größte Karriere machte freilich Herzog Buckingham: Er trat in Rivers' Machtstellung. Buckinghams Landbesitz lag großenteils in Wales und seinen Marken; dort war nun durch die Auflösung des Prinzenhofs ein Vakuum entstanden. Am 15. Mai wurde Buckingham Oberrichter und Kämmerer von Nord- und Südwales, dazu Hauptaufseher und Gouverneur in beiden Landesteilen, Kommandant der wichtigsten Burgen dort, Aufseher der königlichen Forste und Jagden. Es war dies eine vizekönigliche Stellung, wie sie einst Richard selbst innehatte, bevor er nach Norden ging. Sie gab ihm das Recht, Grafschaftsbeamte zu ernennen, über Kroneinkünfte ohne Rechnungslegung zu verfügen, Burgen zu garnisonieren und Rüstungsmaterial zu beschaffen. Am gleichen Tag erhielt er auch die Aufsicht über die Musterungskommissionen der angrenzenden Grafschaften Shropshire, Hereford, Somerset, Dorset und Wiltshire. Auch hierin hatte Richard selbst schon einmal gedient. Wenig später wurde ihm noch die Kommandantur und Verwaltung jener Enklaven in Wales übertragen, die zu Lancaster und March gehörten. Buckingham war damit nach Gloucester zum militärisch mächtigsten Mann im Reich geworden.

Die Lage in London hatte sich mittlerweile entspannt. Die anwesenden Lords schickten einen Teil ihrer Truppen heim, deren Unterhalt in der Hauptstadt zu teuer wurde. Aber die Woodville-Gefahr war keineswegs gebannt. Da französische Segler den Kanalverkehr und die Küsten bedrohten, hatte der Kronrat *absente duce Closestrie,* »in Abwesenheit Gloucesters« (der immerhin Reichsadmiral war), Eduard Woodville zwanzig Schiffe anvertraut. Mancini zufolge stach er damit am Tag von Stony Stratford in See; es kann auch gut ein wenig später gewesen sein, als deutlich wurde, daß die Woodville-Sache in der Hauptstadt verloren war. »Und es hieß, daß der Königsschatz – über all die Jahre eifrig zusammengetragen – unter die Königin, den Marquis und Eduard aufgeteilt wurde«, weiß der Italiener außerdem. Die Sorge um das Geld bewegte Richard, wie wir wissen, schon in Northampton, als er an Bourchier schrieb; doch im Augenblick hatte er Wichtigeres im Kopf.

Die Flotte ankerte in den *Downs* nördlich von Dover. »Mit Zustimmung des Rats ließ Gloucester ihren Befehlshaber zum Staatsfeind erklären, wenn er das Kommando nicht abgebe. Er setzte eine Frist fest, innerhalb der die Truppenführer und Schiffsoffiziere umkehren oder desertieren könnten; andernfalls würde man sie ebenso als Vaterlandsverräter ansehen und ihren Besitz konfiszieren. Auf diese Weise kam die ganze Flotte, außer zwei Schiffen, die Sir Eduard selbst befehligte, innerhalb kurzer Zeit zurück.« Das erzählt uns Mancini. Tatsächlich orderte der Protektor am 9. Mai Truppen zur Sicherung der Küstenstädte Dover, Sandwich und Portsmouth sowie der Insel Wight. Und in den Tagen darauf schickte er zwei Abenteuer, wie sie im Seedienst damals gediehen, gegen den Woodville-Kommandanten: Thomas Fulford, ein rauher Bursche aus Lancaster-Stall, und Eduard Brampton, ein konvertierter Jude aus Portugal, der einst Graf Oxford zur Kapitulation gezwungen hatte.

Sie richteten diesmal jedoch nicht viel aus. Zwei Genueser Kauffahrer waren es, die Englands Flotte in den Heimathafen zurückbrachten. Man hatte sie zum Kriegsdienst gegen Frankreich angeheuert. Ihre Schiffe waren die größten, und ihre Seekenntnis war gefragt; deshalb hatten sie auch Woodville-Besatzungen an Bord. Nun sahen sie sich plötzlich im Bürgerkrieg; Gefahr drohte, alles zu verlieren, was einem Kaufmann heilig war: Markt und Güter. Da griffen die beiden Kapitäne zur List. Sie machten die Engländer betrunken, nahmen sie gefangen und setzten bei günstigem Südwind Segel. »Nachdem dies auf beiden Schiffen geschehen war, ließen sie Trompeten und Hörner erschallen, zogen das Königsbanner auf und verkündeten, sie wollten dem Protektor und dem Rat gehorsam sein. Außer den zwei Schiffen, die mit Sir Eduard an die bretonische Küste flohen, folgte ihnen die ganze Flotte.« (Mancini)

Richard wohnte anfangs bei seiner Mutter in Baynard's Castle, der alten normannischen Stadtburg an der Themse unterhalb St. Andrew's Hill; sie hatte einst dem »guten Herzog Humfried« gehört und war nach seinem mysteriösem Tod Richard von York verliehen worden. Vermutlich noch im Mai zog Richard nach Crosby's Place um, seinem eigenen Stadthaus. Der Neubau in Bishopsgate Street war gerade erst in seinen Besitz gekommen; vierzig Jahre später erwarb Thomas More das Haus für einen Freund. »Viele Ratsversammlungen wurden hier abgehalten«, schreibt Fabyan, »von denen beileibe nicht alle gottgefällig und gut waren, wie sich im folgenden zeigen wird.«

Hier traf Richards privater Beraterkreis zusammen, Vertraute, zu denen auch Buckingham gehörte. Die offiziellen Staatsgeschäfte wurden in Westminster verhandelt, in der *camera stellata*, der berühmten »Sternenkammer« des Königspalasts, oder im Tower. Hier residierte mittlerweile auch der König. Es hatte Differenzen über seinen Aufenthaltsort gegeben: Einige hielten das Bischofspalais für nicht bequem genug. Man brachte den Westminster-Palast ins Spiel, doch gab es Bedenken, weil die Abtei zu nahe war, in der sich die Königin und Dorset aufhielten; ein weiterer Vorschlag galt dem Johanniter-Hospital in Clerkenwell. Da meinte Buckingham, daß der König doch am besten im Tower aufgehoben sei, der herrscherlichen Trutzburg mit ihren vielen Gemächern. Dem stimmte man schließlich zu. In unruhigen Zeiten, wenn Bürgerkriegsarmeen vor der Stadt standen und Mob die Straßen füllte, war der Tower eine sichere Zuflucht; seinen düsteren Ruf als Staatsgefängnis bekam er erst zu Tudor-Zeiten.

Daß der junge Eduard König war, daran gab es keinen Zweifel: »In seinem Namen wurden die Gesetze des Reiches zu Westminster und überall im Land auf die gewohnte Weise bestätigt. Münzen mit seinem Namen wurden entworfen und geprägt, und man erwies ihm die gehörigen königlichen Ehren in der gewohnten Weise«, heißt es bei Rous. In der Hofgarderobe schneiderte man fleißig an königlichen Gewändern. Von einer Krönung war zunächst nicht die Rede: nicht am 13. Mai, als Schreiben herausgingen, die für den 25. Juni zum Parlament riefen. Auch nicht, als eine Woche darauf Order an die Sheriffs in Stadt und Land gingen, ausfindig zu machen, wer jährlich vierzig Pfund verdiene und noch nicht Ritter sei: Der solle in Gegenwart des Königs den Rittergürtel erhalten.

Richards Überlegungen dazu sind unschwer zu erraten. Die Woodvilles hatten, um den Protektor auszuschalten, den minderjährigen Eduard so schnell als möglich krönen wollen. In der Tat war bisher jeder junge König nach der Krönung seines Vormunds ledig: Heinrich III., Eduard III., Richard II. und zuletzt Heinrich VI., insgesamt über dreihundert Jahre hinweg. Da hat man es schon mit einem Verfassungsprinzip zu tun – in England und im Mittelalter allemal. Doch dafür, daß er die Macht sogleich wieder abgab, war Richard nicht nach Stony Stratford marschiert. So etwas hatte sein Vater gemacht, mehrmals, und es hätte ihm – bei Ludford – beinahe den Kopf gekostet.

Wie Richard sich die Zukunft vorstellte, zeigt sich in der Eröffnungsrede, die Kanzler Russell für Eduards erstes Parlament aufsetzte. *Audite insule – Et attendite populi de longe – Dominus ab utero vocavit me:* An Hand dieser drei Bibelsprüche zum voraufgehenden Johannesfest verdeutlichte er die Forderungen der Tagespolitik. »Seid wie Inseln« – das war an die Herren Lords gerichtet und verpaßte gleichzeitig den ausgebooteten Woodvilles einen Seitenhieb. »Wenn es irgend Sicherheit und Festigkeit hier in dieser Welt gibt, dann eher auf den Inseln oder Festländern, die vom Wasser umgeben sind, als im Meer oder in irgendwelchen großen Flüssen *(Ryvers): Nam qui mare navigant pericula narrant**... Denn wer kann Untrüglichkeit und feste Sicherheit in großen Meeren und stürmischen Flüssen *(Ryvers)* finden, die durch Flut und Überschwemmung das feste Land und die Inseln oft verwüsten ...?«

»Komm, o Volk, zu mir von weitem«: Das gelte für die *Commoners,* die jene feste Inseln, die Lords, zu ihrer Sicherheit aufsuchen sollten. »Der Herr hat mich im Mutterleib erwählt« – so könne der junge Fürst von sich sagen, den das Erbrecht schon vor der Geburt zum König bestimmt habe. Zu ihm müßten alle halten. Dazu sei notwendig, die Macht des Mannes zu stärken, »in dessen großer Macht, Weisheit und Vermögen derzeit die Verrichtung und Verteidigung dieses Reiches liegen«: des Herzogs von Gloucester. »Die Macht und Autorität des Protektors ist aus nützlicher und vernünftiger Überlegung kraft dieses hohen Gremiums zu bestätigen und zu festigen. Das ist unter allen Gründen für die Zusammenkunft dieses Parlaments der wichtigste, notwendigste und vordringlichste.« Dem jungen Eduard legte er die Worte in den Mund: »Onkel, ich bin froh, wenn Ihr in dieser Stellung bestätigt werdet, Ihr, in allem mein und meiner Geschäfte Schutzherr. *Ita fiat***. Amen.«

Die Rede wurde nie gehalten, und schuld daran war nicht zuletzt die Rede selbst: Was sie enthielt, fand keine allgemeine Zustimmung. Auch der Kanzler spricht nicht von einer Krönung. Aber eben die wurde im königlichen Rat gewünscht und Anfang Juni auch durchgesetzt: »Nachdem das Geburtsfest des hl. Johannes des Täufers als sicherer Tag festgesetzt worden war, an dem

---

* »Wer nämlich zur See fährt, kann von Gefahren erzählen.«
** »So geschehe es.«

die Krönung des Königs endgültig stattfinden sollte, erhoffte und erwartete man Frieden und Wohlstand für das ganze Reich«, heißt es beim Croyland-Chronisten. Am 5. Juni ging folgende Mitteilung unter königlichem Siegel an einen gewissen *Otes Gilbert, squier,* und weitere 48 Landedelleute sowie einen Londoner Ratsherrn: »Getreuer und recht Werter, wir grüßen Euch herzlich; und auf Anweisung unseres lieben Onkels, des Herzogs von Gloucester, Protektor unseres Reiches während unserer Minderjährigkeit, und der Herren unseres Rats fordern wir Euch hiermit auf, Euch für den Eintritt in den edlen Orden der Ritterschaft bei unserer Krönung bereitzumachen. Diese soll mit Gottes Willen am 22. dieses Monats in unserem Palast von Westminster gefeiert werden; deshalb befehlen wir Euch, hier in unserem Tower vier Tage vor der Krönung zu sein und Verbindung mit unseren Beamten aufzunehmen, die mit dieser Angelegenheit befaßt sind ... Gegeben am 5. Juni.«

Richard hatte zurückgesteckt und für das, was er verhindern wollte, auch noch seinen Namen geliehen. Es ist anzunehmen, daß er es nicht umsonst tat. Der Preis waren die Woodvilles. Nur wenn sie keine Gefahr mehr bildeten, konnte der Protektor es wagen, sein Amt aus der Hand zu geben. Dazu mußten sie entweder beseitigt oder versöhnt werden. Man sagte ihm wohl das eine oder andere zu. Aber es lief nicht so, wie Richard gemeint hatte. Was dabei hinter den Kulissen vorging, wissen wir nicht; die Chronisten geben darüber keine oder offensichtlich falsche Auskunft. Nur soviel ist sicher: Die Ereignisse überstürzen sich in den nächsten zwei Wochen. Angelpunkt ist Montag, der 9. Juni. An diesem Tag fand in der Sternenkammer des Westminsterpalastes eine vierstündige Ratsversammlung statt. Kanzleramtssekretär Stallworth schrieb unter diesem Datum an einen guten Bekannten:
»An den recht ehrenwerten Sir William Stonor, Ritter. Herr Stonor, mit gebührender Hochachtung empfehle ich mich Euch. Neue Nachrichten haben wir, seit ich Euch schrieb, keine hier. Die Königin hält sich immer noch in Westminster auf, zusammen mit Mylord von York[*], Mylord von Salisbury[**] und anderen. Wo immer man Besitz des Herrn Marquis[***] findet, wird er beschlag-

[*] Richard von York, Bruder Eduards V.
[**] Lionel Woodville, Bischof von Salisbury
[***] Thomas Grey, Marquis von Dorset

nahmt. Der Prior von Westminster war und ist in großer Verlegenheit wegen gewisser Besitztümer, die ihm der Herr Marquis gegeben hat. Mylord Protektor, Mylord von Buckingham und alle anderen Herren, weltliche wie geistliche, waren von 10 bis 2 Uhr in der Ratskammer von Westminster, aber keiner hat mit der Königin gesprochen. Viel Betrieb gibt es anläßlich der Krönung, die in vierzehn Tagen stattfinden soll, wie es hier heißt. Wenn Ihr, wie ich hoffe, nach London kommt, werdet Ihr die ganze Welt treffen. Der König ist im Tower. Mylady von Gloucester kam letzten Donnerstag nach London. Auch Mylord* empfiehlt sich Euch . . . etc. In Eile aus London von Hand Eures Dieners, den 9. Juni. Simon Stallworth.«

Aus dem Schreiben geht hervor, daß Dorset nicht mehr im Asyl war. Der Sekretär führt ihn unter den Anwesenden nicht auf. Offensichtlich gelang es ihm, zu fliehen, trotz Bewachung der Abtei. Möglich, daß er vom Kronschatz, soviel er tragen konnte, mitnahm und einen anderen Teil dem Abt anvertraute; vielleicht handelte es sich auch um eigenen Besitz. Wir hören nichts davon, daß er geächtet wurde, aber Konfiskationen waren auch als Vorsorgemaßnahmen üblich. Mit der Königin verhandelte man offensichtlich um die Freilassung Richards, des jüngeren Bruders Eduards V. Doch entweder wollte Elisabeth Woodville an diesem Montag mit niemandem reden, oder der Rat hatte anderes zu tun: Die Länge der Sitzung, noch dazu über die Mittagszeit, läßt auf schwierige Beratungen schließen. Was dabei herauskam, worüber gesprochen wurde, wissen wir nicht. Aber es kamen wohl Dinge zutage, die dem Protektor Sorgen machten.

Am nächsten Tag schickte Gloucester eine alarmierende Botschaft an die Yorker Bürgerschaft:

»Der Herzog von Gloucester, Bruder und Onkel von Königen, Schutzherr und Verteidiger, Reichskämmerer, Reichsstallgraf und Admiral von England. Recht getreue und ehrenwerte Herren, wir grüßen Euch herzlich. Da Ihr auf unser und Euer Wohl und Euere Sicherheit bedacht seid, bitten wir Euch dringend, sobald Ihr das gelesen habt, in aller Eile, die Euch möglich ist, zu uns nach London zu kommen, mit so viel Leuten, als Ihr kampfbereit ausrüsten könnt, zu Hilfe und Beistand für uns gegen die Königin, ihre mörderischen Anhänger und Verwandten, die versucht haben

---

* John Russell, Kanzler

und täglich aufs neue versuchen, uns und unseren Vetter, den Herzog von Buckingham, und den alten Adel dieses Reiches zu ermorden und völlig zu vernichten, und (wie jetzt allgemein bekanntgeworden ist) selbiges auf eine schlaue und verdammenswerte Weise planen. Das gleiche beabsichtigen sie mit Euch und allen anderen Landbesitzern und Amtsträgern sowohl im Norden als auch in anderen Landesteilen, die uns gehören, wie Euch unser treuer Diener, der Überbringer, dem Ihr bitte Glauben schenken wollt, weiter ausführen wird. Was immer wir in Zukunft für Euch tun können, daran wird es nicht fehlen, aber kommt eilig zu uns hierher. Zu Papier gegeben unter unserem Privatsiegel zu London, den 10. Juni.«

Der Überbringer, Richard Ratcliffe, hatte nicht nur diesen Brief in der Tasche, sondern einen weiteren, der (obwohl kürzer) noch dringlicher klang: adressiert »in Eile an Mylord Neville« – vermutlich *Ralph Neville,* Sohn des Grafen Westmoreland. Er war einen Tag später datiert. Ratcliffe traf am Sonntag, dem 15. Juni, in York ein. Mündlich teilte er mit, daß die Stadttruppen »am Abend des nächstkommenden Mittwoch« in Pontefract sein und sich dort dem Grafen Northumberland unterstellen sollten. Die Yorker sagten dreihundert Mann zu, doch erst am Dienstag beriet der Stadtrat über die Finanzierung; zwei Tage später wurde eine Proklamation des Protektors, die mit dem Brief gleichlautend war, veröffentlicht, und am Samstag beschloß man endlich über die Feldzeichen. Wahrscheinlich traf das Kontingent um den 25. Juni in Pontefract ein und kam Anfang Juli nach London. Um diese Zeit war Richard schon eine Woche lang König: Am 6. des Monats wurde er gekrönt.

Ob Gloucester mit den Truppen ohnehin zu keinem früheren Zeitpunkt rechnete oder ob die Yorker sich nicht so eilfertig zeigten, wie er hoffte, wird nicht klar. Wahrscheinlich schrieb Richard den ersten Brief am Dienstagabend, und bevor Ratcliffe am nächsten Morgen aufbrach, hatten sich die Lage so zugespitzt, daß er ihm ein zweites Schreiben mitgab. Doch Ratcliffe glaubte bei seiner Ankunft am Sonntag wohl kaum, die Bürgertruppe könne bereits am folgenden Mittwoch in Pontefract sein. Als der Stadtschreiber *wednesday at even next coming*,* notiert, war der 18. Juni möglicherweise schon verstrichen. Richard wußte, wie lange

---

* »Am Abend des folgenden Mittwoch«

die Mobilisierung von Truppen dauert und daß er eventuell ohne sie auskommen mußte; aber er hatte keine Wahl. Immerhin hörten die Londoner bereits am 21. Juni vom Anrücken einer Armee aus dem Norden: Zwanzigtausend Mann hieß es!

Was war geschehen? Richard hatte sich wohl darauf verlassen, daß man ihm volle Unterstützung in der Woodville-Angelegenheit gewähren würde. Tatsächlich zeigten sich, wie Londoner Stadtakten ausweisen, Erzbischof Bourchier, Buckingham und die anderen Kronräte schon vor dem 23. Mai bereit, im Verein mit dem Protektor für Elisabeths Sicherheit zu bürgen. Doch das reichte nicht, die Königin und ihre Kinder aus dem Asyl zu bringen. Und Gewalt wollten die Herren nicht angewendet wissen. Das galt auch für die Gefangenen von Stony Stratford. Mancini berichtet: »Der Protektor versuchte, die er in Haft genommen hatte, durch einen Ratsspruch als Wegelagerer oder gar Hochverräter verurteilen zu lassen. Aber er hatte nicht den geringsten Erfolg damit: weil es keinen sicheren Beweis für einen Hinterhalt gäbe, und wenn, dann handle es sich dabei nicht um Hochverrat; denn zum Zeitpunkt des angeblichen Hinterhalts sei er weder Reichsverweser noch sonst ein Amtswalter gewesen.«

Das waren an sich respektable Argumente. Tatsächlich hatte sich das Manöver der Woodvilles im Rahmen des Politischen gehalten. Doch was Richard zu befürchten hatte, waren auch nicht ihre vergangenen, sondern ihre künftigen Taten. Wenn der König alleine herrschte, würden seine mütterlichen Verwandten bald wieder frei sein. Richard befand sich dann in einer schlimmeren Lage als zuvor. Um das zu verhindern, mußte er denen zuvorkommen, die gegen ihn arbeiteten – die weiterhin Woodville-Interessen vertraten und von einer Verlängerung des Protektorats nichts wissen wollten; die vielleicht sogar seinen gewaltsamen Sturz planten. Dazu gehörte, das zeigen die kommenden Ereignisse, neuerdings auch Hastings. Doch hören wir, wie Mancini und More die Entwicklung beurteilen. Folgen wir zunächst den Ausführungen des Italieners:

»Gloucester glaubte sich seiner Sache nicht sicher, solange die engsten Freunde seines Bruders, die auch seiner Nachkommenschaft treu sein würden, nicht beseitigt oder eingesperrt wären. Dazu zählte er den Kämmerer Hastings, Thomas Rotherham, den er kurz zuvor aus seinem Amt entfernt hatte, und den

Bischof von Ely*. Hastings war nämlich von Anfang an ein treuer Vasall König Eduards und ein tüchtiger Kriegsmann; Thomas, obwohl aus niederem Geschlecht, stand wegen seiner Begabung in hohem Ansehen und hatte sich als langjähriger Kanzler Verdienste erworben. Der Bischof von Ely aber, seit König Heinrichs Zeiten in der Parteipolitik erfahren, war wendig und wagemutig; nach Heinrichs endgültigem Sturz war er in Eduards Dienste getreten und hatte viel Einfluß gewonnen. Richard fürchtete, daß ihm Geschick und Einfluß dieser Leute, deren Gesinnung Herzog Buckingham geprüft hatte, im Wege stünden; außerdem erfuhr er, daß sie abwechselnd in ihren jeweiligen Häusern zusammenkamen. Deshalb schritt er zur Tat.«

»Der Protektor und der Herzog«, heißt es dann bei More, »setzten daraufhin den Kardinal**, den Kanzler, den Erzbischof von York***, Lord Stanley, den Bischof von Ely und nicht zuletzt Kämmerer Hastings sowie viele andere Lords für Fragen der Etikette, des Zeremoniells und des feierlichen Ablaufs der Königskrönung in einem Rat zusammen. Sie selbst zogen sich mit ihren Helfern an einen anderen Ort zurück, um über andere Dinge zu sprechen. Obwohl an diesen Treffen nur wenige und ganz unbedeutende Leute teilnahmen, wurde das Volk dennoch mißtrauisch, und man begann zu munkeln, daß das wohl nicht gutgehen werde; dabei wußte keiner, wen oder was er aus welchem Grunde fürchtete. Entweder ahnt die menschliche Seele drohendes Unheil instinktiv voraus, so wie das Meer bei nahendem Sturm von sich aus Wellen schlägt, oder einer, der etwas aufgeschnappt hatte, steckte mit seinem Verdacht die anderen an.

Bei aller Heimlichtuerei fiel noch etwas auf: Nach und nach zogen sich die Leute vom Tower zurück und kamen ins Haus des Protektors, so daß statt Trubel und Betriebsamkeit nun Stille und Einsamkeit um den König war. Die meisten taten das von sich aus, der Geschäfte halber; andere bekamen einen Wink, daß es keinen Vorteil bringe, den König zu besuchen, denn dort würde nichts entschieden.

So kamen viele Anzeichen zusammen, teils zufällig, teils mit Bedacht, und bewirkten am Ende, daß nicht allein das Volk (das sich wie Wellen im Wind bewegt), sondern auch kluge Leute und

* John Morton, Bischof von Ely
** Thomas Bourchier, Kardinalerzbischof von Canterbury
*** Thomas Notherham, Erzbischof von York

einige Lords aufmerksam wurden. Doch redeten sie nur darüber, ohne etwas dagegen zu tun. Nur der kluge und rundum erfahrene Lord Stanley ahnte Böses und wandte sich an Hastings, mit dem er sich gut verstand: ›Diese zwei getrennten Versammlungen gefallen mir gar nicht‹, sagte er, ›denn während wir hier öffentlich und ohne Arg tagen, wissen wir nicht, was die anderen dort heimlich beratschlagen.‹ – ›Schweigt still‹, sagte Hastings, ›und seid ganz unbesorgt. Denn einer ist dabei, der veranlaßt, daß kein unrechtes Wort fällt, ohne daß es mich so schnell erreicht, wie es gesprochen wurde.‹ Damit meinte er Catesby, der zu seinem geheimen Rat gehörte. Er hatte mit ihm engen Umgang, und es gab keinen, dem er in wichtigen Fragen so vertraute. Und keinen hielt er für ergebener, denn es gab auch niemanden, der ihm mehr verpflichtet gewesen wäre.

Dieser Catesby war im Rechtswesen gut bewandert und hatte in Leicestershire, wo die Güter des Kämmerers hauptsächlich lagen, dank seinem Herren viel Einfluß und zahlreiche Ämter. Ein Unglück, daß er nicht ehrlicher oder wenigstens dümmer war. Denn mit seinem Betrug begann das ganze Elend. Wenn Lord Hastings nicht so vertrauensselig gewesen wäre, hätten Lord Stanley und andere sich abgesetzt und das ganze Spiel zum Platzen gebracht. So deutete er alle üblen Zeichen zum besten, weil er natürlich dachte, daß ihm von einem Rat, dem Catesby angehörte, nichts Schlimmes drohen könne. Tatsächlich waren der Protektor und Herzog Buckingham zu Hastings sehr freundlich und pflogen mit ihm Umgang. Und zweifellos mochte ihn der Protektor auch und verlor ihn nur ungern; doch überwog die Furcht, sein Leben könne ihren Zielen im Wege stehen. Deshalb sollte Catesby erkunden, ob Lord Hastings zu ihrer Partei gezogen werden könne.

Aber ob Catesby ihn nun ausforschte oder nicht, er berichtete jedenfalls, er hätte ihn standfest gefunden und so entschiedene Worte reden hören, daß er sich nicht weiter vorgewagt hätte. So sehr ihm auch der Kämmerer vertraue, die anderen würden immer mißtrauischer. Weil er fürchte, daß ihre Haltung auf die Dauer seine Stellung untergrabe, woran alles scheitern könne, rate er dem Protektor, Lord Hastings zu beseitigen. Doch viel eher hoffte er, nach dessen Tod einen Großteil seiner Macht in Leicestershire zu übernehmen. Es war also allein Begehrlichkeit, die ihn zum Spießgesellen und Rädelsführer dieses schrecklichen Verrats machte.«

Es fehlte nicht – wie könnte es anders sein! – an übernatürlichen Fingerzeigen auf Hastings Schicksal. Der gelehrte Humanist berichtet davon mit zwiespältigen Gefühlen: »Wunderlich ist es, von den Warnungen zu hören, die er ausschlug, und den Vorzeichen, denen er nicht entkommen konnte. Denn die Nacht vor seinem Tod schickte Lord Stanley um Mitternacht in aller Eile einen heimlichen Boten zu ihm: Er solle aufstehen und mit ihm wegreiten, denn er wolle keinen Augenblick mehr länger bleiben. Er hätte einen schrecklichen Traum gehabt: Ein Eber verletzte sie beide mit seinen Hauern so am Kopf, daß ihnen das Blut über die Schultern lief. Da der Eber das Erkennungszeichen des Protektors sei, hätte ihn der Traum so schrecklich beeindruckt, daß er auf keinen Fall länger zögern wolle; sein Pferd stünde bereit. Wenn Hastings wolle, würden sie noch diese Nacht so weit reiten, daß sie außer Gefahr wären, bevor es tagte.

›Ei, mein guter Herr‹, sagte Hastings zu dem Boten, ›gibt Mylord so viel auf Kindereien und glaubt an Träume, die sich seine Furcht ausspinnt und die nächtens zum Vorschein bringen, was er tagsüber denkt? Sagt ihm, es ist purer Aberglaube, an solche Träume zu glauben: Falls sie Vorzeichen kommender Ereignisse sind, werden sie dann nicht eher wahr, wenn wir uns davonmachen? Wenn wir gefaßt und zurückgebracht werden, hat der Eber wirklich einen Grund, uns mit seinen Hauern zu reißen, denn nur Leute mit schlechtem Gewissen fliehen. Deshalb: Entweder besteht keine Gefahr (und tatsächlich gibt es keine); oder sie liegt eher in der Flucht als im Ausharren. Und wenn wir so oder so in Gefahr geraten, dann ist mir lieber, die Leute sehen, daß es durch den Betrug anderer geschehen ist, als durch unsere Schuld oder Mutlosigkeit. Geht deshalb zu eurem Herrn, grüßt ihn und bittet ihn, guter Dinge und ohne Furcht zu sein. Ich versichere ihm, ich bin mir des Mannes, den er meint, so gewiß wie meiner eigenen Hand.‹ – ›Gott schütze Euch‹, sagte der Bote und ging.

Sicher ist auch, daß am gleichen Morgen, an dem Hastings enthauptet wurde, sein Pferd mit ihm zwei- oder dreimal stolperte und beinahe gestürzt wäre, als er zum Tower ritt. Jeder wußte, daß so etwas täglich passierte, ohne schlimme Folgen zu zeitigen; doch nach alter Sitte und Gewohnheit wurde es als Zeichen angesehen, das großem Unglück oft sichtbar voraufgeht. Ein weiteres Ereignis stellte keine Warnung dar, sondern eine Verhöhnung. Am selben Morgen, ehe Hastings noch auf war, kam ein Ritter zu ihm, als wolle er ihn höflich zur Ratssitzung begleiten; in Wirklichkeit war er vom Protektor geschickt, um zur Eile zu treiben. Als nun der Kämmerer unterwegs sein Pferd anhielt, um sich einige Zeit mit einem Priester zu unterhalten, unterbrach ihn der Ritter und sagte fröhlich: ›Kommt weiter, Mylord, ich bitte Euch, was redet Ihr so lange mit diesem Priester, Ihr braucht noch keinen.‹ Und dazu lachte er, als wolle er sagen: Jetzt noch nicht. Doch der andere merkte nicht, was dieser meinte: Ahnungslos und ohne jedes Mißtrauen war er zu keiner Zeit so frohgemut und guter Laune – oft ein Vorzeichen plötzlichen Wandels ...«

An diesem Morgen, »Freitag, dem 13. Juni, versammelten sich zahlreiche Lords im Tower und hielten Rat über die Vorbereitungen zur ehrwürdigen Krönungsfeier; der veranschlagte Termin war so nahe gerückt, daß man in Westminster an den Maskeraden und Zuckerbäckerskulpturen schon Tag und Nacht arbeitete und viel Vieh schlachtete, dessen Fleisch später weggeworfen wurde. Als die Lords beisammensaßen und miteinander sprachen, kam der Protektor dazu – das erste Mal um neun Uhr –, grüßte sie höflich und entschuldigte sich, daß er so lange ausgeblieben sei; im Scherz sagte er, er habe verschlafen. Und nachdem er sich eine Zeitlang mit ihnen unterhalten hatte, sprach er zum Bischof von Ely: ›Mylord, Ihr habt wunderschöne Erdbeeren in Euerem Garten in Holborn. Ich bitte Euch, schickt uns davon eine Portion.‹ – ›Gern, Mylord‹, antwortete dieser, ›ich wünschte bei Gott, ich könnte Euch mit Besserem dienen.‹ Daraufhin schickte er eilends einen Boten nach einer Portion Erdbeeren. Der Protektor wies die Lords an, weiter eifrig zu beratschlagen, entschuldigte sich dann für einige Zeit und ging.

Eine gute Stunde später, zwischen zehn und elf Uhr, kam er zurück, ganz verändert, mit überaus finsterem Gesicht, runzelte die Brauen, schaute grimmig, leckte seinen Speichel und kaute auf den Lippen. So setzte er sich an seinen Platz. Die Lords waren alle recht erschrocken und äußerst erstaunt über diesen plötzlichen Wechsel und fragten sich, was ihn verursacht habe. Nachdem er eine Weile schweigend dagesessen hatte, hob er an: ›Was verdienen die, welche meinen Untergang wünschen und betreiben, der ich dem Blut des Königs so nahe und Schutzherr eben seiner und seines Reiches bin?‹ Auf diese Frage hin saßen die Lords wie erstarrt und rätselten, wen er wohl meinte, wobei sie sich selbst von jedem Verdacht frei fühlten. Schließlich antwortete der Kämmerer, der auf Grund seines engen Verhältnisses zum Protektor glaubte, besonders offen sein zu können, und sagte, man solle sie als gottlose Verräter bestrafen, wer sie auch seien. Und alle anderen stimmten dem bei. ›Es sind‹, sagte der Protektor, ›diese Hexenmeister: die Frau meines Bruders und andere, die mit ihr zusammenstecken.‹

Auf diese Worte hin zeigten sich die, welche für die Königin eintraten, sehr verlegen. Lord Hastings war dagegen froh, daß es sie betraf und niemand anderen, der ihm näherstand. Trotzdem grollte er im geheimen etwas, daß er davon nichts erfahren hatte, denn er gehörte zu denen, die den Sturz und Tod ihrer Verwandten herbeigeführt hatten: Mit seiner vorherigen Zustimmung wurden sie noch an diesem Tag in Pontefract enthauptet, wobei er nicht wußte, daß er selbst auf Befehl eines anderen gleichzeitig in London enthauptet werden würde.

Daraufhin sagte der Protektor: ›Seht alle her, wie diese Zauberer und die andere Hexe, die zu ihnen gehört, Shores Frau und ihre Vertrauten, mit ihrer Zauberei und Hexerei meinen Körper ruiniert haben.‹ Dabei schlug er seinen Rockärmel bis zum linken Ellbogen auf und zeigte seinen immer schon schrumpeligen, welken, dünnen Arm. Da begann ihnen allen Böses zu schwanen, denn sie merkten wohl, daß das nur ein Vorwand war.

Und sie wußten auch, daß die Königin zu klug war, um Dummheiten zu machen. Und wenn, dann würde sie jeden anderen eher zu Rate ziehen als Shores Frau, die sie von allen Weibern am meisten haßte, war sie doch die vielgeliebte Mätresse des Königs, ihres Gatten, gewesen. Es gab auch keinen unter den Anwesenden, der nicht genau wußte, daß der Protektor dieses Leiden von Geburt an hatte. Es war aber der Kämmerer seit dem Tode König Eduards mit Shores Frau liiert, die er schon vorher verehrte, obwohl er es, wie man sagt, aus Respekt vor dem König oder aus Treue dem Freund gegenüber nicht zeigte; er antwortete nun: ›Sicher, Mylord, wenn sie das in gottloser Weise getan haben, verdienen sie erbarmungslose Bestrafung.‹ – ›Was kommt Ihr mir mit Wenn und Aber‹, sprach der Protektor, ›wo ich Euch sage, sie *haben* es getan; und an Euerem Leib will ich es rächen, Verräter!‹ Dabei schlug er, wie in höchster Erregung, mit der Faust heftig auf den Tisch.

Auf dieses Zeichen hin schrie draußen jemand ›Verrat!‹. Dabei wurde die Tür aufgestoßen, und Bewaffnete stürmten in den Sitzungssaal, so viel er fassen konnte. Und nun sagte der Protektor zu Lord Hastings: ›Ich verhafte den Verräter.‹ – ›Etwa mich, Mylord?‹ fragte dieser. – ›Ja, den Verräter‹, gab der Protektor zurück. Und jemand schlug nach Lord Stanley, der vor dem Hieb zurückwich und unter den Tisch fiel, wobei seine Backe bis zu den Zähnen aufgerissen wurde: Denn so flink er auch gewesen war, lief ihm nun doch das Blut um die Ohren. Dann wurden sie alle umgehend in verschiedene Zimmer gesperrt, außer dem Kämmerer, den der Protektor sofort wegschaffen und zum Beichtiger schicken ließ, denn: ›Beim heiligen Paulus‹, sagte er, ›ich will nicht zu Mittag essen, bevor ich nicht seinen abgehauenen Kopf gesehen habe.‹ Es half Lord Hastings nichts, zu fragen warum. Traurig nahm er den nächstbesten Priester und legte eine kurze Beichte ab; für eine längere reichte die Zeit nicht, denn der Protektor hatte es eilig mit dem Mittagessen und wollte seinen Eid nicht brechen. So wurde er auf die Tower-Wiese neben der Kapelle gebracht, sein Kopf auf einen Block gelegt und abgeschlagen . . .«

Shakespeare brauchte an der Dramaturgie dieser Szene nichts mehr zu ändern: »O mörderischer Richard, armes England! Ich prophezeie schlimmre Zeiten dir, als sie die krumme Welt bislang gesehen. Kommt, führt mich hin zum Block; bringt ihm mein Haupt: Wer heute lacht, ist doch schon morgen tot.« Nach Szene vier, Akt drei die letzten Worte des Kämmerers.

More und Vergil sind freilich auch die einzigen, die solche Einzelheiten bieten, und manches davon ist falsch. Bei Mancini heißt es schlicht: »Eines Tages kamen diese drei (Hastings, Rotherham, Morton) und einige andere gegen zehn Uhr in den Tower von London, um wie üblich dem Protektor ihre Aufwartung zu machen. Als sie im Inneren des Gebäudes waren, schrie der Protektor nach Verabredung ›Verrat!‹ und daß sie verborgene Waffen trügen, um ihn anzugreifen. Daraufhin liefen Soldaten, die vorher postiert waren, und der Herzog von Buckingham herbei und köpften Hastings unter falscher Anklage mit dem Schwert; die beiden anderen sperrten sie ein, und es heißt, nur aus Respekt vor der Religion und ihrem heiligen Amt wären sie mit dem Leben davongekommen.«

In der Tat gehen die Meinungen der Chronisten über Hastings Tod und seine Umstände auseinander. More beschreibt eine große

Versammlung, Mancini den Anstandsbesuch einiger Hofräte. Fabyan, der Londoner Kaufmann, spricht ebenfalls von einer Ratssitzung, bei der die Anhänger des Protektors in der Überzahl gewesen seien, doch verlegt er den Coup auf Nachmittag. Der Croyland-Chronist erwähnt zwei Versammlungen, eine in Westminster unter Kanzler Russell, die andere im Tower; er bezeichnet diese Trennung als List, um Hastings' habhaft zu werden. Einig sind sich die Chronisten allerdings, daß der Kämmerer am Tage seiner Verhaftung auch hingerichtet wurde, und daß dies Freitag, der 13. war. Doch gerade das ist, vergleicht man die Quellen, recht zweifelhaft. Hastings' Fall erweist sich am Ende so rätselhaft, wie sonst nur das Schicksal der »Prinzen im Turm«.

Am 21. Juni, dem Samstag der darauffolgenden Woche, ließ Kanzleramtssekretär Stallworth seinem Briefpartner Stonor schreiben: »Ehrwürdiger Herr, ich empfehle mich Euch. Was die Neuigkeiten angeht, so bin ich froh für Euch, daß Ihr nicht hier seid, denn bei uns gibt es viel Ärger; keiner traut dem anderen. Denn letzten Freitag wurde der Kämmerer um die Mittagszeit enthauptet. Letzten Montag waren viele Bewaffnete in Westminster: Es wurde dort der Herzog von York an Mylord Kardinal (Bourchier), Mylord Kanzler und viele weltliche Herren ausgeliefert; Mylord Buckingham begrüßte ihn in der Westminsterhalle, Mylord Protektor empfing ihn an der Tür zur Sternenkammer mit vielen herzlichen Worten: Von dort begab er sich mit Mylord Kardinal in den Tower, wo er, Gott helfe, wohlauf ist. Lord Lisle* ist zu Mylord Protektor übergelaufen. Es heißt, daß zwanzigtausend Mann von seiten des Protektors und Lord Buckinghams kommende Woche in London sein werden; wozu weiß ich nicht, es sei denn zur Sicherheit. Mylord (Kanzler) hat viel zu tun und dabei Dinge, die er lieber lassen würde, wenn er könnte. Der Erzbischof von York und der Bischof von Ely sind noch im Tower, zusammen mit Herrn Oliver King**. *Ich vermute, daß sie trotzdem herauskommen werden.* Ihre Häuser sind von Wachen besetzt . . .«

Der vorletzte Satz ist gestrichen, und nun wechselt auch die Hand; wir lesen in Stallworth' eigener Schrift: »Ich nehme an, daß Dienstleute des Protektors auch auf ihre Landgüter geschickt wer-

---

* Schwager der Königin
** Hofsekretär, Vertrauter Hastings'

den.« Mitten im Satz wird die Schrift schlecht, doch es geht weiter: »Sie werden nicht so schnell aus dem Gewahrsam kommen. Was Forster* betrifft, so ist er in Haft und bangt um sein Leben. Frau Shore ist im Gefängnis; was mit ihr passieren wird, weiß ich nicht. Bitte entschuldigt, daß ich nicht weiterschreibe, aber mir ist so schlecht, daß ich kaum die Feder halten kann. Gott schütze Euch. Aus London am 21. Juni von der Hand Eueres Dieners. Simon Stallworth.« Darauf folgt ein Nachtrag in Stallworths normaler Schrift: »Alle Leute des Kämmerers haben sich Mylord Buckingham angeschlossen. An den recht ehrenwerten Sir William Stonor, Ritter.«

Der Brief liefert eine Reihe von Einzelheiten, die anderswo nicht zu finden sind; aber mit neuen Informationen tauchen auch neue Fragen auf. Schuld daran ist in einem Fall die Ausdrucksweise. *On Fryday last was the lord Chamberleyn hedded*, steht gleich zu Anfang: »Letzten Freitag«, so Stallworth, »wurde Hastings geköpft.« Doch was heißt das am Samstag, dem 21. Juni? Korrekterweise bezieht sich die Angabe auf Freitag, den 20. Juni, und steht damit in Widerspruch zu drei Chronisten. Aber Sprache ist nicht korrekt. Hätte der Sekretär, wenn er den voraufgegangenen Tag meinte, nicht von *gestern* gesprochen, wie das jedenfalls im modernen Englisch üblich ist? Und ist nicht möglich, daß der Brief an eben diesem Freitag nach Diktat begonnen und tags darauf von Stallworth mit eigener Hand beendet wurde, wie das Schriftbild nahelegt? Dann hätte Hastings' Hinrichtung auf jeden Fall am 13. Juni stattgefunden.

Man würde dieser Zweideutigkeit weniger Gewicht beimessen, wenn sich nicht auch andernorts chronologische Ungereimtheiten finden würden. Zwei Termine sind unter Geschichtsschreibern umstritten. Zunächst die Auslieferung Richards von York durch seine Mutter in Westminster. Hier stimmt der Croyland-Chronist mit Stallworth überein: Beide nennen dafür Montag, und es ist sicher, daß es der 15. Juni war, denn die Woche zuvor berichtet Stallworth noch nichts davon. Der Chronist datiert dieses Ereignis nach dem Tower-Coup. Anders More, Vergil und – wichtiger – Fabyan und Mancini, die es auf die Zeit davor legen. Zu Richards Königserhebung kommt es bei ihnen dann die Woche nach Hastings' Tod – laut Fabyan (oder, wie es eher scheint, seines

---

* Geschäftspartner Hastings'

Verlegers) am »Donnerstag, dem 20. Juni«. Richard bestieg jedoch nachweislich am 26. Juni den Thron. Der Croyland-Chronist gibt dieses Datum richtig an. Im übrigen fiel der Donnerstag natürlich auf den 19. Juni! Für den, der Geschichte aus der Erinnerung schreibt, ist es nicht ungewöhnlich, daß er sich mit Zahlen und Daten vertut. Mancini berichtet noch im Jahr seiner Londonreise; vorsichtshalber nennt er nur ein einziges Datum, dessen er sich sicher glaubt – ein falsches: den 7. April für Eduards Tod. Der Londoner Tuchmacher Fabyan ist notorisch für seine irrtümlichen Datierungen; er entschuldigt sich, daß er sein Wissen »vom Wind und nicht aus schriftlichen Unterlagen« habe. Aber die Reihenfolge der Ereignisse, möchte man meinen, bleibt im Gedächtnis. Da wundert es schon, daß sich der Engländer und der Italiener – zwei von einander unabhängige Autoren – anders erinnern als der Croyland-Chronist. Dessen Angaben sind in der Regel zuverlässig: »Jenem Herrn Hastings wurde am Freitag, dem 13. Juni, als er in den Tower zur Ratssitzung kam, auf Befehl des Protektors der Kopf abgeschlagen«, heißt es bei ihm kurz und bündig.

Tatsächlich ist dieser Termin als Arresttag durch andere Quellen gestützt. Stallworth erwähnt einen Forster, der in Haft sitzt und um sein Leben fürchtet. Es ist dies wahrscheinlich der Landedelmann John Forster, Sohn eines Londoner Bürgermeisters und Schwiegersohn eines anderen ehemaligen Stadtoberhaupts, des bekannten Thomas Cook. Seit 1465 war er Hauptkassier der Königin, 1475/76 diente er als Militärrichter, und in der Folgezeit finden wir ihn als Sheriff und Friedensrichter in verschiedenen Grafschaften. Wallingfords Kloster-Register aus St. Albans sieht ihn in enger Verbindung mit Hastings: »Es ist zu beachten, daß obenerwähnte Privilegienbriefe* zugunsten Lord Hastings' und John Forsters hinfällig sind, weil kurze Zeit nach ihrer Ausstellung Lord Hastings verdientermaßen (wie es heißt) den Tod erlitt, nämlich am Basilius-Tag, dem 12. Juli 1483, auf Befehl König Richards zu Beginn seines ersten Regierungsjahrs. Und besagter John Forster wurde auf Befehl unseres Herrn Königs am 13. Juni dieses Jahres in den Tower geschickt, wo er bis zum 10. März nächsten Jahres Gefangener blieb.«

Dieser Eintrag ist aufschlußreich, obwohl auch in ihm so ziem-

---

* Für das Hofmeisteramt des Klosters

lich alle Daten falsch sind: Das Fest des hl. Basilius fällt nicht auf den 12. Juni, sondern auf den 14.; Hastings wurde an keinem dieser beiden Tage hingerichtet, sondern allenfalls am 13. Juni; und Richards III. Regierung begann erst zwei Wochen später. Forster kam schließlich nicht am Freitag ins Gefängnis, sondern am Basilius-Tag, dem 14. Juni – wenn er sich selbst richtig erinnert. Denn diese Aussage machte er später in einer Parlamentspetition. Ihr zufolge wurde er »von besagtem Samstag, an dem er in den Tower gebracht wurde, bis zum nächsten Montag« ohne Essen und Trinken gelassen und in Fesseln gehalten, fürchtete in dieser Zeit täglich Enteignung und Hinrichtung wegen Hochverrats und kaufte sich schließlich am 9. März 1484 frei. Stallworths' Bemerkung über Forster erweist sich demnach als zutreffend. Der Hochverratsverdacht deutet an, daß die Verhaftung des Landedelmanns tatsächlich in Zusammenhang mit dem Sturz des Kämmerers stand, wie sowohl das Klosterregister als auch der Brief des Sekretärs zu verstehen geben.

Hastings' Verhaftung fand demnach wohl am 13. Juni statt. Danach hatte er jedenfalls keinen öffentlichen Auftritt mehr. Bei der Auslieferung Prinz Richards am folgenden Montag nennt ihn Stallworth nicht, ebensowenig Mancini und More, obwohl sie dieses Ereignis vordatieren. Wäre der königliche Kämmerer auf freiem Fuß gewesen, hätte er bei diesem Staatsakt sicher eine hervorragende Rolle gespielt und wäre somit den Berichterstattern aufgefallen. Daß er es nicht tat, heißt aber auch nicht, daß er tot war.

Neben dem Stallworth-Brief ist uns aus diesen Tagen ein weiteres Stück Privatkorrespondenz erhalten, das über den Verlauf der politischen Ereignisse Auskunft geben kann. Es ist dies eine Notiz des Wollhändlers Cely, die vermutlich auf eine Nachricht des Johanniter-Priors von Clerkenwell zurückgeht; selbiger war Mitglied im königlichen Rat: »Großes Durcheinander ist im Reich, die Schotten haben einen großen Schlag geführt in England, der Kämmerer ist im Unglück gestorben, der Kanzler ist in Ungnade und mißgestimmt, der Bischof von Ely ist tot. Als ob der König – Gott schütze ihn – verraten wäre, der Herzog von Gloucester in irgendeiner Gefahr wäre, als ob Mylord Prinz – was Gott verhüte – in Schwierigkeiten wäre, als ob Mylord Northumberland tot oder in höchster Not wäre, als ob Mylord Howard erschlagen wäre. Von Monsieur Saint John's.«

Die Formulierungen sind reichlich dunkel. Mit »Schotten« ist – da wir um diese Zeit von keiner kriegerischen Verwicklung mit dem Nachbarn wissen – möglicherweise Richards nordenglische Mafia am Hof gemeint; denn die Nordengländer wurden oft als Schotten beschimpft. Unter »als ob« *(if)* firmieren die mutmaßlichen Begründungen des Protektors für sein gewaltsames Vorgehen, vielleicht auch nur die Gerüchte, die in diesem Zusammenhang entstanden. Bei der Datierung helfen uns diese Stichworte allerdings nicht, weil das Schriftstück selbst kein Datum trägt. *Geffe lorde prynsse wher trobellett,* heißt es: »als ob Mylord Prinz in Schwierigkeiten wäre« – damit ist Richard von York gemeint. Doch ob sich der Satz auf seine Situation in Westminster vor dem 15. Juni bezieht oder auf einen Anschlag, der ihm und seinem Bruder nach diesem Termin drohte, ist nicht auszumachen.

Nur eines ist sicher, und dafür legt die Notiz Zeugnis ab: Es herrschte nach Hastings' Verhaftung erhebliche Verwirrung, selbst unter den Ratsmitgliedern. Bei Vergil heißt es: »Unmittelbar nach dieser Tat ging der Ruf ›Verrat! Verrat!‹ durch den ganzen Tower und verbreitete sich von dort durch die Stadt. Die Bürger und alle anderen Leute nahmen das erste Gerücht für Wahrheit, ohne zu wissen, was drinnen geschehen war, und schrien in gleicher Weise.« Nun lebte aber, anders als Cely und sein Informant meinen, Bischof Morton von Ely noch, ebenso Graf Northumberland und Lord Howard. Das konnte auch für Hastings gelten.

Ist es demnach möglich, daß er erst eine Woche nach seiner Gefangennahme hingerichtet wurde, wie Stallworths Brief vermuten läßt? Wenn dem so ist, wäre Fabyans und Mancinis Problem gelöst. Das Scenario lautete dann so:

Als die Verhaftungsaktion ruchbar wurde, hieß es sofort, der Kämmerer und Bischof Morton seien tot, vielleicht war sogar von Stanleys Verletzung die Rede. Als dann am Freitag darauf die Nachricht von Hastings' Hinrichtung bekanntgegeben wurde, mit einem offiziellen Rechtfertigungsschreiben dazu, faßte man dies nur als Bestätigung dessen auf, was man vermeintlich schon wußte. Die beiden Freitage fielen in der Erinnerung zusammen. Deshalb die Uneinigkeit, was an diesem Tag passierte, und die Ungereimtheiten in der Chronologie. Fabyan und Mancini beziehen sich auf Hastings' Ende: *Davor* lag die Auslieferung des jungen York, unmittelbar *danach* erhob Richard Anspruch auf den Thron.

Daß die Chronisten einheitlich den 13. Juni zum Eckstein ihrer Datierung machen, ist dabei nicht weiter verwunderlich: Dieser Tag wurde zum amtlichen Sterbedatum. Eine Reihe fiskalischer Untersuchungsverfahren *post mortem,* die den Landbesitz des toten Lehensträgers registrierten, führen den 13. Juni als Todestag, ebenso andere Staatspapiere. In einigen Dokumenten erscheint das Datum allerdings als nachträgliche Korrektur. Bei den Fiskalverfahren ist das nicht weiter verwunderlich, denn auch die Juroren irrten sich gern in Terminfragen, und so kann es sein, daß einer, der es »besser« wußte, die falschen Daten korrigierte. Er stiftete damit nur neue Verwirrung an. Denn nun datierte man Richards Regierungsantritt falsch, von dem man wohl wußte, daß er sich in der Woche nach Hastings' Hinrichtung ereignete – so schreibt ausdrücklich Fabyan. Folgerichtig rekonstruierte er dafür Donnerstag, den 19. Juni. Anscheinend nicht nur er, denn im Oktober 1484 herrschte noch solche Unklarheit über den richtigen Anfang des Königsjahrs, daß Richard darüber ein Schreiben herausgeben mußte.

Wer aber war der Mann, der in den öffentlichen Akten herumkorrigierte? Und warum legt auch Croyland-Chronist Russell, der es bestimmt besser wußte, Gefangennahme und Hinrichtung des Kämmerers auf denselben Tag? Beide Fragen gehören zusammen. Am 13. Juni, als Hastings in die Falle ging, leitete der Kanzler eine Versammlung in Westminster; so steht es jedenfalls in der Croyland-Chronik. Wenn der Kämmerer an diesem Tag ums Leben kam, hatte Russell eine weiße Weste. Wenn nicht – wenn Hastings seinen Kopf erst eine Woche später auf den Block legte –, war der Kanzler kaum ohne Mitverantwortung. Sie mochte ihm schwer geworden sein. »Mylord hat viel zu tun«, schreibt Stallworth über seinen Vorgesetzten Russell, *and more then he is content with all, yf any other ways wold be tayn* – »und dabei Dinge, die er lieber lassen würde.« Und bei Cely heißt es: *the chaunseler ys dysprowett and not content* – »der Kanzler ist in Ungnade und mißgestimmt«. War es das Todesurteil über Hastings, das ihm solche Pein bereitete? Wenn dem so war, mochte er seine Mitwirkung später nicht mehr zugeben, selbst inkognito als Klosterchronist nicht. Als Kanzler sorgte er dafür, daß einheitlich der 13. in die Akten kam.

Mutmaßungen, zugegeben, und nicht in allen Punkten befriedigende. »Unpassende« Quellen als lügenhaft oder gefälscht zu bezeichnen, hat den Ruch von Hauruck-Historiographie. Dieser Ausweg bietet sich, wo man nicht weiter weiß, nur allzu billig an. Die alten Autoren und Aktenschreiber können sich nicht wehren. Widersprüche und Ungereimtheiten, die wir bei ihnen zu erkennen glauben, sind oft nur Symptome unseres Unverständnisses. Doch was hilft's. Bevor wir den Schwarzen Peter in der Hand behalten, schieben wir ihn weiter. Wem, das hängt davon ab, ob sich auf die übrigen Quellen eine tragfähige Geschichte gründen läßt. Nun hat es den zuverlässigen Croyland-Chronisten, den honorigen Bischof Russell erwischt. Sehen wir, ob im Falle Hastings ohne sein Zeugnis auszukommen ist.

VI. »Hiermit beginnt meine Herrschaft«

Ein Thronraub nach allen Regeln der Kunst

Richard III. hatte keine Hofchronisten, die seine Thronbesteigung verherrlichten. Seinem Nachfolger, Heinrich Tudor, ging es da besser. Nicht ohne Verdienst, denn er förderte die Geschichtsschreibung wie kein englischer König zuvor. Das verschaffte ihm eine gute Presse, buchstäblich: Denn Chroniken und Historien moderten nun nicht mehr in Klosterbibliotheken, sondern kamen gedruckt unter die Leute. Was zur Tudor-Zeit geschrieben wurde, ist aber deswegen nicht Lügenliteratur. Polydore Vergil war, bei aller Parteilichkeit, kein Schmock. Von Thomas More nicht zu reden, der im letzten *Plantagenet* einen Prototyp des eigenen Königs sah: Heinrichs VIII. Andere scheinen eher leichtgläubig und unwissend als bösartig.

Keiner schreibt freilich ohne Vorurteil. Doch weniger Sympathie und Antipathie ist dabei entscheidend, als vielmehr die Perspektive des Autors: Sie entspricht dem, der Geschichte rückwärts erzählt und Ergebnisse mit Zielen verwechselt. Ergebnis war Richards Thronraub: so genannt von Zeitgenossen und Tudor-Chronisten, Engländer und Ausländern. Was an Taten davor liegt, muß – so ihre Logik – einzig diesem Ziel gedient haben. Wir können dem freilich nicht folgen. Seinen Brüdern zeigte sich Richard unzeitgemäß loyal und von Hofintrigen hielt er sich fern. Er konnte nicht wissen, daß Eduard mit Vierzig sterben und unmündige Kinder hinterlassen würde. Für die Ausschaltung der Woodvilles bringen die Chronisten sogar Verständnis auf. Und sie geben zu, daß Richard anfangs sein Protektoramt ernst nahm. Dann passierte die Sache mit Hastings. Noch vor kurzem hatte dieser gejubelt: Endlich sei »das Reichsregiment auf zwei Adelsherren von königlichem Blut übergegangen« – Buckingham und Gloucester. Doch nun nahm Buckingham jenen Platz an Richards Seite ein, den Hastings für sich vorgesehen hatte. Vom Rat in Crosby's Place ausgeschlossen zu sein, empfand er als Kränkung. Daß Catesby daran teilnahm, war ihm kein Trost, im Gegenteil, es beunruhigte ihn eher: Wir erinnern uns, wie eifersüchtig Warwick einst auf Lord Herberts Karriere reagierte. Kaum wahrscheinlich, daß Hastings seinem Schützling und Berater weiterhin vertraute. Des weiteren mußte er zusehen, wie Richard das Publikum vom König abzog. Damit verlor er – Vorsteher der Königlichen Kammer – seinen restlichen Einfluß. So brachte ihn nicht loyalistischer Skrupel in Opposition zum Protektor, sondern Eigeninteresse. Wenn der König regierte, war der Kämmerer wieder wer. An Rivers' Gefangennahme, konnte er geltend machen, hatte er keinen Anteil gehabt.

In seinen Bündnispartnern zeigte sich Hastings nicht wählerisch: Rotherham, der gestürzte Kanzler, vertrat die Woodville-Sache, und Morton stammte aus Lancaster-Stall. Daß sich die drei wiederholt und vertraulich trafen, wie Mancini berichtet, mußte Richards Verdacht wecken. Die Feindschaft zwischen der Königin und dem Kämmerer war bestimmt nicht größer als der Haß, der einst Warwick und Margarete von Anjou trennte. Richard besaß genug politische Phantasie, um das Mögliche zu denken; die Regierungszeit des Bruders hatte sie reichlich angeregt. Konkrete Verdachtsmomente für Verrat lagen indes kaum vor, als er die Briefe nach York und an Neville diktierte. Denn er benutzte sein Privatsiegel: Nicht der Protektor schreibt, weil er König und Reich in Gefahr sieht, sondern der Lehensherr und *good lord* bittet um persönlichen Beistand. So diskutierten die Yorker auch, ob sie Richards persönliches Siegeszeichen, den Weißen Eber, auf den Fahnen führen sollten.

Im Laufe der Woche verschärfte sich die Lage jedoch. Vielleicht entdeckte Catesby nun tatsächlich eine Verschwörung. Vergil zufolge rief Hastings Leute zusammen, »von denen er wußte, daß sie um Leben, Würde und Stand des Fürsten Eduard sehr besorgt waren«, und beratschlagte mit ihnen, was zu tun sei. Sie kamen zum Schluß, daß der König zuallererst aus dem Tower »befreit« werden müsse. Doch meinten sie, das ohne Gewalt zu erreichen, und traten dem Protektor mit ihrer Forderung waffenlos gegenüber. Hinter diesem Scenario Vergils kann sich freilich der Versuch einer Entführung verbergen. More sieht dagegen Richard als alleinig Aktiven. Er ist der Täter, die anderen sind ahnungslose Opfer. Wenn dem so ist, dann allerdings keine schuldlosen: Sie ließen Richard keine andere Wahl. Sein Vorgehen kam für sie trotzdem überraschend, obwohl das Muster doch seit Stony Stratford bekannt war. Aber man hatte sich halt an diese neue politische Umgangsform noch nicht gewöhnt. Man würde es bald tun – dafür sorgten die Tudors.

Der Hexerei-Vorwurf, der die Königin traf, war dagegen eher konventionell. Im Januar 1470 etwa hatte sich der Kronrat mit einer Anklage gegen Königinmutter Jacquetta befaßt: Sie wurde beschuldigt, Eduard IV. zur Heirat mit ihrer Tochter behext zu haben. Daß die sagenhafte Melusine, eine Wassernymphe und Schlangenzauberin, als Ahnmutter der Luxemburger galt, von denen die Damen abstammten, gab den Gerüchten Nahrung. Die irregulären Praktiken der Königin und ihrer Verwandtschaft *(mony subtile and dampnabill ways)* erwähnt Richard schon in seinem Schreiben an die Yorker Bürger, und beim Parlament 1484 wird Elisabeths Hexerei aktenkundig. Nach Hastings' Gefangennahme ist davon jedoch nicht die Rede, es werden überhaupt keine Verbindungen zur Königin hergestellt. More meint ja auch, die Königin sei zu klug, um Dummheiten zu machen.

Hören wir zunächst, wie Richard seine Tat rechtfertigte. More: »Das Gerücht vom Tod des Lords flog in Windeseile durch die Stadt und von dort zu jedermanns Ohr. Der Protektor jedoch, um die Sache zu bemänteln, lud sofort nach dem Mittagessen eilig ein, was in der Stadt Rang und Namen hatte. Als sie kamen, standen er und Herzog Buckingham in alten, abgenutzten Brustpanzern da, die man allenfalls anlegt, wenn höchste Eile am Platz ist. Und dann klärte sie der Protektor darüber auf, daß der Kämmerer und seine Mitverschworenen geplant hätten, ihn und den Herzog während der Ratssitzung umzubringen. Was sie sonst noch vorgehabt hätten, wüßten sie zur Stunde noch nicht. Vor zehn Uhr hätten sie von diesem Verrat überhaupt keine Ahnung gehabt. In ihrer Not wären sie in den nächstbesten Harnisch geschlüpft. Mit Gottes Hilfe wäre das Unglück, das man ihnen zugedacht hätte, über die anderen gekommen. Das wolle er ihnen mitteilen. Alle antworteten ihm freundlich, als ob sie an dem, was natürlich keiner glaubte, nicht zweifelten.«

Eine Woche später wußte Richard mehr über Hastings' Motive. (Mit den folgenden Sätzen schließt More allerdings unmittelbar an obige Ausführungen an:) »Um die Volksmeinung weiter zu besänftigen, schickte er gleich nach dem Mittagessen einen königlichen Herold mit folgender Proklamation durch die Stadt: Lord Hastings und andere Mitverschworene hätten versucht, den Protektor und Herzog Buckingham während der Ratssitzung zu erschlagen, um anschließend die Herrschaft über den König und das Reich nach ihrem Willen auszuüben und um auszuplündern, wenn es sie beliebte. Und eine Reihe Verleumdungen wurden aufgetischt: daß der Kämmerer Hastings dem Vater des Königs ein schlechter Ratgeber gewesen und diesen zu Dingen verführt hätte, die seiner Ehre und den Belangen des Reichs abträglich gewesen wären; das gelte für alle Bereiche, vor allem jedoch hinsichtlich des lasterhaften Lebens und des ruinösen Körpermißbrauchs, dem sie sich mit anderen, aber insbesondere mit Frau Shore hingegeben hätten; mit dieser habe er sich nun verschworen, sie sei an dem Verrat eng beteiligt; Nacht für Nacht hätte er ihr beigelegen, so auch die Nacht vor seinem Tod . . .«

Moderne Historiker inspirierte das zur Parallele mit Hitlers »Röhmputsch« 450 Jahre später: Damals hieß es, der SA-Führer sei mit einem Sturmtrupp-Mann im Bett gelegen, als man ihn ermorden kam. Schade für den Vergleich, daß sich More täuscht, und Hastings erst acht Tage nach seiner letzten Liebesnacht starb. Die Proklamation ist uns leider nicht überliefert: Heinrich VII. ließ die Dokumente seines Vorgängers vernichten, wo er sie finden konnte. Mancini erwähnt sie, ohne näher auf den Inhalt einzuge-

hen. Doch daß Frau Shore bei der Anklage eine Rolle spielte, zeigt ihre Verhaftung, die durch Kanzleramtssekretär Stallworth verbürgt ist. Richard muß die Frau, die More mit so warmen Worten schildert, gehaßt haben – ob sie nun an Hastings'»Verschwörung« beteiligt war oder nicht. Dafür zeugt der spätere König selbst. Doch zunächst St. Thomas:
»Dann, als geschehe es aus Zorn und nicht aus Habsucht, ließ ihr der Protektor alles nehmen, was sie hatte, und schickte sie ins Gefängnis. Zuerst beschuldigte er sie, ihn verhext und gemeinsam mit dem Kämmerer versucht zu haben, ihn zu töten. Als sich dafür kein Beweis bringen ließ, legte er ihr gemeinerweise zur Last, was sie nicht bestreiten konnte, weil alle Welt es wußte und doch darüber lachte: daß sie ihren Körper für nichts achte. So veranlaßte er denn den Bischof von London (als ein keuscher Fürst, der selbst rein und fehlerlos war, vom Himmel in diese sündhafte Welt gesandt, um den Menschen Moral beizubringen), sie öffentlicher Buße zu unterziehen: Sie mußte am Sonntag in der Prozession mit einem Wachsstock in der Hand dem Kreuz vorangehen. Dabei benahm sie sich in Miene und Haltung durchaus damenhaft und, obwohl nur mit einem Kittel bekleidet, schritt sie artig und liebenswert einher; die Neugier des Volks trieb ihr eine ansehnliche Schamröte in die Wangen (woran es vorher gefehlt hatte), und so gewann sie sich mit ihrer Schande die Sympathie der Leute, die mehr ihren Leib liebten, als daß sie sich um ihre Seele sorgten . . .«

So behandelte man damals gemeine Huren. More hatte bei seiner Sottise auf den »keuschen Fürsten« wohl Richards zwei uneheliche Kinder im Sinn. Tatsächlich scheint es mit der Privatmoral des Protektors nicht ganz so weit her gewesen zu sein, wie Mancini glauben macht: Bischof Langton schränkte im September des Jahres einen Lobspruch auf Richard mit dem Hinweis ein, daß »Wollust einigermaßen im Überfluß herrscht« – wobei allerdings nicht klar ist, ob sich das auf den Hof oder die allgemeinen Zustände im Reich bezog. Im Monat darauf tauchte die unglückliche Bürgersgattin erneut in einer Klageschrift auf, diesmal gegen Dorset, der mit dieser »schamlosen und schändlichen Person in Unzucht gelebt« haben soll. Nicht genug. Als König Richard erfuhr, daß einer seiner Justizbeamten »von William Shores früherer Frau auf seltsame Weise verwirrt und verführt« worden sei und vorhabe, die Gefangene zu ehelichen, forderte er Kanzler Russell brieflich auf, das zu verhindern – erfolgreich. Der Haß, mit dem

Richard die Mätresse des Bruders verfolgte, zeigt eine seiner düsteren Seiten. Ob Frau Shore für Hastings konspirativ tätig war oder mit dem flüchtigen Dorset in Kontakt stand, ist ungewiß. Vielleicht hielt Richard sie auch wirklich für eine Hexe. In Mores Story wartet er zum Beweis für die Zauberei seiner Gegner mit einem entstellten Unterarm auf, und bei Vergil liefert er ein komplettes Krankheitsbild: »Seit einiger Zeit kann ich weder bei Nacht noch am Tage schlafen, nicht trinken und nicht essen; deshalb wird mein Blut immer weniger, meine Kräfte schwinden, mein Atem wird kürzer, und alle Glieder magern, wie ihr seht (und dabei zeigte er seinen Arm), über die Maßen ab.« Kann es sein, daß ihn ein heftiger Schub der erblichen *Psoriasis* (Schuppenflechte) plagte? Vielleicht befiel ihn auch eine Erdbeerallergie – gerade erst hatte er von diesen Früchten gegessen. Ob er die Symptome bewußt herbeiführte, ist freilich zweifelhaft. More hätte es erwähnt, wenn nur der geringste Verdacht bestanden hätte. Statt dessen schreibt er dem König das Armleiden von Kindheit zu; eine Erklärung für sein Verlangen nach Erdbeeren gibt er nicht.

Die Bitte des Protektors um ein Schälchen Erdbeeren wirkt indes durch ihre Beziehungslosigkeit authentisch. Vielleicht hat Bischof Morton sie später als Anekdote wiedergegeben; More war schließlich sein Schüler. Im übrigen muß man Mores Geschichte mit Vorsicht behandeln. Falsch ist die Behauptung, die Verwandten der Königin seien am selben Tag hingerichtet worden wie Hastings: Rivers starb nicht am 13. Juni, auch nicht am 20., sondern fünf Tage danach. Von Fabyan, an dem More sich orientiert, stammt diese Angabe nicht. Dafür die Aussage, Stanley sei verhaftet und verletzt worden. Doch nirgends sonst lesen wir davon. Der Hofmarschall wurde weder beschuldigt, noch fiel er in Ungnade. Am Tage nach Richards Thronbesteigung firmiert er als Zeuge einer königlichen Amtshandlung. Es scheint, als sei die Rolle, in die manche Chronisten ihn stecken, von seiner Tudor-Karriere als Graf Derby diktiert. Sein Traum vom blutrünstigen Eber ist wohl ein Ausbund schweifender Autorenphantasie.

Warum aber setzte der Protektor allein auf Buckingham und riskierte es, den Kämmerer zu vergrämen? Wahrscheinlich ging Hastings in die Falle seiner eigenen Ideale. Er selbst begrüßte die Herrschaft der beiden hochgeborenen Herzöge – und diese sahen keinen Grund, sie zu teilen. Hastings war ein Höfling, durch

Dienst aufgestiegen, nicht durch Adel. Der konservativen Mentalität Richards galt er, bei aller Freundschaft, nicht mehr als Rivers oder Dorset, Ratcliffe oder Catesby. Der Kämmerer besaß Einfluß im höfischen Regierungszirkel; die weltlichen und geistlichen Beamten folgten seiner Erfahrung. Im Land draußen, wo die Bataillone ausgehoben wurden, zählten Leute wie Buckingham und Northumberland. Wenn Hastings glaubte, gegen den Protektor Politik machen zu können, übernahm er sich; es reichte bei ihm, trotz aller bezahlten Anhänger, nicht einmal zu einem »Warwick«.

»So waren die drei stärksten Stützen des neuen Königs beseitigt, und alle seine Getreuen fürchteten das gleiche; auf diese Weise konnten die beiden Herzöge* machen, was sie wollten«, schreibt der Croyland-Chronist. Der Weg war frei, mit den Woodvilles ins reine zu kommen. Zunächst mit Elisabeth. More räumt den Verhandlungen um die Auslieferung Richards von York viel Platz ein. Nicht allein Für und Wider der politischen Entscheidung interessieren ihn, sondern auch die konstitutionellen Aspekte des Asylwesens. Mancini schreibt darüber:

»In Britannien werden die Asyle von alters her geachtet: so sehr, daß bis vor kurzem niemand wagte, sie zu verletzen, sei es aus religiöser Furcht oder aus Angst vor dem Volk. Welche Anklage oder Feindschaft einen verfolgt, es ist selbst Königen nicht erlaubt, ihn dort zu behelligen . . . Doch mittlerweile – sei es, daß der Glaube nachläßt, oder die Macht des Volkes abnimmt – vermögen die Asyle gegen königliche Waffen wenig.« Tatsächlich gerieten sie im folgenden Jahrhundert zur ordnungspolitischen Streitfrage. Heinrich VIII. wandte sich 1519 dagegen, daß Verbrecher aus dieser Einrichtung Nutzen zögen. More macht Buckingham zum Vertreter dieser Meinung – mit Nebengedanken.

Er schreibt: »So sehr dürstete der Protektor nach Vollendung seiner Pläne, daß ihm jeder Tag wie ein Jahr vorkam; doch konnte er nicht wagen, weiter vorzugehen, solange er nur die halbe Beute in der Hand hielt: Er wußte wohl, daß, wenn er den einen Bruder beseitigte, das Reich an den anderen fiel, ob er im Asyl blieb oder durch glückliche Flucht in Freiheit gelangte. Deshalb hielt er den Lords bei der nächsten Ratssitzung vor Augen, daß es gottlos und äußerst beleidigend für die königlichen Ratgeber sei, wenn die

* Gloucester und Buckingham

Königin den Bruder des Königs fernhalte. Sie täte das nur, um die Lords beim Volk ins Gerede zu bringen. Als ob man denjenigen, die vom Adel des Reichs als engste Gefährten und Schutzherren des Königs bestellt worden seien, den Königsbruder nicht anvertrauen könne.« Er bitte Kardinal Bourchier, die Königin zur Herausgabe des Prinzen zu bewegen; sollte das nicht gelingen, müsse man ihn gewaltsam befreien.

Damit war der Rat einverstanden, doch verwahrte sich der Kardinal gegen jede Verletzung des Asylrechts. Buckingham nahm dazu in einer langen Rede Stellung: Die Königin mißbrauche dieses Recht zu politischen Zwecken, sie warte nur auf eine Gelegenheit, den Prinzen heimlich außer Landes zu schaffen; das Asyl sei eine gute Sache für Schuldner und Flüchtlinge in Kriegszeiten, doch nicht für Gesetzesbrecher und Hochverräter; aus welchem Grunde aber sollten Kinder dort Schutz suchen, es sei denn aus Angst vor ihrem Schullehrer?»Jemand, der nicht genug Verstand hat, selbst darum nachzusuchen, und nicht genug Bosheit, es nötig zu haben, dessen Leben und Freiheit von Gesetzes wegen nicht in Gefahr ist, braucht kein Asyl. Wer so jemanden herausholt, sage ich geradewegs, bricht das Asylrecht nicht.«

»Als der Herzog fertig war«, fährt More fort,»stimmten die weltlichen und ein Gutteil der geistlichen Herren zu, daß man sich des Buben bemächtigen solle, wenn er nicht ausgeliefert werde; denn sie glaubten nicht, daß ihm auf Erden etwas zustoßen könne.« Am Montag wurde Westminster mit Truppen gesichert. Während der Protektor und die Mehrzahl der Räte im Palast blieben, gingen Kardinal Bourchier, Kanzler Russell, Buckingham, Howard und andere Lords in die Abtei hinüber zur Königin. Die wollte sich freilich durch kein Argument überzeugen lassen: Der Prinz sei gerade erst von einer Krankheit genesen und bliebe besser bei der Mutter; sie selbst denke nicht daran, das Asyl zu verlassen, solange ihre Angehörigen in unverdienter Haft seien; das Asylrecht gelte auch für ihr Kind, dessen Vormund sie von Rechts wegen sei; tatsächlich verbiete das Gesetz demjenigen die Vormundschaft, der durch den Tod des Mündels erben würde wie der Protektor – selbst wenn es sich dabei um weniger als ein Königreich handle. Es half ihr nichts, daß sie sich in diesen Fragen juristisch gut beraten wähnte. Bourchier brach das Gespräch ab, als er merkte, daß sich die Königin immer mehr versteifte und in Wut über den Protektor redete: Er verbürge sich, sollte sie ihren

Sohn freiwillig herausgeben, mit Leib und Seele für den Buben; wenn sie jedoch Verstand und Glaubwürdigkeit der Lords anzweifelte, könne er nichts mehr für sie tun. Nun begriff Elisabeth, was die Stunde geschlagen hatte, und zog es vor, den Kardinal beim Wort zu nehmen. Doch erst faßte sie ihre Sorgen noch einmal zusammen: »Ich bin nicht im Zweifel, daß gewisse Leute meinem Blut so feind sind, daß sie es vergießen würden, selbst wenn es in ihren eigenen Adern flösse. Wir wissen auch, daß Herrschbegierde keine Verwandtschaft kennt. Der Bruder war schon des Bruders Tod. Kann der Neffe da dem Onkel trauen? Jedes dieser Kinder ist des anderen Schutz, solange sie getrennt sind und eines im anderen lebt. Hab' einen sicher, dann sind es beide, und nichts ist gefährlicher für sie, als zusammen zu sein. Transportiert etwa ein kluger Kaufmann seine ganze Ware auf einem Schiff?«

»Daraufhin« – so More weiter – »wandte sie sich an das Kind: ›Leb wohl, mein geliebter Sohn, Gott schütze dich, ich will dich noch einmal küssen, bevor du gehst, denn Gott weiß, wann dazu wieder Gelegenheit ist.‹ Sie küßte ihn, segnete ihn, wandte ihren Rücken, weinte und ging weg, wobei das Kind nicht weniger weinte. Der Kardinal und die anderen Lords aber brachten den jungen Herzog zur Sternenkammer, wo ihn der Protektor in die Arme schloß, küßte und sprach: ›Von ganzem Herzen willkommen, Mylord.‹ In seinem Sinne sagte er dabei durchaus die Wahrheit.« Der Prinz wurde dann zum König in den Tower geleitet. »In diesen Tagen«, ergänzt Mancini, »ließ Gloucester auch den zehnjährigen Sohn des anderen Bruders, Herzog Clarence, nach London kommen und gab ihn in die Obhut seiner Frau, der Tante des Buben von seiner Mutter Seite. Er fürchtete nämlich von ihm Gefahr, wenn die Nachkommen Eduards einmal ausgeschaltet wären.«

Der Vorgang, wie More ihn schildert, ist im großen und ganzen verbürgt, auch was Buckinghams Argumente und Bourchiers Bürgschaft betrifft. Selten sind sich die Chronisten so einig. Kein Zweifel, daß sich Elisabeth nur der Gewaltdrohung beugte; Stallworth und der Croyland-Chronist berichten von einem großen Aufgebot an Männern und Waffen, und Mancini zufolge wurde die Abtei von Truppen umstellt. Gloucester zeigte sich zum Äußersten entschlossen. Ebenso unbestritten hatte er dabei jedoch den Kronrat im Rücken, in dem seit Freitag Hastings und die Woodville-Bischöfe fehlten. Mancini meint, Prinz Richard sollte nach der Königskrönung wieder zur Mutter zurückgebracht werden. Mag sein.

Doch die Krönung fand nicht statt – jedenfalls nicht Eduards V. Krönung. Zwischen 16. und 20. Juni wurde sie abgesagt; wann genau und mit wessen Autorität wissen wir nicht. Eine Aktennotiz aus New Romney in Kent vermerkt, daß Krönung und Parlament vertagt wurden, doch trägt sie kein Datum. Stallworth, der am Samstag schreibt, erwähnt den Vorgang nicht; aus seinem Brief geht jedoch hervor, daß Adressat Stonor zum Sonntag nicht nach London kommen würde. Der Sekretär beglückwünscht ihn dazu, *for with huse is myche trobull, and every manne dowtes other:* »denn bei uns gibt es eine Menge Ärger, und einer mißtraut dem anderen«.

An diesem Samstag erreichte York die offizielle Annullierung der Parlamentseinladung; sie war demnach am Montag oder Dienstag beschlossen worden. Doch traf sie, wie voraussehbar, zu spät ein, denn die Stadtvertreter waren längst auf der Reise oder schon in London. Tatsächlich fand dann am 25. Juni eine Versammlung von Lords und *Commoners* statt, und zwar, wie Mancini schreibt, um den Fall Hastings zu hören und über die Krönung zu beraten: »Denn nach den Neuigkeiten schien es angebracht, den Krönungstermin zu verschieben.« Parlamentsstatus hatte das Treffen nicht. Darin deutet sich Zweifel an, was den König betrifft. Ohne König kein Parlament: War man sich plötzlich nicht mehr sicher, ob man einen König hatte?

Hören wir, wie die Dinge Mancinis Verständnis nach fortschritten: »Als sich Richard von allem frei sah, was ihn bisher bedrückt hatte, zog er die schwarze Kleidung aus, die er seit dem Tod des Bruders durchweg getragen hatte. Er legte Purpurgewänder an und ritt damit häufig durch die Stadt, umgeben von tausend Begleitern. So zeigte er sich, um als Protektor vom Volk gesehen und beklatscht zu werden. Von Tag zu Tag hielt er mehr Leute an seiner Privattafel frei. Doch wenn er sich in der Stadt zeigte, wurde er kaum beachtet; statt dessen wünschte man ihm den Tod, denn keiner war mehr im Zweifel, was er plante ... Bis jetzt konnte man noch hoffen, daß er die Herrschaft doch nicht usurpieren würde, obwohl die Anzeichen darauf hindeuteten; denn bei allem, was er tat, behauptete er, Unrecht nd Verrat zu rächen, und sämtliche Privaturkunden und öffentlichen Erlasse trugen

Namen und Titel Eduards V. Doch nachdem Hastings aus dem Weg war, wurde den Dienern des Königs der Zugang zu ihrem Herrn verweigert. Ihn selbst und seinen Bruder brachte man in die inneren Gemächer des Tower, und von da an sah man sie nur mehr selten an den Fenstern und Gittern; bis sie schließlich ganz verschwunden schienen.«

Zeitgenosse Fabyan dazu lakonisch: »Der König und der Herzog von York wurden jetzt strenger gehalten, und es hieß in London unter der Hand, daß der Protektor zum König gemacht werden solle.« In der Tat: Das Gerücht war bereits nach Calais gelangt, zusammen mit der Nachricht von Hastings' Verhaftung. Umgehend schrieb Dynham, der stellvertretende Gouverneur, einen Brief an den Protektor: Man habe hier einen Eid auf Eduard V. geschworen, der beinhalte, daß man Stadt, Burg und Markt keinem anderen als ihm oder seinem Statthalter Hastings überlassen wolle.

Der Brief selbst ist nicht erhalten, wir wissen von ihm nur aus Instruktionen, die Richard am 28. Juni einer Abordnung nach Calais mitgab. Deshalb fehlt auch die Datierung. Doch war jedenfalls die Aufhebung des Parlaments noch nicht bekannt. Es heißt nämlich in der Anweisung: »Der zweite Artikel im besagten Brief von Lord Dynham betraf eine Petition, ihn und andere durch Beschlüsse des Parlaments (von dem er dachte, daß es stattfinden würde) nicht in ihren Ämtern, Einkünften, Ländereien oder Privilegien zu beeinträchtigen ...« Auf den erwähnten Eid an Eduard V. eingehend, wird mitgeteilt, daß er im Irrtum abgelegt worden sei, weil der wahre König von Anfang an Richard III. geheißen hätte.

Berücksichtigt man den schwierigen Seeweg bei der Nachrichtenübermittlung, so schrieb Dynham zwischen Donnerstag, dem 19., und Sonntag, dem 22. Juni. Spätestens am Dienstag davor war Richards Thronanspruch also im Gespräch. Den Kämmerer aber glaubte man da noch am Leben: Sonst wäre der Hinweis auf seine Statthalterschaft sinnlos gewesen. Tatsächlich bestellte Richard auch erst am 28. Juni einen Nachfolger für Hastings in Calais – Lord Dynham.

Eine entscheidende Rolle bei den folgenden Ereignissen spielt Buckingham. More beschreibt, wie es seiner Meinung dazu kam: »Ich weiß zwar, daß viele glauben, dieser Herzog sei von Anbeginn in alle Pläne des Protektors eingeweiht gewesen; und Freunde des Protektors bezeichnen ihn als Urheber der folgenden Taten, weil er gleich nach Eduards Tod einen geheimen Boten zu Gloucester geschickt habe. Aber andere, die Richards Gerissenheit besser kennen, leugnen, daß er den Herzog vorher irgendwie ins Vertrauen zog. Erst nachdem er die Verwandten der Königin in Gewahrsam und ihre beiden Söhne in der Hand hatte, wurde er kühner und eröffnete seine Absichten geeigneten Leuten, vor allem dem Herzog: Wenn dieser, so dachte er, gewonnen wäre, hätte er seine Macht um mehr als die Hälfte vermehrt.

Die Sache wurde dem Herzog von geschickten Mittelsmännern beigebracht. Sie machten ihm klar, daß der König wegen seiner Verwandten zornig sei und sich rächen werde, sobald er könne. In Freiheit würden diese ihn dazu anstacheln, denn Kerker und Fessel blieben ihnen immer im Gedächtnis. Würden sie jedoch getötet, wäre der König erst recht erbost. Reue helfe nichts, die Beleidigung sei nicht wiedergutzumachen. Bei einem solchen Versuch würde er auch eher sich selbst schaden als dem König nützen, den der Protektor (ebenso wie seinen Bruder und die anderen Verwandten) mit einem Wink vernichten könne; was er zweifellos auch tun werde, wenn ein neuer Anschlag unternommen würde. Sicher habe er nicht nur geheime Wachen, sondern auch Spione und Häscher bereit, um sie gegen den Herzog einzusetzen, wenn er sich gegen ihn wenden würde. Dabei könne ihn das Schicksal von einer Seite ereilen, von der er es am wenigsten erwarte; denn die Umstände und Einstellungen der Menschen seien so, daß man nicht wisse, wem trauen und wen fürchten.

Auf diese Weise machten sie den Herzog weich, so daß er auf dem Weg, den er schon bereute, fortfuhr und eifrig weiterbetrieb, was er einmal begonnen hatte. Da er den schändlichen Plänen des Protektors nicht Widerstand leisten konnte, verschwor er sich ihnen, um aus dem öffentlichen Unglück, das er nicht verhindern konnte, wenigstens für sich das Beste herauszuschlagen. So kamen sie überein, daß der Herzog helfen solle, den Protektor zum König zu machen; dieser würde dafür seinen ehelichen Sohn mit der Tochter des Herzogs verheiraten, und dem Herzog das Grafentum Hereford verleihen, das dieser als Erbe beanspruchte, zu Eduards Zeiten aber nicht bekommen konnte. Über diese Forderungen hinaus versprach ihm der Protektor einen großen Teil vom Kronschatz und königlichen Hausrat.«

Richard war, nachdem er alles erreicht hatte, was für seine Karriere als Protektor unumgänglich war, in einer schwierigen Lage. Zu seinem Neffen, dem König, fand er kein Verhältnis; der Bub lehnte ihn ab und trauerte den anderen Onkeln nach, die im Gefängnis steckten. Vielleicht war es Haß, was Richard hinter knäbischem Stolz und ohnmächtiger Höflichkeit zu spüren bekam. Er würde diesen Haß nicht lange überleben, wenn Eduard V. großjährig war, egal was bis dahin mit Rivers und Grey geschah. Daß er ein Marionettenkönig werden würde, war nicht zu erwarten. Mancini bestätigt ihm »Weltläufigkeit, Anstand, sogar Klugheit in Worten und Taten über sein Alter hinaus«. Und was sollte mit Hastings und den beiden Bischöfen geschehen? Richard ritt den Tiger und kam nicht mehr herunter. Er hatte die Hand voll Trümpfe, aber keine Karte zum Spielen. Es sei denn, er änderte die Regeln.

Der Gedanke, sich selbst zum König zu machen, war Richard bestimmt schon früher gekommen. Er hätte andernfalls ein Heiliger oder ein Narr sein müssen. Die Furcht vor der späteren Rache des jungen Königs war real. Man mußte ihm die Macht nehmen, um ihr zu entgehen. Der Zeitpunkt dafür war indes günstig: »Der Protektor dachte: Die Leute rätseln noch, was das Ganze bedeutet; die Lords sind in der Stadt ohne Truppen; keiner weiß, was er glauben und wem er trauen soll. Bevor sie Zeit haben, die Sache zu diskutieren und zu überdenken und Parteien zu bilden, ist es das beste, schnell aufs Ziel zu steuern und die Krone an sich zu reißen. Doch war die Frage, wie solch eine Schändlichkeit dem Volk am ehesten beizubringen sei. Um das zu beratschlagen, zogen sie Leute hinzu, die sie für vertrauenswürdig hielten und für fähig, diese Sache durchzustehen, sei es mit Gewalt oder mit Politik.« So steht es bei More.

Es gab niemanden mehr, der gegen den Protektor offen opponierte. Seine Feinde und Gegner saßen im Gefängnis, waren auf der Flucht oder im Asyl. Andere wechselten bereits die Fahnen, wie Lord Lisle, der Schwager Elisabeths. Das Gerücht, zwanzigtausend »Nordmänner« aus Gloucesters und Buckinghams Gefolgschaft seien auf dem Weg nach London, blieb nicht ohne Wirkung. Dabei galt immer noch, was Hastings nach Stony Stratford gerühmt hatte: »Das alles wurde ohne jede Mordtat erreicht; nicht so viel Blut wurde vergossen, wie aus einem Schnitt in den Finger fließt.« Stanley war nichts passiert, er gehörte auch nicht zu den Verschwörern um Hastings. Lord Thomas Stanley von Stanley,

Jahrgang 1435, hatte 1470 für seinen Schwager Warwick Partei ergriffen, als dieser Eduard IV. verriet. Ungeachtet dessen machte ihn der König nach seiner Rückkehr zum Hofmarschall. 1482 heiratete er eine Beaufort: Heinrich Tudors Mutter Margarete. Zu Richards engerem Beraterkreis gehörte er im Augenblick nicht, so wenig wie Lord Howard. Dieser Edelmann aus Essex war ein Allround-Genie, in allen Sätteln gerecht: als Feldherr, Flottenführer, Diplomat. Er kämpfte bei Barnet und Tewkesbury, verhandelte mit Karl dem Kühnen und Ludwig XI., führte Seekrieg gegen Holländer, Franzosen und Schotten. Als Kapitän war er Reichsadmiral Gloucester unterstellt, zu Lande diente er zeitweise Hastings als Stellvertreter in Calais. Zum Kämmerer hatte er ein freundschaftliches Verhältnis, er bedachte ihn häufig mit Geschenken. Seit 1481 auch Gloucester, dem er dieses Jahr ein Stück Land abkaufte. Am 14. Mai machte ihn der Protektor zum Verwalter der Lancasterschen Güter südlich der Trent. Einen Monat später gehörte er zu denen, die Prinz Richard aus dem Asyl holten. Dieser Lord Howard von Howard, Träger des Hosenband-Ordens, war eine zuverlässige Stütze Eduards IV. – obwohl ihre Beziehung einen blinden Fleck hatte: 1476 mußte der Edelmann zugunsten des Prinzen Richard auf Herzogtitel und Vermögen von Norfolk verzichten, auf das er von seiner Mutter Seite her Ansprüche geltend machen konnte. Hier lag ganz offensichtlich die Versuchung zum Verrat.

Northumberland war mit Truppen unterwegs, die Richard geordert hatte: keine Zwanzigtausend, aber wohl mehrere Hundert. Die Londoner glaubten, sie seien dem Protektor ergeben. Ob auch der Graf ergeben war, ist nicht sicher. Er traf jedenfalls erst in der Hauptstadt ein, als Richard schon König war. An den Ereignissen vorher hatte er keinen Anteil. Vom alten Adel betrieb, außer Buckingham, keiner Richards Geschäft. Die Männer, die More meinte, hießen Lovell, Tyrell, Brackenbury, Catesby, Ratcliffe: Richards »schottische« Mafia. Richard Ratcliffe, seit Tewkesbury Ritter, bei Berwick zum Bannerherrn befördert, diente (so More) dem Protektor vor allem im Rat und bei der Ausführung gesetzloser Unternehmen.»Er stand mit ihm seit langem auf vertrautem Fuß, hatte Erfahrung und einen scharfen Verstand, war kurz und barsch in der Rede, rauh und ungeschliffen im Benehmen, kühn im Unglück und von Mitleid so weit entfernt wie von aller Gottesfurcht.« Indes stand er in London momentan nicht zur Verfügung, weil er Northumberland nach Süden begleitete.

Catesby war sein Schwager; die beiden hatten denselben Schwiegervater. So ziemlich die einzige Gemeinsamkeit, denn sonst glichen sich der Einserjurist aus Leicestershire und der nordenglische Kriegsmann nur wenig. More über Catesby: »Abgesehen von seinen außerordentlichen Kenntnissen im englischen Recht war er stattlich gebaut, hatte ein hübsches Gesicht und vorzügliche Manieren, so daß er nicht nur als Jurist taugte, sondern auch für Staatsgeschäfte.« Der Biograph irrt wohl nicht, wenn er diesem vielseitigen Mann erheblichen Einfluß auf Richard zuschreibt – nicht zuletzt in der Behandlung der Affaire Hastings. Er war ein Karrierist wie sein ehemaliger Herr, der jeweiligen Sache bedingungslos verschworen. Einer, der der Macht dient und sich unentbehrlich zeigt: *Alter ego* der Macht und oft ihr böser Geist. Die Mächtigen meinen, ohne solche Leute nicht auskommen zu können. Doch wie den Aufstieg verdanken sie ihnen oft auch den Untergang.

Wenn Richard König werden wollte, ging das nicht gegen den Willen der Londoner. London war eine eigene Welt, die nichts zu tun hatte mit den archaischen Adelslandschaften im Norden und Westen, wo Städte verlorene Inseln der Bürgerlichkeit bildeten. London kannte nur sich und sein Umland, das von der Hauptstadt abhing. Hier herrschten selbstbewußt die Gesetze einer modernen Gesellschaft – »Masse«, »Interesse«, »Information«, »öffentliche Meinung« –, anstelle von »Gefolgschaft«, »Treue«, »Glauben« und »Autorität«. Ihnen mußte sich unterwerfen, wer in der Stadt regieren wollte – auch ein König oder Protektor. Richard beriet sich mit denen, die von den neuen Regeln etwas verstanden: Bürgermeister und Kanzelprediger. Sie konnten ihm den Weg zum Königsthron ebnen.

»Unter denen, die Gloucester und Buckingham in ihren Rat holten«, so More, »war auch Edmund Sha. Er war Bürgermeister von London und das zweifellos zu seinem privatem Vorteil; ein arroganter und korrupter Bursche, der auf diese Weise die Stadt unter Kontrolle hatte. Von der Geistlichkeit zogen sie solche mit Verstand hinzu, die auf Grund ihrer Bildung Einfluß beim Volk, aber sonst keine Skrupel hatten.« Es waren dies zwei Priester namens Sha und Penker. Thomas Penker war Provinzial der Augustiner in England und ein Gelehrter, den man über die Grenzen hinaus kannte. Während der siebziger Jahre lehrte er in Padua Theologie, und er schrieb eine *Ars sermocinandi* (»Predigerkunst«); ein Zeitgenosse schildert ihn als »äußerst scharfsinnig und unglaublich spitzfindig in scholastischen Streitfragen«, doch fügt hinzu: »An ihm zeigt sich, welch große Gefahr aus ungewöhnlichen Geistesgaben erwächst.« Ralph Sha war weniger berühmt, dafür Bruder des Bürgermeisters.

More schätzt sie beide nicht: »Sie waren große Prediger, doch hatten sie mehr Bildung als Charakter und einen besseren Ruf, als ihrer Gelehrsamkeit zukam. Anfangs waren sie sehr beliebt bei den Leuten, später nicht mehr. Denn der eine pries den Protektor vor seiner Krönung in einer Predigt, der andere danach, und beide schmeichelten so widerlich, daß es nicht zum Anhören war. Penker verlor während seiner Predigt die Stimme, so daß er mittendrin abbrechen mußte. Doktor Sha verlor die Ehre und danach das Leben . . .« Ralph Sha starb tatsächlich im Sommer 1484; doch sein Auftritt am 22. Juli 1483 in St. Paul's machte ihn unsterblich.

Noch war es nicht soweit. Am Freitag, dem 20. Juni, wurde in der Stadt eine Proklamation verlesen, daß Hastings nun die gerechte Strafe ereilt habe: »Auf strikten Befehl Seiner Königlichen Hoheit und seines ehrwürdigen und treuen Rats, sowohl für seine Schuld, die durch den Verrat offenkundig wurde, als auch zur Abschreckung von Mitverschwörern. Diese hätten sich zusammenrotten und einen Aufruhr anzetteln können, um ihn zu befreien; ihre Hoffnung sei nun durch seinen wohlverdienten Tod klugerweise zunichte gemacht, und das Reich befinde sich gottlob in Ruhe und Ordnung.« So die Nachformulierung Mores; er fährt fort: »Doch erschien diese Proklamation innerhalb von zwei Stunden nach der Enthauptung, sorgfältig abgefaßt und so sauber und wohlgesetzt auf Pergament geschrieben, daß jedes Kind begriff, daß man sie seit langem vorbereitet hatte . . . Ein Beobachter meinte, die Vorsehung hätte sie wohl diktiert.«

Dieser Sarkasmus greift freilich nur, wenn der Kämmerer am Tag seiner Verhaftung nach frischer Tat geköpft wurde. More und alle anderen behaupten das: »Ohne Recht und Richtspruch«, ergänzt Croyland-Chronist Russell. Wenn Hastings jedoch eine Woche später starb, gab es aller Wahrscheinlichkeit nach eine Verhandlung und einen formellen Richtspruch dazu – und es war

Zeit genug, die Proklamation ins reine zu schreiben. Natürlich: Der Kanzler war dann zwangsläufig daran beteiligt; die Proklamation stammte aus seinem Amt. Das wollte er, als er die Erinnerung im Kloster aufschrieb, nicht mehr wahrhaben. Einerlei. Die Londoner hielten den Vorgang am 20. so dubios wie am 13. Juni. Mancini: »Anfangs glaubte die leichtgläubige Menge die Erklärung, obwohl viele die Wahrheit schon auf den Lippen hatten, nämlich daß die Verschwörung vom Herzog erfunden sei, um dem Ruch des Verbrechens zu entgehen.«

Über Richards Strategie sagt Hastings' Sterbedatum wenig aus, mehr über seinen Charakter. Möglich, daß die vorzeitige Hinrichtung Hastings' die Verhandlungen um Prinz Richard beeinflußt hätte; doch nicht zum Schaden des Protektors, denn man ließ der Königin keine Wahl. Elisabeth wird um den Kämmerer nicht gerade Tränen vergossen haben, selbst wenn sie mit ihm konspiriert hatte. (Auch Margarete von Anjou weinte Warwick nicht nach.) Der Protektor handelte zweifellos unter Druck. Stallworth spricht am Samstag von *myche trobull with huse,* »viel Ärger hier«: eine zeitgenössische Umschreibung für bewaffneten Aufruhr. Aus seiner Korrespondenz geht auch hervor, daß Hastings Truppen in der Stadt hatte – mögliche »Mitverschworene«. Sie bildeten einen Unruheherd, so lange ihr Herr lebte. Auf die Nachricht von seinem Tod wechselten sie zu Buckingham – einer mußte ja ihren Sold zahlen. So mochte es scheinen, daß Hastings' Hinrichtung unumgänglich war, wollte sich Richard nicht selbst gefährden. Die Truppen aus dem Norden ließen auf sich warten.

Am Freitag zuvor sah das noch anders aus. Allen Verdächtigungen zum Trotz neigte Richard nicht zu vorausschauender Planung. Er hatte aus Angst vor einem Putsch schnell gehandelt und die Gegner eingesperrt. Eine militärische Lösung aus dem Stegreif, wie sie seiner kriegerischen Natur entsprach. Aber er war kein Schlächter und hat den Tod des Kämmerers gewiß nicht allein auf sich genommen. Wir glauben More, wenn er schreibt, Richard habe Hastings gemocht und sei ihm nur ungern ans Leben gegangen. (Er ließ ihn später neben König Eduard begraben, wie dieser gewünscht hatte, und ächtete ihn nicht, sondern sicherte der Witwe und ihren Kindern das Erbe.) Dazu paßt keine eilige Exekution vor dem Mittagessen. Als Protektor folgte er der Staatsräson – oder was er dafür hielt. Der Justizmechanismus entlastete ihn von persönlicher Verantwortung. Hierin stand seine konservative

Natur dem Renaissance-Menschen im Wege. Ein Machiavell'scher *principe* hätte solche Skrupel nicht gehabt.

London hatte eine turbulente Woche hinter sich. Falsche Gerüchte, vage Befürchtungen, echte Angst lastete wie Gewitterschwüle über London; laute Worte in den Wirtshäusern, Murren in den Amtsstuben und die waffenklirrende Unruhe der Hastingsleute in den Straßen verbreiteten Bürgerkriegsatmosphäre. Waffenknechte des Protektors besetzten die Häuser der inhaftierten Bischöfe und jener Frau Shore, die noch vor kurzem so viel bei Hofe galt. Nach und nach trafen die Parlamentsteilnehmer in London ein, Lords und *Commoners*. »Jeder kam, mit der Begleitung, die seiner Würde und seinem Stand entsprach. Doch der Herzog* wies sie an, nur wenige Begleiter, die für persönliche Dienstleistungen unumgänglich waren, zu behalten und die übrigen nach Hause zu schicken. Er begründete es mit der Furcht der Londoner, daß eine so große Menschenansammlung in der reichen Stadt trotz Verbotes von seiten der Herren zu Plünderei führen könnte: So etwas sei schließlich schon passiert.«

Die meisten der Besucher erfuhren erst in der Hauptstadt, daß anderes auf dem Programm stand als in der Einladung angekündigt. Kaum hatten sie die Neuigkeit verdaut, wurde ihnen die Hinrichtung des Kämmerers bekanntgemacht: für manche ein Schock, für andere Grund, einen Strich unter die eigene Rechnung zu ziehen. Wer die Nase im Wind gehabt hatte, dessen Fahnen waren schon auf des Protektors Seite. Am Samstag suchten sich Hastings' Söldlinge einen neuen Herrn. Den Tag darauf legte Richard sein Spiel auf den Tisch – just an dem Tag, da Eduard V. gekrönt werden sollte. Was Rang und Namen hatte, kam nach St.-Paul's-Kreuz, dem Hof der Londoner Kathedrale. Hier, unter freiem Himmel, predigten am Feiertag gewöhnlich gelehrte Theologen und machten somit den Kirchgang zum Ereignis. Diesmal war außerdem der Besuch des Protektors angekündigt. Hören wir More:

»Am Sonntag nach Hastings' Hinrichtung sprach Dr. Sha in St. Paul's vor großem Publikum (das sich hier immer einfand, um seine Predigten zu hören) über das Bibelwort: *Spuria vitulamina non agent radices altas*. Das heißt, Sprößlinge der Unzucht treiben

---
* Richard von Gloucester

keine tiefen Wurzeln*. Hierzu führte er aus, welch große Gnade Gott den wahren Früchten einer gesetzlichen Ehe schenke und wie zur Strafe für die Eltern Unglück diejenigen träfe, die in Unzucht und insbesondere Ehebruch empfangen seien. Zwar komme es vor, daß solche einige Zeit lang fremdes Erbe genössen, weil es die Welt nicht besser wisse und die Wahrheit verborgen sei, aber Gott richte es stets, daß dies nicht lange währt, sondern die richtigen Erben eingesetzt und die falschen Triebe ausgerissen werden, bevor sie Wurzeln schlagen können.

Nachdem er zum Beweis dafür einige Beispiele aus dem Alten Testament und der antiken Geschichte herangezogen hatte, kam er lobend auf den verstorbenen Herzog Richard von York zu sprechen, nannte ihn Vater des Protektors und erläuterte das Recht seiner Erben auf die Krone, die ihnen laut Parlamentsbeschluß nach dem Tode Heinrichs VI. zustand. Dann führte er aus, daß sein einzig wahrer Leibeserbe der Protektor sei. Denn, so erklärte er, König Eduard sei niemals gesetzmäßig mit der Königin verheiratet gewesen, sondern vielmehr vor Gott Ehemann von Frau Elisabeth Lucy, und deshalb wären seine Kinder Bastarde. Außerdem sei sich von denen, die mit den Familienverhältnissen vertraut seien, keiner ganz sicher, ob König Eduard oder Herzog Clarence wirklich Söhne des edlen Herzogs wären. Denn ihrem Aussehen nach ähnelten sie anderen bekannten Männern eher als diesem, und von seinem Charakter hätte König Eduard gar nichts gehabt. ›Der Protektor dagegen‹, fuhr er fort, ›zeigt das außerordentlich ritterliche Wesen des Vaters, sowohl in seinem fürstlichen Benehmen als auch in seinem Erscheinungsbild. Er hat dieselbe Figur wie der Vater, denselben Gesichtsausdruck, die gleichen Gesichtszüge, ist sein getreues Ebenbild . . .‹

»Nun war ausgemacht, daß an dieser Stelle der Protektor durch die Menge zur Kanzel kommen sollte; indem sich die Worte mit dem Erscheinen des Protektors trafen, sollten die Hörer glauben, der Heilige Geist habe sie in den Mund des Predigers gelegt. Dadurch sollte das Volk veranlaßt werden, *König Richard! König Richard!* zu rufen, so daß man später sagen konnte, er sei durch Gott und ein Wunder erwählt. Doch der Plan scheiterte, entweder weil der Protektor zu nachlässig oder der Prediger zu übereifrig war. Während dieser sich Zeit ließ, um nicht zu früh zu erscheinen, fürchtete

---

* Weisheit Salomons IV,3

der Doktor, er könnte kommen, bevor er mit der Predigt so weit sei, und machte deshalb zu schnell. So erreichte er diese Stelle, bevor der Protektor auftauchte, und kam dann auf andere Dinge zu sprechen. Als er ihn dann sah, ließ er sofort fallen, was er behandelt hatte, und ohne jeden Bezug dazu, ganz aus der Reihe und ohne Übergang begann er, die entscheidenden Sätze zu wiederholen: ›Dies hier ist der wahre Fürst, der besondere Schutzherr ritterlicher Tugenden . . . usw.‹ Währenddessen schritt der Protektor in Begleitung Herzog Buckinghams durch die Menge zum Platz im Obergeschoß, wo die Doktoren gewöhnlich standen, um der Predigt zu lauschen. Aber die Leute waren weit entfernt, *König Richard!* zu schreien und standen wie versteinert aus Verwunderung über diesen peinlichen Sermon.«

Was für eine Geschichte! Dabei ist verbürgt, das Richard seinen Anspruch tatsächlich von der Kanzel verkünden ließ; Mancini berichtet davon. Auch den Argumenten begegnen wir an anderer Stelle wieder. Von den schreibenden Zeitgenossen nahm sie keiner ernst: »Vorwand«, »wider allen Glauben und Anstand«, »Schamlosigkeit« heißt es bei ihnen. Wie kam Richard dazu? Es gibt nur einen, von dem wir Genaueres wissen: den Burgunder Commynes. Er erinnert sich: »Vor versammeltem Parlament ließ Herzog Gloucester die beiden Söhne König Eduards absetzen und für unehelich erklären. Den Vorwand dazu lieferte ein englischer Bischof von Bath, der früher bei König Eduard in hohem Ansehen gestanden hatte, dann aus seinen Diensten entlassen und ins Gefängnis gesteckt worden war und sich mit einer Geldsumme freikaufen mußte. Dieser Bischof gab an, König Eduard habe einer gewissen englischen Dame, in die er verliebt war, die Ehe versprochen, um sich mit ihr zu vergnügen. Er habe ihm das Versprechen in die Hand gegeben und dann mit ihr geschlafen. Doch täuschte er sie damit . . .«

An anderer Stelle heißt es weiter: »Dieser Bischof hat selbst die beiden verlobt *(expousez),* und nur er und sie waren anwesend. Als Höfling hat er das bei sich behalten und geschwiegen; so blieb die Sache auf sich beruhen. König Eduard heiratete dann, ebenfalls aus Leidenschaft, die Tochter eines englischen Edelmanns namens Rivers, eine Witwe mit zwei Kindern. Nach Eduards Tod enthüllte der Bischof von Bath Herzog Gloucester den Vorgang, was diesem bei der Durchführung seiner schändlichen Absichten zu Hilfe kam...« Commynes nutzt die Gelegenheit zu einer Warnung: »So ein Spiel ist gefährlich, wie sich hier zeigt. Ich habe viele am Hof gesehen: die einen, denen ein galantes Abenteuer am Ende Tränen brachte, die anderen, die durch ein falsches Versprechen nichts verloren haben.«

Tatsächlich wurde mit dem Heiratsversprechen nicht nur privater Mißbrauch getrieben, sondern auch öffentlicher. *Expousez* heißt auch: »verheiratet«. Denn Kern der Ehe ist seit alters die gegenseitige Einwilligung; der intime und der öffentliche Vollzug *in facie ecclesiae* (»vor der Gemeinde«) durch den Kirchgang sind auch nach kanonischem Recht nur Akzidentalien. Das Heiratsversprechen begründet die Verbindung »vor Gott« und kann, wie die vollzogene Ehe, nur durch päpstlichen Dispens gelöst werden. »Brautentführung« mit Einwilligung des Opfers stiftet in manchen Gegenden heute noch Ehen, die Familie oder Gesellschaft sonst verbieten würden. Paston-Tochter Margaret gelang es auf diese Weise, einen Hausburschen zu heiraten – gegen den Widerstand des wütenden Vaters. Das war der erfreuliche Aspekt. Verlöbnisse dienten jedoch auch als Scheidungsvorwand: Heinrich VIII. beschuldigte seine Gattin Anna Boleyn der Bigamie, weil sie angeblich schon Graf Northumberland versprochen war. Selbst der schuldige Teil erhielt in solchen Fällen oftmals Dispens, wenn er sein Gespons loswerden wollte.

Eine andere Frage ist, ob Kinder einer Putativ-Ehe (bei der ein Teil an die Gültigkeit der Verbindung glaubt) legitim und erbberechtigt sind oder nicht. Das vierte Laterankonzil 1215 bejahte das für den Fall, daß der Bund durch öffentlichen Kirchgang bestätigt wurde, und verbot zugleich heimliche Eheschließungen. Daran hielt man sich freilich nicht. Ebenso wie Heinrich VIII. später die Boleyn, heiratete Eduard IV. unter wenigen Zeugen und verbarg die Angelegenheit längere Zeit. Gloucesters Sachwalter reklamierten denn auch, als sie sein Thronrecht begründeten, die angebliche Ehe sei »ohne Wissen und Zustimmung der Lords heimlich und in Abgeschiedenheit geschlossen worden, ohne Aufgebot, in einem Privatzimmer, an einem profanen Ort, und nicht öffentlich im Angesicht der Kirche, wie es sich nach dem Kirchenrecht gehörte«. Die Zustimmung holte sich der König freilich nachträglich, und eine feierliche Krönung mit Kirchgang ersetzte das Hochzeitszeremoniell. In der Zwischenzeit hätten auch etwaige Ehehindernisse geltend gemacht werden können.

Interessant ist nun, daß More die Heimlichkeit der Heirat verschweigt und statt dessen von einem »großen und ehrbaren Hochzeitsfest« spricht. Zuvor berichtet er von einer förmlichen Befragung Elisabeth Lucys, ob der König ihr die Ehe versprochen habe. Unter Eid verneinte sie. Wenn Eduard und die Grey so heimlich getraut wurden, wie Fabyan erzählt, fand das Interview freilich erst anschließend statt. Frau Lucy ist aber auch gar nicht die Dame, um die es 1483 geht. Der Croyland-Chronist weiß den richtigen Namen: Eleonore Butler, Tochter des alten Talbot, des »Schreckens der Franzosen«.

Die Herzogstochter hatte, als Eduard sieben Jahre alt war, zum ersten Mal geheiratet; als er den Thron bestieg, war sie gerade Witwe geworden. Eduard hatte eine Vorliebe für ältere Frauen – vielleicht wurde sie die erste große Leidenschaft des Achtzehnjährigen. Sie starb 1468; ein Kind, das sie vom König hatte, überlebte nicht lange. Elisabeth Lucy dagegen gebar ihm deren zwei, eins vor und eines nach seiner Heirat mit der späteren Königin, zuletzt einen Sohn Arthur, den man später *Plantagenet* nannte. Der Bub, etwa drei Jahre alt, hätte an Eduards V. Stelle den Thron geerbt, wenn seine Eltern einander vor 1464 versprochen gewesen wären. Das konnte kaum im Sinne des Protektors sein.

Commynes zufolge enthüllt der Bischof von Bath und Welles das ganze Geheimnis: Robert Stillington, 1466 Kronsiegelbewahrer, 1467–1475 Kanzler, zuletzt Gesandter – eine Kleriker-Karriere aus dem Bilderbuch, doch mit kleinem Schönheitsfehler: Für kurze Zeit saß er im Gefängnis. Er demissionierte seinerzeit wegen Krankheit, nicht in Ungnade. Doch drei Jahre später, Februar 1478, kam er in Arrest, »weil er Worte geäußert hatte, die dem König und seiner Würde abträglich waren«. Vier Monate später wurde er freigelassen, nachdem er sich gerechtfertigt hatte; daß er trotzdem eine Geldbuße bekam, ist gut möglich. Der Gefängnisaufenthalt steht wohl in Zusammenhang mit dem Ende Georgs von Clarence im gleichen Februar: Stillingtons Diözese lag inmitten der Güter des Herzogs, und man kann vermuten, daß die beiden engen Kontakt hatten. Kritisierte der Exkanzler die Hinrichtung des Königsbruders? Oder verriet er gar das Verlobungsgeheimnis?

Clarence, wenn er etwas erfuhr, machte keinen Gebrauch davon; auch Richard, seinem anderen Fürsprecher, scheint er nichts erzählt zu haben. Der Fall taucht tatsächlich erstmals Juni 1483 auf – in Shas Predigt, wie More sie (mit falscher Namensnennung) wiedergibt. Daß Stillington sich mit dieser Enthüllung an König Eduard rächte oder eine alte Rechnung mit den Woodvilles beglich, kann man annehmen. Glaubte Richard die Geschichte? Er scheint sich ihrer nicht sonderlich sicher gewesen zu sein. In der Petition, die danach sein Thronrecht begründete, wird der Bischof nicht erwähnt; kein Zeuge, kein Beleg wird für das angeführt, was die »Wahrheit und nichts als die Wahrheit« *(in very truth true)* sein soll: Eduards Verlobung mit Frau Butler vor seiner Heirat mit der anderen Witwe. Der Fall hätte eigentlich vor ein Kirchengericht gehört; Lords und *Commoners* waren mit den kniffligen Rechtsfragen überfordert.

Das Parlament erklärte sich auch später »nicht in der Lage, eine Entscheidung zu fällen, was die Ehefrage betraf«, änderte aber dann doch seine Meinung zugunsten Richards – aus Angst, sagt der Croyland-Chronist. Heinrich VII. vernichtete alle Papiere, die sich auf das angebliche Verlöbnis bezogen (bis auf die eine Abschrift der genannten Petition, die ihm entging) und verfolgte Bischof Stillington mit Vermögensstrafen und Gefängnis. Es nützte jedoch nicht viel. Ein halbes Jahrhundert später, als sich Eduards Enkel Heinrich VIII. durch die Heirat mit der Boleyn unbeliebt machte, schreibt der kaiserliche Gesandte Chapuys an Karl V.: »Man erinnert sich hier an Warwick, der König Eduard davonjagte, und man sagt, Ihr hättet einen besseren Titel auf Englands Thron als der gegenwärtige König, dessen Recht sich nur von seiner Mutter* herleitet, die aufgrund einer Aussage des Bischof von Bath zum Bastard erklärt wurde, weil Eduard schon einer anderen verlobt war, als er die Mutter Elisabeths von York heiratete.«

Wenn es selbst 1533 noch Leute gab, die Stillingtons Story glaubten, mußten es früher mehr gewesen sein. Vergil erschien dieser Umstand brisant genug, um den Vorgang insgesamt als Gerücht zu verwerfen: Daß Eduards Kinder illegitim wären, sei nie behauptet worden; vielmehr hätte man die Ehelichkeit des verstorbenen Königs selbst in Zweifel gezogen. Das ist zur Hälfte richtig. Molinet, freilich kein besonders zuverlässiger Zeuge, meldet: »Er (Richard) ließ seine Mutter vor versammeltem Reichsrat auftreten, wo sie öffentlich bekannte, daß von den drei Buben die sie gehabt hätte, nur König Richard der legitime Sohn des Herzogs

---

* Mutter Heinrichs VIII. war Elisabeth, die älteste Tochter Eduard IV.

von York sei und die anderen die Kinder von Minderbrüdern* wären.« Und Chapuys assistiert einige Jahrzehnte später:»Richard III. gab sich nicht damit zufrieden, König Eduards Söhne und Töchter als unehelich erklären zu lassen; er bezeichnete König Eduard selbst als Bastard und rief dazu seine Mutter in den Zeugenstand und sorgte dafür, daß es in Predigten überall verbreitet wurde.«

In der zitierten Petition finden wir den Verdacht jedoch nur angedeutet:»Ihr seid in diesem Land geboren« – so wenden sich die Bittsteller an Richard –»und deshalb haben die Drei Stände hier *mehr* Gewißheit über *Euere* Geburt und Abstammung«. Eduard kam in Frankreich auf die Welt – seine Anhänger feierten ihn als»Rose von Rouen«. Doch grundsätzlich galt den Engländern im Ausland geboren zu sein als verdächtig. Heinrich V. brachte seine Frau zur Entbindung vorsorglich aus Frankreich nach Windsor. Seinem Großvater Johann von Gent** hatte man nachgesagt, Sohn eines flämischen Metzgers zu sein; dessen Neffen, Richard II., soll ein französischer Kanonier gezeugt haben. Für König Eduard mußte ein Bogenschütze namens *Blayborgne* als Vater herhalten: Mit diesem Namen belegte Karl der Kühne den Schwager im Zorn.

Daß Eduard unehelich sei, spielte in Aufständen immer wieder eine Rolle, zuletzt 1477, bevor Clarence in den Tower kam. »Bastard« war ein wohlfeiler Vorwurf, den man für Gegner schnell zur Hand hatte: in Zeiten, da Erbrecht konstitutiv ist, die passende Form des Mißtrauensvotums. Man war dabei nicht zimperlich. Mancini berichtet, Eduards Mutter sei über die Heirat des Sohnes so wütend gewesen, daß sie drohte, ihn öffentlich als Frucht eines Fehltritts und damit der Krone unwürdig zu bezeichnen. Daß sie sich damit selbst bloßstellte, machte ihr nichts aus. Ehre war keine Sache privater Gefühle, sondern des öffentlichen Handelns. Ehebrecherin oder Hure zu sein, war schimpflich, wenn es öffentliche Folgen hatte; wenn man das Erbe verlor oder mit der Büßerkerze durch die Straßen ziehen mußte. Die *Folgen* waren schimpflich.

Die Königinmutter hatte nichts dergleichen zu befürchten. Eduard hätte sie nicht strafen können, ohne sich selbst die Krone zu rauben. Und Richard tat solches, wie wir wissen, auch nicht. Vielleicht war ihr dieser überlebende Sohn auch lieber als ein Enkel

---

* Minderbrüder = Franziskaner
** Johann von Gent = Herzog von Lancaster, Ahn des Hauses Lancaster

mit dem verhaßten Woodville-Blut. Richard und Georg waren als »Muttersöhne« in Fotheringhay aufgewachsen, während Eduard und Edmund in Ludlow erzogen wurden. Und Elisabeth Woodville war mitverantwortlich am Tod des Georg Clarence; die Schwiegermutter wünschte ihr und ihren Kindern darob bestimmt nichts Gutes. Über den Wahrheitsgehalt der Enthüllungen sagt das alles nichts aus. Fürs politische Geschäft war es auch unwichtig. Nicht Rechtsfragen zählten hier, sondern *Opportunität* und *Moralität:* Das gilt für Richards Aufstieg wie für seinen Untergang.

Um Stimmung für sich zu machen, griff der Protektor tief in die konventionelle Argumentenkiste: Hexerei, Unehelichkeit, Bigamie. Je mehr Anklagen, desto besser; wurde eine nicht geglaubt, hatte man die nächste zur Hand. Nur ein Provinzrichter würde da über »nachgeschobene Rechtsgründe« die Nase rümpfen. Es ging um mittelalterlichen Wahlkampf: Verteufelung erlaubt. Die Kanzel war Radiostation – öffentlich-rechtlich, kein Staatsfunk. Natürlich hatte der Protektor seine Leute im Rundfunkrat und gute Sendezeiten dazu. Peinlich war, wenn ein Programm so schief lief, wie Shas Predigt. Das drückte aufs Image, minderte die *Moralität.* Aber die Darstellung der Szene stammt ja auch von More, in dessen *morality play* Richard von Anfang an den negativen Part besetzt.

Moralität: das war der politische Wert einer Person. Nicht an Verfassungen und Programmen orientierte man sich, sondern an Menschen. Ein schlechter Mensch konnte niemals gute Politik machen. Charakter zeigte sich im Handeln: Die Leute schauten genau hin, was die Herrschenden taten. Wer Mißtrauen und Abscheu erregte, den Konsens verletzte, hatte keine Zukunft. Richard wußte das. »Viele seiner Freunde drängten ihn, sich offen zu äußern und unverzüglich anzugehen, was noch zu erledigen war. Weil sein Vorhaben jedoch auf Mißbilligung stoßen konnte, wünschte er, daß sich das Volk eingehend mit allem befassen, und die ganze Sache so der Entscheidung von Richtern überlassen werde«, meint Vergil. Das Recht auf den Thron ließ sich in keinem Gesetzbuch lesen; die Person des Prätendenten entschied darüber: seine *Moralität.* Sie bemaß sich nach Abstammung, Auftreten, Benehmen, Fähigkeit und Stand. Rechtsgewohnheiten lieferten dabei nur Orientierungsdaten.

Richard hatte einen guten Promotor: Buckingham. Mit seinem

politischen Talent mochte es nicht weit her sein; doch war er ein gebildeter Mann und glänzender Rhetor. Fabyan schwärmt von seiner Rede: elegant formuliert und wie mit Engelszungen vorgetragen; nicht durch Spucken unterbrochen; von süßen Worten und Schmeicheleien begleitet; jede Pause und jeder Einsatz wohlberechnet. Am Dienstag versammelten sich im Gerichtssaal des Londoner Gildenhauses, das in der nördlichen Catte Street stand, Bürgermeister, Ratsherren und Bürger. Buckingham hatte sich zu einem Vortrag angesagt; er kam in Begleitung mehrerer Adelsherren und Edelleute. Nachdem alle Platz genommen hatten, wurde im Namen des Protektors Ruhe geboten. Der Herzog erhob sich und sprach mit klarer, lauter Stimme. So berichtet More, der auch seine Rede rekonstruiert: Sie kann sich mit der Leichenrede des Antonius in Shakespeares *Caesar* messen.

»Freunde, aus Sympathie und herzlicher Neigung, die wir Euch entgegenbringen, sind wir gekommen, um Euch eine Sache von großer Wichtigkeit vorzutragen; wichtig, und dazu gottgefällig und nützlich für das ganze Reich: dabei für niemanden im Reich nützlicher als für Euch, die Bürger dieser vornehmen Stadt. Denn das, was Ihr, wie wir wohl wissen, lange Zeit entbehrt und ersehnt habt, wofür Ihr viel hingegeben hättet und weit gegangen wäret – Euch das zu bringen, ohne alle Mühe, Plage, Kosten, Wagnis oder Gefahr für Euch, sind wir hierhergekommen. Was ist das? Bestimmt Sicherheit für Eueren Leib, Ruhe für Euere Frauen und Töchter, Garantie für Euer Eigentum: alles Dinge, um die Ihr in der Vergangenheit fürchten mußtet. Wer unter Euch konnte sich Herr seines Besitzes nennen, bei so vielen Tücken und Fallen, die ihm gesetzt waren, bei so vielen Steuern und Abgaben, die kein Ende nahmen und oft ohne Handhabe waren, und wenn doch, dann eher als Folge von Prasserei und unvernünftiger Verschwendung, denn zu notwendigen und ehrenhaften Zwecken ... Bußgelder wurden zu Geldstrafen, aus Geldstrafen Lösegelder; kleine Verfehlungen bestrafte man wie Vergehen, Vergehen wie Verbrechen.

Ich glaube, ich brauche keine Beispiele anzuführen. Als ob Burdet vergessen wäre! Grausam enthauptet für ein schnell dahingesprochenes Wort, unter Mißbrauch der Gesetze, allein zur Befriedigung des Fürsten. Oder Markham, Oberster Richter damals, der lieber sein Amt verlor, als daß er ein falsches Urteil sprach, zur Schande derer, die aus Angst oder Liebedienerei das

Urteil dann fällten. Oder Cook, Euer ehrenhafter Mitbürger, Ratsherr und Bürgermeister dieser vornehmen Stadt: Wer von Euch ist so gleichgültig oder so vergeßlich oder so unempfindlich, sich nicht des Nachteils zu erinnern, den dieser ehrenwerte Mann zu tragen hatte? Doch was heißt Nachteil, angesichts seiner völligen Beraubung und seiner unverdienten Haft – für nichts mehr, als daß er von Leuten protegiert wurde, die der König nicht mochte? Ich brauche, glaube ich, keine weiteren Namen zu nennen. Denn ich vermute, daß viele hier sind, die entweder selbst oder im näheren Freundeskreis Gefahren an Leib und Gut erlebt haben . . .

Nicht nur Euer Eigentum war bedroht, sondern auch Euer Leben auf Grund der ständigen Kriegsgefahr. Krieg bringt immer viele Übel mit sich, doch weniger in der Ferne und niemals so tödliche und verderbliche wie im Bürgerkrieg. Zu keiner Zeit gab es jedoch länger Zwietracht und mehr Schlachten und grausamere und tödlichere Kämpfe als in den Tagen des verstorbenen Königs – Gott sei seiner Seele gnädig. Was für ein Hin und Her um die Krone: Halten, Verlieren, Wiedergewinnen – das kostete mehr Blut als zwei Eroberungen Frankreichs! In diesen Bürgerkriegskämpfen ist so viel Blut von altem Adel vergossen worden, daß kaum mehr die Hälfte übrig ist, zur großen Schwächung des Reichs. Nicht zu reden von den vielen Städten, die von denen geplündert und beraubt wurden, die ins Feld zogen oder aus dem Feld kamen. Und der Friede war nicht sicherer! So befand sich niemand zu keiner Zeit außer Gefahr: der Reiche nicht wegen seines Geldes und der Adelige nicht wegen seines Landes und andere nicht, weil sie gefürchtet oder gehaßt wurden.

Denn wem traut der, der seinem Bruder mißtraut? Wen schont der, der seinen eigenen Bruder umbringt? Und wen liebt der, den sein eigener Bruder nicht liebt? Welche Art Leute er begünstigte, darüber schweigen wir um seinetwillen. Doch wißt Ihr alle gut, daß die Besten am wenigsten galten, und daß Frau Shore, eine abscheuliche Straßendirne, in jenen Tagen mehr Ansehen genoß als alle Lords von England, außer denen, die sie zu ihrer Schutzherrin machten. Diese schlichte Frau war gut beleumundet und ehrenhaft, bis sie der König aus Fleischeslust und sündiger Begierde von ihrem Ehemann riß, einem ehrenhaften, vermögenden jungen Mann aus Eueren Reihen. Auf diesen Punkt komme ich nur ungern zu sprechen, obwohl es nichts zu verheimlichen gibt, weil die Sache jedem bekannt ist: des Königs unersättliche und ganz unerträgliche Begehrlichkeit. Denn da war keine Frau, ob jung oder alt, reich oder arm, auf die er nicht ein Auge warf, an der ihm nicht irgend etwas gefiel: Persönlichkeit oder Aussehen, Redeweise, Gang oder Gesicht, aber alles ohne Gottesfurcht, Ehrgefühl oder Angst vor dem Gerede der Leute . . . Zum Verderben manch guter Frau und zum großen Schmerz ihres Ehemanns.

Durch diese und andere bedeutenden Dinge nahm das ganze Reich Schaden: besonders jedoch Ihr, die Bürger dieser vornehmen Stadt. Zum einen, weil Ihr viel besitzt, was Anlaß zu Ungerechtigkeit gibt, zum anderen weil Ihr seinem Zugriff am nächsten wart, denn hier bei Euch lebte er die meiste Zeit. Doch hätte er Grund gehabt, gerade Euch am besten und zuvorkommendsten zu behandeln. Nicht nur, weil der König durch diese vornehme Stadt, das Schmuckkästchen des ganzen Reichs, in aller Welt berühmt war; sondern auch, weil Ihr trotz großer finanzieller Belastung und verschiedener Bedrohung und Gefahr während all dieser Kriege ihm gegenüber die besondere Gunst gezeigt habt, die Ihr dem Hause York entgegenbringt. Er hat Euch dafür nicht angemessen entlohnt, was sich ändern soll, soweit es das Haus York angeht: Euch das klarzumachen ist Sinn und Zweck dieser Rede.«

Er wolle nun nicht im einzelnen wiederholen, was sie am Sonntag von der Kanzel schon besser gehört hätten: Richard Gloucesters Recht und Anspruch auf den Thron. Nur so viel: Eduards Ehe mit Elizabeth Woodville ist ungültig, weil er schon verlobt war und weil außerdem keine ordnungsgemäße Trauung stattfand. Das andere Argument wolle er mit Rücksicht auf die Mutter des Herzogs nicht nennen, aber es sei ja allen bekannt. Angesichts dessen und der besonderen Befähigung dieses Fürsten hätten Lords und *Commoners,* vor allem der nördlichen Landesteile, beschlossen, dem Protektor untertänigst die Königsherrschaft anzutragen; denn sie wollten nicht länger dulden, daß Bastardblut das Reich regiere. Außerdem sei die Reichsregierung nicht Kindersache: *Veh regno cuius rex puer est,* »Weh dir, Land, dessen König ein Kind ist.«* Welch ein Glück, daß sie in dem wahren Erben einen gestandenen Mann mit Klugheit und Erfahrung hätten! Um sicher zu sein, daß er die Verantwortung auch übernähme, sollten die Bürger der Hauptstadt diese Petition unterstützen. Um so mehr Sympathie werde Seine Majestät ihnen später entgegenbringen.

---

* Prediger Salomon X, 16 in der Lutherübersetzung

»Als der Herzog fertig war, sah er sich um, wie die Anwesenden auf seinen Vorschlag reagierten. Er hatte gehofft, sie wären vom Bürgermeister vorbereitet und würden nun rufen: *König Richard! König Richard!* Doch alles blieb still und stumm, kein Wörtchen kam zur Antwort. Darüber war der Herzog völlig aus der Fassung; er nahm den Bürgermeister und andere um ihn zur Seite, und fragte sie leise: ›Was bedeutet das, daß die Leute so still sind?‹ – ›Sir‹, sagte der Bürgermeister, ›sie verstehen Euch noch nicht richtig.‹ – ›Dem wollen wir abhelfen‹, gab Buckingham zurück, ›wenn das was nützt.‹ Und nach und nach lauter werdend trug er ihnen die Sache noch einmal vor, mit anderen Worten in anderer Reihenfolge, so locker und blumig und dabei doch einleuchtend und klar, mit angenehmer und passender Stimme, Gebärde und Miene, daß jeder begeistert war, der ihn hörte, und der Ansicht war, noch nie im Leben eine so schlimme Geschichte so gut erzählt bekommen zu haben.«

Wieder keine Antwort, es war still im Saal wie um Mitternacht. Selbst als der Stadtschreiber Buckinghams Rede ein drittes Mal vortrug, rührte sich nichts. »Das ist ein seltsam hartnäckiges Schweigen«, meinte der Herzog nun und wurde deutlicher: Im Grunde bedürfe es ihrer Unterstützung gar nicht, Lords und *Commoners* hätten genug Autorität; er sei lediglich um ihretwillen gekommen. Darum möchten sie ihm doch endlich Antwort geben, welcher Art auch immer. Nun kam Bewegung in die Leute: Gewisper und Gesumm wie in einem Bienenstock. Plötzlich drängten sich vom anderen Ende des Saals einige Buschklepper und Leibgardisten des Protektors mit ihren Knappen unter die Anwesenden und schrien, was der Hals hergab: »*König Richard! König Richard!*« und warfen vor Begeisterung ihre Mützen in die Höhe. Die vor ihnen drehten erstaunt die Köpfe, sagten aber nichts.

»Buckingham und der Bürgermeister versuchten das Beste aus der Situation zu machen. ›Ein guter Ruf, erfreulich zu hören‹, sagte dieser, ›alle mit einer Stimme und keine Gegenrede.‹ Und der Herzog meinte: ›So nehmen wir denn an, daß es Euer gemeinsamer Wille ist, diesen vornehmen Herrn zum König zu haben; wir werden ihm davon ausdrücklich berichten. Es wird, wie wir sicher sind, zu Eurem großen Nutzen und Vorteil sein. Deshalb wollen wir, daß Ihr morgen mit uns und wir mit Euch zu Seiner Gnaden gehen und ihm unsere Bitte untertänigst vortragen.‹ Damit brachen die Lords auf, und die Versammlung zerstreute sich. Der größere Teil ging betrübt nach Hause, einige zeigten freudige Mienen, schienen aber nicht recht glücklich dabei, und andere, die mit dem Herzog gekommen waren, konnten ihre Sorge nicht verbergen und waren insgeheim froh, wenn sie das Gesicht zur Wand drehen konnten, weil ihnen der Kummer aus den Augen sprang.«

Was More beschreibt, mochte sich so oder ähnlich abgespielt haben; in vergleichbarer Weise auch die Versammlung der Lords und *Commoners,* in der die Petition gebilligt wurde. Die Situation war nicht ungewöhnlich: Viele *parlements* liefen nach diesem Muster. Man stimmte nicht ab, und Gegenrede konnte für den einzelnen gefährliche Folgen haben. Angst und Unentschlossenheit der Teilnehmer ließ manche Veranstaltung zugunsten der Mächtigen ausgehen, machte sie zum Vollzugsorgan einer siegreichen Partei. Sie deshalb als Farce zu bezeichnen, wird ihnen nicht gerecht. Rat meinte immer noch *consilium,* »Beratung«, Parlament hieß »Besprechung«. Das Volk äußerte seine Meinung, der Regent tat seinen Willen kund. Jeder wußte so, was er vom anderen zu halten hatte. Öffentliche Politik! Die Herrschenden mußten sich nicht nach der Volksmeinung richten, und das Volk mochte den Herrscherwillen mißachten. Das eine wie das andere konnten freilich schlecht ausgehen. Abstimmungen waren jedenfalls überflüssig. Buckingham wußte nach dem Treffen im Gildenhaus recht gut, was die Londoner wirklich dachten.

Ob sie freilich dachten, was More ihnen unterstellte, ist eine andere Sache. Die Veranstaltung verlief vielleicht ganz anders, etwa so: Buckingham hält eine Rede, die allgemein beeindruckt; die glänzende Form macht den Inhalt glaubwürdig – davon lebt die Rhetorik. Aber auch die Argumente sitzen. Nicht, daß man der juristischen Beweisführung folgt: Die mögen Gelehrte beurteilen. Buckingham ist auch gar nicht mehr darauf eingegangen. Was er über Eduards Regierung sagt, stimmt und stimmt nicht. Man ist mit diesem König ganz gut gefahren; aber wer will behaupten, es hätte nicht besser sein können? Jetzt zählt anderes. Der König im Tower ist ein Kind, wenn auch nicht mehr lange. Einige sehen in ihm den Erben Yorks, andere nur den Woodville-Sprößling. Einerlei: Die Macht hat Gloucester, im Norden findet er starke Unterstützung. Soll man neuen Bürgerkrieg riskieren? Mit Gloucester weiß man, wie man dran ist. Nicht alle jubeln auf Buckinghams

Rede hin, aber es regt sich auch kein lauter Widerstand, und viele glauben, gut entschieden zu haben – nach Opportunität. Wer schweigt, stimmt zu! »Buckinghams Rede« ist dabei ein treues Abbild der Petition, die den Namen *Titulus Regius* führt. Entweder hat More dieses Papier zur Hand gehabt, oder er schöpfte aus einer Quelle, die wir nicht kennen. Das Dokument entging Heinrich Tudors Vernichtungsaktion, es tauchte als Anhang zur Parlamentsakte von 1484 auf. Nicht von ungefähr. Das Parlament zum 25. Juni 1483, das erste des jungen Königs, war abgesagt worden. Jetzt wissen wir auch, warum: Richard wollte selbst die Krone. Die Entscheidung dazu fiel spätestens an dem Tag, als die Annullierungsschreiben aus der Kanzlei gingen. Dafür gibt es zwei Anhaltspunkte. Wenn Stillingtons Geschichte stimmt, hatte das Reich keinen König mehr, und ohne König kein Parlament. Und sollte Richards Anspruch abgelehnt werden, dann auch besser nicht durch ein Verfassungsgremium. Die Reichsvertreter waren ohnehin in der Stadt und würden zusammentreten. Doch das Urteil einer freien Versammlung war disponibel – man konnte es aus freien Gründen verwerfen. Der Petition, die dort verabschiedet wurde, fehlte dann freilich auch die Weihe des Offiziösen. Richards III. Parlament 1484 holte sie nach, indem es das Schriftstück zu seinen Akten nahm.

Die Ähnlichkeit des *Titulus Regius* mit Mores Buckingham-Rede in Stil und Aufbau ist frappierend und geht bis in einzelne Formulierungen. Federführend sind die »geistlichen und weltlichen Herren und die Gemeinen dieses Reiches« im Namen von »allgemeinem und öffentlichem Wohl« zum »Nutzen und Glück für die Menschen«. Die Präambel entrollt das Bild eines goldenen Zeitalters, da Wohlstand, Ehrbarkeit und Frieden regierten, die Könige Ernst, Klugheit, Anstand und Erfahrung zeigten und die Leute Gott fürchteten, liebten und ehrten. Wir erfahren nur nicht, wann das gewesen sein soll. Dann plötzlich brachen alle Übel der Welt über England herein, und wir sind mitten in Eduards IV. Regierung: »Glück wandte sich zu Elend, Wohlstand in Krieg«. Die Jammerliste ist lang, der Sündenkatalog der Schuldigen ebenfalls. Wir kennen die Einzelheiten aus Buckinghams Vortrag.

Es folgt die Geschichte der »vermessenen« Ehe Eduards IV: ohne Zustimmung des Reichsadels, wider allen Kirchenbrauch, unter Mißachtung des Verlöbnisses mit Eleonore Butler. Inwieweit Magie und Hexerei dabei im Spiel waren, sei noch zu untersuchen.

Jedenfalls habe der König mit Elisabeth in Ehebruch gelebt, seine Kinder seien demnach Bastarde. Da Clarence als Hochverräter starb, könne auch seine Nachkommenschaft nicht erben. Es bliebe der Adressat, Richard Gloucester: Er sei im Lande geboren, deshalb seinen Interessen verpflichtet und von eindeutiger Abstammung. Verstand, Sparsamkeit, Gerechtigkeit, Mut und Schlachtenruhm zeichneten ihn überdies aus. Darum hielten sie, die Drei Stände, ihn für den rechtmäßigen König und forderten ihn untertänigst auf, die Krone zu nehmen.

Es folgt die Begründung ihres Vorgehens: »Zwar leiten sich Recht, Titel und Stand unseres Herrn Königs, Richards III., vom göttlichen und vom Naturrecht und von den alten Gesetzen und löblichen Gebräuchen dieses Reichs ab, doch ist die Mehrheit des Volks in diesen Gesetzen und Gebräuchen nicht genug bewandert, so daß Wahrheit und Recht möglicherweise verborgen bleiben und angezweifelt und bestritten werden. Dieser Parlamentshof hat jedoch solche Autorität und das Volk glaubt ihm erfahrungsgemäß, daß die Bekanntmachungen und Erklärungen der Drei Stände im und durch das Parlament vor allen anderen Dingen Glauben und Gewißheit schaffen, die Gemüter beruhigen und aufrührerische Rede verhindern.« Das überlieferte Dokument ist, wie hieraus hervorgeht, 1484 mit einem Zusatz versehen worden: Die Bittsteller treten am Ende der Petition als reguläre Parlamentarier auf, die sie im Jahr zuvor nicht waren. Der Hauptteil wurde zweifellos im Juni 1483 verfaßt.

Befremdlich für uns ist die Herabsetzung Eduards IV. und seiner Regierung; schließlich hatten viele der Unterzeichner – und nicht zuletzt der Adressat Gloucester – daran führend mitgewirkt. Sie folgte jedoch nur der Umkehrung eines Rechtssatzes. Mißwirtschaft rechtfertigte den Umsturz; wo Umsturz stattfand, mußte also Mißwirtschaft geherrscht haben. Solche Argumentation war handgreiflicher als juristische Spitzfindigkeiten, denen sie sonst nicht im Wege stand; mittelalterliches Rechtsdenken war agglutinierend. Sie hatte einen weiteren Vorteil. Unzufriedene gewann man – Woodville-Gegner, Neville-Anhänger, vielleicht sogar Lancasterianer; und Yorkisten wurden durch Erinnerung an den Dynastiegründer, Gloucesters Vater, verpflichtet. Richard trug seinen Namen und, wie Vergil berichtet, sah aus wie er: klein, mit kurzem, runden Gesicht.

Die Petition wurde wahrscheinlich am Mittwoch verabschiedet, nachdem Londons Bürgerschaft zugestimmt hatte. Es hieß, sie sei in Nordengland aufgesetzt worden. More deutet das in Buckinghams Rede an, doch der Croyland-Chronist hat seine Zweifel: »Es gab keinen, der nicht genau den alleinigen Urheber dieser schändlichen Vorgänge hier in London gekannt hätte.« Die Chronisten sind sich auch ziemlich einig, daß Lords und *Commoners* den Argumenten nicht freiwillig folgten. Mancini: »Als man sie vernommen hatte, dachte man an Hastings Schicksal und daran, daß Gloucester und Buckingham ihre Kräfte vereinigt hatten, denen man schwerlich und nur unter Gefahr widerstehen könnte. So sah man sich quasi umzingelt und in ihre Hand gegeben und dachte zuerst einmal an das eigene Heil. Deshalb beschloß man, Richard zum König zu erklären und ihn zu fragen, ob er das Amt auf sich nehmen wolle.«

Donnerstag, den Tag darauf, unterbreiteten die Bittsteller ihr Anliegen. More schildert auch diese Szene ausführlich: Bürgermeister, Ratsherren und Honoratioren im besten Festgewand, dazu Herren, Prälaten, Ritter und andere Edelleute unter Buckinghams Führung, suchten den Protektor in Baynard's Castle auf, dem Wohnsitz seiner Mutter. Hier hatte sich auch Eduard IV. bitten lassen. Der Protektor zierte sich, tat, als wüßte er nicht, warum sie kämen, wollte sich nicht zeigen. Schließlich erschien er auf einer Galerie, als habe er Angst vor der Menge. Buckingham faßte die Petition in freie Worte: Richard solle seinem Anspruch gemäß nach Gesetz und Recht die Krone nehmen. Der Protektor gab sich noch einmal überrascht, meinte dann, mit dem Anspruch habe es zwar seine Richtigkeit, doch liebe er den Neffen um seines Vaters willen und außerdem wolle er im Ausland nicht den Eindruck erwecken, als würde er die Herrschaft gewaltsam an sich reißen: Diese Ehrabschneidung sei ihm der Thron nicht wert.

Buckingham beriet sich daraufhin leise und verkündete dann: Man sei schon zu weit gegangen, um noch zurück zu können, und wenn deshalb Richard nicht die Krone nehme, würde man sie einem anderen antragen; König Eduards Linie solle jedenfalls nicht länger herrschen. Da gab der Protektor nach: Niemand könne sie gegen ihren Willen regieren, und so stelle er sich der Verantwortung: als leiblicher Erbe Richards von York, zu dessen Titel nun die Wahl der Reichsversammlung komme – der wirksamste Titel überhaupt. So entspreche er gnädig ihrer Bitte, und nehme von diesem

297

Tag die königliche Würde an. Daraufhin gab es großen Jubel und König-Richard-Rufe. Die Lords gingen zu ihrem neuen König hinauf, die Leute zerstreuten sich und diskutierten dabei.

»Sie wunderten sich über diesen Vorgang und meinten, die Sache sei von beiden Seiten doch recht seltsam behandelt worden: als ob einer mit dem anderen nie zuvor gesprochen habe, obwohl sie doch recht gut wüßten, daß keiner so dumm sei, nicht genau zu verstehen, daß alles ausgemacht war. Einige hielten dem entgegen, alles müsse in Ordnung ablaufen. Der Sitte halber müsse man manchmal so tun, als wüßte man nicht, was man weiß. Bei der Bischofsweihe sei jedem klar, daß der Kandidat Bischof werden wolle, denn für nichts anderes hat er bezahlt. Und doch müsse er die entsprechende Frage zweimal verneinen, bevor er zustimmt, als würde ihm das Amt aufgedrängt. Und bei einem Bühnenstück wüßten die Leute wohl, daß wer den Sultan spielt, vielleicht ein Schuhmacher ist. Das hier seien Königsspiele, und der größere Teil werde auf dem Schafott gespielt. Mit den armen Leuten als Zuschauern. Die Klugen mischten sich nicht ein. Denn wer auf die Bühne ginge und mitspielen wolle, ohne seinen Part zu beherrschen, bringe das Spiel durcheinander und sich ins Unglück.«

Den blutigen Ernst solchen Königsspiels mußten am Tag zuvor Rivers, Grey und Vaughan erfahren. Am Montag hatte der Graf in Sheriffhutton sein Testament gemacht, ohne noch zu wissen, wann und wo er sterben würde. Dann war er nach Pontefract verlegt worden, wo Gloucesters Gefolgsleute ihre Truppen sammelten. Vaughan befand sich schon hier, Grey führte man aus Middleham heran. Ratcliffe besorgte die Gefangenentransporte. »Dieser Ritter brachte sie aus dem Gefängnis zum Schafott, erklärte der anwesenden Menge, sie seien Verräter, und duldete nicht, daß sie redeten und ihre Unschuld beteuerten, aus Angst, ihre Worte könnten am Ende Mitleid erregen und Haß auf den Protektor und seine Anhänger erzeugen. So ließ er sie eilig ohne Richterspruch, Prozeß und ordentliches Verfahren köpfen, ohne andere irdische Schuld, als daß sie gut, dem König treu und der Königin zu nah gewesen waren«, berichtet More.

Rivers trug, wie man bei seinem Tod feststellte, unter dem ritterlichen Gewand ein härenes Hemd. Verehrer des Grafen hängten es später vor dem Bild der Hl. Jungfrau im Karmeliterkloster von Doncaster auf. Die Abgeschiedenheit der Zelle hatte er zu einem letzten Gedicht genutzt. Mit stoischem Fatalismus stellt er sich darin seinem Schicksal:

Etwas nachdenklich,
Doch eher traurig
Gedenk ich
Der Unbeständigkeit.
Diese Welt dreht sich
Unaufhörlich
Gegen mich.
Was hilft da Weisheit?
Mit Sicherheit
Ist kein Mittel bereit,
Zu ändern heut
Mein arges Los.
Unannehmlichkeit,
Verlorenheit
Und Hilflosigkeit
Bleiben mir bloß.
Der Schmerz ist groß
Über mein Los,
Kein Klagen hilft
Aus meiner Not.

Seht, zweifellos
Ist der letzte Stoß
Ein Taumel bloß.
Bereitsein zum Tod
Ist das Gebot.
Ich bin es, bei Gott,
In meiner Not,
Zufrieden.
Denn aus dem Lot
Bin ich darob,
Daß der Glücksgott
Mich gemieden.
Vom Leben hienieden
Bin bald ich geschieden,
Es war nur geliehen.
Fortuna lacht!
Sie hat mich im Frieden
Ins Unglück getrieben.
So hat sie entschieden,
Es ist ihre Macht.*

* Sumwhat musyng,
And more mornyng
In remembryng
The unstydfastnes.
Thys world beyng
Of such Whelyng
Me contrarieng.
What may I gesse?
I fere dowtles
Remediles
Is now to sese
My wofull chaunce.
For unkindenesse,
Withoutenlesse,
And no redresse
Me doth advaunce.
With displesure
To my grevaunce,
And no suraunce
Of remedie.

Lo in thys traunce
Now in substaunce
Such is my dawnce.
Wyllyng to dye
Me thynkys truly
Bowndyn am I,
And that gretly
To be content.
Seyng playnly
That fortune doth wry
All contrary
From mayn entent.
My lyff was lent
Me to on intent.
Hytt is ny spent.
Welcum Fortune!
But I ne went
Thus to be shent,
But sho hit ment.
Such is hur won.

»Von fast allen beweint und unschuldig der Tat, die man ihnen zur Last legte«, nennt Rous die Angeklagten. »Sie wurden zum Tode verurteilt, als ob sie Richard Gloucester nach dem Leben getrachtet hätten.« Und der Croyland-Chronist assistiert: »Auf Befehl Richard Ratcliffes wurden Anton Graf Rivers, sein Neffe Richard Grey und der greise Ritter Thomas Vaughan ohne alle juristischen Förmlichkeiten öffentlich enthauptet. Zum zweiten Mal war nun im Verlauf des plötzlichen Umsturzes unschuldiges Blut vergossen worden.« Dem widerspricht freilich Rous, wenn er Northumberland als »ihren Hauptrichter« *(eorum principalis iudex)* anführt. Fungierte Percy als Vorsitzender einer *oyer and terminer*-Kommission, eines der üblichen Standgerichte? Sie waren nach Zweck, Zusammensetzung und Prozedur recht flexibel; Eduard IV. und sein »Henker« Tiptoft hatten ausgiebig davon Gebrauch gemacht. Mancini zufolge brachten Büttel des Protektors *(certi questores)* die Delinquenten »auf seine eigene Verantwortung hin« zu Tode. Das paßt dazu, denn Richard war schließlich auch Reichsstallgraf – »Polizeiminister« – wie es einst Tiptoft gewesen war.

Man hielt sich, das ist vom Zeitplan her sicher, mit der Rechtsfindung nicht lange auf. Viel Recht wurde auch nicht gesprochen. Im Mai hatte sich der Kronrat mit guten Gründen einer Aburteilung verweigert. Wer weiß, ob ein Parlament williger gewesen wäre. Es ging dabei nicht um die Woodvilles: Man liebte sie nicht und hat sie, Rous zum Trotz, auch kaum beweint. Doch wenn sich das Schicksalsrad drehte, konnten Richter schnell zu Opfern werden. Deshalb blieb man lieber Zuschauer. Mochten sich die Akteure beim »Königsspiel« allein umbringen! Wer auf die Bühne stieg, kannte das Risiko. Rivers verliert kein lyrisches Wort über den Urheber seines Unglücks. Auch sonst scheint er ihm nicht sonderlich gram gewesen zu sein: Er machte Gloucester zum Hauptvollstrecker seines Letzten Willens. Freilich versprach er sich einen Vorteil davon, denn er appelliert an das Seelenheil des anderen. Die Opfer-Henker-Kumpanei ist trotzdem offensichtlich.

Warum mußten die drei sterben? Sie standen Richards Königsschaft nicht mehr im Wege und waren in den nördlichen Gefängnissen keine Gefahr. Eduard IV. hat immer wieder politische Gegner an seine Seite geholt, und Richard setzte später verzweifeltes Vertrauen in unsichere Kantonisten; er arrangierte sich mit Königin Elisabeth und umwarb sogar ihren Sohn Dorset. Der Tod von

Rivers, Grey und Vaughan scheint demnach nicht »logisch«. Wenn Rivers am Montag sein Testament schrieb, war der Hinrichtungsbefehl vermutlich den Freitag zuvor auf die Reise gegangen. An diesem Tag starb Hastings, und es ist möglich, daß More so zu seiner Meinung kam, der Kämmerer und die Woodvilles seien zur selben Stunde geköpft worden. Der Protektor machte jedenfalls reinen Tisch. Es gab nun kein Zurück mehr: Der Neffe mußte abgesetzt werden, daß der Onkel durch ihn nicht in Gefahr geriet. Doch damit bekommt die Tat etwas Irrationales: in Gang gesetzt, um eine andere Tat unausweichlich zu machen. Oder rächte Richard den Tod des Bruders Clarence? Am folgenden Tag gab er seinen übrigen Gegnern Generalpardon.

In London wußte man von der Bluttat in Pontefract nichts, als man Richard zum König machte. Nachdem er der Petition zugestimmt hatte, verlor er keine Zeit mehr. Unverzüglich begab er sich an der Spitze seiner Lords nach Westminster in die Große Halle. In der Kanzlei legte er die Königsrobe an, setzte den Fürstenhut, die hermelingefütterte Samtmütze, auf und nahm das Zepter. Dann schritt er zur Bühne des Oberhofgerichts *(Court of the King's Bench)* und setzte sich auf den Marmorstuhl des Königs, zur Rechten Lord Howard, zur Linken Herzog Suffolk, sein Schwager, ringsum die anderen Lords. »Hiermit beginnt meine Herrschaft«, verkündete er und faßte in wenigen Worten zusammen, warum; die weltlichen und geistlichen Herren riefen: »Es lebe der König!«

Dann nahm ihm Erzbischof Bourchier den Throneid ab: »Wollt Ihr dem Volk von England die Rechte und Gebräuche zugestehen und bewahren, die gerechte und fromme Könige gewährt haben, und sie mit Euerem Eid beschwören und bekräftigen, besonders die Rechte, Gebräuche und Freiheiten, die Euer edler Vorgänger und ruhmreicher König St. Eduard der Kirche und dem Volk zugestanden hat?« Der König antwortete: »Ich gewähre und verspreche.« Die Anwesenden brachen wiederum in Heil- und Hochrufe aus. Schließlich rief Richard die königlichen Richter und Anwälte zu sich und wies sie mit Strenge an, die Gesetze rechtmäßig und ohne Benachteiligung oder Bevorzugung anzuwenden.

More: »Dann bemühte er sich in einer Rede, so gut er konnte, die Adelsherren, Kaufleute, Handwerker und am Ende alle Welt, insbesondere aber die Juristen, für sich zu gewinnen. Daß niemand sich aus Furcht gegen ihn wende, und um sich gleichzeitig

durch betrügerische Milde den guten Willen der Leute zu verschaffen, sprach er schließlich über die Übel der Zwietracht und den Segen der Einigkeit, erklärte, alle Feindschaft sei aus seinem Sinn entfernt und getilgt, und gab öffentlich Pardon für alle bisherigen Angriffe auf ihn. Zum Beweis dafür befahl er, einen gewissen Fogge, den er lange mit tödlichem Haß verfolgt hatte, vor seinen Stuhl zu bringen. Man holte ihn aus dem nahen Asyl, wohin er aus Angst geflohen war, und er nahm ihn vor aller Augen bei der Hand. Das Volk freute sich über diese Tat und klatschte, doch kluge Leute hielten sie für Schein.«
Der neue König begab sich daraufhin zur Abtei-Kirche. Am Portal begrüßte ihn eine Prozession der Mönche, der Abt überreichte ihm das Szepter aus dem Krönungsschatz des heiligen Königs Eduard, der hier seine Ruhestätte hatte. Vor dem Hochaltar und am Schrein des »Bekenners« sprach er ein Dankgebet. Dann stieg er in den Chor hinab und setzte sich dort auf den eigens errichteten Huldigungsstuhl. Zwei Szepter in der Hand – das weltliche Staatsszepter und das sakrale des Königsheiligen – hörte er das Te Deum der Mönche. Die Anwesenden huldigten ihm. Anschließend zog er die Prozessionsstrecke zur Pauls-Kathedrale. Der König betete dort neuerlich, wieder erklang das *Te Deum,* und eine Predigt machte die Londoner offiziell mit den Gründen der Thronerhebung bekannt. »Wo der König an diesem Tag stand und ging, wurde er von allen Leuten mit großem Beifall und lauten Zurufen begrüßt«, berichteten Richards III. Beauftragte wenig später in Calais.

More sah es freilich anders: »Auf dem Heimweg grüßte er, wen er traf, auf beinahe unterwürfige Weise. Denn er hatte ein schlechtes Gewissen . . .« Der Croyland-Chronist bemerkt nur lapidar: »Der genannte Protektor Richard riß am 26. Juni die Herrschaft des Reiches unter dem Titel eines Königs an sich; noch am selben Tag nahm er in der Großen Halle von Westminster unrechtmäßig vom Marmorstuhl Besitz *(intrusit).*« War es tatsächlich eine *intrusio,* eine Usurpation? Die schreibenden Zeitgenossen und ihre Tudor-Nachfolger empfanden es so. Rechtfertigungen lassen sie nicht gelten. Stillingtons Enthüllungen glauben sie nicht, die Petition verwerfen sie als Betrug, die Prozeduren halten sie für Rechtsverhöhnung. Wer der Königsmache zustimmte, tat es aus Angst. Richards positive Züge, seine vernünftigen Handlungen gründen in Falschheit und Verrat. Er ist ihnen ein Thronräuber, allein beherrscht vom Willen zur Macht. Eine in sich geschlossene Argumentation: schwer zu widerlegen, weil sie sich allen Widerspruchskriterien entzieht.

Warum Zeitgenossen Richard so sahen, kann Gründe haben, die er nicht verantworten muß. Parteiische Voreingenommenheit verzerrt zweifellos ihren Blick. Die Wirklichkeit scheint oft dort durch, wo von Verstellung und Heuchelei die Rede ist, wo »kluge Leute« nicht glauben wollen, was das »Volk« für wahr hält. Dabei wäre Richard ohne Zustimmung nicht König geworden; über Ausmaß und Motive des Beifalls mag man sich streiten. Viele glaubten Stillingtons Story; selbst Commynes, der an einer Stelle von »Vorwand« spricht, erzählt sie ein anderes Mal im Indikativ: als sei geschehen, was der Bischof berichtet.

Wer sich der juristischen Argumentation entzog, konnte in Gloucester einen verdienten Fürsten sehen, weniger umstritten als der berühmte »gute Herzog Humfried« ein halbes Jahrhundert zuvor. Er hatte London nicht mit Truppen bedroht, hatte durch geschickte Aktionen einen neuerlichen Bürgerkrieg verhindert. Hastings' Hinrichtung mochte viele erschreckt haben, denn der Kämmerer war nicht unbeliebt. Daß er »Verrat« übte, obwohl er Gloucester anfangs unterstützte, schien indes nicht weiter verwunderlich. Wer hätte Warwicks Frontenwechsel erwartet, und wer Buckinghams Revolte, die noch folgen sollte?

Das Ende Vaughans und der beiden Woodvilles war noch nicht bekannt. Und wenn: Wer erinnerte sich nicht an all die Opfer des Bürgerkriegs – die Somersets, Buckinghams und Oxfords? An Tiptoft, Herbert, den alten Rivers? Die Nevilles und den Königsbruder Clarence? Wer im Feld starb, auf den hatte das Schafott schon gewartet. Gewalttätigkeit in den oberen Etagen überraschte niemand. Machthunger, Untreue und Besitzgier der Herrschenden hatten ein Karussell von Rebellionen und Blutgerichten in Gang gesetzt. Auch im Parterre zeigte man sich nicht wählerisch in Gewaltmitteln. Das Volk schützte sich, wehrte sich, suchte nach Kräften seinen Vorteil. Unrecht gehörte zum Alltag; was rechtens war, entzog sich vielfach dem Urteil. Zeremonien ersetzten Inhalte, an ihnen orientierte sich das Publikum. Rechtmäßiger König war, wer ordentlich gewählt, inthronisiert, gesalbt und gekrönt war. Wer ihm dann huldigte, handelte guten Glaubens.

Richard legte entschiedenen Wert auf richtige Formen. Als Vorbild dienten ihm Vater und Bruder. Der Vater, Richard von York, war dabei gescheitert: Als er versuchsweise die Hand auf den Marmorstuhl legte, rührte sich kein Applaus, die Lords blieben stumm; wütend verließ er den Westminster-Palast. Dem siegreichen Sohn verweigerte man die Königswürde nicht mehr. Wir erinnern uns: Am Sonntag, dem 1. Mai 1461, sprach Bischof Neville auf dem Johannesfeld vor Bürgern und Soldaten über Eduards Anspruch, und die Menge jubelte. »Jeder im Feld und in der Stadt nannte Eduard jetzt König«, schreibt ein Chronist. Eine entsprechende Petition, vor dem Volk eingebracht und von den Lords beraten, wurde ihm nach Baynard's geschickt; ein Parlament bestätigte sie später. Am Mittwoch zog Eduard in längerer Prozession nach St. Paul's zur Messe. Das *Te Deum* wurde gesungen, Bischof Neville predigte erneut über das Thronrecht des Anwärters. Anschließend ging es nach Westminster zur Inthronisation. Richard kopierte diesen Akt pedantisch; bei direkter Erbfolge im Reich war er in dieser Form nicht üblich.

Wie sein Bruder betonte Richard das Wahlelement: die erhoffte Volksbewegung nach der Politpredigt, die Akklamation in der Gildenhalle, die quasi-parlamentarische Petition. Konservative und moderne Elemente mischten sich: Versicherung potenter Personen und plebiszitärer Appell. Ins absolutistische Zeitalter führte die Meinung, Sachkompetenz und Vernunftsgründe gingen vor Legalität. Dabei ist die Vorstellung, daß Herrschaft sich durch »Tugend« legitimiert, so alt wie Herrschaft selbst:

Die »Tyrannei« Richards II. hatte für Bolingbrokes Thronerhebung hergehalten, und Heinrichs VI. »Unfähigkeit« ermöglichte Richard von York, seine Hand auf den Marmorstuhl zu legen, den der Sohn dann bestieg. Nun rechtfertigte Eduards »unmoralischer Lebenswandel« den neuerlichen Umsturz. Neu war indes, daß man die Herrschaftsbefähigung an der Vernunft maß: »Altes Recht, *Vernunft* und einstimmiger Beschluß von Lords und *Commons*« machten ihn zum König, ließ Richard in Calais verkünden.

Richard III. war wohl ein Thronräuber. Doch reiht sich seine Tat nahtlos in die Ereignisse des Jahrhunderts ein. Der Sündenfall war 1399 erfolgt, als man einen körperlich und geistig gesunden König, dem kein Geburtsmakel anhaftete, zugunsten des Vetters um die Krone brachte. Heinrich *Monmouths* militärische Triumphe machten den Thronraub vergessen, man gewöhnte sich an die Lancaster-Herrschaft. Doch der Willkürakt wirkte nach und begründete den Sturz Heinrichs VI. mit. Eduards Königtum wurde indes als neuerliche Usurpation empfunden: Richter Fortescue wetterte dagegen aus dem französischen Exil; hätte der Yorkisten-König nur zwei Jahre regiert, wie danach sein Bruder, wäre der Nachwelt eine Flut von Verdammungsurteilen überliefert. So fehlte dazu der publizistische Boden. An Eduards V. Unehelichkeit mochte man sowenig glauben wie an Richards II. freiwillige Abdankung; doch was Gloucester um den Ruf brachte, waren nicht seine Taten, sondern sein frühes Ende und der Sieg einer fremden Dynastie.

»Bevor ich schließe«, schreibt Mancini, »will ich noch über den Zeitraum reden, den die erinnerten Ereignisse einnahmen. Vom Tod Eduards bis zur Regierung Richards waren nicht mehr als drei Monate vergangen. Eine Prophezeiung, ich weiß nicht welches Propheten, die aber in aller Munde war, hatte vorausgesagt, daß England innerhalb von drei Monaten drei Könige haben werde. Sie traf schließlich ein, als Richard nach Eduard als dritter gekrönt wurde. Das ist es, was über den Umsturz im Reich zu berichten ist. Wie er nachher regierte und noch regiert, ist mir nicht hinreichend bekannt; denn ich verließ Britannien gleich nach seinem Erfolg, da Ihr, Angelo Cato, mich nach Frankreich rieft. Lebt also wohl und seid nicht zu streng mit unserem Werk, was es auch wert sei, wir haben es gern für Euch verfaßt. Noch einmal Lebwohl. Gegeben zu Beaugency im Gebiet von Orléans am 1. Dezember 1483.«

VII. »Niemand wird plötzlich zum Schurken«

Das Rätsel um den »Prinzenmord im Tower«

König Richard kehrte nach der Thronerhebung ins Haus der Mutter zurück. Am nächsten Tag überreichte er hier dem Kanzler das Reichssiegel; Hofmarschall Stanley war Zeuge des Zeremoniells. Die Krönung wurde auf Sonntag, 6. Juli, festgesetzt. Piers Curtneys, der königliche Garderobier, erhielt Auftrag, bis zum Donnerstag davor die Gewänder fertig zu haben; den größten Teil nahm er aus dem Fundus, der für den Ehrentag des abgesetzten Königs angelegt worden war. Catesby wurde das Schatzkanzleramt *(exchequer)* übertragen.

Auf andere warteten größere Ehren. Am 28. Juni erhielt Howard den Herzogshut für Norfolk, und Viscount Berkeley wurde Graf Nottingham. Diese Titel hatte Anna Moubray als Mitgift in die Ehe mit Prinz Richard von York gebracht. Doch die Kleine starb, bevor die Ehe vollzogen werden konnte; so wurden die Titel wieder vakant. Richard gab sie an

Howard und Berkeley, deren Mütter das Mädchen beerbten. Howards Sohn Thomas bekam überdies den Grafengürtel für Surrey.

Wer noch keine Gelegenheit gehabt hatte, ging nach Baynard's, dem neuen Herrn zu huldigen. Richard schickte seinerseits am 28. Juni eine Abordnung nach Calais und Guisnes, die ausrichten sollte: Er sei jetzt rechtmäßiger König, wie aus der (vorliegenden) *Titulus Regius*-Petition der Drei Stände und der feierlichen Inthronisation am vergangenen Donnerstag ersichtlich sei. Der Eid, den man nicht nur in Calais, sondern verschiedentlich auch in England Eduards IV. Sohn geleistet habe, sei hinfällig, weil im Irrtum abgelegt. Ein neuer Schwur müsse ihm, Richard III., getan werden. Hier – wie schon in Shas Kanzelrede – wird die eigentümliche Argumentation sichtbar, mit der Eduard IV. seinen Vorgänger absetzen ließ: Richard besaß von Anfang an den »wirklich sicheren und wahren Titel«, während sein Neffe nur irrtümlich als König bezeichnet wurde.

Dynham, Hastings' Stellvertreter in Calais, machte er zum Gouverneur der Stadt und Lord Mountjoy anstelle von Ralph Hastings, dem Bruder des toten Kämmerers, zum Statthalter von Guisnes. Im übrigen entsprach er den Wünschen, die Dynham ihm die Woche zuvor übermittelt hatte: angemessene Entlohnung geleisteter Dienste, Aufrechterhaltung der Garnisonsstärken und Entschädigung für Landverluste, die bei Befestigungsarbeiten durch Überflutung entstanden waren.

In den ersten Juli-Tagen erreichten Northumberland und Ratcliffe mit ihren »Nordländern« die Londoner Vorstadt; aus Wales trafen Truppen des Herzogs von Buckingham ein. Sie lagerten zusammen in Moorfields. König Richard ritt hinaus, um sie zu begrüßen: Während sie auf dem Feld Flügel bildeten, schritt er barhäuptig durch den Halbkreis und dankte für ihr Kommen. Dann führte er sie in die Stadt.

Alle Befürchtungen, was ihre Zahl betraf, erwiesen sich als übertrieben. Von zwanzigtausend hatte Stallworth gehört; Fabyan zählt viertausend, Mancini sechstausend Mann. Der Croyland-Chronist hat immerhin noch eine »schreckliche und ungeheure Truppenansammlung« in Erinnerung. Die üblichen Übertreibungen. Tatsächlich waren es wohl weniger als zweitausend – sie wurden alle in der Stadt untergebracht! Wenn man einem Londoner glauben will, machten sie keinen imponierenden Eindruck: »schlecht gerüstet, in schlampigen, abgetragenen Harnischen, weder fürs Auge noch zur Verteidigung gut«, mokierten sich demnach die Londoner. Auch Heinrichs VI. Soldaten hatten sich einmal solchen Spott gefallen lassen müssen.

Das mochte Gerede sein. Zahl und Ausrüstung reichten jedenfalls, die Krönungsfeierlichkeiten zu schützen, aber auch, um möglicherweise Unruhe zu stiften. London war voll mit Gästen aus dem ganzen Land. Achtzehn Herren wurden in diesen Tagen zu »Rittern vom Bade« geschlagen, doch nicht nur ihre Dienstleute bevölkerten die Stadt. Unterkünfte waren knapp, in den Kneipen floß Bier, Wein und Apfelmost, die ausgelassene Stimmung konnte leicht in Krawall umschlagen. Um so etwas zu verhindern, hatte der Protektor zwei Wochen zuvor die Anhängerschaften der Parlamentsteilnehmer heimgeschickt.

Nun erließ König Richard eine Proklamation. Bei Todesstrafe war es, ohne Ansehen der Person, verboten: Streit vom Zaun zu brechen, zu stehlen und zu rauben, den Asylfrieden zu brechen, Aufruhr zu veranstalten, Fremde und Ausländer zu belästigen; auch Beihilfe wurde bestraft. Wer ein Vergehen beobachtete, sollte den Schuldigen unverzüglich vor den Bürgermeister oder den königlichen Hofmarschall bringen. Auf das Tragen schwerer Waffen – Degen, Hellebarden, lange Messer, lange oder kurze Schwerter und Schilde – stand Acht, Gefängnis und Besitzkonfiskation. Ab zehn Uhr war Ausgangsverbot. Bei der Unterkunftssuche hatte man sich ohne Ausnahme an königliche Quartiermeister zu halten.

Am Freitag, dem 4. Juli, zog Richard mit seiner Gemahlin in den Tower um; denn es war üblich, daß der König am Vortag seiner Krönung von dort nach Westminster ritt. Der Zug am Samstag bot dem Straßenvolk einen Vorgeschmack auf die Hauptfeierlichkeiten, von denen es großenteils ausgeschlossen war. Drei Herzöge, neun Grafen, zweiundzwanzig Barone und achtundsiebzig Ritter einschließlich des Bürgermeisters bildeten die Spitze der Begleitung für das Königspaar; wenn es in Adelskreisen Opposition gegen Richard gab, war davon bei der Krönung nichts zu merken.

Die Menge, die vier Kilometer lang die Strecke säumte, jubelte dem König zu, und der grüßte nach allen Seiten zurück: barhäuptig, in einem goldgewirkten blauen Wams mit Kienapfelmuster, darüber einen langen Mantelrock aus Purpursamt mit Hermelin gefüttert. Seine sieben Pagen waren karmesinrot gekleidet und hatten kurze Umhänge aus weißem Goldtuch. Die Königin saß in einer Pferdesänfte; sieben berittene Damen begleiteten sie, ihre Knappen trugen Rot und Blau.

Unter den hochadeligen Begleitern stach, sofern späteren Chronisten zu glauben ist, Buckingham hervor: Mantel und Hut aus blauem Samt, darauf leuchteten goldene Feuerräder. Er war Oberaufseher der Krönungsfeierlichkeiten. Der besondere Anlaß hatte ein Ämter-Revirement bewirkt: Hofmarschall Stanley trat seinen weißen Amtsstab an den Herzog ab, dem auch Norfolk als Oberzeremonienmeister *(earl marshal)* und »Reichshofmarschall« unterstellt war.

Buckingham sorgte dafür, daß es die glänzendste Krönung des Jahrhunderts wurde; selbst der Aufwand, den Richard II. getrieben hatte, konnte sich mit diesem Prunk nicht messen. Richard war prachtliebend, das bestätigen seine alltäglichen Kleiderrechnungen. Freilich nicht, um seine mißratene Gestalt zu verstecken, wie es später hieß. Er hatte von seinem Bruder gelernt, daß Kleider und Feste Könige machten; Heinrich VII. sollte es nicht anders halten.

Am Sonntagmorgen bewegte sich eine festliche Prozession vom Westminster-Palast in die Große Halle. König und Königin schritten barfuß über einen roten Teppich. Trompetenbläser gingen voran, dann kamen Schildknappen und Herolde. Es folgten: Ministranten, die ein mannshohes Kreuz schleppten, Priester in grauen Meßgewändern, Bischöfe und Äbte in vollem Ornat mit ihren Mitren und Ordensmützen, in der Hand Kruzifixe; der Bischof von Rochester trug dem Kardinal-Erzbischof Bourchier von Canterbury das Kreuz voran. Graf Northumberland führte die Gruppe weltlicher Lords, vor sich das stumpfe »Gnadenschwert«. Danach in Dreierreihe: Lord Stanley mit dem Stab des Stallgrafen, rechts und links von ihm Graf Kent und Viscount Lovell mit den Schwertern der Gerechtigkeit, der geistlichen und weltlichen; dahinter Herzog Suffolk mit dem Königszepter und Graf Lincoln mit dem Reichsapfel; dann Graf Surrey mit dem Reichsschwert, das aufrecht in der Scheide steckte, gefolgt von Herzog Norfolk mit der Königskrone in beiden Händen.

Nun kam erst der König, ganz in Purpursamt. Die Gouverneure der »Fünf Hafenstädte« *(Cinque Ports)* hielten einen Baldachin über ihn, Herzog Buckingham trug die Schleppe und führte dabei den weißen Hofmarschallstab; dem König zur Rechten und Linken schritten die Bischöfe von Durham und Bath. Es folgten die übrigen Grafen und Barone, soweit sie nicht zur Begleitung der Königin gehörten. Das waren wiederum Graf Huntingdon mit dem Königinszepter und Viscount Lisle mit dem Friedensstab, dahinter Graf Wiltshire mit der Königinkrone. Auch die Königin hatte einen Baldachin über sich, an dessen Ecken Glöcklein klangen; auf dem Kopf trug sie einen Goldreif mit Edelsteinen. Ihr zur Seite schritten die Bischöfe von Exeter und Norwich; die Schleppe trug Lady Stanley, Gräfin Richmond. Hinter ihr die Königsschwester, Herzogin Suffolk, und danach zwanzig Adelsdamen, geführt von der Herzogin Nordfolk. Ritter und Edelleute beschlossen den Zug.

Der Weg führte zur Königsbank in Westminster Hall und von dort ins Münster zur St.-Eduards-Kapelle, wo der König auf dem Krönungsstuhl Platz nahm. Priester und Küster nahmen vor ihm Aufstellung und brachten Wechselgesänge dar. Eine spezielle Königsmesse wurde gefeiert, dann schritten Richard und seine Gemahlin zum Hochaltar und empfingen vom Kardinal-Erzbischof das heilige Öl. Angetan mit neuen Gewändern ganz aus Goldstoff, bekamen sie Kronen aufgesetzt und wurden beweihräuchert, während Orgelspiel aufbrauste. Der König trug die Krone des heiligen Eduard; er nahm nun die *Regalien* auf – Reichsapfel und Zepter –, und das *Te Deum* erklang.

Dann kehrte das Paar zurück in das Prachtgestühl der St.-Eduards-Kapelle, um dem Hochamt zu folgen. Der König saß auf dem Krönungsstuhl mit den *Regalien* in der Hand; Buckingham und Norfolk sowie zwei Bischöfe standen ihm zur Seite, Graf Surrey hielt das Reichsschwert vor ihm in die Höhe. Auch die Königin trug ihre *Insignien,* umrahmt von ihrem Gefolge; Herzogin Norfolk und andere Damen knieten hinter ihr. Nach der Messe empfing das Königspaar am Hochaltar die Kommunion, entrichtete bei den Reliquien des hl. Eduard das Dankopfer. Richard hinterließ dort das Diadem des Bekenner-Königs, während ihm die Lords nun seine eigene Krone aufsetzten. Dann kehrten die beiden in den Palast zurück, wieder in feierlicher Prozession.

Um vier Uhr Nachmittag begann das Krönungsbankett in der Westminster-Halle. Die Gäste saßen auf vier Tische verteilt, sortiert nach Rang: Bischöfe, Standesherren, Barone und Damen. Sie belegten jeweils nur eine Tafelseite, ihnen gegenüber knieten die Vorschneider. Erhöht auf einer Estrade stand der Königstisch.

Richard saß in der Mitte, die Königin links von ihm am einen Ende, über sich einen Baldachin, den die Damen von Nottingham und Surrey hielten. Vielleicht trug der König den Festmantel, den Anna ihm zu diesem Anlaß geschenkt hatte: purpurner Goldstoff mit weißen Rosen und Hosenbandsymbolen bestickt, gefüttert mit weißem Damast. Kämmerer Lovell stand ihm während des ganzen Mahls gegenüber, Adelsherren bedienten ihn, und zwei Knappen lagen unter dem Tisch zu seinen Füßen.

Man war beim zweiten Gang, als das Hallentor aufging und ein Reiter hereinkam, in weißer Rüstung auf feurigem Hengst, der mit roter und weißer Seide verhängt war: der »Kämpe des Königs« *(King's champion)*. Ob jemand im Saal sei, der dem König seinen Titel bestreite, rief er hoch zu Roß vor des Königs Tafel. Zur Antwort kam wie aus einem Munde der Schrei: »König Richard!« Ein Becher mit rotem Wein wurde dem Kämpen gereicht; er trank, schüttete den Rest auf den Boden, verbeugte sich vor dem König und ritt mit dem Becher als Lohn davon.

»Von dem Tag an bis zu seinem Ende wurde dieser Mensch *(homo iste)* König Richard, der dritte seines Namens seit der Eroberung*, genannt«, bemerkt der Croyland-Chronist unfreundlich. Mancini behauptet, Kardinal Bourchier habe nur widerwillig seines Amtes gewaltet. Tatsächlich fehlte er beim Bankett, ebenso wie Lady Buckingham, eine Woodville, die auch nicht im Krönungszug gegangen war.

Welche Gründe das haben mochte – es fiel nicht ins Gewicht. Kein König in diesem Jahrhundert hatte so viel Adel bei seiner Krönung gesehen. Von den fünf Standesherren, die nicht teilnahmen, waren vier minderjährig, darunter Richards eigener Sohn Eduard, und einer war krank: Graf Westmoreland. Vier Barone hatten ihren militärischen Posten nicht verlassen können. Wir zählen drei Herzöge, elf Grafen und *Viscounts* und siebzig Ritter bei den Festlichkeiten. Wer welches Krönungsamt, wer welchen Tischdienst versehen durfte, war Ergebnis komplizierter Überlegungen und Beratungen einer eigenen Kommission, die nach Maßstäben von Etikette und Politik vorging; zum Teil gab auch Erbrecht den Ausschlag, wie im Falle des »Königskämpen«.

* Eroberung Englands durch die Normannen unter Wilhelm dem Bastard (»dem Eroberer«) 1066

Die Prälaten waren weniger gut vertreten. Nur sieben der zweiundzwanzig Bischöfe ließen sich sehen; sieben weitere beehrten den König bei der anschließenden Huldigungsreise. Dem Seelenhirten von Sodor und Man war sicher die Reise zu weit, andere entschuldigte das Alter. Doch viele zeigten sich feindlich, oder man gab ihnen keine Chance. Der Woodville-Bischof von Salisbury steckte noch im Asyl, Morton saß im Gefängnis, Rotherham erholte sich gerade von der Haft; man hatte ihn an diesem Tag freigelassen.

Morton kam nicht in den Genuß der Krönungsamnestie. Zwar erhielt er wenig später Haftverschonung, mußte sich jedoch nach Wales in Buckinghams Obhut begeben. Er ging auf Burg Brecknock. Die Universität Oxford, an der er Karriere gemacht hatte, verwandte sich für ihn am 29. Juli, vergebens. Richard glaubte wohl nicht, daß der Bischof »nur aus menschlicher Schwäche, nicht aus Böswilligkeit« gehandelt habe. Er fürchtete Morton – wie sich zeigen sollte, mit Recht.

Jener John Fogge, an dem der neue König Milde demonstriert hatte, erhielt weitere Gunsterweise: Er wurde unter dem Reichssiegel Schöffe in mehreren Friedenskommissionen. Er war ein Woodville-Mann, der in der Affäre Cook eine unrühmliche Rolle gespielt hatte. Richard sollte an ihm auch in Zukunft keine Freude haben, doch war das die geringere Enttäuschung. Der König hatte beschlossen, seine Herrschaft auf drei Säulen zu stellen: Norfolk, Northumberland und Buckingham. Eine davon erwies sich schon bald als morsch.

Howard, der frischgebackene Herzog, sollte Ostengland sichern. Der König übertrug ihm dazu Kronland in Suffolk, Essex, Kent und Cambridgeshire im Wert von tausend Pfund Sterling jährlich, insgesamt dreiundzwanzig Domänen, dazu als Geschenk weitere vierzig Rittergüter. In einem Drittel aller englischen Grafschaften erhielt er das Musterungsrecht und außerdem wurde er Reichsadmiral. Der Percy-Graf übernahm den Norden; doch bekam er Gloucesters ehemaligen Posten an der schottischen Westgrenze nur für ein Jahr. Richard hatte im Norden Größeres vor.

Der Löwenanteil ging wieder an Buckingham. Nicht nur, daß Richard ihn nun zum Reichsstallgrafen und Reichskämmerer machte; er sprach ihm auch das halbe Bohun-Erbe zu: über fünfzig Güter im Wert von siebenhundert Pfund jährlich. Es handelte sich dabei um Kronland. Der alte Bohun, Graf von Hereford und Essex, hatte vor gut hundert Jahren seinen Besitz zwei Töchtern hinterlassen. Eine davon war Buckinghams Ur-Urgroßmutter, und er ihr Erbe. Die zweite hatte Bolingbroke geheiratet, den späteren Heinrich IV.; so kam die andere Hälfte zum Königsgut. 1461 fiel sie, wie aller Lancaster-Besitz, laut einem Parlamentsbeschluß an Eduard IV. Buckingham glaubte trotzdem, ein Recht darauf zu haben, spätestens nach dem Tod von Lancaster-Prinz Eduard; er war mit seiner Forderung freilich nicht durchgekommen. Doch Richard entsprach nun seinem Wunsch; das Parlament mußte noch zustimmen.

Buckingham erhielt die beiden Reichsämter am 13. Juli. Richard residierte zu dieser Zeit in Greenwich. London war kein Pflaster für ihn; während der zwei Jahre, die er noch zu leben hatte, verbrachte er die wenigste Zeit hier. Wie ein Reisekönig aus der Frühzeit zog er von Ort zu Ort, ständig gewappnet, unermüdlich tätig. Die Truppen hatte er allerdings nach der Krönung entlassen. Den heimreisenden Lords gab er »strikten Befehl, die Gebiete, wo sie wohnten, in Ordnung zu halten und seine Untertanen nicht zu bedrücken«, schreibt Fabyan. (Er fügt freilich hinzu: »So lehrte er andere Gerechtigkeit und Güte, die er selbst nicht übte.«)

Stanley blieb als Hofmarschall beim König. Lovell machte er dieser Tage zum Kämmerer. Neuer Tower-Kommandant wurde Brackenbury. Zwei Wochen nach der Krönung begab sich Richard auf Reise: Die Leute im Land sollten ihn als neuen König sehen. Am 22. Juli verließ er Windsor mit großem Gefolge.

Zwei Tage später traf Richard in Oxford ein. Fünf Bischöfe empfinden ihn hier, darunter Alcock, vormals Präside des Prinzenrats in Ludlow. Vor allem aber der alte William Waynflete, Bischof von Winchester und Gründer des Magdalenen-Kollegs. Der König wurde in diesem Neubau untergebracht, wie es die Statuten des Universitätsinstituts vorsahen. Am nächsten Morgen lauschte er zwei gelehrten Disputationen. Kontrahenten waren der hiesige Theologieprofessor Taylor und William Grocyn, später eine humanistische Berühmtheit, von der Erasmus und Thomas More lernten. Es ging um Theologie und Moralphilosophie. Richard gefiel der scholastische Disput wohl, denn er belohnte beide mit je einem Rehbock und erklecklichen Geldbeträgen; der Mensa stiftete er ebenfalls Wildbret und Wein. Bischof Waynflete ließ danach ins

Kollegregister schreiben: *Vivat rex in aeternum* – »Es lebe der König in Ewigkeit!«

Richard machte von hier einen Abstecher nach Woodstock, in der Tasche eine Bittschrift, die ihm zugegangen war. König Eduard hatte einen großen Teil freien Waldes dort zum königlichen Forst erklärt und damit der allgemeinen Nutzung entzogen; nun erbaten die Einheimischen den Wald zurück. Das Forstrecht war verhaßt: Hundert Jahre zuvor hatte es Revolution deshalb gegeben. So machte sich Richard bestimmt beliebt, als er den Willkürakt seines Bruders aufhob. Sogar Rous zeigt sich beeindruckt: Er berichtet den Vorfall. Dieser Chronist, der Richard an anderer Stelle in Grund und Boden schmäht, weiß noch mehr Lobenswertes zu berichten. London hatte angeboten, die Reisekosten des Königs zu zahlen. Nun taten die Bürger von Gloucester und Worcester desgleichen. Doch Richard lehnte ab: Er wolle ihre Herzen, nicht ihr Geld. Wann hatte ein König so etwas zuletzt gesagt?

Die Gesellschaft kam am 1. August nach Gloucester; Richard erweiterte großzügig die Privilegien dieser Yorkisten-Hochburg. Buckingham, der von London nachgereist war, begegnete dem König noch einmal, dann ritt er durch Herefordshire heim nach Burg Brecknock. Die beiden sollten sich nicht wiedersehen. Richard nahm den Weg, den er zwölf Jahre zuvor mit dem Heer seines Bruders zurückgelegt hatte: nach Tewkesbury. Hier ruhte der andere Bruder, Clarence, mit seiner Gemahlin Isabella Neville. Am 4. August erhielt der Abt des Klosters vom König gute dreihundert Pfund zur Grabespflege. Über Worcester ging es weiter nach Warwick, wo Richard im ehemaligen Neville-Schloß eine Woche hofhielt. Neben hohen Lords und Standesdamen nahmen fünf Bischöfe daran teil. Die Königin reiste aus Windsor an. Sie brachte den jungen Grafen Warwick mit, einen Sohn des Clarence.

Zwei Ausländer belebten die Gesellschaft: Albany und der spanische Gesandte Sasiola. Sie erinnerten daran, daß sich die Welt auch außerhalb Englands weiterdrehte. Albany – wir ahnen es – hatte den Königsbruder wieder einmal verraten; dank seiner war die schottische Hafenstadt Dunbar nun in englischer Hand. Richard hofierte den Herzog; auch zahlte er Schottengraf Douglas weiter für seine Dienste. Das blieb nicht ohne Wirkung: Mitte August bot König Jakob Friedensverhandlungen an.

Sasiola war vermutlich mit Königin Anna aus Windsor gekommen. Anfang Juli hatte Richard einen Botschafter zu Isabella von Spanien geschickt; er annoncierte den Regierungswechsel und beschwor die traditionelle Freundschaft zwischen Kastilien und England. Selbige hatte in letzter Zeit gelitten. Sasiola sagte nun, warum: Seine Herrin habe Eduard gezürnt, weil er einst ihre Hand ausschlug und statt dessen eine englische Witwe heiratete. Nun böte sie ein neues Bündnis und Hilfe gegen Frankreich an, denn König Ludwig habe alle Abmachungen mit ihr gebrochen.

Richard wollte lediglich den alten Freundschaftsvertrag erneuern. In diesem Sinne schickte er seinen Botschafter wieder auf die Reise. An Krieg lag ihm im Augenblick nicht; er suchte auch mit Frankreich ein Auskommen. Seit Eduards Tod störten französische Schiffe den Kanalverkehr und griffen sogar Englands Küsten an. Das war nicht allzu ungewöhnlich: Mit Piraterie verschonten sich selbst Verbündete nicht. Ende Juli beschwerte sich der Burgunderherzog bei Richard, die Engländer würden seine Untertanen auf See wie Feinde behandeln. Auch Venedig hatte in englischen Gewässern ständig Grund zur Klage; die einschlägige Korrespondenz füllt Bände.

Richard war als Protektor erfolgreich gegenüber den Franzosen, teils militärisch, teils auf Verhandlungswege. Bald nach seiner Thronbesteigung empfahl er sich als König. Er bekam kühle Antwort: »Mein Herr Vetter. Ich habe die Briefe zur Kenntnis genommen, die Ihr mir durch Eueren Herold ›Weißer Eber‹ übermittelt habt, und danke Euch für die Neuigkeiten, die Ihr mich habt wissen lassen. Wenn ich Euch einen Dienst erweisen kann, werde ich ihn von Herzen gern leisten, denn ich wünsche wohl Euere Freundschaft. Gott zum Gruße, mein Herr Vetter. Geschrieben in Montilles-les-Tours, den 21. Juli. Ludwig.«

Die Kürze der Botschaft, die lässige Form, der joviale Ton waren beleidigend. Keine Anrede Richards als König. Freundschaft hatte Ludwig auch 1475 gewünscht, als er Gloucester zu bestechen versuchte. Fürchtete er den neuen Mann? Wahrscheinlich hatte er sich schon allzusehr auf den unerfahrenen Eduard V. eingestellt. Richard schrieb am 18. August aus Leicester in gutem Französisch zurück, höflich, aber nicht ohne Ironie:·Er nehme zur Kenntnis, daß der Herr Vetter seine Freundschaft wolle, und freue sich gehörig darüber; er wolle seinerseits für ihn tun, was er könne – *de bon cueur,* »von Herzen gern«. Im übrigen habe er nicht vor, die geschlossenen Verträge zu brechen, und bitte deshalb, wie vereinbart den freien Handel zu garantieren.

Zwei Tage später, aus Nottingham, nahm Richard dann die Dienste des Vetters in Anspruch – für den Einkauf von Burgunderwein. Das war die Parodie auf die Spitze getrieben. Doch Ludwig mußte sich nicht mehr ärgern. Er sah die beiden Briefe nicht mehr: Am 30. August starb er, isoliert von der Welt, in der Festung von Plessis-les-Tours. Ein langwieriges Sterben, ein verhaßter Tod nach Monaten der Angst, gegen den keine Gebete, Beschwörungen und kein Reliquienzauber half. Zerebral-Arteriosklerose hatte zu Gehirnblutungen geführt, die am Ende tödlich waren. Die Regierung übernahm seine talentierte Tochter Anna mit ihrem Ehemann Beaujeu für Ludwigs Sohn, den dreizehnjährigen Karl VIII., einen kränklichen Spätentwickler. Die Lage hatte sich verkehrt: Frankreich hatte jetzt ein Kind zum König. England sollte noch unter den Tudors davon profitieren.

Richard hatte auch in die Bretagne geschickt: Botschafter Hutton regte beim dortigen Herzog an, die alte Freundschaft und den Handelsaustausch zu erneuern. Eine Konferenz sollte einberufen werden, um Piraterie-Schäden festzustellen und Regreßansprüche zu klären. Im übrigen bat er, ein Auge auf Eduard Woodville und seine Anhänger zu haben und unverzüglich mitzuteilen, wenn diese etwas gegen England planten. Vier Tage vor Ludwigs Tod schrieb Herzog Franz Anweisungen für eine Gegengesandtschaft. Den Woodville erwähnte er nicht, dafür *le sieur de Richemont*, Heinrich Tudor. Ludwig habe wiederholt die Überstellung dieses »Vetters« in seine Obhut verlangt und bei Weigerung mit Krieg gedroht. Er, Franz, werde nun der Macht Frankreichs kaum widerstehen können, wenn ihm nicht viertausend Bogenschützen aus England zu Hilfe kämen, auf ein halbes Jahr zu Lasten des englischen Königs, und weitere zwei- bis dreitausend auf seine eigenen Kosten. Das klang sehr nach Erpressung.

Richard hatte, als er davon hörte, anderes im Kopf, als dem wankelmütigen Bretonenherzog Schützenhilfe zu leisten. Er brauchte die Soldaten selbst. Von Warwick aus hatte er seinen Weg über Coventry, Leicester nach Nottingham fortgesetzt, wo er am Freitag, dem 22. August, eintraf. Er begrüßte hier seinen Sohn, den zehnjährigen Grafen Salisbury, der aus Middleham anreiste. Der Bub war nicht sonderlich gesund, er mußte dazu einen Wagen nehmen. Am Sonntag erhielt er den Grafengürtel für Chester

317

und wurde zum »*Prince*« (Fürsten) von Wales ernannt. Diese Reise ging weiter über Doncaster nach Pontefract, wo siebzig Adelsherren und Edelleute aus den nördlichen Grafschaften auf den König warteten. Samstag, den 30. August, zog er mit seinem Gefolge in York ein.

Der Besuch in der nördlichen Metropole war gut vorbereitet. Am 23. August hatte Kendall, Sekretär des Königs, die Honoratioren der Stadt angewiesen, »Seine Hoheit und die Königin so festlich zu empfangen, wie es sich Euere Phantasie nur ausdenken kann«. Lebende Bilder, Szenenspiele und Ansprachen sollten die königliche Gesellschaft unterhalten, Fahnentuch und Hängeteppiche die Straßen schmücken, »denn es kommen viele Herren aus dem Süden und mit ihnen vornehme Männer, die genau darauf achten, wie Ihr Seine Gnaden empfangt«.

Dieses Appells an den Lokalstolz bedurfte es jedoch nicht; die Yorker wußten, was sie ihrem *special good lord,* dem »besonders gewogenen Herrn«, schuldig waren. Nachdem sie von seiner Thronerhebung gehört hatten, waren der Bürgermeister und vier Ratsherren unverzüglich nach Middleham aufgebrochen, um dem jungen Grafen Salisbury Geschenke zu bringen: Herrenbrot, sechs junge Schwäne, sechs Reiher, vierundzwanzig Kaninchen und je ein Fäßchen roten und weißen Wein.

Die beiden Yorker Stadtsheriffs empfingen die Gäste in Tadcaster; mit erhobenen Amtsstäben ritten sie dem Zug voraus. Bei Brekles Mills vor den Stadtmauern erwarteten Bürgermeister, Ratsherren und Honoratioren in Scharlach und Rot die hohe Gesellschaft und geleiteten sie durch das Micklegate-Tor in die Stadt, wo blaugewandetete Bürger im Spalier Hochrufe ausbrachten. Spielleute stellten unterwegs auf Bühnen Allegorien und spielten kleine Szenen. Der Bürgermeister hielt eine Begrüßungsansprache und überreichte dem König hundert Silbermark, der Königin hundert Pfund in goldenen Bechern.

Es folgte eine Woche der Festivitäten. Der Bürgermeister gab zwei Bankette für Höflinge und Kronbeamte; die Fronleichnams-Gilde führte am Sonntag, dem 7. September, vor ihren Ehrenmitgliedern Richard und Anna, das »Glaubensspiel« auf. Der Höhepunkt kam Montag, Mariä Geburt: die Investitur des »Prinzen von Wales«. Befehle waren am 30. August nach London an die königliche Garderobe gegangen, eilig Gewänder, Wimpel, Wappenschilde und »Weiße Eber«-Embleme zu schicken; Tyrell, königlicher Pagenerzieher, staffierte seine Zöglinge mit holländischem Tuch aus.

Man zog zur erzbischöflichen Kathedrale, wo Prinz Eduard einen goldenen Stab überreicht und einen Stirnreif aufgesetzt bekam. Botschafter Sasiola wurde dabei zum englischen Ritter gegürtet. »Ein großer Festtag für York«, bemerkte man, »mit drei Fürsten, die Kronen trugen – dem König, der Königin und dem Fürsten von Wales.« Der Croyland-Chronist spricht gar von einer »zweiten Krönung«, doch offizielle Quellen wissen davon nichts. Daß sich der König nicht nur bei Staatsakten, sondern auch vor dem Volk gekrönt darstellte, war seit Eduard IV. üblich. Hier zeigt sich eine Wertschätzung der Öffentlichkeit, die ins kommende Jahrhundert weist. Möglich, daß Richard sich die Krone in der Yorker Kirche noch einmal von fremder Hand aufs Haupt setzen ließ.

Der König dankte den Yorkern ihre Gastfreundschaft: Zehn Tage später erließ er ihnen mehr als die Hälfte der Steuern. Auf Burg Sheriffhutton richtete er einen Hof ein, an dem Graf Lincoln, sein Neffe, blieb; er bekam den jungen Warwick in Obhut. Um den 20. September verließ Richard die nördliche Hauptstadt in Richtung Gainsborough und Lincoln, wo er am 10. und 11. Oktober eintraf.

Er war zweifellos auf dem Gipfel seiner Karriere. »Ich glaube bestimmt, daß der König zu Michaeli in London sein wird«, schreibt Bischof Langton aus York an seinen Freund, »Er stellt, wo er sich aufhält, das Volk in einer Weise zufrieden wie kein Fürst zuvor; vielen armen Leuten, die lange Zeit Unrecht litten, hat er persönlich oder durch Anweisung während seiner Rundreise geholfen. Und in vielen großen Städten und Ortschaften bot man ihm große Geldsummen an, die er zurückgewiesen hat. Bei meiner Treu, kein Fürst gefiel mir bisher in seinen Eigenschaften so gut wie er. Gott hat ihn uns zu unser aller Wohl gesandt.«

Das ist eine der wenigen positiven Aussagen über Richard III., die wir von Zeitgenossen und Nachgeborenen haben: der Situation entsprungen und nachträglich weder poliert noch relativiert. Freilich: Langton hatte Grund, Richard zu mögen. Als Protektor hob dieser ihn auf den Stuhl von St. David's; später beförderte er ihn zum Bischof von Salisbury. Im Empfehlungsschreiben an das dortige Domkapitel vom 8. Dezember 1484 nennt Richard den bewährten Diplomaten »unseren recht getreuen und geschätzten Ratgeber, der neben seinen anderen hohen Verdiensten gut für seine Zuverlässigkeit und seine treuen Dienste bekannt ist, die er uns verschiedentlich zu unserem besonderen Wohlgefallen geleistet hat«.

Russell, der seine Erinnerungen in Croyland aufschrieb, war nichts weniger als das und durch das Kanzleramt nicht weniger geehrt als Langton. Doch erinnert er sich Monate nach dem Tod des Königs ganz anders. Der Blickwinkel, unter dem man die Dinge sah, hatte sich wohl geändert. Fünfzig Jahre danach heißt es bei Vergil: »So gelangte König Richard auf dem abscheulichen Weg unerhörter Grausamkeit zu Ruhm und Ansehen und war in den Augen der Leute ein glücklicher Mann. Doch wenig später schon wurde er gewahr, daß er Schritt für Schritt von seiner Höhe abstieg und sich durch keine Politik dort halten konnte.«

Der Italiener sieht kräftig das Schicksal am Werke, doch ist seine Beobachtung im Kern richtig. *Thys world beyng of such Whelyng me contrarieng,* hatte Rivers im Kerker geklagt: »Diese Welt dreht sich unaufhörlich gegen mich.« Richard, sein Richter, machte nun die gleiche Erfahrung. Das fünfzehnte Jahrhundert faßt sie ins Bild des Glücksrades: Am Scheitelpunkt hält sich keiner lange. Dafür sorgten die Mitmenschen. Mißtrauen, Wankelmut und Ungewißheit bestimmten laut More ihr Handeln und machten es unberechenbar. Zieht man die Zeitkritik des Humanisten ab, bleibt Verhaltensunsicherheit zurück. Die Gesellschaft war im Umbruch; Denken und Handeln tasteten schwankend nach neuen Strukturen.

In Lincoln wartete auf Richard die Nachricht, daß sich Südengland in Aufruhr befand und Buckingham der Anführer war. Sie traf ihn unvorbereitet und muß wie ein Schock gewirkt haben. Bis jetzt, so schien es, hielt er das Gesetz des Handelns in der Hand. Mit furiosen Zügen spielte er auf Tempogewinn und setzte seine verwirrten Gegner matt. Kaum jemand war klar, daß er aus Verteidigungsstellungen operierte. Doch nun bemächtigten sich andere des Überraschungsmoments, und von diesem Augenblick an wurde aus dem Getriebenen ein Gehetzter. Er schlug sich gut dabei, und bis zuletzt verließ ihn nicht der Furor. Warum er aber am Ende scheiterte, verstanden die Zeitgenossen weniger als wir.

Sie retteten sich in das Modell vom tyrannischen König, das die Gegner Richards dankbar aufgriffen. Anderen schien diese Anklage kaum plausibler, als was Richard über Eduard sagen ließ. Das eine wie das andere war Propaganda.

»Kaum hatte er die Krone genommen«, schreibt Fabyan, »wandte sich der größere Teil des Adels in Haß von ihm ab. Die ihn zuvor lobten und priesen und Leben und Gut für ihn aufs Spiel gesetzt hätten, wenn er Protektor geblieben wäre, murrten und grollten nun. Kaum jemand oder niemand stand auf seiner Seite, es sei denn aus Furcht oder um der großen Geschenke willen, die sie von ihm erhielten; durch sie gewann er einige für seine Sache, die ihn später verließen.« Der Croyland-Chronist weiß Genaueres: »Während König Richard auf Reise war, blieben die zwei Söhne König Eduards im Tower von London unter der Obhut von eigens dazu ernannten Personen. Darüber begannen die Leute im Süden und Westen des Reiches heftig zu murren, und um ihre Befreiung aus der Gefangenschaft zu erreichen, hielten sie Versammlungen ab und schlossen Bündnisse. Manche arbeiteten daran, wie zu erfahren war, im geheimen und manche offen, besonders die, welche es aus Angst in Freistätten und Asyle verschlagen hatte . . .«

Es kam das Gerücht auf, die Königstöchter sollten verkleidet von Westminster außer Landes gebracht werden; falls den Buben im Tower etwas zustoße, könnten sie dafür sorgen, daß das Reich einmal an das richtige Blut zurückfalle. Daraufhin wurde die Bewachung des Klosters verstärkt, Kirche und Umgebung in eine regelrechte Festung verwandelt. Hauptmann John Nesfield, der laut More schon die Claqueure in der Gildenhalle gestellt hatte und dessen Leute für ihre Rauhbeinigkeit berüchtigt waren, kontrollierte Zu- und Ausgänge. Es handelte sich bei den Umtrieben um das Werk der überlebenden Woodvilles: Marquis Dorset und Lionel, Bischof von Salisbury, dem nun ebenfalls die Flucht aus Westminster geglückt war. Mit von der Partie waren Richard Guildford und Thomas Saint-Leger, alte Freunde der Familie; Woodville-Schwager Fogge, dem Richard voreilig Pardon gegeben hatte; William Stonor, Briefpartner von Stallworth, der sich Dorset verpflichtet fühlte und Richard noch nie mochte.

Richard war das alles nicht ganz unbekannt. Am 29. Juli schrieb er an Russell nach Westminster: »Ehrwürdiger, getreuer und geliebter Vater in Gott, wir grüßen Euch. Wir haben erfahren, daß gewisse Personen die kürzlich an verbrecherischen Unternehmungen beteiligt waren, gefaßt und in Verwahrung sind, wie Ihr sicher wißt, und wünschen nun, daß Ihr Beglaubigungsschreiben für solche Personen ausstellt, die Ihr und unser Rat als Richter über sie bestellt, und daß unsere Gesetze in dieser Angelegenheit voll zur Anwendung kommen. Laßt es daran nicht fehlen, wir vertrauen auf Euch.« Und Ende August erhielt der König Meldung von einem Aufruhr in Oxfordshire: »an die hundert Personen in kriegsmäßiger Rüstung, das heißt mit Brustpanzern, Helmen, Lanzen, Waldäxten, Schwertern, Spießen, Bögen, Pfeilen und anderen Angriffswaffen«. Zwei Rädelsführer waren gefangengenommen worden und warteten auf das Urteil einer *specialis Commissio,* eines der üblichen Standgerichte, die auf englisch *oyer and terminer* heißen: »Verhör und Richtspruch«.

Das mochte sich freilich noch im Rahmen des üblichen bewegen. Die Aufrührer von Watlington in Oxfordshire verstießen gegen den »Königsfrieden« und waren angeklagt, dritte Personen »geprügelt, verletzt und beraubt zu haben«. Von Hochverrat ist nicht die Rede, aber es konnte sich bei den Opfern natürlich um Königsanhänger handeln. Was Richard am 10. Oktober zu hören bekam, ließ jedoch keinen Zweifel mehr zu. Der Croyland-Chronist berichtet, worum es ging: »Schließlich beschloß das Volk rund um London und in Kent, Essex, Sussex, Hampshire, Dorset, Devon, Somerset, Wiltshire und Berkshire und vielen anderen südlichen Grafschaften seinen Willen in die Tat umzusetzen. Öffentlich wurde proklamiert, daß Herzog Heinrich von Buckingham, der zu dieser Zeit auf Brecknock in Wales lebte, sein früheres Verhalten bereute und der Hauptanführer des Unternehmens sei. Dazu wurde verbreitet, die Buben König Eduards hätten einen gewaltsamen Tod gefunden, doch wie, sei nicht bekannt.

»Da aber alle, die mit diesem Aufruhr begonnen hatten, ein schnelles Ende voraussahen, wenn sie kein neues Haupt für die Zeit nach dem Sieg fänden, erinnerten sie sich an Heinrich, Graf von Richmond, der sich schon seit vielen Jahren als Exulant in der Bretagne aufhielt. Ihm schickte Herzog Buckingham auf Anweisung des Bischofs von Ely, seines Gefangenen auf Brecknock, Botschaft, daß er eilen und so schnell er könne in England landen solle, um Elisabeth, die älteste Tochter des verstorbenen Königs, zur Gemahlin und zugleich das Königreich in Besitz zu nehmen. Die ganze Verschwörung wurde König Richard jedoch durch

Spione in allen Einzelheiten bekannt, der sein Interesse keineswegs schläfrig, sondern höchst tatkräftig und mit äußerster Wachsamkeit wahrte ...«

Mehr ist vom Croyland-Chronisten über die Motive der Aufständigen nicht zu erfahren. Die Tudor-Schreiber sind ergiebiger, doch teils widersprüchlich, teils unglaubwürdig. More bricht mitten in der Erzählung ab; Vergil kommt (nach Fabyan) mit der Chronologie durcheinander und Grafton geht offensichtlich die Phantasie durch. Nur so viel ist sicher: Die Woodvilles wollten den abgesetzten König befreien und sahen sich nach Verbündeten um; Margarete Beaufort, Stanleys Frau, suchte ihren Sohn Heinrich Tudor ins Gespräch zu bringen; Bischof Morton überredete Buckingham zum Verrat. Die drei Parteien fanden zusammen und verabredeten den 18. Oktober als Termin zum gemeinsamen Losschlagen. Das Gerücht, die »Prinzen« im Tower seien ermordet, spielte dabei eine Rolle. Richard bekam im letzten Augenblick Wind von der Sache und konnte die Vereinigung ihrer Kräfte verhindern. Unwetter begünstigte ihn dabei.

Was die Woodvilles wollten, ist klar. Aber ihre Macht war beschränkt, ihre Basis schmal. Die Yorkisten im Lande folgten König Richard, dem Sohn des alten York. Auf der anderen Seite standen die Lancasterianer, die sich um Margarete Beaufort und ihren Sohn scharten. Margarete war Tochter des 1444 verstorbenen Herzogs Somerset, Urenkelin Johanns von Gent und seiner Mätresse Katharina Swynford. Sie hatte Edmund Tudor geheiratet, Graf Richmond und Sohn des Owen Tudor, der von Eduard 1461 hingerichtet worden war; Edmund war fünf Jahre zuvor gestorben. Ihr Sohn Heinrich wuchs einige Jahre am Hof des Yorkisten-Grafen Pembroke auf, bis dieser unter Warwicks Beil sein Ende fand. Als Vierzehnjähriger erlebte er Tewkesbury; sein Onkel Kaspar Tudor nahm ihn mit auf die Flucht in die Bretagne. Den Grafengürtel des Vaters hatte Heinrich nie erhalten, doch nannten ihn seine Anhänger Graf Richmond.

Heinrichs Thronanspruch stand auf denkbar schwachen Füßen. Die Beaufort-Linie war morganatisch; Richard II. ließ sie zwar einst durch Parlamentsbeschluß legitimieren, doch sein Nachfolger Heinrich IV. versperrte ihr nachträglich durch eine Klausel den Weg zum Thron. Solche Klauseln konnte man freilich ebensoleicht ändern wie Parlamentsbeschlüsse selbst. Kritischer war deshalb, daß der Tudor einen Mitbewerber hatte: Heinrich Stafford von Buckingham. Auch dessen Mutter hieß Margarete Beaufort – sie war eine Cousine der Gräfin Richmond. Doch Buckingham hatte es nicht nötig, sich auf die dubiose Beaufort-Linie zu berufen: Seine Urgroßmutter war legitime Enkelin Eduards III., Tochter seines jüngsten Sohnes Thomas Woodstock. Er führte das Woodstock-Wappen ungeteilt. So stand er dem Thron erbrechtlich näher als Vetter Heinrich. Doch wieder einmal zeigte sich, wie wenig Juristerei in der Politik vermochte. Die Lancasterianer hatten sich auf den Tudor eingeschworen; Buckingham galt – nicht von ungefähr – als Yorkist. Woodstock-Anhänger gab es nicht.

Buckingham war dennoch mächtig, nach König Richard der Mächtigste im Reich – jedenfalls seinen Titeln und Ämtern nach. An ihm kamen die Woodvilles und Tudors nicht vorbei. Was brachte diesen Mann aber an die Seite seiner Erzfeinde und Rivalen? Wir können nur auf die Beispiele Warwicks und Hastings' verweisen und haben damit ein Gutteil erklärt. »König Richard III. gab alle seine Schätze an Herzog Heinrich von Buckingham, der daraufhin großzügig Livreen mit den ›Stafford-Knoten‹ verteilte und sich brüstete, er habe so viele Anhänger wie Graf Richard Neville von Warwick unter dem Zeichen der ›Astgabel‹«, berichtet Rous, fügt freilich hinzu: »Es waren aber doch viel weniger . . .« More legt dem sterbenden König Eduard in den Mund, was Adelige dieses Schlages trieb: Zuerst wollen sie dem König am nächsten, dann ihm gleich und schließlich über ihm sein. Schrankenloser Ehrgeiz wäre demnach Buckinghams Beweggrund.

Der Meinung sind auch die Tudor-Schreiber. Doch sie nennen neben eitlen Herrschaftsräumen zwei weitere Motive: enttäuschte Hoffnung auf das Bohun-Erbe und Reue über vergangene Taten. Nun wissen wir freilich, daß Richard dem Herzog die Hereford-Länder durchaus zusagte; bis zur Bestätigung der Übertragung durch das Parlament überließ er sie ihm sogar schon zur Nutzung. Möglich, daß Buckingham damit nicht zufrieden war und auch den zugehörigen Grafentitel wollte, den zuletzt Heinrich *Bolingbroke* trug. Wenn dem so war, überzog er freilich: Richard konnte dieser Forderung nicht nachgeben. Denn das hätte so ausgesehen, als sei Buckingham Erbe des Lancaster-Königs. Es war nicht üblich, Titel, die einmal an die Krone gefallen waren, außerhalb der Königsfamilie zu vergeben.

More hat an dieser Version denn auch seine Zweifel. Er meint, die Beobachter seien durch die plötzliche Wendung Buckinghams erheblich in Verwirrung geraten. »Einige habe ich sagen hören, daß der Herzog kurz vor der Krönung vom Protektor unter anderem die Hereford-Ländereien verlangte . . . Der Protektor reagierte äußerst ärgerlich darauf und wies den Herzog mit höhnischen und drohenden Worten ab. Das verletzte diesen und füllte sein Herz mit Haß und Argwohn, so daß er König Richard fürderhin nicht mehr gerade ansehen konnte und für sein eigenes Leben fürchtete. Als der Protektor durch London zu seiner Krönung ritt, fühlte Buckingham sich krank, denn er wollte nicht mit ihm reiten. Der andere nahm das für Böswilligkeit und hieß ihn aufstehen, sonst würde er ihn tragen lassen. Daraufhin ritt dieser widerwillig mit. Man sagt, seitdem seien Haß und Argwohn zwischen ihnen so stark gewesen, daß der Herzog ernstlich fürchtete, in Gloucester ermordet zu werden; er schied freilich unbehelligt.

Leute, die mit dieser Zeit vertraut sind, bestreiten das aber. Sie halten es für unwahrscheinlich, daß der Protektor dem Herzog Grund zum Unwillen oder der Herzog dem Protektor Gelegenheit zum Mißtrauen gab; sie berücksichtigen dabei die Verstellungskunst der beiden Männer und wie sehr der Protektor den Herzog in dieser grünen Welt brauchte und in welche Gefahr sich der Herzog begab, wenn er einmal den Argwohn des Tyrannen weckte. Erfahrene Leute glauben auch nicht, daß König Richard ihn jemals hätte gehen lassen, wenn er irgendeinen Verdacht gehabt hätte. Richtig ist, daß der Herzog ein hochmütiger Mann war und schwer den Ruhm eines anderen ertragen konnte. Leute, die behaupten, es gesehen zu haben, sagen, daß der Herzog seinen Blick nicht auf dem Protektor halten konnte, als dieser erstmals die Krone aufgesetzt bekam, sondern seinen Kopf zur Seite wenden mußte. Sie sagen aber auch, daß er wirklich nicht bei Gesundheit war und König Richard das wußte und nicht übelnahm und auch keine Bitte unhöflich abschlug. Vielmehr schied der Herzog in Gloucester reich beschenkt und hoch geehrt, in äußerst herzlicher und vertrauter Weise.

Grafton zufolge beschloß Buckingham unterwegs in Tewkesbury, sich selbst die Krone zu verschaffen, traf dann aber Margarete Beaufort, die ihm das ausredete, weil ihr Sohn den besseren Anspruch habe. Das kann nicht stimmen, weil Margarete zu dieser Zeit in London agierte und der Herzog kaum über Tewkesbury

ritt, denn diese Route nahm ja Richard. Vergil meint denn auch, Buckingham habe sich selbst bekehrt und Bischof Morton auf Brecknock seinen Plan enthüllt: Heinrich Tudor solle König werden, wenn er Elisabeth von York heirate. Er bringt sich jedoch um den Kredit, indem er die Begebenheit ein Jahr zu spät ansetzt. More dagegen sieht die Rollen vertauscht; für ihn ist Morton der Drahtzieher, dem der Herzog ins Netz geht. In der Tat klingt seine Version am wahrscheinlichsten:
»In Brecknock daheim stand er schon bald mit Dr. Morton, Bischof von Ely, den er auf König Richards Geheiß in Verwahrung hatte, auf vertrautem Fuß. Der nutzte, klug wie er war, die Eitelkeit des Herzogs zur eigenen Befreiung und zu dessen Untergang. Der Bischof war ein Mann von großer natürlicher Begabung, höchst gebildet und vornehm im Betragen, und es fehlte ihm nicht die Fähigkeit, Menschen zu gewinnen. Er hatte fest zur Sache Heinrichs VI. gestanden, als dessen Partei prosperierte; doch verließ er ihn auch im Unglück nicht, sondern floh mit der Königin und dem Prinzen aus dem Reich, als Eduard den König in Gefangenschaft hielt, und kam erst heim zur Schlacht. Nachdem sie verloren und diese Partei völlig am Boden war, zeigten sich die anderen ob seiner standfesten Treue und Klugheit nicht nur zufrieden, daß er in ihren Frieden kam, sondern drängten ihn sogar dazu und schenkten ihm von da an intimes Vertrauen und besondere Gunst.

Er enttäuschte sie nicht. Denn wie wir hörten, wurde er zuerst von dem Tyrannen wegen seiner Treue zum König eingesperrt, fand dann Mittel, den Herzog für seine Ziele einzuspannen, gewann Männer zur Unterstützung König Heinrichs und betrieb als erster die Heirat zwischen diesem und König Eduards Tochter. Damit zeigte er sich beiden Herren treu und erwies ihnen einen guten Dienst; er nützte damit auch dem Reich unendlich viel, indem er jene zwei Linien zusammenbrachte, deren widerstreitende Ansprüche lange das Land in Unfrieden versetzt hatten. Er floh aus dem Reich, ging nach Rom und mischte sich nicht mehr in weltliche Angelegenheiten, bis der edle Fürst Heinrich VII. ihn heimholte und zum Erzbischof von Canterbury und Kanzler von England machte; der Papst fügte dem die Kardinalswürde hinzu. So lebte er über viele Jahre in solchen Ehren, wie man es sich nur wünschen kann, und endigte so gottgefällig, daß sein Tod mit Gottes Gnade sein Leben nachträglich läuterte.«

Mit diesen Worten setzte More seinem ehemaligen Dienstherrn und Gönner, dem Gewährsmann seiner historischen Erinnerung, ein Denkmal – mit kritischem Nachklang. Mancini äußert sich nicht viel anders: »Gewieft in Parteipolitik, gerissen und wagemutig«. Ob Lancaster-Treue oder Karrieredenken Mortons Weg bestimmten, ist in der Tat schwer zu entscheiden. Vielleicht wäre er auch Richard zu Diensten gewesen, wenn dieser nur gewollt hätte – als Kanzler etwa oder wenigstens als Kronsiegelbewahrer. Seine Fähigkeiten drängten zweifellos ungestüm zur Entfaltung. Erwerbssinn hatte er schon bewiesen: Seit 1450 gehörte er zu den reichsten Pfründeninhabern. Später nützte er dem Tudor mit diesem Talent. Er erfand ein Besteuerungsprinzip, das man »Mortons Schere« nannte: Sie erwischte gleichermaßen den Luxuskonsumenten, der offensichtlich Geld hatte, und den Sparer, dessen Kasse erst recht gefüllt sein mußte. Als Morton 1500 starb, gehörte er nicht zu denen, die man im Volk besonders liebte. Aber zweifelsohne war er ein Mann der kommenden Zeit.

»Dieser Mann hatte also, wie ich schon sagte, durch lange und unterschiedliche Praxis, im Glück wie im Unglück, große Erfahrung (die wahre Mutter und Herrin der Weisheit) und tiefe Einsicht in den Lauf weltlicher Politik gewonnen. Als er nun merkte, daß dieser Herzog ihm freundlich gegenübertrat, fütterte er ihn mit schönen Worten und viel angenehmem Lob.« More schildert in einer köstlichen Szene, die leider mittendrin abbricht, wie es der schlaue Bischof dem tumben Herzog besorgt. Es brauchte nicht viel, um zu merken, daß Buckingham auf Richard neidisch war, auch wenn er es zunächst nicht zugab und den König pries und rühmte. Morton widersprach dann nicht, hielt ihn aber beim Thema und förderte seine widersprüchlichen Empfindungen durch geschickte Einwände. Dabei verheimlichte er keineswegs seine Lancaster-Sympathie und gab gleichzeitig ein freimütiges Bekenntnis seiner politischen Moral:

»Wenn es nach mir gegangen wäre, hätte Heinrichs Sohn die Krone bekommen und nicht König Eduard. Doch nachdem Gott sie ihm verweigert und Eduard an die Regierung gebracht hatte, war ich nicht so verrückt, an der Seite eines Toten gegen den Lebenden zu streiten. Deshalb diente ich König Eduard als treuer Beamter und wäre es zufrieden gewesen, wenn ihm sein Kind gefolgt wäre. Doch als Gott in seinem unergründlichen Ratschluß anders entschied, hielt ich es für sinnlos, gegen den Stachel zu löcken und aufzurichten, was Gott niedergerissen hat.« Schließlich ließ er die Katze aus dem Sack: »Was den Protektor betrifft, der nun König ist, will ich nicht seinen Rechtstitel bestreiten. Doch hinsichtlich der Wohlfahrt dieses Reiches, dessen armes Mitglied ich bin, wünschte ich, daß zu den Fähigkeiten, die er zweifellos hat, Gott ihm noch andere Tugenden verliehen hätte, wie er sie auf vorzügliche Weise in Euch angelegt hat.«

Hier endet Mores Erzählung. (Vielleicht hätte er sie weitergeführt, wenn nicht jenes Schicksal dazwischengetreten wäre, das er am Beispiel Hastings' eindringlich beschrieb: Tod durch Tyrannenwillkür. Am 6. Juli 1535 wurde er auf dem Tower-Hügel enthauptet, weil er Heinrich VIII. *Tudor* nicht als Kirchenoberhaupt anerkennen wollte.) Grafton spinnt in seiner Chronik, der Mores Geschichte eingefügt ist, Buckinghams Gespräch mit dem Bischof fort – nach welchen Quellen, wissen wir nicht. Sei's drum. Sicher ist, daß Morton sein Ziel erreichte. Seine Worte gingen dem eitlen Herzog wie Öl hinunter. Ihn zur Rebellion zu bewegen, dürfte nicht schwer gewesen sein, vielleicht rannte er offene Türen ein. Richards Durchmarsch zur Macht mußte Ehrgeizige zur Nachahmung reizen. Wie leicht Könige gemacht und gestürzt wurden, hatte schon Eduards IV. Karriere gezeigt.

Dabei wollte der Herzog bestimmt mehr sein, als ein Königsmacher. Doch Morton überzeugte ihn von der Unumgänglichkeit einer »großen Koalition«. Richards Abwesenheit von der Hauptstadt förderte das Komplott. Die Woodvilles waren hier seit seiner Abreise aktiv, ohne recht Boden unter die Füße zu bekommen. Margarete Beaufort, die kurz zuvor noch die Schleppe der Königin Anna getragen hatte, nutzte die Situation und nahm Kontakt mit ihr auf. Königin Elisabeth hatte mit Hastings konspiriert, sie hätte wohl selbst mit dem Teufel paktiert; ob nun mit Lancaster, war ihr einerlei. Ihre Tochter dem Tudor zu versprechen, kostete nichts und verschaffte ihr zunächst einen Bundesgenossen.

Dazu kam das Gerücht, die »Prinzen« im Tower seien ermordet. Vielleicht streuten Lancasterianer es aus; vielleicht war es auch nur eine der schnell blühenden Meinungspflanzen, wie sie tagtäglich aus dem Boden schossen. Professionelle Informationsagenturen gab es nicht. Wirtshäuser, Brunnenplätze und Marktstraßen bildeten Umschlagplätze für Nachrichten und Gedankentreibgut. Was sich ein einzelner ausdachte, konnte innerhalb von Stunden durch tausend Münder gegangen sein. Das Volk hatte eine aufgeregte Phantasie. Aber in dieser Zeit schien auch alles möglich. Das Gerücht vom Tod der Eduard-Söhne erfüllte jedenfalls einen nützlichen Zweck: Es konzentrierte die Woodville-Loyalitäten auf Elisabeth von York und ihren zukünftigen Lancaster-Gemahl.

Als Botschaft aus Brecknock kam, daß Buckingham sich der Fronde zur Verfügung stellte, konnte Margarete nach ihrem Sohn in der Bretagne schicken, den sie nicht gesehen hatte, seit er fünf war. Buckingham schrieb auch persönlich an den Tudor. Daß der Träger des Woodstock-Wappens bereit gewesen wäre, einem Heinrich VII. zu dienen, ist allerdings so abwegig wie die Vorstellung, daß Warwick und Margarete von Anjou je zusammen im Küchenkabinett Heinrichs VI. gefrühstückt hätten. Buckingham spielte wohl ein doppelt falsches Spiel. Ein »Königsspiel« – das auf dem Blutgerüst endete, wie More für solche Fälle voraussah.

Die Überraschung wäre indes beinahe gelungen. Richard sonnte sich in der Sympathie, die ihm auf der Huldigungsreise entgegenschlug, und dachte an nichts Böses. Doch dann brach vorzeitig der Aufstand im Süden los, und Buckinghams Name war in aller Munde, bevor dieser seine Truppen beisammen hatte. Norfolk hörte davon spätestens am 10. Oktober. An diesem Donnerstag schreibt er aus der Hauptstadt: »An meinen guten, lieben Freund John Paston in Eile . . . Die Lage ist so: Die Kenter im Waldland *(The Weald)* haben sich erhoben und sagen, sie würden nach London kommen und die Stadt plündern, was ich, so ich kann, verhindern werde. Darum bitte ich Euch, macht Euch mit allem Fleiß bereit und kommt hierher und bringt sechs kräftige Burschen in Harnisch mit; Euere Mühe wird nicht umsonst sein, Gott sei mein Zeuge . . .«

Paston war wohl nicht der einzige, den Norfolk in dieser Weise zu den Waffen rief. Richard erfuhr die Neuigkeit am Tage darauf und reagierte so prompt, wie der Croyland-Chronist berichtet. Wieder wandte er sich zuerst an die Yorker; er bat sie, soviel Bewaffnete als möglich nach Leicester zu schicken, zum 21. Oktober. Der Brief traf am Sonntag ein, und diesmal handelten die Bürger schneller als im Juni: Der Stadtrat trat sogleich zusammen und beschloß über Zahl und Ausrüstung der Reiter. Am gleichen Tag schreibt Kämmerer Lovell an einen der Verschwörer: »Vetter Stonor, ich empfehle mich Euch von ganzem Herzen; denn der

König geruht, Euch und alle anderen zu ermahnen, sich ihm anzuschließen . . . Ich bin sicher, daß er dann höchst zufrieden sein wird. Ich denke, Ihr vertraut meiner Ehre, sie wird Euer Schutz sein. Vergeßt das bitte nicht und kommt auch rechtzeitig ...« Im Postskriptum wies er den »Vetter« an, am Montag, dem 20. Oktober, in Leicester zu sein. Vergebens. *Sir Wm. Stonor, in Berks,* gehörte zu denen, die am Donnerstag darauf geächtet wurden.

Der König führte keinerlei Truppen mit sich und konnte froh sein, daß in Lincolnshire alles ruhig war. Am 12. Oktober schickte er nach Westminster um das Reichssiegel, denn Kanzler Russell war krank und konnte nicht persönlich kommen. In einem eigenhändigen Zusatz schreibt Richard sich seine Wut vom Leibe: »Teilt uns bitte mit, was Ihr an Neuigkeiten habt. Hier ist gottlob alles gut und getreulich in die Wege geleitet, um der Bosheit jenes Mannes zu begegnen, der treulosesten Kreatur unter den Lebenden; mit Gottes Hilfe wird es nicht lange dauern, bis wir in dieser Gegend sind, um seine Arglist zunichte zu machen. Seid sicher, daß noch nie für einen Verräter so gut vorgesorgt war; der Überbringer wird Euch sagen, wie.«

Ein Bote brachte das Siegel am 18. Oktober. Wenn Russell in seinem Amt unglücklich war, wenn böse Nachrichten aus dem Tower ihn erschütterten – er ließ es sich nicht anmerken. Er hätte zum Feind wechseln können; das Reichssiegel wäre als Morgengabe sicher willkommen gewesen. Vielleicht ahnte er jedoch, daß aus der Revolte nichts werden würde; vielleicht war seine Krankheit auch politischer Natur: Er wollte dem König nicht zu nahe sein. Tatsächlich geriet Buckinghams Unternehmen zum Fiasko. Am 15. Oktober wurde der Herzog zum Verräter erklärt, acht Tage später samt seiner Anhängerschaft geächtet; *yeomen* und *commoners* ausgenommen, sofern sie ihre falschen Führer sofort verließen. Hundert Personen wurden genannt, darunter drei Bischöfe (Salisbury, Exeter und Ely) und die Gräfin Richmond, Margarete Beaufort; im übrigen Dorset und Lord Welles, ein Onkel Heinrich Tudors. Von Heinrich selbst war dabei nicht die Rede. Entweder wußte Richard nicht, daß ihm von dieser Seite Gefahr drohte, oder er wollte die Pferde nicht scheu machen.

Richard beschuldigte die Rebellen nicht nur der Verräterei; er hielt ihnen vor, daß sie von Hurerei und Kuppelei nicht abgelassen hätten, sondern im Gegenteil »Laster und Sünde wie eh und je, zum großen Mißfallen Gottes und schlechtem Beispiel für die Christenheit«, fortführen wollten. Das war ein alttestamentlicher Ton, wie ihn ansonsten Ketzer im Munde führten, nicht die katholische Kirche; bald sollten Puritaner, aus dem Norden kommend, die Insel damit beherrschen. Richard hätte sich dieser Chiffren wohl kaum bedient, wenn es kein Publikum dafür gegeben hätte. Vielleicht noch nicht im Süden, aber hier war er ja auch nicht zu Hause. Hohe Kopfgelder wurden auf die Rädelsführer ausgesetzt: tausend Pfund in bar oder Land mit jährlicher Rendite von hundert Pfund für Buckingham; Dorset und die Bischöfe waren das gleiche nur in Mark wert – ein Fünftel davon. Um die fälligen Urteile zu vollstrecken, brauchte man, da Buckingham ausfiel, einen neuen »Polizeiminister«. Ein Ralph Assheton wurde *hac vice,* »an seiner Stelle«, Reichsstallgraf.

Buckingham hatte eine Menge Ämter unter Richard gehortet; sie waren ihm wohl zu Kopf gestiegen. In Wirklichkeit erwies sich seine Basis als recht schmal. Amtstitel zählten am Ende so wenig wie Rechtsansprüche. Was galt, war der *good lord,* der sich als gerechter Richter, großzügiger Fiskal und zuverlässiger Schutzherr einführte. Buckingham fehlte dazu entweder das Talent oder die Zeit. Jedenfalls fand er nicht den erhofften Zulauf. Obwohl es zunächst in einem Brief aus Lancaster vom 18. Oktober hieß: »Die Leute hier im Land sind durch die Befehle, die vom König und der anderen Seite kommen, so durcheinander, daß sie nicht mehr wissen, was sie tun sollen. Mylord Strange bricht am nächsten Montag mit zehntausend Mann von Latham auf, wohin, wissen wir noch nicht. Herzog Buckingham hat so viel Leute, heißt es hier, daß er hingehen kann, wo er will. Aber ich vertraue darauf, daß man ihm und seiner Arglist angemessenen Widerstand leisten wird; alles andere wäre ein großes Unglück.«

Autor ist Edward Plumpton, Sekretär bei Lord Strange, Stanleys Sohn. Was er über Buckinghams Bewegungsfreiheit gehört hat, ist freilich übertrieben – so wie die Zahl der Krieger, die Strange angeblich ins Feld führen will. Der schnelle Aufstieg in Wales hatte dem Herzog Feinde dort verschafft, mächtig genug, ihn in Schranken zu halten. Sie leisteten dem König gute Dienste.

»König Richard veranlaßte, daß sich in Wales und überall in seinen Marken in der Umgebung des Herzogs Bewaffnete bereithielten, die in dem Augenblick, da der Herzog den Fuß vor sein Haus setzte, seinen Besitz zerstören und seinen Vormarsch in jeder Weise behindern sollten; dabei stellte er ihnen die großen Reichtümer des Herzogs in Aussicht. Das geschah dann auch: Bei Burg Brecknock, die ins Innere von Wales schaut, beobachtete Thomas, Sohn des verstorbenen Sir Roger Vaughan*, mit Hilfe seiner Brüder und Verwandten sorgfältig das ganze Umland, während Humphrey Stafford** die Brücken und Pässe, die nach England hinüberführten, zum Teil zerstörte, zum Teil mit starker Streitmacht sperrte«, berichtet der Croyland-Chronist.

Unwetter, die noch Jahre danach als »Großes Wasser« in Erinnerung waren, taten ein übriges; die Wege wurden tief, die Flüsse unüerwindbar. Buckingham kam nicht weit. Vergil berichtet: »Der Herzog machte sich mit einem starken Trupp Waliser gegen den König auf. Als Mann, der hart und unnachsichtig handelt, hatte er sie gegen ihren Willen ins Feld gebracht, durch strikten Befehl und weniger durch Bezahlung. So zeigten sie nicht die geringste Lust, für ihn zu kämpfen, und der größere Teil verließ ihn plötzlich . . .« Mitentscheidend für die Fahnenflucht war wohl, daß schlechte Nachricht von den Bundesgenossen kam. Norfolk war es gelungen, die Verbindungen der Rebellen in Kent und Surrey nach Ostengland abzuschneiden und einen Angriff auf London zu verhindern. Richard hatte indes ein ansehnliches Heer um sich versammelt. Am 24. Oktober brach er von Leicester nach Süden auf, um Buckingham den Weg in die Hauptstadt abzuschneiden.

Er hatte damit keine Arbeit mehr. Von seinen Truppen verlassen, wandte sich der Herzog zur Flucht. Dem Croyland-Chronisten zufolge setzte er sich heimlich von den verbliebenen Getreuen ab. Die Bundesgenossen im Süden taten es ihm nach, als sie vom Vormarsch des Königs hörten: Sie verschwanden wieder in den Wäldern und Asylen oder retteten sich ins Exil. So auch Morton, der Buckingham begleitet hatte; er entkam in die Bretagne. Bukkingham selbst war weniger glücklich. »Man entdeckte ihn in der Hütte eines armen Mannes aufgrund der größer als üblichen Menge an Verpflegung, die dorthin gebracht wurde«, weiß der Croyland-Chronist. Tatsächlich verriet ihn ein Landedelmann namens Ralph Bannister; am 13. Dezember erhielt dieser vom

---

* Vaughan von Tretower
** Stafford von Grafton, ein Verwandter Buckinghams

König Buckinghams ehemaliges Landgut Yalding in Kent, »für den treuen Dienst, den er uns geleistet hat, indem er den Rebellen ergriff und an uns auslieferte«.

Buckingham wurde von Shropshire hinunter nach Salisbury geschafft, wo der König am 28. Oktober eingetroffen war. »Vize«-Stallgraf Asshton bekam zu tun; er machte Buckingham den Prozeß. Vergil berichtet: »Der Herzog wurde sorgfältig verhört, und was er über das Verbrechen wußte, erzählte er ohne Folter. Denn er hoffte, bei einem freimütigen Geständnis mit König Richard reden zu dürfen, was er dringend wünschte. Doch nachdem er gestanden hatte, wurde er enthauptet.« Es war dies am 2. November, Sonntag Allerseelen, auf dem Marktplatz von Salisbury.

Der Aufstand war ohne größeres Blutvergießen zusammengebrochen, bevor er richtig begonnen hatte. Auch Heinrich Tudor bildete keine Gefahr mehr. Er war um den 19. Oktober mit fünfzehn Schiffen und fünftausend Mann losgesegelt; ein plötzlicher Sturm, der wohl mit dem Unwetter in Südengland und Wales zusammenhing, hatte jedoch die Flotte zerstreut und großenteils in die Bretagne und Normandie zurückgetrieben. Vereinbart war, daß Heinrich in Plymouth (Devonshire) landen sollte, doch verschlug es ihn weiter östlich nach Pool. Man lud ihn dort zur Landung ein, doch witterte er eine Falle – zu Recht, wie Vergil meint. Die Küste war bereits von Anhängern des Königs besetzt. Als die übrige Flotte nicht nachkam, nahm er Kurs zurück zum Kontinent. Er traf noch vor dem 31. Oktober wieder in Paimpol ein.

Richard zog von Salisbury nach Exeter in Devonshire an der Südwestküste. Die Stadt empfing ihn mit einem Geschenk von zweihundert Goldnobel. Er bezog Sitz im Palast des flüchtigen Bischofs. Drei weitere Köpfe rollten nun, darunter der des Königsschwagers Saint-Leger; kein Lösegeld konnte ihn retten. In London wurden um diese Zeit an die zehn Aufrührer hingerichtet. Die meisten anderen kamen glimpflich davon. Beim Parlament zwei Monate später wurden 104 Personen in Abwesenheit verurteilt; ein Drittel davon begnadigte der König wieder, darunter Rädelsführer wie Dorset, Richard Woodville, Fogge und Bischof Morton. Viele Schuldige entgingen gar der Anklage oder erhielten Strafaufschub wie Margarete Beaufort. Allerdings wurden Titel und Güter der Gräfin eingezogen. Doch Stanley, ihr Mann, erhielt den Besitz zur lebenslangen Nutzung. Die Gemahlin gab Richard ihm »zur Obhut«.

Am 18. November war der König wieder in Salisbury. An diesem Tag wurde Stanley an Buckinghams Stelle Reichsstallgraf; großzügige Landschenkungen folgten. Buckinghams Lordschaft Kymbellton war ihm schon am Tage der Hinrichtung des Herzogs verliehen worden. Sein Bruder, William Stanley, bekam das Oberrichteramt von Nordwales. In Südwales wurde Graf Huntingdon, ein Herbert, eingesetzt. Belohnung ging auch an die Waliser Adelsherren und Häuptlinge, die Buckingham im eigenen Lande zugesetzt und am Ende sogar Brecknock erobert hatten. Die Machtstellung des Herzogs wurde jedoch für keinen anderen erneuert. Neben William Stanley und Graf William Herbert von Huntingdon dienten nun eine Reihe kleinerer Adeliger in den Marken, darunter Tyrell, der königliche Pagenerzieher. Besondere Ehre wurde Northumberland zuteil: Am letzten Novembertag erhielt er die Reichskämmerei. Darüber hinaus bekam auch er einen Teil des aufgelassenen Buckingham-Erbes.

Von Salisbury nahm Richard den Weg über Winchester nach Canterbury, um sich zu überzeugen, daß auch in Kent der Friede wiederhergestellt war. Am 25. November ritt er in London ein. Die Bürger empfingen ihn in ihren festlichen Roben bereits in Kensington und geleiteten ihn durch Southwark über die große Londoner Brücke. Am Tag darauf in Westminster gab er Kanzler Russell das Reichssiegel wieder feierlich in Verwahrung. Fünf Bischöfe waren anwesend, darunter Rotherham von York; vom hohen Weltadel Norfolk, Arundel, Northumberland und Stanley. Die Rebellion scheiterte nicht zuletzt deshalb, weil sich außer einem Lord (Richard Beauchamps von Saint-Mount) kein Adelsherr der Verschwörung angeschlossen hatte; die Erhebung blieb auf den Süden beschränkt und wurde fast ausschließlich von kleineren Edelleuten getragen. Buckinghams Stern, der für kurze Zeit kometenhaft zu strahlen schien, erwies sich als toter Planet, der sein Licht nur geliehen hatte; er zog niemanden an.

Trotzdem erschütterte der Aufstand Richards Herrschaft, kaum daß sie begonnen hatte, auf irreparable Weise. Der Verrat des engen Vertrauten kostete den König Kredit. Was Waffen nicht vermochten, erreichten Zweifel an seiner Fortune. Der Abenteurer, den sie Richmond nannten, wurde dadurch erst zur Gefahr; sie wiederum erweckte Unsicherheit und Angst bei den Untertanen. So schloß sich der Teufelskreis. More wußte, wie es dazu kommen konnte: »Was schlecht begonnen ist, wird niemals gut: Während Richards ganzer Regierung hörte das grausame Töten und Schlachten nicht auf, bis sein eigener Untergang es beendete. Daß seine Zeit mit einem gerechten und wohlverdienten Tode schloß, lag an ihm selbst: Denn er begann sie mit einem höchst erbärmlichen und verbrecherischen – ich meine den beklagenswerten Mord an seinen unschuldigen Neffen, dem jungen König und seinem zarten Bruder.«

Was der Biograph anspricht, ist das Geheimnis der »Prinzen im Turm«: das rätselhafte Verschwinden der beiden Königskinder aus den Gemächern des Tower. Es hat nicht nur Shakespeare zu seinem Dramenstoff verholfen, sondern Generationen von Historikern und Künstlern samt ihrem Publikum bewegt. An seinen möglichen Lösungen wird Richard III. immer noch gemessen. Wenn er die Kinder auf dem Gewissen hat, ist's damit nämlich nicht getan. *Nemo repente turpissimus,* heißt ein Erfahrungssatz römischer Rechtsgelehrsamkeit: »Niemand wird plötzlich zum Schurken«. So muß Richard denn, geht die Logik, schon immer ein Schurke gewesen sein – Mörder auch Heinrichs VI. und seines Sohnes Eduard, Anstifter und Vollstrecker der Hinrichtung Clarences, Mißhandler der Schwiegermutter, Vergifter der Ehefrau (wovon wir noch hören werden). Dann richtete er machtbesessen alles Streben von Anfang an auf die Krone, bereit, dabei über Leichen zu gehen. Und hatte am Ende vielleicht doch einen Buckel.

Die früheste Nachricht vom Tod der Prinzen stammt aus Frankreich. Kanzler Rochefort beschwor am 15. Januar 1484 die Treue der Generalstände ihrem jugendlichen König Karl gegenüber: »Wenn ich besondere Beweise Euerer Liebe zum Fürsten und der Verräterei anderer bringen wollte, würde mir ein ganzer Tag nicht reichen. Es genügt, das Beispiel der benachbarten Engländer zu erwähnen. Schaut Euch bitte an, was nach dem Tode König Eduards in diesem Land passiert ist, wie seine hochgeborenen Kinder, die schon herangewachsen waren, ungestraft gemeuchelt und das Reichsdiadem durch Volksgunst ihren Mördern übertragen wurde.«

Der Croyland-Chronist schreibt später, Buckinghams Verbündete hätten die Geschichte in Umlauf gesetzt; so gelangte das

Gerücht sicher mit den flüchtigen Rebellen nach Frankreich. Aber dem Kanzler stand noch eine andere Quelle zur Verfügung: Mancini. Der Italiener hatte ihm vor seiner Englandreise drei Gedichte gewidmet; als er in Beaugency seinen Bericht *De occupatione regni Anglie* (»Über die Machtergreifung in England«) abschloß, hielt Rochefort ganz in der Nähe Ratsversammlungen ab – Dezember 1483.

Mancini wußte allerdings auch nichts Genaues: »Der Arzt Argentine, den der junge König als letzten aus seiner Dienerschaft bei sich hatte, berichtete, daß dieser wie ein Schlachtopfer jeden Tag durch Beichte und Bußübungen seine Sünden zu erleichtern suchte, weil er glaubte, der Tod stehe ihm bevor . . . Ich habe nicht wenige in Tränen und Rührung ausbrechen sehen, wenn die Rede auf den jungen König kam, nachdem er aus dem Blickfeld der Leute entfernt worden war, und es wurde schon der Verdacht geäußert, daß er beseitigt worden sei. Ob er aber beseitigt wurde und durch welche Todesart, darüber konnte ich bislang nichts in Erfahrung bringen.«

Daß Prinz Eduard sein Ende kommen sah, besagt freilich nicht viel, zumal es Anzeichen gibt, daß er ernstlich krank war. Dafür zeugt nicht nur die Anwesenheit des Arztes John Argentine, der später auch für Heinrichs VII. ältesten Sohn Arthur Dienste leistete. Wie wir heute wissen, litt der Bub an einer chronischen Knochenkrankheit des Unterkiefers: eine schmerzhafte Angelegenheit, die einen wohl zum Beten – und auch zum Tode bringen kann.

Als Mancini schrieb, stand er bereits unter dem Eindruck der Gerüchte aus England. Das gilt natürlich auch für den Croyland-Chronisten, der seinen Bericht zwei Jahre später verfaßte. Um so erstaunlicher seine karge Aussage: *Vulgatum est, dictos Regis Edwardi pueros, quo genere violenti interitus ignoratur, decessisse in fata* – »Es wurde verbreitet, die Buben König Eduards seien gewaltsam, doch auf unbekannte Weise ums Leben gekommen.« Nichts weiter, kein Hinweis, was der Autor von dem Gerücht hält. Das ist bei dem feindseligen Ton, den er gegen den gefallenen König ansonsten im Munde führt, verwundertlich. Offensichtlich kann er, im Frühjahr 1486, den Tod der Prinzen guten Gewissens weder bestätigen noch dementieren. Ein spanischer Chronist, Diego de Valera, glaubt sich da zur gleichen Zeit klüger: Ihm zufolge vergiftete Richard zuerst seine Neffen, während ihr Vater in Schottland Krieg führte, und dann diesen selbst. Er hatte seine Informationen vermutlich von Juan de Salazar, einem Abenteurer, der für den letzten *Plantagenet* bei Bosworth kämpfte.

Wir nehmen dem Spanier diese krause Geschichte nicht krumm, wenn wir lesen, was der Londoner Fabyan schreibt: »Während dieses Bürgermeisterjahrs* wurden die Kinder König Eduards verschiedene Male spielend und bogenschießend im Tower-Garten gesehen. Den Winter über war es völlig ruhig im Land, doch nach Ostern gab es viel Geraune beim Volk, der König habe die Kinder zu Tode gebracht . . .« So weit, so gut. Doch unter dem Jahr 1485 fährt er fort: »Kunde kam plötzlich von einem Edelmann in der Bretagne namens Heinrich, Sohn des Grafen Richmond, daß er eilig Vorbereitungen träfe, nach England zu kommen, um die Krone zu beanspruchen, und zwar in Anbetracht des Todes der Kinder, von denen die Leute nun ohne Scheu öffentlich sagten, sie seien aus der Welt geschafft worden. Aber über die Art ihres Todes gab es viele Meinungen; einige sagten, sie seien zwischen zwei Federbetten ermordet, einige, sie seien in Malvasierwein ertränkt, und einige, sie seien mit einem Trank vergiftet worden . . . Es heißt, Sir James Tyrell sei der Vollbringer dieser grausamen Tat gewesen; doch andere belasten einen alten Diener König Richards damit.«

Wie üblich bei Fabyan stimmt an dieser Darstellung zeitlich kaum etwas. Der Tudor machte nicht erst 1485 von sich reden, und das Gerücht vom Ende der Prinzen tauchte, wie die Rede des Kanzlers Rochefort ausweist, schon vor dem Januar 1484 auf. Von den möglichen Mordarten ist nur Ersticken wahrscheinlich; More hält sich in seiner Geschichte daran. Der Tod im Weinfaß erinnert allzusehr an Clarence, und Gift ist eine allfällige Verlegenheitserklärung.

André liefert eine weitere Version: »Nachdem der Tyrann diejenigen umgebracht hatte, von denen er wußte, daß sie seinem Bruder treu waren, befahl er auch, die hilflosen Neffen im Londoner Tower heimlich zu erdolchen.« Rastell, Mores Schwager, kombinierte später Ersticken und Erstechen und läßt die beiden Kinder so auf unterschiedliche Art zu Tode kommen; er zitiert noch eine andere Ansicht, derzufolge sie lebendig begraben wurden – in einer Kiste, die man unter einer Stiege verscharrte und

---

* Edmund Sha, Bürgermeister vom 29. Oktober 1482 bis 28. Oktober 1483

später ins Meer warf. Rous, der sonst kein Gerücht ausläßt, hält sich dagegen (wie Mancini und der Croyland-Chronist) vornehm zurück:»Gloucester sperrte seinen Herrn, König Eduard V., zusammen mit dessen Bruder Richard ein, so daß danach nur ganz wenigen bekannt wurde, welchen Märtyrertod sie starben.«

Mit dieser dürren Quellenlage müßten wir auskommen, wenn Thomas More nicht wäre: Er hilft wieder mit einer saftigen Geschichte aus. Erst einmal baut er gegen Unglauben vor:»Tod und unglückliches Ende des jungen Königs und seines zarten Bruders sind so ins Gerede gekommen, daß einige tatsächlich im Zweifel sind, ob sie in König Richards Tagen umgebracht wurden oder nicht. Nicht nur, weil Perkin Warbeck* lange Zeit für den jüngeren der beiden gehalten wurde, sondern weil damals alles im geheimen betrieben, das eine behauptet und das andere getan und nichts klar und offen dargelegt wurde. Die Leute hegten ohnehin wegen der generellen Geheimnistuerei gegen alles insgeheim Verdacht, so wie viele gut gefälschte Edelsteine am echten Zweifeln lassen. Ich werde Euch deshalb über das schmerzliche Ende jener Kinder nicht in allen Versionen berichten, die ich gehört habe, sondern wie ich es von Leuten und Mittelsmännern erfahren habe, also nur vom Hörensagen; trotzdem scheint es wahr zu sein.«

König Richard leitete demnach während der Huldigungsreise von Gloucester aus in die Wege, was er geplant hatte: den Tod der Neffen. Er müsse sie umbringen, meinte er, weil man sein Thronrecht anzweifeln würde, solange sie lebten:»Als ob das Töten von Verwandten seine Sache fördern und aus ihm einen milden König machen würde«, höhnt St. Thomas. Er schickte einen gewissen John Green zu Brackenbury, den Tower-Kommandanten, daß dieser die Kinder auf irgendeine Weise beseitigte. Doch der weigerte sich rundweg. Die Nachricht davon erreichte Richard in Warwick. »Ach, wem soll ich noch vertrauen?« rief er aus. »Die ich mit mir hochgebracht habe, von denen ich glaubte, sie würden mir ganz sicher dienen, sogar die verlassen mich und wollen meinen Befehlen nicht folgen.« Daraufhin ein Page:»Sir, Ihr habt draußen auf dem Wachbett jemanden liegen, der Euer Gnaden ganz bestimmt

---

* Vermutlich ein Hochstapler, der sich in den Jahren 1491–1499 als Prinz Richard von York ausgab und mehreren Aufständen gegen Heinrich VII. diente. Er wurde schließlich gefangen und hingerichtet.

zu Gefallen sein wird; es müßte sehr hart kommen, daß er sich weigerte.«
Er meinte damit Tyrell: »Es war dies ein Mann von passabler Erscheinung und seinen natürlichen Anlagen entsprechend wert, einem viel besseren Fürsten zu dienen, wenn er nur Gott gehorcht und von diesem ebensoviel Wahrheitsliebe und guten Willen mitbekommen hätte wie Stärke und Verstand. Der Mann war ehrgeizig und wollte unbedingt nach oben kommen und stieg doch nicht so weit auf, wie er hoffte. Er wurde daran von Sir Richard Ratcliffe und Sir William Catesby gehindert, die keinen weiteren Genossen in der Gunst des Fürsten haben wollten und schon gar nicht ihn; denn sie wußten, daß sein Stolz keine Nebenbuhler duldete. So hielten sie ihn durch heimliche Winkelzüge von allen vertraulichen Angelegenheiten fern.« Auf die Worte des Pagen hin erhob sich Richard vom Kackstuhl – ein geeigneter Platz für so eine Unterredung, findet More – und begab sich ins Vorzimmer, wo Tyrell sich schon zur Nacht gelegt hatte, hieß ihn wieder aufstehen und weihte ihn in die schändliche Sache ein. Tyrell fand nichts dabei und machte sich auf den Weg nach London.

Als Prinz Eduard erfahren hatte, daß nicht er, sondern sein Onkel die Krone tragen würde, hatte er niedergeschlagen geseufzt: »O weh, ich hoffe, mein Onkel läßt mir das Leben, wenn ich schon das Königtum verliere.« Er war beruhigt worden, doch wenig später wurden ihm alle Diener genommen bis auf einen gewissen Will Slaughter und vier Wachleute. Tyrell ließ sich nun mit königlichem Befehl von Brackenbury die Tower-Schlüssel für eine Nacht ausliefern und schickte alle Zeugen weg. Einen der Wachmänner namens Miles Forest, der sich schon früher in Mord geübt hatte, heuerte er an und gesellte ihm den eigenen Pferdeknecht zu, John Dighton, einen vierschrötigen Kerl. Sie führten die Untat aus: »Um Mitternacht kamen sie in die Kammer, wo die hilflosen Kinder in ihren Betten lagen, schlugen sie hastig in die Laken ein, verwickelten und verwirrten sie darin und hielten sie mit Gewalt nieder, wobei sie ihnen Federbett und Kissen auf die Münder preßten, so daß ihnen nach einer Weile die Luft ausging und sie erstickten.«
Sie zappelten noch ein bißchen im Todeskampf, dann lagen sie still. »Ihre unschuldigen Seelen gaben sie zu Gott in himmlische Freuden, während ihre Körper für die Quäler tot im Bett zurückblieben.« Die Mörder warteten eine Weile, um sicher zu sein, daß

ihre Opfer auch wirklich tot waren; dann holten sie Tyrell und zeigten ihm die nackten Leiber der Kinder. Man begrub sie am Fuße einer Treppe ziemlich tief unter einem Steinhaufen. Als König Richard davon hörte, lobte er die Ausführung und machte Tyrell, wie manche sagten, dafür zum Ritter. Doch wollte er die Königskinder an einem würdigeren Ort bestattet wissen. »Oho, welch königliche Gesinnung!« höhnt More. Ein Priester in Brakkenburys Diensten exhumierte daraufhin die Leichen und begrub sie an einer anderen Stelle, die nur er wußte; das Geheimnis nahm er mit ins Grab.

So weit Mores Geschichte. Er verrät auch, wo er sie herhat. »Die reine Wahrheit und wohlbekannt ist, daß zu der Zeit, als Sir James Tyrell wegen Verrats an Heinrich VII. im Tower war, er und Dighton verhört wurden und den Mord in der oben beschriebenen Weise gestanden; doch wo die Körper hinverlegt worden waren, konnten sie nicht sagen. So erfuhr ich von ihnen, die viel wußten und wenig Grund zur Lüge hatten, wie diese zwei edlen Prinzen, diese zarten, unschuldigen Kinder von höchst königlichem Blut, aufgezogen in großem Reichtum zu langem Leben und langer Herrschaft im Reich, von verräterischen Tyrannen ergriffen, ihres Standes beraubt, binnen kurzem eingesperrt, heimlich ermordet und weiß Gott wo verscharrt wurden: alles wegen des grausamen Ehrgeizes ihres unnatürlichen Onkels und seiner grimmigen Folterknechte.« Sie erhielten jedoch ihre Strafe: Forest verfaulte stückchenweise in einem Asyl, Dighton würde wohl noch einmal am Galgen enden, Tyrell starb unter dem Richtbeil, und Richard blieb auf dem Schlachtfeld.

Eine Fülle von Einzelheiten und Namen! Wer sich auf ihre Spur macht, stößt freilich auf allerlei Ungereimtheiten. Die Schergen zu identifizieren fällt schwer; es sind Allerweltsnamen. John Greens gab es mehrere in der Umgebung des Königs. Aus Ämtern, die sie später erhielten, auf Mitwisserschaft bei einem Doppelmord zu schließen, verbietet sich; Ämter und Pfründen wurden ständig und an alle möglichen Leute vergeben – für und zu verschiedenen Diensten. Mit dem Namen *Slaughter* (»Schlächter«) für Prinz Eduards letzten Gesellschafter leistete sich More wohl einen grimmigen Schmerz, auch wenn es Leute solchen Namens gab. Mancini, dem wir hier mehr glauben, nennt den Arzt Argentine an seiner Stelle. Ein Miles Forest ist als Verwalter der Kleiderkammer von Burg Barnard in Durhamshire bekannt; er starb im

Sommer 1484, aber wohl kaum im Asyl. Daß er je als Wächter im Tower diente, ist unwahrscheinlich. Auch John Dightons gab es mehrere, darunter einen, dem Heinrich VII. im Mai 1487 eine Pfründe überließ. Einem Galgenvogel?

Vergil erwähnt in seiner Darstellung keinen dieser Leute. Er stimmt mit More überein, daß Brackenbury sich der Tat verweigerte; doch auch Tyrell führte den Mordbefehl seiner Meinung nach nur widerwillig aus. Die Todesart der Prinzen ist Vergil unbekannt. Von einem Geständnis Tyrells sagt er nichts. Tyrell und Brackenbury sind uns nun gut bekannt. Sir Robert Brackenbury war einer der Männer, die Richard aus dem Norden mitgebracht hatte; am 17. Juli 1483 wurde er Tower-Kommandant. Im Jahr darauf erhielt er großzügige Schenkungen für sein entschlossenes Vorgehen gegen die Aufrührer der Buckingham-Revolte. Er fiel später auf Richards Seite bei Bosworth; eine Chronik aus Calais nennt ihn den »edlen Brackenbury«. More und Vergil sprechen ihn von Schuld frei, doch war er ihrer Darstellung nach zumindest ein Mitwisser; ein gefährlicher dazu, wenn er das Verbrechen mißbilligte. Hätte der Tyrann ihn nicht beseitigen müssen?

Sir James Tyrell von Gipping mochte im königlichen Vorzimmer auf dem Wachbett gelegen haben; so etwas war ein Ehrenamt. Aber er hatte mit seiner Karriere kaum jene Schwierigkeiten, die More (oder Tyrell selbst) ersinnen. Ritter war er seit zwölf Jahren. Unter Eduard IV. diente er als Beamter des Reichsstallgrafen und unter Richard als königlicher Stallmeister. Richard machte ihn vor Berwick auch zum Bannerherrn und im Jahr darauf zum Pagenerzieher am Hof. In dieser Eigenschaft ritt er während Richards Rundreise im Sommer 1483 tatsächlich nach London – um Festkleidung für seine Zöglinge zu besorgen. Wahrscheinlich brach er dazu von York (und nicht von Warwick) auf, denn hier entschied der König erst, seinen Sohn als Fürst von Wales krönen zu lassen. Wie Brackenbury wurde Tyrell für seine Dienste reich entlohnt, zuletzt mit der Kommandantur von Guisnes bei Calais.

Nach Bosworth enthob ihn der neue König zahlreicher Posten, doch das Parlament des Tudors stellte ihn nicht unter Anklage, und er blieb als Kommandant in Guisnes. 1486 setzte Heinrich ihn wieder in alle Ämter ein. So begann sein zweiter Aufstieg, der ihn zum »treuen Ratgeber« des Königs und Botschafter in mehreren Missionen machte. Sechzehn Jahre später war auch diese

Karriere zu Ende – diesmal unwiderruflich. Beschuldigt, einen Gegner des Königs (den jüngeren Suffolk, einen Neffen Richards) unterstützt zu haben, wurde er mit falschen Versprechungen aus seiner Feste in Frankreich gelockt, nach England geschafft und am 6. Mai 1502 auf dem Tower-Hügel enthauptet. Nach seiner Hinrichtung ließ Heinrich verkünden, was More uns erzählt. Nun ist schwer vorstellbar, daß Tyrells Täterschaft erst durch sein Geständnis aufkam – wenn es dergleichen gab. Francis Bacon*, der im übrigen an Richards Schuld nicht zweifelt, findet die späte Bekanntmachung seltsam – und war damit wohl nicht der einzige: »Tyrell und Dighton stimmten beide in ihrer Geschichte überein (wie der König verbreiten ließ) . . . Trotzdem machte der König in seinen Verlautbarungen keinen Gebrauch von den Verhörprotokollen; insofern wird die Angelegenheit durch die Verhöre (wie es scheint) etwas verworren. Was Sir James Tyrell betrifft, so wurde er bald danach im Towerhof wegen anderer Verrätereien hingerichtet. Aber John Dighton (der, wie es scheint, vorteilhaft für den König aussagte) wurde sogleich in Freiheit gesetzt und war der Hauptverbreiter dieser Tradition.«

In der Tat: Daß man Dighton für seine Untat nicht zur Rechenschaft zog, sondern ihn als Propagandisten benutzte, macht die ganze Geschichte anrüchig. Jedenfalls spricht es mehr gegen sie, als nachweisbare Unkorrektheiten, die man auf Gedächtnisfehler zurückführen kann – Tyrells oder Mores. Dazu paßt freilich Heinrichs übriges Verhalten in der Prinzensache: Mit keinem Wort nennt er das Verbrechen beim Namen. In den Sendschreiben aus der Bretagne, mit denen er Anhänger warb, bezeichnet er Richard als einen »Mörder und Tyrannen«. Sein Parlament bezichtigt den Toten »widernatürlicher, schändlicher und großer Meineide, Verrätereien, Totschläge und Morde, wobei er Kinderblut vergoß, und vieler anderer Missetaten, abscheulicher Verbrechen und Greuel gegen Gott und die Menschen und insbesondere unseren Herrscher«.

Nichts weiter, keine Namen, keine Zeugen. Ähnlich nonchalant hatte freilich Richard die Unehelichkeitsfrage abhandeln lassen, die sein eigenes Thronrecht begründete. Aber auch als verschiedene »falsche Buben« auftauchten und sich für einen der Prinzen ausgaben, unternahm Heinrich VII. nichts zur Klarstellung. Perkin

* Philosoph und Staatsmann, 1561–1626

Warbeck wurde von Eduards IV. Schwester in Burgund, Margarete, als Richard von York anerkannt; Schottlands König und Kaiser Maximilian empfingen ihn. Er bildete eine ernstliche Gefahr für Heinrichs Herrschaft. Kaum glaublich, daß sich kein Beweis für das Ende der beiden Königskinder beibringen ließ, der das Treiben des Hochstaplers vor aller Welt enthüllt hätte. Der Tower war voll von Bediensteten; selbst wenn die Prinzen in abgelegene Gemächer gebracht und von Richards Schergen versorgt worden waren, mußte es Augen und Ohren gegeben haben, die verdächtige Anzeichen wahrgenommen hatten. Diente sich keiner dem neuen Herrn mit seinem Wissen an? Was ist mit Doktor Argentine, der die Prinzen betreute, jedenfalls zu Mancinis Londoner Zeit? Und warum sah man nicht nach, ob sich Spuren an jener Stelle fanden, die Tyrell als ursprünglichen Bestattungsort angab? Zumal More die Exhumierung und Verlegung durch den Priester nicht für gesichert hält.

Man hätte möglicherweise etwas gefunden. In Sandfords »*Genealogie-Geschichte der Könige Englands*« (1677) findet sich folgende Mitteilung: »Am Freitag, dem 17. Juli 1674 – dieser Bericht stammt von einem Augenzeugen, der an führender Stelle mit der ganzen Untersuchung befaßt war – fand man beim Abriß der Treppe, die von den Königsgemächern zur Kapelle im Tower führte, etwa zehn Fuß in der Erde das Gebein von zwei Bürschchen in (wie es schien) einer Holztruhe, die augenscheinlich dem Alter nach jenen zwei Brüdern um die dreizehn und elf Jahre entsprachen. Der Schädel des einen war heil, der andere zerbrochen, wie auch viele der anderen Knochen, ebenso die Truhe, und zwar durch Gewalteinwirkung der Arbeiter, die nicht sorgsam mit dem waren, was sie in den Händen hatten, sondern es zum Schutt warfen . . . Der recht ehrenwerte Sir Thomas Chichley, dem die Bauarbeiten unterstanden, berichtete diese Angelegenheit dem König. In der Annahme, daß dies das Gebein der besagten Prinzen war, ließ Seine Majestät König Karl II. die Knochen in eine Marmorurne stecken und bei den Überresten der Königsfamilie in der Kapelle König Heinrichs VII. in der Westminster-Abtei aufbewahren.«

Der erwähnte Augenzeuge war John Knight, königlicher Oberwundarzt. Andere Aufzeichnungen bestätigten den Bericht. Ein königlicher Herold, der (wie überliefert) die Gebeine und besonders *ye Kings Skull*, »den Schädel Eduards V.«, in der Hand hatte, bestätigt, daß der Schädel des jüngeren Kindes von Bauleuten bei den Grabarbeiten in die Brüche gegangen war. Ein anderer Augenzeuge notiert: »Heute, als ich am Fenster stand, sah ich Arbeiter aus der Treppe im *White Tower* die Knochen jener zwei Prinzen ausgraben, die von Richard III. gottlos ermordet wurden... Es waren kleine Knochen, von Burschen Anfang der Zehn, und es hafteten ihnen Stücke von Tuch und Samt an.« Die Überreste kamen erst Anfang 1675 in die Marmorurne, und es dauerte noch drei Jahre, bis das Grabmonument fertig war, das heute in Westminster zu sehen ist. Die Inschrift sagt, daß die hier Bestatteten »auf Befehl ihres treulosen Onkels Richard um den Lohn des Königtums willen mit Kissen erstickt« wurden.

Anfang Juli 1933 wurden die Gebeine der Kinder erneut exhumiert: zu wissenschaftlichen Zwecken, im Beisein eines Historikers und eines Anatomen. Der Mediziner, Professor Wright, examinierte sie fünf Tage lang. Die Skelette waren unvollständig; Stoffreste fanden sich keine mehr, dafür drei Nägel und Holzstückchen, die nicht weiter identifiziert werden konnten. Dazu kamen eine ganze Reihe verschiedener Tierknochen. Wright fand bei der Skelettuntersuchung heraus, daß es sich um Buben handelte, die altersmäßig zwei bis drei Jahre auseinander lagen, wobei der Ältere nicht über dreizehn war. Sie hatten einen zarten Knochenbau, maßen vermutlich 1,47 bzw. 1,38 Meter und waren wohl Brüder. Die Zahnuntersuchung, zu der er eine fachärztliche Kapazität hinzuzog, bestätigte dieses Ergebnis. Der Jüngere war demnach bei seinem Tode zwischen neun und elf, der Ältere zwischen zwölf und dreizehn. Es stellte sich heraus, daß der Ältere an einer chronischen Kieferkrankheit litt, die Auswirkungen auf das Allgemeinbefinden gehabt haben mußte. Wright fand noch eine Blutsträhne an seinem Schädel, die er für die Folge von Ersticken hielt.

Diese Deutung blieb jedoch in der medizinischen Fachwelt nicht unumstritten. Was auch für den übrigen anatomischen und dentistischen Befund gilt: Manche medizinische Aussagen halten Wissenschaftler unserer Tage schlichtweg für falsch. Ein Physiologe kam aufgrund des vorliegenden Berichts für den Größeren der beiden Buben auf ein Alter unter zehn; ein Kieferorthopäde dagegen auf elfeinhalb. So sind denn an der Altersbestimmung am ehesten Zweifel angebracht. Zumal Wright sie der Tudor-Überlieferung peinlich genau anpaßt. Prinz Eduard wurde am 2. November 1470 geboren, und More zufolge brachte man ihn Anfang August 1483 um; so kommt der Anatom denn auch, ohne weitere Begründung, auf das exakte Alter von zwölf Jahren und neun Monaten. Nicht feststellbar war – ohne daß Wright es erwähnt –, wie alt die Knochen überhaupt sind. Der Tower stand, als man sie fand, seit sechshundert Jahren und hatte mehr als ein Verbrechen gesehen. Wright mochte später nicht einmal ausschließen, daß es sich um Überreste von Ritualopfern für die Grundsteinlegung handeln könnte.

Die Parallelen von Grabungsbefund und Tudor-Geschichte sind freilich zu auffällig, um sie beiseite zu schieben: die Truhe, die Treppe, die tiefe Stelle – und zwei Buben (vermutlich) Anfang der Zehn, im Altersabstand von zwei Jahren. Gewiß: Die Entdecker von 1674 waren voreingenommen, sie glaubten an die Überlieferung und deuteten, was sie sahen, in ihrem Sinne. Dabei konnte die Fundsituation, so wie die Bauarbeiter vorgegangen waren, wohl kaum noch rekonstruiert werden. Ob die Skelette in einer Truhe lagen, ist unsicher, und nicht einmal, wo man sie fand, geht aus den Berichten eindeutig hervor. Aber unwahrscheinlich ist es nun nicht, daß Eduards Söhne im Tower starben und begraben wurden, und zwar zu Richards Regierungszeit. Anscheinend blieben die Leichen, wo man sie verscharrt hatte: im Südteil des »Weißen Turms« – nicht weit vom *Garden Tower,* der heute »Blutturm« heißt: dort aber sollen die Prinzen zuletzt logiert haben. So sagt eine Tradition des siebzehnten Jahrhunderts.

Tatsache ist, daß sie spurlos verschwanden. Die sich später als Richard von York ausgaben, erwiesen sich als Hochstapler. Da Richard die Prinzen in Verwahrung hatte, lastete der Verdacht eines Verbrechens zuallererst auf ihm. Er regte sich früh, wie wir von Mancini wissen – zu einer Zeit schon, als die Kinder tatsächlich noch lebten. Dazu trug bei, daß man sie nur noch selten sah. Richard nahm ihnen die alte Dienerschaft – das ist belegt: Am 18. Juli 1483 ließ er dreizehn Mann für ihre Dienste auszahlen, die sie Eduard IV. und »dem Bastard Eduard, vormals König Eduard V. genannt«, geleistet hatten. Sie wurden wohl durch Vertrauenspersonen ersetzt. Das war nötig, denn wenn die Prinzen entkamen, würde Richard keine Ruhe mehr haben. Lords und *Commoners* hatten seinen Titel bestätigt, weil ihnen keine Wahl blieb, solange er die Neffen in der Hand hatte. In Freiheit waren sie jedoch willkommene Gallionsfiguren für jede Art von Aufstand, bis sie selbst das Schwert gegen ihn führen konnten. Heinrich VII. bedrohten sie noch als Gespenster.

Buckingham und die Lancaster-Anhänger förderten das Gerücht. Nicht nur, um den König anzuschwärzen: Es ebnete den Weg für die eigenen Ambitionen. Die Frage ist, ob ihm die Leute glaubten. Uns ist nicht bekannt, daß Richard dementierte. Konnte er nicht oder brauchte er nicht? Fabyan zufolge sah man die Kinder bis in den Herbst hinein; erst Ostern folgenden Jahres wurde das Gemurmel über ihr Schicksal lauter. Sind auch diese Zeitangaben, wie so viele bei ihm, falsch? »Wie sie auch zu Tode kamen«, meint er schließlich, »sicher ist, daß sie vor jenen Tagen aus der Welt schieden«, und bezieht das auf den Frühsommer 1485. Andere waren sich da nicht so sicher: More macht deutlich, daß viele zweifelten, ob die Prinzen zu Richards Zeit ihr Ende fanden.

Tatsächlich gibt es für solche Zweifel Gründe. »Gott hat uns diesen Fürsten zu unser aller Wohl gesandt«, schwärmt Bischof Langton Anfang Oktober. Demnach kann er der Nachricht vom Tod der Prinzen, wenn sie ihn erreicht hatte, kaum Glauben geschenkt haben. Uns ist auch sonst keine Stimme überliefert, die das Gerücht aufgreift. Die Paston- und Stonor-Korrespondenz, der wir viele Hinweise auf die Tagespolitik verdanken, schweigt zu diesem Thema gründlich. Man möchte meinen, daß die königlichen Ratgeber am ehesten wußten, was im Tower vorging. Doch keiner von ihnen, ob geistlich oder weltlich, ließ sich etwas anmerken: Kardinal Bourchier nicht, der sich für Prinz Richards Sicherheit verpfändet hatte; Rotherham nicht, dem die Woodvilles am Herzen lagen; Kanzler Russell nicht, der auch als Croyland-Chronist stumm bleibt, was das Prinzenschicksal angeht.

Erstaunlicher noch ist das Verhalten der Mutter, Königin Elisabeth. Vergil beschreibt in bewegender Szene ihre Klage (und Shakespeare bringt sie auf die Bühne): Als sie vom Tod ihrer Buben hört, stürzt sie besinnungslos zu Boden, liegt lange wie leblos, macht dann durch ihre Schreie das Haus zittern, schlägt sich gegen die Brust, rauft sich die Haare und verflucht sich, weil sie den Jüngeren aus der Hand gab. Mag sein, daß es sich so abspielte – aber wohl nicht vor März 1484. Anfang des Monats lieferte sie nämlich auch ihre anderen Kinder aus: »Auf Beschluß des Parlaments und nach wiederholten Bitten und schrecklichen Drohungen schickte die derart eingeschüchterte Königin alle ihre Töchter aus dem Asyl von Westminster zu König Richard«, schreibt der Croyland-Chronist.

Die Entscheidung war demnach wieder nicht ganz freiwillig, und Richard mußte zuvor die Sicherheit von Elisabeth, Cäcilie, Anna, Katharina und Brigitte durch öffentlichen Eid garantieren. Aber hätte sie sich nicht mit Zähnen und Klauen gewehrt, die Mädchen dem Mörder ihrer Söhne zu überlassen? Daß ihr die Freilassung der Töchter nicht gelegen kam, ist verständlich. Im Sommer 1483 hatte sie die Älteste dem Tudor versprochen – vielleicht im Glauben, die Buben seien tot –, und der hatte am Weihnachtstag seine Eheabsichten öffentlich durch Schwur bekräftigt. Wenn Richard sie nun einem anderen vermählte, war Elisabeth um einen Verbündeten ärmer. Anscheinend zog die kühle Rechnerin daraus Konsequenzen: Sie schickte sogar zu Dorset mit der Aufforderung, den Tudor zu verlassen und sich der Gnade des Königs anzuvertrauen. Der folgte seiner Mutter, doch Heinrichs Agenten fingen ihn ab und überredeten ihn zur Umkehr. (So steht es jedenfalls bei Vergil.)

Lebten die Prinzen also im Frühjahr 1484 noch? Es scheint so. Das Gerücht vom Tod und ihr tatsächliches Ende haben demnach nichts miteinander zu tun. Auch Clarence hielt man, nachdem er eingesperrt war, sogleich für tot – schon ein halbes Jahr vor seinem Ende. Daß die Buben im Spätherbst noch lebten, dafür gibt es einen weiteren Hinweis. Ihr Grammatiklehrer John Giles, den König Eduard mit einer Jahresrente von zwanzig Pfund ausgestattet hatte, erhielt von Richard im November 1483 weitere vierzig Pfund jährlich. Wofür, ist nicht gesagt, doch liegt es nahe, daß er Eduards Kinder weiter unterrichtete. Wenn sie Frühjahr 1484 noch lebten, entläßt das Richard aber keineswegs aus dem Verdacht. Im Gegenteil. Denn damit scheidet ein anderer Tatverdächtiger aus: Buckingham. »König Richard hielt sich nicht lange«, schreibt Commynes, »und auch nicht Herzog Buckingham, der die beiden Kinder beseitigen ließ, denn er wurde kurz darauf seinerseits von König Richard umgebracht.«

Dazu Molinet: »Der Ältere der beiden war niedergeschlagen und sehr melancholisch, denn er kannte durchaus die Bösartigkeit seines Onkels; der Jüngere war dagegen sehr fröhlich und lebhaft... Sie wurden ungefähr fünf Wochen gefangengehalten; dann ließ Richard sie durch den Tower-Kommandanten heimlich

347

umbringen. Einige sagen, er ließ sie in ein großer Loch sperren, ohne Luft, ohne Trinken und ohne Essen. Andere sagen, daß sie zwischen zwei Kissen erstickt wurden, während sie in der gleichen Kammer schliefen. Und als die Mörder kamen, schlief der Ältere, und der Jüngere wachte und hörte das Unheil herannahen, denn er sagte: ›Mein Bruder, wacht auf, man kommt uns töten.‹ Dann sagte er zu den Schergen: ›Warum tötet Ihr meinen Bruder? Tötet mich und laßt ihn leben!‹ Doch sie wurden einer nach dem anderen umgebracht, und ihre Leichen an einem geheimen Ort verscharrt. Am gleichen Tag kam Herzog Buckingham in den Londoner Tower; man glaubte von ihm fälschlicherweise, er habe die Kinder umgebracht, um sein Anrecht auf die Krone zu fördern.«

Commynes' Landsmann stimmt in der Datierung der Untat mit den Tudor-Chronisten überein.»Seinen Herrn und König Eduard V. empfing Richard schmeichlerisch mit Umarmungen und Küssen, und innerhalb von ungefähr drei Monaten oder wenig darüber brachte er ihn zusammen mit seinem Bruder um«, heißt es bei Rous – Ende Juli oder Anfang August also. Molinet rechnet von Richards Thronerhebung weg und kommt mit fünf Wochen zum gleichen Ergebnis. Und More zufolge wurde Tyrell aus Warwick losgeschickt, wo sich der König in der zweiten Augustwoche aufhielt. Um diese Zeit war Buckingham freilich schon auf dem Weg nach Brecknock. Doch hatte er London später als Richard verlassen: In Oxford am 24. und 25. Juli finden wir ihn noch nicht bei der Reisegesellschaft. Erst in Gloucester traf er den König, vielleicht erst am 3. August. Buckingham hatte demnach Gelegenheit und ein Motiv dazu. Der Tower stand ihm sicher offen; und der Mord, den man Richard anlastete, machte den Weg frei für das Bündnis mit den Woodvilles – und möglicherweise zum Thron.

Den Zeitgenossen reichte das als Verdachtsmoment. Daß Buckingham ohne Richards Wissen handelte, ist dabei nicht gesagt. Commynes schließt es offensichtlich aus, denn an anderer Stelle bezeichnet er Richard als Täter. So wäre denn der Herzog nur Werkzeug gewesen. Manche sahen es freilich umgekehrt: »Wie es heißt, ermordete König Richard die Neffen auf Anstiften und Rat des Herzogs Buckingham«, steht in einem lateinischen Fragment. Vergil nimmt diesen Faden auf: »Das Volk sagt, der Herzog habe König Richard um so weniger davon abgehalten, sich des Königtums mittels so vieler schändlicher Taten zu bemächtigen, als er

hoffte, wenn jener daraufhin von Gott und den Menschen gehaßt vertrieben werde, durch die *Commoners* selbst in diese Würde versetzt zu werden, was er mit allen Kräften anstrebte.«
Vergil bezweifelt freilich die Richtigkeit der Version. Daß Buckingham die Prinzen umbrachte, mit oder ohne Billigung des Königs, dagegen spricht in der Tat einiges. Als Hastings verhaftet wurde, beschuldigte Richard ihn des Anschlags auf Prinz Eduard, jedenfalls unter der Hand (wie aus der Cely-Korrespondenz hervorgeht). Warum nutzte er die Gelegenheit nicht, nun den Herzog für das Verbrechen verantwortlich zu machen? Die Antwort ist: Weil die Prinzen noch lebten. Die Londoner wußten das; Richard brauchte es nicht zu beweisen. Noch etwas macht Buckinghams Schuld unwahrscheinlich. Sein Aufstand war schlecht vorbereitet. Der Entschluß dazu muß schnell gefaßt worden sein und wurde, vergleicht man mit Richards Technik, dilettantisch ins Werk gesetzt. Langfristige Planung scheidet aus. Dazu war Buckinghams Naturell wohl auch zu simpel. Er wurde erst von Morton »umgedreht«.

Wenn nun die Prinzen im Frühjahr 1484 noch lebten – was geschah mit ihnen? »Die Art, wie König Heinrich die Sache durch Andeutungen und versteckte Hinweise ansprach, hat sie so verhüllt, daß sie bis auf den heutigen Tag fast ein Geheimnis darstellt«, kritisiert Bacon. Das kann man wohl sagen. Und es richtet den Verdacht unwillkürlich auf den Tudor-König. Auch ihm waren Eduards Kinder, die Erben Yorks, im Wege. Als Margarete Beaufort im Sommer 1483 von ihrer Ermordung hörte, »wurde sie guten Muts, was die Zukunft ihres Sohnes anging, denn zweifellos würde sich die Tat als vorteilhaft für das Allgemeinwohl auswirken«. So formuliert Vergil. Kann es sein, daß die Buben in Heinrichs Hände fielen? Tyrells erstaunliche Begnadigungen (am 16. Juli 1486 erhielt er neuerlich Pardon), seine zweite Karriere, die plötzliche Aburteilung, das mysteriöse Geständnis: All das rückt ihn und den König in ein seltsames Licht. War Tyrell der Prinzenmörder – in Tudor-Diensten?

Die Zeitgenossen äußern keinen solchen Verdacht, auch Heinrichs Gegner nicht. Wir wissen auch, nach dem Skelettfund, daß die Buben bei ihrem Tod nicht älter als elf und dreizehn gewesen sein können: So kommt als Sterbejahr spätestens 1484 in Frage. Als der neue König in den Tower kam, waren sie jedenfalls, so scheint es, verschwunden. Heute würde man Parlamentskommissionen einsetzen, Kriminaluntersuchungen anstellen, Prozesse führen, Blaubücher herausgeben. Daran dachte damals niemand. Indizien und Zeugen gegen jemanden vorzubringen, den das Schlachtenglück bereits gerichtet hatte, schien absurd. Sicher hatte Heinrich ein Interesse, den Tod der Königskinder offenbar zu machen. Doch dazu mußte er ihre Leichen vorzeigen. Andere Mittel waren untauglich: Die Leute trauten nur ihren Augen. Tyrells spätes Geständnis fand denn auch, wie man an Bacon sieht, wenig Glauben. Wie sollte man aber die Toten finden? Kriminalistisches Kalkül lag gleichfalls außerhalb der Vorstellung; Spurensuche und Indizienauswertung sind Erfindungen des neunzehnten Jahrhunderts. So blieben die Skelette unentdeckt, bis »Kommissar Zufall« sie ans Licht brachte.

Nemo repente turpissimus, »niemand wird plötzlich zum Schurken«: Diese Weisheit läßt sich auch zu Richards Gunsten wenden. Bisher hatte er ausgesprochen Familiensinn gezeigt. Soll er nun zum Mörder seiner Neffen geworden sein? Die Sachlage spricht dafür. Doch nicht sein Charakter erklärt die mögliche Tat, sondern die Situation, in die er sich gebracht hatte. Die Prinzen würden ihn bedrohen, solange sie lebten – in oder außerhalb des Tower. Daß man so bald schon an ihr Ende glaubte, hat seinen Grund: Sie waren, einmal in Gefangenschaft, so gut wie tot. Die Richard zum König machten, mußten wissen, daß sie damit das Schicksal der Kinder besiegelten. Richard II. hatte Bolingbrokes Krönung nicht lange überlebt; Heinrich VI. kam in Eduards Gewahrsam zu Tode. Beides war nicht vergessen. Vielleicht erinnerte man sich auch noch an König Johann*, vormals Graf Gloucester, der seinen sechzehnjährigen Neffen ebenfalls im Kerker umbringen ließ.

Es mußte König Richard am Ende mit den Kindern gehen wie mit Hastings und den Gefangenen von Stony Stratford: Er hatte vorgehabt, sie zu schonen, und sah dann doch keinen Weg, als sie zu töten. Aber sollte er es nicht machen wie sein Nachfolger? Heinrich VII. schickte ja auch Clarences Sohn, den er in Haft hielt, aufs Schafott, weil er sich angeblich gegen ihn verschworen hatte: Es war dies der Neffe seiner Frau. Der heimliche Tod der

---

* Johann (1199–1216), genannt »Ohneland«; 1215 zwangen ihm seine Barone die *Magna Charta* auf.

Prinzen nutzte Richard nichts; um die Spekulationen auszuräumen, mußte er sie öffentlich begraben. Vergil wußte das und konstruierte einen passenden Ausweg für seine Geschichte: »König Richard hielt den Mord nicht lange geheim, sondern ließ das Gerücht von ihrem Tod wenige Tage danach heraus« – in der Hoffnung, die Untertanen würden seine Herrschaft nun eher unterstützen. Wir halten das für unwahrscheinlich. Die Prinzen bildeten, solange der Tudor den Thron beanspruchte, keine aktuelle Gefahr, im Gegenteil: Die Nachricht von ihrem Ende war dazu angetan, Woodvilles und Yorkisten ins Lancaster-Lager zu treiben, ebenso wie seinerzeit Heinrichs VI. vorzeitiger Tod die Chancen seines Sohnes, des Lancaster-Prinzen, erhöht hätte.

Königin Elisabeth verließ im März 1484 die Partei des Tudor, weil sie hoffte, daß einer ihrer Buben doch noch einmal herrschen würde. Die Hoffnung war nicht unrealistisch: Richards Erbe, der Prinz von Wales, lag krank und starb wenig später; auch Königin Anna kränkelte und würde wohl keine Kinder mehr bekommen; Clarences Sohn schien ungeeignet. Wer weiß, ob die Zukunft nicht ein Parlament brachte, das Eduards Söhne wieder in ihr Recht einsetzte. Da passierte mit ihnen etwas Unvorhergesehenes. Was im einzelnen, hüllt sich in Dunkel: Unfall, Krankheit oder beides. Es traf Mutter und Onkel gleichermaßen, wenn auch aus unterschiedlichen Gründen. Der französische Dichter Du Bellay berichtet (Mitte des sechzehnten Jahrhunderts) in seinen »Erinnerungen«, wie König Richard das Verschwinden der Prinzen erklärte: Sie seien bei einem Fluchtversuch nachts in den Tower-Graben gestürzt und ertrunken; ihre Leichen trieben in die Themse und tauchten nicht mehr auf.

Das mag eine der Phantasiegeschichten sein, wie sie um das Rätsel gesponnen wurden; oder die zweifelhafte Ausrede eines Mordverdächtigen. Aber es ist als Möglichkeit nicht auszuschließen. Freilich: Die Toten fand man und begrub sie vorläufig an geheimem Ort, denn ihr Tod kam ungelegen. Nicht nur, weil Zweifel an Richards Unschuld laut werden konnten. Schlimmer war, daß Heinrich zu neuer Expedition rüstete, und man befürchten mußte, daß ihm die Woodvilles nun wieder zulaufen würden. Die Kinder sollten in geweihter Erde begraben werden, wenn die Gefahr vorüber war. Möglich ist auch, daß der Unfall den Jüngeren alleine traf, kurz nachdem Prinz Eduard einer Sepsis erlegen war: Die chronische Kieferentzündung war plötzlich akut geworden und hatte das Blut infiziert. Vielleicht dachte der Kleine, sein Bruder sei vergiftet worden und suchte deshalb sein Heil in der Flucht. Das würde erklären, warum man später glaubte, der Jüngere sei davongekommen. Es deckt aber auch jene Überlieferungen, die von Giftmord und Ertränken sprechen.

VIII. ›Verteile deine reichen Schätze...‹

Gute Vorsätze und schlechte Vorzeichen

»Leute, die Zugang zu seinen Gemächern hatten, haben mir glaubhaft versichert, daß König Richard nach seiner abscheulichen Tat keine Seelenruhe mehr fand und sich nicht mehr sicher fühlte. In der Öffentlichkeit gingen seine Augen hin und her, sein Leib war heimlich gepanzert, die Hand immer am Dolch, in Miene und Benehmen wie jemand, der jederzeit bereit ist, noch einmal zuzuschlagen. Nachts schlief er schlecht, lag lange wach und grübelte, von Sorge und Wachheit schwer bedrückt, eher betäubt als schlafend; von Angstträumen gepeinigt schoß er plötzlich hoch, sprang aus dem Bett und lief in der Kammer umher. So wurde sein ruheloses Herz ständig von heftig quälender Erinnerung an seine scheußliche Tat bewegt und erschüttert. Aber auch äußerlich war ihm keine Ruhe mehr gegönnt.« So weiß More es.

Richtig daran ist zumindest: Richards kurze Regierungszeit stand gänzlich unter dem Eindruck einer drohenden Invasion. Das konnte einem schon den Schlaf rauben. Zehn Jahre später (1494) schreibt ein Mailänder Korrespondent: »Der König* ist mächtig durch sein Geld, doch wenn es das Glück wollte, daß sich Herren von königlichem Geblüt erhöben und es zur Schlacht käme, erginge es ihm wegen seines Geizes schlecht. Die Seinen würden ihn verlassen und es mit ihm machen wie mit König Richard; weil dieser seine Neffen umbrachte, denen die Herrschaft zustand, verließen sie ihn und wechselten die Seite.« So war im Ausland die Meinung, und auch im Lande stellte man wohl einen Zusammenhang zwischen dem Verschwinden der Prinzen und Richards Ende her – spätestens nach seinem Ende.

Was den Kindern auch geschehen sein mochte: Man beurteilte es gewiß nicht strenger als Heinrichs VI. ominösen Tod. Jugendliches Alter genoß keinen besonderen Schutz; Kinder unterlagen ja auch uneingeschränkt dem Strafrecht und seinen blutigen Folgen. Kritischer als den möglichen Mord sah man die vorausgegangene Usurpation an. Das bedeutet der Briefschreiber mit einem Nebensatz: Nicht allein, daß Richard die Neffen umbringen ließ, beeindruckt ihn *(per havere fato morire li nepoti),* sondern mehr noch, daß diejenigen ermordet wurden, denen das Reich gehörte *(a chui spetavo lo regno).* Das war der Sündenfall: 1399, 1461, 1483. In Zeiten, da Herrschaft erblich ist, bringen Dynastiewechsel große Unsicherheit. Ein weiterer sollte folgen: 1485, nach Bosworth. Die nächsten Königsstürze hießen dann schon Revolutionen.

Richard nahm das Christfest zum Anlaß, seine junge Herrschaft erneut mit Glanz zu versehen. »Er regierte mit größerem Stolz und Aufwand, als irgendein König in England seit hundert Jahren«, findet Commynes. Die Haushaltsrechnungen bestätigen es. Der König kaufte bei Edmund Sha, jenem Bürgermeister, der ihm beim Thronerwerb zu Diensten gewesen war, Silbergeschirr für 550 Pfund. Mehr als das Doppelte gab er dieser Tage für Garderobe aus. Einem genuesischen Juwelenhändler erteilte er Einfuhrerlaubnis mit der Auflage, ihm die kostbare Ware als erstem anzubieten. Er zeigte sich nicht geizig mit Geschenken: Den Stadtvätern vermachte er einen edelsteingeschmückten Pokal. Aber auch beim Borgen war er nicht kleinlich; darin stand er dem Bruder keines-

---

* Heinrich VII.

wegs nach. Die Kleiderrechnung von zwölfhundert Pfund ließ er anschreiben. Um zu Geld zu kommen, versetzte er Teile aus Eduards Hausrat, darunter den goldverzierten Königshelm. Am Weihnachts- und Neujahrstag gab er jeweils ein großes Bankett in der Westminster-Halle; dabei trug er wieder die Krone. Es hielt ihn nicht lange in der Hauptstadt. Richard zollte dem Ansehen seines Amtes den schuldigen Tribut, aber genießen konnte er die Feste nicht so recht. Sicher wußte er den Geschmack der Macht zu schätzen; doch bedeutete sie ihm wohl auch eine Bürde. Kurz nach Neujahr machte er sich erneut auf Rundreise durch Kent, die ewig unruhige Grafschaft direkt vor Londons Tür. Der Mittelstand war hier am stärksten und durch kein oligarchisches Regiment diszipliniert wie in den Städten. Am 10. Januar traf Richard in Canterbury ein, sechs Tage darauf schickte er von Sandwich aus durchs Land, um neuerlich Treueide schwören zu lassen. Gleichzeitig verbreitete er eine Proklamation, in der die treuen Untertanen belobigt und Kopfgeld auf flüchtige Rebellen ausgesetzt wurde.

Er versprach nicht nur Belohnung, sondern vielmehr »gebührende Rechtspflege« und Schutz vor »Erpressung und Bedrückung«. Wer sich beschwert, unterdrückt oder widerrechtlich geschädigt fühle, solle dem König eine Klageschrift vorlegen, die unverzüglich behandelt werde. »Denn Seine Gnaden ist fest entschlossen, daß alle seine treuen Untertanen in Ruhe leben und friedlich ihre Ländereien, Renten und Besitztümer, die sie natürlich ererbt haben, nach den Landesgesetzen genießen sollen. Und deshalb befiehlt der König auch bei Todesstrafe, daß niemand, welchen Standes auch immer, einen anderen Untertan an Leib und Gut beraube, verletze oder ausplündere; und daß keiner bei Todesstrafe mit jemand anderem wegen alten oder neuen Grolls, Hasses, Zorns, Zwists oder Affronts einen Streit anfange, suche oder fortsetze, und auch niemand einem anderen Nahrung, Pferdefutter oder andere Lebensmittel oder Gegenstände nehme, ohne dafür den Eigentümer ordentlich bezahlt zu haben, bei Strafe, daß er Pferd, Harnisch, Güter und Freiheit nach Belieben des Königs verliere...«

Solche Anordnungen waren nicht überflüssig: »In keinem Land der Welt gibt es so viele Diebe und Räuber wie in England; deshalb wagen sich nur wenige übers Land, außer am hellichten Tag, und noch weniger nachts durch die Stadt, vor allem in London...

Täglich werden sie zu Dutzenden aufgehängt, wie Vögel an der Fangrute, besonders in London: Trotzdem hört das Rauben und Morden in den Straßen nicht auf.« So berichtet zwanzig Jahre später ein venezianischer Besucher.»In England werden in einem Jahr mehr Leute wegen Räuberei und Totschlag gehängt, als in Frankreich innerhalb von sieben Jahren«, bestätigt Richter Fortescue.

Harmlosere Straftaten waren demgegenüber Dienstboten-Diebstahl, Veruntreuung von Erbgut, Steuerbetrug und Schmuggel sowie das Heiraten adeliger Witwen ohne königliche Erlaubnis. John Paston berichtet dazu im August 1478:»Der junge William Brandon ist in Haft, weil er eine alte Edeldame entführt und geschändet und – nicht genug – auch noch ihre älteste Tochter und dann deren Schwester beschlafen haben soll; deshalb zerreißen sich die Leute hier das Maul, nämlich, daß er die Henne und alle ihre Küken gegessen habe; und manche sagen, daß der König über ihn zu Gericht sitzen will und daß er wahrscheinlich gehängt werden wird, weil er eine Witwe geheiratet hat.«

König Eduard ließ Gnade vor Recht ergehen und gab dem »Witwenschänder« Pardon. Die Geschichte war wohl harmloser, als neidische Nachbarn sie ansahen. Es kamen aber auch andere Fälle vor. Von einem William Pulle wissen wir, daß er morgens um fünf Uhr mit Bewaffneten in das Haus einer reichen Witwe eindrang, sie verschleppte und unter Todesdrohung zur Hochzeit zwang. Kein Gericht auch nicht der Parlamentshof, wußte seinerzeit – unter Heinrich VI. – dagegen Abhilfe.

Doch diese Alltagskriminalität hatte König Richard wohl weniger im Auge: Es ging ihm um Bürgerkriegsfehden, Bandenunwesen und Justizkorruption. Das traf die höheren Herren, die mit Hundertschaften gegeneinander rückten und kleine Landbesitzer ausplünderten. In den letzten Lancaster-Jahren saß zeitweise ein Sechstel von ihnen im Gefängnis, doch war das nur die Spitze eines Eisbergs. Heinrich VI. machte von seinem Gnadenrecht überreichen Gebrauch, zum Teil, weil er der Übeltäter ohnehin nicht habhaft werden konnte, zum Teil, weil es opportun war: Man brauchte diese »harten Burschen«, die Totschläger und Marodeure, als Soldaten. Eduards Kanzler gab es 1473 beim Parlament unumwunden zu: Wenn man alle Gesetzesbrecher aburteilte, würde das Land bald so entvölkert sein, daß der Feind mühelos einrücken könnte.

Doch weniger die äußere Bedrohung stimmte zur Milde, als der Bürgerkrieg. Es gab viele, die ihr privates Süppchen auf dem Feuer der Parteigängerschaft kochten. Ein Thomas Hargrave, der für Eduard bei Tewkesbury gekämpft hatte, ritt nach der Schlacht stracks nach Hause, um Peter Marmion, einen Lancaster-Anhänger, zu überfallen. Er kettete den Nachbarn mit einem Hundehalsband in der Halle an und zwang ihn dann vor einem Notar, auf seinen Besitz zu verzichten. Mit erhobenem Schwert drohte er, ihm den Schädel abzuschlagen, falls er den Vertrag nicht einhalten würde. Wieder in Freiheit reichte Marmion aber doch Beschwerde bei Hofe ein und erhielt tatsächlich Recht. Clarence stellte im Oktober 1470, als er mit Warwick das Reich regierte, Schutzbriefe für seine Anhänger aus – um zu verhindern, daß Racheakte an den Falschen geübt würden.

Zu solcher Gerechtigkeit wie im Fall Marmion fanden Eduards Gerichte freilich nicht immer. Vor allem nicht, wenn höchster Adel oder die Königsverwandtschaft in den Streit verwickelt war: Davon zeugt nicht nur die Cook-Affäre, sondern auch die Paston-Korrespondenz. Norfolk, Howards Vorgänger, machte den Pastons das Fastolf-Erbe streitig, belagerte sie 1469 mit (angeblich) dreitausend Mann in Caister und nahm ihnen die Burg ab; drei Mann fielen dabei. Die Fehde dauerte bis zum Tode des Herzogs, ohne daß Eduard sich einmischte; erst dann sprach er den Pastons das Erbe zu. Ursache allen Übels war dabei das vertragliche Anhängerwesen. Wer konnte, hielt sich Privatarmeen – »eine große Anzahl rabaukenhaften Volks, das manchmal zu dreißig oder mehr, bewaffnet mit Eisenhüten und Panzerjacken, mit Bögen und Hellebarden, nach Belieben übers Land reitet, die Leute belästigt und viele schreckliche und gottlose Taten begeht«, heißt es über das Gefolge eines Robert Letham.

Wie so ein »Anhängervertrag« aussah, zeigt die Abmachung zwischen Warwick und einem John Trafford 1461: Dieser verpflichtete sich »aus freien Stücken und reiner Neigung, dem Grafen auf Lebenszeit Gefolgschaft zu leisten, ihn zu begleiten, Dienst zu tun und die Aufwartung zu machen, gegen jeden außer dem König. Sir John Trafford soll auf Wunsch oder Befehl des Grafen jederzeit überall dorthin kommen, wohin der Graf ihn ruft, außer bei hinreichender Entschuldigung, und zwar beritten, geharnischt, livriert und in Begleitung, wie es der Anlaß verlangt und je nach dem, was der Graf ihm anschafft, gegen angemessene Kostenerstattung von seiten des Grafen«. Trafford erhielt dafür ein Fixum von zwanzig Mark jeweils zu Michaeli und Ostern, dazu Beteiligung an der Kriegsbeute.

Diese Anhängerschaften stifteten nicht nur Unruhe und hielten für kriminelle Unternehmungen her: Sie kosteten vor allem Geld. Über den Gouverneur von Wight hieß es dazu 1450 in einer Parlamentsschrift: »Dieser John Newport hatte keine Mittel, seine große Anhängerschaft zu unterhalten, als die, welche er den Leuten des Landes abpreßte. Dadurch hat er die arme Insel gründlich ausgesaugt und ruiniert. In der Zeit, da er Gouverneur war, besaß er nur für zehn Mark Land, hielt aber Hof und Gefolge wie ein Lord, mit Wein so teuer, wie man sich nur denken kann; dabei nannte er sich ›Newport der Stattliche, auch Newport der Reiche geheißen‹. Das Land verfluchte ihn seit dem Tag, da er dort ankam.«

Und der venezianische Besucher schreibt: »Die Titelherren waren sehr verschwenderisch in ihren Ausgaben und hielten sich in ihren Häusern viel Volk: Das lieben die Engländer über alle Maßen, und auf diese Weise schufen sie sich viele Anhänger und Gefolgsleute; womit sie dann die Krone und das eigene Land zugrunde richteten, und schließlich sich selbst, denn am Ende wurden sie alle enthauptet.«

Wie seine Vorgänger versuchte auch Eduard, diesem Unwesen durch Verbote beizukommen – mit mäßigem Erfolg. 1472 ordnete er an, »daß die Einwohner unserer Stadt Coventry keine Anhänger halten noch Unterhaltszahlungen, Parteizeichen oder Uniformen annehmen dürfen«; dabei erinnerte er an die »Gerichtsbeeinflussung, Bestechung, Erpressung und Vorschubleistung« sowie an die »großen Gewalttaten, Räubereien, Morde und anderen Ungeheuerlichkeiten und Schändlichkeiten«, die aus dem Anhängerwesen erwüchsen. Im gleichen Jahr beschwerte sich die Gemeinde Nottingham vor dem Hofgericht über die Untaten einer Reihe von Leuten, die in Verdacht standen, »Diener und Gefolgsleute« eines Lord Henry Grey zu sein. Der stritt es zwar ab, doch wurde ihm vom König vorbeugend »in strikter Weise untersagt, sie entgegen den Gesetzen zu unterstützen, zu begünstigen oder zu unterhalten«.

Das Schlimme war, daß diese Herren gleichzeitig Richter waren oder solche zur Verfügung hatten. John Paston verklagte zu Lancasterzeiten Lord Moleynes wegen tätlicher Angriffe auf seinen

Besitz. Kurz vor der Verhandlung teilte ihm der örtliche Sheriff mit, auf Befehl des Königs müsse er Geschworene auswählen, die den Lord freisprechen würden – Moleynes hatte Freunde bei Hof. Doch Justizbeamte waren auch von sich aus korrupt. Bestechungsgelder gehörten zum Einkommen. Daran war zunächst nichts Besonderes: Ein guter Richter ließ sich nur von der Partei bezahlen, die im Recht war. Aber die Grenze zum Mißbrauch war naturgemäß fließend. Wir wissen auch von Richtern, die sich geradewegs kriminell betätigten, als Wegelagerer etwa. Bei anderen Beamten, vor allem im höheren Dienst, war so etwas fast normal; Schmuggel und Piraterie galten als Kavaliersdelikte.

Dabei war das englische Justizsystem vorbildlich – jedenfalls für die kommenden Jahrhunderte. Der venezianischen Besucher von 1500 wundert sich, daß Geschworenengerichte und Berufungsverfahren über die Schuld entschieden, und die Unschuldsbeteuerung des Angeklagten demgegenüber nichts galt. Auf dem Kontinent, wo man noch mit Eideshelfern verfuhr, wirkte das exotisch. Richter Fortescue macht indes schon ein viertel Jahrhundert vorher in seinem »Lob des englischen Rechts« deutlich: Zwei Zeugen, wie die Bibel sie vorschreibt, sind gut, zwölf dagegen besser. Und er legt seinem Gesprächspartner, Lancaster-Prinz Eduard, in den Mund, warum diese »Geschworenen« aus der Nachbarschaft stammen sollten: »Was bei den Nachbarn geschehen ist, kann nicht allen Zwölfen gänzlich verborgen geblieben sein, denn ich glaube nicht, daß ein ehrbarer Mann keine Kenntnis von dem hat, was in der Nähe seines Hauses vor sich geht.«

Eine Schlüsselrolle im englischen Rechtssystem nahmen, neben den Geschworenen, die Friedensrichter ein; sie lösten in ihrer Funktion weitgehend den Sheriff ab. Es waren dies ehrenamtliche Laien aus dem Mittelstand, die in Königs Namen über kleinere Strafrechts- und Feloniefälle*, Zivilsachen, Gewerbe- und Sozialrecht sowie Ordnungsvergehen entschieden. Das bedeutete, vom Personalstand gesehen, Selbstverwaltung auf lokaler Ebene, obwohl die Friedensrichter keine Wahlbeamten waren, sondern vom König ernannt wurden. Auf ihnen ruhte die Hauptlast des Justizwesens. Daß sie sich aus der Strafgeldkasse entschädigen durften, führte freilich auch zu Mißbräuchen.

* Felonie = Treuebruch des Vasallen gegenüber dem Lehensherren

Es gab keine Polizei: Die Staatsgewalt war auf Bürgerhilfe angewiesen. Jedermann konnte einen Rechtsbrecher auf frischer Tat festnehmen, ja er war verpflichtet dazu, wenn er sich nicht der Beihilfe schuldig machen wollte. Zumindest mußte er Anzeige machen. Der Venezianer mokiert sich: »In England ist es die einfachste Sache von der Welt, jemanden ins Gefängnis zu bringen, denn jeder Zivil- oder Justizbeamte hat die Macht, nach Angabe einer Privatperson den Angeklagten einzusperren, und dieser kommt nicht frei ohne Kaution oder den Beschluß eines Geschworenengerichts; auch steht auf falsche Anklage keine Strafe.« Zum Ausgleich begünstigte das Prozeßrecht jedoch den Angeklagten, vor allem durch seine Einspruchsmöglichkeiten hinsichtlich der Geschworenen. Verfahren zogen sich manchmal jahrelang hin und endeten oft mit dem natürlichen Tod des Betroffenen oder im Zuge einer Amnestie. »Mir ist nämlich lieber, daß zwanzig Verbrecher dem Tod durch Gnade entgehen, bevor ein Gerechter unschuldig verurteilt wird«, meint Richter Fortescue.

Der Bastard-Feudalismus brachte jedoch das traditionelle Justizsystem durcheinander. Der Adel war nicht länger Schutzherr des Rechts, er wurde sein Subjekt. Auf gesellschaftlichen Wandel reagierte man im Mittelalter nicht mit Revolution, sondern mit Rekurs auf die »gute alte Zeit«. So feierte denn die Idee vom König als Richter fröhliche Urständ. Nicht nur göttliches Recht ist heilig, sagt Fortescue, sondern die menschlichen Gesetze auch, und er dient dem Fürsten die Rechtspflege als vornehmste Pflicht an.

Richard III. folgte der Aufforderung nach Kräften. Schon sein Bruder hielt wie ein altertümlicher Reisekönig rundum im Lande Gericht; Sendgerichte (*oyer and terminer*-Kommissionen) wirkten als sein verlängerter Arm, der Prinzenhof in Wales und – auf informellem Wege – der »Herr des Nordens« bildeten Subzentren königlicher Gerichtsbarkeit. In Person saß Eduard dem Hofgericht vor, das seit Generationen keinen König mehr gesehen hatte. Die Kanzlei, gleichermaßen bewandert im allgemeinen Recht, im römischen Recht (*common law* und *civil law*) und im Kirchenrecht, wurde zur Schaltstelle der Justizadministration.

Richard führte sich bei seiner Thronbesteigung als oberster Richter ein. Seine Hofrichter »ermahnte er in langer Rede, Gerechtigkeit ohne Abstriche zu üben, und gab ihnen direkte Anweisungen zur Rechtspflege«: Das findet Fabyan zwanzig Jahre später noch erwähnenswert. Nichts davon, daß Richard von seinen Untertanen Treue forderte – obwohl er das wohl auch tat. Dezember 1483 richtete er in Whitehall ein königliches Beschwerdegericht ein, das der Armenklage offenstand: denn der normale Rechtsweg war oft teuer. Die Kommission leitete hauptsächlich Verfahren weiter, führte aber auch selbst Untersuchungen durch. Richard erkannte den Zusammenhang zwischen Rechtsunsicherheit und Aufsässigkeit – das zeigte sich nicht nur in Kent. Im Herbst 1484, als es in York zu Unruhen kam, verzichtete er auf ein Strafgericht. Statt dessen belehrte er die Übeltäter hinsichtlich geeigneter Mittel, ihren Beschwerden abzuhelfen.

Am Freitag, den 23. Januar 1484, trat Richards erstes und einziges Parlament zusammen. Es war ursprünglich für November letzten Jahres eingesetzt, doch kam die Buckingham-Revolte dazwischen und verhinderte ordentliche Wahlgänge. Der Kanzler mußte seine Eröffnungsrede, die einmal für Eduards V. Parlament gedacht war, ein zweites Mal umschreiben. Am Tenor änderte sich freilich nicht viel. Der König saß auf seinem Thron im »Bunten Saal« *(Painted Chamber)* des Westminster-Palastes, als Russell den drei Ständen, Herren und Gemeinen, als Motto verkündete: »... so wir in einem Leibe viele Glieder haben, aber nicht alle Glieder einerlei Geschäft betreiben.«*

Er fuhr fort: »Mit diesen Worten, die er zu den Römern sprach, verglich der heilige Paulus den sinnbildlichen oder politischen Körper *(the mistyk or the politike body)* der Volksgemeinschaft mit dem natürlichen Körper des Menschen und schloß daraus, daß ebenso wie im natürlichen Körper jedes Glied das andere braucht . . ., weil jedes seine notwendige Aufgabe hat und seinen eigenen Dienst leistet, es auch mit dem politischen Körper ist, der aus vielen Leute besteht, die einen Fürsten oder Souverän zum Haupt haben: nämlich, daß jeder Stand, ob hoch oder niedrig, verpflichtet ist, dem anderen zu helfen, *Ut non sit scisma in corpore*** . . .«

Diese biologistische Staatsvorstellung war ziemlich genau zweitausend Jahre alt: Sie ging auf Menenius Agrippa und seine Fabel vom Bauch und den Gliedern zurück. Doch während der römische Tribun seinerzeit die Plebejer damit ansprach, die sich

---

* Römerbrief 12, 4
** »Daß es im Körper keine Spaltung gebe«: 1. Korintherbrief 12, 25

gegen den »faulen Bauch« zur Wehr setzten, ging Russells Rede an die Adresse des Adels. Er erinnerte an »eine gewisse Person, jüngst ein mächtiges Glied dieses politischen Körpers, dessen Sturz und gerechte Bestrafung noch nicht vergessen ist«. Wer wie er das Volk gegen den Fürsten aufhetze, sei ungeachtet seines hohen Standes »ein verfaultes Glied«, das den Körper in Dunkelheit und Gefahr nicht vor dem Straucheln zu bewahren vermöge. Zum Glück sei dieser politische Körper nicht blind, sondern mit dem »Licht der Vernunft und des Verstehens« wie jeder Sterbliche begabt; er müsse davon nur Gebrauch machen, wenn man ihn in Dunkelheit führe, wie jüngst geschehen. Aufklärung im fünfzehnten Jahrhundert!

Am nächsten Tag versammelten sich die *Commoners,* wie der Kanzler sie angewiesen hatte, im Refektorium der Westminster-Abtei zu getrennter Sitzung und wählten ihren Sprecher. Am Montag stellten sie ihn dem König vor: William Catesby, königlicher Ratgeber. Was Wunder – es war dies eben »des Königs Parlament«. Anschließend wurde der *Titulus Regius* eingebracht, der Richards Thronrecht begründete, und sein Sohn wurde zum Thronfolger bestimmt. Wenig später – »an einem Tag im Februar, nach Mittag«, wie der Croyland-Chronist sich erinnert – trafen sich fast alle Herren, Ritter und Höflinge in einem kleineren Raum des Klosters (nahe dem Kreuzgang, der zu den Räumen Königin Elisabeths führte) und schworen dem Prinzen einzeln Treue für den Fall, daß dem Vater etwas zustoße.

Gesetze, die den Untertanen zugute kamen, waren bislang von den *Commoners* eingebracht worden, in der Regel jedenfalls. Nun ergriffen Richard und sein Rat selbst die Initiative zu einer umfassenden Rechtsverbesserung. Im wesentlichen betraf sie das Verfahrens- und Eigentumsrecht. Auch wer des Verrats angeklagt war, sollte nun gegen Kaution freikommen; sein Besitz durfte ohne Verurteilung nicht mehr eingezogen werden. Nur noch Leute von gutem Ruf und hinreichendem Wohlstand sollten als Geschworene dienen, um die Wahrscheinlichkeit von Einschüchterung und Bestechung zu verringern.

Eigentumsübertragungen mußten von den Gerichten öffentlich bekanntgemacht werden; Einspruch war, durch betroffene Erben etwa, fünf Jahre lang möglich. Es durften auch keine heimlichen »Belehnungen« (Verpfändungen) mehr stattfinden, die späteren Käufern zum Schaden geraten konnten. Derartige Praktiken hatten zu endlosen, ruinösen Prozessen, oft über zwanzig und mehr Jahre hinweg, geführt. Mit größter Befriedigung wurde wohl das Verbot von »Benevolenzen« aufgenommen, jener berüchtigten Sondersteuer, mit der Eduard seine Taschen gefüllt hatte. Auch eine Maßnahme des Bruders vom Januar 1483, die Einkünfte des Herzogtums Lancaster der Krone im ursprünglichen Umfang zu sichern, widerrief er: Sie hätte zu Unrecht geführt.

Die Gesetzesinitiativen der *Commoners* zielte hauptsächlich auf den Schutz der heimischen Wirtschaft, aber auch des Verbrauchers. Der englische Mittelstand wehrte sich nach Kräften gegen das große Kapital, das von den italienischen Kaufleuten repräsentiert wurde. Diese konnten es sich leisten, Waren zu spekulativen Zwecken zu horten und dann das Preisgefälle zu nutzen: Billige Waren schafften sie außer Landes, um sie bei Gelegenheit teuer zu verkaufen und dabei englischen Händlern Konkurrenz zu machen. Was sie andernorts billig bekommen hatten, schlugen sie in England los, wenn die Preise gestiegen waren; wiederum hatten englische Kaufleute, die zu Tagespreisen importieren mußten, das Nachsehen. Dabei sorgte schon das Horten für Verteuerung, denn es machte die Waren künstlich knapp. Dazu kam, daß die italienischen Kapitalisten teure Fertigwaren einführten und billige, aber hochwertige Roh- und Halbfertigprodukte ausführten und die Gewinnspanne nicht reinvestierten, sondern ins Ausland brachten. Das schädigte die heimische Industrie.

Die neuen Gesetze zielten deshalb auf Einfuhrbeschränkungen, etwa von Seiden und Spitzen, Metall- und Glaswaren, und verboten den Export von Wolle und Wolltuchen. Importgüter durften nur mehr en gros (zu Billigpreisen) verkauft, der Gewinn mußte innerhalb von acht Monaten in einheimische Waren angelegt werden. Daß Richard dem zustimmte, ist nicht selbstverständlich. Früher hatten Englands Könige die ausländischen Kaufleute protegiert, weil sie hohe Steuern von ihnen bekamen. Doch mittlerweile setzte man auf die Entwicklung der eigenen Wirtschaft – Voraussetzung für Englands Weg zur Weltmacht. Und das ging eben nur durch Eindämmung des fremden Kapitals. (Eine sympathische Einschränkung brachte Richard jedoch an: Buchhandel und internationale Buchproduktion sollten durch diese Gesetze nicht betroffen werden.) Die *Commoners* dankten dem König für sein Entgegenkommen: Am letzten Parlamentstag, dem 20. Februar, gewährten sie ihm aus eigenem Antrieb »Tonnengeld« und »Pfundzoll«, zwei Export-Import-Steuern, sowie einen Ausfuhrzoll auf Wolle, Wollfelle und Häute.

Die Fülle der Akten, die uns aus den zwei Jahren überliefert ist, zeigt, daß Richard seine Regierungsaktivität nicht nur auf den Parlamentsmonat beschränkte. Kampf gegen Korruption, Hilfe für Sozialschwache und Förderung des Mittelstandes waren die Eckpfeiler seiner populistischen Politik. Aus dem Kronsiegelamt ließ er etwa einen Beamten entfernen, der durch Beziehungen und Bestechung zu seinem Posten gekommen war, und befahl die Reduzierung des Personals auf den Stand wie vor hundert Jahren. Leuten, die in Not geraten waren, half er auf »unbürokratische Weise« durch Erteilung von Bettellizenzen, so einem Bauern aus Nottingham, »dem während seines Militärdienstes bei Dunbar in Schottland durch Unglück und Unachtsamkeit zwei Scheunen voll mit Korn und anderen Gütern plötzlich abgebrannt waren, was ihn völlig ruinierte«. Das Almosenwesen war die zeitgemäße Form der Sozialhilfe – man gab großzügig, vor allem in England. Und wer sich »Königsbettler« nennen konnte, dem war geholfen.

Persönlich kümmerte sich Richard darum, daß auch die Dienstboten seiner Vorgänger angemessen entlohnt wurden, so eine Hofdame Königin Margaretes mit einem Jahrgeld von zwanzig Mark; Eduards alte Amme erhielt »in Anbetracht ihrer Armut« zwanzig Pfund jährlich. Er sorgte dafür, daß die Gläubiger von Rebellen aus den beschlagnahmten Gütern entschädigt wurden, und streckte die fälligen Summen manchmal aus eigener Tasche vor. Die Frauen seiner Gegner bedachte er mit Apanagen, die ihr Auskommen sicherten: Buckinghams Witwe, eine Woodville, etwa und die Gräfin Oxford. Für »Witwen und Waisen« zu sorgen war freilich auch vornehmste Pflicht eines Königs. Aber Richard beschenkte auch Frauen, deren Männer noch lebten, »wegen ihrer guten und tugendhaften Gesinnung«. Häufig nannte er, wenn er Männer ausstattete, auch den Namen der Gattin.

Richards Freigebigkeit, von einigen Chronisten kritisiert, so wie andere Eduards Geiz bemäkelten, war demnach nicht nur ein Mittel, »falsche Freunde« zu gewinnen. Richtig ist, daß der König sich verausgabte. Sein Schenkungsbuch belegt, daß er in kurzer Zeit Land im jährlichen Wert von zwölftausend Pfund verteilte – nicht nur an den Hochadel, sondern breit gestreut an treue Beamte seiner Umgebung. Über Einkünfte und Vermögen haben wir nicht so genaue Zahlen. Eduards Schatz, dessen Umfang wir nicht kennen, fiel wahrscheinlich den Woodvilles in die Hände. Die Güter der geächteten Rebellen entschädigten ihn für einiges, doch gab er davon viel wieder her. In der Domänenwirtschaft folgte er im wesentlichen dem System des Bruders, widerrief jedoch manche rigorose Maßnahme, die auf Widerspruch gestoßen war. Und mit Abgabenerlassen zeigte er sich, wie schon als »Herr des Nordens«, recht großzügig.

So kam es denn, daß er aus Ländereien, Steuern, Zöllen und Amtsabgaben nicht einmal die Hälfte von dem holte, was Eduard eingenommen hatte. Das mochte an schlechtem Wirtschaften liegen – Richard war in Finanzsachen zweifellos weniger ausgekocht als der Bruder. Aber er folgte auch einem älteren Ideal: dem des konservativen William Worcester, der 1475 forderte: »Verteile, edler König, mit Beistand der edlen Lords deine reichen Schätze, die Juwelen und das Gold- und Silbergeschirr, unter deine treuen Untertanen zur Unterstützung deines bedürftigen und armseligen Volkes. Denn wie man sagt: Besser ein Reich ohne Reichtum denn ohne Ehre, so ist es für einen König besser, arm in einem reichen Land der Ruhe und des Friedens zu leben, als reich in einem armen Land, wo Hader und Zwietracht regieren.«

Ob alle Untertanen mit diesem Parlament zufrieden waren, wissen wir nicht. Manchem Raubritter mochte Richards Rechtspolitik nicht in den Kram passen; insgesamt stieß sie wohl auf Zustimmung, auch bei den großen Herren. Der König tendierte dazu, die Verantwortlichkeit des Adels zu stärken – ein Konservativismus, der den Betroffenen schmeichelte, aber wenig Realitätssinn aufwies. Die Segmentierung der Gesellschaft durch den Bastard-Feudalismus war nicht mehr rückgängig zu machen. Wenn der Kanzler die *lordys and nobille men* (»Lords und Edelleute«) mit festen Inseln in unsicherer See verglich, produzierte er ein Wunschbild: Der Adel im fünfzehnten Jahrhundert war nichts weniger als das. Russells Aufruf zur Einigkeit kurierte an Symptomen. Das Heilmittel der Zukunft hieß Absolutismus oder Volksherrschaft.

Was sich in England aus dem Chaos einer bankrotten Gesellschaft schälte, war vom Kontinent her nicht immer klar zu erkennen. *Questi Anglici non han una minima forma de regimento, ma pur se gle n'he in capo alcuno:* »Diese Engländer haben nicht die gering-

ste Regierung, es sei denn durch einen Führer.« Was der Mailänder Diplomat Camulio hier schreibt, ist nur zur Hälfte richtig. Die andere Hälfte besteht aus einem italienischen Rezept, der Anarchie beizukommen: durch einen *capo,* einen absoluten Fürsten Machiavellschen Zuschnitts. Dem Richter Fortescue hätten Camulios Worte freilich die Zornesröte ins Gesicht getrieben. Er sah die englische Verfassungswirklichkeit ganz anders:
»Es gibt zwei Arten von Königreichen. Das eine ist eine Herrschaft, die man im Lateinischen *dominium regale** nennt, die andere heißt *dominium politicum et regale*** Sie unterscheiden sich dadurch, daß in ersterer der König sein Volk *(people)* durch solche Gesetze regieren kann, die er selbst macht. Und daß er ihm deshalb Steuern und andere Abgaben auferlegen kann, wie er will, ohne dessen Zustimmung. Der andere König kann sein Volk nur mit Gesetzen regieren, denen es zustimmt.«

Frankreich und England seien hierfür Beispiele. Auch in Frankreich regierten einmal die Drei Stände mit, doch weil England dort dauernd Krieg führte, konnten sie nicht mehr zusammentreten; so erhob der französische König ohne Zustimmung jährlich hohe Steuern, jedoch nur beim Volk, denn vom Adel fürchtete er Rebellion. »Und weil das Volk *(commons)* sich nicht wehrte und nicht mutig genug war, zu rebellieren, ist es jetzt derart verarmt und zugrunde gerichtet, daß es kaum mehr leben kann.«

Erstaunliche Ansichten eines Richters! Dabei war Fortescue, Jahrgang 1394, altmodisch und modern zugleich. Andernorts gehörte die Zukunft dem *dominium regale,* dem Absolutismus – nicht nur dort, wo Englands Heere gewütet hatten. Das Inselreich blieb jedoch in gewisser Weise altmodisch, weil die Regierten zu einem altmodischen, aber probaten Mittel griffen, wenn es die Regierenden mit ihrer Modernität zu bunt trieben: Sie machten Revolution. Für den Fortschritt der Herrschenden ließen sie sich nicht zugrunde richten. Fortescues kombinierte Volks- und Königsherrschaft *(dominium politicum et regale)* entsprang freilich auch einem Idealbild, das Russells Vorstellung vom »politischen Körper« recht nahe kam. Denn mit »Volk« *(people)* meinte er Herren und Gemeine *(commons)* gleichermaßen, wie sie im Parlament vereint waren. Die Wirklichkeit war weniger harmonisch.

* Königsherrschaft
** Volks- und Königsherrschaft

Praktisch machten nämlich die *Commoners* das *dominium politicum* alleine aus. Die Lords brachten ihre Anliegen über Mittelsmänner im »Unterhaus« vor, und auch der König ließ dort seine Politik als Volksmeinung ausgeben. Man nahm dazu massiven Einfluß auf die Wahlen; der König scheute sich nicht, sogar Beamte ins Parlament zu schleusen – 1478 machten sie siebzehn Prozent aus. Die *Commoners* zeigten sich denn auch, oft jenseits moralischer und juristischer Bedenken, den Wünschen der Herrschenden und des Herrschers gefügig. Politik – die »hohe Politik« – war im allgemeinen nicht die Sache des Volkes. Man kam sogar ohne Parlament aus und war es zufrieden: Eduard IV. berief zwischen 1475 und 1483 – in Friedenszeiten – nur zwei davon, statt wie üblich zwei im Jahr.

Es ging auch ohne die Land- und Stadtleute, aber es ging nicht gegen sie. Denn die Macht der Bürger und Bauern lag nicht im Parlament, sondern im Gebrauch ihrer Langbogen und Lederhemden. Eduard hatte das 1469 zu spüren bekommen; 1472–74 begnügten sie sich mit Steuerverweigerung. Es gab eine Grenze, jenseits der keine Manipulation mehr griff. Das galt für Herren und Gemeine gleichermaßen. Doch das Verhältnis des Königs zu seinen Lords blieb privat, und privaten Charakter hatten die meisten Fehden der »Rosenkriege«. Die *Commoners* vertraten dagegen die Öffentlichkeit, sie bildeten den »politischen Körper«. Im Parlament kam das sinnbildhaft *(mystically)* zum Vorschein.

Richard war für das populare Element der politischen Wirklichkeit seiner Zeit keineswegs blind, trotz seiner antiquierten Haltung dem Adel gegenüber. Zum *dominium politicum* braucht es einen »politischen König« – und das war etwas anderes als der oberste Lehensherr des Mittelalters. Was Eduard so erfolgreich machte, war seine Fähigkeit, königliche Politik populär zu machen – nicht nur bei einer Handvoll *Pairs,* deren Interessenlage kalkulierbar war, sondern im Spektrum einer pluralistischen Gesellschaft. Es gelang ihm, indem er das Ohr am Volk hatte: durch ein landweites Netz von Beamten und Anhängern, die aus dem Hofdienst kamen. Der Croyland-Chronist berichtet davon, und die Akten bestätigen es. Es waren dies Männer, die ihrerseits im Land, wo sie dienten, verwurzelt waren und den Leuten in Königs Namen das boten, was in dieser segmentierten Übergangsgesellschaft wichtig war: *Patronage.*

Richard wußte, was das hieß. Im Norden hatte er sie als ein *special good lord* praktiziert. Richtertum und Freigebigkeit waren die Säulen dieses altertümlichen Herrscherbildes. Seine Tugenden konnten freilich nur mehr im Verein mit modernen Techniken bestehen, nämlich: autarkes Finanzmanagement der Krone und Bürokratisierung der Herrschaft. Beides bedeutete die Anwendung »bürgerlicher« Verwaltungsmethoden und Abmeierung des Adels als korporativer Macht. Eduard hatte den Weg vorgezeigt. Die Anhäufung eines Schatzes und sein Sieg über den »Königsmacher« Warwick stellen dafür beinahe mythische Paradigmata. Die Tudor-Könige, die ihre »neue Monarchie« durch ein kleinliches System von Abschreckung und Belohnung durchsetzten, holten den Mythos auf die Erde machiavellistischer Machtpolitik, die gleichwohl nach neuen Würden griff: Nicht »Euer Gnaden«, sondern »Majestät« hieß es jetzt. Richard III. hing dazwischen: Was ihm an Modernität fehlte, brachte ihn am Ende zu Fall.

Während das Parlament tagte, trat in London eine geistliche Synode zusammen – das Kirchenparlament. Die Kirche bildete einen Staat im Staate, mit eigener Verfassung, eigenem Recht, eigener Justiz, eigenem Steuerwesen, eigener Außenpolitik. Es war dies Ergebnis des mittelalterlichen Kampfes zwischen geistlicher und weltlicher Gewalt, doch waren Prinzipien und moralische Basis ihrer wechselseitigen Trennung schon arg durchlöchert. Der englische König setzte Bischöfe ein, als habe es nie einen *Investiturstreit** gegeben. Ein Jahrhundert zuvor hatte er versucht, die Kirche in das staatliche Steuersystem einzubeziehen, und hatte dabei breite Unterstützung gefunden. Die Kirche setzte sich erfolgreich zur Wehr, doch um den Preis, nun immer häufiger von der Krone zu freiwilligen Abgaben gebeten zu werden. Wenn die Bischöfe dem nicht nachkämen – so mutmaßt der Venezianer – wären sie wohl selbst in ihren Kirchen nicht mehr sicher.

Von rechts wegen durften Kleriker nur vor geistliche Gerichte zitiert werden, wenn sie sich etwas zuschulden kommen ließen, außer im Hochverratsfall. Die Praxis sah freilich anders aus. Weltliche Justizbeamte scherten sich nicht viel um das Vorrecht der Kirche. Geistliche, »grausam und schrecklich geängstigt und ver-

---

* Investiturstreit = Auseinandersetzung zwischen König und Papst über das Recht, Bischöfe einzusetzen (seit dem elften Jahrhundert); sie ging seinerzeit zugunsten des Papstes aus.

haftet«, würden von gottlosen Händen sogar vom Altar weg ins Gefängnis verschleppt, klagten nun die Versammelten der Synode. Die Leute zeigten überhaupt nicht mehr sonderlich Respekt vor dem geistlichen Stand: Bischöfe wurden gelyncht, Pfründeninhabern verwehrte man den Zugang zu ihrem Besitz, den päpstlichen Bann achtete man »nicht mehr als eine Fliege« (Gregorys Chronik). Der Wat-Tyler-Aufstand 1381 war auf einer Welle antiklerikaler Gefühle geritten, die in einen ersten Reformationsversuch mündeten. Doch Wycliff* scheiterte, und den einen oder anderen seiner Anhänger, »Lollarden« genannt, verbrannte man noch zu Eduards IV. Zeiten.

Das alles kam nicht von ungefähr. Wie die alte Gesellschaft so war auch die Kirche am Ende. Die Unterdrückung der *Lollarden* verschärfte diesen Zustand, denn sie brachte das Kirchenleben um die Chance der Erneuerung. Bischöfe und Äbte betätigten sich in Wirtschaft und Politik und überließen die Seelsorge schlecht bezahlten Vikaren, die kaum das Vaterunser hersagen konnten. Wer ein bißchen Bildung hatte, ging als Sekretär. Seelenmessen für reiche Stifter hielt man für verdienstvoller als Gottesdienst am armen Mann; einträglicher waren sie auf jeden Fall. Das Pfründenwesen wucherte wie ein Krebsgeschwür. Die Kirche besaß ein Drittel des Landes, kassierte ein Zehntel aller Einkommen und nahm dazu noch hohe Gebühren für ihre Leistungen: Taufen, Hochzeiten, Beerdigungen, Testamentsbeglaubigungen.

Die Klöster horteten Reichtümer, doch die Zahl der Insassen ging zurück. Um die leeren Zellen zu füllen, nahmen sie gegen Entgelt Pensionäre auf, die oft mit Dienerschaft und Hunden anrückten. Der Abt von Glastonberg hatte jährlich 25 000 Kronen an Einkünften, die Äbtissin von Shaftesbury 10 000 Kronen. »In England würde es keine bessere Heiratspartie geben, als zwischen diesem Abt und der Äbtissin«, ging ein Spruch, und ein anderer lautete: »Die Priester sind eines der drei glücklichen Geschlechter der Welt.«

Einfältige Sprengelpriester und hochfahrende Prälaten begegneten aber einer zunehmend kritischeren Bürger- und Bauernschicht, die auf ihre Bildung stolz war und sich in ihrer Religiosität nicht beirren ließ. Dem venezianischen Besucher fällt auf, daß die Eng-

---

* John Wycliff (1320–1384), Oxforder Theologieprofessor, seit 1378 Reformator, Verfasser einer englischen Bibelübersetzung (1383); 1415 wurde er vom Konstanzer Konzil posthum zum Ketzer erklärt.

länder keine Messe versäumten und auch sonst alle christlichen Formen beachteten, namentlich den Almosendienst. Frauen liefen mit langen Rosenkränzen umher und beherrschten die lateinischen Gebete wie Priester. Daran mochte viel Äußerlichkeit sein, ebenso wie in der schwelgerischen Kirchenarchitektur der Spätgotik, die sich in einer wahren Bauwut entfaltete. Doch der Venezianer bemerkt auch, daß viele eine abweichende Meinung in Glaubensfragen hätten – *molti che hanno diverse opinioni quanto alla Religione*. Das zeigt, daß kirchlich verordnete Werkgerechtigkeit nicht den Kern der Volksreligiosität ausmachte.

Das galt wohl auch für Richards Glauben. Wir wissen, daß er eine Wycliff-Bibel besaß, ein Neues Testament. Das heißt noch nicht, daß er ein Ketzer war: Die Bibel war englisch, und viele lasen sie, auch wenn es die Kirche verbot. Aber sein Charakter wies zweifellos in Richtung des kommenden Puritanismus. Das zeigt auch die Art, wie er mit der Synode umging. Die geistliche Versammlung bat ihn, das Übel weltlicher Übergriffe abzustellen, »angesichts eueres edlen und heiligen Vorgehens in anderen Dingen«. Richard sicherte daraufhin die alten Freiheiten zu, vor allem auch das umstrittene Recht, straffällige Priester durch eigene Gerichte aburteilen zu dürfen. Die Synode gewährte dem König daraufhin einen dreifachen Zehnt, insgesamt 5600 Pfund. Doch Richard begnügte sich nicht mit diesen Formalien. Vielmehr fühlte er sich berufen, der Geistlichkeit Anweisungen zu geben:
»Es ist gut bekannt, daß es in jedem Gerichtsbezirk, auch in den kirchlichen, eine Menge Leute gibt, geistlichen Standes ebenso wie weltlichen, die vom wahren Pfad der Tugend und des rechten Lebens abweichen, zum verderblichen Beispiel für andere und zum Abscheu für jeden rechtschaffenen Menschen. Deshalb wünschen und fordern wir von Euch, daß ihr im Rahmen Euerer Gerichtsbarkeit dafür sorgt, daß alle solche Personen, die von der Tugend ablassen und verdammenswerten Verbrechen und Lastern nachgehen, gehörig gebessert, gezügelt und bestraft werden, wie sie es verdienen, und dabei weder aus Liebe und Wohlwollen, noch aus Angst oder Sympathie geschont werden, ob die Sünder nun Geistliche oder Weltliche sind; ... dann werden wir dafür sorgen, daß solche geistlichen Personen, die Euerer kirchlichen Aufsicht unterstehen, für ihre Missetaten nicht anderweitig zitiert und bestraft werden, sondern gemäß den Verfahren und Gesetzen

der Heiligen Kirche.« So steht es in einem Schreiben an die Bischöfe vom 10. März, und es zeigt, daß die beklagten Übergriffe auf Kleriker handfeste Gründe hatten.

Acht Tage zuvor hatte der König das »Heroldskolleg« gegründet, eine Korporation mit erblicher Mitgliedschaft. In Frankreich gab es so etwas schon seit 1407. Den königlichen Herolden oblag die Pflege der Heraldik, die unter Eduard III. ein Jahrhundert zuvor ihre Blüte erlebt hatte: Damals war das Wappen Ausdruck adeliger Eigenart, ein Merkmal geburtsständischer Exklusivität. Doch seither hatten immer breitere Schichten das Wappenrecht erworben; junger Adel schmückte sich mit phantastischen Kreationen, die bald von denen der Bürger und Bauern übertroffen wurden. So war denn Richards Gründung zwar ein modischer, aber unmoderner Schritt: Mit der »Demokratisierung« verlor das Wappenwesen seinen Sinn. Die ständische Welt ging unter. Nicht nur das Wappen, auch die Korporation als Verfassungsprinzip wurde zum Anachronismus.

Am 1. März hatte Elisabeth Woodville ihre Töchter dem König anvertraut – widerwillig. Richard war in den Mitteln, dies zu erreichen, nicht zimperlich gewesen, doch wußte er das Parlament hinter sich. Er verpflichtete sich nicht nur, seine Nichten in Freiheit zu schützen, sondern auch sie zu unterhalten und ehrenhaft zu verheiraten, wobei jede als Mitgift Land im Wert von zweihundert Mark jährlich erhalten sollte. »Und die Edelleute, mit denen sie verehelicht werden, will ich strikt und wiederholt anweisen, sie innig zu lieben und sie als ihre Frauen und meine weiblichen Verwandten zu behandeln, wenn sie mein Mißfallen vermeiden wollen«, versprach er dazu. Die Königswitwe erhielt eine Jahresapanage von siebenhundert Mark, allerdings nicht frei, sondern zu Händen des königlichen Leibherrn Nesfield, der sie weiterhin unter Aufsicht hatte.

Indes hatte der Tudor am Weihnachtsmorgen des vergangenen Jahres zu Rennes, der bretonischen Hauptstadt, in der Kathedrale öffentlich geschworen, Elisabeth von York zu heiraten, sobald er England in Besitz habe. Wenn man Vergil glauben will, blieb Richard von Stund an keine ruhige Minute mehr: »König Richard, der mehr Zweifel als Vertrauen in seine Sache hatte, war im Herzen fast ständig verwirrt, zerrissen und gequält aus Furcht vor der Rückkehr Graf Heinrichs und seiner Verbündeten; so führte er ein elendes Leben, das ihn letztlich dazu brachte, die Anlässe zu

Furcht und Aufruhr an der Wurzel auszureißen, um sich von seinen inneren Ängsten zu befreien.«

Und der Croyland-Chronist dazu: »Es ging das Gerücht, daß die Geächteten und Exulanten mit ihrem Anführer Graf Richmond bald in England landen würden; sie hingen ihm in der Hoffnung auf seine Heirat mit der Tochter König Eduards an und hatten ihm gleichsam als ihrem König Treue gelobt. Ihnen Widerstand zu leisten, stand König Richard in diesem Jahr bereit wie zu keiner späteren Zeit.«

Dabei hielt es ihn nicht in der Hauptstadt: Das ganze Jahr über war er unterwegs. In der ersten Märzwoche verließ er mit seiner Gattin London und traf am 9. des Monats in Cambridge ein, reiste dort sechs Tage später ab und gelangte am 20. März nach Nottingham. Von hier brach er einen guten Monat später nach York auf, wo er sich die ersten Maitage aufhielt. Es folgte eine Rundreise durch den Norden: Middleham, Durham, Scarborough, Pontefract, York und noch einmal Scarborough. Am 21. Juli kehrte er nach York zurück, und neun Tage später finden wir ihn wieder in Nottingham.

Es war dies keine Vergnügungsreise, auch wenn sie sich beinahe so anließ. Das Königspaar verbrachte fast eine Woche im Frieden der Universität Cambridge und versah diese dabei reichlich mit Stipendien und Bargeld zur baulichen Verbesserung; für die *King's College*-Kapelle gab es dreihundert Pfund. Richard zeigte sich, wie sein Bruder, als großer Bauherr. Rous rühmt ganz ungewohnt: »Dieser König Richard ist für seine Bautätigkeit zu loben, solche in Westminster, Nottingham, Warwick, York und Middleham und vielen anderen Plätzen, wie jedem Auge offensichtlich ist. In der Yorker Kathedralkirche gründete er einen vornehmen Chor für hundert Kaplane und richtete in Middleham ein Kolleg ein wie in York. Auch in London beim Tower, in St. Maria von Barking, gründete er eines und stattete Queen's College in Cambridge mit einem Jahrgeld von fünfhundert Mark aus.«

Das war beileibe nicht alles: zweihundertfünfzig Mark jährlich erhielt die St.-Georg's-Kapelle in Windsor, Eduards Lieblingsprojekt, zur Fertigstellung; die Schloßkirche von Pontefract ließ Richard renovieren, und bei Towton gründete er eine Gedächtniskapelle für die Toten von 1461. Auch den Umbau und die Erweiterung von Profanbauten finanzierte Richard: neben den von Rous genannten Orten in Windsor, Baynard's und im Londoner Tower.

Die Alma Mater von Cambridge bedankte sich beim Königspaar, indem sie Genehmigung einholte, die *Salus populi*-Messe an jedem 2. Mai für das Seelenheil der beiden feiern zu dürfen.

Nottingham wurde zu Richards Hauptquartier. Von diesem zentralen Platz im Reich konnte er den Norden und Süden, die Ost- und Westküste gleich schnell erreichen, wenn Not am Mann war. König Eduard hatte angefangen, die Burg auszubauen: An der Nordseite stand nun ein massiver Bergfried mit drei Stockwerken, der komfortable Räume beherbergte. Sie bot Schutz und war dabei nicht ungemütlich, was man nicht von allen Festungen dieser Zeit sagen konnte. Der König richtete von hier in alle vier Himmelsrichtungen eine Postenkette ein, so wie es sein Bruder im schottischen Krieg zwischen Berwick und London vorexerziert hatte: Alle zwanzig Meilen waren Reiter stationiert, und so konnten Nachrichten über hundert Meilen am Tag übermittelt werden. Richard legte damit, ohne es zu ahnen, den Grundstein für das englische Postwesen. Auf dem Kontinent begann damit fünfzehn Jahre später Kaiser Maximilian durch die Grafen Taxis.

Richard hatte seit Anfang des Jahres für den Verteidigungsfall vorgesorgt. Er zeigte sich auch in der Rüstung modern. Sein besonderes Augenmerk galt Artillerie und Marine. Die Explosionswaffen genossen noch nicht viel Vertrauen: Den Schottenkönig hatte 1460 eine explodierende Kanone getötet, und im Jahr darauf waren bei St. Albans die flämischen Pistolen auf Warwicks Seite nach hinten losgegangen. Nichtsdestoweniger legte Richard im Tower ein Artilleriearsenal an und stellte Flamen als Gießmeister und Kanoniere in Dienst; 24 Pfund gab er für zwanzig Kanonen und zwei Feldschlangen aus, wahrscheinlich aus Flandern.

Schon das Jahr zuvor hatte der König Schiffe gekauft, um den Seekrieg gegen die Bretagne effektiv zu machen. Für Fischereifahrten nach Island hatte er ein Geleitsystem eingerichtet. Nun sammelte er eine starke Flotte bei Scarborough zum Einsatz gegen Franzosen und Schotten. Sieben Schiffe gehörten der Krone, der Rest wurde angemietet. Im Verlauf seiner Regierung richtete Richard ein Admiralsamt ein, um Norfolk zu entlasten; Schatzmeister Wood und Tower-Kommandant Brackenbury wurden Vize-Admirale mit einem Stab von drei Mitarbeitern und einem Protokollführer. Ein beabsichtigter Nebeneffekt dieser Anstrengungen war, die Seeräuberei in kontrollierte Bahnen zu lenken – Verbündete und Landsleute sollten von ihr verschont bleiben.

Am 1. Mai hob Richard dann Musterungskommissionen fast überall im Land aus, und wenige Tage später setzte er Ausschüsse zur Bewaffnung, Bestückung und Verproviantierung ein. Der König zeigte seine Muskeln – der Feind mochte kommen. In Wirklichkeit stand es um diese Zeit für Richards Sache schon schlecht. »Aber wie eitel menschliche Planung ist, wenn sie die Dinge ohne Gott einrichten will, zeigte sich kurz nach dem Februar«, schreibt der Croyland-Chronist. »Denn im folgenden April, nicht weit von König Eduards Todestag, starb jener einzige Bub, in den durch so viele Schwüre die ganze Hoffnung auf königliche Nachfolge gesetzt worden war, auf Burg Middleham nach ganz kurzer Krankheit. Man kann sich vorstellen, wie Vater und Mutter durch den plötzlichen Schmerz beinahe von Sinnen waren, als sie in Nottingham die Neuigkeit vernahmen.«

Der Tod des kränkelnden Königskindes erschütterte nicht nur die Elternherzen, sondern auch und vor allem den Staat. Königin Anna hatte seit der Geburt dieses Sohnes keine Schwangerschaft mehr ausgetragen; sie würde wohl keine Kinder mehr bekommen. Ein kinderloser König war aber fast so schlimm, wie ein Kind als König. Starb er vorzeitig, würde es um die Nachfolge auf jeden Fall Krieg geben. So konnte man denn den Krieg auch gleich riskieren, um solch einen König zu stürzen. Heinrich Tudors Versprechen, Elisabeth von York zu heiraten, gewann damit Gewicht: Eduards Älteste war jung genug, um dem Reich noch viele Erben zu schenken.

Richard begegnete der Gefahr, indem er seinen Neffen, den achtjährigen Grafen Warwick, zum Nachfolger bestimmte – so berichtet jedenfalls Rous. Clarences Sohn schien geistig etwas zurück; er könne eine Gans nicht von einem Kapaun unterscheiden, hieß es später. Das sagt nicht viel: Auch Karl VIII. von Frankreich war ein Spätentwickler, der zum passablen Herrscher wurde. Doch er behauptet auch, dem Bub sei nach einiger Zeit ein Schwestersohn des Königs, Graf Johann von Lincoln, vorgezogen worden. Das ist zumindest fraglich. In der Rangfolge bei Aufzählungen rangierte Warwick – obwohl Sohn eines Geächteten – bis zuletzt vor dem älteren Vetter. Dieser wurde allerdings im August »Herr von Irland«, ein Titel, der nach Yorkisten-Tradition an den nächstfolgenden Thronerben ging.

Richard reiste erst in der zweiten Mai-Woche von York aus nach Middleham, um seinen Vaterpflichten nachzukommen. Er bestattete seinen Sohn in der Burgkapelle von Sheriffhutton. Wahrscheinlich war die Leiche mit Salz konserviert worden, oder man hatte ihr, wie es oft praktiziert wurde, das Fleisch von den Knochen gekocht und vergraben, so daß allein das Skelett überführt wurde. Später ließ der König aus Alabaster eine Skulptur des Prinzen anfertigen, die heute noch den Sarkophag schmückt. Zu öffentlicher Trauer war nicht lange Zeit; die Amtsgeschäfte forderten den König.

Noch vor seiner Reise nach Middleham hatte der König Besuch aus dem deutschen Reich zu empfangen. Es war dies der Ritter Nikolaus aus dem vornehmen schlesischen Geschlecht derer von Poppelau, ein Globetrotter wie der Böhme Leo von Rožmital, doch in kaiserlichen Diensten, dazu ein rechtes Original. Er schrieb selbst über seine Fahrten; die lateinische Urschrift ist verloren, doch wir haben eine deutsche Paraphrase aus dem achtzehnten Jahrhundert. Er wird uns darin als lateinisch parlierender Kraftprotz geschildert, der ständig einen *langen Spiss* mit sich führte, der so schwer wog, daß ihn niemand sonst handhaben konnte. Am 12. April landete er an der englischen Küste (wahrscheinlich Dover) und ging von dort die zehn Meilen zu Fuß nach Canterbury, wo er das Grab des hl. Thomas Beckett besuchte. Nach London ritt er und traf dort am Karfreitag ein. Ein schlesischer Landsmann zeigte ihm die Stadt.

Acht Tage nach Ostern brach er ins Landesinnere auf: »Auf dem Wege nach Kambridge bemerkte er dass die Dörfer dichter an einander lagen als irgend sonst in England; ingleichen fand er in dieser Gegend das schönste Frauenzimmer, welches er ie gesehen. Deren Schönheit und Sitten er folgendermassen beschreibt: Sie haben die Deutschen fast* lieb, lassen gerne mit ihnen freundlich scherzen, geben freundliche Müstlein** aus, haben liebliche schöne hausbakene Busen, haben von oben bis unten an von Natur untersetzte und grosse Gliedmassen, denn die deutschen Weibsbilder. Derselben Gebrauch alda zu Lande ist, so ein Fremder in einer ehrbaren Frauen Haus kommt, geben sie ihm den Kuss im Eingang, und wenn er weggehet . . . Sind auch viel getreuer, denn die Männer, welche fast hitziger und cholerischer Natur

* fast = fest
** Keckheiten (?)

sind, und wenn sie in Zorn geraten, erbarmen sie sich über niemanden. Den Sitten nach haben die Engländer dreierlei Art und Unterscheid, damit sie andern Nationen und Völkern zum Teil mögen verglichen werden; nemlich mit Pracht und Dieberei den Polen; mit Grobheit und viel andern Dingen, auch mit wütender Grausamkeit den Ungern, mit List und Geiz den Lombarden. Doch übertreffen sie die Polen in Schalkheit*; denn diese liben mehr Erbarkeit und Ehre, denn die Engländer. Sie wagen auch grosse Unkosten auf Gastereien und Wolleben; iedoch so herrlich nicht, als die Polen. Sie wissen auch mit Zurichtung der Speisen nicht viel Bescheid; sondern lassen sich leicht an groben Speisen, die nicht viel kosten, begnügen. Denn unter allen Tugenden, deswegen sie zu rümen sind, ist die vornemste, dass sie gross Gut und Geld on alles Gewissen zu wege bringen. Auch glaubt er, dass wegen des Geizes der Einwohner alle Dinge in England so teuer sind. In Absicht auf die Fruchtbarkeit vergleicht er es mit Mähren.

In allen Städten und Herbergen fand er sehr schönes Frauenzimmer, die ihm gleich nachfolgten, und sich mündlich erboten: Lieber Meister, was ihr begert, das wollen wir gern tun. Zuweilen bot er ihnen ehrenthalber die Hand, sie aber boten ihm ihr Mäulchen und geneigten Hals mit neigenden Knien zum Kuss. Versagte er einer den Kuss, so ging sie mit Scham davon, kam aber gleichwol in einer halben Stunde wider, reichte ihm mit viel Demut und grosser Ehrerbittung Essen und Trinken. Er hatte sie im Verdacht, dass sie dis alles nur in der Absicht täten, um ihm seine Jungferschaft und Geldbeutel zu nemen. Ja in Wahrheit, färt er fort, man sagt viel vom Venusberge; so mag doch meines Erachtens kein Land billiger den England demselben verglichen werden.

Von Kambridge ging er über Stanford, Neuwark, Donkaster nach York. Zehn Meilen davon aufm Schlosse Pontefract befand sich K. Richard, wo unser Ritter am Sonnabend d. 1. Mai, 1484 anlangte und dem Könige in Gegenwart seiner ganzen Hofstat die Empfelungsschreiben des Kaisers und Herzogs von Burgund überreichte und dabei eine lateinische Rede hilt, worüber sich alle wunderten. Der König nam ihn bei der Hand, und versicherte ihm sehr gnädig, daß er ihm in allen zu wilfaren geneigt sei; liss ihn auch durch einen Kammerherrn in seine Herberge begleiten.

* Unehrlichkeit, Spitzbüberei

Den folgenden Tag hörte er in der Kirche, wo der König sich befand, Messe lesen nebst einer herrlichen Musik.

Nach Endigung derselben schloss er sich an das Gefolge des Königs, sah ihn auch offentlich speisen; da er sich denn mit ihm ganz allein unterhilt, und ihn viel vom Kaiser und den Reichsfürsten fragte. Endlich kam er auch auf den Türken zu sprechen, und da ihm unser Ritter erzälte, dass der König von Ungern mit seinem und dem kaiserlichen Volk vor Martini 1483 mehr denn zwölf tausend Türken erlegt, freute er sich sehr und sagte: Ich wünschte dass mein Königreich an der Türkischen Grenze läge, ich wolte gewiss mit meinem Volk allein, ohne Hülfe andrer Fürsten, nicht nur die Türken, sondern auch alle meine Feinde leicht austreiben.

Nachdem er sich über acht Tage bei Hofe aufgehalten und iedesmal bei der königlichen Tafel sich befunden, überreichte ihm der König ein goldnes Halsband, welches er einem Lord vom Halse nam, auch überschikte er ihm beim Abschiede durch einen seiner Hofleute funfzig Nobel (welche hundert Gulden Rheinisch und einen halben machen.) Das Halsband hilt an Golde dreizehn Unzen Londonsch Gewicht, die Unze zu zwölf Rheinischen Gulden gerechnet. Nach Popplaus Beschreibung war K. Richard drei Finger länger, doch ein wenig schlanker und nicht so dik als er, auch gar viel dürrer, hatte ganz subtile Arme und Schenkel, auch ein grosses Herz. Er bekam vom Könige sichere Geleitsbriefe, daß er in seinem Reiche zu Wasser und Lande frei, sicher und ungehindert zihen konte, wohin er nur wolte.«

Eine interessante Ergänzung zum Bild des Königs, die uns zugleich ein Rätsel aufgibt. Wenn Richard schon, wie eine andere Überlieferung will, eher klein war, muß der vierschrötige, kraftmeierische Schlesier geradezu von Zwergenwuchs gewesen sein. Oder wirkte Richard nur im Vergleich zu seinen aufgeschossenen Brüdern klein? Was uns der lateinisch gebildete Ritter über die Engländer erzählt, bestätigt manches moderne Vorurteil, anderes überrascht eher: Wer würde schon die »kühlen Briten« mit Polen, Ungarn und Italienern in einen Topf werfen? Sicher ist, daß auch die zeitgenössischen Inselbewohner darüber empört gewesen wären – auch dann, wenn der Vergleich zutraf. Das geht jedenfalls aus dem Urteil anderer Ausländer hervor – namentlich Italiener: »Die Engländer sind ein hochmütiges Volk ohne Ehrfurcht und wollen alle anderen Nationen übertrumpfen«, beobachtet ein Mailänder, und ein Venezianer schreibt: »Die Engländer sind in der Mehrzahl – Männer wie Frauen jeden Alters – wohlproportioniert und hübsch ... Aber ich habe von Leuten, die sich hier auskennen, gehört, daß die Engländer große Liebhaber ihrer selbst und aller ihrer Dinge sind; sie glauben nicht, daß es noch andere Menschen wie sie gibt, nirgends auf der Welt, es sei denn in England: Und wenn sie einen hübschen Ausländer sehen, sagen sie gewöhnlich, daß er wie ein Engländer sei, und es sei eine Schande, daß er kein Engländer ist. Und wenn sie mit einem Fremden über ein hübsches Ding sprechen, fragen sie, ob man so etwas auch im Lande des Gastes herstellt.«

»Es ist nicht unamüsant zu hören«, heißt es in anderem Zusammenhang, »daß Frauen und Kinder das Unglück der Exulanten beweinen – fragen, wie sie nur so elend außerhalb Englands leben können – und auch noch hinzufügen, sie wären wohl besser gestorben, als aus der Welt zu gehen, als wenn England die ganze Welt wäre!« Fremdenhaß, so beobachtet der Besucher, war die Kehrseite dieser Selbstüberschätzung: »Ausländern sind sie feind und denken, daß niemand auf diese Insel kommt, der sich nicht zum Herren aufschwingen und ihren Besitz an sich reißen will. Sie pflegen auch untereinander keine feste und aufrichtige Freundschaft: Insofern, als sie sich weder in öffentlichen, noch in privaten Angelegenheiten trauen, darüber zu reden, wie es bei uns in Italien üblich ist.

Und wenn sie auch im geschlechtlichen Umgang recht freizügig sind, so habe ich doch nie jemanden verliebt gesehen, weder am Hofe noch beim Volk. Daraus muß geschlossen werden, daß die Engländer entweder die diskretesten Liebhaber der Welt sind, oder aber überhaupt nicht lieben: Das sage ich über die Männer; mit den Frauen ist es, wie ich höre, anders, denn diese zeigen ihre Leidenschaft recht heftig. Im allgemeinen hüten die Engländer ihre Frauen sehr eifersüchtig, doch am Ende kann alles mit Geld ausgeglichen werden.«

Unser Poppelau bestätigt dieses Bild. Die Portugiesen dünken sich die Allerweisesten zu sein, sagt er, »wie denn die Engländer solches auch vermeinen, die Welt sei nirgends wo als bei ihnen. Die Portugiesen aber ... sind unter einander ihnen selbst viel getreuer, denn die Engländer, sind auch nicht so grausam und unsinnig, leben auch in Speis und Trank gar viel mässiger; sind aber von Angesicht nicht so schön, denn die Engländer.« Auch über die Eigenart der englischen Damenwelt läßt er sich noch einmal aus: »Die Englischen Weiber haben teuflisch grosse Begierden, wenn sie einen Mann, dem sie trauen dürfen, ins Herz fassen; werden auch gar blind und töricht vor Liebe, mehr denn alle andere Nationen. Hab auch erfaren von Männern und Weibern, dass sie beide durch die Finger gesehen, und einander zugesehen, vergönnt und gestattet, und unter einem Schein als wären sie mit einander recht ehelich, liebzuhaben.«

Die englische Frau, so scheint es, war selbständiger als auf dem Kontinent. Die Frauen jagten mit dem Bogen wie Männer und ritten, statt züchtig im Wagen zu fahren, und selbst Damen von Stand gingen in die Kneipe zum Zechen, heißt es in italienischen Berichten. Stadtakten belegen, daß sie voll geschäftsfähig waren: Sie konnten kaufen und verkaufen, ohne ihren Mann zu fragen, oder mit diesem zusammen gleichberechtigt ein Geschäft betreiben. Witwen heirateten den hübschesten Lehrling im Haus. Dieser gab dann, wie der Venezianer meint, »geduldig die Blüte seiner Jugend (*sua tenera bellezza*) dahin, in der Hoffnung, ihren großen Reichtum bald mit einer eleganten jungen Frau genießen zu können... Keiner Frau wird es zur Schande angerechnet, wenn sie sich so oft wiederverheiratet, als sie Witwe wird, wie ungleich die Verbindung auch dem Vermögen, Alter und Stand nach sein mag.«

Daß die Engländer ehrlose Rabauken sind, die sich dem Fraß und Trunk ergeben, hören wir auch von unseren italienischen Gewährsleuten: »Sie haben keinen Ehrbegriff. Wenn sie kämpfen, geschieht es aus einer Laune heraus, und nachdem sie zwei oder drei Messerhiebe gewechselt haben, schließen sie wieder Frieden, auch wenn sie sich verwundet haben, und gehen weg und trinken miteinander.« Dies ist keine ritterliche Welt mehr; der Italiener mokiert sich darüber, und William Worcester beklagt es in seinem »Buch der edlen Denkart« (*Book of Noblesse*). Der Venezianer schreibt jedoch auch: »In der Sprache sind sie äußerst gesittet. Sie ist, ebenso wie das Flämische, vom Deutschen abgeleitet, hat aber ihre ursprüngliche Härte verloren und klingt ihrer Aussprache nach hinreichend lieblich. Zu ihrer sanften Redeweise kommt die unglaubliche Höflichkeit, mit unbedecktem Haupt ihre Rede auszutauschen, mit einer wunderbaren Anmut.«

Nicht genugtun können sich die Ausländer über die englische Gasterei. »Sie haben große Freude an vielem und gutem Essen und bleiben lange bei Tisch«, erzählt unser Venezianer. »Und sie glauben, es gäbe keine größere Ehre, als jemanden zum Essen einzuladen oder eingeladen zu werden. Ja, sie würden eher für jemanden, den sie eingeladen haben, fünf oder sechs Dukaten ausgeben, als einen Groschen für jemanden in Not... Ich habe sichere Information, daß wenn der Krieg am wildesten tobt, sie nach gutem Essen verlangen und nach ihren anderen Bequemlichkeiten, und nicht an das Schreckliche denken, das ihnen widerfahren kann.« Ein Essen bei Hof dauere vier Stunden oder mehr, wenn auch nicht so zügig aufgetragen würde, wie in Italien. König Heinrich VII. hätte oft sechshundert bis siebenhundert Gäste und würde jährlich 14 000 Pfund für seine Tafel aufwenden, das seien 70 000 Kronen. Der Kommentar eines Mailänder Diplomaten dazu: »Sie betrügen die Welt mit ihrem Essen und Trinken und denken jede Minute ans Fressen.«

Dem Besucher fällt weiter auf, daß die Engländer Unmengen von Bier trinken, selbst wenn Wein vorhanden ist, aber immerhin so höflich sind, dieses Getränk einem Italiener nicht anzubieten. Man würzte, wie Poppelau andeutet, das Essen nicht so raffiniert als auf dem Kontinent (salzte es allerdings kräftiger); dafür liebte man stark aromatisierte Gewürzweine. Die Lebenslust, die in den Tafeleien – selbst noch am Schlachtfeldrand – zum Ausdruck kommt, spiegelt sich auch in anderen reizintensiven Aktivitäten, meist lärmender und schaustellerischer Natur. Nicht nur Poppelau fällt die gute Chormusik bei Hofe auf, und nicht nur am Hof liebte man Musik. Bei den Pastons wurde gesungen, geharft und Laute gespielt und andere »laute Zerstreuungen« getrieben, wie Mummenschanz. Man liebte allgemein große musikalische Auftritte mit Pauken und Trompeten. Bauorgien in Licht und Glas, juwelenverzierte Heiligtümer, Wappen- und Bannerschmuck, buntfarbige Livreen appellierten an das Auge.

Dazu gehörte auch die Mode. »Sie kleiden sich seit alters in die feinsten Gewänder«, weiß der Venezianer. Für Richard galt das nicht weniger als für seinen Bruder Eduard. Eine Lieferanweisung an den königlichen Garderobier 1483 fordert an: »Ein Wams aus Pupursatin, gefüttert mit holländischem Tuch und mit Fischbein gesteift; ein Wams aus rotbraunem Satin, in gleicher Weise gefüttert; zwei kurze Mantelröcke aus golddurchwirktem Karmesintuch, der eine mit Quasten und der andere mit grünsamten unterlegten Filets; einen Brustlatz aus Purpursatin, einen anderen aus rotbraunem Satin; einen Mantel mit doppeltgelegtem Samtcape, der Bug mit schwarzem Samt abgesetzt; drei Paar kurze Sporen, alle vergoldet; drei Wappenschilde für uns, mit feinem Gold beschlagen...« usf. Richard liebte Rot; seine Porträts demonstrieren es mit ihrem Hintergrund.

Aber nicht der König allein prunkte mit seinem Gewand. Der konservative Worcester hat Anlaß zum Wettern: »Flieht und meidet Überfluß und Exzeß in Aufteten und Kleidung. Jeder Stand soll es wie die werten Römer halten, die in Zeiten des Unglücks und der Unruhe oder Not für Krieg und Schlacht eine Kleidung und eine andere für Zeiten des Wohlstands und des Glücks hatten. Denn teure Putzsucht und Verkleidung, der sich so viele Gruppen in diesem Königreich hingeben, besonders unter unseren armen *Commoners,* ist einer der beschwerlichen Gründe für die Verarmung unseres Landes und hat viel Stolz, Neid und Grimm unter ihnen hervorgerufen...«

Von der »Verkleidungssucht« waren alle erfaßt, Adel, Bürger, Bauern – und der Klerus. Sie ist Gegenstand zahlreicher Jammerverse und Spottgedichte. »Hepp, ein Stutzer«, heißt eines; ein anderes »Über die Verderbnis der öffentlichen Sitten«:

»Ihr stolzen Stutzer, herzlos,
Mit euren hohen Hüten, sinnlos,
Und euren kurzen Wämsern, schamlos,
Bereitet diesem Land ein schweres Los.
Mit euren langen Schnabelschuhn
Bringt ihr euch fast in den Ruin,
Mit eurem langen Haar bis in die Augen
Könnt ihr diesem Lande niemals taugen.
Ihr papstheiligen Priester voll Überheblichkeit
Mit euren großen Pelzhüten ohne Schicklichkeit,
Zu eurer eignen Predigt in Widersprüchlichkeit,
Seid schuld an des Volkes nachlassender Frömmigkeit.
Durch Simonie* kommt ihr in Städten und Dörfern weiter,
Macht eure Schleppen kürzer, eure Kronen breiter.
Laßt ab von euren dummen, kurzen Wämsern und dem Faltentand!
Bleibt bei eurer Tracht und überschreitet nicht euren Stand!«**

---

* Simonie = Kauf des Priesteramts; einer der Streitpunkte des Investiturstreits
** Ye prowd galonttes hertlesse,
  With your hyghe cappis witlesse,

Das war in der Tat die größte Sorge konservativer Kräfte: daß die Leute ihren Stand, ihre »Grenzen« *(boundis)* überschritten. Früher einmal, im zwölften und dreizehnten Jahrhundert, hatten Herrschafts- und Berufsgruppen »ihren Stand« gesucht. Er bot ihnen, vor allem den Landleuten und Städtern, den Handwerkern und Händlern, Raum zur Eigenentwicklung. Doch nun wurde der Stand zum Hemmschuh einer neuen Art *kontinuierlicher* Vergesellschaftung. Allenorts drängte man über die Grenzen der alten Welt: Kolumbus war gerade nach Spanien gegangen und versuchte, die Grafen von Medina von seinem Vorhaben zu überzeugen; acht Jahre noch, und er sollte Amerika entdecken. In der Malerei waren die mittelalterlichen Räume schon zerstört – zugunsten des alles umfassenden Perspektivraumes. In Italien jedenfalls: England zeigte sich von dieser Entwicklung noch wenig berührt.

Hier versuchte man auch noch, die traditionellen Grenzen aufrechtzuerhalten. Eduard IV. erließ mehrfach Kleiderordnungen, die jedem Stand sein Maß an Luxus vorschreiben wollten. Sogar der Papst mischte mit und verbot – bei Exkommunikation – Schnabelschuhe mit Schnäbeln von über zwei Zoll Länge (5 cm). Kleider machten noch Leute. Dabei gingen die Einschränkungen keineswegs von den Herrschenden aus: Es waren die *Commoners,* die im Parlament um Kleiderordnungen baten, zuletzt 1483. Da wurde bestimmt, »daß niemand außer dem König und seiner Familie purpurfarbenen Gold- oder Seidenstoff tragen soll, bei Strafe von zwanzig Pfund . . . Und daß niemand unter dem Stand eines Lords Wolltuch, das außerhalb von England, Irland, Wales und Calais hergestellt wurde, und keinen Zobelpelz tragen soll, bei Strafe von zehn Pfund . . . Es wird auch bestimmt, daß kein Hausknecht oder gemeiner Arbeiter oder Handwerksbursche

And your schort gowsnys thriftlesse,
Have brought this londe in gret hevynesse.
With youre longe peked schone, therefor your thrifte is almost don,
And with your long here into your eyen,
Han brought this lond to gret pyne.
Ye poopeholy prestis fulle presomcioun,
With your wyde furryd hodes voyd of discrecioun,
Unto your owyn prechyng of contrary condicioun,
Wheche causithe the people to have lesse devocioun.
Avauncid by symony in cetees and townys,
Make schorter youre taylis and broder your crounys;
Leve your schort stuffid dowbelettes and your pleytid gownys,
And kepe your owyn howsyng, and passe not your boundis.

außerhalb einer Stadt Kleidung tragen soll, deren Stoff je laufendem Meter mehr als zwei Schilling kostet . . .« usf.

Als Grund wird wieder der »exzessive Kleideraufwand« angegeben, durch den das Land in »große Not und Armut« gestürzt worden sei. Das spricht den tatsächlichen Verhältnissen hohn und zeigt, daß sich die Stichwortgeber ihrer eigentlichen Motive nicht bewußt waren. Wenn man Knechte und Hilfsarbeiter davon abhalten muß, teuere Stoffe zu kaufen, zeugt das nicht von allgemeiner Not. In der Tat war England zu Richards Zeiten ein blühendes Land, dessen Mittelstand und Unterschicht es so gutging, wie vorher und nachher nicht.

Von den »Rosenkriegen« sah sich die Mehrzahl der Bevölkerung kaum belästigt: Zwischen 1450 und 1485 wurde allenfalls zwölf Wochen lang gekämpft. Die Feldzüge waren kurz, die Schlachten dauerten meist nur ein paar Stunden und wurden an ganz verschiedenen Plätzen geschlagen; keine Landschaft litt für längere Zeit. Auch wenn ein Autor wie Warkworth klagt – man war eben verwöhnt! Dies war ein Adelskrieg, kein Bürgerkrieg. König Eduards Schlachtruf: »Erschlagt den Adel, schont das Fußvolk!« ist typisch. Er und seine Führer achteten darauf, daß ihre Truppen nicht plünderten. Die marodierenden Nordländerhaufen Margaretes von Anjou waren eine Ausnahme: Sie brachen der Lancaster-Herrschaft auch das Genick. Es gab keine langen, ruinösen Stadtbelagerungen. Die Bürger öffneten, wenn es irgend ging, ihre Tore jedem, der ihnen Frieden versprach. Sie wären zu anderem auch kaum in der Lage gewesen. Ihre Befestigungsanlagen verfielen. Als in den siebziger Jahren ein Londoner Bürgermeister sich an die Reparatur der Stadtmauer machte, sah man das als Profilierungsversuch an, den sein Nachfolger nicht unterstützte.

Poppelau fiel die Fruchtbarkeit Englands auf. Ein Einheimischer, Fortescue, führt dazu aus: »England ist so fruchtbar, daß es an Überfluß praktisch alle anderen Länder übertrifft, und dazu braucht es überdies kaum Fleiß. Denn Äcker, Gärten, Weiden und Wälder gedeihen so üppig, daß der unkultivierte Boden den Besitzern oft mehr einbringt als der bearbeitete, obwohl dieser selbst reiche Frucht und Saat trägt. Die Weiden sind in diesem Land durch Gräben und Zäune eingefriedet und mit Bäumen bepflanzt, die ihre Schaf- und Rinderherden vor Wind und Sonne schützen. Diese selbst haben dort genügend Futter und Wasser, so daß die eingepferchten Tiere weder tags noch nachts Aufsicht brauchen. Es gibt nämlich keine Wölfe, Bären und Löwen dort; deshalb liegen die Schafe bei der Nacht unbewacht in ihren Hürden und Ställen, deren Erde sie düngen.

Daher kommt es, daß die Menschen dieses Landes vom Schweiße ihrer Arbeit kaum bedrückt werden; sie können mehr ihren Gedanken nachgehen, wie es die Patriarchen taten, die lieber Herden hüteten als sich die Seelenruhe durch Sorge um den Acker stören zu lassen. Deshalb sind Menschen dort eher befähigt und geneigt, sich mit Dingen zu befassen, die eine scharfe Unterscheidungsgabe erfordern, als Leute, die durch Erdarbeit behindert sind und dadurch schwerfällig an Geist und unwissend werden. England ist aber auch derart mit Landbesitzern versehen, da man dort keine noch so kleine Ortschaft findet, in der es nicht einen Ritter, Knappen oder eines jener reich mit Land ausgestatteten Familienoberhäupter gibt, die man gemeinhin *franklins* nennt; dazu andere Freisassen, meist Bauerngutsbesitzer *(valetti),* deren Erbe ausreicht, um aus ihnen eine Jury zusammenzustellen. Es gibt nämlich einige Bauerngutsbesitzer dort, die über sechshundert Schildtaler *(scuta*)* jährlich zur Verfügung haben . . .

Jeder Einwohner des Reiches nutzt sein eigen Gut nach Belieben: was sein Boden an Früchten hervorbringt und was sein Vieh erzeugt, auch alle Erträge aus eigener und fremder Arbeit, selbst was er aus der Erde und dem Meer gewinnt, und zwar ungeschmälert durch Unrecht oder Raub, wobei auf die geringste Eigentumsverletzung Entschädigung folgt. Deshalb sind die Bewohner dort reich, besitzen Gold und Silber und alles, was zum Leben nötig ist. Sie trinken kein Wasser, es sei denn, sie verzichten aus Frömmigkeit oder zur Buße auf andere Getränke. Sie nähren sich reichlich von jeder Art Fleisch oder Fisch, deren es überall in Fülle gibt. Sie kleiden sich durchweg in gute Wollstoffe, haben auch reichlich wollenes Bettzeug und Möbelstoffe. Dazu kommt, daß sie reich an allem Haus- und Arbeitsgerät sind und an allem, was ihrem Stand entsprechend zu einem ruhigen und glücklichen Leben gehört.«

Der venezianische Besucher bestätigt ein Vierteljahrhundert später die Beschreibung des Richters und ergänzt: »Jeder, der die Insel bereist, bemerkt schnell ihren ungeheueren Reichtum, denn selbst

---

* *scutum, écu* = französische Münze im Wert von drei Schilling und vier Pfennig.

der kleinste Kneipenbesitzer, so arm und gering er sein mag, bringt sofort Silbergeschirr auf den Tisch und Silberbecher zum Trinken; ein Engländer genießt nicht das geringste Ansehen, wenn er zu Hause nicht Silbergeschirr im Wert von mindestens hundert Pfund Sterling hat, das sind bei uns fünfhundert Goldkronen . . . Und dieses Geschirr dient zum Servieren von Salz oder von Getränken oder Wasser zum Fingerwaschen; denn für das Essen benützen sie jenes edle Zinn, das in seiner Schönheit dem Silber nicht nachsteht. Und diese großen Reichtümer gehören nicht etwa Edelleuten oder Baronen, sondern vielmehr Angehörigen aller Bevölkerungsschichten und Handwerkern von überall . . .«

Daß dies nicht selbstverständlich war, daß es auf dem Kontinent anders zuging, bezeugt Fortescue, der lange in Frankreich lebte. Er berichtet über die Leute dort: »Sie trinken Wasser, sie essen Äpfel und dazu ein recht dunkles Roggenbrot; sie essen kein Fleisch, außer ganz selten etwas fetten Speck oder die Eingeweide und Köpfe der Tiere, die sie für die Adeligen und Kaufleute des Landes schlachten. Sie tragen keine Wollkleidung, außer einem armseligen Hemd unter ihrer Oberkleidung, grob gestrickt, das sie *froc* nennen. Ihre Strümpfe sind aus dem gleichen Zeug und gehen nicht über ihre Knie; deshalb tragen sie Strumpfhalter und lassen die Schenkel nackt. Ihre Frauen und Kinder gehen barfuß. In anderer Weise können sie nicht leben . . . So leben sie in äußerster Armut und Not, obwohl sie doch in einem der fruchtbarsten Länder der Welt wohnen.«

Fortescue weiß auch, wieso: In Frankreich herrscht der König unumschränkt nach dem Motto: *Quod principi placuit, legis habet vigorem* – »Was der Fürst will, hat Gesetzeskraft«. Er legt dem Volk alle Lasten auf, während der Adel ungeschoren bleibt, weil er von ihm Verschwörung fürchtet. Vor allem die zwangsweise Einquartierung und entschädigungslose Verköstigung von Soldaten samt ihrem Anhang bedrückt die Leute schwer. In England ist das anders: »Der König kann seinen Untertanen nichts wegnehmen, ohne ihnen volle Entschädigung dafür zu gewähren. Er kann auch nicht, weder selbst noch durch seine Beamten, seinen Untertanen Steuern, Abgaben oder Bußen irgendwelcher Art auferlegen; er kann nicht die Gesetze ändern, auch keine neuen machen ohne die durch das Parlament ausgedrückte Zustimmung des ganzen Landes . . .«

Davon profitierten reiche Bürger und arme Häusler. Die Kaufleute wetteiferten mit dem Adel, ja mit dem König in Aufwand und Prachtentfaltung, in der Kleidung, beim Tafeln, mit Bürgerbauten wie Rathäusern, Markthallen und Gildenhäusern, aber auch mit Privatdomizilen wie Crosby's Place, das Richard dann kaufte. Der König war stolz auf den Wohlstand seiner Bürger, und er renommierte damit: Eduard IV. lud den Bastard von Burgund 1467 nach Grocers' Hall, in das stolze Gildenhaus der Krämerzunft, ein. Man ließ jedoch auch die armen Leute, die *poueraille*, nicht verkommen. Der Venezianer behauptet zwar: »Das Volk *(popolo)* wird so wenig geachtet, als wären es Sklaven«, aber das widerspricht dem, was er sonst sagte. Es gab noch Hörigkeit, in Wales und im Norden, doch der größere Teil der Unterschicht war frei, selbstbewußt und wohlhabend.

Poppelau schreibt es dem Geiz zu, daß in England alles teuer war. Tatsächlich lag es an den relativ hohen Löhnen und der damit verbundenen Kaufkraft. Ein ungelernter Arbeiter verdiente fünf Pfund das Jahr, etwa zwei Schilling die Woche; ein Facharbeiter kam auf drei Schilling. In manchen Gegenden Europas mußte davon ein Ritter leben. Ein Malter Weizen (28 Pfund) kostete fünf bis sechs Schilling, ein Ochse zehn Schilling, ein Pferd sechzig Schilling, ein Schaf ein Schilling, vier Pfennig. Für einen Tagesverdienst konnte der einfache Arbeiter sich zwei Enten oder Legehennen oder eine Gans kaufen. Gesetze und Zunftbestimmungen sorgten dafür, daß er auch anständige Handwerksware für sein Geld bekam. Mancher Häusler hauste wohl in einer Lehmhütte, vor allem in den ärmeren Gegenden, andere waren in Dienstbotenhäusern auf den Herrengütern untergebracht; ein selbständiger Bauer besaß sein Holz- und Steinhaus.

Fortescue begründet, warum es besser sei, wenn die *commons* nicht verarmten. Zum einen könnten sie sich dann keine Rüstung leisten, und England verlöre seine gefürchteten Bogenschützen. Zum anderen neigten elende Leute zur Rebellion, weil sie nichts zu verlieren, aber alles zu gewinnen hätten. In Frankreich sei zwar das Volk arm und dabei doch friedlich, und manche meinten, eben deswegen. Das stimme aber nicht. Die Franzosen seien nur zu feige, sich zu wehren, und Fortescue belegt es mit der höheren Kriminalitätsrate in England: »Der Engländer ist da von anderer Natur. Denn wenn er arm ist und sieht, daß ein anderer Reichtümer besitzt, die er ihm mit Gewalt abnehmen kann, dann muß er schon recht ehrlich sein, wenn er es nicht tut.«

Diese Logik ist freilich nur zum Teil schlüssig: Nationalcharakter entscheidet am wenigsten über gesellschaftliche Zustände. Sicher ist dagegen, daß Wohlstand, Waffenbesitz und gehobener Bildungsstand revolutionäre Potentiale beinhalten. Armut und Elend machen keine Revolution. In der Tat hatten sich die englischen *armigers, franklins* und *yeomen* ihren politischen und sozialen Rang erkämpft, in immer neuen Rebellionen lokaler Natur, durch Gewaltakte gegen Würdenträger, durch Räuberei – obwohl es ihnen nie wirklich schlechtging, jedenfalls nicht so wie ihren französischen Klassenbrüdern. 1461 schrieb ein Mailänder Diplomat nach der Schlacht von Towton: »Nur noch sehr wenig Fürsten sind in diesem Land übriggeblieben, so daß man fürchtet, das Volk könne sich erheben, weil es in Freiheit leben will« – *a voler viver ad liberta.*

Auch zu Richards Zeit herrschte nicht nur eitel Friede zwischen den Ständen und Klassen. Die sozialen Unterschiede waren krass. Unter den 2,5 Millionen, die in England und Wales lebten, gab es etwa sechzig Lords, fünfhundert Ritter, achthundert Landedelleute *(esquires)* und fünftausend Knappen *(armigers)*. Ein besserer Ritter hatte im Jahr an die zweihundert Pfund zur Verfügung – das vierzigfache eines einfachen Arbeiters; ein Esquire kam im Durchschnitt auf zwanzig bis vierzig Pfund. (Immerhin schätzt Fortescue auch manches *Yeoman*-Einkommen auf hundert Pfund jährlich.) Die Versuchung, gewaltsame Verteilungspolitik zu betreiben, war also gegeben und wurde nur durch den Umstand gemildert, daß es allen recht gutging und die ganz Reichen sehr wenige waren.

Es gab aber auch Klassenkampf von oben: Bauernlegen und Lohnraub. Die Herren und ihre Klientel hatten es auf Gemeindeland und Weiden abgesehen, die bisher gewohnheitsmäßig von der Allgemeinheit oder einzelnen Erbpächtern genutzt wurden. Sie friedeten dieses Land, das ihnen nominell zu »eigen« war, mit Hecken und Zäunen ein, um es als privates Weideland der Domänenwirtschaft einzuverleiben. Die Bauern konnten sehen, wo sie mit ihren Herden blieben. Man nannte diese Praktik »Einhägung« *(enclosure);* sie war Folge der Übernahme bürgerlicher Wirtschaftsprinzipien durch den Adel. Russell wettert dagegen in seiner Rede, die er für Richards III. Parlament vorbereitet hatte: »Wollte Gott, daß unsere Führungsschicht *(people)* in England, wo jeder nur auf seinen persönlichen Vorteil bedacht ist, an den

allgemeinen und öffentlichen Staatskörper denken würde....!
Sonst verfällt er, wie wir täglich an den Einhägungen sehen, am Vertreiben von Pächtern und der Auflösung von Pachtverhältnissen...«
Ein anderes Übel war die Unsitte von Kaufleuten und Tuchfabrikanten, ihre Arbeiter nur zum Teil bar auszuzahlen:
»Ein seltsamer Brauch herrscht hier seit kurzem
Er bringt die Armen zum Weinen und Klagen:
Wenig gibt's für ihre Arbeit und die Hälfte in Waren.
Ach, welch ein Kreuz, es ist zum Erbarmen!
Sie erhalten für sechs Pfennig, was drei nur wert ist;
So haben sie überall den Beschiß.
Den Armen die Arbeit, den Reichen der Gewinn:
Das gehört sich nicht, dieser Handel ist nicht drin.«*
So klagt ein Gedicht »Über Englands Wirtschaftspolitik«, die gereimte Kurzfassung einer älteren »Streitschrift zur englischen Politik« *(Libelle of Englyshe Polycye).*

Diese Welt kommt uns in manchem recht vertraut vor; insgesamt ist sie uns jedoch fremd, selbst in seiner modernen städtischen Lebensform. London, eine Stadt aus Holz und Backstein, hatte über fünfzigtausend Einwohner und war, so der Venezianer, nicht kleiner als Rom oder Florenz. Der Italiener findet sie komfortabel, und auch Mancini schwärmt von ihr als »hochberühmt in aller Welt«; aber wir hätten kaum in ihr leben wollen. Die Häuser waren klein, die Straßen eng, dunkel und je nach Witterung staubig oder verschlammt, und es stank fürchterlich – so sehr, daß es sogar einem Zeitgenossen wie Erasmus** auffiel. Aller Unrat wurde auf die Straße gekippt, die mehr einer Kloake glich als einem Verkehrsweg. Mancini erwähnt immerhin drei Pflasterstraßen um den Tower herum: Einkaufsboulevards, Nervenzentren des Handels und Paradestücke des »Regierungsviertels«. In den Außenbezirken und Vorstädten ähnelte London mehr einem Bauerndorf.

* ... a strange mene ... is late in londe
The wyche makyth the poreylle to morne and wepe;
Lytyll thei take for theyr labur, yet halff ys merchaundyse;
Alas! for rewth, yt ys gret pyté.
That they take for vj d, yt ys dere ynow of iij.,
And thus thei be defraudyd in every contré,
The pore have the labur, the ryche the wynnyng;
This acordythe nowghte, it is a hevy partyng.
** Erasmus von Rotterdam (1466–1536), Humanist, Kirchen- und Kulturkritiker

Selbst in den Häusern roch es übel, zumindest in den Gängen. Erasmus: »Die Böden sind fast immer aus Lehm mit Binsenstroh darüber, das immer wieder neu aufgeschüttet wird, so daß was darunter liegt einige zwanzig Jahre bleibt: Auswurf, Erbrochenes, Dreck von Hunden und Menschen, verschüttetes Bier und Fischreste und anderer unsäglicher Schmutz. Das bildet, wenn das Wetter umschlägt, einen Dampf, der meines Erachtens für den menschlichen Körper nicht gesund ist.« Kardinal Wolsey, Kanzler unter Heinrich VIII., pflegte sich eine ausgehöhlte Orange, gefüllt mit Essenzen, unter die Nase zu halten, um den Geruch der Straße oder der herandrängenden Bittsteller zu übertönen.

Wie es zuging, machen auch die Versuche der Stadtbehörden, ja des Königs, deutlich, das Leben in der Stadt sauberer und hygienischer zu gestalten. 1461 untersagten Bürgermeister und Stadtrat von London das Abladen von Dung und »anderen ekelhaften Dingen« in den Straßen und Gassen – anscheinend ohne viel Erfolg. Denn zwei Jahre später ordnete König Eduard an, die Misthaufen zwischen Westminsterpalast und Tower beiderseits der Themse zu beseitigen. Er bekräftigte eine Anweisung aus längst vergangener Zeit, den Fluß frei von Unrat zu halten, und verbot insbesondere, die Därme geschlachteter Tiere ins Wasser zu werfen. Die Latrinen über dem Stadtgraben bei Walbrook sollten abgerissen werden.

Eine Magistratsverordnung von Leicester 1467 ging gegen das Wäschewaschen an öffentlichen Brunnen und auf der Straße vor, untersagte, innerhalb der vier Stadttore Schweine und Enten laufen zu lassen, und befahl den Anliegern, ihr Straßenstück von Dung und Abfall zu reinigen. Welche Schwierigkeiten es gab, demonstriert im gleichen Jahr die Verurteilung eines Londoner Ratsherrn durch seine Kollegen, weil er sich geweigert hatte, einen toten Hund vor seiner Tür wegzuschaffen oder wegschaffen zu lassen; dem Bürgermeister gegenüber hatte er dabei auch noch »unpassende Worte« gebraucht. Er mußte ein Pfund Strafe zahlen.

Kein Wunder bei diesen Sanitärverhältnissen, daß Seuchen an der Tagesordnung waren. Im Herbst 1471 berichtet John Paston von *grete dethe*, »großem Sterben«, in Norwich und anderen Städten Ostenglands – »dem umfassendsten Sterben, von dem ich jemals in England gehört habe«. Zwei Jahre später, so Warkworth, »gab es einen langen, heißen Sommer für Mensch und Tier; dadurch kam es zu einem großen Sterben unter Männern und

Frauen, so daß zur Erntezeit auf dem Feld plötzlich Männer umfielen, und zu allgemeinem Fieber, Schüttelfrost und Blutfluß überall in England«. Die durchschnittliche Lebenserwartung lag bei dreißig. Die Kindersterblichkeit war hoch: Ein Drittel der Kinder starb vor dem fünften Lebensjahr; das gilt jedoch nur für den Adel, für das einfache Volk sind die Zahlen wohl noch ungünstiger. So schlimm ist es heute nicht einmal mehr in Indien.

Krankheit und plötzlicher Tod, Mißernte und Viehsterben waren allgegenwärtig. In dieser unsicheren Umwelt beschäftigten sich die Menschen intensiv mit den Ursachen von Glück und Unglück. Sie machten nicht mehr Gott dafür verantwortlich, außer in frommen Sprüchen. Man glaubte vielmehr, daß die Menschen über Mächte und Kräfte oder Kenntnisse und Fähigkeiten verfügten, mit denen sie auf ihre Mitmenschen guten oder bösen Einfluß nehmen oder die Zukunft voraussagen konnten. Zauberei und Wahrsagerei, Magie und Astrologie: Das waren Hilfsmittel, das Geschick berechenbar zu machen.

Andererseits wurden Hexen und Zauberer nicht verfolgt, weil sie unchristlichen Praktiken nachgingen und den Teufel anbeteten, sondern weil sie im Bündnis mit dem Teufel Schaden anrichteten und übel taten – *maleficium,* so der juristische Fachausdruck. *Malefica* war demnach die Hexe. Zwei Jahre noch, dann würden Institoris und Sprenger ihren berüchtigten »Hexenhammer«, *Malleus maleficarum* (1486), veröffentlichen. Soeben beklagte sich Papst Innozenz VIII. in seiner Bulle *Summis Desiderantes* über die Verbreitung der Hexerei in Deutschland und beauftragte die beiden Inquisitoren mit ihrer Ausrottung. Zwei Jahrhunderte standen bevor, in denen die europäische Gesellschaft gegen sich und ihre Frauen wütete: ein Verfolgungswahn, der aus den vermeintlichen Verfolgten grausame Verfolger machte.

Die Folterapparatur war dabei probates Werkzeug, zu Geständnissen zu kommen. Als regelrechtes Prozeßmittel ist sie eine Neuerung der Renaissance. In Frankreich war man schon so modern: »Verbrecher und auch Verdächtige werden in diesem Reich so vielen verschiedenen Quälereien unterworfen, daß sich die Feder sträubt, es niederzuschreiben«, bemerkt Fortescue. »Einige werden auf der Streckbank gezogen, bis ihre Muskeln reißen und Blutströme aus den Adern brechen. Anderen werden Gelenke und Sehnen mit Gewichten auseinandergezerrt. Wieder anderen wird der Mund aufgesperrt und so viel Wasser hineingegossen, daß der Bauch wie ein Berg anschwillt, und dann stechen sie mit einer Spitzhacke oder einem ähnlichen Instrument hinein, wobei durch die Öffnung Wasser schießt wie bei einem Wal, der das Meerwasser zusammen mit Heringen und anderen verschluckten Fischlein so hoch wie ein Pflaumenbaum spritzt. O Schande, die Feder schämt sich, derart ungeheuerliche Martern und Abnormitäten zu berichten. Ihre verschiedenen Arten aufzuführen, reicht ein dicker Wälzer nicht.

Wer aber, und sei er noch so standfest, der einmal durch solch fürchterliche Tortur gegangen ist, würde nicht auch als Unschuldiger eher jedes Verbrechen gestehen, als sich noch einmal der grausamen Folter zu unterwerfen, und würde nicht lieber einmal sterben wollen, wenn der Tod das Ende des Schreckens bedeutet, als so oft umgebracht zu werden und dabei Höllenpein zu erdulden, bitterer als der Tod? Welche Gewißheit bietet aber ein derart erpreßtes Geständnis? Wahrlich, solch ein Verfahren verdient nicht Gesetz, sondern ein Weg zur Hölle genannt zu werden! O Richter, in welcher Schule hat man dich gelehrt, dabeizusein, wenn ein Angeklagter die Folter erleidet? Ich glaube, daß die Wunde, die ein Richter seinem Gewissen schlägt, indem er einem armen Kerl solch grausame Qual bereitet, niemals heilt.« So schreibt kein Humanist, kein Aufklärer, sondern ein alter Richter, der im Jahrhundert zuvor geboren wurde – im »finsteren Mittelalter«!

Freilich kam auch in England die Folter vor – heimlich und meist nur auf königlichen Befehl. Eduard IV. ließ verdächtige Hochverräter der Tortur unterziehen. Sein Vorgehen wurde zum Skandal. Martialische Strafen »an Haut und Haaren« empfand man dagegen, wenn der Täter überführt war, als normal. Am schlimmsten erging es Hochverrätern, für die sich zweihundert Jahre zuvor Eduard I. folgendes Verfahren ausgedacht hatte: Der Delinquent wurde zur Richtstätte geschleift, aufgehängt, aber noch lebend vom Seil geschnitten. Dann kastrierte man ihn, schlitzte ihm den Bauch auf und drehte ihm mit einer Winde geschwind die Därme aus dem Leib; er starb spätestens, wenn man sein Herz herausriß. Die Leiche wurde geköpft und geviertelt; die Eingeweide verbrannte man, den Kopf steckte man auf eine Stange, die Teile wurden in die vier Himmelsrichtungen versandt.

Bei geringeren Vergehen zeigte man seinen Sinn für drastische

Symbolhaftigkeit auf humanere Weise, bis hin zur Groteske. Deftigkeit durfte sein. Die Magistratsorder aus Leicester 1467 setzte ein Strafmaß für notorische Zänkerei: War Mann oder Frau eines solchen Lasters von einem Schwurgericht überführt, sollte man ihn oder sie auf einen Kackstuhl vor die eigene Tür setzen, solange es dem Bürgermeister gefiel, und anschließend in dieser Weise rundum zu den vier Stadttoren tragen. Einem William Campion wurde im Herbst 1478 ein Wassergefäß auf dem Kopf befestigt, das ihn aus feinen Röhren ständig näßte, während er zu Pferd durch die Straßen Londons geführt wurde. Der Mann hatte die Leitung eines Nachbarn angezapft und heimlich Wasser ins eigene Haus geleitet.

Die Zeit war im Fluß, und man empfand plötzlich, daß sie flüchtig war. Zeit war bisher eine symbolische Größe, wie alles Zählbare, und sie bedeutete Vergangenheit, nicht Zukunft. Es gab die »alten Zeiten«, in denen alles besser war, und von denen sich die Gegenwart herleitete. Eine realistische Strukturierung der Zeit war dabei nicht nötig: Brutus, der mythische Gründervater Britanniens aus Troja, König Artus und Karl der Große lebten in der Vorstellung etwa gleichzeitig. Jetzt wollte man, so wie man in neue Räume ausgriff, auch die Zeit in den Griff bekommen. Peter Henlein, später Nürnberger Schlosser, war vier Jahre alt; er sollte die erste Taschenuhr, das »Nürnberger Ei«, konstruieren. Die Zeit wurde handlich. Schon maß man die Arbeitsleistung nach Stunden, disponierte und kalkulierte damit in die Zukunft.

»Wenn der König irgendeine alte Ordnung ändern will, kommt es jedem Engländer vor, als müßte er sein Leben verlieren; aber ich glaube, der gegenwärtige König Heinrich wird wohl viele aufheben, wenn er noch zehn Jahre lebt.« So schreibt der venezianische Besucher um die Jahrhundertwende, 1500. Die Abneigung der Engländer gegen Änderungen ist notorisch – aber sie ändern sich halt doch, besonders dann, wenn das Unbehagen über Änderungen am größten ist. »Verkehrte Welt« und »Wandelbare Welt« heißen die Zeitgedichte:

»Diese Welt ist wandelbar, Nichts ist darin unveränderbar,
Versuch es, wer da will. Wenn aber alles wandelbar,
Ist auch der Mensch nicht stabil. Das ist kein schweres Spiel!«*

---

* Thys warlde ys varyabyll, No-thyng ther-in ys stable, A-say now, ho-so wyll. Syn yt is so mutable, how shuld men bei stable? yt may not be thorow skyll!

IX. ›Ein elendes Schauspiel . . .‹

Verrat und Tod auf Bosworth Field

Poppelau verbrachte noch einmal sechs Tage in London. Dann setzte er von Southampton nach Wight über. Als er die Insel in Richtung Kontinent verlassen wollte, wurde er im Sturm erst einmal nach Schottland, beim zweiten Versuch nach Irland verschlagen. Am 5. Juni gelangte der schlesische Ritter wohlbehalten nach Spanien an die galicische Küste.

König Richard war indes auf Rundreise im Norden Englands. Zweimal suchte er dabei die Seestadt Scarborough nordöstlich von York auf, zuletzt vom 30. Juni bis 11. Juli. Die schottische Grenze war wieder einmal unruhig, und die See immer noch durch Schotten und Franzosen verunsichert. Diesen fielen gegen Anfang Juli einige englische Schiffe in die Hände, mit Everingham und dem unverwüstlichen Nesfield – zwei »tapferen Kapitänen« des Königs, wie der Croyland-Chronist berichtet. Aber: »Über die Schotten siegte er

(Richard) dagegen um die gleiche Zeit dank seiner Seekünste in bewundernswerter Weise.«

In York richtete der König den »Rat des Nordens« ein, der ihn anderthalb Jahrhunderte überlebte. Es war dies eine Filiale der Königsherrschaft, so wie Eduard mit dem Prinzenrat eine in Wales geschaffen hatte. Für Eduard als Mortimer-Erben und Graf von March lag es seinerzeit nahe, sich hier im Westen eine provinzielle Machtposition aufzubauen, als Gegengewicht zum immer revoltierenden Süden und Osten. Richard war dagegen im Norden zu Hause; hier wollte er, da er König war, die Früchte seiner Politik ernten, die er als Herr des Nordens gesät hatte. Dabei durfte er aber die Zügel nicht aus der Hand geben, durfte er seinen Kredit nicht durch Abwesenheit verspielen.

Reichspolitik mußte Richard in London machen; doch sollte im Norden wenigstens ein Statthalter seine Geschäfte besorgen. Er ernannte dazu Graf Lincoln, der schon den königlichen Haushalt in Sheriffhutton führte. In Königs Namen und *Per Consilium Regis* (»durch den Kronrat«) sollte dieser für Recht und Frieden in den »nördlichen Teilen« sorgen. Einmal im Vierteljahr tagte der Rat in York, um Beschwerden entgegenzunehmen und Rechtsfälle zu verhandeln, in Kriminal- wie Zivilsachen. Gegen jede Art von Aufruhr und Unbotmäßigkeit hatte er unverzüglich vorzugehen. Graf Lincoln standen dabei, neben Juristen, einige Prominente zur Seite: der designierte Thronfolger, Graf Warwick; Lincolns junger Schwager, Lord Morley; und Graf Northumberland. Das meiste Gewicht hatte dabei der Percy.

Der Kronrat besaß nämlich nur für Yorkshire, Westmoreland und Cumberland Autorität. Im Nordosten behielt der Percy-Graf das Sagen: als Sheriff von Northumberland auf Lebenszeit. Außerdem war er oberster Befehlshaber *(Warden-General)* der Militärgrenze gegen Schottland, Kommandant von Berwick und aller königlichen Burgen im Grenzland sowie Landvogt von Tynedale. Der Rat war allerdings befugt, über seine eigenen Mitglieder Gericht zu halten; der Angeklagte hatte dann solange das Gremium zu verlassen. Der Norden sollte Richard mit Hilfstruppen versorgen, wenn es anderswo Schwierigkeiten gab. Dafür hatte der Rat zu sorgen. Er sollte dieses eigenwillige Land aber auch an das Reich binden und den Adel dort kontrollieren.

Noch während seines Aufenthaltes in Scarborough streckte Richard Friedensfühler nach Schottland aus. Seit dem Feldzug von 1482 waren mehrfach Versuche unternommen worden, zu einem Vertrag zu kommen. Doch statt der angekündigten Gesandtschaften schickte man Truppen. Schuld daran war diesmal weniger englische Eroberungslust, als vielmehr schottischer Adelszwist. Albany blieb eifriger Grenzgänger. Die Schotten belagerten die englisch besetzte Burg Dunbar – immerhin auf eigenem Boden. Im Februar rüstete Richard zu einem Feldzug, doch es wurde nur ein Grenzkrieg daraus, den man freilich mit der gewohnten Erbitterung führte. Eine Expedition – etwa um die Zeit, als die königliche Marine erfolgreich war – geriet zum Fiasko. Die Engländer mußten, mit dem Schottenherzog im Schlepptau, Fersengeld geben. Graf Douglas, der ewige Rebell, wurde von seinen Landsleuten gefangen und gnädigerweise ins Kloster gesteckt.

Wie es schien, wollte eigentlich keiner den Krieg, und so war es höchste Zeit, sich zu arrangieren. Am 21. Juli schickte König Jakob Nachricht, daß auch er zu einem längeren Waffenstillstand geneigt sei. *Frieden* wurde ohnehin nie geschlossen, da war man ehrlich. Richard reiste Ende Juli nach London, doch Anfang September residierte er schon wieder auf Nottingham. Am 11. September traf dort die schottische Gesandtschaft ein. Der Schottenkanzler hielt eine blumige Rede, in der er mit Blick auf Richard einen alten Dichter zitierte: »Niemals hat man gesehen, daß die Natur größeren Geist und größere Kräfte in einen kleineren Körper schloß.«*
Im übrigen war man sich bald handelseinig: drei Jahre Waffenstillstand und die Verlobung des schottischen Thronerben mit Anna *de la Pole,* Lincolns Schwester. Die geplante Heirat fand indes nie statt: Richards Nachfolger ließ das Verlöbnis auflösen und steckte das arme Mädchen ins Kloster.

»Willst du Frankreich gewinnen, mußt du mit Schottland beginnen« – so reimt es sich bei Shakespeare**. Englands Versuch, nach Wales auch den Rest der Insel zu kassieren, begründete im dreizehnten Jahrhundert die »Alte Allianz« zwischen Schottland und Frankreich. Seither waren die Schotten allzeit bereit, sich für die Verbündeten auf dem Kontinent zu schlagen. Doch sie hatten noch ein anderes Druckmittel parat, um sich den großen Bruder

---

* Numquam tantum animum Natura minori corpore nec tantas visa est includere vires.
** But there's a saying very old and true: / If that you will France win, / Then with Scotland first begin.

vom Leibe zu halten: Irland. Nicht zuletzt schottische Irlandpolitik bewirkte, daß Englands Einfluß auf der grünen Insel zurückging. Mittlerweile herrschte die Krone nur noch in einem Küstenstreifen um Dublin, dem »Gehege« *(The Pale).* Rundherum führten altirische Häuptlinge und anglo-irische Barone das Szepter. Dabei benahmen sich die Anglo-Iren, Nachfahren normannischer Eroberer, wie »Eingeborene«: Sie trugen ihre Bärte und Kleider, sangen ihre Lieder, heirateten ihre Frauen und bedienten sich ihrer Sprache. Irland war auf dem besten Wege, wieder unabhängig zu werden.

Natürlich hätten es die Engländer gerne anders gehabt, aber dazu fehlte ihnen die Macht. Hundert Jahre Frankreichkrieg und dann die »Rosenkriege«: Das band alle Kräfte. Auch Richard war nicht berufen, große Irlandpolitik zu betreiben. Dabei hatten die Yorkisten einen guten Stand in Irland. Der alte York bereitete hier 1459 sein *Comeback* in England vor. König Eduard ließ die Insel weitgehend in Ruhe. Von dem unglücklichen Tiptoft-Gastspiel abgesehen, vertraten die Fitzgeralds die Krone, zuerst der Desmond-Zweig und dann die Kildares. Sie regierten wie Könige. Nur einmal versuchte Eduard, Englands Dominanz zu demonstrieren – in der Kleidungsfrage. 1465 bestimmte er, wie viele Könige vor ihm, daß Iren, die unter Engländern wohnten, sich wie diese anzuziehen hätten; den Bart müßten sie über dem Mund scheren und sie sollten englische Zunamen annehmen, nach Ortschaften, Berufen, Ämtern oder Farben, etwa *Cork, Carpenter, Butler, Brown.*

Es nützte nicht viel. Selbst Desmond, der Sohn des hingerichteten Grafen, kleidete sich irisch. Abgesehen von Münzmanipulationen, die den englischen Handel schädigten, war dies so ziemlich das einzige, was Richard an den irischen Zuständen störte. Juli 1483 hatte er seinen Sohn zum »Leutnant« von Irland ernannt und den Grafen Kildare als Statthalter-Stellvertreter bestätigt. Doch der Prinz war nun tot. Deshalb gab er Ende September 1484 seinem Botschafter neue Anweisungen mit. Lincoln wurde nomineller Statthalter, wiederum mit Kildare als Amtsverwalter. Kildare sollte, da er doch Schwager des »großen O'Neill« von Ulster war, dafür sorgen, daß diese Provinz wieder unter englische Botmäßigkeit käme. Auch andere Barone erhielten freundliche Briefe. Doch besondere Aufmerksamkeit widmete Richard dem Grafen Desmond.

Botschafter Baret* sollte ihm die Dienste danken, die Desmonds Vater einst dem Herzog von York leistete; der König bedauere, daß der alte Desmond »unter dem Anschein des Rechts ungerechterweise von gewissen Personen, die damals in Irland Regierung und Herrschaft innehatten, entgegen aller Menschlichkeit, Vernunft und Einsicht hingerichtet und ermordet wurde; nicht zu reden davon, daß das gleiche Schicksal auch seinem (des Königs) Bruder, dem Herzog von Clarence, sowie anderen nahen Verwandten und engen Freunden widerfuhr.« (Das ging gegen Tiptoft und die Woodvilles.) Persönlich schrieb Richard dem Grafen, er solle doch »unsere englische Tracht und Kleidung benützen; aus diesem Grunde schicken wir Euch ein Goldhalsband mit unserem Livree-Zeichen** und anderes Gewand nach englischer Mode«. Es waren dies zwei Mantelröcke, zwei Wämser, drei Hemden und drei Brustlätze, drei Hosen, drei Mützen, zwei Hüte und zwei Krägen.

Die Tudors – so ging die Geschichte weiter – sollten Irland erneut der englischen Herrschaft unterwerfen. Sie taten es in blutigen Schlachten und legten den Grundstein für die irische Tragödie. Da drehte es sich dann nicht mehr um Hosen und Bärte, sondern um Landbesitz. Aber noch saß der Tudor in der Bretagne. Und es schien im Frühsommer 1484 so, als sei sein Schicksal schon besiegelt.

Der Bretonenherzog hatte Heinrich im Herbst letzten Jahres finanziert, was zu erbittertem Wirtschaftskrieg mit England führte: Piraterie und Beschlagnahme des Auslandsvermögens. Doch im April waren es beide Seiten leid. Das lag auch daran, daß Herzog Franz zu dieser Zeit nicht ganz richtig im Kopf war und Schatzkanzler Landois das Regiment führte. Außerdem konspirierten einige bretonische Adelsherren mit Frankreich, und englische Hilfe schien wieder einmal vonnöten; um so mehr, als sich die Fronde im speziellen gegen Landois richtete. Auf Richards Seite hatte sich Maximilian, der in zwei Jahren Kaiser sein würde, als Vermittler ins Gespräch gebracht. Doch der Erzherzog konnte außer Worten nichts bieten; er brauchte selbst Hilfe gegen seine aufständischen Bürger in den Niederlanden. So besorgten Richards Unterhändler ihr Geschäft alleine – und mit Erfolg. Am

---

* Thomas Baret, Bischof von Enachden
** d. i. der »Weiße Eber«

8. Juni vereinbarten sie einen Waffenstillstand bis April nächsten Jahres. Der Kern des Arrangements lag jedoch, wie es scheint, in geheimen Abmachungen. Richard sagte tausend Bogenschützen zu – was zwar nicht gegen Frankreich, aber gegen den unbotmäßigen Adel im eigenen Land reichte – und versprach Herzog Franz, der sich einem alten Anspruch nach »Graf Richmond« nannte, die Einkünfte dieses Titels: wenn er nur *le sire de Richmont* ausliefere oder wenigstens unter strenge Aufsicht stelle. Landois war bereit, das Angebot für seinen kranken Herrn anzunehmen, doch Heinrich Tudor bekam rechtzeitig Wind von der Gefahr – über Bischof Morton, der in Flandern Unterschlupf gefunden hatte. So weiß es Vergil. Er erzählt uns auch, wie Heinrich die Flucht gelang: Unverzüglich wandte dieser sich von Vannes aus an den Hof Karls VIII. um Geleitbriefe. Einige hundert seiner Gefährten unter Führung Kaspar Tudors schickte er auf Besuch zum Bretonenherzog, der sich nahe der französischen Grenze aufhielt, doch sollten sie sich kurz vor Ankunft nach Süden absetzen. Tatsächlich gelangten sie wohlbehalten nach Anjou. Zwei Tage später brach Heinrich selbst auf, nur mit fünf Begleitern, um einen Freund zu besuchen. Wenige Meilen nach Vannes wechselte er in einem Waldstück die Kleidung mit einem Diener und ritt dann seinerseits ohne Aufenthalt nach Frankreich. Nicht zu spät, denn Landois' Leute suchten ihn schon. In Angiers traf er mit Onkel Kaspar zusammen.

Wenig später erlangte Herzog Franz seinen Verstand wieder; als er von der Affäre hörte, war er empört und ließ sogleich Eduard Woodville zu sich kommen, den man zurückgelassen hatte. Er gab ihm Geld und gestattete ihm und den restlichen Engländern, sich den Freunden in Frankreich anzuschließen. So ergänzt Hall. Ob es sich tatsächlich in dieser Weise abspielte, ist nicht gewiß. Ein Dokument aus Richards Kanzlei erklärt den Ortswechsel des Tudor ganz einfach damit, daß ihm der Bretonenherzog keine Unterstützung mehr geben wollte. Wie dem auch sei: Karls VIII. Ratgeber waren sich nicht im Zweifel über die Nützlichkeit des Flüchtlings. Am 11. Oktober gingen Anweisungen zum ehrenhaften Empfang der Ankömmlinge heraus, und sechs Tage später erhielten sie dreitausend französische Pfund für das Nötigste.

Vergeblich versuchte Richard, zu Vereinbarungen mit Frankreich zu kommen. Vielleicht erinnerte man sich dort an Gloucester, den

Scharfmacher von 1475, und mißtraute nun den Absichten des Königs. Aber man war zu einer rationalen Politik ohnehin nicht in der Lage. Der Konflikt zwischen den Königslinien Orléans und Bourbon, nicht weniger heftig als zwischen Lancaster und York, überlagerte alles. Die »Generalstände«, das französische Parlament, hatten im Januar zu Tours gerade noch offenen Krieg verhindern können. Im März hatte Richard seinen Bischof Langton, der zum Papst unterwegs war, mit Friedensangeboten bei der Regentin vorbeigeschickt. Ihr Rat erklärte sich bereit, seinerseits eine Gesandtschaft zu schicken, aber das war wohl eine Ausflucht. Erst am 13. September konnte der englische König Geleitbriefe ausstellen. Es wurde trotzdem nichts aus den Verhandlungen.

Zusammen mit der Neuigkeit, daß der Tudor entwischt war und sich am französischen Hof aufhielt, erreichten Richard beunruhigende Nachrichten aus Calais. In Hammes – neben Guisnes und Calais das dritte Kastell der Kolonie – saß seit fast zehn Jahren Lancaster-Graf Oxford ein. Offenbar wurde bekannt, daß er mit Kommandant Blount auf allzu gutem Fuße stand, denn am 28. Oktober ordnete der König seine Rückführung nach England an.

Doch da war es schon zu spät: Der Gefangene hatte sich zusammen mit seinem Bewacher zu Heinrich Tudor abgesetzt, und die Garnison von Hammes versperrte vor den Gesandten des Königs die Tore. Mitte Dezember kam es zur Belagerung, und erst nachdem der Besatzung freier Abzug zugesichert worden war, kapitulierte sie. Das war am 27. Januar 1485.

Oxfords Flucht war deshalb ein Schlag, weil dieser Graf aus der noblen *De Vere*-Familie weitere Lancaster-Sympathien band. Nach den beiden Tudors und Dorset war er der ranghöchste Verschwörer und ein erprobter Feldherr dazu. Richard – immer noch auf Nottingham, als er von all dem hörte – kehrte nun in die Hauptstadt zurück. »Am 11. November«, notiert Fabyan, »trafen der Bürgermeister und seine Ratsherren, in Scharlach gekleidet, und über fünfhundert Bürger in Violett den König jenseits von Kennington in Southwark und begleiteten ihn nach Wardrobe* bei den Dominikanern.«

Er kam nicht zu friedlichem Geschäft. Ende des Monats fand eine Hochverratsverhandlung statt, mit allen Merkmalen eines »Sensationsprozesses«.

---

* *The Wardrobe,* Stadtpalais

Angeklagt war zusammen mit einem gewissen Turburvyle der Landedelmann *William Colyngbourne* aus Wiltshire, ehemaliger Verwalter der königlichen Speisekammer und zuletzt Dienstmann der Königinmutter. Am 29. November bestellte Richard ein »Spezialtribunal« *(specialis commissio)* aus zwei Herzögen, dreizehn weiteren Lords, dem Londoner Bürgermeister und neun Berufsrichtern. Der Fall war offensichtlich ernst. Hören wir dazu den Londoner Stadtchronisten: »Zu dieser Zeit waren die Hauptratgeber des Königs Lord Lovell und zwei Edelleute namens Ratcliffe und Catesby. Über diese Personen wurde ein aufrührerischer Reim verfaßt und im Hof von St. Paul's und andernorts in der Stadt angeheftet, mit folgendem Wortlaut:

Katz', Ratt' und Lovell unser Wauwau,
Regieren ganz England unter einer Sau.*

Damit war gemeint, daß die genannten drei – Lord Lovell und die anderen beiden, also Catesby und Ratcliffe – dieses Land unter einem König regieren, der als Feldzeichen den Weißen Eber führt. Nach den Urhebern dieses Spruches wurde lange gesucht, und viele waren angeklagt deswegen, bis schließlich zwei Edelleute namens Turburvyle und Colyngbourne dafür und wegen anderer Dinge, die man ihnen zur Last legte, angeklagt, festgenommen und ins Gefängnis geworfen wurden. Man hielt für sie kurz darauf ein *oyer and terminer*-Gericht ab, wo die beiden Gentlemen vorgeführt wurden, und man besagten Colyngbourne dieses und anderer Verbrechen überführte.«

Wegen des Verses allein bemühte Richard die hohen Richter freilich nicht. Es ging um die »anderen Dinge«, die »anderen Verbrechen«. Chronist Holinshed hat die Anklageschrift überliefert. Demnach bestand der Hauptvorwurf darin, daß Colyngbourne im Herbst 1484 zu denen gehörte, die den Tudor ins Land riefen, und daß er mit dem französischen König in Verbindung stand und ihn warnte, Richards Friedensangeboten nicht zu trauen, weil der König doch nur Krieg vorbereitete.

Der Mitangeklagte Turburvyle kam mit einer Gefängnisstrafe davon, doch Colyngbourne mußte auf den Richtplatz. Fabyan: »Am Tag nach der Verurteilung wurde er auf den Tower-Hügel geschleppt und mit voller Härte zu Tode gebracht: zuerst gehängt

---

* The catte, the ratte, and Louell our dogge,
Rulyth all Englande vnder a hogge.
(*hog* = kastrierter Eber)

und rechtzeitig abgeschnitten, aufgeschlitzt und seine Eingeweide ins Feuer geworfen. Diese Tortur wurde so schnell vorgenommen, daß in dem Augenblick, da der Henker sein Herz herausriß, er noch sprach und sagte: Jesus, Jesus. Dieser Mann war sehr beliebt beim Volk wegen seiner glänzenden Erscheinung und seines guten Aussehens.«

Der Spottvers war gehässig, aber er saß. Richards »Schotten«, die nordenglische »Mafia«, waren den Londonern nicht geheuer. Verschärfend kam hinzu, daß viele von ihnen aus den untern Adelsrängen stammten, jedenfalls Catesby und Ratcliffe aber auch Leute wie Tyrell und Brackenbury, Robert Percy (der Hofrechnungsprüfer) und Ralph Assheton (Vizestallgraf). Freilich gab es auch Lords im Hofdienst: Stanley, Hofmarschall; Audley, Schatzkanzler; Scrope von Bolton, Ratsmitglied; Viscount Lovell, Kämmerer. Und daß Richard sich mit engen Freunden, treuen Mitstreitern und willigen Agenten umgab, war keineswegs ungewöhnlich. König Eduard hatte es nicht anders gehalten. Vorbei die Zeit, da der Reichsadel den Ton bei Hofe und im Kronrat angab. Die Lancaster-Herrschaft hatte gezeigt, daß dies dem Land nicht gut bekam: Es übertrug die Verfallserscheinungen des Bastard-Feudalismus auf die Königsherrschaft. Wollte das Königtum überleben, brauchte es in der Kronverwaltung ergebene Beamte.

Richard setzte aber – nicht anders als Eduard – diese Vertrauensleute auch im Land draußen ein: als Sheriffs etwa – Brackenbury in Kent, Ratcliffe in Westmoreland, Robert Percy in Essex und Hertfordshire, Edmund Hastings in Yorkshire; andere als Domänenverwalter und Burgkommandanten. Vor allem Mitglieder seiner »Leibgarde« *(squires of the body)* benutzte er als Agenten: Catesby, Ratcliffe und Tyrell gehörten dazu, Huddleston (Kommandant von Beaumaris) und Tunstall (Kommandant von Conway). Ratcliffe, Tunstall und zwei weitere Leibherren nahm Richard sogar in den vornehmen Hosenbandorden auf. Die meisten dieser Dienstleute folgten ihm denn auch nach Bosworth, viele starben dort für ihn.

Es waren nicht nur Nützlichkeitserwägungen, die den König so handeln ließen. Freilich: In diesen Rittern, die mit ihm aufgestiegen waren, hatte er willige Werkzeuge. Aber er hätte sich schwer getan, andere zu finden. Was an Klerikern tauglich war, stand ohnehin schon in seinem Dienst. Der Hochadel war durch seine Kriege dezimiert; er verfügte auch in der Mehrzahl nicht über die nötige Bildung. Es gab keine Suffolks, Worcesters* und Rivers' mehr. Ein Catesby, »Einserjurist« wie More ihn schilderte, war unersetzlich, denn die Juristerei wurde in der Verwaltung immer wichtiger. Er war im übrigen eine Begabung, die nicht zu übersehen war. Dabei stammte er aus Mittelengland. Die Richard aus dem Norden mitbrachte, kannte er schon als fähige und loyale Beamte. Daß er sie dort einsetzte, wo Besitz und Ämter geächteter Rebellen frei waren, ist verständlich. Dies betraf, nach Buckinghams Revolte, vor allem den Süden.

Dort zeigte man sich darüber freilich nicht erbaut. »Eine sehr große Anzahl von Lords, Edelleuten, Landbesitzern und *Commoners*, ja sogar drei Bischöfe, wurden geächtet. O wieviel Land und Gut, das dadurch an die Krone gefallen war, hat dieser König unter seine Nordländer verteilt, die er überall in seinem Herrschaftsbereich eingesetzt hatte«, klagt der Croyland-Chronist. »Das Volk im ganzen Süden schimpfte und murrte darüber und sehnte sich von Tag zu Tag mehr nach seinen früheren Herren zurück und respektierte die Vertreter des gegenwärtigen Tyrannen nicht.« Hier sammelte sich Unmut, der gefährlich werden konnte. Entscheidend war freilich, wie sich die neuen Herren auf die Dauer bewährten. Aber gerade dazu blieb ihnen keine Zeit.

Auch Richard blieb keine Zeit. Man liebte und haßte, bewunderte und fürchtete ihn nicht anders als König Eduard. Daß es keinen landweiten Widerstand gegen seine Herrschaft gab, zeigt sich am schnellen Zusammenbruch der Buckingham-Revolte. Seine Politik war volkstümlich, aber er »konnte« es auch mit den Adelsherren. Und wie sein Bruder versuchte er den Ausgleich mit dem innenpolitischen Gegner. Gegen einzelne Verräter, mutmaßliche und überführte, war er hart: Die Hinrichtung von Hastings, Rivers, Buckingham und seines eigenen Schwagers Saint-Leger, auch Colyngbournes Prozeß, sollten zweifellos abschrecken. Mitläufer behandelte er nachsichtig. Ob Lancaster oder Woodville: Wer in seinen Frieden kommen wollte, bekam in der Regel die Chance. Heinrich Tudor hielt es später nicht anders – Zuckerbrot und Peitsche.

Lancaster zu versöhnen: Dem diente auch die Umbettung der sterblichen Überreste ihres letzten Königs. Der fromme, geistes-

---

* John Tiptoft, Graf von Worcester

kranke Heinrich, unter dem England so lange gelitten hatte, lag in der kleinen Abteikirche von Chertsey zur letzten Ruhe. Seine Grabstätte war zum Wallfahrtsort geworden, man sprach von Wundern; spätere Generationen versuchten gar, ihn heiligsprechen zu lassen. Der Lancaster-Sache war in ihm ein Märtyrer erwachsen, zugleich ein heiliger Ort, Symbol und Treffpunkt der *résistence*. Richard, mit seinem ausgeprägten Show-Instinkt, entging nicht die Gefährlichkeit dieses Kults für seine Regierung. Er ließ sich dazu etwas einfallen:
»Im August wurde die Leiche König Heinrichs VI. exhumiert und zur neuen Kollegskirche von Windsor überführt, wo sie ehrenhaft empfangen und mit größter Feierlichkeit an der Südseite des Hochaltars erneut beigesetzt wurde. Der heilige Körper roch sehr gut, aber nicht von Salben, denn er war von seinen Feinden und Henkern begraben worden. Er war größtenteils unversehrt, das Haar noch an seinem Platz, das Gesicht wie es gewesen war, nur etwas eingesunken und ausgezehrt, wie zu erwarten. Und sogleich ereigneten sich Wunder in Fülle, zum Zeichen der Heiligkeit des Königs, wie es aus Inschriften dort genügend hervorgeht.« Rous berichtet uns das, und man merkt, daß er Richard das Spektakel nicht gönnt. Denn indem dieser den Lancaster-Heiligen nach Schloß Windsor, in die yorkistische Königskapelle, holte, schlug er zwei Fliegen mit einer Klappe. Der Gegner verlor eine Wallfahrtsstätte und konnte nicht einmal böse sein: Es handelte sich um einen Akt der Pietät und Versöhnlichkeit.

Als Verleger Caxton seinem »gefürchteten, natürlichen und hochverehrten Oberherrn König Richard« den Buchtitel *Order of Chyualry* (»Der Ritterorden«) widmete, schrieb er am Ende: »Ich bete zum allmächtigen Gott für ihn um ein langes Leben und blühendes Wohlergehen; daß er über alle seine Feinde siege und dieses kurze, vorübergehende Leben ihm zum ewigen Leben im Himmel gereiche, wo Freude und Segen ohne Ende sind.« Und Rous, der um diese Zeit an einer Geschlechtertafel der Grafen Warwick malte (und noch nicht ahnte, wie die Geschichte ausging), verstieg sich zu allerhöchstem Lob:
»Der allmächtige Fürst Richard, von Gottes Gnaden König von England und Frankreich und Herr von Irland – durch wahrhaft eheliche Geburt, in ununterbrochener Linie und ohne Rechtshindernis, als männlicher Erbe in direkter Abstammung von König

Heinrich II. – wies allen Geiz von sich, regierte seine Untertanen löblich, bestrafte Rechtsbrecher, besonders die Ausbeuter und Unterdrücker der *Commoners,* und belohnte die Rechtschaffenen; durch diese kluge Regierung erwarb er sich Gottes Dank und die Liebe aller seiner Untertanen, reich und arm, und Lob aus allen anliegenden Ländern.«

Diese Eloge auf den noch Lebenden war ihm einige Jahre später, zu Tudor-Zeiten, peinlich; und so tilgte er in dem Exemplar, zu dem er noch Zugang hatte, die kompromittierende Stelle. Der tote König erscheint hier lediglich als »unglücklicher Gemahl« seiner Gattin, der Warwick-Tochter. Andere Chronisten sehen Richard freilich nicht freundlicher, als der Antiquar aus Warwickshire dies nach dem Tod des Königs tat. Schmockerei mochte dabei wie im Falle Rous eine Rolle spielen. Jenseits dessen spüren wir aber an vielen Stellen Unverständnis und ein gewisses Unbehagen. *Old Dick,* wie ihn Stanleys Bruder William einmal nennt, löste offensichtlich widersprüchliche Empfindungen aus und provozierte scharfe Parteinahme – für oder gegen ihn.

Er war gewiß nicht unschuldig daran. Im öffentlichen Umgang freundlich und für alle da, gab er sich im kleinen Kreis eher verschlossen und ungesellig, bevorzugte wenige Freunde und hielt nichts von ritterlicher Kumpanei bei Turnieren, Jagden und Saufgelagen. In seinen Entscheidungen souverän, im Vorgehen entschlossen, in den Konsequenzen unerbittlich, zeigte er gelegentlich Anfälle von Nervosität, Unsicherheit und so etwas wie Verfolgungswahn. Er arbeitete viel, wollte alles selbst machen und legte an andere die eigenen strengen Maßstäbe. Für viele war er ein ungemütlicher Bursche.

Vielleicht wirkte seine biblische Moralität, die altmodische Attitüde vor dem Hintergrund seiner routinierten Machtpolitik zynisch – als »Verstellung«. Man war so eine Kombination noch nicht gewohnt. Zweifellos führte Richard für damalige Begriffe einen tadellosen Lebenswandel. Mancini bestätigt es, und die beiden unehelichen Kinder widersprechen dem nicht: Sie kamen vor seiner Ehe auf die Welt und galten als natürliche Früchte menschlicher Schwachheit. Dabei empfand man solche »Tugend« keineswegs als lächerlich. Immer noch galt die Sündhaftigkeit des Fürsten als Ursache gesellschaftlicher Unordnung. In Wirklichkeit wurde die Gesellschaft jetzt allein durch geschickte Politik im Lot gehalten. Alles andere war abgelegte Ideologie. Nur wußten es die meisten nicht. Wahrscheinlich nicht einmal Richard, der doch in vielem den Gesetzen der Moderne folgte.

Das Jahr ging zu Ende, und Heinrichs erwartete Invasion hatte nicht stattgefunden. Doch Anfang Dezember mehrten sich die Anzeichen, daß der Tudor nächstes Jahr kommen würde. Seine Agenten waren schon unterwegs. Am 6. Dezember wies Richard den Bürgermeister von Windsor an, die Verbreiter falscher Berichte, die »unsere alten Feinde in Frankreich« erfunden hätten, um Unfrieden zwischen dem König und seinen Lords zu stiften, unverzüglich ins Gefängnis zu werfen und zur Abschreckung anderer hart zu bestrafen. Am Tag darauf erließ er eine Proklamation gegen den Herausforderer:

»Der König hat sicher in Erfahrung gebracht, daß Bischof Peter von Exeter*, Thomas Grey, ehemaliger Marquis Dorset, Kaspar Tudor, der sich Graf von Pembroke nennt, Johann, ehemaliger Graf Oxford, und Sir Eduard Woodville mit verschiedenen anderen Rebellen und Verrätern, die vom hohen Parlamentshof enteignet und geächtet wurden und von denen viele als öffentliche Mörder, Ehebrecher und Räuber bekannt sind, . . . sich unter den Schutz des alten Feindes des Königs, Karl von Frankreich, gestellt und zu ihrem Anführer einen gewissen Heinrich Tudor gemacht haben, der sich bis vor kurzem Graf Richmond nannte und der aus Ehrgeiz und unersättlicher Begehrlichkeit den Namen und Titel eines Königs von England unrechtmäßig angenommen hat, wozu er in keiner Weise Anspruch, Recht oder Titel besitzt, wie jedermann genau weiß.«

Er hätte König Karl gegenüber auf alle englischen Ansprüche in Frankreich verzichtet und ihm überdies Calais, Guisnes und Hammes mit ihren Marken versprochen. Außerdem hätten die Rebellen und Verräter vor, »bei ihrer Ankunft die grausamsten Morde, Totschläge und Räubereien zu verüben und Enterbungen vorzunehmen, wie sie die Christenheit noch nicht gesehen hat.« Deshalb sollten sich »alle natürlichen und treuen Untertanen dieses Reiches« mit aller Kraft »zur Verteidigung ihrer selbst, ihrer Frauen, Kinder, Ländereien und Erbgüter bereitmachen« und zum Kriegsdienst einrücken, wenn der Befehl dazu käme.

Wiederum einen Tag später wurden die ersten Musterungskommissionen berufen, fast in gleicher Besetzung wie letzten Mai;

---

* Peter Courtenay, Bischof von Exeter (1478–1486)

und am 18. Dezember ließ der König dann in Surrey, Middlesex und Hertfordshire eine militärische Zählung vornehmen. Man solle dabei darauf achten, daß keine Strolche unter den zu Musternden seien, und für ordentliche Löhnung sorgen. Im übrigen wies er die Kommissionsmitglieder an, »den Leuten in Königs Namen Dank für ihre Treue und Liebe zu sagen, die sie Seiner Hoheit im vergangenen Jahr bei der Verteidigung seiner höchst königlichen Person und seines Reiches gegen seine Rebellen und Verräter zeigten«. Die Hafenstadt Harwich in Ostengland, die als gefährdet galt, hieß er mit Befehl vom 22. Dezember verteidigungsfest machen.

»Das Weihnachtsfest wurde feierlich im Westminster-Palast begangen, und am Dreikönigstag erschien der König selbst mit der Krone. Während er dieses Fest in der Großen Halle feierte, in auserlesenem Stil wie bei seiner ersten Krönung, erhielt er an eben diesem Tag von seinen Spionen jenseits des Meeres Mitteilung, daß ungeachtet der mächtigen und glänzenden Position des Königs seine Feinde ohne jeden Zweifel schon folgenden Sommer ins Reich einfallen oder es versuchen würden. Kein Ereignis war ihm freilich lieber, denn er glaubte, daß dies allen seinen Zweifeln und Schwierigkeiten ein Ende bereiten würde.« So berichtet der Croyland-Chronist.

Er fährt fort: »Dies darf nicht verschwiegen werden, daß am Weihnachtsfest allzuviel Wert auf Tanz und Spiel und die eitlen Maskeraden von Königin Anna und Frau Elisabeth, der Erstgeborenen des verstorbenen Königs, gelegt wurde, die nach Farbe und Zuschnitt im gleichen Gewand auftraten. Darüber aber zerriß man sich beim Volk das Maul, und die Adelsherren und Prälaten wunderten sich außerordentlich. Viele sagten, daß der König mit allen Mitteln eine Ehe mit Elisabeth anstrebe, entweder weil er den Tod der Königin erwarte, oder durch eine Scheidung, für die er, wie er glaubte, genügend Gründe hätte. Nicht anders meinte er, sein Reich sichern zu können und hoffen zu dürfen, seinen Rivalen zu überwinden.«

Was hier auf Richard zukam, war die erste und einzige Regierungskrise seiner kurzen Amtszeit; und er machte keine gute Figur darin. Persönliche Tragik, ein politischer Fehltritt und schmieriger Abfall aus der Gerüchteküche verknäuelten sich zu einem unansehnlichen Balg. Richtig ist, daß Königin Anna schwer krank lag.

Wie ihr Kind, das vor ihr starb, war sie von schwacher Gesundheit. Möglicherweise litt sie an Tuberkulose, denn der Arzt verbot Richard das Beilager. Einige sagten freilich, er wolle damit ihre Unfruchtbarkeit demonstrieren. Vergil erzählt später, Richard habe sich Rotherham gegenüber beklagt, daß die Königin keine Kinder mehr bekomme. Warum auch nicht: Nach dem Tode Prinz Eduards war dies ein ernstes Problem. Es konnte sogar ein Scheidungsgrund sein.

Der Gedanke, die Nichte zu ehelichen, war keineswegs abwegig. Die Kirche sah darin zwar ein Inzestvergehen, machte aber in speziellen Fällen aus ihrem Herzen keine Mördergrube und gab Dispens. Man hielt es ohnehin nicht mehr so streng: Als Richard seine Cousine Anna zur Frau nahm, wartete er die päpstliche Erlaubnis gar nicht ab. Die Heirat mit Elisabeth konnte zwei Gefahren beseitigen: Heinrich Tudors eigenes Eheversprechen – das Lockangebot an Yorkisten und Woodvilles – und Richards Kinderlosigkeit. Wobei letzteres auch ein Zeitproblem war, denn jeder andere standesmäßige Eheschluß, etwa mit einer ausländischen Prinzessin, bedurfte langer Verhandlungen. Richards Thronrecht freilich würde durch die Verbindung nicht gestärkt, eher im Gegenteil: Elisabeth war ja als unehelich erklärt worden. Aber über solche Feinheiten zerbrachen sich die Zeitgenossen nicht die Köpfe; wir hören jedenfalls nichts davon.

Wie es scheint, zeigten die beiden Elisabeths – Mutter und Tochter – selbst Interesse an einer derartigen Lösung. Sie hatten das Lancaster-Lager verlassen und sich mit Richard arrangiert. Daß die beiden Prinzen im Tower mittlerweile tot waren, wußten sie nicht. Der König schien in *potenti & splendido statu,* wie es beim Croyland-Chronisten heißt: »in mächtiger und glänzender Position«. Der abenteuernde Tudor mit seinem verlorenen Exulantenhaufen hatte an Attraktivität verloren. Vergil meint, die Prinzessin sei über die Absichten des Onkels entsetzt gewesen; sie hat wohl später als Königin so behauptet. Doch George Buck überliefert uns ein anderes Zeugnis:

»Als Mitte und Ende Februar vorüber waren, schrieb Lady Elisabeth, die ungeduldiger und begieriger auf einen Erfolg war, als irgend jemand wußte, einen Brief an Herzog Norfolk, gab zuerst zu erkennen, daß sie ihm als dem Mann, den ihr Vater immer besonders mochte, ihr Vertrauen schenke usf. Dann lobte sie ihn wegen seiner großen Hilfsbereitschaft und bat ihn daraufhin, als ihr Vermittler beim König betreffs der vorgeschlagenen Ehe zwischen ihm und ihr zu wirken; dieser sei, so schrieb sie, ihr einziges Glück und ihr Herr und Meister, und daß sie auch in seinem Herzen und Gedanken sei. Schließlich gab sie zu verstehen, daß fast der ganze Februar vorüber sei, und sie fürchtete, die Königin werde niemals sterben. All das sind ihre eigenen Worte, von ihrer eigenen Hand, und das ist die Zusammenfassung ihres Briefes, der als Originalschrift unter ihrem Namen in der großartigen Kabinettssammlung von Graf Thomas von Arundel und Surrey ist.«

Man hat den Brief nie gefunden, und so müssen wir Sir George, dem Stuart-Höfling und York-Verehrer, glauben, daß er ihn gesehen und richtig wiedergegeben hat. Elisabeth brauchte jedenfalls nicht mehr lange zu warten. Am 16. März verfinsterte sich die Sonne; während die Londoner erschreckt durch die Straßen liefen, starb die Königin. In der Westminster-Abtei wurde sie mit allen Ehren beigesetzt. Sechs Wochen später wußte man es in Venedig, und der Doge *Agostino Barbarigo* schrieb an Richard:»Vor wenigen Tagen erreichte uns die traurige Botschaft, daß Königin Anna, Eure geliebte Gemahlin, verstorben ist. Wir und der Senat trauern aufrichtig, denn wir sind Euerer Majestät so in Liebe und Gutwilligkeit zugetan, daß ebenso, wie wir uns über glückliche Ereignisse freuen, wir auch an Eueren Sorgen teilhaben . . .«

In England dachten nicht alle so. Im Gegenteil: Wieder einmal mußte Richard als Mörder herhalten.»Beim Volk wurde viel geflüstert, daß der König die Königin, seine Frau, vergiftet hätte«, heißt es in der Großen Londoner Stadtchronik, und Rous verkündet ohne Umschweife:»Seine Königin Anna, Tochter des Grafen Warwick, vergiftete er.« Auch Vergil läßt den Yorkisten-König nicht ungeschoren davonkommen, aber er serviert dabei eine eher rührende Geschichte, die ahnen läßt, was zwischen Richard und Anna wirklich vorging. Der König hatte noch zu ihren Lebzeiten das Gerücht von ihrem Tod verbreitet; unter Tränen stellte sie ihn darob zur Rede.« Der König, damit es nicht aussähe, als habe er ein hartes Herz, wenn er seiner Frau kein Zeichen der Liebe gäbe, küßte sie, antwortete ihr herzlich, tröstete sie und bat sie, guten Muts zu sein. Aber die Königin, ob aus Kummer oder durch Gift, starb wenige Tage darauf.«

Richards Sündenfall bestand nicht darin, daß er seine Nichte zur Frau begehrte. Er war vielmehr politischer Natur und betraf seine eigene Umgebung. Der Croyland-Chronist, sonst eher knapp in seinen Aussagen, widmet der Affäre einen langen Abschnitt. Was zeigt, wie schwerwiegend der Fall war: »Schließlich wurden Absicht und Wunsch des Königs, mit seiner leiblichen Verwandten eine Verbindung einzugehen, Leuten zugetragen, die das nicht wollten . . . Jene aber, die sich am entschiedensten gegen diese Ehe aussprachen und gegen deren Meinung selbst der König kaum etwas zu unternehmen wagte, waren der Ritter Richard Ratcliffe und der Leibherr William Catesby.

»Diese sagten nämlich dem König ins Gesicht, wenn er seine Absicht nicht widerrufe, und zwar vor dem Bürgermeister und dem Rat von London, würde es nicht nur Stimmenproteste geben. Das Volk im Norden, auf das er am meisten vertraue, würde sich geschlossen gegen ihn erheben und ihm den Tod der Königin anlasten, der Tochter und einzigen Erbin des Grafen Warwick, der er seine ersten Ehren verdanke; weil er sie umgebracht habe, um sich zum Entsetzen Gottes in blutschänderischer Unkeuschheit mit seiner leiblichen Nichte zu vergnügen. Dazu holten sie mehr als zwölf Theologiedoktoren herbei, die bestätigten, daß der Papst im Falle eines solchen Verwandtschaftsgrades keinen Dispens erteilen könne. Viele glaubten, daß diese Menschen zusammen mit anderen Gleichgesinnten deshalb so energische Einwände vorbrachten, weil sie fürchteten, daß Elisabeth es in der Macht haben würde, den Tod ihres Onkels, Graf Rivers, und ihres Bruders Richard* an ihnen zu rächen, wenn sie erst Königin wäre; denn sie hatten den König in dieser Angelegenheit beraten.«

Man wollte, soviel ist klar, keine neue Woodville-Königin. Richard beugte sich dem – so wie einst Eduard darauf verzichtet hatte, eine Französin heimzuführen. Bemerkenswert ist, daß in den Befürchtungen der Ratgeber zwar die Hinrichtung von Rivers und Grey erscheint, nicht dagegen das Schicksal der Prinzen im Tower. Wieviel mehr mußten sie eine Königin fürchten, die argwöhnte, auch der Tod ihrer leiblichen Brüder gehe auf das Konto eines Ratcliffe, Catesby oder Tyrell? Doch die Königskinder spielten bei diesen Überlegungen keine Rolle; man dachte allgemein, sie lebten noch – auch wenn es die engsten Ratgeber vielleicht anders wußten.

Von den Prinzen drohte auch Richard noch keine Gefahr. An-

---

* Sir Richard Grey, Elisabeths, Halbbruder

ders sah es aus, was das Gerücht betraf, er habe Königin Anna vergiftet. Es war derart verbreitet, und der Verdacht wog so schwer, daß Richard öffentlich und in aller Form dementieren mußte. Er tat es am 30. März in der Johanniterabtei zu Clerkenwell. Aus den Akten der Londoner Seidenhändlergesellschaft ist uns dazu ein Bericht erhalten:

»Seit langem gibt es unter dem Volk Gerede und dummes Geschwätz, das von übelwollenden Personen erfunden und ersonnen wurde, zum großen Mißfallen des Königs, worin behauptet wird, daß die Königin mit seiner Zustimmung und Einwilligung vergiftet worden sei, damit er Lady Elisabeth, die älteste Tochter seines Bruders, heiraten und zur Frau nehmen könne. Deshalb und aus anderen Gründen rief der König gestern den Bürgermeister und die Ratsherren nach St. John's. Hier in der großen Halle, in Gegenwart vieler seiner Lords und einer großen Menge Volks, tat er seinen erwähnten Kummer und Verdruß kund und sagte, es sei ihm niemals in den Kopf oder Sinn gekommen, solch eine Ehe zu schließen, und habe auch den Tod seiner Königin weder gewollt noch begrüßt, sondern sei von Herzen traurig, wie man nur sein könne, usf.« – *clara & elevata voce,* ergänzt der Croyland-Chronist: »mit klarer und erhobener Stimme« sprach er so.

Nach dieser Einleitung, fährt der Berichterstatter fort, »mahnte und schärfte er allen ein, von solch unwahrem Gerede abzulassen, unter Gefahr seines Zorns. Wer weiterhin unwahre und erfundene Geschichten erzähle oder verbreite, werde dafür so lange ins Gefängnis gesteckt, bis der Urheber gefunden sei, von dem er diese Geschichte gehört habe, usf. Dazu gab der König Anweisung und Befehl . . .« Es war dies eine Flucht nach vorne, um einen gefährlichen *faux pas* zu kaschieren, ein Retten auf der Linie. Daß er seine Getreuen verschreckt hatte, mochte hingehen. Unverzeihlich war dagegen das voreilige Kundtun seiner Absichten zu einem Zeitpunkt, da die Warwick-Tochter noch lebte. Das gab Schandmäulern leichtfertig Nahrung; damit konnte er sich Neville-Sympathien verscherzen. Möglich immerhin, daß er dies alles seinen Ratgebern zu verdanken hatte. Brachten sie seine Pläne unter die Leute, um sie zu vereiteln?

Der König sah sich genötigt, das Dementi auch im Land draußen bekanntzumachen: Am 5. April schrieb er nach Southwark, sechs Tage später nach York. Er gibt es nicht inhaltlich wieder, berichtet aber von der Londoner Versammlung, vor der er »ausführlich seine wahren Absichten und Pläne in allen Belangen dargetan« habe, und ordnet vor allem die Inhaftierung der Aufrührer, Verleumder, Lügner und Schwätzer an. »Wer immer eine Hetzschrift an irgendeinen Ort findet, soll sie abreißen und ohne Lesen oder Weiterzeigen zu uns oder einem unserer Lords oder anderen Personen unseres Rats bringen.«

Prinzessin Elisabeth schickte er wenig später vom Londoner Hof weg nach Sheriffhutton zu seinem Neffen, Graf Lincoln. Als Heinrich Tudor von Richards Heiratsplänen hörte, »schlug ihm die Nachricht schwer auf den Magen«, wie Vergil weiß. Vor allem, weil es auch noch hieß, die zweite mannbare Prinzessin Cäcilie solle verheiratet werden – mit einem kleinen Landedelmann. Heinrich sorgte sich schleunigst um Ersatz für die Braut. Er fand ihn in einer Schwester des Grafen Wilhelm Herbert von Huntingdon, die er aus jener Zeit kannte, da er am Herbert-Hof aufgewachsen war. Dazu schrieb er an Graf Northumberland, der selbst mit einer Herbert verheiratet war, und bat um Vermittlung. Doch die Boten wurden abgefangen, oder Northumberland wollte nicht. Jedenfalls wurde nichts daraus. Aber bald wußte der Tudor ja auch, daß Richard sich anders besonnen hatte.

Henry Tydder, der sich Heinrich Richmond nannte, war achtundzwanzig, vier Jahre jünger als der Mann, dessen Thron er wollte. Vierzehn Jahre lang hatte man ihn auf dem Schachbrett der großen Politik umhergeschoben, war er Gefangener im diplomatischen Dreieck England–Frankreich–Bretagne, ständig in Gefahr, beim Figurenaustausch geopfert zu werden. Ludwig wollte ihn haben, er versuchte, Herzog Franz einzuschüchtern. Zweimal setzte Eduard von England den verbündeten Bretonenherzog unter Druck. Einmal war der junge Tudor schon den englischen Gesandten ausgeliefert. Obwohl es hieß, Eduard wolle ihn lediglich in der Heimat verheiraten, wurde der Achtzehnjährige vor Angst krank, und während er reiseunfähig war, überlegte es sich der Herzog anders: Er gab sein kostbares Pfand doch nicht aus der Hand. Heinrich entkam zum ersten Mal.

Am 28. Januar 1457 war er auf Burg Pembroke in Wales geboren worden. Mit vier Jahren »Gefangener« der Yorkisten nach dem Fall der Festung, kam er in den Haushalt der Herberts. Seine neunzehnjährige Mutter verließ ihn bald; schon vor seiner Geburt verwitwet, heiratete sie jetzt Heinrich Stafford, Onkel »unseres«

Buckinghams. Der kleine Tudor erhielt eine gute, für seine Lage geradezu exzellente Ausbildung. *Bernard André,* Heinrichs blinder Biograph, bescheinigt dem Buben Intelligenz und eine schnelle Auffassungsgabe. Wilhelm Herbert, der 1468 Graf Pembroke wurde, hatte mit ihm Großes vor: Er sollte seine Tochter Maud heiraten. So schien er eine verheißungsvolle Yorkisten-Karriere vor sich zu haben. Doch diese Zukunft brach ab, als sein Ziehvater unter Warwicks Beil starb. Im Jahr darauf hatte ihn sein Onkel Kaspar Tudor wieder. Mit ihm mußte er, als Lancaster endgültig geschlagen war, aus der Heimat fliehen. Da war er vierzehn.

Kurz zuvor hatte er erstmals England, hatte er London besucht. Zuvor war er aus den Waliser Bergen nicht herausgekommen. Wir wissen nicht, ob er walisisch sprach, aber zumindest hatte er keltisches Blut in den Adern und wußte das später politisch zu nutzen. Sein Großvater Owen war so ziemlich reinblütig: *Owain ap Maredudd ap Tudur.* Er hatte als Page seinen Weg an den Königshof von England gemacht und war dabei über das Amt des Garderobevorstehers zum Bettgenossen der Königinwitwe Katharina avanciert. Die Sache blieb heimlich, obwohl drei Söhne geboren wurden: Kaspar, Edmund und Owen. Als der Skandal doch bekannt wurde, warf man den »Witwenschänder« ins Gefängnis. Er befreite sich selbst daraus, und Heinrich VI. zog schließlich seine Halbbrüder an die königliche Brust: Owen war schon Mönch in Westminster, aber Kasper und Edmund konnten noch Grafen werden – von Pembroke und von Richmond.

Der alte Owen leitete seinen Stammbaum auf *Cadwallader* zurück, den letzten keltischen König in England aus der Zeit, bevor die Sachsen kamen. Heinrich führte später den roten Drachen dieses sagenhaften Herrschers auf seinem Banner. Doch der Tudor-Sprößling war genausogut Engländer oder Franzose oder Holländer, ja sogar bayrisches Blut rollte in seinen Adern. Großmutter Katharina von Valois war die Tante Ludwigs XI., Tochter aus der Ehe Karls des Wahnsinnigen mit Isabella von Wittelsbach. Von Mutterseite her gehörte Heinrich zur Lancaster-Linie der Beauforts; er war ihr Erbe. Doch deren Wappen trug über den königlichen Farben den waagrechten Balken, der illegitime Herkunft anzeigte, und in ihren Papieren stand: *excepta dignitate regali* – »von der Königswürde ausgeschlossen«.

Das Schicksal wollte es freilich anders, und dem frommen König Heinrich war es gegeben, dies vorauszusehen. Es muß wohl in der kurzen Zeit gewesen sein, da der junge Tudor sich am Hof des wiedereingesetzten Lancaster-Königs aufhielt und Pagendienste verrichtete: »Als Heinrich VI. eines Tages mit seinen Lords und großen Herren beim reichlichen Mahle saß, sagte er beim Händewaschen, und während Graf Richmond vor ihm kniete, voraus, daß dieser einmal die Zügel des Reiches übernehmen werde und alles in den Händen halten werde, ›was heute scheinbar glücklich uns gehört‹. Deshalb beschlossen die Ratgeber des Königs, Graf Richmond heimlich übers Meer zu schicken, damit er den grimmigen Fängen der Feinde entkomme.« So überliefert jedenfalls André.

»Er hatte ein engelsgleiches Antlitz, dessen ganzer Ausdruck nichts als Liebe erweckte.« Das behauptete Rous, der zuvor Richard schmeichelte. Heinrichs Porträts zeichnen ein weniger vorteilhaftes Bild. Er ist nicht häßlich. Als junger Mann zeigt seine Miene unbekümmerte Abenteuererlust, die anziehend wirkt. »Eine sehr sympathische, elegante Person«, erinnert sich der Burgunder Molinet. Doch das verliert sich auf den Königsbildnissen: schütteres Blondhaar, kleine Augen, wachsamer Blick, ein spitzes Kinn und schmale Lippen, um die ein maliziöses Lächeln spielt. »Wenige schlechte und schwärzliche Zähne, bleiche Gesichtsfarbe«, ergänzt Vergil. Kein Kriegergesicht und keine *Bonhomme visage* wie bei den Yorkisten-Brüdern, eher eine Krämerphysiognomie: listig, geheimnistuerisch, berechnend. Besonderes Vertrauen flößt sie jedenfalls nicht ein. Seine Altersbüste hat sogar einen Zug ins Saturnische, und die Totenmaske läßt Abgründe ahnen. Er war zuletzt auch kein angenehmer Mensch mehr.

Heinrich zeigte sich im Frühjahr 1485 entschlossen, vom Handelsobjekt zum Handelnden zu werden. Aber selbst das lag nicht in seiner Macht. Er verdankte alles den Umständen. Daß Richard Truppen in die Bretagne schickte und im Februar, trotz Tudor-Eklat, den Vertrag mit Franz um sieben Jahre verlängerte, bestärkte die französische Regentin darin, es wie ihr Vater zu machen und Unruhe in England zu stiften, wo und wie es nur ging. So gewährte sie dem Tudor Unterstützung. Oxfords Flucht war ein Glücksfall für Heinrich, der seinem Unternehmen Aufschwung gab. Vor allem, als es auch noch gelang, die belagerte Garnison von Hammes zu entsetzen und dann ihren freien Abzug zu erzwingen. Doch wenig später zeigte sich, daß die Bäume der Tudors auch nicht in den Himmel wuchsen. Dorset, der schon seit längerem Briefe von seiner Mutter bekam, verließ bei Nacht und Nebel Paris und machte sich zur Küste auf. Heinrichs Häscher erwischten ihn freilich schon bei Compiègne und »überredeten« ihn zur Umkehr.

Nach einigem Hin und Her bekam der Tudor schließlich 60 000 Franken Kredit vom Regentschaftsrat bewilligt und fünfzehn Schiffe unter dem Befehl eines französischen Kapitäns. Heinrich ging in die Normandie, um Truppen zu sammeln. Dorset ließ er sicherheitshalber in Paris zurück – als Bürgen für das geborgte Geld, wie es hieß. Die Flotte wurde in Harfleur, an der Seine-Mündung, ausgerüstet. Nach England schickte er Botschaften, in denen er sein Kommen ankündigte und sich der Unterstützung dort versicherte:

»Nachdem ich von Euerer freundlichen Bereitschaft gehört habe, meinen rechtmäßigen Anspruch, das wahrhafte und direkte Erbe der Krone, zu fördern, und um diesen Mörder und widernatürlichen Tyrannen, der im Augenblick ungerechterweise über Euch herrscht, gerechterweise der Herrschaft zu berauben, teile ich Euch mit, daß kein christliches Herz mehr Freude und Glück trägt als meines, Eueres armen, vertriebenen Freundes, der bereit ist, das Meer mit solcher Truppenmacht zu überqueren, wie meine Freunde sie hier für mich aufstellen, wenn Ihr nur sicher zu erkennen gebt, welche Truppen Ihr aufbieten könnt und welche Führer Ihr dafür habt . . .«

Heinrichs größtes Handikap war, daß ihn in England niemand kannte. »Ein unbekannter Waliser, von dessen Vater ich nichts weiß und den ich auch niemals gesehen habe«: So soll König Richard über seinen Widersacher gesagt haben. Der Tudor war auf das Renommee seiner Mitstreiter und die Stärke anti-yorkistischer Gefühle angewiesen. Das war nicht eben viel. Wenn wir Vergil glauben wollen, dann bekam er einige feste Zusagen, vor allem aus Wales, aber auch dem angrenzenden Nordwesten. Das ist, wie wir sehen werden, nicht unwahrscheinlich. Unzufriedene gab es überall, und mancher hielt sich seine Disposition offen. In Wales machten sich manche Hoffnung auf *Tudur,* den Waliser. Lewis Glyn Cothi, der Barde, besang ihn als den »Schwarzen Stier« aus *Gwynedd* in Nordwales, der den »Weißen Eber« vernichtet.

Unterdessen bereitete sich auch Richard vor. Heikelstes Problem waren wieder einmal die Finanzen. Großzügig hatte der König vorletzten Sommer Geldgeschenke der Städte zurückgewiesen und im Parlament *Benevolenzen* untersagt. Aber die Buckingham-Revolte und der Kleinkrieg gegen Schottland und zur See waren seiner Kasse nicht bekommen. Es blieb ihm nichts übrig: Er mußte seinen Untertanen nun doch abverlangen, was ihr Heiligstes war – Geld. Er griff dabei zum alten Mittel der Anleihe: »Auf Grund der großen und übermäßigen Kosten und Lasten, die wir dringend zu tragen haben, sowohl für die Sicherheit der See als auch anderweitig für die Verteidigung unseres Reiches, wünschen wir und bitten wir Euch herzlichst, uns über unseren Diener eine Anleihe von . . . zukommen zu lassen. Wir versprechen Euch getreulich und ohne Verzug die Hälfte der Summe nächstes Michaeli und den Rest am darauffolgenden Johannisfest zurückzuzahlen. Wir versichern Euch, wenn Ihr dieses unser dringendes Verlangen und unsere herzliche Bitte erfüllt, dann werdet Ihr uns anschließend bei jedem vernünftigen Anliegen als guten und gnädigen Oberherrn finden . . .«

Ähnliches hatte Richard schon einmal geschrieben, als er privat Geld brauchte, mit der gleichen Mischung aus Nachdruck, Höflichkeit und Seriosität. Freilich: Diese Anleihen waren – nicht anders als die »freiwilligen« *Benevolenzen* – mehr oder minder erzwungen. Englands Könige hatten keine Fugger, die ihre Kriege finanzierten, und reguläre Steuern gab es auch nicht. Immerhin wurde das Geld zurückerstattet – wenn nichts dazwischenkam. Aber eben dies war das Risiko. Ein toter König zahlte nicht zurück, und Heinrich Tudor würde sich kaum als Rechtsnachfolger des gestürzten Richard betrachten. So appellierte der König denn auch an den Patriotismus: »Und das Geld wünscht er zur Verteidigung und Sicherheit seiner königlichen Person und seines Reiches zu verwenden«, ließ er mitteilen, »er und alle seine Lords denken, daß ihm für diesen Zweck jeder wahre Engländer zu seinem eigenen Nutzen helfen wird . . .«

Der König ging geschickt und umsichtig zuwege. Um die Leute nicht zu verprellen, bat er pro Person um keine höhere Summe als hundert Pfund, meist darunter, etwa hundert Mark* oder vierzig Pfund. Andererseits setzte er seine Anleihenwerber in einem ersten Überraschungscoup auf diejenigen an, die im Verdacht standen, vor derartigen Aktionen bei der ersten Warnung das

---

* 100 Mark Silber = 66 Pfund

Weite zu suchen und möglicherweise zum Feind überzulaufen. Erst nachdem diese unsicheren Kantonisten abkassiert waren, ließ er an die Tür derer klopfen, die bereitwilliger geben würden. Auf diese Weise bekam er zwischen Februar und April an die 20 000 Pfund zusammen – immerhin zwei Drittel von dem, was reguläre Steuermaßnahmen (der sogenannte *Zehnt* oder *Fünfzehnt* einbrachten.

Die Leute grummelten freilich auch über diese Art der Geldbeschaffung. Fabyan spricht in einem Wortspiel von *Malevolenzen,* »unwilligen Abgaben« oder auch »böswilligen Forderungen«, und der Croyland-Chronist kritisiert: »Schlau wie er war, begriff er, daß Geld der Nerv des Krieges ist. Da es ihm daran schon reichlich fehlte, griff er auf die Abgabenpolitik König Eduards zurück, die er beim Parlament verurteilt hatte, wollte darauf jedoch das Wort *Benevolenzen* in keiner Weise angewendet wissen. Und er schickte ausgesuchte Leute, Kinder dieser Welt, aber klüger als die Kinder des Lichts in der anderen Welt, die durch Bitten und Drohungen, mit rechten und unrechten Mittel sehr große Geldsummen aus den Börsen fast aller Stände des Reiches zogen.«

Sei's drum. Die Münze klingelte im Kasten, und es hatte keine Zahlungsverweigerung gegeben, wie Eduard sie einmal erlebte und Heinrich VII. sie ja noch erleben sollte. Im April konnte der König Nägel mit Köpfen machen. Daß der Tudor kommen würde, war sicher; die Flottenrüstung in Harfleur, seine Truppenmusterung in Rouen und seine Sendschreiben blieben nicht verborgen. Aber wo würde er landen? Richards Spione konnten nichts Genaues in Erfahrung bringen, doch Propheten hatten das Geheimnis schon enthüllt: Milford. Das Problem war nur, daß es zwei Küstenorte dieses Names gab: Milford bei Southampton und *Milford Haven* bei Pembroke in Wales. Der Croyland-Chronist behauptete, der König hätte viel Geld unnütz verschwendet, weil er sich für das falsche Milford entschied und sich nur um den Süden Englands kümmerte. Das mag der Sache nach richtig sein; von der Überlegung her ist es sicher falsch.

Der Süden mußte auf jeden Fall geschützt werden. Wer in Sandwich landete (wie einst die Grafen March und Warwick) oder in Weymouth (wie Margarete von Anjou) oder Poole (wie Heinrich beim ersten Mal), der stand in Kürze vor London, und die Zeit mochte nicht ausreichen, genügend Truppen gegen ihn zu sammeln. Wichtig war deshalb die Kontrolle des Kanals und die

Befestigung der südlichen Küstenstädte. Anfang April wurde George Neville aufs Meer geschickt, und bei Southampton gingen Richards restliche Schiffe vor Anker. Verantwortlich dafür war Kämmerer Lovell: »Er sollte die Flotte dort sorgfältig ausrüsten und alle Häfen jenes Landesteils mit der gebotenen Wachsamkeit beobachten, daß wenn die Feinde beabsichtigen sollten, hier zu landen, er sie unverzüglich mit den gesammelten Truppen aus der Umgebung niederkämpfen könne«, berichtet der Croyland-Chronist.

Den Südwesten kontrollierten jene »Nordländer«, die der König dort in die aufgelassenen Ämter und Besitzungen der Exulanten gesetzt hatte. Der Kanal wollte aber auch vom Kontinent her gesichert sein. Richard hatte bereits eine frische Garnison nach Guisnes gelegt; Kommandant Mountjoy, ein Bruder des übergelaufenen Blount, war durch den zuverlässigen Tyrell abgelöst worden. In Calais kommandierte jetzt Johann *Gloucester,* Richards Bastard. In der Ernennungsurkunde vom 11. März wurde er »unser lieber Sohn« genannt, »dessen lebhafter Geist, behender Körper und Neigung zu allen guten Gewohnheiten uns große Hoffnung auf gute Dienste in Zukunft machen«. Wahrscheinlich war der Bub vierzehn oder fünfzehn, jedenfalls noch nicht volljährig, denn der Vater behielt sich das Ernennungsrecht in der Hafenstadt vor. Richard hatte mit elf Jahren sein erstes selbständiges Kommando übernommen.

Um Wales brauchte sich der König nicht weiter zu kümmern. Dieses Land hatte er, wie er meinte, im Griff. Buckingham war hier elend gescheitert. Auf den wichtigsten Posten saßen Richards Leute: Graf Wilhelm Herbert von Huntingdon, Oberster Richter in Südwales, jetzt auch Kommandant der Burgen dort – einschließlich Brecknock, der ehemaligen Buckingham-Feste; Richard Williams, der Pembroke und vier weitere Burgen in West-Wales hielt; Tyrells Leute an verschiedenen Plätzen im Inneren des Berglandes. Milford Haven und die Route nach Osten war bewacht. Rhys ap Thomas, ein namhafter Waliser Häuptling, hatte geschworen, nur über seine Leiche käme der Tudor ins Land.

In Nordwales war William Stanley Oberrichter; Lord Stanley, sein Bruder, und Lord Strange, dessen Sohn, saßen im nördlich angrenzenden Cheshire und Lancashire. Die Marken an der Ostgrenze von Wales waren Kronland. Im Ostengland wachte Norfolk, und im Norden hatte Lancaster keine Chance mehr. Es gab keine Stelle im Reich, so schien es, die undicht war. Richard konnte der näheren Zukunft einigermaßen zuversichtlich entgegensehen. Mitte Mai hatte er sich in Windsor aufgehalten. Kurz vor Palmsonntag, den 22., machte er sich wieder nach Nottingham auf. Es war ihm nicht eilig dabei. Vierzehn Tage blieb er in Kenilworth, südwestlich von Coventry, und traf erst am 20. Juni auf der Burg ein.

Am 21. Juni sandte er Nachricht an Kanzler Russell nach Westminster, er solle eine neuerliche Proklamation gegen die »Rebellen und Verräter« erlassen. Zwei Tage später geschah es. Der Text vom Dezember wurde dazu mit kleinen Änderungen und Zusätzen veröffentlicht. Dorset fehlt jetzt unter den aufgeführten »Mördern, Ehebrechern und Räubern«. Dafür wird ausführlich auf Heinrichs dunkle Herkunft hingewiesen: »Er stammt von Bastardblut sowohl väterlicherseits als auch mütterlicherseits, denn sein Großvater Owen war unehelich geboren und seine Mutter war Tochter von Johann Herzog Somerset, der wiederum Sohn von Katharina Swynford, die ihn in doppeltem Ehebruch* geboren hat; woraus eindeutig hervorgeht, daß ihm, der in dieses Reich eindringen und es erobern will, kein Titel zukommt.«

Auch der Musterungsbefehl, der am 22. Juni herausging, orientierte sich an einem bekannten Text vom Dezember: Damals war erfaßt worden, wer innerhalb eines halben Tages marschfertig sein konnte. Nun sollten sich die *knights, squires, and gentlemen* (»Ritter, Edelleute und Landbesitzer«) bereithalten, bei Alarm innerhalb einer Stunde mit Pferd und Harnisch zum »Königsdienst« auszurücken. In einem weiteren Schreiben wurden die Sheriffs aufgefordert, ihren Amtssitz einzunehmen oder durch Stellvertreter zu besetzen, um jederzeit für die Königsboten und Musterungskommissare erreichbar zu sein. Es wurde ernst.

Richard saß auf Burg Nottingham und wartete. Es blieb ihm nichts anderes übrig; die Initiative war ihm aus der Hand genommen. Er mochte glauben, für alle Fälle vorgesorgt, das Notwendige getan zu haben. Aber das Warten zermürbte ihn, und so nahm er Zuflucht zu einer Zerstreuung, die er sonst wenig achtete: die Jagd. Allerdings stand ihm der Sinn nicht nach fröhlichem Saustechen und wilder Hatz durch Wald und Flur. Schon im März, nach dem Tod seiner Königin, hatte er Falken und Habichte be-

---

* Johann Lancaster und Katharina Swynford waren beide anderweitig verheiratet, als ihre gemeinsamen vier Kinder zur Welt kamen.

stellt. Die Falkenjagd, zu der es Ruhe und Konzentration braucht, kam seiner Stimmung wohl am ehesten entgegen. In *Sherwood Forest,* wo einst der sagenhafte Robin Hood sein Freibeuterdasein zugebracht und dem berüchtigten Sheriff von Nottingham getrotzt hatte, ließ der König nun seine Jagdvögel fliegen. Wenn ein Hase oder Fasan in ihren Fängen zappelte, mochte er grimmig an den Mann denken, der sich aufmachte, ihn vom Thron zu vertreiben.

Am 24. Juli war es soweit: Nachricht kam, daß Heinrichs Schiffe zum Auslaufen bereit lagen. Er schickte unverzüglich Barowe, den Chefs des Archivs *(Master of the Rolls),* nach Westminster, daß er ihm das Reichssiegel bringe. Russell übergab es am 29. Juli – »acht Uhr morgens im Alten Tempel, in einem gewissen Betstübchen nahe der Kapelle«, wie pedantisch vermerkt ist. Drei Tage darauf, am 1. August, traf der Kurier wieder in Nottingham ein und überreichte das Siegel dem König. Barowe erhielt es sogleich zurück: Er wurde vorübergehend Reichssiegelbewahrer. Anwesend bei der Zeremonie waren unter anderem Erzbischof Rotherham, Graf Lincoln und Lord Strange, Stanleys Sohn. Letzterer begleitet den König seit einiger Zeit anstelle des Hofmarschalls, der um Urlaub gebeten hatte. Wie der Croyland-Chronist schreibt, als eine Art Geisel.

Zehn Tage neuerliches Warten, dann wußte Richard endgültig Bescheid: Heinrich Tudor war in Wales gelandet. Am 1. August hatte er in Harfleur bei sanftem Südwind Segel gesetzt, am Sonntag, dem 7., sah er kurz vor Sonnenuntergang die Landspitze von Saint Ann's Head und fuhr in den Fjord von Milford Haven ein; im Naturhafen von Mill Bay ging er vor Anker. »An Land kniete er sofort nieder; in demütiger Haltung und reiner Frömmigkeit begann er mit dem Psalm: *Judica me, Deus, et decerne causam meam &c*.* Als er damit zu Ende war und die Erde demütig und ehrerbietig geküßt hatte, schlug er das Kreuzzeichen über sich und befahl tapfer denen, die um ihn waren, im Namen Gottes und des heiligen Georg loszuziehen.« So berichtet Fabyan, der freilich nicht dabei war.

Heinrich hatte keine andere Wahl, als in Wales zu landen. Das Häuflein, das er mitbrachte, war kläglich – nicht mehr, als König Eduard dabei hatte, als er kam, sein Königreich zurückzuerobern,

---

* »Verfüge über mich, Gott, und entscheide in meiner Sache usf.«

aber wohl von schlechter Qualität. Vergil spricht von zweitausend; Commynes zählt fünfhundert Engländer und an die dreitausend Leute aus der Normandie,»das übelste Volk, das man finden kann«. Man hatte wahrscheinlich die Gefängnisse geleert. Mit dieser Truppe konnte es der Tudor nicht wagen, Richard dort entgegenzutreten, wo er gerüstet war. Wenn er eine Chance hatte, dann nur in Wales. In Pembrokeshire kannte man die Tudors, Kaspar war hier Graf gewesen. Heinrich mußte darauf setzen, daß er bei seinem Marsch Zulauf erhielt. Er durfte dabei aber auch nicht zögern, um dem König nicht zuviel Zeit zu lassen, seine Kräfte zu sammeln.

Heinrich mußte also einen Weg wählen, der ihn in kürzester Zeit zu Richard brachte und dabei durch eine Gegend führte, wo er auf Unterstützung rechnen konnte. Da Herefordshire im Süden Königsland war, blieb nur die nördliche Route durch Shropshire: zunächst die Küstenstrecke über Cardigan und Aberystwyth nach Machynlleth, von dort durch Merionethshire nach Shrewsbury hinüber. Die erste Nacht verbrachte er auf der kleinen Burg Dale, die bereitwillig ihre Tore geöffnet hatte. Er machte dort einige seiner Soldaten zu Rittern – Herrscherakt des Königs in seinem Land – und schickte Briefe in die Umgebung los, unter anderem an seinen Verwandten *John ap Meredith ap Jevan ap Meredith:*

»Vom König. Recht getreuer und ehrenwerter Herr, wir grüßen Euch herzlich. Da wir nun mit Hilfe Gottes, des Allmächtigen, sowie dem Beistand unserer lieben und getreuen Untertanen und aufgrund des großen Vertrauens, das wir in den Adel und das Volk dieses unseres Fürstentums haben, in selbiges gelangt sind, um mit der oben erwähnten Hilfe in aller möglichen Eile in unser Königreich England hinüberzugehen, . . . wünschen wir und bitten wir Euch und befehlen wir mit Rücksicht auf Eure Lehenspflicht strikt, daß ihr sofort mit aller verfügbaren Kriegsmacht, so wie Ihr uns versprochen habt, ohne Zögern dorthin zu unserer Hilfe kommt, wo wir uns gerade aufhalten . . .« Das war nun schon ein anderer Ton, als in den Bettelbriefen aus der Normandie. Der Briefschreiber tritt als rechtmäßiger König auf, der einen Usurpator vertreibt.

Heinrich brauchte vierzehn Tage, bis er bei Bosworth auf den Gegner traf, für eine Strecke von 270 Kilometern: recht beachtlich, wenn man bedenkt, daß ein großer Teil des Wegs durch Bergland führte und nicht alle beritten waren, die übers Meer kamen. Er traf nirgends auf Widerstand. Der Zulauf war freilich auch nicht überwältigend. Das keltische Wales war weit davon entfernt, sich für den Nachfahren Cadwalladers national zu erheben. In Havenford empfing man ihn indes freundlich und ließ ihn in das Städtchen. Lokale Häuptlinge führten ihm ihre Anhängerschaft zu. Schließlich hatte der neue König Ämter und Ehren zu vergeben, und wer sich ihm anschloß, stand meist mit den Herrschern in London ohnehin nicht auf gutem Fuß.

Auf dem Weg nach Cardigan erreichte den Tudor dann schlimme Nachricht: In Carmarthen, einige zwanzig Meilen weiter östlich, läge Walter Herbert, Bruder des Grafen Huntingdon, mit starker Streitmacht, und nicht weit davon stünden Rhys ap Thomas und John Savage unter Waffen. Alle drei hatten ihm Unterstützung zugesichert; so behauptet jedenfalls Vergil, und wir haben hier keinen Grund, daran zu zweifeln. Rhys wurde verdächtigt, in die Buckingham-Revolte verwickelt gewesen zu sein, obwohl er dabei nicht aktiv geworden war. Trotzdem vertraute ihm Richard die Sicherung von Milford Haven an und nahm ihm dafür noch einmal den Treueid ab. Es blieb ihm freilich auch nicht viel anderes übrig: Rhys war die zuständige Lokalgröße. Savage dagegen war Stanleys Schwestersohn – ein Umstand, der seinen Schatten vorauswirft.

Die Nachricht vom bevorstehenden Angriff führte in Heinrichs Lager zu Panikstimmung, doch wie sich bald herausstellte, bestand keine unmittelbare Gefahr. Die Drei wollten sich, solange der Erfolg des Unternehmens Tudor unsicher war, aber auch nicht exponieren. Heinrich bot dem Waliser-Häuptling an, ihn lebenslang zum Statthalter von ganz Wales zu machen; aber der zog es trotzdem vor, erst einmal parallel zum Küstenweg der Invasoren durch das innere Bergland nordwärts zu ziehen und abzuwarten, wie sich die Dinge entwickelten. Savage und Herbert hielten es nicht anders. Nur ein Unterführer kam mit seinen Leuten über.

Wie man so dachte im Land, zeigt nichts besser als eine Anekdote. Kurz nach Machynlleth, seinem nördlichen Wendepunkt, verbrachte Heinrich die Nacht im Hause eines bekannten Sehers namens *David Llwyd*. Natürlich wollte er von ihm seine Zukunft wissen. Doch der Mann mit dem Zweiten Gesicht zögerte und vertröstete ihn auf morgen. Da sprach sein Weib: »Wie kannst du Zweifel haben, was zu antworten ist? Erzähl ihm, daß er Erfolg und Ruhm ernten wird. Wenn deine Voraussage eintrifft, wirst du

Ehren und Belohnungen erhalten; wenn nicht, kehrt er niemals zurück, um dich zu tadeln.«

Dabei ging es Heinrich wie seinerzeit Eduard 1471: Weil niemand gegen ihn antrat, dachten die anderen, alle seien für ihn. In Merioneth stieß noch ein Trupp aus Nordwales, seiner Heimat, zu ihm. Er marschierte jetzt nach Osten, und so kreuzten sich die Wege mit den einheimischen Führern, die aus dem Süden kamen. Es war um den 13. August, als Rhys ap Thomas seinen »Schwarzen Raben« mit dem Drachenbanner vereinigte; vergessen der Schwur, Heinrich käme nur über seine Leiche ins Land. Auch Herbert brachte nun dem Tudor seine Leute. Wenig später war die Grenze nach England überschritten, und am 15. stand die zusammengewürfelte Schar vor Shrewsbury in Shropshire. Die Tore waren versperrt, doch schon nach kurzen Verhandlungen gingen die Fallgitter hoch. Heinrich hielt sich freilich nicht lange auf, sondern zog weiter nach Newport.

»Der König freute sich, als er von der Landung hörte«, berichtete der Croyland-Chronist, »oder täuschte wenigstens Freude vor und schrieb überall hin, daß er sich schon nach diesem Tag gesehnt habe, an dem er über so eine traurige Gesellschaft triumphieren werde und seinen Untertanen für die Zukunft die Wohltat ununterbrochenen Friedens zurückgeben könne. Inzwischen schickte er in alle Grafschaften mehrfach Briefe mit strengsten Befehlen; wenigstens von den vielen erblichen Landbesitzern sollte sich keiner dem kommenden Krieg entziehen. Dabei drohte er, daß jeder, wo auch immer im Reich, von dem man nach errungenem Sieg feststelle, daß er im Felde gefehlt habe, nichts anderes zu erwarten habe, als alle Güter, Besitzungen und das Leben zu verlieren.«

Etwas anders klingt es bei Vergil: »Er dachte bei sich, daß im Krieg aus einer kleinen Sache oftmals eine große wird und daß es weise sei, die Kräfte des Feindes nicht zu verachten, auch wenn sie nur klein waren. Deshalb hielt er es für das beste, sich rechtzeitig auf das kommende Geschehen vorzubereiten.« So wies er denn seine Lords und Ritter an, wie schon im Herbst 1483 mit ihren Truppen nach Leicester zu kommen: Norfolk, Northumberland, Surrey, Stanley, Brackenbury. Norfolk, als er die Nachricht vernahm, schrieb seinerseits an John Paston:

»Ehrenwerter Freund, ich empfehle mich Euch und lasse Euch

wissen, daß die Feinde des Königs im Land sind, und daß der König am Montag, Maria Himmelfahrt*, aufbrechen wollte, es aber wegen des Ehrentags der Jungfrau nicht tat; doch wird er sicher am Dienstag losziehen, wie mir mein Diener zuverlässig mitteilt. Deshalb bitte ich Euch, daß Ihr bei Bury St. Edmund zu mir stoßt, denn ich beabsichtige, so Gott will, spätestens Dienstag abend in Bury zu sein; und daß Ihr so viele kräftige Männer mitbringt, als Ihr auf meine Kosten und Rechnung zusammenbekommt, wie Ihr es ja auch dem König versprochen habt; und bitte gebt ihnen Jacken mit meinem Feldabzeichen, und ich werde es Euch, wenn wir uns treffen, danken. Euer werter J. Norfolk.«

Paston erschien nicht am Treffpunkt. Nicht, daß er – wie vordem Stonor – bei der Gegenpartei engagiert gewesen wäre: Er wollte einfach für die Adelsherren keinen Krieg mehr führen. Sein Vater hatte 1461 für Eduard bei Towton gekämpft, er selbst belagerte im Dienst des früheren Norfolk Lancaster-Burgen in Nordengland, sein Bruder diente König Eduard am Hof. Dann kam es mit Norfolk zum Streit um das Fastolf-Erbe, und als Warwick das Reich regierte, schlugen die Pastons sich auf die Seite der neuen bzw. alten Herren: Bei Barnet kämpften die Brüder unter Oxfords Fahnen. Sie hatten Glück, überlebten und wurden begnadigt. Schließlich gab ihnen, zwölf Jahre später, der neue Norfolk sogar Burg Caister zurück. Aber selbst das reichte nicht, um sie für den Krieg des Herzogs und des Königs zu begeistern.

So wie die Pastons hielten es viele; die Sorge darüber geht aus Richards Schreiben, wie der Croyland-Chronist sie wiedergibt, deutlich hervor. Doch nicht nur Landadelige hielten sich zurück, auch höchster Adel: die Grafen Westmoreland, Wiltshire und Kent, sogar Suffolk, Richards Schwager und Vater Lincolns. Sie hatten sich freilich noch nie um die Reichspolitik gekümmert, und dachten wohl, man werde es ihnen nachsehen. Nur wer sich Aufstieg und Reichtum erhoffte, maschierte mit – auf welcher Seite auch immer. Und welche Seite es war, darüber entschied nicht Sympathie, nicht Staatsgesinnung, sondern privater Vorteil, wie er sich aus lokalen Konstellationen ergab. Bastard-Feudalismus.

Wenn Richard den Feind (»miserabel ausgerüstet und in jeder Hinsicht schwach«) bislang nicht ernst genommen hatte, änderte er seine Meinung wohl, als er hörte, daß der Tudor in Shrewsbury

* Montag, den 15. August

»ohne Störungen empfangen worden« war: »Auf diese Nachricht hin geriet der König in heftige Bewegung und wütenden Zorn und beklagte sich schreiend über die Falschheit derer, die ihr Versprechen gebrochen hatten«, heißt es bei Vergil. Der Croyland-Chronist (der freilich auch nicht dabei war) schreibt nichts darüber. Vogt von Shrewsbury war dabei, jener vormalige Sheriff von Shropshire, der den gefangenen Buckingham nach Salisbury gebracht hatte. Immerhin fand Richard noch die Ruhe, auf Falkenjagd zu gehen. Doch dann kamen Meldungen, die ihm größere Sorgen bereiten mußten.

Als erstes ließ Stanley mitteilen, er könne nicht zum König kommen, weil er die Schwitzkrankheit *(pestis sudatoria)* habe. Das mochte stimmen, denn auch in York herrschte derzeit die »Pest«. Richard hatte den Lord extra nach Nottingham bestellt, weil er fürchtete, seine Gattin – die Mutter des Tudors – könnte ihn in seiner Treue irremachen. Er war schließlich drauf und dran, Stiefvater eines Königs zu werden. Dann wurde entdeckt, daß Lord Strange seine Flucht aus Nottingham vorbereitete. Er wurde gefangengesetzt und verhört, und dabei kam heraus, daß Onkel William und Vetter Savage sich verschworen hatten, den Tudor zu unterstützen. Sein Vater würde aber sicher nach Nottingham kommen, wenn er es ihm schriebe, meinte der junge Lord. Für sich bat er um Gnade, und dann schickte er einen eiligen Brief, in dem er seine gefährliche Lage schilderte; es sei aber auch sein persönlicher Wunsch, daß der Vater dem König zu Hilfe eile.

William Stanley und John Savage wurden umgehend geächtet, doch das half nun auch nichts mehr. Schlimm genug, daß der Waliser-Häuptling Rhys die Eindringlinge nicht sofort ins Meer geworfen hatte; schlimm auch, daß Walter Herbert den König verraten hatte, und daß von seinem Bruder Huntington, dem Oberrichter von Südwales, nichts zu hören war. Nun also auch noch Savage, königlicher Leibherr, und William Stanley, Oberrichter von Nordwales. Dabei reichte Sir Williams Einfluß über Wales hinaus nach Shropshire, und am 13. Januar hatte Richard den Leuten von Cheshire und Lancashire befohlen, im Kriegsfalle diesem Ritter sowie Lord Stanley und Lord Strange zu gehorchen. Die Stanleys gehörten zu den wichtigsten Stützen, auf die der König baute. Allen voran natürlich Lord Stanley, der Reichsstallgraf.

Doch nicht nur von dieser Seite schwante Richard Böses. Er war in seinem Jagdhaus Beskwood nördlich von Nottingham, als zwei Kuriere aus York eintrafen. Die braven Yorker hatten sich trotz grassierender »Pest« nicht abhalten lassen, ihrem König einen Dienst zu erweisen, und zwar über das Geforderte hinaus. Montag, den 15. August, beschloß der Rat, bei seiner Hoheit nachzufragen, ob er noch Hilfe brauche, und ließ vorsorglich in der Stadt mobilmachen. Richard sagte natürlich freudig zu, und als die Yorker am Freitag davon erfuhren, handelten sie schnell: Noch am selben Tag zahlten sie für achtzig gutgerüstete Männer, die am nächsten Morgen losritten. Das waren nicht eben viele, möglicherweise wegen der Seuche. Doch der Vorgang wirft vor allem ein Licht auf Northumberland: Seine Aufgabe wäre es nämlich gewesen, in York Truppen auszuheben.

Wie es scheint, war er an den königstreuen Bürgern nicht interessiert. Er ließ sich auch bei seinem Marsch nach Süden Zeit. Am Dienstag, dem 16. August, rührte sich in Leicester überhaupt noch wenig, und so blieb der König auf seiner Burg, wo sich ohnehin ein Teil des Aufgebots versammelte. Norfolk hielt am Mittwoch in Bury St. Edmunds tief in Ost-Anglia, 150 Kilometer von Leicester entfernt, seine Heerschau; vor Ende der Woche konnte er nicht am Treffpunkt sein. Heinrich war von Shrewsbury nach Newport und Stafford weitergezogen und bewegte sich direkt auf Nottingham zu. Erst am Donnerstag änderte er plötzlich die Richtung : nach London. Als Richard hörte, daß der Herausforderer in Lichfield lagerte, wußte er, daß es Zeit war, den Kommandostand zu verlassen.

In Newport hatte Heinrich Verstärkung durch Gilbert Talbot erhalten, Onkel des jungen Grafen Shrewsbury und Bruder jener Eleonore Butler, mit der König Eduard ein so folgenschweres Verhältnis eingegangen war. Sir Gilbert brachte fünfhundert Mann mit, aber auch das machte noch keine Armee aus dem Rebellenhaufen. Ohne die Stanleys war Heinrichs Sache aussichtslos. Auf ihre heimlichen Zusagen hin war er nach England gekommen; nicht zuletzt ihretwegen wählte er die nördliche Route. William, so schien es, hatte er in der Tasche. Er war mit ihm in Stafford zusammengetroffen, doch der Ritter hielt es für klüger, getrennt vom Tudor zu marschieren. Die Hauptmacht aus Cheshire und Lancashire führte jedoch der Lord; und der wollte sich nicht zu erkennen geben, solange Richard seinen Sohn als Geisel hielt.

Immerhin legte er dem Tudor nichts in den Weg. Er lagerte südöstlich von ihm in Lichfield, doch als Heinrich sich nach Süden wandte, zog er sich aus dem Städtchen zurück und marschierte auf *Watling Street,* der alten Römerstraße, nach London weiter. Heinrich folgte seinen Spuren und begab sich von Tamworth aus mit kleiner Begleitung zu neuerlicher Unterredung nach Atherstone, wo der Lord jetzt lagerte. So behauptet jedenfalls Vergil, und er schildert die Begegnung: »Hier traf sich Heinrich mit Thomas* und William, wo sie einander bei den Händen nahmen und sich gegenseitig Begrüßungsworte zuriefen; jeder war glücklich über das gute Ergehen des anderen, und alle Herzen waren voll Freude. Danach setzten sie sich zur Beratung, wie sie ihre Truppen zum Kampf mit Richard aufstellen sollten, von dem es hieß, er sei nicht fern.« So weit Vergil.

Das klingt recht gut, mag aber nachträglich geschönt sein. Es ist sogar fraglich, ob dieses Treffen überhaupt stattfand, jedenfalls was Lord Stanley betrifft; denn der behauptete später, Heinrich erstmals am 24. August getroffen zu haben – zwei Tage nach Bosworth! Tatsache ist, daß Stanley wiederum das Lager räumte, als der Tudor auf Atherstone rückte, während William weiter nördlich hinter Heinrich herzog. Die beiden Brüder wichen nach wie vor einer Vereinigung der Truppen aus und hielten damit alles offen. Heinrich hatte wohl, wenn er an die Stanleys dachte, kein besseres Gefühl als Richard. Ein Trostpflaster blieb ihm: Savage kam jetzt offen auf seine Seite, dazu eine Handvoll weiterer Rebellen, die sein Heer etwas verstärkten. Viele von denen, die sich ihm anschlossen, waren Begnadigte der Buckingham-Revolte. Mittlerweile schrieb man Samstag, den 20. August. Am nächsten Morgen überquerten Heinrichs Truppen die *Anker,* verließen die Londoner Strecke und wandten sich über die Fenn Lanes nach Norden, auf den Marktflecken Bosworth zu. Gegenüber dem Ambien-Hügel, in der Senke von White Moors, schlugen sie ihr Lager auf. Der Tudor suchte die Schlacht.

Richard war am Samstag schon in Leicester und hatte Quartier im »Weißen Eber«, einem Gasthof, der wenig später in »Blauer Eber« umbenannt wurde. Mit ihm waren die Truppen gekommen, die er in Nottingham um sich versammelt hatte. Was nun in Leicester

---

* Lord Thomas Stanley von Stanley

zusammentraf, bezeichnet der Croyland-Chronist als »eine größere Kriegerzahl, als jemals zuvor in England auf einer Seite gesehen wurde«: Herzog Norfolk, die Grafen Surrey und Nottingham, Viscount Lovell, die Lords Scrope von Bolten, Scrope von Upsale, Ferrers von Chartley, Greystoke von Hinderskelf, Zouche, Dacre, Ogle und natürlich seine treuen Ritter Brackenbury, Ratcliffe, Catesby, Robert Percy und andere mehr. Auch Northumberland, der Reichskämmerer, war gekommen.

Am nächsten Morgen musterte der König. Vergil schätzt Richards Armee auf zehntausend, doppelt soviel wie Heinrichs Truppe ohne die Stanleys; dabei zählt er William Stanleys Leute mit dreitausend Mann. Die Zahlen klingen realistisch, selbst wenn man einrechnet, daß der Chronist dem Tudor schmeicheln will. (Zahlenangaben werden im sechzehnten Jahrhundert tatsächlich zuverlässiger.) Richard erfuhr am Vormittag, daß der Gegner die Londoner Straße verlassen hatte und nun auf Leicester zuhielt. 25 Kilometer trennten die beiden Heere nur. Dazwischen lag waldarmes Hügelland mit wenigen Straßendörfern, wo man offene Feldwirtschaft betrieb. Keine Zäune und Gräben: eine ideale Gegend für eine Schlacht.

Richard machte sich am selben Sonntag auf, den Feind zu treffen. Es war ein prächtiger Zug, der zeigen sollte, daß ein König unterwegs war – *maxima pompa*, wie der Croyland-Chronist schreibt, »mit größtem Pomp«. Um Überlegenheit zu demonstrieren, schickte er eine lange Vorhut voraus. Er selbst, umgeben von ausgesuchten Rittern, thronte auf einem weißen Schlachtroß und trug ein Diadem auf dem Helm. Es ging über die Soar-Brücke in südwestliche Richtung nach Kirkby Mallory und von dort noch zweieinhalb Meilen nach Sutton Cheney auf dem Plateau von Sutton Fields, zwei Meilen südlich von *Bosworth Market*. Die Ortschaften saßen hier fast alle auf Hügeln, denn die Talgründe waren wasserreich und sumpfig.

Richard hatte eine gute Postition. *Ambien Hill* lag eine Meile südöstlich etwa auf gleicher Höhe und gab rundum den Blick frei: auf William Stanleys Quartier nahe Shenton am Fuße des Westhanges; auf die Zelte des Tudor weiter südlich, jenseits eines Morastes; schließlich auf Lord Stanleys Lager im Süden bei Stoke Golding. Da Richard auf der Höhe lag, konnte der Feind nicht zuerst angreifen. Aber diesen Sonntag war ohnehin nicht mehr an Kampf zu denken. Bis die königlichen Truppen alle heran waren, dämmerte es schon; und man bekriegte sich nicht bei Nacht, schon gar nicht nach einem Marsch.

Richard schlief diese Nacht schlecht, und auch der Morgen war voller böser Vorzeichen – so berichtet der Croyland-Chronist: »Montag früh bei strahlendem Morgenrot gab es auf der Seite des Königs keinen Kaplan zum Messelesen und auch kein Frühstück, womit er sein bedrücktes Gemüt hätte erquicken können; denn wie er kundtat, umringten ihn während dieser Nacht schreckliche Träume gleich einer Dämonenschar. Das ohnehin immer bleiche Gesicht trug er noch blasser und lebloser vor sich her. Und er behauptete, daß der Ausgang dieses heutigen Kampfes, egal wer den Sieg davontrüge, England an den Rand des Abgrundes bringen würde: Wenn jener als Sieger hervorginge, werde er alle Anhänger der Gegenpartei vernichten; und er selbst werde, wenn ihm der Sieg gelinge, ohne Erbarmen das gleiche tun.«

Vergil, der Humanist, hat fünfzig Jahre später für Träume bereits eine psychologische Erklärung: »Man erzählt, daß König Richard diese Nacht einen schrecklichen Traum hatte; denn er glaubte, im Schlaf fürchterliche Bilder wie von bösen Geistern zu sehen, die offensichtlich um ihn herumspukten, als wären sie vor seinen Augen, und daß sie ihn nicht in Ruhe ließen. Diese Vision jagte ihm jedoch nicht so sehr einen plötzlichen Schrecken ein, sondern füllte vielmehr seine Brust mit schweren Sorgen; denn bedrückt wie er war, gab ihm nun sein Herz ein, daß die kommene Schlacht schlimm ausgehen werde, und er schickte sich zu diesem Kampf nicht mehr mit solch munterem Mut und Selbstvertrauen wie vorher. Damit es aber nicht hieße, er sei aus Angst vor dem Feind so niedergeschlagen, berichtete er am Morgen vielen von dem Traum. Ich glaube, es war kein Traum, sondern schlechtes Gewissen aufgrund abscheulicher Verbrechen – ein Gewissen (so sage ich), das um so geplagter ist, je größer die Verbrechen sind . . .«

Wenn man freilich dem blinden Chronist André glauben will, war Richard doch noch recht munter. Denn als er vom Nahen der Feinde hörte: »Wie eine Schlange, die faule Gräser gefressen hat, entflammte er zu Wut und Tollheit, nicht anders als ein hyrkanischer Tiger* oder marsianischer Eber, der seine Wunden spürt. So brach er urplötzlich in wildes Schreien aus und sprach folgendes zu den Seinigen: ›Zu den Waffen, Männer. Waffen haben wir,

---

* Hyrkanien = in der Antike ein Land am Kaspischen Meer.

soviel wir wollen, durch deren Gebrauch wir uns erst zu Männern machen. Und ich befehle, verfüge und bestimme, daß ihr ohne Erbarmen, Mitleid und Gnade alles mit Feuer und Schwert vernichtet; die Franzosen und alle Ausländer hängt auf, köpft und kreuzigt in einem. Den Grafen Richmond aber metzelt ohne Rücksicht auf Abstammung und Adel nieder oder, wenn ihr ihn lebend erwischt, bringt ihn, auf daß ihr ihn durch meinen Spruch auf neue und·unerhörte Weise zu Tode bringt, oder daß ich ihn mit eigener Hand niedermache, stranguliere, auslösche. So geht, ihr treuen Kammerherren, und führt eilig aus, was ich befohlen habe‹.«

Auf den Feldern von Sutton gibt es einen kleinen Höcker, der heute *Dickon's Nock* heißt: Hier soll der König – *King Dickon* – seine Ansprache gehalten haben. Möglich; wir wissen nur nicht, welche. Verschiedene sind aus späterer Zeit überliefert, keine ist authentisch; sie sind wohl allesamt der Phantasie entsprungen, so wie Shakespeares Reime.

Richards Lager war bei Morgengrauen erwacht, die Sonne erhob sich um Viertel nach Fünf über den Hügeln. Bei Barnet hatte man buchstäblich noch bei Nacht und Nebel angegriffen, bei Tewkesbury nicht viel anders. Diesmal ließ man sich Zeit. Beide Seiten warteten auf die Entscheidung Lord Stanleys; an ihr, so schien es, hing das Schlachtglück.

Selbst mit Sir Williams dreitausend Mann war Heinrich dem König unterlegen, doch solange der Lord zögerte, konnte er sich nicht einmal auf diese Leute verlassen. Richard wiederum mißtraute Northumberland, dessen Anteil am königlichen Aufgebot erheblich war: »eine gewaltige, seinem Rang angemessene Streitmacht«, heißt es beim Croyland-Chronisten. Ohne sie geriet er seinerseits ins Hintertreffen, und dann würde Lord Stanley die Entscheidung nicht mehr schwerfallen. Wenn er den Lord jedoch zuvor auf seine Seite brachte, konnte er sich auch des Grafen sicher sein, und der Tudor war kein Problem mehr.

Die fünf Heere belauerten sich den Vormittag über: Heinrich und die Stanleys auf einem Halbkreis verteilt um Ambien Hill, wo der König seine Stellung hatte, in seinem Rücken Northumberland. Richard und Heinrich schickten beide Boten zu Lord Stanley. Der eine drohte, er werde Stanleys Sohn köpfen lassen – worauf der Lord erwiderte (wie es später hieß), er habe noch weitere Söhne. Der andere erinnerte an frühere Versprechungen und forderte ihnauf (so Vergil), »mit seine Truppen zu ihm herüberzukommen und seine Krieger Aufstellung nehmen zu lassen. Dieser antwortete, der Graf* solle sein eigenes Kriegsvolk in Ordnung bringen, er werde dann schon in angemessener Form zu ihm stoßen. Diese Antwort war das Gegenteil von dem, was Heinrich erwartet hatte und was die Zeitumständen und die schwierige Lage erforderten.«

Vergil fährt fort: »Obwohl Heinrich nicht wenig irritiert war und etwas blaß wurde, ohne freilich verzagt zu werden, schickte er sich mit seinen Leuten notgedrungen in die Situation. Er bildete eine schwache Vorhut, mit Rücksicht auf seine kleine Truppe. Vorne stellte er Bogenschützen auf, zu deren Anführer er Graf Johann von Oxford machte. Auf dem rechten Flügel plazierte er Gilbert Talbot zu ihrem Schutz; links setzte er John Savage ein; und er selbst folgte, im Vertrauen auf Hilfe von besagtem Thomas Stanley, mit einem Pulk Reitern und wenigen Fußsoldaten.«

Als Richard sah, daß der Tudor sich bewegte, glaubte er zu wissen, daß Stanley sich für den »Rebellen und Verräter« entschieden hatte. Und er befahl, Lord Strange hinzurichten – behauptet jedenfalls der Croyland-Chronist: »Jene aber, denen er dieses Amt übertragen hatte, sahen, daß dies voreilig war und daß es im Augenblick Wichtigeres gäbe als die Vernichtung eines einzelnen Menschen. Sie verzögerten die Vollstreckung des Befehls dieses grausamen Königs und ließen den Mann schließlich laufen.« Ob das stimmt, wissen wir nicht. Russell, der mutmaßliche Autor, saß um diese Zeit in Westminster; was er über den Verlauf des Feldzugs schreibt, weiß auch er nur aus Erzählungen. Daß Stanleys Sohn mit dem Leben davonkam, ist indes richtig.

Heinrich kam langsam von Süden, mit der Mittagssonne im Rücken, an Richards Stellung heran; noch lag zur Rechten der Sumpf zwischen ihm und Ambien Hill. Nun machte sich der König daran, den Hügel herabzusteigen: »Er streckte die Vorhut so wunderbar«, schreibt Vergil, »und besetzte sie so dicht mit Fußsoldaten und mit Reitern, daß die, welche es von weitem sahen, einen Heidenschreck wegen der Anzahl bekamen; voran die Bogenschützen, wie ein starkes Grabenbollwerk. Zum Anführer dieser Bogenschützen hatte er Herzog Johann von Norfolk gemacht. Nach dieser langen Vorhut folgte der König selbst, mit einer

---

* Graf *Richmond*, wie Heinrich von Sympathisanten genannt wurde.

Elitetruppe.« Auch jetzt schmückte eine Krone den königlichen Helm – wie einst bei Heinrich V. *Monmouth* bei Azingourt.

Man traf in der Redmore-Ebene aufeinander. Die Schlacht, die Englands Mittelalter beendete, begann. *Apud Rodemore,* »bei Redmore«, hieß es später, bevor der Marktfleck Bosworth ihr den Namen gab. Als Heinrich an dem Sumpfgelände vorbei war, blies der König zum Angriff. Ein großes Geschrei hob an, und ein Pfeilhagel ging über den Feind nieder. Oxfords Schützen hielten so gut sie konnten mit, und dann fielen Oxfords und Norfolks Leute auch schon mit dem blanken Schwert übereinander her. Oxfords mit dem »Strahlenden Stern« auf der Brust hatten gegen die »Silbernen Löwen« eine schweren Stand. Mehrmals mußten sie sich bei ihren Fahnen sammeln. Doch immer wieder stießen sie in Keilform vor.

Unterdessen hielt Richard Ausschau nach dem Tudor. Die Stanleys hatten bisher nicht eingegriffen; auch von Northumberland war nichts zu sehen. Aber das konnte sich schnell ändern. Wenn es ihm gelang, den Herausforderer auszuschalten, hatte er gewonnen. Und plötzlich sah er ihn – und beschloß, alles auf eine Karte zu setzen. Mit flatternden Fahnen stürmte er, begleitet von seinen besten Rittern und engsten Freunden, von der halben Höhe hinab auf die Stelle zu, wo das rote Drachenbanner wehte, in der Rechten die blutige Streitaxt. Vergil schreibt beeindruckt:

»König Richard tötete beim ersten Zusammenprall einige, überwand dann Heinrichs Fahnenträger William Brandon und schlug sich mit Johann Cheney, einem Mann von weit überdurchschnittlicher Körperkraft, der sich ihm entgegenstellte, als er ankam. Der König machte ihn mit großer Heftigkeit nieder und hieb sich links und rechts den Weg frei. Doch Heinrich hielt dem Ansturm länger stand, als seine Leute erwartet hatten, die nun schon fast die Hoffnung auf den Sieg aufgaben; als – siehe da! – William Stanley mit dreitausend Mann zu Hilfe kam . . .«

Damit wandte sich das Blatt. Der König geriet jetzt in höchste Bedrängnis. Er zog sich ein wenig aus dem Gewühl zurück und schickte nach Northumberland: Der Graf sollte schleunigst eingreifen. Doch nichts rührte sich. Da begannen rund um Richard die ersten Abteilungen abzubröckeln; sogar einige seiner Leibherren flohen. Über einen Spanier, der an Richards Seite kämpfte, berichtet der Chronist Diego: »Als unser kleiner Salazar ihren Verrat sah,

sagte er zum König: ›Herr, sucht Rettung. Ihr könnt nicht hoffen, diese Schlacht zu gewinnen, denn Eure Anhänger haben Euch offen betrogen.‹ Doch der König antwortete: ›Salazar, Gott verbietet, daß ich auch nur einen Fußbreit weiche. Heute werde ich als König untergehen oder den Sieg erringen.‹ Und dann stürzte er sich so wild in den Kampf und ermutigte seine treuen Gefolgsleute derart, daß er dank seiner Taten noch lange im Gefecht aushielt.«
Die Sache ging trotzdem nicht gut aus. Hören wir den Croyland-Chronisten: »Schließlich schenkte der Himmel dem Grafen Richmond, nun alleiniger König, einen glorreichen Sieg, zusammen mit der kostbaren Krone, die König Richard zuvor auf dem Haupte trug. Denn während des Kampfes und nicht auf der Flucht erhielt König Richard viele tödliche Wunden, und so blieb er als ein stolzer und kühner Fürst auf dem Schlachtfeld.« Sogar Rous überwindet sich: »Wenn ich der Wahrheit die Ehre gebe, muß ich sagen, daß er sich . . . trotz kleinem Körper und schwachen Kräften bis zu seinem letzten Atemzug vorzüglich verteidigte, wobei er immer wieder rief: Verrat, Verrat, Verrat.«

»Man erzählt sich«, so schließlich Vergil, »daß König Richard Gelegenheit zur Flucht hatte. Denn als die Leute um ihn herum sahen, daß nur noch schwach und lustlos gekämpft wurde und sich viele heimlich absetzten, witterten sie Verrat und rieten ihm dringend, zu fliehen; ja, und als die Sache endgültig in die Binsen ging, brachten sie ihm schnell Pferde. Er aber, der genau wußte, daß ihn das Volk haßte, und sich keine Hoffnung machte, ein andermal mehr Glück zu haben, soll geantwortet haben, daß er an diesem Tag entweder den Krieg oder sein Leben beenden werde: So voller Wildheit und gewaltiger Kraft war sein Geist. Weil er wußte, daß dieser Tag ihm entweder ein friedliches und ruhiges Reich bescheren oder ihn für immer seiner berauben werde, kam er mit der Krone auf dem Haupt ins Feld, damit hier seine Herrschaft entweder einen Anfang oder ein Ende nehme.«

Als Norfolks Truppen sahen, daß der König im Gewühl von William Stanleys »Rothirschen« unterging, verließ auch sie der Kampfgeist. Johann Howard, der Herzog, fiel. Die Nacht zuvor hatte man einen Zettel an seine Tür geheftet:
»Hänschen Norfolk, spar dir deine Taten,
Denn Richard, dein Herr, ist verkauft und verraten.«*

---
* Jack of Norfolk, be not too bold,
For Dickon, thy master, is bought und sold.

Jack Norfolk freilich konnte oder wollte nicht hören. Am Ende stand er auf verlorenem Posten. Viele starben für Richard: Ratcliffe, Brackenbury, Robert Percy, John Kendall (Richards Sekretär) und Lord Ferrers. Einige entkamen; so Lovell, die Brüder Stafford und Catesby, doch dieser wurde kurz darauf erwischt und geköpft. Den hohen Herren ging es besser. Northumberland, der »dort, wo er stand, keinen Gegner hatte und, wie man sah, weder Waffenhiebe austeilte noch empfing« (Croyland-Chronist), kam in Ehrenhaft und war bald wieder auf seinen Gütern. Auch Surrey, Norfolks Sohn, geriet in Gefangenschaft; bei ihm dauerte die Rehabilitation ein bißchen länger.

»Auf diesem Schicksalsfeld John,
    Herzog Norfolk starb;
Der starke Ferrers fiel, und
    Ratcliff, der im Rat
Von Richard lange war, man auf
    dem Feld gefunden hat
Inmitten Tausender, die hier im
    Kampf zu Tode kamen.
O Rotes Moor! Du trägst umsonst
    nun nicht den Namen,
Nachdem dich Blut von Tausenden
    so rot gefarbt hat.«*

Hören wir die Chronisten, wie es weiterging. Vergil: »Heinrich dankte nach dem errungenen Sieg dem allmächtigen Gott. Danach begab er sich, voll unbändiger Freude, auf den nächsten Hügel. Nachdem er seinen Kriegern befohlen hatte, die Verwundeten zu versorgen und die Toten zu begraben, verkündete er von hier den Adeligen und Rittern seinen unsterblichen Dank und versprach,

---

* Upon this fatal field, John
    Duke of Norfolk died,
The stout Lord Ferrers fell,
    and Ratcliff that had long
Of Richard's counsels been,
    found in the fields among
A thousand soldiers, that on
    both sides here were slain.
O Redmore! then, it seemed thy
    name was not in vein,
When with a tousand's blood
    the earth was coloured red.

ihre Wohltaten nicht zu vergessen, während die Krieger riefen: »Gott schütze König Heinrich, Gott schütze König Heinrich!« Fabyan weiter: »Plötzlich, so sagt man, kam Sir William Stanley, der König Richards Helm mit der Krone darauf ergattert hatte, auf König Heinrich zu und setzte ihm diesen aufs Haupt, wobei er sagte: Sir, hiermit mache ich euch zum König von England.« Ein neuer Königsmacher also – dem auch kein anderes Schicksal beschieden sein sollte, als seinen Vorgängern!

Dem Erschlagenen blieb nur Schande und Unehre. »Richard, der tote König, der am Morgen die Stadt Leicester so ruhmselig verlassen hatte*, wurde am Nachmittag ebenso unehrerbietig an diesen Ort zurückgebracht. Denn sein Körper war bis auf die Haut gefleddert, und nicht so viel war an ihm, um seine Blöße zu bedecken, und er wurde hinter einem Herold aufs Pferd geworfen wie ein Schwein oder ein anderes verächtliches Tier. So brachte man ihn, über und über beschmutzt mit Schlamm und Dreck, in die Kirche von Leicester, daß alle ihn sich ansähen, und schließlich wurde er ohne Ehren begraben. So endete dieser Mann in Unehren, wie er es verdient hatte . . .«

Non satis humaniter, nennt der Croyland-Chronist die Behandlung des Toten: »Nicht menschlich genug.« Und auch Vergil findet: »Ehrlich gesagt, ein elendes Schauspiel.« Doch wie Fabyan fügt er entschuldigend hinzu: ». . . aber nicht unpassend für das Leben dieses Mannes.« Das Schauspiel war freilich kalkuliert. Dem Croyland-Chronisten zufolge hing man dem Leichnam den Verräterstrick um. Dies und der unwürdige Umgang mit dem Toten demonstrierte, daß man es mit einen Verbrecher, nicht mit einem König zu tun hatte. Mit Erfolg: Noch unserer Tage gibt es welche, die solche Leichenschändung als Beweis für Richards Schurkerei nehmen.

Heinrich besann sich indes, nachdem die traurige Show ihren Zweck erfüllt hatte, eines besseren. Für zehn Pfund und einen Schilling ließ er seinem Vorgänger in der Franziskanerkirche von Leicester ein Grabmal errichten. Es wurde während der Reformationswirren zerstört, die königlichen Gebeine landeten in der Soar. Auch die Kirche existiert heute nicht mehr. Fast zwei Jahrhunderte vergingen, bis man dem letzten *Plantagenet* wieder eine Gedenk-

---

* Natürlich nicht an diesem Tag, sondern den Tag zuvor.

stätte weihte: eine Steinpyramide nahe dem Schlachtfeld über einer Quelle. Die Inschrift von 1808 lautet schlicht:

»Mit Wasser aus dieser Quelle hat
Den Durst gestillt
RICHARD III. KÖNIG VON ENGLAND,
Als er mit Heinrich Graf Richmond
Heftig und feindlich stritt,
Bevor er Leben und Szepter
Noch vor dem Abend dahingab,
am 22. August 1485.«*

* Aqua ex hoc puteo hausta
sitim sedavit
RICARDUS TERTIUS REX ANGLIAE
cum Henrico Comite de Richmondia
accerrime atque infensisse praelians
et vita pariter ac sceptro
ante noctem cariturus
XI Kal. Sept. A.D. MCCCCLXXXV

Epilog

»Dieser König Richard war zu Lebzeiten über die Maßen grausam und regierte so, wie der Antichrist regieren wird. Und wie der Antichrist einst im Augenblick seines größten Triumphes vernichtet werden wird, so wurde auch dieser, der mit einer reich verzierten, kostbaren Krone gekommen war, plötzlich inmitten seines Heeres von einer vergleichsweise kleinen, aber dennoch wild kämpfenden Schar wie ein Elender ausgelöscht.« Das ist das erste einer Reihe vernichtender Urteile über den letzten *Plantagenet*. Es stammt freilich aus der Feder eines Mannes, der sich über König Richard auch schon einmal anders geäußert hatte: John Rous.

Was über Richard Abträgliches verbreitet wurde, geht zum Gutteil auf das Propagandakonto der neuen Herren. Das ist durchaus nicht ungewöhnlich. Propaganda bildete, seit das Volk mitredete, den Eckstein jeder Politik. Es waren die Yorkisten, die einen regelrechten Propagandafeldzug gegen Lancaster begonnen hatten, und die Lancasterianer wehrten sich, so gut und so lange sie konnten. Zu Eduards Zeiten wurden ihre Stimmen freilich immer weniger, und auf Oxfords Kapitulation 1474 hin, verstummte auch die letzte – Warkworth. Richard mußte nach dem Umsturz seinen Bruder schonen, aber die Woodvilles verfolgte er mit jedem Wort, das er aufsetzen ließ. Wenn er lange genug regiert und anders geendet hätte, würde sich die »Geschichte der Könige Englands« des John Rous wohl anders lesen.

Für viele bedeutete Bosworth den Schuldspruch über Richard: Wer auf dem Schlachtfeld zurückbleibt, ist im Unrecht. Was vorher Gerüchte waren, wurde plötzlich Gewißheit. Doch das galt keineswegs für alle. Es gibt auch nach dem »Gottesurteil« noch Sympathiebekundungen für den toten König. Der Yorker Stadtrat notiert am Tag nach der Schlacht, »daß König Richard, der zuletzt gnädig über uns regiert hat, zum großen Kummer dieser Stadt traurig erschlagen und ermordet wurde«. Und fünf Jahre später kommt es in York zu Tätlichkeiten und einer Gerichtsverhandlung, weil einer den König als »Heuchler und Kriecher« beschimpfte, den man »wie einen Hund in einem Loch begraben« habe; der Kontrahent bezeichnete dagegen den (mittlerweile ermordeten) Grafen Northumberland als Verräter an Richard.

Die gute Erinnerung konnte sich sogar gegen die Propagandamaschine der Tudors behaupten. Als Wolsey, Heinrichs VIII. Kanzler, 1525 den Londonern *Benevolenzen* abpressen wollte, weigerte man sich mit dem Hinweis auf Richards einschlägiges Parlamentsgesetz. Darauf der Kardinal indigniert: »Wenn ich richtig verstehe, sprecht ihr von Richard III., der ein Thronräuber und Mörder seiner Neffen war?« Darauf die Antwort: »Wenn er auch Schlechtes tat, so wurden zu seiner Zeit doch viele gute Gesetze gemacht.« Und Bacon, Zeitgenosse Shakespeares, nennt Richard »einen Fürsten, der im Krieg tüchtig und eifrig auf die Ehre der englischen Nation bedacht und ebenso ein guter Gesetzgeber zu Gunsten des einfachen Volkes war«.

Doch warum scheiterte Richard dann? Zufall, kann man sagen. Schlachtenerfolge sind nicht immer kalkulierbar. Militärexperten mögen nachweisen, daß er im Feld Fehler machte. Verrat ist eine zweite Erklärung: Der Eigennutz der anderen brach ihm das Genick. Oder die eigene Schuld – so sehen es die Chronisten. In der Londoner Stadtchronik heißt es: »Wäre er Protektor geblieben und hätte er das Gedeihen der Kinder gefördert, wie es Lehenspflicht und Eid von ihm verlangten, hätte man ihn überall in Ehren hochgehalten, während nun sein Ansehen geschwärzt und entehrt ist, wo man ihn kennt.« Doch am ehesten kommen wir an die Wahrheit heran, wenn wir fragen, wie es sein Nachfolger schaffte, zu überleben. Zunächst ging es dem Tudor nicht besser als seinem Opfer. Verrat gebiert Verrat. Dreimal Thronraub und zahllose Aufstände innerhalb eines viertel Jahrhunderts: so etwas pflanzt sich fort. Heinrich heiratete Elisabeth von York im Januar 1486. Doch diese »Union der beiden edlen und berühmten Familien« York und Lancaster zeitigte nicht die gewünschte Wirkung. Die »Rosenkriege« gingen munter weiter, entgegen aller offiziösen Historiographie. Bosworth hatte Überlebende, und es gab genügend neue Thronanwärter. Heinrich kam zeit seines Lebens nicht aus der Angst heraus. Der Bastard-Feudalismus war noch nicht am Ende, und die »neue Monarchie« noch keineswegs sattelfest.

Im April 1486 versuchten es Lovell und die Stafford-Brüder: Sie wollten den jungen Warwick, Clarences Sohn, auf den Thron heben. Im Ausland hieß es, schon Graf Northumberland habe dies geplant. Doch der Kandidat saß mittlerweile im Tower, und das Unternehmen scheiterte kläglich. Humphrey Stafford wurde danach gewaltsam aus seinem Asyl geholt und hingerichtet. Die anderen Erben Yorks – die *de la Poles* und Johann *Gloucester* – hielten es anfangs noch mit dem neuen Herrn. Doch dafür tauchten Hochstapler auf. Im Mai 1487 wurde ein Kaufmannssohn namens Lambert Simnel, der sich als Warwick ausgab, in Dublin als *Eduard VI.* gekrönt.

Kildare, der »heimliche König Irlands«, war mit von der Partie. Es gab ein richtiges Parlament, und sogar Münzen wurden für den neuen Herrscher geprägt. »Ihr Herren von Irland würdet zuletzt noch einen Affen krönen«, schimpfte der Tudor. Lovell und Lincoln, die sich natürlich auskannten, eilten dennoch zum Yorkisten-Banner. Herzogin-Witwe Margarete von Burgund schickte zweitausend Söldner. Doch bei Stoke in Cheshire siegte Oxford am 16. Juni über Iren, Deutsche und englische Rebellen, immerhin in einer Schlacht, die vom Truppenaufgebot her der von Bosworth nicht nachstand. Lincoln fiel, Lovell blieb verschollen, Simnel wurde gefangen. Heinrich zeigte Milde und Humor und steckte den Burschen in den königlichen Küchendienst.

Drei Jahre später, im Herbst 1491, tauchte in Irland ein neuer Thronbewerber auf: Perkin Warbeck, ein flämischer Beamtensohn. Er behauptete, Prinz Richard von York zu sein, der aus dem Tower entkommen sei. Als *Richard VI.* geisterte er sechs Jahre lang durch die europäische Diplomatie und bereitete dem Tudor schlaflose Nächte. Simnels Betrug hatte Heinrich enthüllen können, indem er den echten Warwick durch Londons Straßen schickte. Der wahre Herzog von York war jedoch nicht aufzutreiben, auch als Leiche nicht. Über Richard III. verkündete indes der falsche Prinz: »Obwohl ihn Herrschbegierde trieb, verhielt er sich doch in seinen übrigen Handlungen edel, liebte die Ehre des Reiches und sorgte für Zufriedenheit und Wohlergehen von Adel und Volk.«

Erst im September 1497 fiel er dem König, als er mit einer kleinen Schar in Cornwall einfiel, in die Hände. Er gestand seine Hochstapelei, kam in Haft und wurde nach einem angeblichen Fluchtversuch zwei Jahre später gehängt. Sein Geständnis ließ Heinrich drucken und verbreiten, und der Hofastrologe *William Parron* verkündete, die Prinzen seien ganz gewiß während Richards Regierungszeit ums Leben gekommen. (Ja, so etwas gab es mittlerweile: Die Herrscher hielten sich von nun an ihre eigenen Propheten.) Heinrich nutzte die Gelegenheit, dabei auch einen echten Yorkisten-Sproß loszuwerden: Eduard von Warwick. Er ließ ihn des Fluchtkomplotts mit Warbeck anklagen und danach enthaupten. Das war im Dezember 1499. Kurz zuvor war ein weiterer Doppelgänger Warwicks aufgetaucht, ein Schustersohn und Student zu Cambridge. Auch er mußte hängen.

Damit hatte Heinrich aber immer noch keine Ruhe. Es blieben die *de la Poles,* Nachfahren von Richards Schwester Elisabeth. Nach Lincolns Tod lebten noch vier weitere Söhne, von denen drei ihr Glück versuchten. Herzog Edmund von Suffolk und sein Bruder Richard konspirierten seit 1501 mit dem Habsburger-Erzherzog Philipp gegen den Tudor, bis sich das diplomatische Blatt wendete, und der niederländische Regent den Herzog auslieferte. Heinrich mußte versprechen, ihn nicht umzubringen, aber das besorgte später sein Sohn Heinrich VIII. Tyrell wurde im Zusammenhang mit Suffolks Umtrieben hingerichtet. Suffolks Bruder William war 1501 in den Tower geworfen worden, wo er 38 Jahre später starb. Richard *de la Pole* gelang die Flucht aus Flandern. Ludwig XII. erkannte ihn zeitweise als *Richard IV.* an; 1525 fiel er für Franz I. von Frankreich bei Pavia.

Heinrichs Problem war, daß er keinen rechtmäßigen Titel hatte. »Gegen diesen König Richard schickte Gott ganz plötzlich einen Feind, der weder Heller noch Pfennig besaß und nicht das geringste Anrecht auf die Krone hatte«, schreibt Commynes und nicht aus Bosheit, denn er gesteht dem Tudor eine »ehrenhafte Persönlichkeit« zu. Immerhin war Heinrich Sieger, und es gab vorerst keinen, der ihm die Herrschaft streitig machte. So stellte denn das Parlament fest, daß er König sei, weil er auf dem Thron sitze, und bestätigte ihm seinen Titel vage *de jure belli et de jure Lancastriae,* »aus Eroberungsrecht und aus Lancaster-Recht«. Den Beginn seiner Regierung datierte er auf einen Tag vor der Schlacht von Bosworth: Damit waren Richard III. und alle, die mit ihm gekämpft hatten, Hochverräter, die er hinrichten und enterben konnte.

Das war praktisch, aber in der Tat eine unerhörte Konstruktion, die böse Folgen haben konnte. Der Croyland-Chronist schreibt entsetzt: »O Gott! Welche Sicherheit haben in Zukunft unsere Könige, daß sie am Tage der Schlacht nicht von ihren Untertanen verraten werden, die durch strengen und drohenden Befehl des Königs zusammengerufen wurden und wissen, daß sie ihr Leben, ihren Besitz und ihr ganzes Erbe verlieren, wenn die königliche Partei – was gelegentlich vorkommt – unterliegen sollte.« Und ein Parlamentsmitglied berichtet denn auch: »Viele Herren waren hier dagegen, aber es nützte nichts, der König wollte es so.«

Heinrich machte indes mäßigen Gebrauch von seinen Möglichkeiten. Nur der gefallene König und 28 seiner Anhänger wurden geächtet, viele davon später wieder rehabilitiert. Er ging aber auch mit Belohnungen sparsam um. Lord Stanley wurde zum Grafen Derby gemacht, bekam jedoch keine Ämter, wie er sie unter Richard hatte. Onkel Kaspar, nun wieder Graf Pembroke, erhielt zusätzlich die Herzogswürde von Bedford; auch er hatte in der Regierung nichts zu sagen. Shaundé, den französischen Truppenführer bei Bosworth, ernannte der König zum Grafen von Bath. Ein Ritter wurde Baron. Nicht dagegen William Stanley, der »Königsmacher«; Heinrich bestellte ihn zum Kämmerer, doch blieb er *Sir.* Angeblich verzieh er ihm nicht, daß er, »obwohl er rechtzeitig kam, sein Leben zu retten, ihn lange genug in Gefahr gelassen hatte«.

Richard wurde von Stanley und Northumberland verraten, indem sie ihm nicht zur Hilfe kamen. Indes hatte auf englischem Boden kein Lord offen für Heinrich Partei ergriffen. Die Begeisterung für den Tudor hielt sich auch nach Bosworth in Grenzen. Seine Krönung am 30. Oktober 1485 war nur dünn besucht. Vor Stoke stand er nicht besser da als Richard vor Bosworth, und um ein Haar wäre die Schlacht verloren gegangen. Vier Lords – von denen, die nicht geächtet waren – erhoben sich im Laufe seiner Regierungszeit: Lincoln 1487; Lord Fitzwalter, der Perkin Warbeck unterstützte; Lord Audley, der es 1497 mit Rebellen aus Cornwall hielt; schließlich Suffolk.

Heinrich bekam es auch mit den *Commoners* zu tun. Schuld daran war seine rüde Steuerpolitik; doch mischten sich wirtschaftliche und politische Motive. So gab es in London, das sich den fiskalischen Zugriffen am meisten ausgesetzt sah, den Versuch, Warwick und Warbeck zu befreien. Größtes Aufsehen erregte 1489 die Ermordung Northumberlands, als er für den König eine Kriegssteuer ausheben wollte. Der Graf hatte seine Zweifel an dem Unternehmen; doch war er beschieden worden, die Leute müßten bis zum letzten Pfennig zahlen, ob sie wollten oder nicht, vor allem jene, »die am meisten jammern, sonst würde es so aussehen, als ob die Bestimmungen, Gesetze und Statuten, die von ihm und seinem hohen Parlamentshof erlassen werden, durch sein ungezogenes und grobes Volk übertreten, verschmäht und mißachtet werden könnten«.

Das war eine Sprache, wie man sie bisher nicht gehört hatte, und man ließ sich das nicht gefallen. Dem Percy-Grafen schwante Böses, denn er wußte, daß man ihm auch den Verrat an Richard nachtrug. Bei Thirsk, 35 km nördlich von York, geriet er in einen Tumult, und während seine erschrockenen Gefolgsleute flohen, wurde er erschlagen. Kurz darauf brach in York der Aufstand los, dem sich der Bürgermeister und die Ratsherren anschlossen. Surrey warf ihn nieder. Der Norden blieb jedoch unruhig, bis in Heinrichs VIII. Tage. Denn, wie Bacon sagt, die Erinnerung an König Richard »lag wie Bodensatz auf dem Grund der Herzen, und wenn man die Tassen einmal schüttelte, kam er nach oben«. Der venezianische Besucher sieht das Loyalitätsproblem freilich allgemeiner: »Soviel ich mitbekommen habe, gibt es wenige Engländer, die ihrem König treu sind. Gewöhnlich hassen sie die lebenden Könige und loben die toten.«

Nicht nur der Norden zeigte sich unwillig. 1497 erhoben sich in Cornwall Bauern und Minenarbeiter wegen des Steuerdrucks und marschierten bis London, bevor sie geschlagen wurden. Heinrichs

Politik war aber auch wirklich nicht dazu angetan, das Volk zu gewinnen. Er arbeitete mit den Institutionen und Methoden, die Eduard und Richard eingeführt hatten, vor allem in Finanz- und Rechtsfragen. Wie Eduard hob er Kriegssteuern aus, ohne Krieg zu führen, und legte einen Staatsschatz an (den sein Sohn prompt ausgab). Er regierte ohne viele Parlamente und verließ sich allein auf den Kronrat mit seinen Filialen in Wales und Nordengland. Durch königliches Gepränge zeigte er, wer der Herr im Lande war. Doch tat er das alles nicht zum Wohl der Allgemeinheit, sondern allein um seine eigene Herrschaft zu stützen, das *dominium regale.*

Historiker des neunzehnten Jahrhunderts feierten Heinrich als Unternehmertyp, und so benahm er sich in der Tat: als Großaktionär seines Reiches. Wirtschaftspolitik betrieb er für die eigene Tasche. Er scheute sich dabei nicht, den Außenhandel politischen Zielen zu unterwerfen, etwa mit Embargos, und schädigte die Wirtschaft durch Münzmanipulationen, die weit über das hinausgingen, was Eduard versucht hatte. Rechtsprechung und Juristerei stellte er in den Dienst fiskalischer Ausbeutung, politischer Erpressung und sozialer Kontrolle; sie wurde unverhüllt zur Klassenjustiz. Nichts mehr davon, daß sozial Schwache durch sie geschützt, der Adel mit ihr gezügelt werden sollte. Dafür wurde Jagen im königlichen Forst jetzt zum Kapitalverbrechen.

Wie es den *Commoners* dabei ging, scherte ihn wenig. Er ließ die fortschreitende Enteignung von Gemeindeland und die Vertreibung der Pächter geschehen, zugunsten einer adeligen Gutswirtschaft, die von Monokultur lebte, vor allem von der Schafzucht. »Schafe fraßen Menschen auf«, klagt Thomas More. Vergessen Fortescues und Worcesters Mahnungen hinsichtlich des Wohlstands der *Commoners.* 1498 berichtet der spanische Diplomat Ayala: »Ein anderer Grund für den Niedergang des Handels ist die Verarmung des Volks auf Grund der hohen Steuern, die ihm auferlegt sind. Der König selbst sagte zu mir, daß es seine Absicht sei, seine Untertanen kurz zu halten, denn Reichtümer würden sie nur übermütig machen. Er möchte England auf die französische Art regieren, aber er kann es nicht.«

Dem schoben seine Untertanen in der Tat einen Riegel vor. Heinrich wollte, am Wendepunkt zur Neuzeit, die Weichen in Richtung Absolutismus stellen: königlicher Vorrang *(prerogativa regis),* Steuerdespotismus und Verwaltungszentralismus. Vom *dominium politicum,* der Volksherrschaft als Ergänzung der Königsherrschaft, hielt er nichts. Lords und *Commoners* leisteten demgegenüber zähen Widerstand – zu Ende seiner Herrschaft mehr denn je. Ein Mailänder Korrespondent schrieb 1496: »Wenn es das Glück wollte, daß sich Herren von Geblüt erhöben und es zur Schlacht käme, erginge es dem König wegen seines Geizes schlecht. Die Seinen würden ihn verlassen und es mit ihm machen wie mit König Richard . . .« Beim letzten Parlament 1504 mußte der Tudor mehr »Verräter« ächten, als zuvor bei einem seiner Parlamente. Eduard hatte dagegen am Ende seiner Regierung kaum noch Feinde gehabt.

Heinrichs Untertanen sahen Bosworth keineswegs als Verdikt über die Yorkisten-Könige an, und als er 1509 starb, saß seine Dynastie nicht fester im Sattel als 1422 Lancaster oder 1470 York. Im Ausland glaubte man bis zuletzt nicht an ihr Überleben. Nicht nur Frankreich und Schottland, auch das eigene Irland war jederzeit bereit, Heinrichs Herausforderer – die echten und falschen Erben Yorks – zu unterstützen. Befreundete Mächte zeigten sich sehr zurückhaltend mit Heiratsverträgen. Nicht von ungefähr. 1499, als der König krank lag, diskutierten einige Barone unter sich über die Nachfolge. Man sprach von Buckingham (dem jüngeren) und Suffolk; von Heinrichs Sohn, dem dreizehnjährigen Arthur, war dabei nicht die Rede.

Heinrich regierte indes fast ein Vierteljahrhundert, zwei Jahre länger als Eduard IV. Daß er so lange aushielt, lag bestimmt nicht an seiner Beliebtheit. Wenn man Richard je haßte und verabscheute – der Tudor erweckte keine freundlicheren Gefühle. Ayala schreibt 1498: »Die von ihm die größten Gunstbezeugungen erhalten haben, sind am meisten unzufrieden.« So Ähnliches hörten wir auch über seinen Vorgänger. Als er starb, schmiedete Thomas Morus lateinische Verse, in denen er im achtzehnjährigen Heinrich VIII. das Herannahen eines neuen Frühlings nach dem Winter einer finsteren Tyrannenherrschaft feiert. Und Vergil schreibt:

»Letztlich wurden alle seine guten Eigenschaften von dem Geiz überschattet, an dem er litt. Geiz ist sicher schon für einen Privatmann ein Übel, wenn er davon gequält wird; bei einem Herrscher kann man ihn indes als das schlimmste aller Laster betrachten, denn es tut allen weh und korrumpiert alle jene Tugenden, durch die ein Staat regiert werden muß: Vertrauenswürdigkeit, Gerechtigkeit und Rechtschaffenheit.« Das stammt aus der Feder von

Heinrichs Hofhistoriographen. Es macht deutlich, daß »Freigebigkeit« und »Geiz« noch gleichbedeutend mit guter und schlechter Regierung waren. Bacon meint später, Heinrichs Herrschaft »bestand lange Zeit aus nichts als stürmischer See, Gezeiten und Unwettern«. Doch was war es, das ihn überleben ließ? Es war die Angst – seine und die der anderen. Heinrich fürchtete sich vor seinen Adeligen und vor seinem Volk. Eine Leibwache von zweihundert Mann, *yeomen of the guard,* umgab ihn ständig nach französischem Vorbild. Bei offiziellen Feierlichkeiten versteckte er sich hinter Vorhängen und Gittern. Die Wache konnte dabei auch mal nervös werden; bei der Krönung Königin Elisabeths stach und hieb sie in die herandrängende Menge und tötete einige Schaulustige. Er setzte einen Ausschuß ein, der nachforschte, ob ihm an seinem Hof jemand nach dem Leben trachtete. Der Tower, lange Zeit ziviler Wohnsitz, wurde nun wieder zur Festung, schwer bestückt mit Artillerie, und zum Staatsgefängnis dazu. Das alles unter dem »Friedensfürsten« Heinrich, nicht zu Zeiten des »Tyrannen« Richard.

Wenn die Herrschenden Angst haben, machen sie den Beherrschten Angst, und das funktioniert einige Zeit. Bosworth, das ihm die Krone schenkte, blieb dem Tudor zeitlebens ein Trauma. Nicht nur, weil er bis zuletzt um den Beistand derer zittern mußte, die ihn ins Land geholt hatten. Schließlich hatte er erlebt, wie es Richard ging, und er war nüchtern genug, zu sehen, daß ihm das gleiche Schicksal blühen konnte. So hielt er sich denn an das, was ein halbes Jahrhundert später Machiavelli formulierte: »Liebe wird bloß durch das Band des Anstandes erhalten, welches die Menschen, da sie schlecht sind, jedesmal zerreißen, wenn sie ihren Vorteil anderwärts finden. Furcht aber gründet sich auf der Vorstellung eines zu erwartenden Übels, und diese hört niemals auf.«

Heinrich hielt seinen Adel an der Kandare. Nicht mit groben Mitteln, zu deren Anwendung ihm die Macht fehlte. Er zähmte die Herren mit einem feingesponnenen Netz juristischer Schikanen, die jeweils nur einzelne trafen und dann auch selten mit voller Konsequenz. Er setzte auf mögliche Vergehen hohe Geldstrafen aus, deren Gültigkeit der Verdächtige durch Hinterlegung von Pfändern anerkennen mußte. Dreiviertel der Barone und Ritter setzte er so dem Damoklesschwert von Verlust und Ruin aus. Was früher nur vage als Möglichkeit abzusehen war, konnte nun jeder von der Schwarzen Tafel ablesen.

Die Grundlage von Angst und Einschüchterung ist Mißtrauen und Vorsicht, und auch darin war Heinrich Meister. Als Lambert Simnel im Lande war, und Stoke bevorstand, nahm er ohne ersichtlichen Grund Dorset in »Schutzhaft« und schickte Königinmutter Elisabeth ins Kloster, nachdem er ihr auch noch die Rente entzogen hatte. Wenn er den König liebe, so sagte er zu dem Marquis, werde er ihm die Maßnahme nicht verübeln. Acht Jahre später, als Perkin Warbeck von sich reden machte, beschuldigte er plötzlich seinen Kämmerer des Komplotts mit dem falschen Prinzen und ließ ihn kurzerhand hinrichten. Der Fall war dubios. Wenn der Prätendent wirklich Eduards Sohn sei – soll William Stanley geäußert haben –, würde er nicht gegen ihn kämpfen wollen. Welch ein Abstieg der »Königmacher« seit dem großen Warwick!

Heinrich war erfolgreich mit seiner Einschüchterungspolitik. *Questo re e più temuto che amatto:* »Dieser König wird mehr gefürchtet als geliebt.« So erfuhr der Mailänder Korrespondent von einem Landsmann, der England Ostern 1496 besuchte. Warwicks hatten in der Tat keine Chancen mehr. Allein das Geld regierte. »Ich fragte, wer den König beherrscht und bei ihm etwas ausrichtete. Er sagte, der einzige, der bei ihm überhaupt etwas ausrichtet, heißt Master Bray und verwaltet seinen Schatz.« Der Adel selbst resignierte. Eine Woche nach Bosworth gab Mountjoy, ehemaliger Kommandant von Guisnes, in seinem Testament Verhaltensmaßregeln für die Söhne: ». . . rechtschaffen zu leben, niemals den Titel eines Barons anzunehmen, wenn es sich vermeiden läßt, und nicht begierig zu sein, sich um Fürsten herum wichtig zu machen, denn das ist gefährlich.«

Heinrichs Überlebenspolitik offenbart sich auch im Bruch mit einer alten Konvention: »In der Vergangenheit galt, daß wer die Schlacht verlor, auch das Königreich verloren hatte. Aber der gegenwärtige König Heinrich zeigte sich in allen schwierigen Situationen willens, sich in seinen Burgen zu verteidigen, auch wenn alles übrige verloren wäre«, berichtet der venezianische Besucher. Freilich: Der Tudor hatte Glück und verlor keine Schlacht; aber er zog auch selbst nie mehr ins Feld. Bei Stoke und anderen Gelegenheiten hielt der treue Oxford seinen Kopf hin. Was, wenn Richard es ebenso gehalten hätte? Er verweigerte sogar die Flucht. Seit Englands Eroberung ist er der einzige König, der im Kampfe fiel.

Das war es also, was den letzten *Plantagenet* um Leben und Krone brachte: So modern, wie er sich beim Kampf um die Macht benommen hatte, so altmodisch verhielt er sich, als es um ihren Erhalt ging. Erfüllt von mittelalterlicher Herrschertugend glaubte er an die alte Rolle des Adels. Wenn nur der König ein Beispiel gäbe, müßten auch die Standesherren ihre Aufgabe erkennen. Er verschätzte sich böse. Wahrscheinlich erkannte er es am Morgen von Bosworth: Diese Schlacht werde England an den Rand des Abgrundes bringen, sagte er, egal, wer den Sieg davontrüge. So überliefert der Croyland-Chronist, und es klingt glaubwürdig. Vielleicht wäre Richard nach Bosworth tatsächlich zum Tyrannen geworden – wie Heinrich VII. einer war. Daß er den Tod suchte, deutet allerdings darauf hin, daß er von dieser Zukunft nichts wissen wollte.

In diesem Scheitern ist Richard eine tragische Kontrastfigur zu seinem Bruder Eduard und Heinrich Tudor – den Siegern. Doch die Tragik ist persönlicher Natur; sie hatte auf Dauer gesehen keine Folgen. Die Frage, wie eine Welt ohne die Tudors – ohne Heinrich VIII. und Elisabeth I. – geworden wäre, ist müßig. Die großen Linien der Geschichte gehen über einzelne Personen hinweg, auch wenn sie Herrscher sind. Richard ist interessant, weil sich in ihm eine Zeitenwende spiegelt. Weder er noch sein Nachfolger bewirkten sie freilich. Was der Tudor anstellte, war zu Yorkisten-Zeiten vorgezeichnet. Eduard nahm die Moderne vorweg, Richard versuchte es noch einmal mit dem Mittelalter. Doch der Weg zurück war nicht mehr offen. Die Entscheidung hieß: *dominium regale* oder *dominium politicum et regale* – Absolutismus oder Volkskönigtum. Heinrich entschied sich für den Absolutismus, und das reichte ihm zum Überleben. Richard wollte ein Volkskönig sein, doch mit Volk meinte er die mittelalterliche Dreieinheit der Stände. Tatsächlich zählte aber für den modernen Staat nur der Dritte Stand. Auf ihn allein hätte er setzen müssen.

Der alte Adel war am Ende. Als Heinrich starb, gab es nur mehr einen Herzog und einen Marquis in England. Viele Linien waren verschwunden, nicht nur durch Krieg und Schafott, sondern auch durch Kinderlosigkeit. Freilich: Neuer Adel wurde geschaffen, und als Gesellschaftsschicht blieb er bestehen – bis heute. Auch der Bastard-Feudalismus überlebte Bosworth und schleppte sich noch eineinhalb Jahrhunderte fort – bis ihm die Revolution der *Roundheads,* der »Gescherten«, ein Ende machte. Adel, das hieß weiterhin: Vorrecht, Reichtum, Macht. Doch repräsentierte er nicht mehr die Gesellschaft. Politik, Produktion und Lebensform wurden »bürgerlich«.

Die Zeitgenossen spürten den Wandel, aber hatten keinen Namen dafür. Für den Einzelnen änderte sich mit Bosworth nicht viel. Es sind ja auch nicht politische Ereignisse, die Geschichte verändern; die Menschen ändern sich und machen Geschichte. Daß etwas Einschneidendes geschehen war, sah man erst zu Shakespeares Zeiten. Das vergangene Jahrhundert erschien jetzt als Inbegriff gewalttätiger Unordnung, als ein Zeitalter von Königs- und Prinzenmördern und endloser Kriege zwischen »Raben und Krähen«. Der Dichter raffte dies in wenigen bühnenwirksamen Stunden zusammen und prägte es den Köpfen unauslöschlich ein. Erstmals erschien die Vergangenheit als dunkle Zeit, die einer glücklicheren Gegenwart voraufging. Und bald hieß es: »das finstere Mittelalter«. Wir wissen freilich, daß Renaissance und Neuzeit, »Vernunft« und »Aufklärung« nicht hielten, was sie versprachen.

Das fünfzehnte Jahrhundert hat viel von unserer Gegenwart: Grundbesitzer, die den Boden der allgemeinen Nutzung entfremdeten; Manufakturherren und Handelsgesellschaften, die Ausbeutung betrieben und Arbeitslosigkeit verursachten; und ein Volk, das sich in seinen Ansprüchen »maßlos« verhielt. Es gab Klagen über die Auflösung der Wertordnung und der »Ideale«. Die kirchliche Autorität verfiel, Volksglaube und Mystik trieben ihre bunten Blüten. Starke Männer und große Macher waren am Werke, doch bewirkten sie nichts gegen die Gefühle der Ohnmacht und Vergeblichkeit. Trotz allem blieb neben Untergangsvisionen ein Rest von Glauben an die Macht menschlicher Wünsche und Fähigkeiten: Er zielte freilich noch ins Unbekannte. Neugierde und Abenteurertum lebten neben dem Zweifel, und die Lebenslust kümmerte sich nicht viel um das *Vanitas*-Geschrei.

Die Zeit war aus den Fugen. Bald wurde sie neu zusammengesetzt – nach einer ihrer Möglichkeiten. Nicht nach der besten und keineswegs so, wie viele erhofft hatten. Wir können über die Lehren nachdenken, die uns dieses Jahrhundert zu geben hat.

Nachwort

Seit Paul Murray Kendalls *Richard III.* erschien, die letzte große Biographie des Königs, ist ein Vierteljahrhundert vergangen. Die Forschung ist seitdem nicht stehengeblieben und hat eine Fülle neuer Erkenntnisse zu seinem Leben und seiner Zeit hervorgebracht; sie rechtfertigen die Neubearbeitung dieses Stoffes. Kendall schrieb eine klassische Biographie mit inneren Monologen, nachempfundenen Reden und dramatischen Interpolationen. Wir glauben, daß solche Eingriffe nicht nötig sind, und haben uns ganz auf die Aussagekraft der Quellen verlassen. Was dabei herauskommt, weicht in vielem vom bisherigen Bild Richards III. ab. Indes ist hier nicht Gelegenheit, den wissenschaftlichen Apparat auszubreiten, der es absichert. Den Interessierten müssen wir auf »Quellenalphabet« und Literaturliste verweisen; sie liefern einen Einstieg in die Diskussion.

Mein Dank gilt Professor Dr. August Nitschke und den Kollegen der Historischen Verhaltensforschung an der Universität Stuttgart, Barbara Uhl und Reinhard Breymayer, für Rat, Hilfe und Verständnis in vielen Belangen dieser Arbeit. Besonderen Dank möchte ich Kirsten Hoffmann, Germering, und Jak Kissell, Bognor Regis, aussprechen, die mir in Fragen der englischen Philologie hilfreich zur Seite standen.

Stuttgart, Februar 1980   Andreas Kalckhoff

Quellenalphabet

ANDRE: Bernard André († c. 1522), blinder Augustiner-Pater aus Toulouse, Hofpoet und Prinzenerzieher Heinrichs VII. Tudor. 1500–1503 schrieb er in königlichem Auftrag eine (lateinische) »Geschichte König Heinrichs VII.«, die unvollendet blieb. Die historiographische Qualität des kleinen Werks ist dürftig; zum Ausgleich fehlender Fakten legt er den Personen erfundene Reden in den Mund. Die historische Aussage reduziert sich auf die Gegenüberstellung des schurkirschen Richard III. und des engelsgleichen Heinrich VII.
James Gairdner (hg.), Hostiria Regis Henrici Septimi, a Bernardo Andrea Tholosate conscripta. Lonton 1858.

BACON: Sir Francis Bacon (1561–1626), Jurist, Staatsmann und Universalgelehrter; 1618–1621 Kanzler von England, 1620/21 Viscount St. Albans. Neben naturphilosophischen Werken schrieb er eine »Geschichte der Regierung König Heinrichs VII.« (1622).
Francis Bacon, The Historie of the Raigne of King Henry VII. London 1622.

BASIN: Thomas Basin (1412–1491), Kleriker und Historiker, 1447 Bischof von Lisieux, 1474 Titular-Erzbischof von Caesarea, Gegner Ludwigs XI. von Frankreich. Zwischen 1471 und 1487 schrieb er eine (lateinische) »Geschichte Karls VII. und Ludwigs XI.«
J. Quicherat (hg.), Thomas Basin: Histoire des règnes de Charles VII et de Louis XI. 4 tom. Paris 1855–1859.

BUCK: Sir George Buck (c. 1562–1623), Diplomat, Soldat und Sonntagspoet, seit 1603 »Leiter der Hoflustbarkeiten«; aus alter Yorkshire-Familie, die von Heinrich VII. enterbt wurde: ein gleichnamiger Vorfahr fiel für Richard III. bei Bosworth. 1605–1621 schrieb er eine fünfteilige »Geschichte des Lebens und der Regierung Richards III.«, eine kritische Arbeit, die auf Archivmaterial und der bislang nicht zitierten Croyland-Chronik fußt. Sie weist den Tudor-Chronisten (vor allem More) Unstimmigkeiten nach; das Engagement für den Yorkisten-König verleitet ihn jedoch seinerseits zu unkritischem und tendenziösem Quellenumgang. Buck starb in geistiger Umnachtung. Das Werk wurde erst 1646 gedruckt.
George Buck, The History of the Life and Reigne of Richard III. London 1647 (reprinted 1973).

CAXTON: William Caxton (c. 1422–1491), Kaufmann in den Niederlanden 1441–1476, lernte in Köln die Buchdruckerkunst und war seit 1475 als Übersetzer und Verleger tätig. Zu vielen der edierten Werke schrieb er Vor- und Nachworte.
W. J. B. Crotch (hg.), The Prologues and Epilogues of William Caxton. London 1928.

CELY: Wollhändlerfamilie in London. Es sind Briefe und Papiere der Celys über die Jahre 1475–1488 erhalten.
Henry Elliot Malden (hg.), The Cely Paters, A. D. 1475–1488. London 1900.

CHASTELLAIN: Georges Chastellain (c. 1405–1475). Diplomat, Dichter und Chronist am Burgunderhof (1455 »Hofchronist«). Von seinen »Chroniken der Herzöge von Burgund« ist nur mehr ein Drittel erhalten; sie reichen von 1419 bis 1474.
Me. le Baron Kervyn de Lettenhove (hg.), Oeuvres des Georges Chastellain. Brüssel 1863–1865.

COMMYNES: Philippe de Commynes (c. 1447–1511), Ratgeber und Diplomat Karls des Kühnen von Burgund 1464–1472, dann im Dienst der Könige von Frankreich; verfaßt 1489–1491 und 1495–1498 »Erinnerungen« (1524 gedruckt). Im allgemeinen gut informiert, schreibt er über englische Verhältnisse nur nach dem Hörensagen; seine Informationen stammen dabei meist aus dem Mund der »Opposition«. Tudor-Chronist Hall benützt die Memoiren.
B. de Mandrot (hg.), Mémoires de Philippe de Commynes. vol. 1, 1464–1477, vol. 2, 1477–1498. Paris 1901, 1903.

CORNAZZANO: *Conor Fahy* (hg.), The Marriage of Edward IV and Elizabeth Woodville: A New Italien Source. In: English Historical Review 76, 1961.

CORNWALEYS: *William Cornwaleys,* The Praise of King Richard the Third, in: Essayes of Certaine Paradoces, London 1617.

CHRONICLES OF LONDON, hg. C. L. *Kingsford.* Oxford 1905

CHRONICLE OF THE REBELLION IN LINCOLNSHIRE, 1470, hg. *J. G. Nichols.* London 1847, (AN) ENGLISCH CHRONICLE of the Reigns of Richard II, Henry IV, Henry V, and Henry VI, hg. *J. S. Davies.* London 1856

CROYLAND-CHRONIK: Lateinische Kloster-Chronik eines Peter von Blois und eines Pseudo-Ingulf für die Jahre 616–1117, mit drei Fortsetzungen: 1149–1470, 1459–1486, 1485–1486. Die erste und dritte Forsetzung stammt offensichtlich aus Croyland, die zweite Fortsetzung wurde aus anderer Quelle übernommen, möglicherweise in redigierter Form. Autor der nicht erhaltenen Urfassung ist vermutlich Dr. John Russell († 1494), Diplomat und königlicher Ratgeber schon vor 1466, Bischof von Lincoln und Kanzler Richards III. Seine Aufzeicnungen, die eine kritische Haltung Eduard IV. und vor allem Richard III. gegenüber einnehmen, gehören zu den wichtigsten Belegen dieser Zeit. Es scheint, daß sie Vergil bekannt waren. 1684 wurde die Croyland-Chronik mit ihren Fortsetzungen veröffentlicht; eine Neuauflage wird mittlerweile vorbereitet. Die englische Übersetzung von Henry T. Riley (1854) ist unzuverlässig.

CROYLAND: Alia Historia Croylandensis Continuatio. Allia ejusdem Historia Croylandis Continuatio. In: *W. Fulman* (hg.), Rerum Anglicarum Scripturum Veterum. Tom. 1. Oxford 1684, pp. 548–593.

DIEGO DE VALERA: *José A. de Balenchana* (hg.), Epistolas y otros varios tratados de Moseń Diego de Valera. Madrid 1878.

DU BELLAY: Joaquin du Bellay (1522–1560), französischer Dichter, der auch »Erinnerungen« schrieb (Meḿoires, 1569 gedruckt). *Joacquin du Bellay,* Meḿoires, 1569.

FABYAN: Robert Fabyan († 1513), Londoner Tuchmacher, Ratsherr und Chronist, 1493 Sheriff von London. 1504 schloß er seine »Neuen Chroniken aus England und Frankreich« ab, die erstmals 1516 in Druck erschienen. Ziemlich sicher stammt von ihm auch die bedeutendere »Große Chronik von London«, die erst 1938 zur Veröffentlichung kam. Beide Arbeiten stützen sich auf ältere Aufzeichnungen, vertreten jedoch den Tudor-Standpunkt; die Chronologie ist unzuverlässig, viele Angaben fehlerhaft. Vergil, More und andere schrieben aus seinem Werk ab.
Henry Ellis (hg.), Robert Fabyan: The New Chronicles of England and France. London 1811.
A. H. Thomas/I. D. Thornley (hg.), The Great Chronicle of London, London 1938.
(THREE) FIFTEENTH CENTURY CHRONICLES, hg. James Gairdner. London 1880.

FORTESCUE: Sir John Fortescue (c. 1385–c. 1479), Oberrichter am Hofgericht Heinrichs VI. (seit 1442), Flüchtling in Schottland und Frankreich 1461–1471, bei Tewkesbury gefangen, jedoch begnadigt; vermutlich holte Eduard IV. ihn dann in den Kronrat. Von seinen zahlreichen Schriften zur Tagespolitik, zu Recht, Verfassung und Philosophie sind vor allem bemerkenswert: das lateinische »Lob der Gesetze Englands« *(De Laudibus Legum Anglie,* 1470, Erstausgabe c. 1545) und (in Englisch) »Englands Regierungssystem« *(The Governance of England,* c. 1471, Erstausgabe 1714 unter anderem Titel). Fortescue verteidigte in beiden das englische Volksrecht gegen das Römische Recht. In seinen politischen Schriften nimmt er gegen die yorkistische Usurpation Stellung; die Propaganda-Schrift Somnium Vigilantis (1459) wird ihm zugeschrieben.
Charles Plummer (hg.), The Governance of England: Otherwise called The Difference between an Absolute and a Limited Monarchy, by Sir John Fortescue. Oxford 1885.
S. B. Chrimes (hg.), Sir John Fortescue, De Laudibus Legum Anglie. Cambridge 1949.

GRAFTON: Richard Grafton († c. 1572), Londoner Krämer und Chronist. 1543 veröffentlichte er John Hardyngs Reimchronik, die bis 1461 führt, und setzte sie in Prosa bis zum Erscheinungsjahr fort; dabei kopierte er More und Vergil, den er mehr schlecht alsrecht übersetzte. Für das Werk, das als »Graftons Chronik« *(A Chronicle at Large and Meere History of England,* 1568), übernahm er im wesentlichen Hall, mit Zusätzen von Fabyan und Vergil im Original.
Henry Ellis (hg.), The Chronicle of Iohn Hardyng together with the Continuation by Richard Grafton. London 1812.

GREGORY: William Gregory († c. 1467), Londoner Kürschner und Ratsherr, 1451/52 Bürgermeister von London. Er verfaßte eine »Chronik von London«, die ein Fortsetzer zwei Jahre über seinen Tod hinausführte.
Chronicle of William Gregory, Skinner. In: *James Gairdner* (hg.), The Historical Collection of a Citizen of London in the Fifteenth Century. 1876 (Camden Society).

GROSSE LONDONER STADTCHRONIK: siehe FABYAN.

HALL: Edward Hall (c. 1498–1547), Jurist und Politiker, als Parlamentsteilnehmer ein entschiedener Anhänger Heinrichs VIII. Er schrieb eine Geschichte der »Vereinigung der edlen und berühmten Familien von Lancaster und York«, für die er More und Vergil übernimmt und aus anderen Quellen ergänzt, vor allem aus Fabyan und Commynes; dabei verschärft er das negative Bild Richards III. noch. Das Werk erschien erstmals 1548, mit einer Fortsetzung Graftons für 1532–1547 nach Halls Unterlagen. Neben Holinshed ist das die Quelle, die Shakespeares Drama zugrundeliegt.

Henry Ellis (hg.), Hall's Chronicle. London 1809.

HISTORIE OF THE ARRIVAL OF EDWARD IV IN ENGLAND and the Finall Recouerye of his Kingdomes from Henry VI A.D. MCCCCLXXI, hg. *John Bruce.* London 1838.

HOLINSHED: Raphael Holinshed († c. 1580), Druckereiangestellter; reduzierte unter Mithilfe anderer die geplante Weltgeschichte seines verstorbenen Arbeitgebers Reginald Wolfe auf die »Chroniken von England, Schottland und Irland« (1578). Er stützt sich darin auf Hall und Stow, zieht aber auch Fabyan, Rous und die »Ankunft Eduards IV.« heran. Shakespeare überträgt seine Prosa oft unmittelbar in Blankverse.

Raphael Holinshed, The Chronicles of England, Scotland, and Ireland. London 1587 (repr., 6 vol., 1807–08).

LA MARCHE: Olivier de la Marche (c. 1425–1502), Chronist und Dichter am burgundischen Hof, Fürsprecher der ritterlichen Tradition, Ruhmschreiber Karls des Kühnen (»Staat und Haus des Herzogs Karl von Burgund«, 1474). Seine »Erinnerungen« (1435–1467, 1467–1488) wurden um 1490 fertiggestellt; als Quelle unzuverlässig.

H. Beaune/J. d'Arbaumont (hg.), Olivier de la Marche: Mémoires. 4 tom. Paris 1883–1888.

LONDONER STADTCHRONIK: Siehe FABYAN

MANCINI: Dominic (Domenico) Mancini (v. 1434–n. 1500?), Dichter und Diplomat aus römischer Familie, Schützling des Erzbischofs Angelo Cato von Vienne, Leibarzt und Ratgeber Ludwigs XI. von Frankreich. Spätsommer 1482 bis Juli 1483 hielt er sich in London auf, vermutlich in päpstlichem Auftrag; im Dezember 1485 schrieb er auf Wunsch des Erzbischofs in Latein über die Machtergreifung Englands durch Richard III.« Als Augenzeuge, der seine Aufzeichnungen bald nach den Ereignissen machte, gehört er zu unseren wichtigsten Gewährsleuten; auch über Interna gut informiert, unterlaufen ihm freilich auch Irrtümer. Möglicherweise kannte More seine Schrift, die erstmals 1935 im Druck erschien.

C. A. J. Armstrong (hg.), The Usurpation of Richard III. Dominicus Mancinus ad Angelum Catonem de Occupatione Regni Anglie per Riccardum Tercium Libellus. Second Edition. Oxford 1969.

MOLINET: Jehan Molinet (1435–1507), Sekretär des burgundischen Chronisten und Hofpoeten Chastellain, dessen Posten er 1475 übernahm. Seine »Chroniquen« für 1474–1506 sind, was die englischen Verhältnisse angeht, wenig zuverlässig.

Georges Doutrepont/Omer Jodogne (hg.), Chroniques de Jean Molinet. Tom. 1–2, 3. Brüssel 1935, 1937.

MORE (MORUS): Sir Thomas More (1477–1535), Staatsmann und Gelehrter, 1523 Unterhaussprecher, 1529–1532 Kanzler von England, hingerichtet wegen seiner Weigerung, Heinrich VIII. den Eid als Kirchenoberhaupt zu leisten (1935 heiliggesprochen); Freund des Erasmus von Rotterdam, Gegner Luthers (seit 1520); von seinen Schriften ist vor allem die »Utopia« (1516) berühmt. Die Zuordnung der fragmentarischen »Geschichte König Richards III.« zu seinem Werk ist nicht völlig gesichert, aber wahrscheinlich; es heißt, er habe sie 1513 verfaßt. Es existiert eine englische und eine (stilistisch schwächere) lateinische Version, die voneinander abhängig sind. More scheint an den Texten bis 1518 gearbeitet zu haben. Grafton (1543) und Hall (1548) benützten das englische Manuskript, William Rastell veröffentlichte es dann 1557 als Teil der »Werke« seines Onkels More, mit Ergänzungen aus dem lateinischen Text; die lateinische Fassung erschien erstmals 1565 in der Louvain-Edition der Moreschen Opera. More stützt sich in seiner Darstellung offensichtlich auf Manuskripte von Fabyan, Rous und (vermutlich) Vergil und Mancini, aber auch auf öffentliche Akten und mündliche Informationen, etwa von Bischof Morton, in dessen Haushalt er als Dreizehnjähriger kam. Trotzdem ist der historiographische Wert der »Historie« begrenzt: More will nicht Geschichte schreiben, »wie sie wirklich war«, sondern in einem Rhetoren der »Realpolitiker« seiner Zeit anprangern; der »wahre« Richard interessiert dabei nur am Rande; eine oft schwer durchschaubare Ironie führt den Leser überdies auf schwankenden Boden.

Richard S. Sylvester (hg.), The History of King Richard III. Historia Richardi Regis Angliae eius Nominis Tertii. London 1963 (The Complete Works of St. Thomas More, Vol. 2).

PASTON: Landadelsfamilie in Ost-Norfolk – William († 1444), ein Richter; sein Sohn John († 1466), Rechtsanwalt in London; dessen Söhne Johann I. († 1479) und Johann II. († 1503), die beide geadelt wurden; sowie Vettern und Onkels. Sie hinterließen eine Briefsammlung von an die Tausend, eine der wichtigsten Quellen des 15. Jahrhunderts, auch für die politische Geschichte. Nach Gairdners letzter Edition von 1904 hat Norman Davis (1971) eine neue besorgt.
James Gairdner (hg.), The Paston Letters A.D. 1422–1509. 6 vo. London 1904.

STOW: John Stow (1525–1605), Schneider und Chronist. Er schrieb eine »Zusammenfassung der englischen Chroniken« (1561), »Annalen oder eine Große Chronik von England von Brutus bis zum gegenwärtigen Jahr 1580« (1580) und eine »Übersicht von London« (1598). In den »Annalen« kompiliert er Warkworth, Fabyan, Commynes, More, Hall und die »Ankunft Eduards IV.« Sir George Buck zitiert ihn aus persönlichem Gespräch mit Sachverhalten, die in seinen Werken nicht erscheinen.
Edmund Howes (hg.), Annales, or A General Chronicle of England Begun by John Stow: Continued and Augmented unto the end of this present yeere. London 1631.

TETZEL: Siehe ROŽMITAL.

VENEZIANISCHER DIPLOMAT/BESUCHER: Wahrscheinlich der zeitweilige Botschafter in England, Francesco Capell. Seine Aufzeichnungen *(Relatione o più tosto raguaglio dell'isola d'Inghilterra,* »Bericht oder eher wahre Beschreibung der Insel England«) wurde 1847 erstmals gedruckt und ins Englische übersetzt.
Charlotte Agusta Sneyd (hg.), A Relation or Rather a True Account of the Island of England about the Year 1500. London 1847.

VERGIL: Polydore Vergil (Polidoro Vergilio, c. 1470–1555), Kleriker und Gelehrter aus Urbino (Mittelitalien), stellvertretender Eintreiber des Peterspfennigs in England 1502, Erzdiakon von Wells 1508, befreundet mit den Humanisten William Grocyn und Thomas More. Er edierte antike Werke und schrieb neben Erbauungsliteratur in Latein eine »Englische Geschichte« in 26 Büchern, erstmals erschienen in Basel 1534, jedoch schon früher verfaßt (c. 1512–1524). Nach der zweiten Ausgabe (1546) gibt es eine zeitgenössische Übersetzung ins Englische für den Teil nach 1399 (veröffentlicht von Ellis 1844); spätere Editionen, namentlich Leiden 1649, weichen von den frühen Ausgaben textlich ab. Vergil bietet als erster »moderne« Geschichtsschreibung, die nach Ursachen und Wirkungen fragt und mit Mythen und Personen kritisch verfährt; doch steht er (trotz mancher Zweifel) unter dem Einfluß anti-yorkistischer Propaganda, die er seinerseits geschichtsphilosophisch überhöht; Richards III. »Schreckensherrschaft« erscheint als Strafe für die Absetzung und Ermordung Richards II. drei Generationen zuvor. Er stützt sich auf Fabyan, Rous und (vermutlich) die Croyland-Chronik, macht auch selektiven Gebrauch von öffentlichen Akten; die Vernichtung von Akten (der ihn Gegner bezichtigten) geht dabei nicht auf sein Konto. Vergils *Historia Anglica* fand, neben Mores Geschichte, Eingang in viele der späteren englischen Geschichtswerke, meist wörtlich.
Antonius Thysius (hg.), Historiae Anglicae Libri XXVI. Auctore Polydoro Virgilio Urbinate. Leiden 1649.
Henry Ellis (hg.), Three Books of Polydore Vergil's English History from an Early Translation. London 1846.

WARKWORTH: John Warkworth († c. 1498), Kleriker aus Northumberland, Vorsteher des St. Peter-Kollegs in Cambridge. Er schrieb eine kurze »Chronik der ersten dreizehn Regierungsjahre König Eduards«, die als Fortsetzung der bekannten Brut-Chronik gedacht war; geschrieben c. 1478–1482. Sie erschien auszugsweise in Lelands historischer Sammlung *(Collectanea,* 1534–1543), und Stow gibt sie als Quelle an; vollständig gedruckt wurde sie erst 1839. Warkworth war Lancaster-Sympathisant und ließ an den Yorkisten kein gutes Haar.
James Orchard Halliwell (hg.), A Chronicle of the First Thirteen Years of the Reign of King Edward IV by John Warkworth. London 1839.

PLUMPTON CORRESPONDENCE: *Thomas Stapleton* (hg.), Plumpton Correspondence. A Series of Letters, Chiefly Domestick, Written in the Reigns of Edward IV, Richard III, Henry VII, and Henry VIII. London 1839.

POPPELAU: Samuel Benjamin Klose's Darstellung der inneren Verhältnisse der Stadt Breslau vom Jahre 1458 bis zum Jahre 1526. In: *Gustav Adolf Stenzel* (hg.), Scriptores Rerum Silesiacarum, oder Sammlung Schlesischer Geschichtsschreiber, 3. Bd. Breslau 1847.

RASTELL: John Rastell (c. 1498–1536), Drucker und Verleger, Schwager von Thomas More. 1529 veröffentlichte er »Die Kurzweil des Volks oder die Chroniken verschiedener Reiche und besonders von England« *(The Pastyme of People etc.):* für die Jahre 1461–1483 nicht mehr als ein gekürzter »Fabyan«, doch mit eigenen Theorien über das Ende der Söhne Eduards IV.

John Rastell, The Pastyme of People. The Chronicles of dyuers realmys and most specyally of the realme of Englonde. London 1529 (repr. 1811).

ROUS, John Rous († 1491), Kaplan in Guy's Cliffe bei Warwick, Antiquar und Chronist. Während Richards Regierungszeit malte er ein heraldisches »Verzeichnis der Grafen von Warwick«, das auch Anna Neville und ihren Gemahl Richard III. abbildet und den König in höchsten Tönen lobt; in der lateinischen Version, zu Heinrichs VII. Zeiten verfaßt oder redigiert, fehlt die Abbildung Richards ebenso wie der Lobspruch. In seiner lateinischen »Geschichte der englischen Könige« singt er dagegen das Lob des Tudor-Königs, während Richard III. in Grund und Boden verdammt wird; von ihr nimmt der Mythos vom »buckligen Schurken« seinen Ausgang: Vergil und More schreiben von ihm ab. Gedruckt erschien die krude »Historie«, die nur in Einzelheiten von Wert ist, erstmals 1716.
Thomas Hearne (hg.), Johannis Rossi Antiquarii Warwicensis Historia Regum Angliae. Editio Secunda. Oxford 1745.
W. Courthope (hg.), The Rows Rol. London 1845.

ROŽMITAL: Des böhmischen Herrn Leo's von Rožmital Ritter-, Hof- und Pilger-Reise durch die Abendlande- 1465–1467, geschrieben von zweien seiner Begleiter. Stuttgart 1844 (Literarischer Verein).

SCHASCHEK: Schaschek, Commentarius brevis et jucundus itineris atque peregrinationis, pietatis et relionis causa susceptae, de Leonis a Rosmital (Olmütz 1577): Siehe ROŽMITAL.

SHAKESPEARE: William Shakespeare (1564–1616), Dichter und Theaterdirektor. Um 1592 verfaßte er »Die Tragödie König Richards III.« und führte sie auf; gedruckt erschien sie 1597. Er hielt sich in der historischen Darstellung an Holinshed und Hall. 1579 hatte bereits Thomas Legge einen Richardus Tertius auf die Bühne gebracht, der sich an More und Vergil orientiert. 1590/91 verfaßte ein Anonymus »Die wahre Tragödie Richards III.«; ob Shakespeare sie kannte, ist fraglich; erstmals gedruckt wurde sie 1821.

SOMNIUM VIGILANTIS: *J. P. Gilson* (hg.), A Defence of the Prosciption of the Yorkists in 1459. In: English Historical Review 26, 1911, pp. 513–525.

STONOR: Familie aus dem Grenzland von Oxfordshire, Berkshire und Buckinghamshire. von der eine Briefsammlung (1290–1483) überliefert ist. Sir William Stonor war den Woodvilles verbunden und stand mit Herzog Gloucester nicht auf bestem Fuß; immerhin nahm er an Richards III. Krönung teil. Lovells Mahnung, sich von der Buckingham-Revolte fernzuhalten, ist der letzte Brief der Sammlung.
Charles Lethbridge Kingsford (hg.), The Stonor Letters and Papers, 1290–1483. Vol. 1. London 1919.

WALLINGFORD: Registra Wilhelmi Walingforde, in: *H. T. Riley* (hg.), Chronica Monasterii S. Albani, vol. 2., 1873.

WAURIN: Jehan de Waurin († 1474), Chronist aus Burgund, verfaßte »Alte Chroniken von England«; trotz chronologischer Fehler und fiktiver Dialoge sind sie vor allem für die Jahre 1461–1471 aufschlußreich.
William Hardy (hg.), Recueil des croniques et anchiennes istoires de la Grant Bretagne, a present nomme Engleterre, par Jehan de Waurin. 5 vol. London 1864–1891.

WETHAMSTEDE: Registra Johannis Wethamstede, in: *H. T. Riley* (hg.), Chronica Monasterii S. Albani, vol.2, 1873.

WORCESTER: William Worcester (1415–c. 1482), Antiquar und Reiseschriftsteller, vermutlich Autor des »Buches der Adelsart« *(Boke of Noblesse).* Die Autorschaft der lateinischen »Anna- lane englischen Angelegenheiten« *(Annales rerum Anglicarum)* wurde ihm fälschlich zuge- schrieben; korrekt wäre also von einem Pseudo-Worcester zu reden. Die Annalen wurden um 1491 verfaßt und zeigen Sympathie für die Nevilles; sie erschienen 1728 erstmals im Druck.
Wilhelmi Wyrcester, Annales Rerum Anglicarum: In: Stevenson, pp. 769–93.
John Gough Nichols (hg.), The Boke of Noblesse. London 1860.

Bibliographie

a) Quellensammlungen

Acts of Court of the Mercers' Company, 1453–1527, hg. Laetitia Lyell/Frank D. Watney. Cambridge 1936.
Calendar of State Papers and Manuscripts Existing in the Archives and Collections of Milan, vol. 1, hg. Allen B. Hinds. London 1912.
Calendar of State Papers and Manuscripts, Relating to English Affairs, Existing in the Archives and Collections of Venice and in other Libraries of Northern Italy, vol. 1, 1202–1509, hg. Rawdon Brown. London 1864.
[A] Collection of Ordinances and Regulations for the Government of the Royal Household, from Edward III to William and Mary, hg. John Nichols. London 1790.
Early English Meals and Manners, hg. Frederick J. Furnivall. London 1868.
England under the Yorkists, 1460–1485, Illustrated from Contemporary Sources, hg. Isobel D. Thornley. London 1921.
English Historical Documents, 1327–1485, hg. Alex R. Myers. London 1969.
Excerpta Historica, or Illustrations of English History, hg. Samuel Bentley. London 1833.
Foedera, conventiones, litterae (etc.), hg. Thomas Rymer. London 1704 ff.
Grants (etc.) from the Crown During the Reign of Edward V, hg. John Gough Nichols. London 1854.
Historical Poems of the 14th and 15th Centuries, hg. Rossell Hope Robbins. New York 1959.
[The] Household of Edward IV. The Black Book and the Ordinance of 1478, hg. Alex R. Myers. Manchester 1959.
[Johannis] Lelandi Antiquarii de rebus Britannicis Collectanea, vol. 6, hg. Thomas Hearne. London 1770.
Letters of the Kings of England, vol. 1, hg. J. C. Halliwell. London 1846.
Letters and Papers Illustrative of the Reigns of Richard III and Henry VII, vol. 1, hg. James Gairdner. London 1861.
Letters and Papers Illustrative of the Wars of the English in France during the Reign of Henry VI, vol. 2, part 2, hg. Joseph Stevenson. London 1864.
Manners and Household Expenses of England in the 13th and 15th Centuries Illustrated by Original Records, hg. Publications of the Roxburgh Club 37. London 1841.
Mittelenglische Dichtungen aus der Handschrift 432 des Trinity College in Dublin, hg. Rudolf Brotanek. Halle a. d. Saale 1940.
Original Letters Illustrative of English History, vol. 1, 1st, 2nd, 3rd ser., hg. Henry Ellis. London 1824, 1827, 1846.
Political Poems and Songs Relating to English History, Composed during the Period from the Accession of Edward III to that of Richard III, vol. 2, hg. Thomas Wright. London 1861.
Rolls of Parliament, vol. 5, 6, 7, hg. J. Stachey. London 1777.
[The] Wars of the Roses, hg. J. R. Lander. London 1965.
York Civic Records, vol. 1, hg. Angelo Raine. Wakefield 1939.
York Records: Extracts from the Municipal Records of the City of York, hg. R. Davies. London 1843.

b) Literatur

Armstrong, C. A. J., Some Examples of the Distribution and Speed of News in England at the Time of the Wars of the Roses. In: R. W. Hunt/W. A. Pantin/R. W. Southern (hg.), Studies in Medieval History Presented to F. M. Powicke. Oxford 1948.
Armstrong, C. A. J., The Inauguration Ceremonies of the Yorkist Kings and their Title fo the Throne. In: Transactions of the Royal Historical Society, 4th ser., vol. 30, 1948.
Baring-Gould, S., Curious Myths of the Middle Ages. London 1897.

Bean, J. M. W., The Decline of English Feudalism, 1215–1540. Manchester 1968.
Bellamy, J. G., The Law of Treason in England in the Later Middle Ages. Cambridge 1970.
Blyth, J. D., The Battle of Tewkesbury. In: Transactions of the Bristol and Gloucestershire Archaeological Society 70, 1961.
Brown, A. L./Webster, B., The Movements of the Earl of Warwick in the Summer of 1464: A Correction. In: English Historical Review 81, 1966.
Cheetham, Anthony, The Life and Times of Richard III. London 1972.
Chrimes, S. B., Lancastrians, Yorkists, and Henry VII. London 1964.
Chrimes, S. B./Ross, C. D./Griffith, R. A., Fifteenth-Century England, 1399–1509: Studies in Politics and Society. Manchester 1972.
Chrimes, S. B., Henry VII. London 1972.
Churchill, George B., Richard III up to Shakespeare. Berlin 1900.
Dunham, William Huse, Lord Hastings' Indentured Retainers, 1461–1483. New Haven, Conn. 1955.
Dunham jr., William Huse/Wood, Charles T., The Right to Rule in England: Despositions and the Kingdom's Authority, 1327–1485. In: The American Historical Review 81, 1976.
Elton, G. R., England, 1200–1640 (The Sources of History: Studies in the Use of Historical Evidence). London 1969.
Feavearyear, A., The Pound Sterling: A History of English Money. 2nd edition. Oxford 1963.
Ferguson, Arthur B., The Indian Summer of English Chivalry. Durham, N.C. 196.
Gairdner, James, History of the Life and Reigne of Richard III. Cambridge 1898 (repr. 1972).
Halstead, Caroline A., Richard III. as Duke of Gloucester and King of England. 2 vol. London 1844.
Hanham, Alison, Richard III, Lord Hastings and the Historians. In: English Historical Review 87, 1972.
Hanham, Alison, Richard III, and his Early Historians, 1483–1535. Oxford 1975.
Hanham, Alison, Hastings Redivivus. In: English Historical Review 90, 1975.
Haward, Winifred I., Economic Aspects of the Wars of the Roses in East Anglia. In: English Historical Review 41, 1926.
Hay, Denis, History and Historians in France and England during the Fifteenth Century. In: Bulletin of the Institute of Historical Research 35, 1962.
Holmes, George, The Later Middle Ages, 1272–1485. London 1962.
John Hope, W. H. St., The Discovery of the Remains of King Henry VI in St. George's Chapel, Windsor Castle. In: Archaeologia 62, 1911.
Ives, E. W., Andrew Dymmock and the Papers of Antony, Earl Rivers, 1482–3. In: Bulletin of the Institute of Historical Research 41, 1968.
Jacob, E. F., The Fifteenth Century, 1399–1485. Oxford 1961.
Jallard, Patricia, The Influence of the Aristocracy on Shire Elections in the North of England, 1450–1470. In: Speculum 47, 1972.
Jenkins, Elizabeth, The Princes in the Tower. London 1978.
Jesse, John H., Memoirs of King Richard III. and Some of his Contemporaries, with a Historical Drama on the Battle of Bosworth. London 1862.
Keen, M. H., England in the Later Middle Ages. A political History. London 1973.
Kekewich, M., Edward IV, William Caxton and Literary Patronage in Yorkist England. In: Modern Language Review 1971.
Kendall, Paul Murray, Richard III. London 1955.
Kendall, Paul Murray, Warwick the Kingmaker. London 1957.
Kendall, Paul Murray, The Yorkist Ages. Daily Life during the Wars of the Roses. London 1967.
Kendall, Paul Murray, Louis XI. London 1971.
Kingsford, Charles Lethbridge, English Historical Literatur in the Fifteenth Century. Oxford 1913.
Kleineke, Wilhelm, Englische Fürstenspiegel vom Policraticus Johanns von Salisbury bis zum Basilikon Doron König Jakobs I. Göttingen 1937.
Lander, J. R., Conflict and Stability in Fifteenth-Century England. London 1969.
Lander, J. R., Crown and Nobility, 1450–1509. London 1976.
Legge, Alfred O., The Unpopular King: The Life and Times of Richard III. 2 vol. London 1885.
Leviné, Mortimer Richard III – Usurper or Lawful King? In: Speculum 34, 1959.
Lingard, John, A History of England from the first Invasion by the Romans to the Revolution in 1688. 8 vol. London 1819–30.
Lindsay, Philip, King Richard III. A Chronicle. London 1833.
MacGibbon, David, Elizabeth Woodville, 1437–1492: Her Life and Times. London 1938.
Markham, Clements, Richard III: His Life and Character Reviewed in the Light of Recent Research. London 1906 (reprinted New York 1968).
McKenna, J. W., The Myth of Parliamentary Sovereignity in Late-Medieval England. In: English Historical Review 94, 1979.

Myers, A. R., England in the Late Middle Ages. Harmondsworth 1952 (repr. 1956).
Myers, A. R., The Character of Richard III. In: History Today 4, 1954, pp. 511–521.
Myers, A. R., The Outbreak of War between England and Burgundy in February 1471. In: Bulletin of the Institute of Historical Research 33, 1960.
Orme, Nicholas, English Schools in the Middle Ages. London 1973.
Jamsay, James H., Lancaster and York: A Century of English history, A.D. 1399–1485. 2 vol. Oxford 1892.
Rawcliffe, Carole, The Staffords: Earls of Stafford and Dukes of Buckingham, 1394–1521. London 1978.
Rhodes, D. E., The Princes in the Tower and their Doctor. In: English Historical Review 57, 1962.
Richard III. A Correspondence. In: History Today 4, 1954.
Robson-Scott, W. D., German Travellers in England, 1400–1800. Oxford 1953.
Roskell, J. S., The Office and Dignity of Protector of England, with Special Reference to its Origins. In: English Historical Review 68, 1953.
Ross, Charles, Edward IV. London 1974.
Rowse, A. L., Bosworth Field, and the Wars of the Roses. London 1966.
Scattergood, V. J., Politics and Poetry in the Fifteenth Century. London 1971.
Scofield, Cora L., The Life and Reigne of Edward IV. Vol. 1–2. London 1923 (repr. 1967).
Simons, E. N., The Reign of Edward IV. London 1966.
Storey, R. L., The Wardens of the Marches of England towards Scotland, 1377–1489. In: English Historical Review 72, 1957.
Storey, R. L., The End of the House of Lancaster. London 1966.
Tanner, Lawrence E./Wright, William, Recent Investigations Regarding the Fate of the Princes in the Tower. In: Archaeologia (Society of Antiquaries of London) 84, 1934.
Taylor, Rupert, The Political Prophecy in England. New York 1911.
Thomson, J. A. F., Richard III and Lord Hastings – a Problematical Case Reviewed. In: Bulletin of the Institute of Historical Research 48, 1975.
Turner, Sharon, The History of England during the Middle Ages. London 1823.
Walpole, Horace, Historic Doubts of the Life and Reign of King Richard III. London 1768.
Wilkinson, B., Constitutional History of England in the Fifteenth Century, 1399–1485. London 1964.
Wilson, J. Dover, A Note an »Richard III«: The Bishop of Ely's Strawberries. In: The Modern Language Review 52, 1957.
Wolffe, B. P., The Management of English Royal Estates under the Yorkist Kings. In: English Historical Review 71, 1956.
Wolffe, B. P., When and why did Hastings lose his head?; In: English Historical Review 89, 1974.
Wolffe, B. P., Hastings Reinterred. In: Historical Review 91, 1976.
Wood, Charles T., The Deposition of Edward V. In: Traditio 31, 1975.

Anmerkungen

Auslassungen und Umstellungen bei Zitaten sind, der Lesbarkeit halber, nicht immer gekennzeichnet. Aus terminlichen Gründen war es leider nicht mehr möglich, die Gedichte in Originalform zu präsentieren (Strophen sind voneinander nicht abgesetzt). Der Sinn wurde dadurch nicht verändert; trotzdem ist dem Interessierten empfohlen, im Zweifelsfall die Quelle selbst einzusehen. Die Vergil-Zitate folgen der englischen Version (Ellis 1846); es war nicht mehr möglich, Übersetzungen nach dem lateinischen Orginal zum Druck zu bringen. Mancher Fehler und Irrtum, der trotz vieler Korrekturlesungen stehengeblieben ist, wird im folgenden korrigiert.

S. 14 Statt »Hofschreiber der Tudors« lies: Tudorschreiber. S. 69 Der englische Text zum Vers: But, O yonge Babees, whome bloode Royalle /With grace, Feture, and hyhe habylite / Hathe enourmyd, on yow ys that I calle / To knowe this Book; for it were grete pyte / Syn that in yow ys sette sovereyne beaute / But yf vertue and nurture were withe alle / To yow therfor I speke in specyalle. S. 148 Paston-Brief vom 18. April 1471 (nicht vom 2. Mai). S. 191 »Hoffart«: Eduard konnte natürlich nicht die Hoffart einschränken, wohl aber die Hoffahrt. S. 205 Daß More Mancinis Bericht nicht kannte, ist traditionelle Auffassung; sie scheint mir mittlerweile nicht mehr gerechtfertigt. Der enge Kontakt der Humanisten untereinander läßt es möglich erscheinen, daß der Engländer das Manuskript des Italieners einsah – Textparallelen deuten darauf hin.

Register

Albany, Alexander, Herzog von, 212–216, 220–221, 315, 394
Alcock, Johann, Bischof von Worcester, 225, 227, 235, 243, 314
Andre; Bernard, 117, 149, 152, 222, 337, 412–413, 428
Angus, Archibald Douglas, Graf von, 212, 215–216
Anna von Frankreich, Madam Beaujeu, 317, 413
Annna von Exeter, 86, 93
Anna Moubray, 203, 305
Anna Neville, Königin von England, 8, 71, 91, 125, 155–157, 161, 169, 171, 206, 249, 273, 309–312, 315, 318, 328, 335, 351, 372, 374, 404, 406–410, 418
Anna de la Pole, 395
Anna von York, Herzogin Exeter, Witwe Saint-Leger, 15
Argentine, John, 336, 340, 343
Arthur Plantagenet, 286
Arundel, Thomas FitzAlan, Graf von (†1524), 86
Arundel und Surrey, Thomas, Graf, 408
Arundel, Wilhelm FitzAlan, Graf von, 97, 119, 243, 334
Assheton, Sir Ralph, 168, 331, 333, 401
Audley, Johann Touchet, Lord, 401, 442, Ayala, 443–444

Bacon, Sir Francis, Viscount St. Albans (†1626), 193, 342, 349–350
Bath und Wells, Bischof von (siehe: Stillington)
Beaufort, Johann (†1471), 148
Beaufort, Heinrich, Kardinal-Bischof von Winchester (†1447), 26
Beaumont, Wilhelm, Viscount, 56
Bedford, Johann, Herzog (†1435), 24, 26, 82
Blount, Sir James, 399
Bohun, Humfried, Graf von Hereford, 314, 324
Bourchier, Thomas, Kardinal-Erzbischof von Canterbury, 45, 47, 173, 187, 228, 240, 242–244, 251–252, 258, 272–273, 301, 310–312, 346
Brackenbury, Sir Robert, 243, 278, 314, 338–339, 341, 373, 401, 422, 427, 433
Brandon, William, 356, 431
Bretaylle, Louis de, 184, 194
Buck, Sir George, 10, 116, 407–408, 449
Buckingham, Heinrich Stafford, Herzog (†1483), 7, 86, 93, 119, 203, 209–210, 222–223, 226, 231–234, 236–237, 239, 242, 244, 246, 248, 250–253, 257–259, 266, 268, 270–273, 275–279, 281, 284, 289–295, 297, 308, 310–315, 320, 322, 324–335, 346–349, 361–362, 402, 412, 417
Buckingham, Humfried Stafford, Herzog (†1460), 43–46, 236, 303
Buckingham, Humfried Stafford (†1455), 38, 236, 303
Buckingham, Johann, Lord, 119
Buckingham, Katharina Woodville, Herzogin, 86, 93, 312, 364
Burdett von Arrow, Thomas, 199–200, 290
Burgund, Anton, Graf la Roche, Bastard, 95–99
Butler, Eleonore, 286–287, 295, 425

Cäcilie Neville, Herzogin York, 13–15, 34, 43, 45–46, 53, 59–60, 113, 137, 156, 169, 225, 242, 245, 287–289, 292
Cäcilie von York, 212, 215, 220, 347, 411
Cade, Jack, 30–32, 109
Cambridge, Richard, Graf (†1415), 2
Catesby, William, 243, 253, 267, 271, 278–279, 307, 339, 362, 400–402, 409, 427, 433
Caxton, William, 60, 71, 129, 132, 193–195, 197, 403
Cely-Familie, 261–263
Chastellain, Georges (†1475), 85, 129
Chichester, Adam de Moleynes, Bischof, 29–31
Clarence, Georg, Herzog (†1478), 7, 15, 41, 43, 46, 53, 59–61, 64, 72, 77, 86, 90, 92, 95–97, 99, 101, 104–105, 117, 120–124, 126–128, 130, 132, 136–138, 140, 142, 148–149, 155–157, 159–162, 173, 181, 194, 196–207, 210, 222–223, 228, 236, 273, 283, 286, 288–289, 296, 301, 303, 315, 335, 337, 347, 350, 357, 397, 439
Clarence, Lionel, Herzog (†1368), 14, 47, 73, 130
Clifford, Johann, Lord (†1461), 51, 56–57
Clifford, Thomas, Lord (†1455), 38
Colyngbourne, William, 400–402
Commynes, Philippe de (†1511), 62, 109, 125, 128, 131, 139, 141, 145, 149, 152–154, 175, 181–183, 185, 207, 213, 221, 284–286, 303, 347–348, 354, 420, 441
Convers von Hornby, Sir John, 109, 117–118
Cook, Sir Thomas, 107–108, 260, 291, 313, 357
Cornazzano, Antonio, 81
Courtenay, Henry, 108
Croyland-Chronist, 83, 93–94, 116, 119–120,

458

128, 144–145, 152–153, 156–157, 175–176, 180, 185, 190, 192, 198–199, 201–203, 207, 209, 219–222, 229–231, 241, 243, 248, 258–260, 263, 271, 273, 280, 286–287, 297, 300, 302, 308, 312, 319, 321–322, 329, 332, 335–336, 346, 362, 367, 372, 374, 393, 402, 406–407, 409–410, 416–417, 422–424, 427–430, 432–434, 447
Croyland, Prior, 53, 57, 441

Dacre of the South, Richard, Lord, 119, 427
Desmond, Jakob FitzGerald, Graf, 206, 396–397
Desmond, Thomas FitzGerald, Graf (†1468), 106–107, 396–397
Devon, Humfried Stafford von Southwick, Graf (†1469), 117–118
Devon, Johann Courtenay, enterbter Graf (†1471), 126, 138, 146–148
Devon, Thomas Courtenay, Graf (†1458), 39, 49
Devon, Thomas Courtenay, Graf (†1461), 51, 56–58, 108
Diego de Valera, Jose, 336–337, 431
Dighton, John, 339–342
Dorset, Thomas Grey von Groby, Marquis, 80, 82, 86, 206, 209–210, 222–223, 226–227, 229–231, 237, 244, 246, 248–249, 269–271, 300, 321, 330–331, 347, 399, 405, 413–414, 418, 446
Douglas, Jakob, Graf, 214, 315, 333, 395
Du Bellay, Joaquin (†1560), 351
Dudley, Johann, Lord, 153, 226
Dymmock, Sir Thomas († 1479) 312
Dynham, Johann, Lord, 243, 275, 308

Edmund, Graf Rutland (†1460), 15, 41, 43, 51–53, 60, 196, 289
Eduard I. von England (1272–1307), 18, 191, 391
Eduard II. von England (1307–1327), 17, 112
Eduard III. von England (1327–1377), 12, 14, 17, 38, 41–42, 47, 73–74, 210, 246, 324, 371
Eduard IV. von England (1461–1483), 15, 34, 41, 43–46, 48–57, 60–64, 69–70, 72–112, 116–129, 131–140, 142–155, 157–162, 166, 171–198, 200–217, 219–228, 230–231, 233–237, 241–243, 251, 256, 266–268, 276, 278, 281, 283–292, 294–297, 300, 304–305, 308, 315–316, 319, 321, 326–329, 335, 341, 343, 345, 350, 355–358, 360, 363–365, 367–368, 372–374, 380, 382–383, 386, 389, 391, 394, 396, 401–402, 409–411, 416, 419, 422–423, 425, 438, 442, 444, 447
Eduard V. von England (1483), 8, 69, 129, 135, 139, 140, 166, 195, 200, 205–206, 219, 225–235, 237–242, 246–247, 249, 251–252, 261, 266, 268, 271, 272–277, 282–284, 286–288, 295, 301, 305, 308, 316, 321–323, 327–328, 335–352, 354, 409, 439
Eduard von Lancaster, Fürst von Wales (†1471), 7, 25, 36, 39, 41, 46, 50, 53, 76, 100, 125, 130, 135, 138, 140, 146–150, 153, 155–156, 161, 206, 314, 326–327, 335, 351, 359
Eduard, Graf Salisbury, Fürst von Wales (†1484), 171, 206, 312, 317–319, 351, 362, 374–375, 396, 407
Eduard von York, Fürst von Wales (siehe: Eduard V.)
Egremont, Thomas Percy, Lord, 37, 46
Elisabeth I. von England (1558–1603), 8, 447, 449
Elisabeth Woodville, Königin von England (†1492), 79–82, 86–89, 92–93, 104, 106–108, 111, 128–129, 140, 195, 199–200, 205–206, 208–210, 219, 222–223, 226, 228, 230–231, 234, 236–239, 242, 246, 248–249, 251, 256, 260, 266–267, 271–273, 276–277, 281, 283–284, 287, 289, 292, 296, 300, 328, 346–347, 351, 371, 407, 446
Elisabeth von York, Königin von England (†1503), 16, 121, 125, 217, 225, 287–288, 322, 326, 329, 347, 350, 371–372, 374, 406–411, 439, 445
Elisabeth von York, Herzogin Suffolk, 15, 91, 311, 440
Erasmus von Rotterdam, Desiderius, 314, 388–389
Essex, Heinrich Bourchier, Graf, 86, 119, 191
Everingham, Sir Thomas, 393
Exeter, Heinrich von Holland, Herzog, 37, 51, 56–58, 131, 135–138, 143
Exeter, Peter Courtenay, Bischof, 311, 330–331, 405

Fabyan, Robert, 81, 84, 107–108, 110, 116, 132, 139, 145, 149, 151–152, 154, 180, 245, 259–260, 262–263, 270, 275, 286, 290, 308, 314, 321, 323, 337, 346, 360, 399–400, 416, 419, 434, 438
Fastolf, Sir John, 106, 357, 423
Fauconberg, Thomas, Bastard (†1471), 147, 150, 154, 157, 159
Fauconberg, Wilhelm, Lord, Graf Kent (†1463), 57, 72
Ferrers von Chartley, Walter Devereux, Lord, 427, 433
Ferrers von Groby, Johann, Lord (siehe: Grey)
FitzWalter, Lord, 442
Fogge, Sir John, 302, 313, 321, 333
Forest, Miles, 339–341,
Forster, John, 259–261
Fortescue, Sir John, 27–28, 48, 56, 64, 68, 73, 78, 146, 150, 187–189, 192, 305, 356, 359–360, 366, 383, 385–386, 390–391, 443
Franz, Herzog der Bretagne, 101–102, 183, 317, 397–398, 411, 413
Friedrich III., deutscher Kaiser (1440–1493), 375–376

Georg Neville, Herzog Bedford, 93, 121, 162
Georg von Windsor, 206
Gloucester, Eleonore, Herzogin, 200
Gloucester, Humfried, »der gute« Herzog (†1447), 26, 31–32, 200–201, 228–229, 241, 303
Gloucester, Richard, Herzog (siehe: Richard III.)
Gloucester, Thomas Woodstock, Herzog (†1397), 16, 210, 324

Grafton, Richard, 323, 325, 328
Gregory, William, 97, 369
Green, John, 338, 340
Grey von Groby, Sir Johann, Lord Ferrers (†1461), 80
Grey von Groby, Sir Richard (†1483), 7, 80, 82, 209, 225–226, 231, 233–235, 239–240, 298, 300–301, 303, 350, 409
Grey von Ruthin, Sir Anthony (†1480), 86
Grey von Ruthin, Edmund, Graf Kent, 33, 45, 423
Greystoke von Hinderskelf, Ralph, Lord, 167, 427
Gruthuyse, Ludwig, Herr von Brügge, Graf Winchester, 128, 131, 177, 178, 195

Hall, Edward, 52, 84, 145, 149, 201, 398
Hastings, Sir Edmund, 401
Hastings, Katharina Neville, Lady, 281
Hastings, Sir Ralph, 308
Hastings, Wilhelm Hastings, Lord (†1483), 7, 73, 117–119, 121, 128, 132, 137, 140, 142–143, 148–149, 174, 177, 184, 191, 195, 209–210, 216–217, 222–223, 226, 228–231, 236, 238–239, 243, 251–264, 266, 268–271, 273–275, 277–282, 297, 301, 303, 308, 324, 328, 349–350, 402
Haute, Sir Richard, 226
Heinrich II. von England (1154–1189), 32, 35, 191, 404
Heinrich III. von England (1216–1272), 246
Heinrich IV. von England (1399–1413), 16–17, 20, 36, 48–49, 133–134, 151, 304, 314, 323–324, 350
Heinrich V. von England (1413–1422), 22–23, 41, 48, 74, 102, 146, 180, 228, 288, 304–305, 431
Heinrich VI. von England (1422–1471) 7, 14, 17, 24–26, 28–29, 31, 33, 36, 38–40, 42, 47, 50–51, 53, 55, 63–64, 73–76, 78, 99, 106, 112, 118–119, 122, 124, 126, 128, 130–131, 135–136, 139–140, 142, 150–154, 166, 175–176, 179, 187, 192, 201–202, 224, 229, 231, 237, 243, 246, 283, 304–305, 309, 326–327, 329, 335, 350–351, 354, 402–403, 412–413
Heinrich VII. von England (1485–1509), 7–8, 16, 54, 73, 75–76, 114, 130, 146–147, 149, 153, 159, 175, 180, 224, 243, 265, 268, 278, 287, 295, 310, 317, 322–324, 326–330, 333–334, 336–337, 340–343, 347, 349–351, 371–372, 374, 380, 395, 397–399, 402, 405, 407, 411–416, 418–427, 429–431, 433–434, 439–447, 449
Heinrich VIII. von England (1409–1447), 8, 114, 193, 271, 285, 287, 328, 438, 440, 442, 444, 447
Herbert, Sir Richard (†1469), 105
Herbert, Thomas (†1469), 118
Herbert, Sir Walter, 421–422, 424
Herbert, Wilhelm (siehe: Pembroke)
Holinshed, Raphael, 149, 400
Howard, Johann Howard, Lord (siehe: Norfolk)
Hungerford, Robert, Lord (†1464), 56, 77, 108
Hungerford, Sir Thomas, 108

Huntingdon, Wilhelm Herbert, Lord Dunster, Graf Pembroke, später Graf (†1491), 86, 93, 121, 311, 334, 411, 417, 421, 424

Innozenz VIII. (1484–1492), 390, 399
Isabella von Kastilien, Königin von Spanien (1474–1504), 83–84, 316
Isabella Neville, Herzogin Clarence (†1477), 71, 91–92, 95, 99, 117, 121, 156, 157, 198–199, 206, 315
Isabella von Wittelsbach, Königin von Frankreich, 23, 412

Jacquette von Luxemburg, Herzogin Bedford, Gräfin Rivers, 81–82, 89, 108, 200, 267
Jakob II. von Schottland (1437–1460), 373
Jakob III. von Schottland (1460–1488), 211–216, 220, 315, 395
Jakob IV. von Schottland (1488–1513), 211–212, 220, 342
Johann »Ohneland«, König von England (1199–1216), 350
Johann von Gloucester, 155, 417, 439
Johanna von Orleáns (†1431), 23–24

Karl VI. »der Wahnsinnige« von Frankreich (1380–1422), 23, 25, 412
Karl VII. von Frankreich (1422–1461), 23–25, 74
Karl VIII. von Frankreich (1483–1498), 183, 217, 317, 335, 398, 400, 405
Karl »der Kühne«, Herzog von Burgund (1467–1477), 79, 94, 96, 99, 101–102, 104–105, 118, 128, 131–132, 159, 176, 178, 181–185, 195, 197–198, 278, 288
Katharina von Frankreich, Königin von England (†1437), 23, 412
Katharina Plantagenet, 155
Kendall, John, 318, 433
Kent, Graf (siehe: Grey von Ruthin)
Kildare, Gerald Fitz Gerald, Graf, 107, 396, 439

Lancaster, Johann von Gent, Herzog (†1399), 14–16, 47, 73, 94, 288, 323, 418
Landois, Pierre, 397
Langley, Edmund, Graf Cambridge (siehe: York)
Langton, Dr. Thomas, Bischof von St.-David's, später Salisbury, 269, 319–320, 346, 399
Latimer, Elisabeth Beauchamp, Lady, 162
Lincoln, Johann de la Pole, Graf (†1487), 310, 319, 374, 394–396, 411, 419, 423, 439–440, 442
Lisle, Eduard Grey von Groby, Lord, 258, 277, 311
Lovell, Franz, Viscount (†1487?), 71, 168, 243, 278, 310, 312, 314, 329, 400–401, 417, 427, 433, 439
Lucy, Elisabeth, 81, 283, 286
Ludwig XI. von Frankreich (1461–1483), 74–76, 79, 94–95, 99–103, 105, 124–125, 131, 140, 159–160, 178, 181–186, 197–198, 202, 207, 212–215, 217, 278, 316–317, 411–412

Machiavelli, Nicolo († 1527), 22, 86, 192, 282, 366, 445
Mancini, Dominic (Domenico), 62, 80–83, 92, 116, 141–142, 191, 204–211, 212–222, 225–226, 228, 233, 235–240, 242, 245, 251, 257–262, 268, 271, 273–274, 277, 281, 284, 288, 297, 300, 305, 308, 312, 327, 336, 340, 343, 345, 388, 404
March, Edmund Mortimer, Graf († 1424), 22, 73
March, Roger Mortimer, Graf († 1398), 17
Marche, Olivier de la, 96–98
Margarete von Anjou, Königin von England († 1482), 24–25, 36–37, 39, 40–42, 44–46, 49, 51–54, 57, 74–76, 78, 83, 87, 99–100, 124–125, 130–131, 138, 140, 146–147, 149–150, 153, 155–156, 186, 214, 266, 281, 326, 329, 364, 383, 416
Margarete Beaufort, Gräfin Richmond, Lady Stanley († 1509), 73, 278, 311, 323–325, 328–330, 333–334, 349, 411, 418
Margarete Beaufort, Lady Stafford, 236, 324
Margarete von Clarence, 204
Margarete von Habsburg, 217
Margarete von York, Herzogin von Burgund, 15, 46, 93–94, 99, 103–104, 132, 137, 159, 177, 182, 194, 198, 213, 343, 439
Maria, Herzogin von Burgund, 198–199, 212
Markham, John, 107–108, 290
Maud, Herbert, 411–412
Maximilian I., deutscher Kaiser (1493–1519), 198, 212, 217, 343, 372, 376, 397
Moleynes, Robert Hungerford, Lord, 358–359
Molinet, Jehan († 1507), 204, 287, 347–348, 413
Montagu, Johann Neville, Lord und Marquis, Graf Northumberland († 1471), 60, 64, 75, 77–78, 81, 92–93, 101, 109–110, 119, 121, 123, 125, 127–128, 130, 135, 138, 143–145, 162
More (Morus), Sir Thomas († 1535), 12–13, 50, 56, 80, 85, 114–117, 149, 152–153, 185, 193, 204–205, 207–208, 211, 221, 223–224, 226, 232–236, 241–242, 245, 251–252, 254, 257, 259, 261, 265, 267–273, 275, 277–282, 286, 289–290, 294, 297–298, 301–302, 314, 320–322, 324–325, 327–329, 335, 337–346, 348, 353, 402, 443–444, 449
Morley, Heinrich Lovel, Lord, 394
Mortimer, Edmund († 1409), 17
Morton, Johann, Bischof von Ely, 56, 73, 121, 150, 228, 252, 255, 257–258, 261–262, 266, 270, 277, 313, 322–323, 326–328, 330–333, 349, 398
Mountjoy, Johann Blount, Lord, 119, 308, 417, 446

Nesfield, John, 321, 371, 393
Neville, Georg, Bischof von Exeter, dann Erzbischof von York († 1486), 55, 72, 87, 90, 95, 101, 112, 117–120, 130, 139–140, 160, 162, 191, 195, 304
Neville von Abergavenny, George, 417
Neville von Brancepeth, Humphrey und Charles, 119
Neville von Westmoreland, Johann, 57

Neville von Westmoreland, Ralph, 250, 266, 329
Norfolk, Johann Howard, Herzog († 1485), 213, 223, 228, 243, 261–262, 278, 301, 305, 308, 310–311, 313, 329, 332, 334, 373, 407, 417, 422–423, 425, 427, 430–433
Norfolk, Johann Moubray, Herzog († 1461), 49, 51, 57
Norfolk, Johann Moubray, Herzog († 1476), 106, 118–119, 133, 150, 357, 423
Norfolk, Katharina Neville, Herzogin, 86, 118
Norfolk, Margarete, Herzogin, 311
Northumberland, Heinrich Percy († 1455), 38
Northumberland, Heinrich Percy († 1461), 41, 51, 56–57, 72, 75
Northumberland, Heinrich Percy († 1489), 126, 130, 135, 150, 167–168, 172, 186, 214–215, 250, 261–262, 271, 278, 279, 300, 308, 310, 313, 334, 394, 411, 422, 425, 427, 429, 431, 433, 438–439, 441–442
Nottingham, Wilhelm Berkeley, Graf, 307–308, 427

Oxford, Johann de Vere, Graf († 1462), 75, 106, 108, 303
Oxford, Johann de Vere, Graf († 1513), 108, 120, 127–129, 133, 136–138, 143–144, 157, 159–162, 399, 405, 413, 423, 430–431, 438–439, 446
Oxford, Margarete Neville, Gräfin, 162, 364

Paston-Familie, 46, 99, 104, 106, 111, 118–120, 126, 148, 161, 171, 175, 180, 285, 346, 356–358, 380, 389, 422–423
Paul II., Papst (1464–1471), 117
Pembroke, Kaspar, Graf (siehe Tudor)
Pembroke, Wilhelm Herbert, Lord Dunster, Graf (siehe: Huntingdon)
Pembroke, Wilhelm Herbert, Lord Herbert, Graf († 1469), 75, 93, 101, 105, 117–118, 121, 266, 303, 323, 412
Penker, Dr. Thomas, 279–280
Percy, Heinrich »Heißsporn« († 1403), 36
Percy, Sir Ralph, 75–77
Percy, Sir Robert, 71, 401, 427, 433
Percy (siehe auch: Northumberland)
Philipp »der Gute«, Herzog von Burgund (1419–1467), 23–24, 53, 59–60, 76, 79, 99, 104, 182
Philipp von Flandern, 316, 440
Plumpton, Edward, 331
Pole, Richard de la († 1525), 439–440
Pole, Wilhelm de la († 1539), 439–440
Poppelau, Nikolaus von, 375–380, 383, 386, 393

Rastell, John, 337
Ratcliffe, Sir Richard († 1485), 168, 243, 250, 271, 278, 298, 300, 308, 339, 400–401, 409, 427, 433
Rhys ap Thomas, 417, 421–422, 424
Richard II. von England (1377–1399), 12, 16–17, 20, 26, 48, 73, 112, 133, 150, 210, 246, 288, 304–305, 310, 323, 350
Richard III. von England (1483–1485), 7–10, 13–15, 22, 25, 34–35, 38, 41, 43, 46, 51, 53,

461

59–61, 64–66, 70–72, 76–77, 80–81, 85, 87, 91–93, 96, 99, 104, 110, 113–119, 121–123, 126–129, 132–133, 137, 140, 142–143, 146–159, 161–162, 166–173, 178, 181–182, 185–186, 195, 196–198, 201–202, 205–206, 209–216, 219–220, 222–223, 225–237, 239–263, 265–290, 292–305, 307–351, 353–356, 360–365, 367–368, 370–377, 380–381, 383, 386–387, 393–411, 414–435, 437–438, 440–447, 449–450
Richard, Herzog York (†1460) (siehe: York)
Richard, Herzog York († c. 1484), 8, 69, 202–203, 206, 219, 225–226, 237–238, 248–249, 259, 261–262, 271–276, 278, 281, 283–284, 287–288, 305, 321–323, 328–329, 335–352, 354, 409, 439–440
Richmond, Edmund Tudor, Graf (†1456), 323, 412
Richmond, Heinrich Tudor, genannt Graf (siehe: Heinrich VII.)
Richmond, Gräfin (siehe: Margarete Beaufort)
Rivers, Anton Woodville, Lord Scales, Graf (†1483), 7, 93, 95–98, 101, 106, 110, 120, 127–128, 132–133, 137, 194–195, 199, 206, 209–210, 222, 225–227, 229, 231–235, 239–240, 243–244, 247, 266, 270, 298–301, 303, 320, 350, 402, 409
Rivers, Richard Woodville, Lord und Graf (†1469), 45, 60, 79, 81–82, 87, 93, 101, 107–108, 110, 118, 206, 284, 303
Robin von Redesdale (siehe: Conyers)
Rochefort, Guilleaume de, 335–337
Rochester, Edmund Audley, Bischof (†1492), 310
Rotherham, Thomas, Erzbischof von York (†1501), 228, 238–240, 242–243, 251–252, 257–258, 266, 277, 313, 334, 346, 373, 407, 419
Rožmital, Leo von, 87–90, 194, 375,
Rous, John (†1491), 12, 62, 92, 115–117, 149, 152, 156, 162, 201, 231, 237, 242–243, 246, 300, 315, 324, 338, 348, 372, 374, 403–404, 408, 413, 432, 437–438
Russell, Johann, Bischof von Lincoln (†1495), 153, 228–229, 242–243, 247, 252, 258, 261, 263–264, 269, 272, 280, 281, 320–321, 330, 334, 347, 361–362, 365, 366, 387, 418–419, 430
Rutland, Graf (siehe: Edmund)

St. Andrews, James Kennedy, Bischof, 72
Saint-Leger, Sir Thomas (†1483), 321, 333, 402
Saint-Mount, Richard Beauchamp, Lord, 334
Salazar, Juan de, 337, 431–432
Salisbury, Lionel Woodville, Bischof (†1485), 86, 225, 248, 313, 321, 330
Salisbury, Richard Beauchamp, Bischof, 95, 99
Salisbury, Richard Neville, Graf (†1460), 37, 40, 42, 44–45, 51–53, 60
Salisbury, William Ayscough, Bischof (†1450), 31
Sasiola, Graufidius de, 315–316, 319
Savage, Sir John, 421, 424, 426, 430
Schaschek, 164

Scrope von Bolton, Johann, Lord, 167, 401, 427
Scrope von Upsale, Thomas, Lord, 427
Sha, Sir Edmund, 241, 279, 293, 337, 354
Sha, Ralph, 279–280, 282–284, 286, 289
Shakespeare, Sir William (†1616), 7–10, 14–16, 35, 52, 64, 71, 84, 114, 116, 149, 155, 193, 257, 290, 335, 395, 438, 448
Shirwood, Dr. John, Bischof von Durham, 195, 311
Shore, Elisabeth, 208, 210, 256, 259, 268–270, 282, 291
Shrewsbury, Georg Talbot, Graf, 425
Shrewsbury, Johann Talbot »der Schrecken der Franzosen«, Graf (†1453), 25, 35–36, 286
Shrewsbury, Johann Talbot, Graf (†1460), 46, 75
Simnel, Lambert, 439–440, 446
Sixtus IX., Papst (1471–1484), 213, 217
Slaughter, William, 339–340
Somerset, Edmund Beaufort, Herzog (†1455), 15, 25–26, 32–34, 36–39, 75, 85–86, 124, 229, 236, 303
Somerset, Edmund Beaufort, enterbter Graf (†1471), 104, 131, 138, 146–148, 150, 236, 303
Somerset, Heinrich Beaufort, Herzog (†1464), 51, 56–58, 75–77, 236, 303
Somerset, Johann Beaufort, Herzog (†1410), 418
Somerset, Johann Beaufort, Herzog (†1444), 418
Stacy, Jon, 199–200
Stafford, Edmund, Graf (†1403), 17
Stafford, Sir Henry, 411
Stafford, Humphrey (†1455), 38
Stafford von Grafton, Humphrey, 332, 334, 433, 439
Stafford von Southwick (siehe: Devon)
Stallworth, Simon, 248–249, 258–259, 261–263, 269, 273, 281, 308
Stanley, Thomas, Graf Derby, Lord (†1504), 123, 216, 222, 228, 252–254, 257, 270, 277–278, 307, 310, 314, 331, 333–334, 401, 417, 422, 424–427, 429, 431–432, 434, 441
Stanley, Sir William (†1495), 334, 404, 417, 424–427, 429, 431–432, 434, 441
Stillington, Robert, Bischof von Bath und Welles (†1492), 101, 103, 184, 203, 284, 286–287, 295, 302–303, 311
Stonor, Sir William, 248, 258–259, 321, 329–330, 346, 424, 446
Stow, John (†1605), 116
Strange, Georg Stanley, Lord, 331, 417, 419, 424–425, 429–430
Suffolk, Edmund de la Pole, Herzog (†1513), 171, 342, 439–440, 442, 444
Suffolk, Herzogin (siehe: Elisabeth)
Suffolk, Johann de la Pole, Herzog (†1491), 97, 106, 119, 301, 310, 423
Suffolk, Wilhelm de la Pole, Herzog (†1450), 26–28, 30–32, 75, 85–86, 106, 124, 129, 229, 402
Surrey, Thomas Howard, Graf, 308, 310–311, 422, 427, 433, 442
Swynford, Katharina (†1403), 323, 418

Talbot, Sir Gilbert, 425, 430
Tetzel, Gabriel, 87, 164
Thuresby, John, 199–200
Trafford, John, 357–358
Trollope, Andreas, 42–43, 51, 56–57
Tudor, Edmund (siehe: Richmond)
Tudor, Heinrich (siehe: Heinrich VII.)
Tudor, Kaspar, Graf Pembroke, Herzog Bedford, 75, 105, 107, 130, 159, 323, 398, 405, 412, 420, 441
Tudor, Owen (†1461), 51, 54, 323, 412, 418
Turburvyle, John, 400
Turner, Sharon, 449–450
Twynyho, Ankarette, 199–200
Tyrell von Gipping, Sir James (†1502), 168, 243, 278, 319, 334, 337, 339–343, 348–349, 401, 409, 417, 440

Vaughan, Sir Thomas, 7, 225, 234–235, 243, 298, 300–301, 303, 350
Venezianischer Diplomat, Besucher (siehe: Capello)
Vergil, Polydore (Vergilio, Polidoro), 62, 115, 117, 120, 130, 145, 148–149, 152, 154, 204, 208, 222, 229, 236, 257, 259, 262, 265, 267, 270, 287, 289, 296, 320, 322, 326, 332–333, 341, 347–351, 371, 398, 407, 411, 413–414, 420–422, 424, 426–428, 430, 431–433, 444, 449

Wallingford, William, 260
Walpole, Horace, Graf von Orlford (†1797), 116
Warbeck, Perkin, 338, 342–343, 440, 442, 446
Warkworth, John († c. 1498), 83, 120, 127, 135, 138, 145, 148–149, 151–152, 154, 158, 160, 204, 383, 389, 438
Warwick, Anna Beauchamp, Gräfin, 14, 65, 146, 156, 162, 335
Warwick, Eduard, Graf (†1499), 206, 273, 315, 319, 350, 351, 374, 394, 439–440, 442
Warwick, Richard, Graf (†1471), 14, 36, 40, 42–45, 51, 53–56, 60, 64, 66, 70, 72, 74–76, 79, 82–87, 91–95, 99–101, 103–105, 108–109, 112, 117–133, 136–140, 142–146, 153, 155–160, 187–188, 196, 206–208, 231, 237,
243, 266, 271, 278, 281, 287, 303, 323–324, 329, 356, 368, 373, 408–410, 412, 416, 423
Waurin, Jehan de (†1474), 195
Waynflete, Wilhelm, Bischof von Winchester (†1487), 192, 314–315
Welles, Leo, Lord (†1461), 56–57, 122
Welles, Richard, Lord († 1439)
Welles, Sir Robert (†1470), 122–123
Wenlock, John, Lord, 108, 148
Westmoreland, Elisabeth Percy, Gräfin, 91
Westmoreland, Ralph Neville, Graf (†1484), 14, 312
Whethamstede, John, 66
Wilhelm I. »der Eroberer«, König von England (1066–1087), 18, 35, 103
Wiltshire, Jakob Butler, Graf, 39, 51, 56–58, 75
Wiltshire, Johann Stafford von Southwick, Graf (†1469), 331, 423
Winchester, Bischof (siehe: Beaufort, Waynflete)
Wode (Wood), Sir John, 219, 243, 373
Woodville, Sir Eduard (†1488), 209, 225, 227, 238, 244–245, 317, 398, 405
Woodville, Elisabeth (siehe: Elisabeth)
Woodville, Sir John (†1469), 86, 110, 118
Woodville, Katharina, Herzogin Buckingham, 210
Woodville, Lionel (siehe: Salisbury)
Woodville, Sir Richard, Graf Rivers (†1491), 81, 129, 225, 333
Worcester, Johann Tiptoft, Graf (†1470), 95, 106–107, 123, 129, 195, 300, 303, 396–397, 402
Worcester, William, 70, 179, 365, 379, 381, 443
Worcester (Pseudo-Worcester), 86
Wright, William, 344–345
Wycliffe, John (†1384), 193, 369–370

York, Edmund Langley, Graf Cambridge, Herzog (†1402), 12, 14
York, Eduard, Herzog (†1425), 17
York, Richard, Herzog (†1460), 12, 14–15, 25, 31–53, 55–56, 60, 72, 112, 118, 135, 156, 168, 196, 201, 245, 283, 296, 297, 304, 323, 396–397

Zouche, Johann, Lord, 427

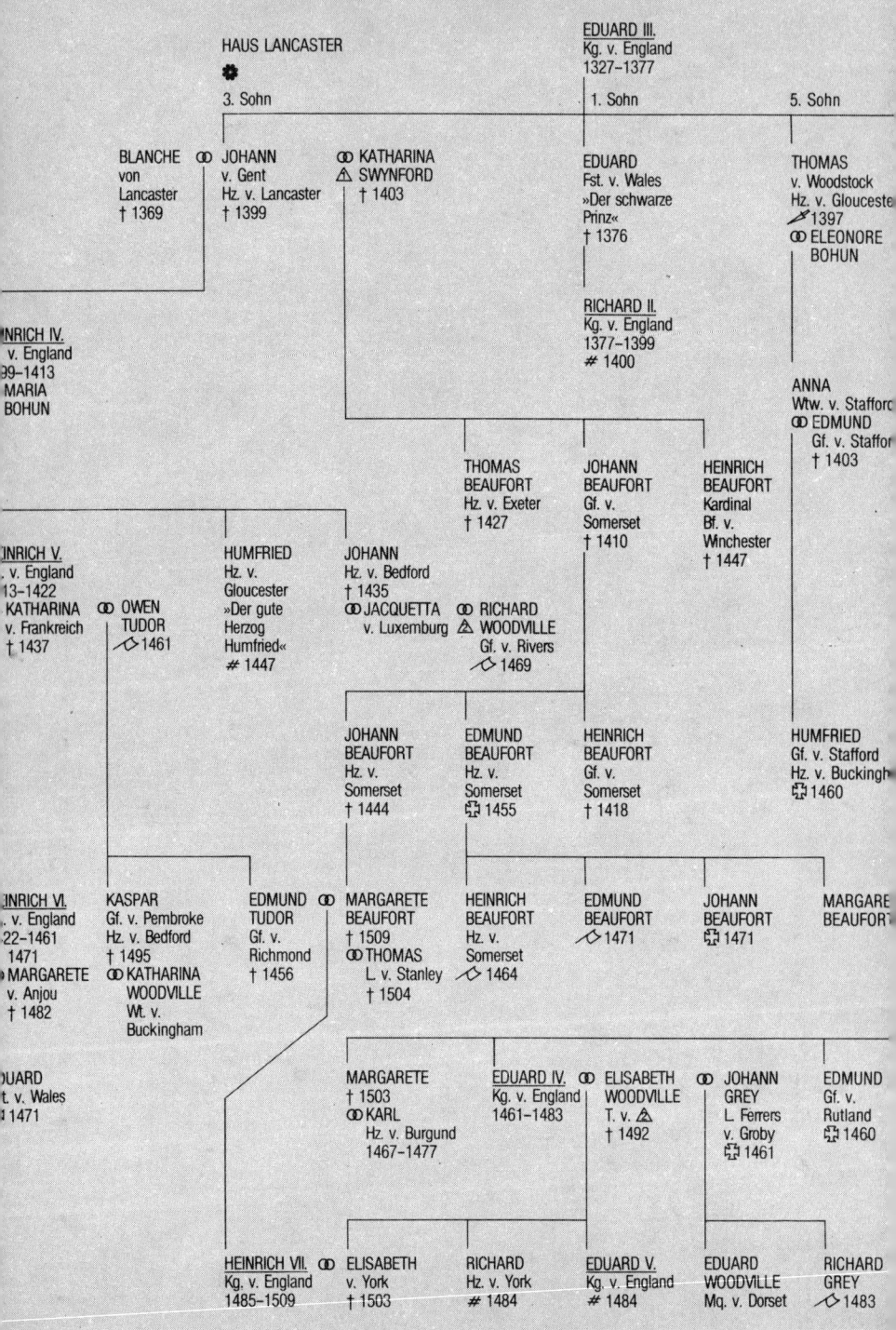